香港日記

THE HONG KONG DIARIES

Chris Patten

謹將此書獻給穎彤

因為她為了讓我能到香港赴任而放棄律師事業

因為她從旁大力襄助我的港督工作

因為她和我一樣深愛著香港

目次

地圖 6

推薦序　二十一世紀讓人難以置信的悲劇／曹興誠 12

推薦序　傳播民主天火的普羅米修斯／陶傑 14

推薦序　一座城市的消失／羅冠聰 18

前言 23

何事、何時、何人、如何 30

第一章　民主與巨龍：一九九二年四月－一九九三年四月 33

第二章　繞著桑樹叢兜圈：一九九三年四月－一九九四年四月 159

第三章　打贏關鍵選戰：一九九四年四月－一九九五年四月 263

第四章　倒數開始：一九九五年五月－一九九六年五月 345

第五章　帝國的落日餘暉：一九九六年五月－一九九七年六月 441

後記 571

香港的毀壞：九七大限後有哪些遭遇？ 573

那些人，如今安在？ 594

謝辭 601

圖片來源 603

中英文人名對照 604

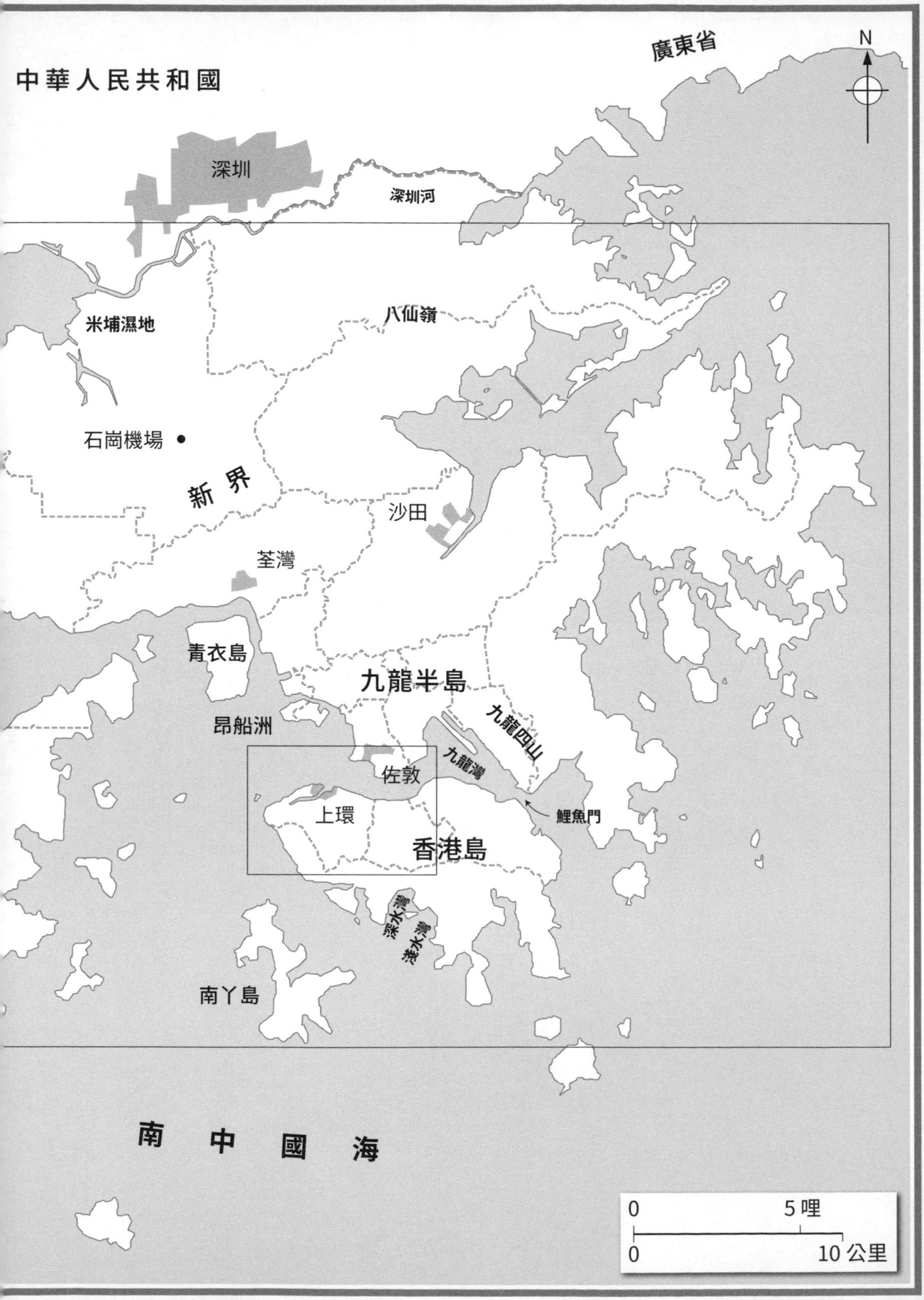
中華人民共和國
廣東省
N
深圳
深圳河
米埔濕地
八仙嶺
石崗機場
新界
沙田
荃灣
青衣島
九龍半島
昂船洲
九龍四山
九龍灣
佐敦
上環
鯉魚門
香港島
深水灣
淺水灣
南丫島
南中國海
0
5 哩
0
10 公里

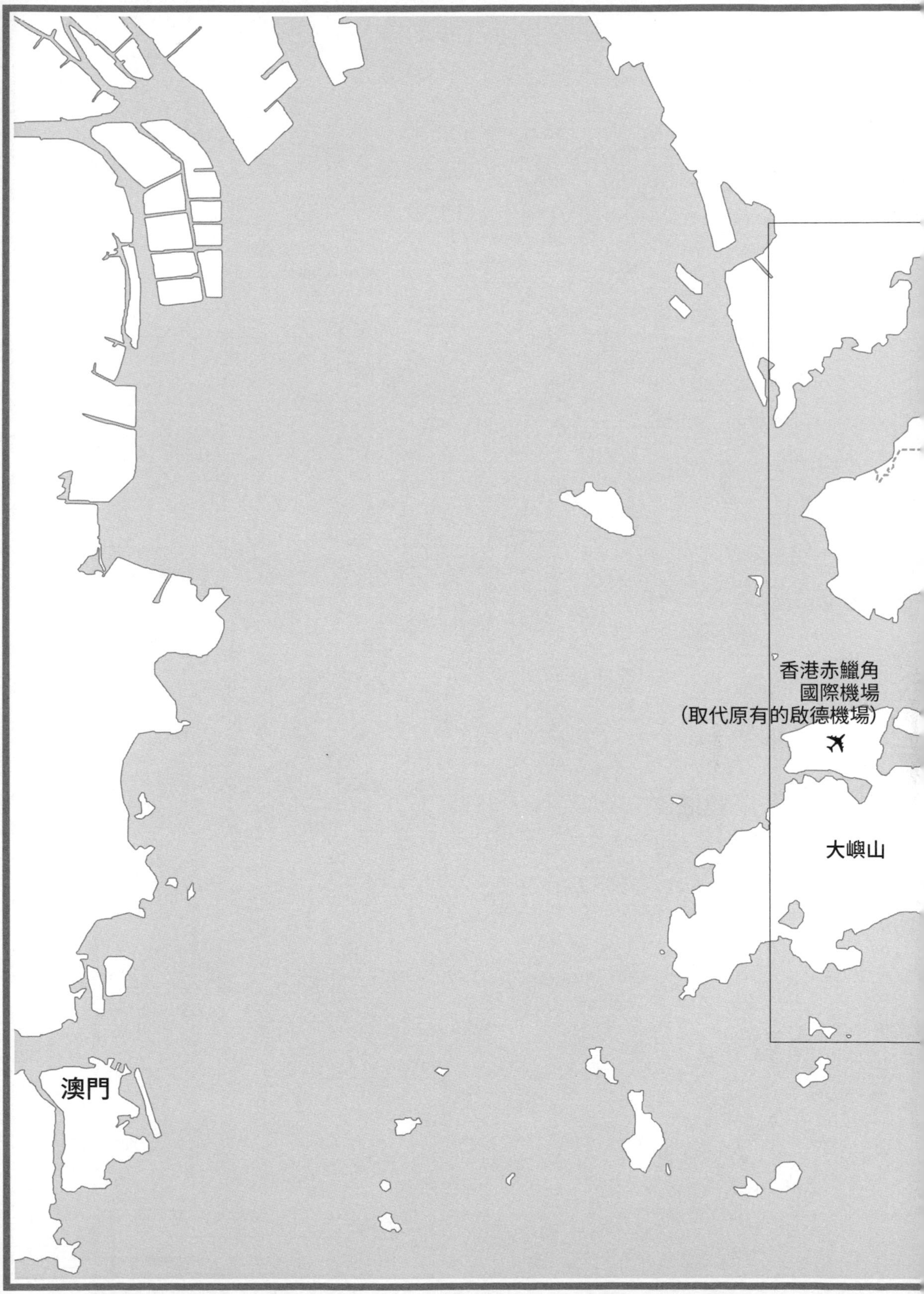
香港赤鱲角
國際機場
(取代原有的啟德機場)
大嶼山
澳門

N
北區
大埔區
大埔
聖母無玷之心堂(天主教教堂)
香港中文大學
沙田
沙田學院
沙田大會堂
沙田區
鑽石山
黃大仙區
香港浸會大學
東頭邨
旺角
九龍城區
觀塘區
西貢區
香港科技大學
佐敦
尖沙咀
桂坊
東區
灣仔區
東區尤德夫人那打素醫院
港仔
南區
赤柱
赤柱監獄
赤柱炮台
0
3哩
0
5公里

上水
粉嶺
元朗區
屯門區
荃灣區
荃灣
葵涌
汲水門大橋
青馬大橋
葵青區
香港赤鱲角國際機場
(取代原有的啟德機場)
油尖旺
上環
中西區
離島區
寶蓮禪寺

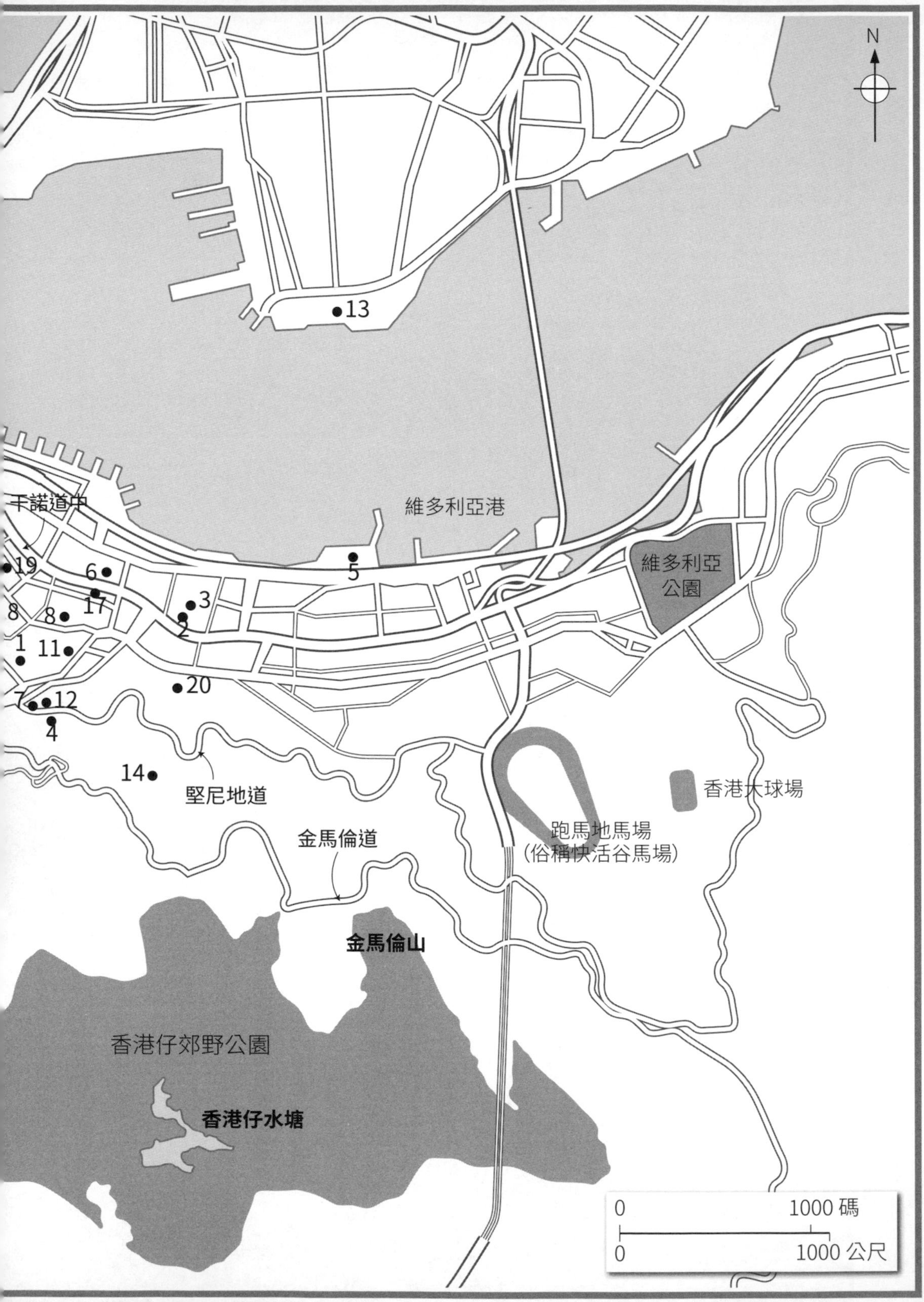
N
13
維多利亞港
干諾道中
19
6
17
8
8
3
2
1
11
5
維多利亞公園
20
7
12
4
14
堅尼地道
香港大球場
跑馬地馬場
(俗稱快活谷馬場)
金馬倫道
金馬倫山
香港仔郊野公園
香港仔水塘
0
1000 碼
0
1000 公尺

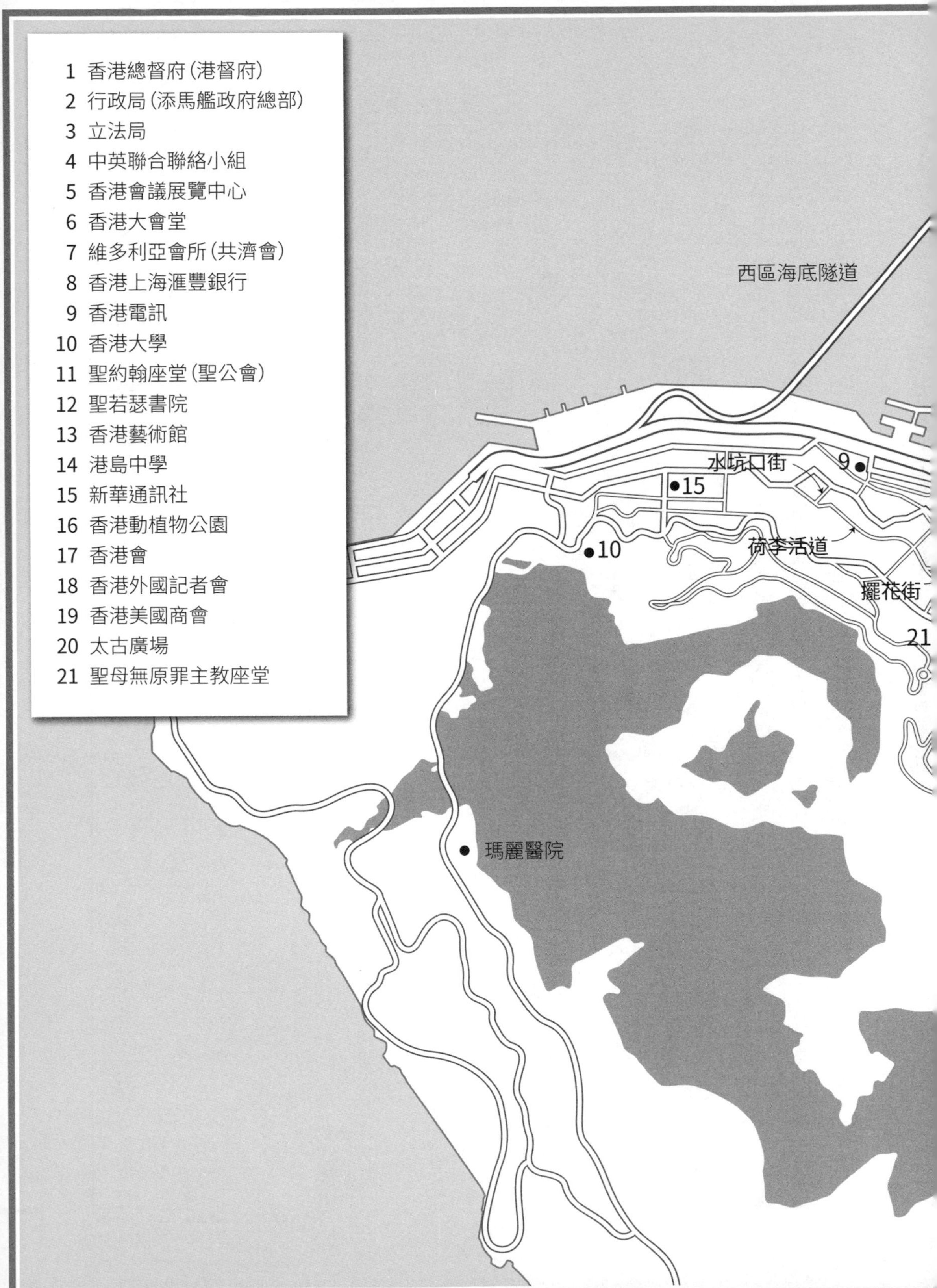
1 香港總督府（港督府）
2 行政局（添馬艦政府總部）
3 立法局
4 中英聯合聯絡小組
5 香港會議展覽中心
6 香港大會堂
7 維多利亞會所（共濟會）
8 香港上海滙豐銀行
9 香港電訊
10 香港大學
11 聖約翰座堂（聖公會）
12 聖若瑟書院
13 香港藝術館
14 港島中學
15 新華通訊社
16 香港動植物公園
17 香港會
18 香港外國記者會
19 香港美國商會
20 太古廣場
21 聖母無原罪主教座堂
西區海底隧道
水坑口街
9
15
荷李活道
10
擺花街
21
瑪麗醫院

二十一世紀讓人難以置信的悲劇

為《香港日記》台灣版作序

曹興誠（名企業家、聯華電子創辦人）

一九九七年六月三十日香港「回歸」典禮之夜，我人在尖沙嘴的酒店裡。在電視上看到、聽到英方彭定康港督和查爾斯王子（現在的英王）的致詞，再比較隨後江澤民的致詞，當時就感受到中英雙方文明的巨大差距，讓我對香港的前途感到憂慮。

查爾斯王子說：「我們治理香港的責任（administrative responsibility）即將結束。」他強調「責任」，意指主權在民，政府只是公僕。江澤民隨後則說：「這是中華民族的盛事，也是世界和平和正義事業的勝利。」言中強調的是民族主義，把收復香港當成「勝利」，看不到人權和責任的概念，看到的只是征服者的權力傲慢和洋洋自得。

彭定康的發言很簡短。他說：「現在，香港人將會治理香港。這是一份承諾，也是一個不容動搖的命運。」（Now, Hong Kong people are to run Hong Kong. That is the promise, and that is the unshakeable destiny.）

當時江澤民也說：「香港特別行政區依據《基本法》享有行政管理權、立法權、獨立的司法權和終審權。香港居民依法享有各項權利和自由。香港特別行政區將循序漸進地發展適合香港實際情況的民主制度。」

事隔二十六年後，今天我們看到，江澤民的講話是公開撒謊，而彭定康的講話則過度樂觀。證明中共的狡詐無恥，超乎自由世界的想像。

彭定康擔任末任港督的五年裡，曾經努力推動香港的民主。他希望香港的立法議員能夠真正反應民意。這個努力不僅讓中共罵他是「千古罪人」，連在香港的英國商人都反對他。所以他感慨道：「我感到憂慮的，不是香港的自主權會被北京剝奪，而是這項權利會一點一滴地斷送在香港某些人手裡。」（其實今天台灣也有同樣的憂慮。）

許多人批評他：「英國人統治香港一百五十年，從來沒給香港民主，到了主權快移交的時候才來香港推動民主，這不是故意搗亂，給香港『埋雷』嗎？」

這些批評的人不了解，香港能有高度的法治、自由和人權，主因是英國有民主。如果英國是極權專制的落伍政體，香港絕不可能享有進步的自由和法治。所以彭定康推動香港民主，其目的是想以民主確保香港制度不變。

今天我們看到，中共野蠻地違反五十年不變的承諾，訂定《國安法》，並用員警頭子當特首，已經徹底把香港變成員警對港人虎視眈眈的文明落後地區。這證明當時彭定康推動香港民主有其必要性。

二〇一九年我在香港住過大半年，親眼看見港人反送中的勇敢抗爭，也看到中共種種野蠻的言行。我在當年第四季就決定，從此不再進入中共的管轄區域，要回台灣做一個吹哨人，以警告我的台灣同胞，對中共不可存有任何幻想。我呼籲大家團結，共同捍衛我們的民主體制。為了這個目標，我願意以身相殉，誓不活著看見台灣變成另外一個香港。（當然，以現在我正值七十六歲的高齡，反正來日無多，做這樣的決定並不困難。）

九七年香港主權移交典禮上，江澤民講的另一段話，也足以成為為笑柄。江說：「一九九七年七月一日這一天，將作為值得人們永遠紀念的日子載入史冊。經歷了百年滄桑的香港回歸祖國，標誌著香港同胞從此成為祖國這塊土地上的真正主人。」

今天香港人有誰認為自己是「真正主人」？有誰敢說自己是「真正主人」？

一九九七年七月一日會讓全世界永遠記住，那天發生的事，使英國人花了一百五十年孕育出來、具有高度文明的「東方之珠」，被中國千年沒長進的專制政權吞併。二十六年後的今天，重視自由和尊嚴的港人紛紛外逃，而活躍在香港舞台上的，都是絕緣於現代文明，「好死不如賴活」，自甘為順民、賤民、人礦、韭菜的舔共仔。

這是二十一世紀讓人難以置信的悲劇；希望這個悲劇絕對不會發生在寶島台灣。

寫於二〇二三年三月二十五日

傳播民主天火的普羅米修斯

陶傑（香港著名作家、資深媒體人）

一九九二年，保守黨主席彭定康接受首相約翰．梅傑（港譯：馬卓安）任命，出任末代港督之際，一定沒有想到他的下半生不但與遠東一個殖民地結緣，恩種香港而仇結於中國紅色皇朝，令他成為繼馬戛爾尼（George Macartney）勳爵訪問北京晉見乾隆皇帝之後，中西方交通史上另一個受中國統治者排斥而憎惡的重要歷史人物。

其時彭定康年僅四十七歲，正值英國政治事業當隆之年。當年他得到柴契爾夫人（港譯：戴卓爾）的提拔，炙手可熱，隨時可以成為保守黨政治的明日之星。詎料因柴契爾夫人強硬推行不受歡迎的人頭稅，在第三任內被黨推翻，財政大臣梅傑繼位，隨即大選，彭定康助選甚力，梅傑順利得到國民委任，彭定康卻輸掉了在英格蘭西部巴斯傳統保守黨的議席。梅傑遂委任彭定康出任香港最後一任總督。

彭定康在戰後出生，屬於保守黨的自由派。他代表了保守黨新興一代的價值觀，與殖民地歷史保持距離，準備以普世價值的人權自由迎接千禧世代。而且因為蘇聯的倒台，民主政治在西方空前高漲，福山的「歷史的終結」躊躇滿志，宣告專制主義的死亡。彭定康在西方民主價值觀勝利的氣氛下空降香港，面對天安門事件後動盪的人心，全面檢視中共的《基本法》，而決定為英國在香港留下榮耀的一頁。

彭定康一到香港，魅力四射，深入民間，中共從來沒有見過殖民地的總督來這一套，對他充滿疑惑，便出動一貫的文化統戰，邀請他到北京，安排他參觀宏偉空闊的紫禁城。此一心戰設計，在視覺上施以下馬威，紅牆玉階，琉璃簷瓦，以兩千年中國帝王的建築符號讓彭定康對中國心生敬畏。中共知道西方的漢學家都因為傾慕中國的古老文化而初觸漢學，英美外交界的中國通經歷過中國文化的震懾和洗煉，對中國心存畏懼，從而對中共的要求讓步。從美國的費正清開始，中共長期借殼於「文化中國」，對西方政客布置氣勢。這一招在招待川普和歐巴馬初次訪華時都使用過。

但彭定康是牛津歷史系出身，中共這一招竟然沒有奏效。彭定康一來到香港，就發現以中文寫成的《基本法》條文詞彙粗疏不堪。例如「香港不實行社會主義制度」，何謂社會主義？「特區政府理財必須量入為出、力求避免赤字」。「力求」到什麼程度？如果盡了力就是做不到，算不算違反《基本法》？許多定義抽象的大題目，在《基本法》內成為條文。彭定康以英國的理性精神，在《基本法》的灰色地帶另行設計一套政制改革，目的是擴大香港人的投票權。雖然未來的立法會直接選舉的議席有限，但許多專業界別的代表議席，例如醫學界，原定只有醫生才有投票權，彭定康卻賦予全香港公立醫院的清潔工人也擁有投票權。

此舉馬上觸怒中國，港澳辦主任魯平與香港的新華社社長周南拒絕再與彭定康對話，並對彭定康展開人身攻擊的政治批鬥。中共收起了笑臉，隨即向彭定康揮拳。

對於許多西方政客，中共的統戰以笑臉和禮遇開始，將中國的山川文物與現代建設相結合，邀請西方朋友在中國旅行，盛情款待，並安排學生與群眾，給予他們在本國從未得到的歡呼，西方政客在民主國家沒有享受過的禮遇，只要願意做「中國人民的老朋友」，天上的星星也可以摘一顆下來。從季辛吉到馬克宏，從連戰到馬英九，柔攻人性的弱點，復誘之以利，尤其西方戰後成長的自由主義知識分子一代，可謂萬試萬靈。

但彭定康的中國經驗偏偏缺少了中共笑臉禮遇的前菜，這第一課很短暫就結束了，因為中共知悉心戰無效。眼見香港過渡期只有五年，彭定康一到香港就毫不客氣地出手，決定在香港人植入議會民主。於是中共直接現本尊，露法相，施以批鬥老拳。

一頓外交暴力，反而讓彭定康提早進入對中共真正的認知狀況，從此與達賴喇嘛、李登輝、龐皮歐（一譯：蓬佩奧）並為同一系列，亦即中共所認定的無法改變回頭者，定為終身敵人。

此為彭定康的「中國經驗」迥異於他同一代幾乎所有的西方政治領袖的特點。當其他西方領袖有如在取經路上懵然不分正邪的唐僧，彭定康早就在對中國交往的香港機緣之下，被中共逼得變成金睛火眼的孫悟空。

彭定康不懂中文，對中國政治一速成入門之後，很快就看通了共產黨政治的本質與中國民族的基因。來到香港之後，他發現殖民地香港人純樸天真，與他所遇到的中共官員不同。戰前英國的保守黨政客多少還帶點殖民主義時代所殘留下來的種族主義意識，彭定康很快就覺得，他有如普羅米修斯來到人間，要在遠東傳播民主的天火。這一點當中或許承傳了西方文化的某種優越感，但彭定康認為：若假設西方以外的民族國情有異、不配享有與西方國家公民一樣的民主和自由，無疑是種族主義的觀點。而很弔詭地，中共認定中國人只配擁有一黨專政與個人獨裁，江澤民和溫家寶都說過：中國人的質素差，不可以擁有西方的普選投票權。中共本著國際主義精神建黨，馬克思講究人類平等，最後卻淪為歧視中國人權的族內種族主義者。對於這一點，相信彭定康從當初感到迷惑而恍然大悟。

在香港的五年，彭定康也拓展人生視野。香港主權交還中國之後，彭定康一回到英國就被工黨政府委任為歐盟專員，當時江澤民為拉攏歐洲，而對彭定康變臉，邀請彭定康到中央黨校演說，雖然短暫，上海幫主政的中共總算看穿了香港的「一國兩制」，可以成為中國外匯儲備透過香港輸出外國的有效管道。此時華爾街和高科技企業紛紛對中國市場展開朝聖之旅，隨著中國加入世貿，中西方關係出現了金錢泡沫的和諧，而中共可以再次施展實用主義的統戰，直到香港展開反送中，中國正式砸毀香港的「港人治港、高度自治」、宣布《中英聯合聲明》已經是歷史文件為止；這一切當令彭定康嘆為觀止。

彭定康有幸活得夠長，目睹此一歷史變局。當其他英國政客包括外交官、當初鼓吹應該信任中共者全都噤若寒蟬，於是彭定康變成在道德上支持香港的孤獨聲音。

彭定康離開香港後，出版過幾本著作，尤以《香港日記》寄情最深。五年之間，彭定康成為香港的好朋友，香港人也以彭定康為知己。彭定康目睹中國人在面對政治現實時的人情世故，將香港主政五年的日記擇其精趣公開，引為歷史紀錄。時間是最好的裁判，隨著四分之一個世紀過去，滴水穿石、淘砂爍金、愚賢互見、忠奸漸辨，許多得到英國殖民地特權利益者，或英國人一手栽培的政務官，或因人格缺陷、或因學識和意志而缺乏根基，或因一些香港重商而拙政的賺錢的歷史基因，或因歷史學和政治的精髓，都有如航海家魯賓遜對土著學徒星期五一樣，英國人從來沒有教過、紛紛成為投機的賣港者，在在證實了彭定康準確的眼光和預言。

但在中國歷史上，改朝換代，既有王船山之類的一道貫義，又有錢謙益那樣的貳臣叛德。在中國人循環三千年的世道裡，劣幣驅逐良幣的時候多，公義申驅邪氣的時候少。在這方面，彭定康雖未涉獵魯迅、梁啟超、柏楊等中國現代名家對中國民族性的深入論述，但命運的因緣際會，香港成為他政治生涯的其中一站，無意間於中國文化有如此深刻的認知收穫，也是他對西方文明一個合理的歷史交代。

這本日記記錄了身為末代港督的彭定康在香港與中國交手的詳細狀況。中國共產黨的思維方式與其對世界認知的局限，與北韓一樣，長年受到僵固的意識型態的嚴重局限，即使是鄧小平、朱鎔基那類「改革派」也不例外。其強硬的「底線」不必指望有任何「開明」的修正，在表面靈活陰柔的統戰煙幕後，是中國下層官僚對帝皇旨意的遠東宮廷式去人性化的執行。彭定康的經歷顯示，英國的實力無法與美國相比，中國只有在對方強大軍事的實力之下才會低頭，不會有任何所謂的理性討論。昔日「改革開放」的「好日子」如此，後來個人獨裁的今日猶是。在今天看來，大家就會明白這個國家在執迷的自我中心絕對權力意識黑洞中，無法與世界接軌的基本原因。

由是之故，此書的出版，對今日各國的政要和商界，包括自由世界裡的台灣，毫不過時。這是自從馬戛爾尼訪問清國之後，西方洞窺中國天朝與中國人性格另一部重要的歷史文獻。

千禧之後，西方進入網絡全球化的狂躁和歷史記憶的斷層世代。政客水準低落，民主公義變質，左翼菁英沉淪，「政治正確」頑強，金權勾結氾濫，柏林圍牆倒塌之後的一陣狂歡，證明只是西方自由主義短視無知、驕傲自滿的一陣虛火，離柏拉圖的理想國越來越遠。彭定康珍貴的心得，在西方世界能有幾人聆聽惜取，以護衛文藝復興以來五百年的人道自由和理性公義？值此空前亂世，縱容豢養中共成為過河拆橋的新強權，美國終於急了，而彭定康在出幽入冥之間已做了誠實的抉擇，取捨有道，俯仰無愧，世界秩序如何取向，也只能看歐美和人類本身的造化了。

一座城市的消失

羅冠聰（前香港立法會議員）

一九九九年，我與家人從一河之隔的深圳搬到香港，港英時代早已退場，中小學教科書也鮮少提及香港過去的殖民歷史。最後一任港督彭定康的名字，對於主權移交後接受香港基礎教育的我而言相當陌生。我直至就讀大學時對社會時事有更深刻的了解後，才主動追本溯源，更深入地了解香港的近代政治發展歷史。近年來，彭督的名字隨著香港人權、民主議題更受國際重視，而重新浮現在港人眼前，我們時常在新聞媒體讀到他對香港政局的意見。

儘管如此，我在香港從未私下與彭督會面，只有一次在香港大學的交流研討會中，以聽眾的身分向他提問。與彭督的緣分，是我在二〇二〇年六月因應《國安法》在香港落實而逃離家鄉，到英國申請政治庇護並延續國際倡議工作時，才慢慢建立起來。

當我公布我的所在地為英國時，多年來一直以電郵聯絡的彭督便送來問候，我也希望登門拜訪，以感謝他多年來的指引和支持。於是在二〇二〇年七月初，我便到訪他在倫敦郊區的住所，算是剛好目睹他寫《香港日記》時的景況——家中走廊與客廳的紙箱堆積如山，裝滿他從香港運回英國，卻一直未曾妥善整理的歷史文件。

當年彭督在港督府和政府總部將文件裝箱運走，二十多年後重新整理並編輯成書；當時他正值壯年，在沒有保鑣隨侍下仍能到鬧區隨意走動，如今他已年過七十，行走時屢屢需要攙扶，有時更要吃力地避過一地紙箱。然而，他仍然將擔任港督視為從政生涯最光榮的時刻——他對香港的奉獻精神，從他在年邁之時耗費心力編寫五百多頁的書，可知一二。

無論你如何評價他對香港的貢獻，我相信沒有任何一位英國政治人物，甚至國際政治人物，會比他更關注這個城市的過去、現在與未來。

「我感到憂慮的，不是香港的自主權會被北京剝奪，而是這項權利會一點一滴地斷送在香港某些人手裡。」

——《一九九六年施政報告》

十九世紀中期至末期，清政府先後割讓香港島、九龍和新界予英國政府，由於新界的租期在一九九七年屆滿，經中英雙方協商後，香港島、九龍的主權在同年歸還予中國，正式終結超過一百五十年的殖民歷史。

與此同時，自二戰後二十世紀中葉開始，大英帝國也逐漸從殖民主義中退場，印度、新加坡等大家耳熟能詳的前殖民地相繼獨立。在這個大環境下，中國在一九八〇年代歷經文革、大躍進等動盪後，隨即轉入經濟開放而逐漸強盛，而當時英國保守黨柴契爾政府由盛轉衰，英國在為香港前途進行談判時表現得相當「禮讓」，因此在中國的各種遊説甚至威嚇下，無法在主權移交後保護香港的社會及自由，甚至無法建立民主的基礎。

當彭定康在一九九二年上任港督時，主權移交後香港的命運早已決定，北京不希望香港政局在最後五年有任何巨大的變動；彭督卻選擇與北京正面衝突，嘗試為香港建立民主基礎的道路。在履新港督前，身為英國保守黨領導層的彭定康，在大選中全力扶助政黨獲勝，卻於自己的選區落選，由第三大黨自由民主黨的議員意外勝出。彭定康敗選後，他與時任保守黨黨魁約翰．梅傑會面，商討他的前途——原本計劃由他擔任新一屆政府的財政大臣，結果最後他選擇前往殖民地末期的香港，成為最後一任、也是唯一一位由政治家擔任的港督。

「身為英國最後一位主要殖民地的總督，這將是重要的歷史任務……工作誠然艱難，但我覺得重要的是，向世界展示我們能夠以體面的方式處理最後的帝國責任，而且不背叛香港人民。」

——《香港日記》

在《香港日記》中，彭督以一九九二年英國國會選舉揭曉、獲委任成為港督開始，以日記的形式緩緩敘述這五年擔任港督的經歷。在這些紀錄當中，我們可以了解一位倫敦政客遠赴香港成為「一城之首」後的改變，以及港督在任時的日常工作。其中最吸引人眼球的，無疑是英屬香港的最後時光，他如何擺脱一九八〇年代起英方相對被動的位置，積極正面地與中共官員交鋒，並執意落實那些保障民主自由價值的政策。例如港英政府曾於一九九五年修訂《公安條例》有關和平集會的規定，將集會的發牌制度改為通知制度；組織者也無須徵得警方同意遊行或集會，只要在活動前七日通知警務處，藉以保障市民的集會權力。北京為了抗議彭定康在任期內讓議會大幅民主化的政制改革，於是在一九九七年主權移交後，另成立全部議員由北京欽點的臨時立法會，以通過特區成立時「必不可少」的法律；並廢除令北京不滿的條文，包括在《公安條例》重設「不反對通知書」制度，擴張警方規管市民集會時的權力。此爭議直接反映港英時代末期與中國治下香港政府對保障市民權利的迥異立場。此外，在一九九六年彭定康政府為促進社會平等，而成立了「平等機會委員會」，負責執行多條保障殘疾、反種族歧視等條例。

另一個有趣的觀察是，他如何評價一個個中國以及香港本土的政治人物，包括民主派的李柱銘、劉慧卿，公務體系的陳方安生，以及建制派的曾鈺成等人。首次會面李柱銘時，彭督便指出對他「印象頗佳」，並稱讚他「正直、勇敢……非激進分子」；對劉慧卿的印象則是「直言不諱、能言善道、口齒伶俐」。當時資深公務員的陳方安生也獲得甚高評價，是「公務員中最佳的代表」；彭督也指出，若非曾鈺成深陷親北京陣營，他們可以有相當好的合作空間。即使我在二十多年後才認識他們，但這都與我在從政路上的觀察頗為吻合——也側面印證了政治人物的性格特質，不太會隨時間流逝而改變。

從二〇二三年的時空回望過去，當然會對當時仍擁有的政治多元環境，以及不同政治領袖仍能發光發熱，感到相當陌生；而一個地區首長對政治異見的胸襟，將直接反映當地社會的自由開放。香港殖民歷史的弔詭之處便在於：本應意味著殘暴、勞役的殖民制度，在香港的特殊情況下，英殖時期的最後榮光，竟然比中共所謂「遊子歸家」的「回歸懷抱」論述來得更能體現社會的文明進步。於是，近來香港懷念殖民時期的言論興起，在批判殖民主義的全球浪潮下成為一種奇異聲音。有些人更認為，一九九七年主權移交後，香港只是由一個殖民政府，過渡到另一個更為專制的殖民政府——如今「五十年不變」的大限只過了一半，香港的言論、新聞、集會和政治自由早已較主權移交時急遽退步。

彭定康仍受港人愛戴，當然不僅在於他的任期象徵了香港最自由開放的時期，更在於他離開香港後，依然非常關注香港民主人權的發展，並痛批中共對香港的侵凌施政。他除了向來呼籲各國落實「救生艇」計畫，制定讓港人能逃離政治暴力的政策之外，同時也就政治犯等議題積極發聲，最近他更與多位前任和現任國會議員聯署，希望政府能讓因初選案而遭囚禁的前立法會議員毛孟靜保釋，探訪病危的丈夫。彭定康與其他離任後便撒手不顧的港督不同，他在位時已相當警惕於中共對香港的「狼子野心」，也正因為他從政多年敏銳的觀察，即使冒著被中共冠上「歷史罪人」帽子的風險，他仍執意在任期間開展政治改革，讓一九九五年的立法會選舉在「新九組」改革下，成為有史以來最民主的一屆。但這也導致北京在一九九七年後開「政治倒車」，成立臨時立法會，將北京所反對的法例改頭換面，並削減選舉中直選席位的比例，以確保北京即使在民選選舉中落敗，仍可牢牢掌握立法會的控制權。直到二〇二一年，最新的選舉改革讓反對派的參與變得毫無意義，直選議席只佔議會不到百分之二十五，而導致民主派全面杯葛選舉，新一屆議會再也沒有反對的聲音。

香港自由的淪陷，除了北京執意將其「大陸化」，使香港不會成為「顛覆」中國政權的基地，而城市的權貴菁英將我城未來雙手奉上，也是彭督在最後一次施執報告中所預料到的事。他對香港的擔憂、對中共的批評、對香港市民的信任、對權貴菁英的懷疑，一一貫穿這本反映了他深層思想的日記中。對於研究近代香港來說，本書當然是非常重要的史料；但更重要的是，它讓我更深入認識這位港人心目中最具代表性的英國政治家，並帶給我種種錯綜複雜的情緒。他嘗試為大英帝國帶來「體面的退場」，也為香港市民換來一絲可供退守的陣地。

余英時先生在《余英時回憶錄》中憶述，他在一九五〇年逃亡至香港，在羅湖過關時有一種極為奇異的經驗：「我突然覺得頭上一鬆，整個人好像處於一種逍遙自在的狀態中。」感受壓迫或自由的空氣，會在潛意識影響人的觀感，以奇妙而顯著的方式改變人對世界的感受。

一座城市的消失，不一定在於物理上的毀滅。

無論你對彭定康的評價為何，不可否認的是，再也沒有任何一任香港領導人像他一樣親民、熱誠，甚至比起港人特首更為「貼地」（編按：粵語俚語，務實之意），得到市民的愛戴。（香港大學民意調查顯示，歷任特首任期後期的民望都不及彭定康離任之時。）他愛吃的蛋撻不會隨著香港自由的覆滅而消失——但相信即使他重回舊地，蛋撻也不再美味，皆因他對城市的感受而改變了。

這座城市的覆滅，是當人民對它感到陌生、對它的愛護將會成為罪罰之時，它便已消失在歷史洪流之中。

前言

來自英國，如今活躍於英、美兩國的史學大師賽門．夏瑪（Simon Schama）曾經說：「歷史充滿爭論。」遺憾的是，這種爭論往往反映出根深柢固的態度，甚至是偏見，而不是以面面俱到的方式來仔細檢視證據和論述。當我們對歷史事件的解讀確實對現在有重要意義時，這種情況更為嚴重。當代關於帝國的爭論因為充斥著許多先入為主以及過度輕率、籠統的觀點，因此帶來了許多傷害，而香港在這爭論中具有一定重要性——那裡是我以英國末代港督身分度過五年歲月的地方。一九九七年六月三十日，我曾在香港的告別演說中表示，如今已沒有人會試圖為帝國主義辯護，但就在撰寫此篇前言的這個當下，腦海裡還是浮現了中共為了鎮壓、統治新疆和西藏而編造出來的論述。對於現代而言較有意義的，不是我們能否為殖民統治辯護，不是我們能否用當代價值觀來評斷過去數千年歷史，甚至一一列舉帝國統治遺留下來的優良制度，而是應該去探討帝國如何形成以及成因為何。普遍認為，四分之一個世紀前隨著我們將香港這個殖民地（或稱為「屬土」（territory），藉此掩蓋自身的尷尬）移交給中國，大英帝國正式宣告落幕。然而，究竟是什麼造就了大英帝國？

十九世紀的自由主義歷史學家和帝國主義捍衛者約翰．西利爵士（Sir John Seeley）有一句名言：「大英帝國是在一個心不在焉的情況下建立的。」帝國的建立，基本上是由於一連串錯誤、意外、意想不到的後果，以及對這些事情的反應所造成的結果。這也是珍．莫里斯（Jan Morris）的觀點，她不但出版了一部精湛的帝國史，也撰寫了一部描述香港的最佳著作。縱觀這個英國殖民地的歷史，無疑印證了她所說的帝國歷史是「零零碎碎」的說法。不過，位於北迴歸線以南、靠近珠江三角洲的中國南方海岸「零零碎碎」的島嶼，與世界上其他地方形成帝國的那些零碎元素不可同日而語。

九龍四山以南的群島，包含九龍半島、各島嶼、岩石、和「香港」等領土，是英國戰勝衰落中的大清帝國後，所贏得的戰利品。這些地方讓各家英國貿易公司（有名的香港各「洋行」的前身）有了一個根據地能在澳門和廣州開展業務，將生產於印度的鴉片恣意運往中國販賣。英屬印度的龐大開支有一部分就由鴉片收入來支應。從此，中國這個偉大的文明大國不再能夠要求中國人所謂的西夷「恪遵禁令」，自然也就無法遏止這種貿易全球化的惡例。一八四〇年代初期的砲艦外交，以清廷戰敗告終，並必須根據一八四二年的《南京條約》割讓領土。不過，英國駐華商務總監查理・義律上校（Captain Charles Elliot）雖以海軍武力強取戰利品，但包括英國外交大臣帕默斯頓勳爵（Lord Palmerston）在內，許多人都覺得只是雞毛蒜皮的收穫：港口、幾個零散島嶼和許多岩礁，故對中國掠奪規模太小的結果而失望。可能也是因為如此，後來義律才會只被任命為臨時代辦，派駐於新成立的德克薩斯共和國，而且後來的最高職務也不過就是蕞爾小島聖赫勒拿（Saint Helena）的總督。[1]

由於第二次鴉片戰爭的勝利，英國獲得在九龍半島南端更多清廷割讓的土地，與之隔海相望的維多利亞島（香港島），未來將成為這片英國新領土的心臟地區。不過，香港命運中最終的地理範圍，此時仍未底定。世紀末，英國與眾帝國列強，如日本、德國、俄羅斯、葡萄牙和法國，聯手從日益頹敗的大清手中奪取了中國大片珍貴的土地。英國獲得了維多利亞港和各島嶼以北的腹地，不過不是以割讓方式取得，而是改為長期租借。這片新的土地位在九龍以北所謂的「新界」，租借期限為九十九年。租約於一八九八年簽訂時，誰會想像得到租約到期的那一天？日復一日、年復一年，日曆一張張翻開、一頁頁變黃，香港這個殖民地有限的生命，在逐漸擴大的陰影中度過，永無獨立自主、自力更生的機會，注定要在一九九七年六月三十日回歸祖國懷抱。

這祖國的政府不斷瘋狂地扭曲、改變，從清帝統治開始，經歷民主的嘗試、軍閥割據與北伐戰爭、日軍侵略、到國共內戰，最後演變成列寧主義式的中共極權體制。這個冰封的極權國家曾有解凍的機會，不過最終證明只是曇花一現。儘管已從海上的岩礁、孤島和海港蛻變成一個偉大的國際商業中心，這是香港必須面對的無情現實：香港永遠不會成為一個獨立的城邦，自始至終將成為中國眾多城市中的一員，並嘗試與北京掌權者及全世界和平共存。

隨著時間流逝，有人爭辯說，英國可以合法保留清廷割讓的領土，只須歸還租借的部分便可。實際上，香港的發展軌跡證明了這自始至終都不是一個可行的選擇。原因是這座蓬勃發展的城市，必須仰賴新界的水源、土地、空間和農業才能生存。而日後新界本身又再發展出七個「新市鎮」。此外，如果不歸還香港，英國必須付出的昂貴代價是可能面臨來自國際的譴責，世人也會將之視為十九世紀「不平等條約」的重新抬頭。只要中國有意，大可隨意排擠香港，或是輕鬆以武力奪取——因為香港壓根就沒有地堡，但高爾夫球場的沙坑倒是不少。（譯按：作者在這裡用了雙關語 bunker，同時有「地堡」與「沙坑」之義。）然而，只要香港繁榮昌盛，只要香港能扮演世界各地通往中國的重要管道，輸入資金、商品和專業知識（或把這些東西輸出到世界上），它就可以繼續存在。不管在韓戰期間，或是毛澤東經濟政策產生悲慘後果的年代，或是鄧小平和他的接班人領導下中國穩步與世界重新建軌的新時代，情況一直如此。

香港的發展，尤其在二戰之後，見證了受教育的中產階級華人的成長、華人企業家往往能成功挑戰那些對華貿易傳統悠久的英國公司、以及不斷增加且對自身公民身分觀念越來越明確的健康公民。如果沒有九七大限的倒數時鐘，這一切都只會指到一個方向。與幾乎所有其他的英國殖民地一樣，隨著帝國欲望和能力的消退，香港理論上將可利用英國政治和憲法實踐所提供的軟硬體工具，為獨立進行準備。這些工具包括法治、獨立的司法機關、政治中立的文官體制，以及民選政府。為了獨立與自決作準備，政治人物將由新興國家的公民選舉產生，這個國家已具備自我控制的能力，並被賦予了管理國家的責任，須對人民負責。這個獨立、自決的權利從未成為香港命運的一個選項，而這個事實則賦予了北京共產政權一個強有力的論據：北京的共黨統治者表示，如果開始讓香港擁有其他英國殖民地所享有的民主制度，那香港人就會開始認為他們遲早會像新加坡或馬來西亞一樣，成為一個獨立的國家。這不但是北京政府永遠無法容許的，而且中共的這一套說辭實際上已被英國認可，甚至那些害怕踏出民主化第一步的香港人也欣然接受了。

正如我所說的，英國政府或在香港的英國商界，也許並不完全反對中國的這種約束。二次大戰後不久，若港督希望給香港帶來某種程度的民主，一定會受到英國政府的奚落。隨著歲月的流逝，形成這種態度的原委漸漸變得薄弱。在一九四〇及五〇年代，有人擔心國共之間的鬥爭可能會在香港自身的政治舞台上演。再來是對中共在文革期間和後續的政治風暴轉移到對香港的擔憂。當時存在一種高傲鄙視的假設，認為香港人對政治不感興趣，只喜歡賺錢。當時的確有很多香港人感到焦慮，認為民主政治將無可避免造成更多的福利支出、更多政府干預和監管，甚至提高稅收。（儘管香港的稅收已經低到極點，但他們認為加稅是連想都不該想的一件事。）如果民選政治人物能干預市場力量的自由流動，那麼，治理這個全世界最自由、最開放的經濟體之一真的有可能嗎？然而，當教育發揮其良性作用；當男性與女性都加入專業人士行列，在大學學習卡爾·波普（Karl Popper）和其他「開放社會」理念倡導者的作品；當社區在報紙和電視上看到南韓和台灣及世界各地正在發生的事；當香港人受到鼓勵做出自己的經濟決定；當上述種種條件都已經成熟時，如果還有人堅稱香港的人民不該享有發言權，不該關心那些深遠影響大眾生活的重大議題，那無論如何都是站不住腳的。接著，人們聽著九七大限的倒數時鐘，一邊經歷了令人不悅和憂心的事件，想了解一九八九年天安門廣場及周邊眾多的屍體，到底對他們馬上要看到的未來提供了什麼啟示？他們的要求出人意料，但並不過分；舉止驚人，但頗為克制。他們未來將何去何從？

到了一九八〇年代中期，當時能夠確保香港人未來幸福的基礎、及可以提供全面保證並讓大眾滿意的配方看來都找到了。當英國開始與北京就香港一九九七年之後的前途進行談判時，鄧小平端出了先前已向台灣推銷過的一個鼓勵台灣與中國大陸統一的提案，口號為「一國兩制」。香港九十九年的租約期滿後，將再次成為中國領土的一部分，中國對其享有主權。然而，中國將允許香港在外交和國防以外的領域都享有高度自治，並允許香港保留現有的生活方式，以及政府和社會運作的方法：資本主義、財產私有制、法治、隨開放社會而來的各種自由（新聞、集會、宗教、查詢）、政治中立的文官體制，以及政府對立法機關的問責制。事情果真照著這個方案發生了，一切都在英中之間的國際條約中寫得非常清楚。一九八五年《中英聯合聲明》（Sino-British Joint Declaration）送交聯合國進行登記，其主要承諾成為香港實質上的憲法：全部條款共一百六十條，外加三個附件，由中國在一些香港公民的參與下起草，稱為《基本法》。

這個方案的精妙之處，在於兼顧了英中雙方在政治和道德上的窘境，而且表面上滿足了香港市民的需求。不同於英國其他殖民地，香港成為獨立國家自此至終都不是選項，英國人正因如此必須面對道德上的難堪。而他們在政治上的尷尬之處，是不得不重溫當年大英帝國獲取香港那段不光彩的歷史和手段——儘管這個城市如今已發展為一個繁榮的國際都市。對中國來說，政治上的尷尬之處是提醒了世人，中國多年來遭受各國「不平等條約」的煎熬（這種說法不能說不合理），但也提醒大家一個事實：當年大多數的香港公民，其實都是逃離現代共產主義暴政的難民。（這件事必定讓大家停下來思考一下，但那些最為無知、意識型態守舊的中共黨人除外。）

除了身為英國殖民地所須面對的「九七大限」，香港這個城市第二個重要的決定性特徵，就是它是一個由難民組成的社會。一九九二年我到港赴任時，香港人口為五百八十萬，居民來自世界各地，有伊拉克、南亞、美國、澳洲、加拿大、紐西蘭、日本、英國和其他歐洲國家，非常具有國際大都會的特色，只要看看香港的多所國際學校就知道了。然而，香港的人口除了極少數原有居民的後裔外，主要來自中國其他地方。[2]第一、二和第三代難民是國民黨軍隊及官員的家眷，以及一九四九年中共接管中國大陸後逃離上海的商界領袖的親屬，而當年也是這些商界領袖將成衣及鐘錶製造等產業帶來了這個英國殖民地。他們的先祖當年以游泳、藏匿船上、和爬越鐵絲網的方式到達此地，逃避中共對地主的迫害、大躍進、大饑荒（甚至發生人吃人的慘劇）、害死千千萬萬人的政治操作，以及現代中國無所不在、對任何異議人士進行鎮壓的恐怖和殘酷。一九七〇年代，湧入香港這個大英帝國主義壓迫下最後堡壘的移民人數如此之多，當局因此推出了「抵壘政策」（Touch Base Policy）。只要有辦法越過邊境到達市區，找到肯收留的親戚，就可能獲得香港政府核發的香港身分證。這些人來到香港以前，一輩子受了「愛國必先忠黨」的觀念洗腦，這就是中國版列寧主義式「黨國同體」的致命教義！

這座由難民建立的城市，一切確定的事有終結的一天，雖然人民接受了統治者對其未來所做的承諾，但對此卻不容置喙。這座城市有一個大部分時候都立意良善的政府，但在倫敦的殖民統治者經常給人一種印象，就是他們認為對中英貿易及解決當今迫切問題的全球夥伴關係而言，這個地方只是鞋子裡一顆令人渾身不舒服的小石頭、一個分散注意力的雜念。不過，這個非凡之地、帝國奇葩，還得面對另一個無法逃避的現實。事實上，當年中共迫使如此多的商人階級離開上海，和一波又一波的難民逃到這些中國南方的島嶼上，所以在某種意義上，香港可說是中國極權主義的產物。他們擠到貧民窟和臨時安置所，但不久之後，這些地方卻演變成高樓大廈、舢板和龍舟比賽的海港、普通法院及隨之而來的各種自由，並擁有曾被譽為「亞洲最優秀」的警察隊伍。但那是過去的事了。這些人逃離了共產中國，後來卻協助中國勇敢向全世界市場開放，幫助中國實現真正的、迄今仍持續大步向前行的經濟發展。那麼中國給予他們的回報呢？由中共執政的中國現正著手逐漸摧毀他們的生活方式，其自由一項又一項遭到蠶食，許下的諾言一個又一個遭到違背。

諾言遭到違背，激起全世界的憤慨和爭論。這促使我出版這本我在一九九二年至一九九七年擔任港督期間所撰寫的日記，看來我的這段經歷值得在這個時候公諸於世。我在〈前言〉後面補充了簡短的說明，列出了為香港官員日常運作提供基礎支援環境的主要機構和安排。在日記末尾，我加了一份參與香港治理的主要官員名單，以及倫敦和北京關於香港主權移交的政策。最後一篇短文簡要地介紹香港近兩年發生、最後證明是完全摧毀自由社會的事件。

本書並未使用任何政府檔案中的材料，無論是保存在邱區（Kew）的英國國家檔案館（The National Archives），或那些與其他殖民地文件一起存放在他處的檔案。我也未使用任何私人信件與通訊的內容。我偶爾會從內人穎彤精心保存的日記中，對一些事件的描述、日期做交叉比對。我們兩人都打算把原始日記本及其他材料送交牛津大學的博德利圖書館（The Bodleian Library）保存，未來將毫無保留地提供給有興趣研究的學者。我自己的日記材料主要是錄音文字稿和一些大習作簿，每天晚上我都會在上面寫下擔任港督最後階段所發生的事。因為要出版成書，我必須適度刪減日記中的千言萬語（最後減少了數十萬字），因此一些地方必須重新編排。日記中有些段落記錄了我在受到挫折的情況下所說、所做的事，事後回想起來是不太恰當的言行，不過最後還是予以保留，並未刪除；因為這些事忠實反映了我們在經歷一系列前所未有的事件時，不時浮上檯面的緊張局勢，即使可以回到那個時候，我也不會做任何重大的改變。在本書中我唯一自我審查的地方，是在某些地方避免使用真實姓名，尤其針對那些仍然在香港的人，很可能會因為這個殘暴的專制共產政權而受苦，就連我心愛的城市都被戴上了手銬腳鐐。

註釋

1 譯註：德克薩斯（Texas）從墨西哥獨立出來後，自稱德克薩斯共和國，九年後才加入美利堅合眾國，也就是我們現在所知道的德州。

英國擊敗拿破崙之後就是將他囚禁於聖赫勒拿，那裡也是他病逝的地方，埋骨該地將近二十年後才重新被安葬在法國。

2 譯註：香港原居民指的是新界的圍頭人、客家人、蜑家人（水上人）以及祖先從粵東潮汕、海陸豐一帶移民到本地的福佬人。

何事、何時、何人、如何

一八四二年《南京條約》（Treaty of Nanjing）簽訂後，如今香港心臟地帶的港口和主要島嶼（維多利亞島，也就是目前通稱為「香港島」的地方）遭割讓給英國，第一次鴉片戰爭由此結束。第二次鴉片戰爭結束後，九龍半島南部和昂船洲在一八六〇年的《北京條約》（Convention of Peking）中也割讓予英國。所謂的「新界」（New Territories），佔了香港整個陸地面積的百分之八十五以上，從九龍延伸到深圳河的中國廣東省邊界，也包括大部分離島，在一八九八年的《第二北京條約》（Second Convention of Peking）租借予英國，期限為九十九年，是列強在甲午戰爭清廷戰敗後瓜分中國行動的一部分。[1]

一九八四年，中國總理趙紫陽與英國首相柴契爾（Margaret Thatcher）夫人簽署了《中英聯合聲明》，為香港割讓和租借的領土歸還中國進行了談判。次年《聯合聲明》互換批准書並送交聯合國登記。《香港基本法》（Hong Kong Basic Law）是中國全國人民代表大會於一九九〇年為落實《聯合聲明》而通過的中國全國性法律。該法於一九九七年七月一日生效，成為香港實質上的憲法。《基本法》（Basic Law）起草過程中一些香港市民提供了建議。

到一九九七年為止，香港都由總督管理，總督則由英國政府和國會任命，並對其負責。香港歷年來共有二十八位總督，我是最後一任，任期為一九九二年到一九九七年。一九九七年之後，港督的角色由香港特區行政長官取代。

香港政府團隊過去由外籍人士和本地華人公務員組成。到了一九九七年，除了律政司（Attorney General）外，所有的政府高層官員都由香港華人擔任。終審法院首席法官（Chief Justice）同樣由香港華人擔任。港督以下，位階最高的官員是布政司（Chief Secretary）。另外，財政司（Financial Secretary）負責財政和經濟事務。在總督和布政司下負責各政府部門的司級官員，實際上與英國的副大臣（minister）比較相似，而不是常務次長（permanent secretary）的角色。駐港英軍由香港駐軍司令（Commander British Forces）負責指揮。

行政局（Executive Council）議員由港督任命，相當於港督的智囊團，而且這些議員廣泛代表社會中（主要是）當權派的意見。行政局通常有十二到十六名議員，例如一九九二年有十六名，到了一九九三年有十三名。到一九九〇年代，立法局（Legislature Council）成員包括民選和委任議員。《基本法》規定，立法局應有六十名議員，其中二十人由地方選區直選產生，十人由選舉委員會選舉產生，三十人則由功能組別選舉產生。[2]主權移交前，立法局在一九九一年通過《香港人權法案條例》（Hong Kong Bill of Rights Ordinance），將《公民與政治權利國際公約》（International Covenant on Civil and Political Rights）的條文納入香港法律。

港督的辦公室和官邸在香港總督府（Government House；譯按：在香港一般簡稱為「港督府」、「督憲府」或「督轅」，一九九七年後改稱禮賓府），幕僚包括私人辦公室（private office）公務人員、一名發言人、兩名從英國帶來的個人顧問、一名副官（aide-de-camp），以及從皇家香港警察隊抽調來的隨身護衛，另外還有一個中央政策組（Central Policy Unit）。港督府由一名管家負責管理，總督夫人有一名社交秘書。港府在中港邊境附近的粉嶺有一棟別墅，供港督在週末使用。

身為港督，重大決策的制定，尤其是中國和涉及主權移交過渡相關議題，都經過我與所謂「特別委員會」的成員討論。（特別委員會名為「Ad Hoc Group」，毫無創意可言。）這個專責委員會中通常有布政司、財政司、香港政府各部門相關負責人、來自英國外交部（Foreign & Commonwealth Office（FCO）；簡稱 Foreign Office（FO））的政治顧問及副手、中央政策組組長、我的發言人，以及聯合聯絡小組（Joint Liaison Group）的高層團隊成員。聯絡小組根據《聯合聲明》而成立，可為《聯合聲明》的執行提供諮詢、討論一九九七年政府順利過渡議題，以及就雙方同意的主題進行訊息交換和磋商。英方由一位大使級外交部官員率領，中方也有類似的團隊。聯絡小組是英國在主權過渡方面進行大部分前置工作的單位，由一支非常勤奮、擁有超越一般人能耐的官員所組成的傑出團隊來負責。

我們與英國駐北京大使館保持定期聯繫，並獲得倫敦負責香港事務的單位支持，該單位由負責中國和東亞政策的高級外交官領導，並對英國外交部的一位副大臣和外交大臣本人負責。港督做出任何重大決定前，必須事先徵詢首相和各高層官員（特別是外交大臣）並獲得他們的同意。

中方有一個稱為國務院港澳事務辦公室（簡稱「港澳辦」）的機構，負責香港和澳門事務。中國外交部不時也會直接介入英國外交部的工作。在香港，親中共統戰活動的主要聯絡單位是新華社香港分社。新華社同時也經常為中共在香港事務上發言，其負責人是一位外交手腕不太高明的外交官。恒生指數（Hang Seng Index）是反映香港股市行情的重要指標，成分股為香港證券交易所交易的主要股票。有時恒生指數很明顯受到那些能透過特殊管道獲得政治消息的中國大陸投資人和企業所操縱。

許多聯合國成員國在香港設有總領事館或同等級的外交機構。香港是很多國家的重要貿易夥伴，貿易額甚至比大部分的主權國家來得高。港督和夫人每週生活的一部分，是參加各國領事館的國慶茶會。細心、敏銳的港督參加過這些活動後，將對世界各國國旗的典故瞭若指掌。過去港督府內沒有養狗的習慣，但穎彤和我創造了一個新的傳統，讀者將可以在我的日記中看到這個改變。

註釋

1 譯註：即《中英展拓香港界址專條》（The Convention Between Great Britain and China Respecting an Extension of Hong Kong Territory）。

2 譯註：功能組別的制度設計非常類似以前台灣「職業團體立委」的選舉，候選人都具有特定職業和產業背景。

1. 1992 年 7 月 9 日，我們抵達香港，布政司霍德爵士前來接機。穎彤、雅思和麗思走下飛機。

2. 香港人把姐妹長幼次序弄對了，但怎麼沒有潔思（Kate）呢？

3. 走在人群中與香港市民打成一片，是我在港督任內最喜愛的活動之一。圖為我和穎彤在抵達香港後不久訪問旺角的情景。

4. 1992 年 10 月 21 日，在北京與港澳辦公室主任魯平會面。此次見面雙方並無任何共識。

5. 1992 年 12 月在香港大學：李光耀自認為幫得上忙，其實不然。

6. 1993 年 10 月，在立法局的年度施政報告是我的行事曆上非常重要的一天。這次報告的主題是社會福利與民主改革。

7. 威士忌和梳打在港督府犬舍外。

8. 1993 年，雜誌封面上寫著：「彭林穎彤暢所欲言」——她總是有話直說。

9. 我的網球夥伴科林・格蘭（他那麼厲害，贏球的當然都是他啊）。

10. 我與任內第一年的新聞秘書韓新（譯按：正式職稱是資訊統籌專員）在香港電台播音室。照片中我似乎剛發表了一個很棒的觀點。

11. 穎彤的社交秘書露意絲·羅（Louise Law；娘家姓 Cox）和我的助理私人秘書周達明。

12. 我的主場團隊（左至右）：女管家艾絲佩絲·柯林斯－泰勒、政治顧問戴彥霖、督察史蒂夫（也是露意絲的丈夫）、政治顧問黎偉略。

13. 1993 年，我了不起的盟友李基茨和施祖祥，在無窮無盡的香港政制談判中稍事喘息，兩人在萬里長城上留影。

14. 1993 年，我的勁敵們——在新華社香港分社社長周南主持的中國國慶酒會上，我將自己維持適當禮節的能耐推到了極限。

15. 為改善身障人士搭乘交通工具的便利性，我發起計畫爭取支持。

16. 1995 年 3 月，我宣布任命曾蔭權（右二）繼任麥高樂（右一）的財政司一職。陳方安生（左一）與麥奇連（後排左一）在場陪同。

17. 我們的司機跑到哪裡去了？

18. 非常感謝我們擁有這艘配給港督使用的「慕蓮夫人號」（Lady Maurine）。

19. 身為香港所有公立大學的校監，我必須仰賴貼身男僕的協助，才有可能穿著正確的禮服（每所大學的禮服都不一樣）。

20. 1995 年 12 月，在菲律賓的「辛之家」（House of Sin；譯按：也可譯為語帶雙關的「罪過之家」）與黎偉略、麥奇連和辛海棉樞機（Cardinal Sin）合影。

21. 歡笑中的潔思、麗思、雅思。三姐妹笑容可掬，應該不是因為我說的笑話好笑吧。

22. 警司白樂仁後來在 1995 年成為我的副官。不論頭上是否戴了附羽毛的傳統官帽，他都對我照顧有加。

23. 只要時間許可，粉嶺別墅必定是我們一家人週末休息的好去處。

24. 1996 年，在立法局討論終審法院的議案。陳方安生和馬富善坐在最前排，當我的後盾。

25. 尼可拉斯・加蘭（Nicholas Garland）的諷刺漫畫：首相梅傑與外相韓達德看著我走在香港這條空中鋼索上，心情緊張極了。

26. 1996 年，我和副首相夏舜霆；他看起來和背景中的青馬大橋一樣高。

27. 1996 年 12 月 23 日：我與後來成為香港第一任特首的董建華在港督府外合影。由於篤信風水，董建華在特首任內並未入住港督府。（譯按：主權移交後中文改稱「香港禮賓府」，英文仍為 Government House）

28. 1997 年行政局成員。前排（左至右）：張健利、馬富善、陳方安生、我本人、王葛鳴、曾蔭權、麥列菲菲。後排（左至右）：吳榮奎、畢瑞博、李國能、錢果豐、鄭海泉、麥理覺、陳坤耀、賽門・羅德（Simon Lord；行政局秘書）、麥奇連。

29. 1997 年，青馬大橋開幕當晚的煙火表演。

30. 香港機場管理局主席黃保欣坐在柴契爾夫人的右邊，陳方安生則一如既往坐在我旁邊。

31. 宛如從海底升起的赤鱲角新機場。

32. 1997 年，中國國家主席江澤民與英國外相聶偉敬。

33.1997 年 6 月 30 日，訣別港督府。

34.與威爾斯親王一同登上皇家遊艇不列顛尼亞號

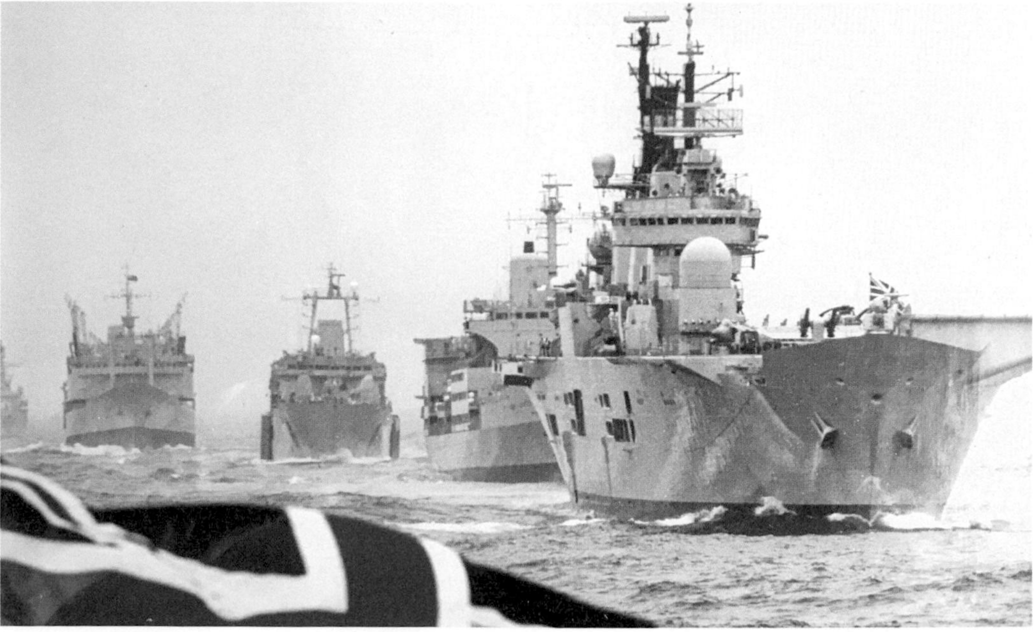

35.帝國的落日餘暉。

CHAPTER ONE

第一章
民主與巨龍
一九九二年四月－一九九三年四月

DEMOCRACY AND THE DRAGON

一九九二年

四月十日（星期五）

大約睡了四小時，我在《今天》（*Today*）廣播節目的聲音中醒來。新聞提要的內容都是意料中的事：「梅傑意外獲勝、主席中箭落馬」[1]。我沒有特別感到沮喪。一方面我早就料到約翰（John Major）[2]會贏得大選（上星期一他就聽我說過了），另一方面，我丟掉自己在國會中的席位，其實在所難免——工黨的棄保策略果然奏效。約翰知道我的想法後，告訴我那只是我一向悲觀的天性作祟罷了。對於未來，我抱持相對樂觀的態度，有一部分原因是巴斯（Bath）市政廳外群眾聽到選舉的結果後爆發了一場喧囂擾攘。若當時對手的支持者的行為較為檢點的話，我想我反而會感到更難受。電視上播出的畫面必定讓數以百萬計的觀眾看了惴惴不安、難以接受，而麗思（Laura）和雅思（Alice）在巴斯的競選總部看到這種景象一定嚇壞了，遠在拉丁美洲的潔思（Kate）透過BBC國際頻道聽到這個消息大概也會大吃一驚。[3]不過，加州柏克萊的美國朋友尼爾森・波斯比（Nelson Polsby）[4]在今天稍早時與我通了電話，他告訴我：「你倒不必擔心小孩會為你操心。天底下的孩子沒幾個會過於擔心自己父母的，所以你別太緊張啦，應該心存感激。」

市政廳外發生了狗屁倒灶的鬧劇，對穎彤（Lavender Thornton）[5]和佛瑞妲・伊凡斯（Freda Evans）[6]來說打擊更大。在大選期間，我每天都會花一部分時間來處理全國選務，但穎彤卻必須與佛瑞妲和另外三位年輕助理〔包括顧立德（Alastair Goodlad）[7]人緣頗佳的兒子馬尼斯（Magnus Goodlad）〕在巴斯為我拉票。自由民主黨（Lib Dems）屢次在前門留下對我抹黑與謾罵的文宣和批評我無能的言語，全心投入選戰的穎彤有時會感到難以下嚥。「自由派人士必定是好人」這種說法只是政壇常見的迷思。事實上，他們的競選手段有時比誰都來得卑劣，遠遠超過工黨和保守黨。失去巴斯的席位，意味著我擔任國會議員的生涯告一段落，但我一大早卻可帶著古羅馬人凱旋的姿態回到倫敦史密斯廣場（Smith Square）的保守黨總部，這是件令人鼓舞的事。然而，即使保守黨贏得了大選，但穎彤面對我個人的敗選，仍無法釋懷。她滿腹苦水，卻堅強承受，這是因為她韌性十足，並非因為為我助選是件輕鬆的事。從今以後，我絕不會再讓她忍受同樣的煎熬。也許選前我就該接受別人的建議，轉戰威斯伯雷（Westbury）之類的選區（其實有人拱手讓我接手）。我等於是對忠心付出的黨工夥伴承認徹底失敗，怎麼都說不過去。我絕不能以背叛來回應他們的忠誠。一些朋友甚至暗示這似乎表明了我對自己的政治生涯缺乏專業素養——而且是已成為過去式的生涯。

回到倫敦時已是深夜。約翰一向對我非常體恤及關心。黨贏得大選而我卻失去國會議員的席位，他屢屢表示這件事令他黯然神傷、鬱鬱寡歡。沒有人比約翰更體貼、更周到了。在大夥兒飲酒作樂的叫喊聲和歡呼聲中，約翰悄悄把我帶到史密斯廣場的小辦公室（就在我自己的辦公室旁邊；之前聘雇的政治顧問就在此工作）。他想讓我盡快了解我未來有哪幾條路可走：參加補選、進入上議院、在沒有國會議員身分的情況下繼續擔任黨主席，或者在商界先混一陣子後再設法重返下議院。後來我們都覺得當晚應該暫緩討論這件事。我想我必須先仔細考慮後再做決定，不過看來想好好休息睡個好覺都有點難了。

保守黨意外贏得大選（有人認為如此），而自己卻得忍受敗選恥辱的那個清晨，我從西敏主教座堂（Westminster Cathedral）旁的公寓住處走到唐寧街，途中穿過聖詹姆斯公園（St James's Park）。一如往常，我感到心情好多了。[8] 接著步上往唐寧街的台階，受到一名值班警察衷心的敬禮。

約翰和我在他的書房裡單獨會面。我們首先討論內閣及各部首長的任命事宜。他表示原想讓我擔任財政大臣。雖然這個財相的位子已不可能了，但考慮到目前國家經濟所面臨的困境，我至少不用扛下這個爛攤子。接著約翰向我一一列舉我可以擔任的工作，最後再加上「香港總督」這個職位。就在他提到「香港總督」的當下，我幾乎可以感覺到，這就是所有的選項中最棒也最有意思的職務。我曾和約翰在大選前簡短地討論哪些人選勝任這份工作，記得當時我還說出任香港總督極富挑戰性。要不是當時專注於競選連任，我一定會對出任香港總督一職蠢蠢欲動。約翰細數他心目中認為適合我的首長級職位，先從上議院說起，不是那些與政府部門有關的工作，就是擔任那種為他追蹤工作進度的副手。我覺得身要在上議院裡駕馭一個諸如國防部的重要部門根本行不通，外交部也是如此〔即使有機會在適當的時機再次回歸到韓達德（Douglas Hurd）的麾下〕[9]。若長期身處上議院的權力中心，想要實現自己從政的生涯規劃似乎不太可能——我的老上司彼得．卡靈頓（Lord Peter Carrington）[10]就是前車之鑑，他在福克蘭群島遭阿根廷入侵後不得不掛冠求去。再來，要是強迫其他議員辭職，好讓我去參加該選區的補選，那就更為不妥了。此舉簡直是不顧體統、丟人現眼。

四月十一日（星期六）—十二日（星期日）

許多人喜歡揣測我的政治前途，他們大都出於善意，只可惜真正徵詢過我意見的人寥寥無幾。保守黨主政的政府中甚至有人建議尼克．斯科（Nick Scott）乾脆放棄他在倫敦切爾西區（Chelsea）的議員席次，好讓我直接空降到他的選區。崔斯坦．加雷—瓊斯（Tristan Garel-Jones）[11]就是其中一人。此一作法絕對有害無益。在這種情況下，難道真的還有所謂的「穩得」議席嗎？[12]反而很容易讓我成為保守黨版本的派崔克．戈登．沃克（Patrick Gordon Walker）[13]。但最重要的是，我完全反對讓穎彤和我們一家人再次陷入水深火熱之中。至於想辦法四處物色董事的職缺，靜待重新出發的機會，我恐怕真的會變成過氣政客。打個比方，就是等待下一場舞會，但終於有人來邀舞時，自己卻跌倒或踩到選民的腳趾了。

要說服自己前往香港，無疑都是比較負面的理由，但正面的誘因也不少。香港總督這個職位也許無法取悅所有的人，但不失為一份體面、有意義且值得尊敬的工作。與穎彤討論這件事時，她告訴我：「你不接受這個職務的話，大概一輩子都會後悔。」話說回來，我要是真的接任港督一職，穎彤才是需要做出最大犧牲的人。[14]

對於自己能成為一個親力親為治理香港日常事務的市長，並處理艱巨的對華外交關係，我感到十分期待。身為英國最後一位主要殖民地的總督，這將是重要的歷史任務。此外，過去我曾擔任外交部海外發展副大臣（Minister for Development），認識到亞洲及環太平洋將成為未來世代非常活躍的地區。工作誠然艱難，但我覺得重要的是，向世界展示我們能夠以體面的方式處理最後的帝國責任，而且不背叛香港人民。

星期五、六兩天早上我去了首相府，離開時約翰大方地帶著我與等待中的人群打招呼，以確保我能與他分享這次選戰的勝利，而能夠獲勝無疑是他非凡的成就。波斯灣戰爭結束後，約翰並未接納許多人的建議，立刻以極端愛國主義的方式推動國會改選。當時他的確可以這麼做。他反而在國家經濟衰退期間才舉行大選，而當時還看不到任何經濟復甦的跡象。許多保守黨國會議員之所以勝選都拜他所賜，但對他表示由衷感謝的人少之又少。

四月十三日（星期一）

經過一個週末的內閣籌備工作，韓達德和妻子茱蒂（Judy）邀請我們共進晚餐。在籌備工作期間，一些朋友花了許多時間與我在電話中討論。他們因不知將受邀什麼內閣職位，而有不確定的感覺，因此想聽聽我的建議，看哪些職位是可接受的。一開始提供建議時，我先禮貌地向大家說明，自己丟了飯碗，卻談論別人可以接任這份或那份工作，似乎對大家不會有多大的幫助！儘管韓達德對我出任香港總督列出一堆正面的理由，但他也費盡心思表明，首相顯然希望我留在英國。韓達德補充說，最理想的情況是他希望我跟隨他到外交部服務。他也承認，香港總督這個職位比英國政壇中大部分的職務來得有趣。

四月十四日（星期二）

我可能會前往香港的消息曝光了。我猜可能是因為一、兩位友人大聲疾呼，希望我未來的政治生涯留在國內。媒體的報導很快就變成：穎彤和我可能在復活節週末帶雅思前往法國度假，目的是讓自己好好思考是否要踏上前往東方的旅程。不過，其實穎彤和我早已做了決定。

四月十六日（星期四）

我們到達倫敦蓋威克機場（Gatwick Airport），準備飛往法國第四大城土魯斯。在商務艙乘客的貴賓室裡，遇到了克里斯多福・布蘭德（Christopher Bland）[15]和他的妻子，他們在法國有另一個家，正好帶著大衛・歐文（David Owen）[16]夫婦和約翰・伯特（John Birt）[17]夫婦一行六人前往土魯斯度週末。這是一場巧遇。近來有人將大衛・歐文的名字與香港總督的職位扯上關係。事實上，不論是在公開或私下的場合，大衛都對我接任香港總督表示樂觀其成。然而，在蓋威克機場，我們針對這個議題有一番辯論，可以說是君子之爭。克里斯多福和約翰都認為我不應該前往香港。原因是離香港回歸只剩下幾年，總督沒有太多揮灑的空間，我一定會覺得無趣。連大衛也想知道我是否真的很快就會感到無聊。

四月十七日（星期五）－二十一日（星期二）

我們在法南阿爾比市（Albi）的東邊度過非常愉快的復活節週末。我寫了一封信給首相梅傑，告訴他我前往香港的決定。回到倫敦後我馬上寄出這封信，後來也在亨廷頓市（Huntingdon）與他通電話。他對我做出這個決定非常理解，而我對於必須與他和政府內閣說再見感到些許內疚。但正如穎彤所說的，必須離開並非真的是我的錯！老實說，對我個人來說這是天大的諷刺！也就是說，香港的末任總督竟然是由巴斯的選民選出，而這些選民主要是工黨支持者，這次大選也許是他們平生第一次（也許也是最後一次）把票投給自由民主黨。

我離開英國到香港履新的前幾個星期，在密密麻麻的會議、餐敘和簡報活動中度過。六月底我對我負責的業務做了總結及交接，並深思熟慮未來工作中一些主要的議題：

1992 1993 1994 1995 1996 1997

在我從法國回來後與約翰交談後，他的私人秘書安德魯．滕博爾（Andrew Turnbull）與我通了電話。[18]滕博爾指出，我還沒和首相討論我到香港履新時，要帶著什麼官方授予的榮譽前往。我說，我一直都在政壇服務，而我擁有的榮譽就是擔任樞密院顧問官。我認為沒必要帶任何其他榮譽或勳章之類的去香港，但也向他補充說，如果香港有人認為我未獲女王授予聖米迦勒及聖喬治爵級司令勳章（KCMG）或類似的榮譽而發生騷亂，那我當然很樂意重新考慮這個議題。[19]此後再也沒有人提起關於榮譽頭銜的事。至於傳統的總督服裝，我不得不精心想出一套理由來擺脫必須穿著那種官服的規定，而在這個問題上，我得到了外交部常務次長約翰．科爾斯（John Coles）莫大的協助。[20]香港事務正是他負責的相關業務之一。他認為不穿傳統制服並非沒有理由，常務次長也欣然同意了。白金漢宮方面，尤其是勞勃．費洛斯（Robert Fellowes）[21]和蘇珊．哈西（Sue Hussey）[22]兩位都非常理解，所以我們就將傳統官帽和羽毛這些亂七八糟的東西都扔了。戴著以羽毛裝飾的官帽來談論開放和民主，肯定是件頗困難的事。我也必須承認，與其說這只是我基於民主素養而必然拒絕的事，不如說這也是我太在意我的外表（虛榮心作祟）。我的身材已今非昔比，穿著傳統官服看來必定極為荒唐。只有夠高夠瘦的人才有那種能耐。

十週後，我才會在七月五日獲任命為總督，先前往新加坡，接著到香港赴任。到香港之前，我還是繼續擔任保守黨主席的職務，直到夏季稍晚時才會由諾曼．福勒（Norman Fowler）接任我的工作。[23]但我大部分時間都在外交部一個小房間裡度過，閱讀簡報文件並接見幾位處理香港主權移交事宜的外交官。這段時間外交部安排約翰．莫里斯（John Morris）暫時來當我的私人秘書，而他與其他人員的幹才證實了過去我對英國外交單位的看法無誤，他們的表現傑出，卻常遭國內小報批評為與英國社會脫節，而那些論調都是民粹主義的。香港司的負責人是一位名叫彼得．李基茨（Peter Ricketts）的外交部要員。[24]他聰明，理智，親切，而且見多識廣、消息靈通。我有一些想法雖還未明白說出，但他總能很快掌握。當他覺得我有什麼地方錯了，他也從不猶豫，會以不傷我自尊的方式告訴我。

在所有我參加的簡報會議中，我意識到我將面臨各式各樣相互矛盾的壓力。首先，就香港問題而言，人們一方面希望與中國和平共處，一方面又希望有一位願意為他們挺身而出，與中國交涉的香港總督。我的前一任港督衛奕信（David Wilson）曾受到不少人的批評（有時是不太公平的批評），認為他對北京不夠強硬，而攻擊他的人不乏商界人士。[25] 據我推測，隨著時間逼近一九九七年，前者（希望與中國和平共處的人）會越來越多，而後者人數將不斷減少。

其次，有一群香港人在外面世界的熱情鼓勵之下，想要爭取更大的民主自由，同時也將獲得世界各地媒體的大力支援，特別是在北美地區。另一方面，也有一群香港人士比較保守，更重視商業利益，不論過去他們發表過什麼言論，都會開始反對可能惹惱中國的一切。這群人裡有一大部分早已偷偷辦好外國護照。顯然，要建構一個完全理性、介於穆佐雷瓦主教（Bishop Muzorewa）和穆加貝總統（Mr. Mugabe）之間的中庸政策，是完全可能的——前者是為了尋求平靜生活而願意接受任何安排，後者則是隨時準備好要開戰。[26] 但由於我們需要獲得多數議員的贊成票，才能在立法局（Legislative Council，簡稱 Legco）通過議案，這將帶給香港行政部門一些困擾。

再者，雖然商界希望避免與中國發生任何衝突，但也會設法確保維持法治，讓市場經濟穩定運作的條件能持續存在。香港的成功不僅取決於自由經濟，還取決於言論自由和法治。這種成就無法在共產主義獨裁統治的地方找得到。

最後，我們還需要考慮在英國國內的選民。除非出了大事，總的來說，他們不會太關心香港所發生的事。大眾所期盼的是，英國政府能為香港民眾做正確的事，藉此讓自己的內心洋溢著溫暖的滿足感。但實際上他們卻滿足不起來，因為英國面對的是北京政府這個對人權等概念嗤之以鼻的老人統治集團。與此同時，北京的大老們希望香港在經濟上持續發展、壯大，但絕對不希望看到香港成為中國大陸民主異議者的焦點。也就是說，北京對英國的信任度是零。他們認為我們想將香港的財富一掃而光，帶走所有的戰利品，再來就是留下一個政治定時炸彈將中共專制政權炸得粉碎。我們在對中關係上付出了很大的努力，例如外交部裡有不少的親中專家、雙方所建立的貿易關係，就連愛德華・希思（Edward Heath）都會偶爾展現魅力。[27] 如今這種嚴重的誤解竟然繼續存在，實在令人不解。

我手上有許多亟待解決的棘手問題。這些需要克服的事可能比人頭稅或在經濟衰退時期維護保守黨的利益更加困難，但肯定會要有趣多了。[28]

顯然，中方決定在我到達香港時給我一個下馬威。據說他們擔心的有四件事。首先，當首相宣布任命我為香港總督時，除了「穩定」、「繁榮」以外，我們還用了「自由」一詞。

其次，我的老朋友，也是負責亞洲事務的外交部副大臣顧立德在最近訪問香港時表示，如果中方有政治意願，可以修改《基本法》，換句話說就是加快民主化的步伐。（說阿拉斯泰素有貓頭鷹般的智慧，他絕對當之無愧。與其他大家公認的智者一樣，他的名聲要歸功於他很清楚何時可以說話，何時該默不作聲。雖然這次他的公開評論完全正確，但就有那麼一丁點與他的個性相違。）

第三，北京擔心李柱銘訪問倫敦時首相曾會晤他。他們認為英方打算將李柱銘和他香港民主同盟（United Democrats of Hong Kong）的同僚安插在港府的行政局當中。北京當局極力反對這種安排。[29]

第四，他們擔心英方再次提及一九九〇年所發出的公告：當年我們宣布將在一九九五年立法局議員選舉前再造訪北京，談論香港民主化進程的腳步。很明顯北京將關於新機場的談判進度放緩，試圖以這個政治籌碼來對付我。果真，北京已向首相提議，也非正式地表達希望我應該先前往北京把新機場的問題處理好，再到香港赴任。我們無法接受像這樣把政治問題與機場建設綁在一起，絕不能讓步。如果我答應北京非正式的要求，譬如說同意不任命李柱銘為行政局（Executive Council，簡稱 Exco）成員，那他們無疑會故意洩露消息，而我人一到香港，立刻成為踏足香港之前就已向北京俯首稱臣的總督。

顯然，未來幾年內，新機場的建案將會是香港政壇的持續熱議的問題。香港原來的啟德國際機場已有七十多年的歷史，但目前香港作為一個規模不斷成長的國際航空樞紐，啟德已不敷使用。啟德機場位於九龍東部，唯一的跑道往九龍灣延伸。

飛機要在啟德機場降落的飛行路線非常刺激，必須從西面飛越香港上空，在接近跑道時來個大右轉，然後在兩旁高密度大樓中間著地，這有時讓人覺得彷彿穿越一排晾衣繩。任何親身經歷過降落啟德機場的人（特別是在駕駛艙待過）都知道，這種刺激有趣的體驗可是千金難求。基於環境、噪音和安全的考量，多年來香港一直需要一個能夠滿足夜間航班需求的新機場，而且至少要有兩條跑道。事實上，自一九七〇年代以降就有各種興建新機場的提案。

最後，一九八〇年代出現了一個可行的新方案，由幾位顧問和規劃師提出。執行這個方案，須將一個名為赤鱲角的小島填平。赤鱲角島位於香港島西邊第一大島大嶼山的北邊。另外，也必須進行大範圍的填海工程，並進一步發展港口（特別是開發兩個額外的貨櫃碼頭）及建設一條巨大橋梁、車行道路和鐵路的基礎設施網絡。單單這個計畫的主要橋梁（名為「青馬大橋」）本身就是一個龐大的建設計畫。再加上航站大樓、跑道和機場大廳等，將會是二十世紀最大的建設計畫之一，造價也肯定非常昂貴。

但建設新機場的理由絕對充分，不僅可以解決交通問題，另一方面也展現出香港對於自身未來的信心，並讓市民深信香港是個前景看好的地方。最後，由總督衛奕信做出建設新機場的決定，過程勇敢且富想像力，也受到他的副手布政司霍德爵士（David Ford，後來也在我任內擔任同樣的職位）全心全意且全力的支持。[30]做出這個決策的時間點，大約是在一九八九年天安門大屠殺嚴重動搖香港市民信心之際。[31]

中方注意到英方高度重視這座新機場，覺得可以利用興建機場來干預英國對香港的整體政策，藉此在談判桌佔上風。北京最大的籌碼，是了解到興建機場的資金需求會持續到一九九七年之後，而許多建築合約也是如此。他們要是有意阻撓，的確可以在這個議題上千方百計從中作梗。對於一個近三十年來經濟持續成長、擁有龐大財政存底和優良信用評等的社會來說，雖然不至於負擔不起興建新機場所需的高昂費用，但顯然中方有人（或據說他們）認為，主權移交前我們打算讓香港留下鉅額債務。也許在對英國政府疑心最重的時候，他們會覺英國使出陰謀詭計，目的就是圖利自己的企業。想像得到的是，如果彼此角色對調，圖利本國企業很可能就是北京會出的一招。無庸置疑，北京當局有人會認為，為了整個珠江三角洲地區的發展，優先考量的應該是在廣東省境內興建新機場。因此，衛奕信和他領導的香港政府在機場問題上很難與中國達成協議。

最後，梅傑首相的資深顧問柯利達（Percy Cradock）慫恿他出訪北京，與中國總理李鵬簽署協議（衛奕信也在一旁敲邊鼓），以便讓機場興建計畫可以開始進行。[32]但這個決定實屬不智。因為這個決定，在一九九一年九月，

1992

1993

1994

1995

1996

1997

梅傑首相成為自天安門廣場大屠殺事件發生以來首位造訪北京的西方領導人。梅傑訪問北京受到各國譴責的同時，中國領導人在他傷口上撒鹽，安排他在許多學生抗議並遭殺害的天安門廣場上檢閱儀隊。

約翰在受辱後試著挽回一點面子，向他接觸到的中國領導人提出人權的相關問題，特別是強硬派代表之一的國務院總理李鵬——此人是中共政府裡的鷹派，天安門的大屠殺事件絕對與他脱不了關係。[33]同時，柯利達（這趟訪問就是他出的爛點子）還告訴首相的隨行記者，任何提到人權的談話都只是裝門面而已，並無任何實質意義。約翰因此與可恨的總理李鵬簽署了協議。因為這一趟嚴峻的旅程，梅傑受到來自各方的非難。不言自明的是，北京當局的行為並未因此有絲毫改變。他們使出拖延戰術，只顧接二連三地提出反對意見。這次經驗無疑大大改變了約翰的看法，讓他改用不同的方式與北京打交道，也深深影響了他麾下資深官員提供給他的意見——尤其是那位號稱無所不通、無事不曉的中國通柯利達。

七月二日（星期四）—四日（星期六）：赴香港履新之前的最後一番思考

在中國外交官當中，馬毓真大使算是比較親切的一位。[34]他在我們一家離開倫敦赴港前為我餞行。晚宴中，我竭盡所能針對我在港督任內希望推展的工作，向馬大使提供了總體概述，並清楚表明我無法前往北京，是因為中國當局在這個時間點藉故引發爭議，來防止我在香港進行他們不希望我做的事。對於任命李柱銘等民主派人士擔任港府要職，雖然只是個想法，但北京的批評聲浪從未間斷，因此不論最後我的決定如何，這問題勢必都會難以處理。其實我在接受任命前已與李柱銘會面，對他印象頗佳。從各種關於他的報導看來，李柱銘正直、勇敢，但絕非激進分子。以英國政治的標準衡量，他應該算是溫和保守派。若說他犯了什麼罪，那就是他相信法治和民主，而這偏偏無法見容於北京政府。我希望馬大使會把我的意見傳達給高層，不過我擔心在中共的體制下，向當權者說真話要比在英國難多了。

無論如何，要以一種其他國家都會尊敬的方式來解開這些結，顯然很困難。某種程度看來，未來五年會像是一個三稜鏡，人們將藉此來檢視和評斷英國的殖民史。當然，我們在香港所面臨的問題與英國過去的去殖民化過程非常不一樣。我發現後來自己常常覺得，英國一貫的去殖民化工作就像將衛星發射到軌道上。我們將法治、獨立的文官體制和西敏宮的國會制度放在火箭發射台上，然後點燃導火線，期待火箭起飛並將衛星成功送上獨立軌道。[35]香港的情形不一樣，必須在外太空進行對接，對象是一個許多人都不怎麼喜歡的政權，那怕這個政權統治下的中國在經濟上成就非凡，也改變不了大家的想法。畢竟有一大部分香港人就是當年逃離共產主義的難民。

對我來說，目前實際運作中的港府體制是個謎。總督和其他政府官員似乎已陷入了兩個權力中心的無人地帶：一個是行政長官領導的執政當局，另一個是監督性質的問責單位，不過後者離成熟階段還有一大段距離。現有的行政局在代議制民主的金字塔的頂端，其中許多諮詢小組的成員來自社會各階層，正直的市民不分性別聚集在一起參與運作。不過，也許他們並非真正來自社會各階層。支持高度民主的人和親北京強硬派通常都被排除在外。但隨著近年來立法局朝向民主化，越來越多的成員透過選舉直接產生，行政單位的角色以及立法局和行政局之間的關係已經陷入了混亂與恐懼。

我的作法傾向適當區別行政局和立法局，在兩者之間創造出某個類似鉸鏈的角色，而最適合的人選大概就是我。如此一來，關於李柱銘和其他香港民主同盟人士是否應該從立法局轉調至行政局的問題，就不再是爭論點了。我和一、兩個人討論過這個想法。其中一人是我的副手布政司霍德爵士（David Ford）。他待人親切、幹練且耿直，擁有豐富的經驗，尤其在安全領域。他對於處理人際關係以及管理大型專案計畫的確也頗為擅長，顯然也想竭盡所能助我一臂之力。我還與行政局首席議員鄧蓮如女士（Lydia Dunn）談過。[36]她也許是香港政治問責機關裡非民選議員中最突出的一位。多年來鄧蓮如也曾擔任太古集團（Swire）的資深主管和董事。

處理這種情況可能要花費很多時間，但成果不會太大。對於我作為相當於香港市長的生涯尤其顯得重要。我想解決許多社會和經濟問題，並為未來香港的基礎建設進行規劃，因此需要一個政治基礎來做這些事。但我所談到的人際關係不應該延誤我的其他工作事項——儘管在政治上處理任何事總是需要花費很長的時間，我猜在其他場域也是一樣，尤其是牽涉到那些以自我為中心的人物。我真正關注的三個問題如下：

首先，我必須努力促成各種措施，以確保香港未來的司法制度健全無虞。近來做出的努力側重於設立終審法院（也就是香港的最高司法機關），不過目前為止雙方仍未達成任何協議。的確，一九九一年港府曾嘗試設立終審法院，但以失敗告終，原因是司法界和立法局都對此計畫加以譴責。部分反對此一提案的理由是，之所以會有這些議案，幾乎都只是單獨與中國討論後秘密草擬出來的。絕大多數的批評者認為，這一切都是背著香港人民進行的操弄。從這個論點出發，在處理重大及影響深遠的問題時要盡可能開放。如果說議案都是在與北京討論之後才出現，那就是很拙劣的政治運作。當然，已達成的協議若有任何第一手資料外泄，洩密的很可能就是北京方面。

第二個問題，是我們如何使香港的法律更符合一九九一年《香港人權法案條例》導入的立法精神。之所以這麼做，一部分是為了在天安門事件之後能穩定士氣，一部分也是為了在香港主權移交前，能確保北京清楚地理解並接受《公民權利和政治權利國際公約》的規定適用於香港。[37]此一公約本身也成為《基本法》的一部分。許多殖民時代的立法（任何當代的港督都不會採用的法律）將予以廢止。這些法律的存在，是為了應對一九六〇年代文革期間在香港造成五十多人死亡的暴動事件。我猜，若想廢除任何可能將香港變成警察國家的法律，必定會遭到北京的反對。中國是個不太講求程序正義的地方。

第三是馬上必須處理的事：關於如何進行一九九四年香港各地區政府選舉和九五年立法局選舉的方式，到目前都還沒有達成協議。時日不多了，但目前連一個計畫都還沒有。唯一與北京達成的明確協議，是香港不會單方面增加直選議員的席次。不過，即使想要推翻這個協議，我也無能為力。與北京的協議規定，一九九五年後立法機關中應有不超過二十名直選議員，三十名成員來自所謂的「功能組別」（理論上代表香港的主要利益團體，如律師、教師和農業團體）[38]，以及十名從所謂的選舉委員會中選出，不過其精確組成並未公開。我了解沒有辦法增加直選議員的席次，直選議員是整個選舉制度裡最明顯的民主組成部分。但我確信，在非常狹窄的操作空間內，我可以讓整個方案更開放、更公平，而且最重要的是對選民負責。預料任何確保選舉過程更公平的努力，都會讓中共官方感到忐忑不安。

雖然《中英聯合聲明》和《基本法》針對選舉制度提供了依循的準則，但在實際操作上比某些人想像的彈性要高許多。然而，光靠等待北京中南海年邁的老大們對此發言，是無法確定這彈性到底有多大的。到底如何處理這個議題，英國外交部袞袞諸公也有各種不同的見解，一部分原因可說是世代觀點的差異。在外交部的高層有一批老一輩的親中派認為，從各方面考量，只有他們這些與中國人打交道經驗豐富的人才真正懂得如何應對。這些老頭認為，英國最終必須遷就北京。這是理所當然的，何必冒著與北京翻臉的險？換言之，北京淩駕於英國之上。花了多年學習華文、研讀中國歷史，並沉浸在中國文化中的人，也許自然而然會產生這種觀點。如此看來，我的前任港督衛奕信應該多少會嫌惡我的政治本能，他為人正直，也是個了不起的中國專家。[39]

目前外交部有一群和我年齡相仿的人，似乎已準備好要對北京採取比較強硬的態度。他們在過去十年花了很多時間與中國外交官針對《中英聯合聲明》及機場議題上，在壕溝中進行肉搏戰。這群年輕人對自己的想法與觀點熱情洋溢、充滿自信，認為我們偶爾也應該好好展示自己的實力。總是有人提到要顧及中國人「面子」這件事（尤其是老一輩的外交部官員），我不得不說我越聽越生氣，而且我們英國人偶爾也要考慮自己的「面子」吧。我向地位顯赫的香港親中統戰派人士方黃吉雯（Nellie Fong）說明了這一點，據說她是北京負責港澳事務的頭頭魯平派來與我談判的信使。她聽了之後似乎大吃一驚。[40] 與受「天命」要做一番大事業的人打交道，應當感到榮譽才對，我怎麼完全無法理解呢？雖然方黃吉雯並未給中國人冠上「優等種族」的地位，但言下之意就是如此。若按照她的標準，就連巴斯選區的選民都沒有授權給我了，憑什麼對獲得「天命」授權的人說三道四！

與中國打交道這件事，外交部常務次長大衛．吉摩（David Gillmore）與我的看法似乎比較接近。[41] 他明確表示，我們關心香港市民的想法和意見。他似乎比許多人還關心英國對香港人前途應負起的責任。吉摩完全不相信香港人對政治漠不關心，只在乎做生意和賺錢。他讓我想起，許多中國人是見識到共產主義政策帶來的災難，才會逃去香港定居；同樣的也有許多人，就像我與吉摩這樣，是上了大學接受教育，透過閱讀才充分了解什麼是一個開放的社會。

我請我的私人秘書約翰．莫里斯（John Morris）會記下我與吉摩主要會議的完整記錄。我與英國涉華政策首席「中國通」柯利達爵士會晤時，也依樣畫葫蘆。柯利達打從中國文革爆發時就在英國駐北京大使館工作，經手各種涉華事務。當年暴徒闖入英國大使館時，大使與使館人員正在打橋牌，緊抿上唇，大夥兒手中的牌很可能都不錯。據說，大使館遭暴徒燒燬前發出的最後一封電報，一開頭寫的是：「我剛剛叫牌叫了三次無王牌！」

最後，柯利達在一九七〇年代末期成為駐北京大使，與中國在香港主權移交的各項談判中擔任了最重要的職務。卸任後他成為柴契爾夫人和梅傑兩位首相的首席顧問，他們主要是向他諮詢涉華事務，但也包括其他問題。《中英聯合聲明》最後定案，柯利達顯然認定那主要是他一個人的功勞。他討厭政客，而我必須承認我們政壇人物的確有庸俗不雅的一面。柯利達無疑是聰明人，但自視甚高，其程度令人咋舌。每次我提到該如何與中國打交道時，除了翻白眼之外他什麼表情都有。柯利達向我明確表示，五年後香港主權移交的所有細節幾乎都已定案，沒有什麼需要我操心的。剩下要做的事，就只有確保他一手打造的列車，能夠在與中國各合作伙伴共同鋪設的軌道上運行無阻。

也許說來有一點不公平，但我不確定到底柯利達有沒有把香港在地居民的權益放在心上？在香港前途的議題上，柯利達顯然認為只要港人對他言聽計從，必定會獲得最好的安排。想必想必我一向頗為欣賞充滿智慧的資深官員，但此人自以為是、高傲自負、尖酸刻薄，簡直讓我氣到不行。他對我的看法也相去不遠。柯利達特別生氣的時候，就是我提起下議院那些關於《中英聯合聲明》的辯論時，國會議員屢屢論及我們對香港民主的承諾，就連諸位國務大臣也會提到，即使力道稍弱了。也許柯利達並未明說：「他們完全不曉得自己在說什麼」，但言下之意確是如此。這次的會面對我產生了相當大的影響，而柯利達爵士對我說的一字一句，據說也是他慣常說的話。他提到自己在文革期間的經歷以及後續發生的事件，尤其是一九八九年天安門的大屠殺事件。他說，北京領導人也許是一群流氓惡棍般的獨裁統治者，但他們也是言而有信的人，也會堅持履行承諾。但願真是如此。

看來我必須努力一番，加強英國在香港統治的最後五年總督的工作方式。韓達德建議我組織一個他戲稱為「小團隊」（équipe）的單位。後來我說服了兩位曾共事過的優秀人才和我去香港。戴彥霖（Martin Dinham）是我擔任海外發展副大臣時的私人秘書。[42]他是個平易近人的良伴，工作勤奮，沒有人不喜歡他。戴彥霖抓住這個機會，帶著妻子和兩個小孩子到香港任職。

另外，我也物色到黎偉略（Edward Llewellyn），我在擔任保守黨主席的時候他支援過我，尤其在國際事務方面。[43]在我成功為保守黨申請成為歐洲議會的歐洲人民黨（European People's Party）成員的談判過程中，黎偉略展現了他的才幹。我給他的任務是與倫敦的政界人士保持聯繫，除了梅傑首相以外，還有柴契爾夫人。黎偉略認識他們兩位，而他們和幾乎其他每個人一樣，也都與黎偉略保持了良好的關係。黎偉略沒有照顧家人的壓力，一旦開始工作就幾乎從不需要休息。他是很有趣的人，個性忠誠又聰明。他有語言天分，能說多國語言，但我很懷疑他的法語和德語能力是否能幫助他在香港學好聲調極難掌握的廣東話。

我們花了一整個暑假向大家道別，先是朋友，但最重要的是我們的兩個女兒麗思和潔思。這感覺上很像一個關係緊密的家庭必須暫時分離，著實令人難過。目前潔思人在烏拉圭，她高中畢業後先到拉丁美洲遊歷，算是空檔年的一部分，之後再前往新堡大學（Newcastle University）就讀。不久前潔思在英國廣播公司（BBC）國際頻道聽到我在巴斯選舉失利的消息；很不幸的，她也是以同樣的管道知道我將成為港督。這真的很糟糕！不過，她應該沒事的。

潔思一直最擔心的事，是她媽媽可能是受到我的脅迫才答應隨我去亞洲。我和穎彤一起好好向她解釋後，希望她不會再擔心了。潔思的個性總是為別人而不是為自己著想。她年紀輕輕，但非常優秀，離家如此遙遠，卻要做出影響深遠的重大決定，一點都不容易。她有勇氣、充滿魄力，我覺得她一定會喜歡這次的冒險。

麗思則已決定她不想到香港工作或念書。她對報考大學沒有興趣，但決定到倫敦著名的李斯廚藝學校（Prue Leith）就讀。麗思其實很聰明，但在諸位老師面前她都留了一手，老師也不是不知道，因此覺得哭笑不得、非常無奈！她和姊姊潔思與妹妹雅思都很要好，所以我希望麗思不會太介意大妹在新堡市，而小妹在香港。跟隨我們到香港是雅思自己的決定。我們給她留在英國的選擇，留下的話可以去寄宿學校。謝天謝地，她決定不留在英國。雅思非常聰明，比別人早一年念中學，表現相當成熟，但沒有太過早熟或自以為是萬事通。要是她朝這個方向繼續成長，長大後必定所到之處，人見人愛。我們當然會很想念潔思和麗思，同時也希望麗思不會對自己的選擇感到後悔。

麗思這女孩討人喜歡，清楚知道自己以後想要做什麼，但目前她就是個不折不扣的青少年。她打算到香港去與我們聚一聚，一起度過幾週的假期，之後再回倫敦到廚藝學校上課。以大英帝國殖民史做比喻，我想大多數的父母遲早都會了解到，隨著孩子漸漸長大，他們會從依附母國的殖民地蛻變成與母國競爭的主權國家。

必須在此一提，到香港履新前還有一次重要的會面，但對象不是我們家族的一員。（她有自己的大家族要應付。）我們在溫莎城堡（Windsor Castle）一個漂亮房間裡與女王伊莉莎白二世一起度過了四十分鐘，這房間靠近一條長長的走廊，埋伏在陰影裡的柯基犬正等待著機會隨時撲出來。女王陛下容光煥發，知識淵博。她都已經閱讀過最新的電報了，而且最近到過法國進行國是訪問，有許多故事想與我們分享。她當然具備女王的威嚴，但大家也都愛她——希望我這說法不算欺君犯上。

七月五日（星期日）：出發前往香港

在西敏主教座堂望完彌撒後，我們就出發前往香港，開始了一趟冒險的旅程。[44]如果說是五年前一個週日的早晨，身為海外發展副大臣的我大概會坐在這裡整理我的箱子。五年後回到這裡的我，這時會準備做什麼事？在香港待了五年的彭定康一家人，會變成什麼樣子？儘管我們不太了解英格蘭諾里奇的朱利安修女（Mother Julian of Norwich）之生平，但她的經典名句倒是耳熟能詳：「一切都將變好，一切事物都將變好。」要離家了，雅思和麗思可說感慨萬千，尤其是雅思，畢竟我和她媽媽在香港待多久，她也會一樣在那裡多久。雅思站在臥室裡，淚水流個不停，畢竟這是她童年生活的中心。我對她說：「我敢打賭，五年後你離開香港時一樣會忍不住哭出來。」

七月六日（星期一）

我們乘坐新航班機前往新加坡。我在飛機上睡了一覺，要感謝一位當醫生的鄰居給了我們一些安眠藥丸。在樟宜機場迎接我們的是英國駐新加坡高級專員戈登・達根（Gordon Duggan），出機場後我們乘坐他的戴姆勒轎車，前往高級專員官邸伊甸堂（Eden Hall）。伊甸堂是一棟漂亮的新殖民風建築，擁有許多門廊和旋轉風扇，還有一座花園、一個游泳池、四周植被茂密。天氣果真潮濕難耐，而臥室裡的空調冷到讓人覺得身處冰箱內。我們受到熱情的招待，不過感覺起來好像主人要我們準備好參與某個盛大的體育賽事。

七月七日（星期二）

今天我讀了很多封電報，繼續閱讀珍・莫里斯（Jan Morris）一本關於香港的好書，也把我抵達香港時要用的演講稿又看了一遍。我與新加坡總理吳作棟和國務資政李光耀會面，而在此之前我與李資政曾進行過兩三次對談。[45]新加坡總統府座落在有著高爾夫球場的一大片綠地上，這是一棟出眾的白色灰泥建築。看到新加坡的摩天大樓和整潔的街道，我又回憶起這個島國曾讓我想起雷克斯・華納（Rex Warner）寫於一九三〇年代的諷刺小說《機場》（*The Aerodrome*），正如李資政令我想起書中的那位皇家空軍少將。對於專制主義政權所實施的社會工程帶來的某些影響與後果，這本書提供了精彩的視角。

吳總理親切、友善但魅力指數不高，與他交談需要多費一點力氣。李資政就不一樣了。他的話題與評論像球一樣一個一個打出來，卻很少讓對方有回擊的機會。李資政人相當聰明，他全家都是劍橋大學的校友，而且畢業時都擁有雙重一級榮譽學位的身分。[46]他的口才極佳，傳達訊息時說話有力，用詞精確，例如他形容中國有「從內部崩潰」（implosion）的危險時並不是用「爆炸」（explosion）這個字。李資政想告訴大家的是，他對中國和整個亞洲未來十到二十年的發展很有信心。

再來，雖然他認為中國的改革大概已無法逆轉，但遺憾的是，當初鄧小平所選定的兩位接班人對改革都半途而廢了。他認為，天安門廣場危機爆發時，中共中央總書記趙紫陽示弱了。李資政覺得北京領導人處理天安門危機不該用那麼嚴厲手段鎮壓嗎？不，我的印象並非如此！

第三，他說我在香港的任務並非傳統的去殖民化工作。我必須面對的局勢獨一無二，不可對歐洲和北美國家所施加的壓力屈服，但反應要圓滑一點。他對我能否解決這許多棘手的問題不表樂觀，但認為十月我在立法局第一次發表施政演說時應該明確闡述我希望推動的工作，也該說清楚我認為未來外界該以什麼標準評斷英方的表現。然後就是堅守我的立場。我應該把施政演說視為開國政府的首相在制定治國方針。

第四，針對我們在香港的工作，他認為《中英聯合聲明》和《基本法》是無法改變、無論如何都應依循的鐵則，因此我不該強迫中國接受任何逾越這些標準的作法。

第五，李資政強調中國大概永遠都不會真正信任英國。北京政府總認為我們撤離香港時會設法將所有的戰利品帶走。李資政表達了這些觀點，從頭到尾不帶任何情緒，但內容卻相當震撼。平心而論，我對他的建議所提出的答覆，他多多少少都聽進去了。以國際領導人來說，這算是難能可貴。

我與在新加坡的英國商界領袖共進午餐。這些領袖來自殼牌石油、帝國化學工業（ICI）、渣打銀行、香港滙豐銀行等。他們普遍認為香港和新加坡不應視彼此為競爭對手。（事實上兩地有這種關係。）新加坡之所以吸引跨國公司進駐，是因為當地並無太多本土企業，而且國際企業的高層主管都認為新加坡提供了宜家宜居的舒適環境。香港的優勢在於創業的活力，以及該地與華南地區的互動關係日益增長。

達根夫婦帶我們到一家新加坡家庭料理餐廳用晚餐。餐廳佔地寬廣，坐滿了喧鬧、快樂的一家大小、男女老幼，當然還有各種餐點美食。每當我提及到了香港，希望我們家人可以常常外出用餐，聽到這些話的人都覺得我一定是發瘋了。他們從不懷疑，身為香港總督，就應該嚴格遵守官方禮儀的規範，乖乖待在港督府，沒有必要不得出門一步。我猜，要到香港街上進行非官方活動，難度應該很高，因為無所不在的媒體記者。光是在新加坡，我們就成了記者包圍的對象。

七月八日（星期三）

早上我去見了新加坡財政部長，他說了一個有趣的故事：有次他與中國財政部長見面，地點在受北京掌控程度似乎趨於減少的廣東省。先前廣東的東道主對作客的中國財長笑稱，現在連餐廳女服務生的收入都比他還高，而且提到北京的中央政府時態度極為高傲。新加坡財長認為，中國人到新加坡是為了學習經營國家的經濟，同時也能對人民適度管控。他不清楚中共黨人是否真的了解成功經營經濟的有效方法，但認為中共對達成目標的欲望非常強烈。

黎偉略從香港打電話來，告訴我他和戴彥霖已想好幾個明確的方案，以做些改變並改善現況，他希望我到港後可儘快和他們見面。另外，黎、戴兩人也想要打我行事曆的主意，因為他們希望我儘早確認我可以和政府的司級主管（這類主管有各種職級，介於副大臣和常務次長之間）及各政黨會面的日期。他們也覺得我在香港應該到處走走，別太受官方規範的約束，固然要看好的一面，但也應該要好好了解壞的一面。

傍晚我的私人秘書賀理（Richard Hoare）在晚餐時間前從香港來到新加坡。[47]賀理是職業公務員，在香港服務多年，為人正直、理性，工作勤奮，並對網球和舞台劇非常熱中。他依照我的指令到新加坡，為第二天要舉行的就職典禮做準備，並開始詢問我未來在港督府打算如何履行我治理香港的職責。香港民眾顯然在一定程度上憂心忡忡，因為他們不了解我到香港就任港督有什麼意義。我的答案很簡單：多一分政治上活躍的市長，少一分殖民統治下的總督。

李光耀和夫人前來與我們共進晚餐，李夫人是律師，與他先生一樣優秀，母校是劍橋大學格頓學院（Girton College），當然也是以一級榮譽學位畢業。對於我即將上任的工作，李光耀再次表達頗有意思的見解。他認為，我必須在涉中事務上找到可以對話的人，一位我能夠以坦率、堅定的態度對話的人，而且北京也必須對此人信任。李光耀還談到一件很重要的事，就是我們必須確保一九九七年英國撤離香港前不至於對大局失控，所以我們要確保警隊、政治部（Special Branch）和廉政公署等單位正常運作。如果北京真的想製造麻煩，一定會透過陰謀顛覆而非正面攻擊來達到目標。而我們的責任要到一九九七年才會結束，不會提早。

七月九日（星期四）：大日子的來臨

我們一早在高級專員官邸醒過來，把九個行李箱其中幾個稍作整理，然後向大家的告別。[48]達根夫婦帶著他們十一歲的兒子湯姆送我們到機場。他讓我想起電影《太陽帝國》（*Empire of the Sun*）的主角吉姆（Jamie "Jim" Graham）。湯姆在機場對我們發表一場精彩的演講，解釋如何填補臭氧層的破洞。我告訴他，要是我在當環境大臣時聽過這些建議，那該有多好。而湯姆似乎也欣然同意。接著這小男孩發出響亮的嗡嗡聲，打斷了大人的交談，我們一開始還以為是空調發出的噪音。原來他想測試發出嗡嗡聲會不會讓牙齒格格作響。答案是：大概不會。

我們搭乘國泰航空的班機，接受了大批記者採訪，但大部分的時間都在拍照、用餐、擤鼻涕、閱讀、處理雜事。雅思就不一樣了。她在飛機最後降落在香港機場時跑到駕駛艙去，想要體驗穿越一排排晾衣繩的感覺。我在飛機上與來自英國的隨行媒體記者和來自香港的乘客聊了一下。電視主持人兼作家強納森・丁伯利比（Jonathan Dimbleby），還有與他同行的導演法蘭西斯・傑瑞德（Francis Gerard）也在飛機上。他們計劃在香港暗中觀察，最後為我擔任總督的五年時光製作紀錄片。我們答應提供他們訪問權限，而他們則承諾盡可能忠實呈現我這個末代港督，在英國最後一個殖民地如何度過未來五年，還有我們在香港所受到的待遇，以及其他相關人士在臨近一九九七年大限這段時間的言行舉止。

飛機著陸後，我們直接前往機場主航廈，換上比較體面的服裝，準備與香港市民正式見面。穎彤和我們兩個女兒看起來棒極了。我有一套相當亮眼的灰色雙排扣西裝，是我們離開之前在雅格獅丹（Aquascutum）買的。後來我這一副行頭被惡劣的國會議員尼可拉斯・費貝恩（Nicholas Fairbairn）形容為哈利・萊姆（Harry Lime）所穿的服裝。[49]至少我的這套西裝沒有寬粉筆條紋，也不像我大部分的西裝，都是從瑪莎百貨（Marks & Spencer）買來的那些大量生產的現成西裝。我第一次意識到，我的日常生活從現在開始，將受到非常專業、妥善的安排。我的副官菲利佩・多利維拉（Felipe D'Oliveira）是一位衣冠楚楚的警司，有葡萄牙血統。他為我帶來兩、三雙袖扣和一條皮帶，以備不時之需。以後我在服裝上大概會慢慢學乖，還是交給專業人士幫我打點比較好。我們穿越正在歡呼、揮手的人群，從機場驅車前往九龍碼頭。我也練習以英國王室成員習慣的方式向大家揮手，群眾的反應好極了，不過他們更感興趣的大概是我們家的兩個女孩。

接著，我們登上了港督專用遊艇「慕蓮夫人號」（Lady Maurine）。這艘一塵不染的遊艇不大，聽說是二戰前建造的，主要用在協助消防隊滅火及在緊急狀況提供支援。這艘遊艇後來重新設計，成為提供港督海上休閒活動的交通工具，數十年如一日。我們乘船橫渡海峽，堪稱世界上最有意思的旅程之一。幸好此時雨勢已經停歇，太陽偶爾從烏雲後探出頭來。消防船舉行灑水禮，在岸上的天馬艦海軍基地鳴放十七響禮炮，還有飛機和直升機飛越上空。我在巴斯從未受過這種禮遇。

上岸後，我們與眾多的人握手，接著我向儀隊衛兵致敬。我們走進香港大會堂，舉行香港總督的宣誓儀式和就職演說，由最高法院首席按察司[50]主持。演講稿是我數週前口述、黎偉略筆錄的，再由我自己編輯完稿。完成後，我們依照規定將內容以電報發到我們北京的使館和香港，看看他們有什麼意見。意見很多，但我們大部分都不予理會，尤其是英國駐華大使館的意見。他們說「兩個古老文明」的合作不太妥當，因為不列顛的歷史比起中國來說，簡直相形見絀。我已經很客氣了，但我從來不認為不戰而降是好主意，而且我肯定不會接受中共的歷史觀。江澤民訪問埃及時，在開羅遠眺尼羅河和金字塔。[51]有人告訴他：埃及的文明在此地發展已超過三千年的歷史了。回到北京後，黨的立場馬上將中國的歷史調整為四千年，後來再調高到五千年。

以我過去在政界的經驗，發表演講難不倒我，而這次的演講似乎頗為順利。不過，我自然無法看出大家是否只是在奉承一位高官，只是一味對我說好聽的話。我試著展現出堅強、平靜和合理的形象。天曉得，也許我真的擁有這些特質！演講結束後有場盛大的茶會，其中一整個小時的時間裡，我們認識了香港各界領袖、名人，然後我們乘坐戴姆勒轎車驅車前往香港總督府。

BBC 記者尼可拉斯・維切爾（Nicholas Witchell）在我的新家門口已等侯多時，一看到我就馬上敬禮，動作標準極了——看來這畫面已經以直播方式上了 BBC 的節目《早餐時間》(*Breakfast Time*)。一行人旋風式抵達港督府大門口。接著我們又接受一位儀隊成員的敬禮，再走進偌大的前廳。港督府全體工作人員，無論是傭人或我個人辦公室的幕僚都列隊歡迎我們，隊伍呈馬蹄鐵狀。眼前的景象可說是令人嘆為觀止。私人秘書、貼身男僕、女傭、廚師、園丁、貼身護衛都在列隊歡迎；今天值班的幾位護衛名為洛基，懷斯(Wise)和艾利克斯。後來我和這幾位安全人員，以及他們在香港警隊負責保護政府要員的特勤同僚，都成為好朋友。(無獨有偶，我在擔任北愛政務次長期間，也和我的貼身護衛成為好友。)大夥兒熱情的接待令我們印象非常深刻。

隨後工作人員帶我們參觀整棟房子。港督府的大前廳可說是我和穎彤各自活動空間的交會點。進入房子後，左邊是管家辦公室和社交秘書辦公室。來自蘇格蘭的女管家艾絲佩絲．柯林斯—泰勒(Elspeth Collins-Taylor)年紀輕輕，但個性堅毅、能力強、有魅力，而且人正常極了(謝天謝地)。艾絲佩絲負責的業務由穎彤督導，範圍包括管理四位廚師和他們的手下、由阿毛和阿澤帶領一群管事，另外還有清潔人員，以及其他負責維護室內、室外和花園景觀的工作人員。我們將整個港督府的預算交給艾絲佩絲，她會按照工作需要適當運用。基本上穎彤會讓艾絲佩斯全權負責。另外，在大廳的另一邊有穎彤的社交秘書露意絲．考克斯(Louise Cox)和私人助理坎蒂(Candy)。港督府經常舉行各式各樣的官方活動，如歡迎茶會和晚宴等，邀請的工作由露意絲負責。不過她更重要的職責，是要妥當安排穎彤身為港督夫人所必須參與的各項大小活動。身為港督，我必須出席各種官方活動(有人告訴我，以後將有很多慈善舞會要參加，數量之多前所未見，後無來者)。穎彤除了陪我出席這些活動之外，平常還有自己的業務必須處理，瞧瞧她的行事曆上密密麻麻的事項就可知道。例如，即將邀請她擔任贊助人、或者她必須關照的慈善機構就有七十多個。她是我們團隊的核心成員，似乎每天在外都有忙不完的事。

大廳的另一邊是私人秘書賀理的辦公室，他協助我與政府其他部門的溝通和聯繫。除了幾位私人秘書外，我的幕僚還包含一位新聞發言人，另外當然就是戴彥霖和黎偉略了。在我到任前他們兩人已在此地開始工作了。在穎彤和我各自的活動空間之間穿梭的有法蘭基(Frankie)和強尼(Johnny)等總務人員，他們是眾人之首。有人告訴我法蘭基精通身處香港所必須知道的一切事物：哪裡可以買到什麼、哪裡的價格最優惠，都在他的掌握之中。

事實證明，他擅長討價還價，會修錄影和音響設備、打字、影印、傳遞訊息，偶爾也會協助雅思解決技術問題或購物需求。簡單來說，法蘭基和強尼兩人就是維持我們一家子正常運作的功臣。

我們在正式主餐廳旁邊的小餐廳享用美味的晚餐。看來我們不用招待客人的時候，大部分的時間應該都會在這裡用餐。當然，前提是我們有自己的時間才有可能。上桌的菜都非常棒，第一道是脆皮鴨肉煎餅，簡直是另一種享受！港督府一樓有間私人公寓，女孩們的臥室在塔樓裡。塔樓是日本人在二戰佔領香港期間加蓋的。整個房子看起來讓人覺得有點像日本的火車站。對於居住的安排，我們感到非常滿意，因為這裡比起我們在西敏區的公寓大多了，所以怎麼可能會有怨言？我們從圍繞花園四周的高樓大廈之間的縫隙中，可以一瞥海港的景色。建築大師貝聿銘設計的中銀大廈落成不到幾年，外觀優雅壯麗，但我就不太喜歡香港滙豐銀行的大樓。據聞女王的妹妹瑪格麗特公主（Princess Margaret）曾說，這建築物看起來像一台冰箱的背面。對此大家不免要問：「瑪格麗特公主怎麼會知道冰箱的背面長什麼樣子？」

七月十日（星期五）

早上起床後，我在更衣室裡發現我當天要穿的衣服，已整整齊齊擺放在那兒了：平角內褲、襪子、襯衫、領帶、西裝，還有擦得閃閃發亮的鞋子。我的貼身男僕繞著衣服徘徊，看起來緊張兮兮，我只好稱讚他工作表現非常優異，不過也告訴他，以後早上穿衣服這件事就由我自己來就好了。希望他聽了這句話並沒有感到委屈。穿著衣服是我應該可以自理的事。從小我爸就教我自己擦鞋子，不過隨著年齡增長，我花在擦鞋子的時間越來越少了。從今天開始，我可以指望穿在我腳上的是全亞洲最光鮮亮麗的皮鞋。

我進駐辦公室後的第一個星期五，與布政司霍德（David Ford）和財政司麥高樂（Hamish Macleod）舉行會議。會中我們簡短討論了我原來的一些想法，之後的行程是接受媒體採訪，而且整整花了一天。另外我也和聖公會鄺廣傑主教（也許我不會太喜歡這個人），還有天主教樞機主教胡振中分別進行了半小時的簡短會面。胡樞機看起來和

1992

1993

1994

1995

1996

1997

藹可親但聖光外顯。

總的來說，接受媒體採訪並沒有太糟糕，不過剛開始卻出了一些紕漏。來訪記者人山人海，我原以為將梅傑式的唐寧街首相府簡報，與美國總統在白宮玫瑰園的媒體接待場合結合起來，會是個好主意。我建議把媒體聚集在一個大家熟悉的地方，舉行一場不算是新聞發布會，但能讓我針對時事說幾句話的場合。我以為這樣可以避免記者無休止的連環發問（我大概是瘋了，才會有這個想法），結果弄得一團糟。我本來希望在港督府大門口的台階上舉行記者會，因為旁邊的柱子富麗堂皇，但媒體專家卻覺得在後花園舉行會更好。我走到一大串麥克風前，現場被廣播、電視和平面媒體記者團團包圍，然後開始對著麥克風講話，結果發現擴音設備完全沒作用！接下來的二十分鐘，我面對一連串的媒體發問，感到有點尷尬難堪。有人向我提出問題，我會先重述問題再試著回答，但在這種情況下無法暢談。這次的媒體經驗令人不太舒服，我原本很擔心記者會很糟糕，但結果比想像中好。例如我說：「想要實現一個既開放又親民的政府，難度顯然很高。」這個說法應該算頗為合理。我離開前面的一列麥克風，盡快回到室內。

接下來發生的事，後來有記者將此與他在印度孟買報導過的甘地（Rajiv Gandhi）競選活動進行比較，形容我的記者會比較沒那麼拘束。我訪問了旺角，一個不能算是九龍地區環境最宜人的地方。接著也去了沙田和鑽石山的寮屋區。我們坐地鐵到旺角時，車廂裡汗流浹背，你推我擠的一群人把我們團團圍住：有電台、電視和報社記者，還有許多攝影師。這混亂的情況持續長達兩小時，我還擔心在地鐵站、周邊繁忙的藍領地區街上所遇到的老太太和小孩子們，會被踩在腳下，或被攝影師他們笨重的相機撞得東倒西歪。旺角區有相當多的破舊小商店和公寓建築，充斥著犯罪和賣淫等社會問題，一點都不足為奇。有人告訴我，這是世界上人口最稠密的地方，一九七〇年代中期每平方公里的土地上住了二十五萬人以上。旺角到處是攤販市場，明目張膽販售許多名牌仿冒品。我在此地現身也許提升了電視的收視率，但至於對大眾產生多少正面的影響，我就我不敢說了，不過至少我所碰到的市民朋友看起來都很高興。

我們受邀到大衛．霍德和他太太姬蓮的家中作客，共進晚餐。霍德的家是布政司官邸（Victoria House），位於中環平地到山頂（The Peak）之間四分之三路程的山上。從房子前面的露台和花園所看到的景色絕對令人驚嘆。我們在高度與中銀大廈樓頂差不多高的位置俯瞰港島的半山區。香港這個城市在我們面前閃閃發光，船隻和港口盡收眼底；飛機低空飛過九龍，最後右轉彎降落在啟德機場，四面八方都是高樓大廈和公寓建築。我很想知道，英國是否真的了解，到底是什麼造就了香港？（或者說我們在這過程中幫了什麼忙？）再者，在北京的高官是否對香港的現況至少有一丁點的了解？香港了不起的成就是各種元素的驚人結合：華人勤奮耕耘、企業家精神、自律和個人勇氣，以及是來自英國優良的公共行政傳統。與以前相比，在我剛離開的祖國國內反而大大缺少了這種優良傳統！

七月十二日（星期日）

週末麗思得了闌尾炎，必須緊急送院，在今天開刀。手術一切順利，不過對初到香港的麗思來說，很不幸這一趟經歷並未留下良好的第一印象。在應付各種公務之間的空檔，我有時間處理一些比較輕鬆的事：量身訂做兩套西裝，一套在一家比較昂貴的裁縫店，另一套則在山美裁縫（Sam's Tailor），老闆山美先生是一位家喻戶曉的人物。只要談到山美裁剪西服的本事，必須一提的是，山美絕對不是省油的燈。我接受副官菲利佩的建議，選擇了相對便宜的山美裁縫。菲利佩本人非常英俊，而且衣冠楚楚，像西裝外套應該有幾顆鈕扣、褲子適當的長度等，他都能提供不錯的建議。如果我看起來沒有總督的架勢，問題絕對不是他。別再說我看起來像哈利．萊姆了。

麗思的手術非常順利。今天下午我從醫院回來的時候，港督府外面聚集了一批來自中國大陸的非法移民。這些人當中，男性都沒有帶妻子來香港，所以希望獲得政府特赦，讓配偶也可以來。有人告訴我，他們只願意將請願書交給不具警察身分的府內工作人員。有人建議我們了不起的管家艾絲佩絲應該出去接受請願書。我覺得這樣不太像話，我應該親自出面才對。看來有人認為這麼做是開了個危險的先例，但也有人（戴彥霖和黎偉略）認為這會是支持開放政府一個活生生的典範。在我看來，這麼做是對的。我走出港督府的時候，人群看起來相當鼓噪。

警察攔著，不讓他們繼續往前，接著他們把小孩子推到前面，不過並未失序鬧事。看看英國一些地方政治集會的樣子吧，這根本不算什麼。群眾當中許多人在我接受請願書後，竟跪地表示感謝，讓我感到不知所措。最後，人群平靜散去，不再有人下跪，當然也沒有發生任何流血事件。

在這次與現實世界的接觸之後，我和一些主要負責外交政策領域的政治官員開會，其中有來自英國外交部的歐威廉（William Ehrman）。他是我的首席政治顧問，有魅力且聰明，副手則是一位個性頗為尖銳的柏聖文（Stephen Bradley）。港督有一個中央政策部門，部門的首席顧問顧汝德（Leo Goodstadt）是香港相當有分量的經濟學家和當地金融市場的分析師，也是具有極強社會責任感的天主教徒。[52]會議中我沒有做出任何決定，而是讓每個人都回去寫報告。

七月十三日（星期一）

每天早上九點我有個辦公室的例行會議，套用倫敦那些首長們的說法，可稱之為「晨禱」。（我認為在這些場合中已經很少有任何宗教信仰的元素了，不過有些官員也許會帶念珠來。）會議的目的，是讓我可以與私人秘書、發言人戴彥霖和黎偉略，以及其他緊急需要見面的高層官員坐下來，了解我在未來一天的業務和行程，並檢視媒體當天的報導每次我們有重大的政治議題須處理時，尤其是涉中事務，我們都會召開「特別委員會」（Ad Hoc Group）的會議，原因顯而易見。這些會議的核心成員是香港政府高層官員，如布政司和財政司，以及其他負有特定業務職責的官員，如憲制事務司，以及英國外交部派來的政治顧問、英國在中英聯合聯絡小組中的談判代表、中央政策組首席顧問、戴彥霖、黎偉略和我的私人秘書兼發言人。召開這些會議的最重要原因之一，是讓我們有機會討論聯絡小組工作所須涵蓋、也非常廣泛的議題。聯絡小組根據《中英聯合聲明》成立，必須處理所有影響過渡時期各項改變的細節，從基礎設施到公民自由等都不能忽略。這是非常艱鉅的一項工作，尤其是因為中國談判代表通常已預設立場，極盡消極之能事，除非合作對他們有利。他們的態度改變有時波譎雲詭，迅雷不及掩耳，而且毫無邏輯可言。

我希望這群絕頂明的顧問，不要否決太多我最初的想法。我持續與戴彥霖和黎偉略一起腦力激盪這些想法；我真的很慶幸有他們兩位的幫忙。

我們在努力整理相關資訊和與外界的溝通。港督府主要的發言人，是來自英國的港府公務員韓新（Mike Hanson），其實他在國內的所屬單位是海關（HM Customs and Excise），擔任我的發言人有一點不尋常。[53]韓新頗令人賞識，我猜他個性直率，可能是一個走中間路線的工黨黨員（不過我從不過問下屬的政治立場），對大家正在努力做的事，他充滿冷嘲熱諷，對中國的意圖抱持懷疑的態度。戴彥霖和黎偉略的確在對他評價；如果韓新與他們合得來，那麼和我相處也就沒有問題了。韓新是個不愛說廢話的人，對總督也一樣。

我與霍德和麥高樂討論了政治課題、如何著手規劃預算和支出事宜，以及該委任哪些人進入行政局擔任議員。我也諮詢其他人同樣的內容，而再次與鄧蓮如和香港滙豐銀行集團主席浦偉士（William Purves）見面。[54]在我看來，浦偉士就像古今往來的任何一位蘇格蘭銀行家，強勢又果斷，但似乎對政治議題沒有太深刻的體會。我一直認為銀行主管理應如此，因為誇張、花哨的作風和銀行的經營完全不搭。我們以一場盛大的聚會和餐敘當作這一天的壓軸，宴請的對象，包括前任港督留下來的行政局全體議員和他們的配偶。

七月十四日（星期二）

看來以後每週二上午必須與行政局開會。行政局就像一個非正式的內閣，成員來自社會各界，由總督任命，目的在平衡政府官員的施政建議。我在港督任內幾個首要任務之一，就是委任我自己所挑選的人來重組行政局。議程上有兩件比較棘手的事須先處理。首先，我必須鼓勵行政局議員們支持港府在機場談判上的立場。北京一直建議我們應該繼續進行機場填海工程（就是整座機場將建立在填海所得的土地上），但未確定整體的融資方案。這簡直是愚蠢，一旦我們在赤鱲角島和周邊完成建設卻全無對外道路，那麼我們僅有的談判空間都沒有了。我們就機場的整體融資計畫提出另一個方案，但機場鐵路則仍然無解。北京顯然只希望能隨時隨地任意箝制香港。在此之前，他們已利用機場議題誘使英國首相前往北京訪問，結果首相遭到羞辱，而他所受的痛苦並未換來任何報酬，這點他很清楚。在機場議題上，我們必須堅持正確的作法，一點都不能馬虎。

我說服行政局的議員支持這個方案，然後繼續討論另一個對自由黨（Liberal Party）來說很重要的議題。這時該黨黨員已開始使用「自由黨」這個名稱（坦白說與事實不太符合）。這些人屬於親中的「建制派」，而且他們眼中的「建制」似乎是北京政府，而非港府與倫敦政府。（譯按：establishment，建制即既有的政府。）我欣賞自由黨的領袖李鵬飛。他是一個完全正派的人，不過與他最親近的同僚，都不認為他是眾人當中的佼佼者。但我可以確定的是，只要是他認為符合香港最大利益的事，他一定會去做，至於北京是否考慮到香港最大利益這個問題就不必提了。李鵬飛向我們施壓，要我們支持其黨團在立法局所提出的議案，目的在推翻李柱銘和香港民主同盟的提案：該同盟希望（他們認為）排除能操縱一九九五年選舉的一些作法。所謂「操縱」，是指建立一人一票的多議席選區。在這件事情上，我相信港府最終已設法避免支持自由黨，但這當然也讓我確信，如果我們將未來的政治基礎立基於李鵬飛等人的支持上，很快就會發現我們的房子是建在沙子上。[55]

我們的駐華大使麥若彬（Robin McLaren）和夫人在下午來訪，晚上與我們一起用餐，也好好聊了一下。我打算在香港推行的計畫，不會讓麥若彬在北京的日子過得比較好，不過他是一位稱職的專業外交官，任何政府認為妥當的想法，他也都會全力支持。看來我必須儘早訪問北京，但去之前我一定要先在香港宣布我的計畫。這對麥若彬來說是比較難搞的事。

七月十五日（星期三）

今天一整天我幾乎都花在了解香港目前的國際航空站，也就是啟德機場，還有新機場議案和貨櫃碼頭的事。目前啟德機場是世界上最繁忙的航空站之一，乘客流量與倫敦蓋威克機場相當，貨運量也不輸英國任何一座機場。不論蓋新機場所需資源的規模，或者布政司霍德和其他人對這個大型建設案的信心，都令我讚嘆不已。新機場果真能在五年內全部完工嗎？包括我在內，剛從英國和歐洲來到此地的人一般會覺得不可能，但香港卻應該能夠從容應付。霍德對我說：「你在離開香港回國前參加新機場開幕式的機會很大。」我心想，只要北京插手這個計畫，機率立刻歸零。

接著我與李嘉誠會面，地點在他所經營的貨櫃碼頭。李嘉誠有兩個兒子。當爸爸的李嘉誠是個非常有趣的人，在香港所有白手起家的故事中，他很可能是最著名的。大家稱呼李嘉誠為金融界的天才，我對於這點深信不疑。他顯然將自己投入慈善事業的金錢視為第三個小孩。李嘉誠說話時會融合多種語言，所以有時要真正理解他的意思不太容易。然而，當他對你發出迷人的笑聲時，要了解他的意思就不再是問題了。我很欣賞李嘉誠這個人，不過也許我不應該對此過度宣揚。

七月十六日（星期四）

聽完當天的情報簡報後，我與浦偉士和一些香港商界領袖在滙豐銀行共進午餐，其中有太古集團和怡和洋行（Jardine Matheson）的巨頭。除了怡和洋行大班李舒（Nigel Rich）之外，大夥兒與我的對談口吻都不像是商界大老。感覺上他們對政治都很天真，似乎不明白以後做事的方式已不能像過去那樣繼續下去。如果說過去四分之一世紀以來政治建言就是由這些人提供的，這也難怪我們會陷入目前的困境。幸好，總算有一位出人意料之外的自由派人士何鴻卿（Joseph Hotung）。[56]據說他資助民主政治活動和其他公益事業，也是一位中國傢俱和印象派油畫的知名收藏家。那其他人呢？雖然他們都出於善意，但似乎並不了解我們絕不能繼續原地踏步，一成不變。我們必須說服美國以及世界各國，讓大家能繼續在香港投資。不過，倘若中國堅持要毀棄香港大部分政治制度和自由社會的特質，這將是難度很高的一件事。

遇到現任大東電報局（Cable & Wireless）董事長的大衛・楊恩勳爵（Lord David Young）時，我並沒有感到他比別人高明。[57]大東電報局是香港電訊（Hong Kong Telecoms）的母公司，也是其收入和利潤的重要來源。大衛・楊恩出任首相柴契爾夫人的內閣閣員時，我就覺得他的大好名聲有點名過其實。既然已當上大東電報局的執行董事長，姑且看看他到底經營一個大企業有多麼大的本事。後來我發現，他在北京所接觸的官員，想要染指香港電訊兩成的股份，分一杯羹，這並不讓我意外。大衛・楊恩似乎認為只要與北京的高官友好，他們一定會讓他在中國的電信業有相當大的發揮空間。這種想法有道理才怪！

我差點忘記了這一天中最重要的事（雅思可能會堅持大部分的日子也一樣重要）。雅思說她決定隨我們到香港時，不只一次提到想養一、兩隻小狗的願望。我和穎彤剛結婚時她養了一隻狗，我們兩人都非常喜歡有狗狗的陪伴。我們也覺得在偌大的港督府裡養一隻貓或狗應該不算過分，不過我們家對狗狗比較有好感，因為貓總是給人高人一等的感覺。經過熱烈的討論後，我們決定先養幾隻諾福克㹴犬（Norfolk terrier）看看。諾福克㹴的耳朵向下貼著頭，不是直立的。今天先到我們家的第一隻諾福克㹴犬是一隻十個月大的公犬，我們為他取名為威士忌（Whisky）。我們也為威士忌找了一個同伴，是一隻年紀稍小的母狗，會晚點到。威士忌待在英國航空（BA）班機的貨艙中飛抵香港。到達我們家的時候，他從寵物籠跑出來，在草坪上看起來有點不知所措。他是個長得很帥的小傢伙，不太會吠叫，不過也許是因為在旅途中叫得太厲害，聲音都沙啞了，叫不出來。看來在這裡的工作人員都會很喜歡他，但有一段時間我們肯定要求助於海綿、拖把和水桶。

七月十七日（星期五）

今天一整天幾乎都和香港警隊在一起，聽了幾位高層警官的精彩簡報。他們當中有好幾位是倫敦派駐香港的英籍人士，不久後將從警隊退休，隨後將轉往各行各業繼續服務，其中有人打算在歐洲小國安道爾（Andorra）負責公寓保全，有人則在北約克郡經營犬舍。我參觀了特警隊，隊上進行的訓練都是為了香港的境內保安而進行，訓練場地的級別相當於英國陸軍空降特勤團（SAS）的培訓場所。他們的訓練令人印象深刻，每個人都虎背熊腰，就像那些負責貼身保護我的警務人員。但願我們用不上他們的服務，萬一需要的話也必定勝任有餘。我在警隊人員陪同下到了中港邊境。視線越過帶刺的鐵絲網，就是不斷發展、成長中的深圳經濟特區。我第一次來到同樣的地方是在一九七九年，我還是個年輕的後座議員。[58]當時眼光所及，是一條缺乏生氣的漁村和大片稻田。如今摩天大樓如雨後春筍般在這座大城市拔地而起，伴隨的（在場警隊人員也提到）是原始資本主義社會所面對的各種問題，如賣淫和三合會犯罪等。至於講求「自由放任」的亞當・史密斯（Adam Smith）是否會對正在發生的事感到驚訝，我無法確定。

為了幫其他國家過國慶日，本週舉行了幾次招待會。而今晚我們舉辦了一場慈善活動，是香港醫學會（Hong Kong Medical Association）為愛滋病募捐的一場音樂會。看來類似的活動會一週又一週地重複下去。在慈善活動方面，很明顯香港人非常慷慨，樂於捐助。這可能與低賦稅有關，不過也可能是因為香港市民的確有強烈的社群意識。與我過去擔任政府官員時相反，現在我與穎彤一起的時間多很多，她的身影就常出現在這些場合當中，看起來魅力四射，穿著得體、笑容滿面。但穎彤也不得不承認，目前大家比較關心的是剛剛才平安出院的麗思。

七月十八日（星期六）－十九日（星期日）

週末我們去了香港總督位於新界粉嶺的別墅，離中港邊境不遠。粉嶺別墅是一棟很討喜、也易於管理的鄉間房舍，有點像一九三〇年代桑寧代爾（Sunningdale）或溫特沃斯（Wentworth）的宅邸，四周都是高爾夫球場。粉嶺別墅的管理人員是笑容可掬、看來非常開朗的阿林和妻子阿芳。他們已在別墅服務好多年了。我在粉嶺別墅的第一個晚上，阿林表現得異常興奮。經過一星期的忙碌，週末備感疲憊，我問阿林有沒有琴酒和苦艾酒，想自己調配一杯乾馬丁尼，提振一下士氣。一聽到乾馬丁尼，阿林馬上眼睛一亮。「乾馬丁尼嘛，」他殷勤地娓娓道來，「前港督麥理浩爵士（Murray MacLehose）離任之後，我已有十年沒有為任何一位港督調過這款雞尾酒了。每天六點麥理浩爵士一定要喝一杯乾馬丁尼，然後在六點十五分再喝第二杯。如果還有第三杯的話，麻煩就大囉。」所以要請阿林調一杯酒應該不是問題。這時我們在晚餐後在電視上看《春風化雨》（*Dead Poets Society*）應該是個不錯的主意。有人要點乾馬丁尼嗎？是「及時行樂」的時候了。[59]

上週日我們到天主教座堂望彌撒，一群攝影師將我們團團圍住。教區神父把我們參加教會活動看作是什麼大陣仗似的，在我們離開時送給我們一件禮物。理所當然我們也受要求，接受了一連串的拍照。這個週日呢，我們到新界大埔一座比較安靜的小教堂望彌撒，這裡有幾位笑容滿面的美國神父，信眾很多都是菲律賓人。唱詩的歌聲非常美妙，而每個人都想與我們合影。可以說拍照與望彌撒密不可分。後來我們搭直升機返回港島中環。港督的行程如果比較遠，通常可以選擇以直升機作為交通工具，而且有好幾架備用。直升機降落在粉嶺別墅前的草坪上，起飛後載著我們穿越鄉間、九龍半島、維多利亞港，最後降落在港島眾多摩天大樓之間的停機坪上。這比在連結倫敦與威爾斯南部的 M4 高速公路上、忍受週日晚間惱人的交通堵塞要強多了。[60]

七月二十日（星期一）

一整天都在開會。我們討論了三個議題，而這些議題很可能在接下來幾個月、甚至幾年裡都會佔據我大部分的時間。首先，我們與布政司、財政司和中英聯絡小組首席代表高德年（Tony Galsworthy）討論了興建機場的議題。高德年負責與北京針對所有移交細節進行談判。我們一致認為，必須冷靜但堅定地向中方指出，機場遲早都要蓋，但同時也要謹守我方立場：也就是說，目前我們已無法再做什麼來緩解中方據說感到焦慮的情況。我們還應該明確表示，北京不應該如此天真，認為我們會接受他們的計畫，將政治議題與中英在機場上的協議綁在一起。機場真的要蓋，那就蓋吧。我們做得到，香港也能輕鬆地負擔。但是，如果北京打的算盤是逼我們用香港的錢蓋機場，藉此讓我們與香港市民發生政治爭端，那可是門都沒有！

其次，我也和布政司、財政司和其他資深官員討論，如何將我們五年的公共支出計畫，當作我在立法局發表第一次演講（即年度施政報告）的核心內容。我很希望在教育和福利等領域找到易於識別的額外支出項目，同時又不會讓商界覺得我太過軟弱。坦白說，只要不必繳納更多稅款，他們就不會對社福支出過度不滿。

第三，我按照李柱銘和黎偉略的建議，與香港各政黨一一會面。李柱銘和其他香港民主同盟人士在政治和憲制議題上最為理性，不像李鵬飛等看來完全缺乏方向的所謂「自由黨」黨員。香港民主同盟了解到在我面前的其中一個選項，就是完全區隔行政局和立法局。該同盟也承認，除了增加立法局直選議員的席次外，另一個選擇是在一九九五年之前改革組織選委會的方式，例如改由其他地方和區議會的直選議員組成，並增加有資格在功能組別中投票的人數。功能選區的「團體投票」產生了一些可恥的腐敗選區（就是少數被收買的選票決定哪一位候選人當選）。想要和這些人打交道並不難，只要知道他們的價碼以及底線在哪兒便行。

梅傑打電話來，關心麗思在新的環境是否過得習慣。很久沒有與約翰和其他朋友聊天了，真想念他們。前幾天崔斯坦也打電話來，我想這是多年來第一次有一整個星期沒有好好和他聊政治了。

今天的主角當然是就是威士忌。現在牠開始在屋子裡四處走動，先快步閃進我私人秘書的辦公室，再往廚房裡鑽。威士忌喜歡在客人來開會時聞他們的褲角。之前還無解的謎團（就是威士忌是否會吠叫的問題）到了今天總算有答案了。早上牠跑進我的更衣室，跳到墊子上，開始忙著照鏡子。當牠以為眼前出現另一隻小狗，感到異常興奮，然後對著鏡子吠了好一陣子，想靠近牠的對手。我猜以後即使沒有鏡子，威士忌也會找到興奮的理由大叫一番。

七月二十一日（星期二）

我們花了很多時間討論即將與韓達德和貿易副大臣李德衡（Richard Needham）舉行的會議。[61]兩人將於這週晚些抵達香港。在今天上午的行政局會議上，主要議題是退休金，而針對退休金我們有一份諮詢文件。再來就是興建機場的問題。

下午最有趣的會議是與劉慧卿會面。多年來，劉慧卿一直是所有民主派人士中最直言不諱、能言善道的一位。

來訪的英國官員普遍認為她愛挑起對立、引起動盪。他們的看法只是反映出一個事實：某些英國官員認為是不可能和極端的立場，其實只是香港人用相當理性的方式來表達合情合理的抱負。儘管這種願望難以實現，但完全可以理解。劉慧卿口齒伶俐，對我的個人魅力顯然無動於衷，但她知道我至少在努力中，也非常認同她總體的民主目標。事實上，就算你因為種種理由（有些已湮沒在歷史洪流中）而無法按照別人的願望來做事，但至少還是可以對他們略表同情。

七月二十二日（星期三）

今天有兩個「颱風」侵襲香港。先是香港天文台（譯按：即氣象台）發布了八號風球警告訊號，算是相當強的風暴。颱風帶來傾盆大雨，所以我不得不延遲參觀公共屋邨（譯按：即國民住宅）的行程。魯平和一些北京官員又對機場的事大發雷霆了。我們決定明確表示，關於興建機場的立場，所有的細節都已經完整公布了，資訊完全公開，也認為機場的爭議可以單純「以其優缺點」來解決。我猜大家可能已開始注意到北京試圖將機場和其他議題綁在一起。

第二個來襲的「颱風」是貿易部副大臣李德衡，他是我的好友，也是鄰近巴斯選區奇彭納姆（Chippenham）的議員。他看起來神采飛揚，打從我認識他以來便是如此。李德衡做事有辦法，而且使命必達。在北愛事務部任職期間，他成功地在愛爾蘭共和軍的連串炸彈攻擊之後，重建倫敦德里（Londonderry）和貝爾法斯特（Belfast），而立下了汗馬功勞。抵達香港沒多久，他就立刻和大夥兒上了一堂課，告訴我們，他打算如何讓中國開放，而我們該採取哪些行動。當天夜裡我和他開懷暢飲，閒聊目前在我們英國老家誰正風光、誰正失意，當然也談到我希望在香港推動的一番作為。他想在聖誕節和新年期間帶著上百位親朋好友來香港與我們慶祝。別搞錯了，我愛死他了，不過像李德衡的這種人，不懂得欣賞的人就沒辦法真正了解他的優點。我習慣在通寧水中加入琴酒。父親曾說，戰時他在法屬西非地區的軍官食堂裡，如果想要點一杯琴通寧（gin and tonic），就得說「調了琴酒的琴通寧」（gin tonic avec gin）。（譯按：重複了一次 gin，而且加上了法文的介係詞 avec，意思是「與」）李德衡本人就像一杯真材實料的琴通寧。

今天北京來了一封電文，針對我們北京使館對我的想法發表了意見。外交部方面（可能就是指可敬的李基茨本人）則擔心我覺得那些批評太過火了。目前駐華大使麥若彬（Robin McLaren）人在倫敦，與外交部的想法一樣。這應該是個好兆頭，表明至少有一些官員想要在合理的範圍內對我表達支持。無論如何，週末外相韓達德來的時候，再看看事情的進展如何。

七月二十三日（星期四）

早上開了一堆會議，都與保安和非法移民有關。我們取締來自廣東省各地的快艇走私活動，一直相當成功。問題是，現在走私客也開始以貨車運載走私品的貨櫃了。我在會議上建議，應該多購買一些 X 光設備來檢查貨櫃。有人告訴我，歹徒經常將偷來的車輛大卸四塊，分開運送，讓執法人員難以察覺。回想我們家過去曾擁有的車子，我想其中一定有幾台的零件安裝順序顛倒了。一個應該會影響到貿易副大臣議程的問題是，最常遭竊和走私的汽車似乎是德國的賓士和寶馬以及日本的淩志，英國的捷豹似乎就乏人問津了。

下午和我會面的政治團體當中，最有趣的是民主建港聯盟（簡稱「民建聯」）。這個遊說團體名字雖長，但其實就是搞統戰的親中人士。民建聯的領袖是幾個頭腦精明的傢伙，剛剛在北京與港澳辦主任魯平見過面，現在又代他傳訊息給我。我坦率地向他們說明我在香港的目標：英國離開時不會把所有的金銀財寶掠奪一空，我們也無意設計一顆定時炸彈，要將中華人民共和國政府徹底摧毀等等。對於我提出的觀點，他們在言辭上反應溫和。民建聯的主席曾鈺成是中學校長，而他的弟弟是香港兩大中共機關報之一的總編輯。要不是曾鈺成如此深陷親北京陣營，我想我可以和他有很好的合作空間。曾鈺成的優點是他所言與所信一致，主要目標是讓英國這個外來殖民勢力最終離開香港。我同時也相信他的確希望在合理範圍內維護香港的利益。很可能的情況，是他並不樂見一個殖民強權剛離開，另一股遠比英國無情、殘暴的殖民勢力緊隨其後到來。

大家一直問我（也許沒這麼直接了當），我到底在耍什麼計謀？所謂陰謀到底是什麼？

首先，我不想別人把我視為北京在香港的奴才，或處處只顧英國商業利益的官僚。我必須隨時做好準備，能為香港挺身而出，無論對手是北京或是倫敦。我也希望與香港市民公開討論他們的未來，以及我身為港督在香港的意圖。

第二，無論到時情況多麼嚴峻，我不希望在我們最後要離開香港的時候失控。

第三，顯然我必須盡可能讓人權和自由的精神牢牢地扎根在香港的法律，並捍衛司法獨立和正當法律程序等重要價值。隨著一九九七年逐漸逼近，想要防止貪腐蔓延，達到政府廉潔和開放的目標，恐怕會變得越來越困難。

第四，在不違反《中英聯合聲明》和《基本法》的前提下，我認為必須填補當前關於一九九五年選舉提案中的一些缺口，以確保選舉盡可能公平、公正、公開。我認為可以在不違反任何協議的情況下增加合格選民的人數。

第五，除了花在機場建設和其他重要的基礎設施計畫外，我也想利用香港驚人的經濟成就所帶來的資金，來推動各種社會變革及改革方案，以縮小目前巨大的貧富差距。我不想增加稅收，但我確實想為一些真正重大的社會議題，如教育、健康、福利和退休金，略盡綿薄之力。另外，由於股市和土地供應之間的關係，房屋供應是比較棘手的問題，但政府應該仍有空間可滿足市民的居住需求。

這就是我的「計謀」，後面還沒完呢。不曉得這個週末韓達德會怎麼看。對於我其實非常有限的選舉計畫，朝野各界一定有許多批評聲浪，尤其當我提出那些會惹惱北京的建議，一定會被罵得一文不值。似乎有人認為，衡量在香港最後幾年是否成功，端視能否避免受北邊老共的批評。這肯定是前幾天大衛・楊恩勳爵的想法（他以後會是香港的常客，因為香港電訊是大東電報局非常重要的營收和利潤來源）。大衛・楊恩對民主的熱情看起來有點退化了，部分原因可能是因為他從未參選過任何公職。

七月二十四日（星期五）

颱風過後的一天，風和日麗，我可以專注在教育相關議題上，並由負責與教育和人力資源的教育統籌司陳祖澤陪同，到好幾個地方訪問。普遍認為陳祖澤是第一位華人布政司的熱門人選，目前呼聲最高。

我們首先參訪了大學教育資助委員會（University Grants Committee），聽取主席李國能的簡報。李國能畢業於劍橋大學，是一位非常能幹的大律師。接著我們去了教師在職培訓中心，觀賞小學生的武術表演。一群小朋友由一個年僅十一歲、來自北京的小壯男領頭，面對對手毫不留情。當天與香港賽馬會的主管共進午餐，賽馬會資助了許多教育計畫。香港對於「博弈」有一套非常獨特的作法：免稅，不過所有來自賽馬的巨額收入都歸一個獨立機構管理，而大家都假設這個機構會對各慈善機構提供捐款。這種運作方式行之有年，要改變似乎沒有太大意義。香港人對賭博非常著迷，他們在一個晚上賽馬所下的賭注，只比英格蘭一整個賽馬季所下的賭注稍微少一點。

參觀了香港中文大學（校長是一位被譽為光纖通訊之父的華人科學家）之後，我遇到支持集會權利公共條例的遊行隊伍，成員是一群非常有禮貌的學生。[62]我在想：香港的學生都這麼有禮貌嗎？這是我第一次拜訪香港的大學，本地由港府資助的大專院校有七、八家。身為港督，我也是所有這些學校的校監。因為每所大學都有自己禮服的樣式，所以我的貼身男僕在為我的參訪準備服裝時，必須注意這些差別和細節。我放出試探性的訊息，告訴大家，我覺得讓港督擔任每所大專院校的校監也許不是太好的主意，並建議大學可以自行遴選校監。不過沒有人同意我的看法，我猜是因為一些大學可能非常緊張，擔心我會置他們於不顧，只偏袒某一所情有獨鍾的大學。

七月二十五日（星期六）

我們帶李德衡乘坐慕蓮夫人號出海散心。這艘港督專用遊艇肯定是東方最亮麗迷人的一艘船，古早樣式的設計令人眼睛為之一亮，服務人員不多，但都穿著整齊得體。我們沿著優美、壯觀的海岸線航行了一陣子，眼看崎嶇的綠色山丘落入海中。我們拋下錨，停泊在南丫島外海，接著船員把小快艇開出來，讓李德衡、雅思和她的朋友凱蒂・丁伯利比（Kitty Dimbleby）滑水。[63]我在水中安靜地游泳，忽然發現有幾艘很大的破舊木製貨船迎面而來，而他們大概沒注意到有人在水裡。遊艇的駕駛看到後相當驚恐，若是讓總督大人在海上被撞個人仰馬翻，那他們就有失職之虞。回到慕蓮夫人號上時，我們猛然意識到那些很明顯是走私船，其中一艘中國船往一艘台灣船卸載物資。我的隨身護衛馬上和警隊的水警單位聯絡，最後我們往港島的方向航行時，一艘警船與我們擦身而過，響著警笛往我們的後面開去。

遊艇停泊在淺水灣，大家享用了一頓愉快的晚餐，我讓酒窖不虞匱乏的努力總算沒有白費，每個人都喝了很多優級聖韋朗（Saint-Véran）產區的孛艮地白葡萄酒。遊艇駛經香港仔和燈火通明的幾艘海鮮舫（譯按：水上餐廳），然後繞過港島西部，再返回九龍半島與香港之間的維多利亞港。我覺得這是一趟世界上數一數二的旅程，真希望我能在香港度過整整五年！

七月二十六日（星期日）

李德衡一離開，外相韓達德就飛抵香港。我們和韓達德在大嶼山健行，非常愉快，參加的人還有韓達德在香港工作的兒子及許多工作人員。之後我們去了聖公會的座堂參加晨禱。在英格蘭國教會的主日崇拜唱聖詩，對我來說總是有一點彆扭。在我們與賀理和他的太太蘿西打完網球雙打後（贏的是他們），韓達德也開完會回來了，與我討論一些我最初的想法。雖然不得不適度與中方磋商，但我們絕不能輕易讓他們處於優勢，肆意透過選擇性的洩密，以及對進展毫無幫助的雜音，破壞了雙方同意推動的計畫所帶來的政治效應。我們在英國外交部和港府雙方官員都參加的晚宴上商定了另一件事，就是我們不能承諾與北京進行無限期的磋商，而且在磋商中一個個想法最後石沉大海，就和過去的經驗一樣。顧汝德和港府憲制事務司施祖祥在晚宴上特別有活力。[64]我越了解顧汝德這個人，就越欣賞他。他對本地各社群的重要人物及他們的小缺點和小癖好瞭如指掌，而且有驚人的橫向思考和跳躍能力。

晚餐後，韓達德和我單獨聊天，他很擔心首相梅傑太累，梅傑也擔心韓達德會很累。韓達德顯然有一般人難以忍受的生活秩序和習慣，他正要告訴太太茱蒂（Judy），這次愉快的假期馬上要被一個新的南斯拉夫和平會議打斷。他鼓勵我繼續思考英國國內的政治議題。好吧，但已經過了幾個月了，我還是覺得格格不入，有脫節的感覺。但韓達德說我應該和梅傑打電話保持聯絡。梅傑顯然需要有一、兩個朋友在身邊，而我覺得他獨自一個人的時候會浪費太多時間，在意那幾份報紙在說什麼，然後想像各種可能出錯的狀況。

七月二十七日（星期一）

參觀一座佛教寺廟後，韓達德和我在鄰近一座公共屋邨的人群中漫步，感覺上有點像在進行競選活動。居民熱情洋溢，但點到為止。記者和攝影師群圍繞著我們擠成一團。韓達德指出，這次在人群中我們只差一句話就像真的在選舉啦——「希望您一定要支持。」

七月二十九日（星期三）

今天的主題是「健康」，我參觀了好幾間醫療院所。在港督任內我第一次親吻了一名嬰兒（更精準的講法應該是嬰兒親吻了我）。這一定讓北京駐港統戰機構（新華社）那些傢伙感到困惑。後來我們開會，討論越南船民強行遣返這個很難搞的事，試圖確保我們不要給媒體太多把柄，而且必須老實說，這樣我們才能妥善處理和對待越南難民[65]。我們和菲利佩、艾絲佩絲、一些私人辦公室人員到西貢用餐。現場再次聚集了一大群熱情的市民。其中一位男士將他女兒推上前，向我要簽名（至少我以為是這樣）。其實他真正的目的是要向大家宣布，他女兒正在威雅中學（Wycombe Abbey School）就讀，而他的兒子要去王儲查爾斯王子的母校契姆預備小學（Cheam School）上學。[66]這些學校離西貢好像有點遠吧！

七月三十一日（星期五）－八月三日（星期一）

這幾天是一連串有不同主題的日子。首先是關於貿易和產業的簡報和訪問。港府貿易署在國際上相當重要。香港在世貿組織具有獨立的正式成員身分，長期以來倡導全面自由貿易。貿易署的主管是穿著整齊、聰明、喜歡繫領結的曾蔭權，他有兩個兒子在英格蘭的安培福斯學院（Ampleforth College）就讀。另外我也拜訪了工業署、生產力促進局和個別公司和營業事業單位。我參觀過的最令人印象深刻的工廠之一，是某家生產塑料模具的公司，由一位和藹可親的企業大家長經營，他已將自己所擁有的股份贈送給別人了，主要受惠者是員工。他的員工訓練有素、敬業、而且體格很好：每年所有的學徒都必須參加長途健行，以證明他們的體格可以勝任工廠技術人員的工作。大部分我所遇到的經理，原來都是擁有企管碩士（MBA）學位的工程師。我還碰到貿易發展局主席馮國經（該局負責推廣香港出口商品）：他本身就是一位企業家，經營的進出口業務公司非常成功。

交通運輸這個主題還有第二天。我發現香港的地下鐵路公司（Mass Transit Railway Corporation）不僅賺錢，而且信用評等比中華人民共和國政府還要高。與幾位交通運輸界的資深人士交談時，我才知道有大批卡車正大排長龍，等待要進入中國，因為中方官員正在牛步進行車輛攔檢。若是真有開往某個方向的車輛需要攔檢，那應該也是進入香港的中國車輛才對吧！這感覺事有蹊蹺，很可能是有人想拿回扣。

八月四日（星期二）

我在香港總商會發表一場頗為盛大的演講，參加人數超過七百人，是有史以來最多的一次。我猜大家來聽我演講，通常最感興趣的不是我演講的內容，而是我演講不太需要草稿，就能夠侃侃而談。我這個職業政治人的吃飯傢伙，也許在一段時間後會每下愈況，甚至消失殆盡；但此時此刻，我對機場興建、政治發展、社會穩定和長期經濟繁榮所提出的看法仍得到不錯的迴響。

今天最重要的訪客是來自倫敦的馬毓真大使，這是他生平第一次到香港。我們花了很多時間規劃整個訪問流程，不希望媒體和攝影師將我們團團圍住，浪費大家寶貴的時間。多虧我的副官菲利佩成功施展聲東擊西之計，才讓馬大使和夫人、我和穎彤，以及各自的幕僚得以乘坐直升機前往一個離島與慕蓮夫人號會合，航返南丫島，然後在那裡停留吃晚餐。

在出發之前，我與馬毓真大使有一番長談，並保持了我一貫的友好形象，但態度坦誠、立場堅定。我告訴他，如果我在香港有一位可與之坦誠交談的人，那會是很正面的事。要和香港的新華社負責人對談（理論上他就是北京在本地的代理人），看來是一場徹頭徹尾的噩夢。他是共產黨的老黨棍，只要是關於英國這個殖民勢力的陰謀論，必定深信不疑。我告訴馬大使，到目前為止，我完全按照上次我們在倫敦談話時所說的進行。我打算在立法局發表演講後到北京訪問，前往加拿大的行程就必須延到結束北京之行之後（去那裡是要在香港移民社群的大型會議上演講）。但在我告訴香港人我未來幾年想推行的計畫前，無法先去北京。我希望我能和魯平建立私人關係。我決定要設立一個強勢、完全獨立於立法局的行政局。我不能接受有人認為我要操縱一九九五年的選舉。再來，若有人認定我是北京的傀儡，對任何人都沒有好處。我會在適當的時機前往華府遊說，支持中國保留美國最惠國待遇。擁有最惠國待遇，意味著中國所享有的對美貿易條件，至少將與其他地位相同的國家一樣。

我告訴馬大使，我們在中英聯絡小組中取得的進展微不足道。我也再次指出，任何想將興建機場和政治事務之間掛鉤的計畫不僅拙劣，而且注定失敗。馬大使是一位文質彬彬的外交官，給我的印象是願意把我交給他的訊息，以我希望傳達的方式來轉給對方。感覺上他人可靠、做事能幹，但人們會對我所說的話做出什麼評價，只有天知道。無論如何，拋開政治，或者將政治放進來也一樣，這是一個美好的晚上，我相信馬大使夫婦都會同意。我們為他們準備了一趟難忘的慕蓮夫人號之旅（當然也花了不少錢），而我們自己也感到非常愉快。

八月十四日（星期五）

針對功能組別選民的組成、選舉委員會的組成以及一九九五年和前一年的區議會選舉的投票方式，我們開始在團隊內部建立共識。在八月五日與各區議會舉行的一次會議上，對於任何大幅增加民選區議員比例的想法，都受到議員非常嚴厲的批評。這種想法打從一九七九年我第一次來香港時就已經存在了。我不相信這些保守派議員會贏得這場爭論。不過令人欣慰的是，在八月六日與全部港府高層官員針對這些協議進行了真正敞開心胸的討論之後，顧汝德和韓新都說這是他們在港督府參加過最棒的會議。沒錯，若你不讓大家有完全自由發揮的空間，那麼手下有再多聰明能幹且見多識廣的人，還有任何意義嗎？以柴契爾夫人為例子，她的確在很多方面都很出色，但在開始討論之前就先宣布結論，那麼團隊的作用就無法充分發揮了。

香港大部分的媒體對我的報導都相當不錯，但以統戰為目標的左派報紙已開始刊登文章，批評我的政治作為。他們認為我應該直接與中國打交道，解決歧見，而不該公開呼籲，爭取香港市民的支持。我猜這些報紙對我一定感到有點不安，對於我的治理方向，他們也不太清楚該如何應對。

昨天穎彤參加了一個關於女性同工同酬和獲得平等的工作機會等議題的會議。目前香港仍缺乏保障性別平等機會的相關立法。穎彤也打算參觀婦女中心和法律諮詢中心。身為大律師，穎彤顯然很高興能參與這個她非常熟悉的議題。

副官菲利佩、艾絲佩絲和穎彤的社交秘書露易絲（Louise）有許多想法，他們想稍微為港督府整頓翻新，好讓房子可以開放讓公眾舉辦慈善活動和音樂會。今天也有壞消息，就是麗思回倫敦了，不過她會在崔斯坦和卡塔莉（Catali）家先待一陣子。今天也和崔斯坦通了電話，他說國內關於經濟的報導令人相當憂心。本來以為經濟好轉只是時間的問題，但現在恐怕根本等不到了，套用崔斯坦的說法，人們也開始變得有點「不安分」了。

八月十五日（星期六）

我們幾乎花了一整天時間和管家艾絲佩絲、穎彤的社交秘書露易絲、我的副私人秘書安．薛波（Anne Shepherd）一起看某些照片和傢俱，希望新的傢俱能夠讓港督府看起來比較美觀。香港藝術館答應我們，可以借幾幅油畫取代現有的裝飾品，通常就是過世許久的英國皇室成員等人的肖像或老舊複製品。特別讓我印象深刻的一幅畫，畫的是一群十九世紀華人男性和幾位戴著高禮帽的西方商人。這是一幅背景很暗、略帶詭異氛圍的畫。我很想將這幅畫掛在港督府，但這可能讓大家卻步，因為畫的體型過大，而且給人有點陰森的感覺。我們在九龍的後街找到了很多傢俱，其中很多舊貨顯然來自中國大陸。我們花了大約五百五十英鎊買了一張華麗的祭壇桌、一個很大的柳條梳妝台、一個大餐具櫃和一、兩件其他雜物。以上提到的東西都是我們的私人用品，會放在港督府內。另外我們也看了一些可以用公費報銷的新傢俱。

現在我還收到很多訊息，這些主動與我聯絡的人自稱可以擔任我和魯平的中間人。不過本週最重要的會議（想到就很傷腦筋）是與新華社香港分社社長周南會面。

八月十七日（星期一）

今天花了很多時間與霍德、顧汝德和其他人討論行政局成員中誰會離開、誰會留任、誰會加入。毋庸置疑的是，我一定會保留布政司、財政司和律政司等高層官員在行政局的席次，但我想讓本地華人也能參與，例如從陳祖澤、施祖祥和陳方安生三位官員人中選擇兩個人。我也覺得該讓鄧蓮如留任首席議員，另外還有滙豐銀行控股集團主席浦偉士。剩下的我都要請他們離開行政局，包括駐港英軍司令（Commander British Forces）。希望這不會引起英國國防部的反彈。如果在一九九七年之前我們的行政局仍有英國將軍擔任議員，那麼九七年之後顯然很難不讓中國人民解放軍參與行政局的運作。[67]我最希望從外面延攬進入行政局的人，有李國能[68]（大律師）、張健利

（也是大律師）、王葛鳴[69]（青年組織代表）、麥列菲菲教授（現任立法局議員和學者）、陳坤耀（經濟學家）、馮國經（工業和貿易）、董建華[70]（商業和航運）。

董建華的公司在過去與台灣有密切關係，但幾年前他的主要航運業務陷入困境時，曾受到親北京集團的救助。北京政府會信任董建華，主要因為是彼此間的商業關係，另外也因為他非常保守，對美國也有很深入的了解。我猜他的家人大都持有美國護照。他的保守思想根深柢固，人一點也不壞，我確實頗欣賞這個人。不過，他顯然認為民主價值在亞洲無法開花結果，而事實上我懷疑他可能認為美國和歐洲人所享有的民主程度太過火了。但他並不介意讓自己的家人住在這些民主國家享福——只要他們願意。

八月十八日（星期二）

今天我接待了三位代表外國在港利益的訪客。首先是日本領事折田正樹。日本人總是將一流的外交官派駐香港，我想大概是讓他們在國內從事額外繁重的工作後可以在此地休養生息吧。這份優秀的日本外交官名單中，包括我的友人佐藤行雄和現任副外相的松浦晃一郎。當我擔任海外發展副大臣時（負責提供開發中國家發展援助），松浦在日本政府也擔任性質相同的職務。[71]日本和香港的經濟關係非常密切，所以希望這種關係能持續下去。日本似乎很有辦法以不激怒對方的方式向北京傳遞訊息並使其接受。折田邀請我和穎彤在十一月到日本訪問。我下一位要接見的訪客是加拿大領事，但我只能告訴他我無法前往加國參加十月份香港節（Hong Kong Festival '92）尾聲的活動，但會重新安排十一月份再行前往，因為我必須先到北京訪問。加拿大領事非常了解我的苦衷，他認為很難知道北京誰負責制定香港相關政策，並認為即使是年輕有為的中國官員看到香港政策，也會覺得少碰為妙，情況有點像英國政治人物對北愛爾蘭的看法。他也很同情民主同盟人士對政治議題的想法，並認為我的任務之一，是要努力從現在到一九九七年間，為政治活動尋找一個平衡點。但他也估計北京對任何看起來要提升政府問責度的作法都會抱著極大的疑慮。

接著，我與來自蒙大拿州的美國參議員馬克斯・博卡斯（Max Baucus）和美國駐港領事會面。博卡斯是少數傾向支持繼續讓中國保有最惠國待遇的民主黨人之一，我猜是因為他來自一個農業州，不希望農產品出口到中國會受到限制，特別是小麥。我也注意到，由於香港目前的國內生產毛額大約佔整個中國的百分之十九（若再加上鄰近的廣東省則高達百分之二十八），任何對自由貿易的干擾將無可避免地對香港經濟造成破壞性的影響。

八月十九日（星期三）

我開始上網球課了。一大早就和一個非常親切的小夥子一起練習，他叫漢斯・富蘭克林（Hans Franklin）。即使在七點三十分左右打球，接著沖了個冷水澡後再泡澡，兩、三個小時後我還繼續在冒汗。要是年輕時就開始學打網球就好了。看來我就算只打贏一般水準的俱樂部網球運動員，難度都很高。

香港外匯基金管理局局長任志剛告訴我，支撐我們強勢貨幣背後的資金到底多到什麼程度。我強力主張政府不應該盲目追求財政盈餘，若有好的社福專案和值得投資的基礎設施計畫，公家的錢就該花。

八月二十日（星期四）

我和政府核心團隊的幾位高層官員討論了功能組別相關議題（我們希望將功能組別從二十一個增加到三十個，以涵蓋香港大部分的社群及地區）。會中也討論我去北京以前在立法局的演講，其內容有多少是堅持不可修改的。簡單來講，我不想把所有的事都定得死死的，但確切的整體方案卻一定要有。我猜不論結果如何，我們提出的方案會落在李柱銘和魯平兩個極端之間。不過最重要的，是要確保大多數的香港市民都支持我們，這就意味著李柱銘和他的夥伴是我們要努力爭取的對象。如果市民不支持我，我又得不到本地政治力量的支持，到了一九九七年一切都會變得很不穩定。我很懷疑北京當局會真正了解這一點，但可以肯定的是，到時他們不會希望接管一個政局動盪不安的城市。北京對付動盪的方式是什麼，大家都心裡有數。

我與新華社香港分社社長周南見了面。他在中國的外交界服務多年，於英國外交界廣為人知，並以「與和藹可親有一段距離」著稱。[72]他的確能說一口漂亮的英語（也理當為此感到自豪），但他為人冷酷、態度傲慢。周南再次告誡我（這些我都聽過不只一次了），但我告訴他我對北京之行非常期待，對此他似乎感到頗為欣慰。我向他強調，如果必須犧牲針對一九九五年選舉我們所提出的公平合理的方案，那麼我深信主權移交後要平穩過渡到新政府是不太可能的。未來幾個月，我相信雙方會圍繞著這個重點，在協商和討論中得到最後的解決方法。北京繼續堅持，我們必須支持他們所提出的「直通車」概念。就是一九九七年之前所確立的制度在主權移交後可繼續存在，但其中隱含的訊息是：我們必須讓北京插手移交前香港所有的事務。若港人不滿我們的作法，我們仍得為一切承擔責任，而北京在移交後就順理成章接管。看來我們不得不好好應對中國對一九九七年會做出干預的威脅，而香港市民也需要滿滿的自信心才能面對。我不希望有人指責我對《中英聯合聲明》或《基本法》出爾反爾，我的底線包含這一點。不過，中共對「直通車」的定義方式，聽起來比較像是一輛靈車，為英國主權、英國榮譽和英國治理這座偉大城市的優秀才幹送終。

八月二十一日（星期五）

這週開了幾個最重要的會議：首先是讓我的立法局演講內容更完整，其次是讓我所有的政制提案逐漸成形。我和鄧蓮如討論了一下，獲得她的大力支持。鄧蓮如認為我們必須對中國採取堅定態度，但也要有所節制。（我很想知道「節制」到什麼程度才算恰當。）她似乎認為我目前對北京的態度恰如其分，但願她的這個觀點能持續下去。

我也接受不少記者的採訪，其中有《衛報》（*Guardian*）一位很厲害的傢伙，名叫韋安仕（Steve Vines），還有一群據我所知是《南華早報》（*South China Morning Post*）帶來的孩子。這些小朋友都很可愛、聰明伶俐，對環境非常感興趣。我問第一個小朋友她在哪個學校念書。她有點委屈的樣子，告訴我她已經從中學畢業了，馬上就要到牛津大學的莫德林學院（Magdalen College）修讀法律！後來我告訴穎彤這件事，當時她正要到加拿大為香港節開幕前的活動剪綵，雅思也在那裡。雅思顯然對我犯下如此令人尷尬的失言很生氣，對我大為不滿。

八月二十五日（星期二）

我和警務處長討論了關於三合會的動靜。三合會的犯罪活動最近越來越猖獗，而且他們開始部署，想在中港邊界以北的深圳和周邊地區建立勢力範圍，目前他們在毗鄰邊界的新界部分地區已有據點，在某些行業也扎根頗深，電影業就是其中之一。我們必須在不違反香港人權法案條例（Hong Kong Bill of Rights Ordinance）的前提下才能繼續對他們加強取締。

八月二十六日（星期三）

毫無疑問，本週最可怕的活動，要算與駐港英軍中將司令霍立言（John Foley）共度一個下午了。先是本人以機關槍在例行軍事演習中練習射擊，接著（又是）我駕駛登陸艇，東倒西歪地橫越維多利亞港。[73]我還搭乘了韋薛斯式（Westland Wessex）直昇機飛越香港所有主要的防務設施，而此刻我們正與中國人民解放軍討價還價，以決定這些設施未來何去何從。直升機的門故意開著，讓我巡視軍事設施時有更棒的視野。直升機在設施和岸邊上空急速盤旋之際，我開始意識到一件事：防止我從高空墜落的唯一保障就是身上的安全帶。我只好佯裝自己是天生無懼的大丈夫（但其實早就魂飛魄散），因為老大不能讓屬下發現你早已嚇得不知所措。

八月二十七日（星期四）

吳光正是已故航運業鉅子包玉剛的女婿，他和武漢市長一起來找我。吳光正在武漢投資，希望該城市能成為華中地區重要的交通樞紐。後來我才知道，武漢不比倫敦小，而且與曼徹斯特是姊妹市。我自己的家族最初就來自曼徹斯特，所以我不客氣地常拿這個城市的天氣開玩笑。有人努力將我這些話翻成中文，希望武漢市長可以了解，結果徒勞無功，不過至少言語中並沒有得罪他。給自己的警惕：以後千萬不要用你自己的語言給聽不懂這個語言的人說笑話。

八月二十九日（星期六）

終於等到了我們盼望已久的「K日」（K是我們家老大潔思的名字Kate第一個字母）！結束南美洲的旅行後，傍晚潔思搭乘國泰班機抵達香港。飛機滑行到航站停機位時，我們看到她和機組人員一起在駕駛艙內。好興奮！菲利佩安排了一架直升機讓我們去接她。潔思步下飛機的台階，看起來比我記憶中更漂亮，一頭金髮更燦爛了。上了直升機後（這對她來說是一個大大的驚喜），我們一家人彼此忙著擁抱，接著直升機帶她在香港上空飛行，沿途非常壯觀，令人印象深刻。我們隨後飛往粉嶺別墅，降落在高爾夫球場上，現場有兩輛警車的燈光正閃爍著。我的教子亞當・科德林頓（Adam Codrington）和學校幾個朋友也和我們一起度週末，所以別墅待了滿滿的人。接著我們大肆慶祝，香檳瓶塞開始到處亂飛。我們可愛的大女兒已經長大，可以感受到她身上洋溢著一股溫暖、親切的寧靜。有趣的是，這場慶祝既是歡迎女兒回到身邊，也是另一種意義上的告別，就是為她告別六年中學生涯。這時我在想：要是麗思也在這兒就好了。大家都好想念她。

九月二日（星期三）

對我們家人來說，這個月最重要的事是雅思開始在港島中學（Island School）上學。港島中學聲譽卓著，與香港其他國際學校一樣。這所學校無論在學生能力、社經階層以及族群平衡上都稱得上頗為全面。一開始幾天，雅思不論到學校上學或下午放學時，都必須忍受媒體追蹤和電視鏡頭。這讓她有點焦慮，不過她似乎在沉著堅定的舉步中欣然接受了一切。她顯然對老師（他們感覺上都很非常棒）和同學的印象頗佳。來自威爾斯、明智且通情達理的校長大衛·詹姆斯（David James）與媒體達成協議：連續兩天、每天兩回拍照和報導，之後謝絕採訪。後來媒體也遵守這個協議。

我繼續走訪香港各行政區，並領略在此地生活的不同面向，以及政府的施政。今天造訪了深水埗，在當地幾個公共屋邨走了一圈，也逛了滿是小販的街道。人們向我獻上香蕉、瓜果、鮮花和各式各樣的物品。最後，在與區議會成員舉行的茶會結束後，我回答隨行媒體一系列令人熟悉的提問。我曾經在九龍城寨拆除前參觀這裡，現在已截然不同了。以前的九龍城寨是個可怕的地方，我很高興它大部分已不復存在。那時若想要看到藍天，人必須到城寨中間的舊法院大樓才能看到。中午時分，我們在昏暗中沿著高高的樓牆之間的狹窄小巷走動。目前至少老鼠已被趕盡殺絕了。越早徹底把城寨炸掉重建越好。

我接待了一大批訪客，包括萊爾格的歐文勳爵（Lord Irvine of Lairg），我想他有一天會成為工黨的大不列顛大法官（Lord Chancellor）。他對我正與首席大法官討論的法律問題很有見解，並鼓勵首席大法官採取更好的方式來管理法院和整個法律體系。歐文勳爵對買賣中國古董也頗有研究，也可提供很棒的建議。另外，他也知道不少關於紅酒的實用知識。

1992

1993

1994

1995

1996

1997

九月三日（星期四）

今天我在各紀律部隊和救援服務部門度過一整天：監獄、海關、消防部門及皇家香港輔助空軍（Royal Hong Kong Auxiliary Air Force）。在赤柱監獄裡，連在工廠車間工作的人也顯得相當開朗、精力充沛且盡職盡責。在監獄圍牆外，企業家精神誠然能茁壯成長，難道在監獄圍牆內也能蓬勃發展嗎？我訪問過不少英國監獄，了解到問題往往不僅是毒品，性病也是其中一個問題。我向帶我到處參觀的典獄長詢問這個問題時，他斜眼看著我說：「這不是我們華人社會會碰到的問題。」也許他一直過著備受呵護的生活，從未到公共淋浴區淋浴。

我想我參觀目前到訪香港的無敵號航空母艦（HMS Invincible R05）時，一定不會得到相同的答案。艦長把航母開到維多利亞港的中央之際，我留在艦橋上。他顯然是一位非常傑出的海員，完全無需拖船的協助，單槍匹馬將排水量超大的航母開到海港入口處的水中。艦長在艦橋上四處奔跑，對著電話向部屬大聲下令，汗水將他整齊的白襯衫染成灰色。他手下的軍官擁有英國軍人最優秀特質的組合：能力、正派和幽默感，而且很明顯他們是艦長忠實的粉絲。

我從牛津大學傑出學者曾銳生（Steve Tsang）那兒獲得有關中國的精闢見解。他首先指出，有個地方可以一窺中共對香港的政治無能：他們允許李柱銘的民主同盟人士在選舉中徹頭徹尾把他們打敗。他也認為以下這兩種情景其中之一遲早會發生：李柱銘等人將全面治理整個香港，或者他們全部將鋃鐺入獄。第二，常聽人說，民主在華人社會無法生根，不會有任何建樹。曾銳生接著指出，台灣的情況提供了一個很好的反證，他們的民主制度其實相當有效。

九月六日（星期日）

如果柴契爾夫人來香港訪問，可能會造成尷尬的場面。她和丈夫丹尼斯（Denis Thatcher）剛從北京到港。我們邀請他們到粉嶺別墅共進午餐，同時也請了當年一起與北京政府談判、制定《中英聯合聲明》的老同事。外交部負責香港事務的副大臣顧立德也來了。我請黎偉略負責安排柴契爾夫人平安進出香港，避免任何突發狀況。黎偉略成功地照著我的指示完成任務，不過事情之所以進行順利，一部分是因為柴契爾夫人對香港很熟悉，也對我們在這裡要推動的改革有極佳的直覺。

午餐前我和柴契爾夫人聊了一下，向她解釋我們打算要做的事。當我提到功能組別時，她忽然感到一絲震顫，因為覺得這有社團主義（corporatism）的味道，不過她似乎忘記了，香港的功能組別就是在她首相任內設立的。無論如何，她似乎贊同我們的立場。她對中國有很有意見，覺得中國有可能會分裂，而我則禮貌地表達我的不同意意見。她的觀點非常傳統，認為經濟發展必定會對政治造成影響。這也許就是我們大家所希望的結果，但也有點是馬克思主義的觀點。午餐大部分的時間我們真的都避免談到歐洲、馬斯垂克（歐盟條約的簽訂）和南斯拉夫。只是偶爾會有和這些議題有關的小矛頭像紙飛鏢一樣飛過餐桌。

九月十日（星期四）

剛發生了一件頗戲劇化的事，聽說涉及兩名遭指控的中國異議分子。他們無法留在香港，想進入英國也遭到拒絕。這些條件已構成了一樁很糟糕的政治事件所需要的元素。但願加拿大已準備好接受這兩位女士。我們絕對不能將她們送回中國大陸，這再清楚不過了。但我們似乎在新航廈的問題上有了進展，這要歸功於資深公務員陳方安生的參與以及四處奔走。[74]她找到了一個巧妙的配方，不但滿足了我對開放和競爭的部分要求，同時也能預防航廈和機場的整體經營會缺乏競爭力。她有許多公務員的優點：果斷、聰明、對我直言不諱，也已準備好承擔艱鉅的任務。我們整個團隊都認為她很了不起，和施祖祥一樣，是公務員中最佳的代表。這是對陳方安生非常高的評價，因為香港大部分的公務員本來就非常優秀。

九月十一日（星期五）－十四日（星期一）

正式會議的討論都集中在機場和我即將在立法局會發表的施政演講，特別是有關政制發展的內容。這非常重要，因為梅傑首相和外相韓達德都認為我有必要回倫敦一趟，出席有關內閣委員會的簡短會議，以便讓首長們願意對我打算在香港推動的計畫背書。我必須好好處理這趟行程，否則會留給人一個印象：事情一定出包了，不然不必回倫敦請示。如果可以得到內閣的首肯，那麼我們未來一切的作為將會有更大的彈性。

九月十五日（星期二）

昨晚我連夜回到倫敦，準備待一兩天。早上與首相和史蒂芬．沃爾（Stephen Wall）吃了一頓豐盛的早餐。[75] 梅傑顯然非常擔心英鎊的走勢以及央行必須大幅加息的可能性。當然，加息對挽救英鎊的作用可能也不大，而且景氣預測數字顯示，經濟出現任何改善徵兆之前，還有一段很長的路要走。他們兩人對我在香港的計畫似乎一點都不擔心。梅傑想知道，如果太早讓北京知道我們的全盤方案是否有點太冒險了，而要提供給他們的演講內容，也許大綱也不必太詳細。我的論點是，冒這點險是必要的，因為我們不能讓北京抱怨，說我在立法局演講前完全沒有先關照他們一聲。

與外交部的李基茨和約翰．莫里斯交談後，我向內閣委員會做了簡報。我先給大家心理準備，告訴他們我的計畫可能會惹惱每個人，但這些方案看來是改善香港政府的最佳方式，至少能滿足市民爭取民主的訴求，也不至於擾亂一九九七年的平穩過渡。之後我們就管不著北京的作為了。

接著，我列出在香港以及與外交大臣和外交部討論過的計畫。我們希望將投票年齡從二十一歲降為十八歲。在二十個地方選區中，每一位選民將獲得一票，選出單一席位的直選議員，目前市政局和區議會選舉已經採用這個制度了。我們要檢討現有的二十一個功能組別，以及需要新設的九個功能組別。目前的制度完全站不住腳，我希望看到功能組別這項選舉能以個人投票取代團體投票。因此，例如作為香港總商會成員的公司所有的董事都可以投票，而不是像目前的情況那樣，只有公司本身才能投票。增加九個新功能組別是最簡單和最公平的方式，做出新的適當定義，藉此來涵蓋全港勞動人口，包含各工商業部門的現有分類：從紡織、成衣到社區、社會和個人服務業等。在每個選區中，每個工作者都有投票權。這種作法可將三十個功能組別所代表的選舉人數擴大至二百七十萬人。市政局和區議會所有的成員都應該是選舉產生的，而不應由政府委任。而且根據《基本法》，必須在一九九五年成立的選舉委員會，其成員應該由這些區議會所有的直選議員當中產生。這個透過間接選舉產生的委員會將選出十名立法局議員。為了公平起見，我們會成立選區邊界及選舉委員會來監督新的制度。過去所面臨的主要限制，在於我們覺得與市民的多次協商爭議不斷，直選議員人數受限在二十人，無法再增加。現在我們希望盡量讓已談妥的立法局議員席次的分布盡可能公平和公開，爭取更多選民，並盡量利用《中英聯合聲明》和《基本法》所提供的彈性。我們將利用適當的時機把這些提案納入立法，而如果立法局修改或否決這些提案，我們就只能順應民意並接受一切最後的結果。

似乎沒有人準備批評我的施政計畫，儘管夏舜霆（Michael Heseltine）有其疑慮：像我們這樣做出最後努力，在離開香港前為當地居民增加一丁點民主，真的是明智之舉嗎？這肯定只會危害英國的商業利益。[76]他一貫的立場就是如此。我指出，英中在政治方面的關係進展頗為順利，但在商業上我們在中國似乎並沒有太好的表現。我告訴他，決定英國在中國市佔率的因素還有很多。韓達德雖然對我們提出的方案感到高興，但與梅傑一樣，對於要事先向北京提供的細節多寡感到困擾。我們花了七十分鐘討論，唯一真正修改的地方，是我們一致同意應該減少事前告知北京內容的分量，對他們太信任很可能會一發不可收拾。

九月十六日（星期三）

回到香港，心中對過去一天的事態發展感到欣慰。接著我和全家人得馬上到周南夫婦那裡用晚餐。我們到新華社在赤柱的據點。那是一個原來要蓋一家飯店的地方，現在給人感覺像政府機關。晚餐非常美味，而周夫人親切友善。之前我已經知道周南的一口流利英語原來是在韓戰審訊戰俘時學來的，但他似乎從不對過去有任何留戀。我真想知道他怎麼會娶到這麼棒的太太，不過他大概就只是和我們其他很多人一樣幸運吧。周南說，他要我將他視為與北京當局溝通的主要聯絡人，而且他也已得到授權告訴我這件事，然而他和魯平之間很明顯關係有一點緊張。[77]當我在香港大快朵頤時，英國的經濟正在拉警報。英鎊危機：幣值暴跌。投機者對英鎊做空，狂賺了一筆！接著，利率飆升，英國退出歐洲匯率機制迫在眉睫！[78]大災難降臨英國政府。回想起來，我必須感謝巴斯的選民把我轟出去，否則今天的財政大臣就是我！

九月十七日（星期四）

日復一日，我們繞著機場議題原地踏步，中方騷擾我們的方式，越來越有想像力了。我們提出一些新的建議，目的在減低所需貸款的金額，並希望透過新建鐵路沿線出售土地所獲得的資金，來為整個機場興建計畫投入額外的股本。這個方案完全合理，而且建構在中國自己提出來的基礎上，不但可降低機場的總體成本，也表示我們無須從其他公共開支調撥資源來支援機場。很可惜，民眾並未對此方案表示支持，原因之一，是英國媒體暗示這是對北京的妥協；親中的左派報紙同樣也攻擊我們，說這不完全是中方所希望的作法（他們才不管今天早上北京政府說了什麼）。原來李鵬和梅傑簽署所謂的諒解書只是一紙具文。

九月十八日（星期五）

我和幾位我希望能進入行政局的人繼續溝通。除了馮國經之外，其他人都答應我的邀請了。馮國經說他太忙了，不過我們猜他遲疑的真正原因是害怕自己涉入政界太深。我繼續推動針對一九九五年選舉的提案。有一件必須處理的事，就是我不再擔任立法局的主席的職務。這對我來說最容易不過了。讓港督實際上成為立法機關的議長（這顯然已行之有年），在我看來是異常愚蠢的一件事。部分原因也許是要維持殖民地的象徵及禮儀的體面，但如果行政首長兼任立法機關的最高職位，那還談什麼權力分立？立法機關要如何監督和制衡行政首長、官員？還記得查理一世的遭遇嗎？我將不再擔任立法局的主席的意圖告訴了現任副主席施偉賢（John Swaine），他自然感到高興。[79]

九月十九日（星期六）

我們一家四口在香港君悅酒店（Grand Hyatt hotel）的義大利餐廳 Grissini's 共進晚餐，為女兒的媽慶生。我們的餐桌靠窗戶，可以遠眺維多利亞港。這個夜景看一輩子都不會厭倦。

九月二十日（星期日）

唉，今天穎彤和潔思兩人回倫敦去了，這樣穎彤就可以幫女兒打包準備到新堡大學（Newcastle University）報到。潔思打算主修西班牙語和葡萄牙語。這裡只留下我一個人照顧雅思和威士忌，還有女王陛下的殖民地。

九月二十五日（星期五）

一整週都在開會。參加會議的人有政黨黨團成員，以及四組來自不同的工會代表。會議議題包羅萬象，從北京到台灣，有很民主的、不那麼民主的，什麼都有。後來其中一組代表譴責我在勞動市場議題上採取了保守黨的觀點。個中原因，是在討論中我注意到香港的失業率只有約百分之二，在我看來，要實施嚴格的移民政策以防止他們來香港工作，似乎理由不夠充分。

九月二十六日（星期六）

麥理浩爵士（Murray MacLehose）在今天來訪。[80] 一九七九年我第一次到香港來時還是個年輕的後座議員，而當時麥理浩正擔任香港總督。我為《衛報》寫了一篇文章，提出區議會議員應該由直接選舉產生的建議。麥理浩對我的想法不以為然。他是個傳奇性的人物，在許多方面可以說是一位偉大的港督，即使他有干預主義和父權主義的思想。麥理浩治理香港時期，正值大批中國大陸難民接踵而至，他發起了龐大的公共屋邨計畫（一部分參考了新加坡的相關經驗），這無疑為香港的穩定和成功有重大貢獻。遺憾的是，他沒有從新加坡的行動指南中全盤學習到他們的公共房屋計畫，將租金與養老金首期給付連結起來。我不認為麥理浩很看重英國政府的部會官員，而且的確曾採取了幾乎完全避開政府決策的舉措。例如，他和柯利達在一九七九年訪問北京時（大約與當時英國大選同時進行）提出英國移交香港主權，但繼續保留治理香港的建議，我很懷疑這事先得到了部會官員完全的批准。這個想法遭鄧小平當場拒絕了，因為他絕不可能同意如此明目張膽、讓英國佬可以留住香港統治權的小把戲。[81] 晚餐我們沒有吃得特別愉快，不過晚餐前的那一兩杯乾馬丁尼他都欣然接受了。麥理浩就像許多昔日的偉大殖民地官員一樣，我認為他不太在意香港這個殖民地是否會有民主，甚至可能認為談論民主是一種對中國不必要的挑釁。現在他是上議院議員，但願他不會在紅色長椅上對我們的計畫加以阻撓。[82]

九月二十七日（星期日）—二十八日（星期一）

我們除了繼續撰寫立法局的演講稿，另外也規劃演講結束後，我所要舉行的公開大會（譯按：香港稱之為「答問大會」）。我真正希望的是一場面對民眾的大型問答聚會。困難在於是否能找到好的口譯人員，那麼，不諳英語的民眾也能聽懂我在說什麼。如果像這種重要的場合最後變成半途而廢，那肯定是令人煩惱的事。有人叫我不必擔心公開會議只有小貓三、四隻，到時候就知道了。

過去十天我一直努力想將一個很糟糕的計畫撤掉，但其中有一部分已遭洩漏。英國國防部計劃了一項名為「翼龍行動」（Operation 'Winged Dragon'）的演習，內容涉及在與中國發生衝突時，如何增援在香港的駐軍。這次軍演背後的思考顯然是很合理的。由於解放軍有千軍萬馬，而香港壓根兒沒有地堡，但高爾夫球場的沙坑倒是不少，根本檔不住攻勢。（譯按：作者在這裡用了雙關語 bunker，同時有「地堡」與「沙坑」之義。）我一聽到這個演習計畫（而且在我訪問北京大約兩週後開始），就立刻開始敲響警鈴警告大家。如果想要讓香港恒生指數暴跌，我再也想不出有什麼比這個更可靠的方法了。我聽說衛奕信同意執行這個演習計畫，但有個附帶條件，就是我這個新任港督也必須同意。眼前大家所期待會發生的事，是空降旅將調入，而廓爾喀步兵將駐守中港邊境。想必有不少陸軍將軍和準將也會來香港——順便來採購新西裝或襯衫。

充分了解目前的情況後，我直覺的想法是，當駐軍中某人得悉我對演習持高度疑慮時，他們向媒體開始洩露了越來越多有關演習的細節，尤其是《南華早報》，目的是讓我無法取消演習。

週一我要與駐港英軍司令霍立言（一個我非常欣賞的人）、我的政治顧問歐威廉和其他一些人會面。霍立言確實感到羞愧，向我道歉，表示洩密一事完全與他無關（我相信他）。但我不想被迫做一件非常愚蠢的事。我得到的結論是，現在我們無法取消演習了，但必須盡可能低調進行。我下定決心，要限制大批將軍和準將來香港的人數。這是政治上相當典型的舉措，自私又拙劣，是國防高層的自肥之舉。我沒當上國防大臣應該是件好事！無論如何，將演習的參與人數縮減到最小，對香港是一件好事，只是山美裁縫的老闆會少掉很多生意罷了。

九月二十九日（星期二）

在我向立法局發表演講之前，有一堆政治上的爛攤子需要善後。除了履行我為人父母的職責，要照顧雅思以外（這件事我甘之如飴），對我來說這一天的亮點，是我在食物很棒的 Va Bene 義大利餐廳為她和兩個學校的同伴舉行的生日晚宴。（譯按：Va Bene 相當於義大利文的 OK。）

九月三十日（星期三）

在帶雅思和她的朋友用餐的前一天晚上，我參加了新華社香港分社十一國慶的活動。對於在這個場合是否會有愉快的經驗，我的期望並不高，所以我對最後結果並不感到驚訝。我們參加了在美心食品（Maxims）一間大型接待場所舉行的酒會，並在一群攝影師、電視團隊、記者、統戰馬屁精和外交使團成員的帶領下走上了舞台。周南發表了一場演講（後來有人告訴我這次比平常的要短、也比較生動）。之後，我對中港關係發表了一些想法。我提到，任何傷害中國的事同時也會傷害到香港。對香港有利的，也對中國有利。隨後又有人告訴我，新華社的工作人員很高興周被搶了風頭，因為我的演講比他的強。我敢打賭他們不敢對老闆這麼說。老實說，要打敗像周南這種貨色也不是什麼天大的難事。

十月一日（星期四）

我決定好了行政局議員的人選。除了馮國經以外，大夥兒都答應了。我在名單上加了一位非常成功的年輕商人，名叫錢果豐。他擁有美國某大學商學院的學位，我也加了陳方安生，由她出任代表官員的議席。戴彥霖曾和她一起完成了幾項工作，對她印象深刻。在一個涉及機場和航廈的複雜問題上，她非常堅定，但禮貌地處理了一個由戴彥霖提出、但有點離譜的想法。我還有一個任務是像賀理所說的，「簡直跟殺死小貓一樣難過。」我必須向五位前行政局議員告別，這五位我已提案請他們辭任議員職務。

我們大部分的時間都在為立法局的重要演講做準備。雖然未來幾年政府支出的優先順序還有很多可以討論的地方，但我最關心議題是一九九四年的區議會選舉方案，以及一九九五年立法局選舉的計畫。正如我和馬大使所說的，像先前港府籌備終審法院失利那樣的錯誤，是我不能重複犯下的，因為那就是與北京秘密談判的產物，結果遭到香港立法局拒絕。我必須先告訴香港市民到底我的方案是什麼，同時也承認內容可能需要修改。先宣布行政局和立法局成員將完全切割後，我接著會提出英國內閣委員會已同意的立法局選舉方案。

我在倫敦的會議結束後，外相韓達德前往紐約參加聯合國大會，並在會場邊與中國外長錢其琛會面。[83] 錢其琛是老謀深算的角色，韓達德向他概括闡述了我們打算在香港要進行的計畫。錢其琛聽了之後，既不慌張也不惱怒，尤其特別的是他知道我們不打算增加立法局直選議員的席次，也不會讓李柱銘在行政局擔任任何職務，但沒太大反應。也許這對他來講本來就意義不大。在香港問題上，錢其琛可能算不上是高瞻遠矚，只是把事情留給北京官僚體系的其他人去操心。韓達德大致上的感覺是：目前為止一切順利，但其實我們精彩的旅程才剛剛開始。

十月二日（星期五）

在北京的麥若彬去見魯平時，反應截然不同。這次會面中所發生的事後來麥若彬傳到我這裡，內容也由朱幼麟傳來的私信中得到證實。朱幼麟是香港商人，是魯主任的朋友。英國外交部的普遍看法是，魯平在會中所使用言語比較偏向激烈的一端。他抱怨我們並沒有好好徵求北京的意見，一點面子都不留給他和其他北京官員；我們提出的計畫不符合《基本法》精神，不利英中關係的發展，中方會予以痛擊；還有我去見他時，他本來打算送我東西（可能是關於機場的協議），但現在我不能指望會得到任何禮物了，因為我是一個大罪人。最後，他們希望我在立法局演講時不要提到我的一九九五年選舉方案，而且在我和他們見面討論並得到他們同意之前，不要公開宣布任何計畫。這是我第一次經歷北京的恫嚇，我猜不會是最後一次。

麥若彬大使在我的立法局演講前將再與魯平見面，我們為他製作了一份電文讓他轉交給魯平。各種正反意見都經過我們一一討論，尤其針對北京對我們的譴責做出反駁，他們指責我們提出的任何方案都違反了《基本法》。

我們也指出，北京一直對我們施壓，要求我們的機場方案要公開；我們若不公開對香港未來的民主計畫，那將荒謬絕倫。看來我們和北京的一場對抗難以避免了，不過我寧願與北京交戰，也不願與香港的輿論對立。

立法局施政報告後將舉行首兩場答問大會，場地分別是中環香港大會堂和沙田大會堂。結果門票在半小時內就被搶光了，共有三千人要參加！我們只好安排額外兩場大會，而我自己也忙著在廣播電台和電視台節目接受訪問，包括聽眾及觀眾來電的直播節目。對於我這種直接訴諸民眾，有幾位香港政治人物變得有點緊張！我只能對他們說，要開始習慣一下了。

十月七日（星期三）

我們在兩點二十分出發前往立法局大樓，穎彤一身綠色的服裝令人驚艷。我領著港府的隊伍穿過議事廳，那裡看起來像是比較高級的市政府大禮堂，但穎彤覺得長得更像法庭。儘管我已經看了好幾遍講稿，但一開始發言，就發現與我原來想像的不太一樣，一個半小時根本講不完。我也開始意識到，在過去兩、三天裡，我實在講太多話了，每天一定都喋喋不休嘮叨了六、七個小時，甚至八小時。即使含了幾顆舒立效喉糖（譯按：在香港的品名是「使立消喉糖」）和寶路（Polo）薄荷糖，我的喉嚨還是很疼、聲音沙啞。結果我費力講了兩個小時才坐下來休息。

關於憲制改革的部分我留到最後。我先列出了對香港未來五年、範圍較廣的各項提案。結果這些內容最後都變成了某種宣言。我提到，我們預估到一九九七年，香港經濟年成長率將達百分之五，而政府將維持港元與美元匯率掛鉤的政策。雖然我們不會允許公共支出的增加超越經濟成長率，但針對各項政府希望推行的計畫，仍提供了許多增長的空間，例如再培訓和研發方面的支出。我們也將設立一個監督施政效率的部門，以確保納稅人的錢沒有被浪費。我也提到，從現在到一九九七年，教育方面的經常性開支實質上將增加百分之十五點五。新設立的小學將有比較多的教師、提供小班制以及全日制課程。我們同樣計劃到一九九七年，將經常性社會福利支出按實質計算增加百分之二十六。我們將增加托兒所托育人數，以及社會保障和健康指出，特別是對於老年人和婦女健康中心，也將為精神病患者提供更多床位。從現在到一九九七年，房屋數量將大幅增加，每天將增加一百個新蓋的居住單位，而房屋自有率預計將增加到將近百分之六十。在水汙染和汙水處理方面，我們將投入更多經費。依人口比例計算，我們的警察人數將比東京和倫敦更多。資本支出按實質計算將增加百分之二十以上。除此之外，當然還會興建新機場。另外我也提出一些方法，讓政府能信守承諾，並更有效地處理民眾對治理和行政上的申訴。

再來，我針對行政立法兩局間的關係，向大家解釋我的看法。接著，關於一九九四年和一九九五年的選舉，我把在倫敦與內閣委員開會後獲得他們同意的各項提案，都呈現在立法局議員面前。我也指出非常明顯的一點：縱然優先讓香港市民知道我的計畫極其重要，但我也必須接著和北京討論，那麼計畫因此可能需要修改。我毫不含糊地表示，不希望重蹈覆轍，再陷入像終審法院的災難。英國和北京在秘密談判中達成關於終審法院組成的協議，後來遭立法局譴責並拒絕。香港市民有權知道關於他們未來的提案。我猜每個人對我居然講了那麼多都感到有點震驚，特別是關於社會、福利、教育和經濟方面的優先事項（在此特別感謝財政司麥高樂的協助），以及關於香港未來的政府。

接下來記者會、廣播、觀眾來電等一應俱全，要什麼有什麼。幾乎所有的報章都有非常深入且正面的報導。親中的左派報紙除外，而其批評也是意料中事：先是，香港真的能負擔得起我的社福和教育支出計畫嗎？再來，為什麼我堅持在字面或精神上都公然藐視《基本法》？這天我花了很多時間，一次又一次地在採訪中指出，政府的確有足夠的資源和經費來執行這些新的計畫，原因是今年我們獲得了一筆意外的收入。我也挑戰批評我的人：請明確指出我的提案到底什麼地方抵觸了《基本法》，你們有更好的建議也請提出來。

晚間，我在香港大會堂舉行了第一次答問大會，現場座無虛席，人數不下一千兩、三百人。首先是開場白（口譯人員一如往常表現優異），我向大家表示感到驚訝，因為舉行公開答問會竟然是有爭議性的一件事。我說，我的演講內容是關於香港人的未來，因此民眾能夠針對我的發言向我提出任何問題是非常合理的。接著我們有一個半小時的時間來回答十一個問題（才十一個，因為有人在提問時發表演說，也有人一次問了好幾個問題）。

對觀眾的提問，很不幸我自己也總是以長篇大論來回答。親北京遊說團體中有一兩個明顯的樁腳，都提出了幾乎相同的問題，例如：英國撤離殖民地時是如何的不光彩、及英國是否應好好與中國相處云云。不過，整場答問會大致上還算是頗愉快的經驗。我們遇到了幾個怪咖，其中一個人問了我一個很複雜的問題，並要求我取締色情刊物。事後，我的隨身護衛懷斯告訴我，他在大約一年前逮捕了這個人，有人指控他猥褻一位六十歲婦人。剩下的提問大部分都和民生議題有關。現場觀眾看來對這場答問大會非常投入，所以儘管我沒機會運用我的修辭慣技，仍然得到了不少的掌聲和歡笑聲。口譯員的表現也非常出色。我最後簡短的結論提到，如果有人對香港人管理自己事務的能力有懷疑，請他們參考一下，像在這次的答問大會裡，香港人表現得多麼負責任和成熟。

答問大會過程中發生了一個讓口譯員頗為尷尬的小插曲。一位觀眾提出關於聾人政策的問題（至少我耳機裡的聲音如此告訴我）。我必須承認，我對香港聽障人士的了解相當有限，但當我開始發表一段關於身心障礙但漫無邊際的談話時（政治人物通常都有這個本事），觀眾忽然開始發出咯咯的笑聲。口譯員一直向我賠不是，說是他把問題聽錯了，其實問題是關於農業的。誤解的原因，原來是因為「農業」在粵語中聽起來和「聾人」有點像。接著我對整個事件開了個玩笑，觀眾也似乎真的覺得很好笑。事後我還得為那位口譯員打圓場，免得他覺得太沒面子。

繁忙的一天過後終於有輕鬆的一刻：

接著，我在一個電視節目中受到小組的盤問，提問人有政治人物，也有社會福利遊說者。節目超出了規定時間許多。製作人告訴我，這個節目收視率很高：香港有兩百萬，廣東省的話有高達一千萬的觀眾。這一來就連北京肯定也會對我更有好感。

回到港督府，我終於見到了威士忌的新同伴（猜猜牠的名字）：梳打（Soda）。牠是一團漂亮的小毛球，在某種純種系譜的意義上與威士忌有血緣關係。牠在今天下午剛到，而牠的表兄（或是別的親戚關係）馬上對牠很著迷，一直想設法騎在牠牠的背上。看來我們遲早要求助於獸醫的手術刀。

十月九日（星期五）

今天與喬治・舒茲（George Shultz）共進早餐。他非常支持我，認為我採取了正確的策略。他說在他當年擔任雷根（Ronald Reagan）總統的國務卿時，有人在他上任初期就告訴他，這個不能做、那個也不可行，因為中國會認為這會破壞美中關係。之前舒茲對雷根總統說過，他還在當勞工律師時，根據他的經驗，當管理階層開始表示害怕損害勞資關係而不可採取特定行動時，企業通常會陷入困境。他之前也對雷根總統說過，良好的關係取決於個人決定，以及與合作夥伴達成的協議。這種關係的源頭來自所做的決定，而不該是為了打造某種關係而去做某些決定。這對我來說很有道理。過去的普遍觀點是，英國和中國有一些我們必須不惜一切代價維護的重要關係，而香港是一個令人厭煩的問題。這個協議有可能破壞美好的關係，而這種關係的輪廓似乎取決於中國的判斷。賀維（Geoffrey Howe）打了一個糟透的比喻，將英中關係比作一個無價的花瓶（有時候香港也像是這花瓶）：必須小心翼翼年復一年、日復一日好好抱著花瓶，別讓它掉下來。[84]老實說，我懷疑一九九七年之後我們和中國還會有什麼密切的關係。我們是一個中等規模的歐洲國家，儘管在聯合國安理會擁有一個席位並擁有其他跨越全球的資產。我很懷疑，對中國來說英國是否有和香港幾乎一樣重要的地位？畢竟香港佔了中國國內生產毛額的五分之一。香港是目前英中關係中最重要的部分，未來還有什麼可以與之相比呢？對訪問北京的外交意義，舒茲也有非常有趣的體會。他認為中國人會想盡辦法羞辱我，而且如果我勇敢反抗，他們就會祭出他所說的「訪後痛罵」（post-visit blast）。也就是在我結束訪問，前往機場的路上，或甚至登上飛機後，給我極端嚴厲的一番譴責。他說：務必有心理準備！

接著，午餐的時候我在會議中心向本地及中外各商會發表了演講，參加的香港商界領袖大約有一千四百人。我才剛委任了我的商業諮詢委員會成員，各界的接受度似乎頗佳。對於說我的支出計畫魯莽、無法負擔的人，我希望能徹底推翻他們的批評。另外，我也處理了政治上的爭論，並表示我想盡快解決這些問題。要是我一直對我的施政計畫完全保密，那會引起更大的動盪不安，而拒絕任何要求更大民主的壓力而不允許適度的變革，情形會加倍危險。的確，對一些人來說，最終的檢驗不是我實際提出的計畫，而是中國可以接受的改革。誰曉得那會是多少？

我們在沙田大會堂舉行了另一場答問大會，而出席率也非常高。民眾的問題比上次多，大部分都是日常生活的問題，居住、教育、社會福利等。一群身心障礙兒童的家長對我的接待非常友善。後來有人告訴我，理由是最近他們在一個庇護工場外面等我時，我走過去與他們交談後再回到車上離開。讓我感到驚訝的是，一個直接和善意的小小舉動，竟可以對他人產生如此巨大的影響。

十月十日（星期六）

李光耀來見我。他才剛造訪過中國，而令他感到十分有趣的是，為何中國人覺得我這個人那麼難了解？針對我的工作、我與梅傑首相的關係，以及我與其他英國政府相關人士的關係，他似乎向中國人進行了一番精闢的描述。他也用了同樣鞭辟入裡的方式為我描繪了中國領導階層的現況。他告訴我李鵬在與他談話時略顯心不在焉，因此懷疑朱鎔基將會獲任命為常務副總理，這將剝奪李鵬大部分的實質權力，特別是在經濟議題上。[85]為了讓李鵬面子上好看一點，高層會讓他保留總理的頭銜。李光耀建議我在公開處理各式問題時應更加沉著，態度需堅定且無絲毫不耐。他複述著我到香港赴任前，在新加坡時曾對我說過的話，認為我應試著尋找一位我能夠坦誠相待的重要人物。在這之後，我和幾個主流華文報紙的主編和老闆談話，都是一些老人，在過程中我發現令他們倍感焦慮的一件事，是不知道中國會如何回應我的計畫。在我看來，即使他們知道英方認為自己應該對中國硬起來，他們也不會相信我們會那樣做。他們十分擔心若最後證明自己誤判此事，恐會招來惡果，而我們英國人真的需要在此事上穩住陣腳。

下午我面試了幾個人，是來應徵菲利佩遺留的港督副官一職。毫不意外的是，最佳人選似乎是菲利佩的摯友麥克・艾利斯（Mike Ellis）。

十月十一日（星期日）

我們去大埔望彌撒。一開始，最受眾人喜愛的大教堂神父溫順天（Peter Barry）發表了一段精簡的佈道，評論了我在立法局的演説，表示我是一位在實踐社會教誨方面符合天主教精神的政治領袖。[86]我無法想像類似的事會發生在我的家鄉英格蘭。接著我們在粉嶺的別墅舉辦一場烤肉午餐會，招待所有幫我準備立法局演講的人。他們帶來了各自的伴侶和小孩。雅思很會照顧年紀較小的孩子。這別墅開始有了家的感覺，我們也把從各處蒐羅而來的雜物安置完畢。然而最近發生了一樁不幸的事：數週前我從艾偉儀勳爵大力推薦的優秀經銷商吳安迪（Andy Ng）那裡，低價購入一個十分小巧漂亮的唐朝仕女俑。仕女俑身上殘留了一些原先的油漆，以及沉積幾個世紀的灰塵和一點汙垢。阿林可愛的妻子阿芳將仕女俑澈底清潔了一番，現在她白得發亮，這實在令我有苦難言。這下那仕女俑大概可以説恢復原本的面貌了（但在那當下我可沒那樣講）。因此我想，幾個在那別墅工作香港人應該不懂我們英國佬會喜歡那些舊東西。

在本月稍晚赴北京訪問前，我密集地與香港當地的政治人物和利益集團對談，內容主要是關於我的政治提案。同時我也接受當地和國際媒體的大量採訪。和新行政局的首次會議證明，日後我們雙方的討論必定會更加活絡與有智慧。我在荃灣舉行了第三次的公眾聚會，聽眾大約有五百人，討論的問題與前兩場十分類似。

十月十四日（星期三）

今天是麗思的生日，我們打電話給她。她很適應剛開始的新課程，頭三天的學習內容令她十分享受，但也很想念我們，説著説著便在電話裡哭了起來。

北京政府與親中的香港報紙仍接二連三地撻伐我。那些辱罵相當蹩腳，他們在文化大革命時肯定比這次表現得更好吧？一會兒罵我是獨裁者，一會兒又批評我自詡為民主之神。不過一般輿論對我的看法大致上似乎還是正向的。在訪問香港仔和南區時，我在一間住宅遇到民眾熱絡地圍住我。我拜訪了一些住在香港仔灣的水上人家。他們的生活條件很差，只有遇到船沉了才會獲得幫助。不過，我實在很懷疑自己能在香港的住屋問題上有所作為——因為我無法對建商做什麼。若要維持恒生指數的平穩，還得靠他們。我們能忍受政治爭論但禁不起經濟動盪，因為這會影響人們的日常生活水準。幾次會晤政黨都很有建設性，我一方面再次接見香港民主同盟的主席李柱銘和其他領袖，另一方面也見了親中的民主建港協進聯盟成員。李柱銘和他的同志們對我的政治方案感到十分熱中，但擔心我未來可能會退縮，他們同時也熱中於舉行公投。李柱銘接著建議我，應該把一九九五年的選舉提前一年左右，然後給北京政府有機會來停止「直通車」，乾脆讓他們在一九九七年六月後開始實施自己的提案。這或許很有想像力卻非明智之舉。親北京的政治人物才智過人（一如往常），我們雙方好好交流了一番，但難免唇槍舌戰。他們希望我同意參加一場關於《基本法》的研討會，會議當然是他們自己辦的。我拒絕參加，因為我認為我不該參加政黨舉辦的活動。不過，若我真的去參加了，也不失為一個機會，讓他們知道我對《基本法》的了解比他們透澈。

十月十五日（星期四）

直至今晚我們已統計出上週在親中的媒體上，至少有四十多篇批評我的文章。此外，魯平還發來了一封私人電報，要求我去北京時一定要給他面子，表現得體。現在所有的證據都表明他們正準備給我苦頭吃，為什麼他們如此驚慌？

這一天以我在港督府宴會廳舉辦的首次音樂會開啟。音樂會的樂手都來自香港演藝學院。房間裡擠滿了人，音樂會進行得非常順利。[87]

謹慎的個性讓我特別關注抵達北京後可能面臨的批評聲浪。如同大律師詢問對手一般，我一直在思考批評者最站得住腳的論點為何。我對《中英聯合聲明》和《基本法》瞭如指掌，畢竟我在學校所受的天主教教義問答訓練可不是白學的。我也非常了解下議院的相關爭論，與北京政治人物的歷次公開談話內容。還有什麼遺漏的嗎？

十月十六日（星期五）

我與布政司大衛・霍德、中英聯合聯絡小組英方首席代表高德年，港府顧問歐威廉與顧汝德、憲制事務司施祖祥等人開了一場漫長的會議來討論這些批評內容。我不希望聯合聯絡小組糾纏於無止境的討論中。直到一九九七年，我們都不能談論政治方案。在未來的某個時間點，勢必需要透過立法來落實我的提案。我們也必須再次澄清對於香港機場的立場。會後，黎偉略主動要求離開一會兒，去了解一下是否還有什麼是我這裡尚未得知的。

十月十九日（星期一）

我在週末接到了黎偉略的電話，並定下了今天一早和他會面的時間。他翻閱了過去三、四年來有關香港情勢幾封最重要的電報，發現在一九九〇年，我國外相韓達德和錢其琛曾針對香港選舉的安排而互發了七次電報。乍看之下我沒辦法拿對談內容來當對付北京政府的致命武器，但那些東西是早就該有人告訴我的。顯然雙方達成了以下協議：我們不會在一九九五年增加直選立法委員的人數，同時中方也承諾會於二〇〇三年增加直選立法委員的人數，但關於選舉委員會組成的問題，對談內容卻相當含糊不清。我們提出了幾個應該要達到的標準，但對於最終的安排尚未達成協議。總的來說，中英雙方還需要繼續討論這些問題，不過從電報內容看來，中方並無任何理由來指責我背信棄義。事實上，韓達德為選舉委員會制定的標準與我提出的想法不謀而合。但這一切有點像當年港府為了設置終審法院而與中方進行了秘密協議，也就是那種總是有利於北京政府的秘密外交手法。至於為什麼我不知道這件事，實在沒有必要進行太多獵奇的猜測。但非比尋常的是沒有人向我提及這些電報，這些電報的內容也從未被收入我的大量簡報資料中。韓達德大概已經忘記了曾有過的電報交流，顯然錢其琛亦是如此。所有負責撰寫電報草稿、查看和同意電報內容的人，從柯利達以降，顯然都認為不需要向新任港督提及這些電報。對於才智超群的人而言，這樣的行為並不高明，但現在我們不得不面對這件事。嚴格來講，是我必須處理這件事。有時政治大老理應要為自己的嚴重錯誤負責，但最後卻是官員們挨罵。說的委婉一點，至少是那些大老該挨罵吧。無論如何既然事情都已經發生了，現在要做的第一件事是確保律師們滿意，在我提出自己的提案時沒有違反任何明確的規定。香港和倫敦的律師們一定看過這些電報，因為行政局顯然了解電報的內容，或至少了解電報的內容要點。

十月二十日（星期二）

我們啟程前往北京，麥若彬（Robin McLaren）、其妻蘇珊（Susan McLaren）和一位低階的中國官員在機場迎接我們。魯平沒有現身。雖然我毫不在意，但這顯然是他們給我這邪惡港督吃的第一次排頭。我先對媒體說了幾句話，接著到大使館討論如何處理接下來兩三天的會談。我們又看了一遍那七份電文，外交官們有些緊張地在椅子坐立難安。為了讓這些官員更慎重地對待這件事，我想我遲早得要發飆一次。雖然我從來不喜歡對官員大喊大叫。

十月二十一日（星期三）

我們在八點三十分驅車前往釣魚台國賓館，參加和魯平及其團隊的首次會議。途經天安門廣場。上次我以海外發展副大臣的身分來這裡，廣場上到處都是學生。部長的角色讓我得以在亞洲開發銀行的年會上擔任副主席。那年蘇共總書記戈巴契夫（Mikhail Gorbachev）造訪中國，年會就在出大事的前夕舉辦。在我離開後約一週發生天安門「事件」（稱之為「事件」實在太委婉）。與當年我待的那一週相較，這個城市似乎沒有往常那樣快樂。

魯平在國賓館的門口等我，門口還是聚集了大批記者媒體。魯平以精湛流利的英語向我問好，為沒去接機道歉，說辭卻顯得不大可信。媒體當然不會注意到這一點。接著我們進去的房間簡直像約翰・勒卡雷（John le Carré）小說改編電影的俄羅斯場景之翻版：裝潢華麗，掛著幾幅描繪山巒、瀑布和蓮花的拙劣畫作。因為這裡是中國，所以每個人的座位前都放置了有蓋的茶盞。記者經允許可以在房間內稍待片刻。許多記者團團圍住桌子，忙著將麥克方遞到我們鼻子下方。魯平和我以提出溫和的意見來開場，他說自己任職國務院港澳辦公室主任期間，已與我之前的四任港督建立中英雙方的友誼，也談到和他合作愉快的幾位前英國駐北京大使。這是很中式的說話藝術，意思是「你最好和其他人一樣守規矩」。同時，這種說法毫不隱諱地顯露出他的意思：這位港督與前幾位不同，他不知道自己在說什麼。最後，記者都被趕了出去，那簡直是一場混戰。事後我們得知外面發生鬥毆，至少有一名記者被打趴在地。

當記者都離開房間後，魯平給了我發言的機會。他面前那一份書面資料，是他不懷好意地留到今天會談即將結束才拿出來的。我闡述了自己的想法和所肩負的責任，我沒有任何秘密議程，只希望有效率且光榮地完成這份工作。我相信，既然人們對於民主制度有很高的期望，那我們就該真摯地調整制度，這樣才有可能促進政治穩定。至於一九九五年的選舉，我的底線是選舉應公平公開，所有的香港人都可以參與。事後，麥若彬大使表示，從未有中國官員聽過這樣的話。我想他指的是說話風格而不是內容。我不認為自己有絲毫失禮之處，至少我自己覺得沒有。接著，我們針對我的憲制事務提案進行了約一個半小時的交流。儘管魯平的英語程度好到足以明白我在說什麼，以上的討論均透過口譯員進行。他身邊伴隨著六個人，但都未參與討論。我們這邊也是如此，我包攬了所有發言的機會。雙方在接近中午時討論了機場的問題。魯平事先打好了發言的草稿，其言論似乎是以一個假設為基礎：英方想要撕毀先前中英雙方總理與首相簽下的合作備忘錄。他的發言相當具有威脅性，聽起來既冷靜又窘迫逼人。他甚至表示中國不排除禁止香港飛機進入中國領空，脅迫意味濃厚。這一切聽起來好像他是中共中央政治局的宣傳人員，而不是曾經認真參與過機場談判。我照常一一闡述自己的想法：首先，機場會建起來。其次，這件事關乎香港和中國雙方。第三，英國不會在一九九七年前離開香港。第四，最好的推進方式是以中英雙方間的全面協議為基礎，但在達成協議前必須按部就班地實踐合作備忘錄的內容。會議延遲了約四十分鐘，我們直到將近下午一點才用餐。這時我的公務車竟然爆胎了，那幫記者和攝影師從此跡象推知會談肯定出了大問題。真正的陰謀論者才會相信這是中國宣傳部故意發起的行動。不過，中國當然有過搞小動作的紀錄……。

在大使館吃過三明治後，我們回到國賓館。根據大使和其他人所言，在這次會談對方的語氣比他們在其他會議上所聽過的好多了。回到國賓館時，先前在魯平旁邊的官員少了幾位，我們與他們私下交談，告誡他們不要繼續把李柱銘和香港民主同盟妖魔化。如果中國官員繼續這樣下去，香港民主同盟將會贏得所有的選舉。我還接續了上午發表的言論，談到在北京的公務員培訓課程迴響似乎不錯。針對那些職涯會橫跨到一九九七年的公務員，我希望能和魯平進行私下會談。他看似對此表示接受。然而，就政治發展方面而言，儘管他的眼神偶爾閃爍，表示理解我這一番話，但顯然我已被打為「李柱銘之流」了。這兩天談得越多，中國人對李柱銘的執念就越明顯。這個正派溫和的天主教徒怎麼會成為共產黨眼中如同惡魔般的憎恨對象？在談及李柱銘時我提到了法治的問題。魯平說：「但我們也有法治。」我答道：「不，你們那是以法管治。」他問我是什麼意思。我說，在我任職英國環境大臣時，我經常會在法庭上受到法律的挑戰，有時甚至意見會被駁回。我無法總是知道自己會輸還是贏。即使我是大臣，法律對我一視同仁。我不確定他是否相信我，或許他只認為我們的制度「有夠瘋狂」。

接著我們回到全體會議，魯平拿出準備已久的長篇大論，指責我的計畫違反了《中英聯合聲明》、《基本法》，以及中國外交部長和韓達德在一九九〇年達成的一項秘密協議。魯平引用了一、兩份電報的內容——那七份電文內容終於首次出現了。實在很奇怪，他居然聲稱有那一項協議的存在。中國人沒有把任何相關內容寫進《基本法》中，但近幾個月以來，他們持續和每個來自香港的訪問團體談論選舉委員會的可能組成成員。不過，這是中國第一次在發動攻擊後差點得了分，所以我想我勢必要習慣於接受中方的指責，說我違反《中英聯合聲明》、《基本法》與那項秘密協議。

我詳細地逐點回應，然後我們又進行了一次深度交流，在過程中他變得相當激動。他聲稱自己沒有惡意，這件事只好就這樣了，最後既未達成協議也沒有非常顯著的進展。我回到大使館，在台階上舉辦一場新聞發布會，說明這次會談完全未達成一致的意見，這是本月最遭到輕描淡寫的事。我們接著迅速換了衣服，前往參加在瑞士酒店（Swissotel）頂樓舉行的冗長宴會。我心情還不算太差，因為想像著魯平可能正承受著來自上級的巨大壓力。有人會告訴魯平，是他沒留心才讓這個背信棄義的外國人得以逃脫中國的掌控。由於魯平負責了《基本法》的擬訂，我猜現在人們會對他說：「為什麼你會搞砸了？」晚上最輕鬆的事是來到我們餐廳上面的房間，在跑馬地和沙田的賽馬上下注。我選擇了一匹名為「祝你好運」的馬，這正是我所需要的。

十月二十二日（星期四）

我們在另一個國賓館與中國外交部的外交官姜恩柱度過整個上午，他負責督導中英關係的工作，監督與香港有關的政策。他只是笑瞇瞇地複述了魯平的話，顯然是個聰明的傳聲筒。我設法把話題導向安全、走私，以及聯合聯絡小組的問題，如航空運輸協定、未來香港國防用地的使用和居留權。我們與姜恩柱共進了一頓相當沉悶的午餐，話題在宛如魔鬼化身的李柱銘身上打轉，而李柱銘顯然即將與我密切共事。餐後我們與國務院對外經濟貿易部的副部長進行了愉快的會談，會中只強調了我們與中國最重要的經濟關係進展順利。[88]最後，我們回到國賓館參加會議，而且從這會議看出中方有意冷落我，至少是本週最冷落我的一次。別說鄧小平了，我連李鵬都見不到，而是去見中國外交部長錢其琛。他身邊有魯平、周南和其他我已熟悉的官員。

我們首先進行了熟悉的例行工作。錢其琛說我們違反了《中英聯合聲明》、《基本法》，以及其他中英雙方藉由他與韓達德在電報中達成的協議。會談焦點在我是否有誠意上面，還有合作與協商的重要性。在梅傑首相於里約熱內盧的某一場高峰會上與李鵬會面後，中方對我寄予厚望，但如果我無法解決問題，最後這些問題可能就要交給外交大臣或首相的層級來處理。換言之，中方認為應該先好好羞辱我一番，然後繞過我這傲慢的港督。這一切都在表面上假裝友好、但實際上波濤暗湧的情況下進行。待回到大使館又是另一場新聞發布會，接著我們為魯平舉行了答謝晚餐。晚餐前我們交換了禮物，我給他幾片CD，他則送我幾個玉石。晚餐前發生了一件有趣的事：我從來自倫敦幾通瘋狂的電話內容得知，首相對我在此受到的待遇感到震怒，因此想取消中國新任副總理朱鎔基近日的訪問。我與梅傑首相的政治顧問喬納森．希爾（Jonathan Hill）和史蒂芬．沃爾（Stephen Wall）談過，告訴他們無論在什麼情況下都不該那麼做。若真的那樣，香港人，甚至是香港民主同盟，都會認為我們是瘋子。

那會讓我們失去機會，無法促成中英雙方妥協，而朱鎔基正是我們希望未來能共事的那種人。要和英國那邊說明這件事十分困難，因為目前正值內閣會議在倫敦舉辦，要溝通清楚的話顯然必須在梅傑首相和外交大臣間往返數次。總之最終訪問行程還是決定照常舉行。由於我們必須在並未進行加密的電話線路上溝通，以便及時做決定，我想像著中國間諜會吃驚地全程監聽，將內容轉達給上司。若說這樣有什麼好處的話，那就是中國人如今會明白，我與英國政府的高層成員關係不錯。

與此同時，潁彤和麥若彬之妻蘇珊一起去了長城。她覺得那裡真是有趣極了，擴音器播放著瑪丹娜的歌，估計中國人對那些歌詞一頭霧水。此外，幾位看似稍具威脅性的年輕人穿著骯髒破舊的軍服四處閒逛，找人合照——這是他們賺點小錢的方式。當然，她覺得這些景象令人印象深刻，就像我在天安門大屠殺事件發生前造訪北京時所見的一樣。

當時我尚未意識到中共不喜歡我的政治提案，但很快我就見識到他們的手法：美國前國務卿舒茲精準地稱之為「訪後痛罵」。在我們飛回香港的途中，魯平召開了新聞發布會，大致傳達了他在週三會議上宣讀的私人文稿內容，語帶威脅地表示，到一九九七年一切都會改變。此外，若我們在機場一事上堅持己見，就斷絕了中英雙方合作的可能。這些內容絲毫不令人驚訝，但在發布會上說起來卻充滿懾人的魄力。抵達香港時大衛．霍德對我說，大家都還撐得住，但顯然我們在未來幾週內會受到打擊。香港挺得住嗎？我必須在晚上向一個致力於言論自由的美國基金會發表演講。我分享了一些關於此議題的個人淺見，演講大受歡迎。現在回想起來，我發現自己對於魯平的言行感到相當困惑。他顯然非常聰明且處事練達，散發著文明素養的品味更增添了個人魅力，尤其是他對古典音樂的熱愛。但也許是因為健康狀況不佳，或是失和的家庭生活，讓他的脾氣顯得十分暴躁，而且自尊心極高。我們應考慮到他在上海長大，像其他許多中國人一樣，曾體會過跋扈歐洲人公然的種族歧視。我可能也不該低估他所承受的政治壓力。此外，他顯然不像周南是個全然的共產黨走狗。這可能意味著，處在那種職位上的他需要極多政治錦囊，但其實手頭上沒有。我曾經與比魯平更討厭的人打過交道，但同時也接觸過許多討人喜歡的中國人，例如目前正在北京某處遭受軟禁之苦的趙紫陽（編按：此處原文為 Xiao Xiyang，應為 Zhao Ziyang 的誤植）。

十月二十四日（星期六）—二十五日（星期日）

今天上午我在行政局做簡報，局裡氣氛一片低迷。接下來數週內一定有很多人會打退堂鼓。然後我到立法局回答問題並發表聲明。有人直接質疑我是不是去做了秘密交易。我覺得自己的答覆應該還不錯，希望能傳達出我方的堅定立場，而且重要的是讓人明白我絕不會退縮，還有若我能獲得夠多支持，在關鍵時刻就可以繼續堅守崗位。「秘密交易」向來並非我的處事風格。

週末大部分的時間我們都在整理之前提過的七封電報。我們發現魯平曾在四月的一次電台採訪時明確表示過，他仍會聽取香港人對於組建選舉委員會的意見，同時也必須針對此議題做出最終決定。我和韓達德及顧立德談過，表示我殷切期望盡快公布那些電文。我們須要主動出擊處理這個問題，否則人們會認為我們有所隱瞞。真希望我們在去北京前就聽過魯平的電台採訪，更希望在我離開倫敦前就看過那些該死的電報。

十月二十六日（星期一）—二十九日（星期四）

這個月最後幾天照例有大量的訪客來訪，受邀的記者採訪更是滿檔。唉，雅思和我注定只能靠自己了，因為穎彤接到外甥女和外甥從南非打來的電話，說她的繼姊吉爾得了癌症，目前生命垂危。於是她決定直接飛往約翰尼斯堡和開普敦。

目前有三個議題主導著政治走向。第一個就是始終存在的機場問題（我真希望趕快解決這問題）。在給予北京適當的警告後，我們和鄧蓮如稱職領導下的行政局達成共識：港府應努力獲得立法局財務委員會的支持，以獲取資金，繼續進行準備機場用地的契約。這表明了我們有意履行那命運多舛的合作備忘錄。

第二，我們必須妥善處理秘密電報帶來的不良影響。我們得到了倫敦方面的批准，可以公布電文。北京方面也想公布，麥若彬跟對方說我們也想那樣做，而我們恰好比他們先一步公布了。媒體的反應不難處理，尤其是因為魯平公開發表關於選舉委員會的意見，而那件是實在過於複雜，導致沒人敢自找苦吃地劈頭問我：在提出政治提案前，我究竟有沒有親眼讀過那些電文？當然，我能夠不斷重申，我方官員非常了解電報往返的過程。我想這個議題將會成為中方打壓我們的理由，他們也會試圖藉此削弱公務員和工商界對我方的支持。中方在報紙上聲稱，公務員對我的提案感到十分緊張。公務員希望在一九九七年以前都能過上平靜的生活，那之後他們的頂頭上司都會是中國任命的。目前為止尚未出現任何跡象能支持中方這種論調。

第三，北京方面顯然將在工商界取得更多支持。我和商務委員會於十月二十八日開了個會，會上怡和洋行的大班李舒（Nigel Rich）點出了工商界應支持我們所有的理由，對我們幫助甚大。[89]但其他與會人士的立場則較為含糊。舉例而言，羅康瑞是一名成功的年輕商人，身上有種令人感到微微顫慄的魅力。他反對李舒的意見，認為委員會應在下次會議上討論與中國的關係。我讓羅康瑞加入委員會，是為了表示我方能敞開心胸接納各種意見。羅是北京的寵兒之一，據說與魯平關係密切。我們知道親北京的團體確實在對商人施壓，促使他們批評我的提案。這批人將從香港舊政府的某些老手那裡得到安慰和支持。所謂的老手，是指布政司鍾逸傑爵士（Sir David Akers-Jones）之類的人。[90]別忘了，就連友中的前任港督衛奕信都曾被鍾逸傑認定是個好鬥的人。上述這些人可能會讓中國官員認為，只要施加足夠的壓力就會贏。

偶爾來訪的英國人也會激勵親北京的遊說團。大衛．楊恩勳爵再度來訪，他和李鵬在北京的會面令人相當不滿意，李鵬完全沒提到中英之爭的問題。[91]顯然楊並未得到他想要的東西，亦即讓大東電報局（Cable & Wireless）在中國電信市場上佔有一席之地。[92]如果他認為向北京的高層領導人拍馬屁，並詆毀我們在香港所做的努力，就能實現這個目的，他永遠不可能成功。楊一定會把失敗歸咎於我，並同時暗中（也許會更明目張膽地）支持香港的羅康瑞。他應該多花點時間在改善香港電訊（Hong Kong Telecoms）的管理問題上，並任用更多港人擔任高階主管。

十月三十日（星期五）

我應澳門總督的邀請在週末拜訪他。[93]由於穎彤還在南非，於是我自己帶著雅思去了。我們坐直升機過去，和藹可親的總督親自迎接我們，他是葡萄牙人。只要母國一發生革命或反革命的狀況，這位將軍的級別會隨之上下波動。如果忽視賭場等建築物的話，澳門的魅力非同凡響，主要反映了傳承自葡萄牙的風情與特色。總督本人就住在一幢漂亮的殖民建築裡，這座粉色的房子座落於海岬上。雅思和我住的小旅館位於另一棟殖民時代精美房舍裡，名為峰景酒店（Bela Vista）。我們前往市中心山丘上一處花園，觀賞歌劇《塞維利亞的理髮師》（*Barber of Seville*）的演出。澳門讓我對歐洲產生了強烈的思鄉之情。我與總督針對如何與中國打交道進行深入的交流，我認為澳門人面臨的問題比我們少。那裡有個有趣的基督教墓地，居澳二十餘載的英國畫家錢納利（George Chinnery）就葬在那裡。雅思真是個好旅伴。

十一月三日（星期二）—四日（星期三）

我在回到香港時收到了兩則消息。首先，北京政府威脅要撤銷朱鎔基造訪倫敦的計畫，除非英方保證朱能見到梅傑首相——這下倒是角色逆轉了，輪到他們想要取消訪問。不論是在香港或其他任何地方，身為首位報導德國於一九三九年入侵波蘭的記者，克萊兒．霍林沃思（Clare Hollingworth）絕對都是最年長的記者。克萊兒和我暢談了一番。她不僅在中國解放軍擁有許多人脈，似乎連英國武裝部隊中也有。她告訴我，新華社得知我們延遲了駐港英軍部隊的軍事演習「翼龍」行動（Operation "Winged Dragon"），感到十分高興。這是我首次從新華社那邊聽聞延遲行動受到歡迎。英國國防部再度獲勝，但他們顯然認為這件事不值得和總督報告。

十一月五日（星期四）

威爾斯親王（編按：即查爾斯三世，現為英國國王）抵達香港打算停留一陣子，王妃則留在飛機上，更正確地說她應是自行選擇留在機上。顯然，他們在這趟旅程的上一個停留地（南韓）被媒體騷擾得很慘。

十一月六日（星期五）

穎彤在繼姊不幸去世後返港，發現屋內滿是官員。她直接從機場回家，快速換了衣服後，隨即打起精神隨我一同前往香港上海滙豐銀行參加威爾斯親王的晚宴。宴會上商人雲集，其中有幾人急著希望我把他們引薦給親王，但那些傢伙卻在背地裡抱怨我這個總督。

十一月七日（星期六）

我們和親王殿下度過了一段相當忙碌的時光，穎彤忙進忙出，完成了大部分的接待工作。她陪伴殿下參加白普理寧養中心（Bradbury Hospice）的正式開幕儀式，該中心由一群了不起的修女開辦。我們為殿下準備了多次晚宴，並在立法局外的和平紀念碑前舉行和平紀念日的遊行儀式。由於總督是女王在殖民地的代表，因此我負責主導整個活動，這點令穎彤覺得十分有趣。換言之，我可說是香港的女王。查爾斯王子於今晚返回倫敦，此時發生了本週以來，或者可說是這幾週以來最戲劇性的事件。

以下內容節錄自穎彤的日記：

「我需要呼吸新鮮空氣，於是出門蹓狗去了。在司機羅尼（Ronnie）的建議下，我們最後來到香港仔水塘。他留在車上，我走到水邊然後繞著水塘走。這裡非常漂亮，再往上可見高聳的山丘。在我快走完全程時，梳打突然跑掉。有東西或人嚇到了牠。起初我以為梳打只是在探索灌木叢，但我漸漸意識到牠一定跑到更遠、我聽不見牠聲音的地方。有幾條路是牠可能會走的，但全都了無蹤跡。我帶著威士忌來回又走了一遍，但陽光很快就消失，所以我想最好回到車上去找人幫忙。麻煩的是我不確定身處何處，也不確定車在哪裡。這時我有點慌了，在越過大壩時我很害怕威士忌會摔下去，因為這裡的護欄過低而無法保護牠。一思及此就讓我覺得今天簡直是場災難。幸好在我們走到另一邊時遇到能說英語的人，他還看過我的車。他非常友善地為我指路，那是條長長的上坡路。」

十一月十日（星期二）

許多人加入了搜尋梳打的行動。從黎明時分開始直到晚上，眾人打著火把繼續尋找，就這樣持續了好幾天。在憂心搜尋梳打的同時，穎彤還得履行身為總督夫人的官方職責。她前往香港家庭法律協會會見法官和律師，以及負責該協會運作、為人正派且能力出眾的馬偉東（Tom Mulvey），然後為鐵行輪船公司（P&O）的一艘大型貨櫃船命名。[94]此外，她還在家裡為菲利佩舉辦一場歡送午餐會。菲利佩服務過兩任總督，表現極其出色，即將卸任港督副官的職務。我在今天下午出發前往加拿大，但心中對失去我們的小狗感到很痛苦，這糟心的感覺猶如受到來自北京槍林彈雨的攻擊，也像是憂心香港工商界某些成員的第五縱隊活動。[95]由於許多稍帶種族主義傾向的小報努力報導（特別是英國媒體），失蹤事件使梳打成為地球上最知名的㹴犬。潔思和麗思從頭條新聞中得知梳打失蹤，這些新聞指出牠可能被人吃了。一個標題寫道：「中國人吃了總督的狗。」優秀的澳洲外交部長加雷斯．伊凡斯（Gareth Evans）甚至在大眾面前犯了很多機智政治家都犯過的常見錯誤，那就是在酒吧裡對記者開了個他自認無傷大雅的私下玩笑。[96]他說鄧小平喜歡每天早餐吃小狗這件事遠近皆知。現在竟然連澳洲議會中都有人提出這些類似的問題！

十一月十一日（星期三）

回到穎彤的日記內容：

「今早七點二十五分左右，我正準備出門再找一找梳打，這時管家艾絲佩絲（Elspeth Collins-Taylor）打了通電話給我。她說梳打在她身邊，剛被帶回家。我立刻帶著威士忌衝下樓。可惜雅思剛去了學校，錯過迎接流浪者歸家的感人時刻。梳打就在私人辦公室裡，興高采烈地見到我們所有的人。更重要的是牠完好無恙。威士忌在旁邊高興得不得了。有兩個人在離水塘大約一英里的香港仔郊野公園裡慢跑，顯然當時他們看到跑在前方的梳打。由於在報上讀過相關新聞，那兩人一下子就叫出了牠的名字。梳打停下來搖了搖尾巴，接著跑上山離他們越來越遠。幸好那座山崎嶇難行，牠終究被逮住了。他們撿到牠時，牠看起來興高采烈。然後，路人把梳打抱回香港仔，上了計程車直接把牠帶到港督府。威爾斯親王一看到報紙上的消息後，貼心地發了一封電報給穎彤，表達欣慰之情。那天晚上穎彤去觀賞警察的軍樂隊表演，演出為中式管樂隊的形式，警察還穿上了中式的褶裥短裙。也許有一種歡呼雀躍的中式舞曲就叫做「狽犬的回歸。」」

我在溫哥華落地時獲知這則好消息。在溫哥華的一場大型午餐會上，我向數百名擁有加拿大護照的香港華人致辭。他們對梳打愉快地結束了一場大冒險感興趣，就像他們對香港的近期前景一樣。

十一月十二日（星期四）－十四日（星期六）

離開溫哥華後，我陸續造訪多倫多和渥太華。部長和其他所有的人都很支持我。雖然加拿大人與中國之間的貿易量非常龐大，但他們慷慨幫助了香港，不僅在護照方面給予關照，在其他政治問題上也照顧有加。我希望英國能像加拿大一樣站在香港這邊。在我擔任海外發展副大臣時常拜訪加拿大，因為英國和加拿大擁有全世界最專業的援助計畫，經常需要互相交流。至今我仍拿當時常向官員提出的問題來反問自己：加拿大有討厭的人嗎？

這好像賭博，因為我很可能在任期結束前發現一、兩個討厭的加拿大人。現在我必須看看英國國內的氛圍如何。

十一月十五日（星期日）

今天一大早，我昏昏欲睡地抵達倫敦，下機後直接到了公寓，然後在中午前往大教堂做彌撒。麗思對我短暫的返國之旅感到很高興，與我一同去崔斯坦（Tristan Garel-Jones）和其妻卡塔莉家中用午餐。[97] 崔斯坦看起來因疲勞而顯得面色灰白，顯然《馬斯垂克條約》造成下議院混亂這件事，對他造成巨大的打擊。[98] 此外，崔斯坦只因擔任歐洲事務國務大臣，就成為豁免證明書的簽署人之一，導致被捲入出售武器給伊拉克的騷亂中。一些右翼專欄作家不斷打探為何崔斯坦一直堅持幫首相或外交大臣擋子彈。一旦解決《馬斯垂克條約》的問題，他就想辭職從政壇引退，但願他的心願能實現。麗思做了美味的千層麵當作晚餐。

十一月十六日（星期一）—十八日（星期三）

我在倫敦度過行程滿檔又忙亂的一週：與外交大臣和外交部官員的會議、與香港協會（Hong Kong Association）執行委員會的午餐、與香港議會團體的會議、韓達德為了在本週訪問倫敦的朱鎔基所舉行的晚宴、與外交事務專責委員會主席大衛・賀威爾（David Howell）的會議、與馬爾康・芮夫金（Malcolm Rifkind）在國防部的另一場會議、與工黨外交事務發言人簡力行（Jack Cunningham）的早餐，以及與首相共進的午餐。此外還有沒完沒了的採訪，其中一個採訪惹惱了我，讓我再次意識到開放民主的社會就是這樣，實在無可奈何。這是在英國廣播公司四台的節目《今日新聞》（*Today*）中與布萊恩・雷海德（Brian Redhead）的訪談。節目一開始先播放由英國廣播公司駐香港人員賀斯理（Humphrey Hawksley）整理的東西，內容皆引用自親北京的評論者，主要是杜葉錫恩（Elsie Tu）、羅康瑞和周梁淑怡（Selina Chow）。任何來自立法局及社會大眾支持我的言論完全受到忽視。可想而知，如果我用另一種方式去回應，英國廣播公司就會以我不支持民主為由把我大卸八塊。這就是所謂民主社會的生活，我怎能不愛我們的公共廣播電視與電台？本週最值得注意的事為朱鎔基在王家國際事務研究所[99]（Chatham House）發表演講。有人在活動尾聲問朱對於香港的看法。他的回應冷冰冰的不甚友好，老調重彈，造成相當負面的影響。恒生指數因此暴跌，導致十六日的行政局會議令人倍感煎熬（我並未參加），會中該局兩位議員浦偉士（William Purves）和董建華的態度相當不友善。一如往常，與中國的對話再次出現了卡夫卡式的荒謬情況。中國告訴我們要遵守《基本法》。但我方指出，舉例來說，《基本法》在選舉委員會和功能組別方面沒有任何規定。接著，中國就會反覆表示我們必須遵守《基本法》，我們只好在這樣的情況下繼續做事。儘管現況荒謬至此，也比不上我在倫敦時不開心的感覺。香港協會的午餐很不錯，尤其怡和洋行的午餐更是出色。前港督麥理浩把我拉到一邊，對我說他很難過，因為他被誤認成公開批評我提案的人。他否認了這一點，說他從個人經驗知道這項工作有多麼困難。他是一個可敬的人，或許不同意我的觀點，但也不打算當第二個柯利達。最重要的是，我在政府內外似乎得到相當多的支持。在由首相主持、針對香港問題的內閣委員會會議上，只有夏舜霆（Michael Heseltine）和麥可．波蒂略（Michael Portillo）持保留態度。[100]祁淦禮（Ken Clarke）非常強烈地表示，由香港輿論來決定我們的立場以及能在此議題上走多遠，這作法既明智又高尚。[101]韓達德則指出，中國真正想要的是我們為其做完又髒又累的活，亦即建立各式機構，以確保在我們離港時中國所期望的制度已在香港建立好了。他們並不想讓我們留下任何體面的可敬事物，想當然爾我拒絕實現中國的願望。

十一月十九日（星期四）

我搭機前往新堡探望潔思。她住在一間看起來充滿歡樂的學生宿舍裡，身邊圍繞著吵鬧但令人心情愉悅的朋友。她過得很開心，但我忘了學生生活有多麼雜亂無章。她隔壁的女孩今天一直在處理昨晚一名年輕男子吐在地板上的穢物。男人送了花，但可能還不夠抵這筆債。我帶潔思去新堡市中心碼頭上一家名為「二十一號」（Number

21）的餐廳用餐。這餐吃得很愉快，她真是個好遊伴，讓我忘卻自己有多想念她和勇敢堅定的麗思。

十一月二十日（星期五）

我帶著茫然若失的心情醒來，這不僅僅是因為昨我晚喝了大量的葡萄酒。這一趟探親行程讓我感到很憂鬱，因為我真的不想這麼快離開新堡。我不但十分厭倦整個冬天都在聽來自中國的廢話，也受夠了商界的批評，而且可能還要眼睜睜看著民意對我的支持漸漸流失。不知為何，我似乎常常引起爭議，但我只想成為和藹可親的人、過著充滿善意的生活，並擁有自由發表對各種事物看法的權利。我怎麼會被捲入如今的景況中？

回到倫敦後，我與麗思和我的姊姊安潔拉（Angela）、姊夫彼得（Pete）共進午餐。餐後我與外交大臣衛奕信和當過首相的國會議員愛德華．希思（Edward Heath）進行會談，但卻完全無助於提振士氣。衛奕信對現狀很不滿，擔心中方的「直通車」會脫軌，而導致香港陷入可怕的混亂中。愛德華告訴我，在前往牛津的路上，他在車上與朱鎔基進行了一番談話。朱告訴他，中國會堅持抵制我的提案，所以愛德華自然認為，我們應順從於中國人想做的事。在下議院針對《中英聯合聲明》進行辯論時，愛德華竟還認為政府在推動香港民主的方面不夠大膽。如果你真的想知道愛德華．希思最近在想什麼，你可以看看政府正在做什麼，並猜測他想反其道而行就對了。再加上他在中國有許多毋庸置疑的利害關係，他的立場就更值得顧慮了。

十一月二十四日（星期二）

雖然總體上行政局會議表示支持我，但當我向他們報告在倫敦的討論情況時，董建華敵意高漲，浦偉士也顯得很緊繃。我遊說一些立法局議員，試圖確保我們在本週末前能獲得贊成票，以資助機場工程並順利開工。如果無法做到的話，會有害於英方的信譽與我的政治地位。

十一月二十五日（星期三）

一回到香港我馬上和穎彤一同出發前往東京，預計向港日業務合作委員會（Hong Kong-Japan Business Cooperation Committee）發表演說。來到日本讓我稍稍鬆了一口氣。即使在香港只待了短短幾天，就足以提高我此刻的陰鬱程度了。

我越來越了解人類的行為。在飛往日本的班機上，鄧蓮如告訴我（她也要去參加港日業務合作委員會的會議），前一天晚上麥理浩在電話上向她表示，對於香港的情勢，對於我的提案所引發的爭議他感到十分悲觀。顯然麥理浩想讓我重新考慮我的提案，或者藉其他人之口促使我重新考慮。他說從我對待中國的作為看來，就像我還是用保守黨主席的身分劍拔弩張地針對工黨政治人物。上週他和我私下說了這麼多，凡是說他不想幫我忙的人都錯得離譜。

我所會見的日本政要，包括前首相中曾根康弘，都默默支持我。其中最令人印象深刻的政治人物是日本外務省副外相小和田恆，他是非常老練的官僚，曾就讀於劍橋大學並說一口漂亮的英語。他的女兒曾就讀於牛津大學貝里歐學院（Balliol College），為現職外交官，據說可能成為皇太子妃。[102]我們的駐日大使約翰・博伊德（John Boyd）和妻子茱莉亞（Julia）是非常友善且有見識的東道主。雖然約翰現人在日本，但他精於中國事務，並在香港待過一段時間，所以非常了解我們所面臨的問題和其中涉及的人物。他設法把我多年來在日本政界結識的朋友聚集在一起，享用了一頓非常愉快的晚餐。

十一月二十七日（星期五）

立法局發起投票活動來決定是否同意提供資金，讓新機場得以動工，結果很順利。我們只贏了兩票，正反雙方的投票結果接近。與我們一起在東京參加會議的鮑磊（Martin Barrow）還專程返港投票。[103]霍德和其團隊的遊說工作成果亮麗。如果我們輸了會是很大的打擊。

十一月二十八日（星期六）

今天上午我們去了鎌倉造訪佛教寺院，多年來那裡一直由我的首位日本好友佐藤行雄的祖父和父親管理。[104]

十一月三十日（星期一）

回到香港後，我們有段時間過得該死得糟透了。中國針對香港新機場問題的所作所為已經夠令人心煩，他們還公開提出威脅，表示一九九七年前簽署的契約中方打算一概不予承認，在回歸後所簽署的才算數。今晚中國國務院港澳事務辦公室發表了一份聲明，暗示除非得到北京的特別批准，否則英國政府給予的任何新撥款、租約或特許經銷權在一九九七年後都不受承認。因此，雖然目前看起來不只新的貨櫃碼頭面臨著風險，其他方面也岌岌可危。但香港的法律地位是非常明確的。根據《基本法》，一九九七年前簽署的契約在回歸後理應都要能履行。我們在聯合聯絡小組中與中國討論特許經營權等問題已有一段時間了。中國的意圖顯然不是要對契約的合法性進行爭論，而是要動搖市場的信心、降低士氣並嚇唬投資人。

十二月一日（星期二）

中國在這一點上暫時取得成功。今早，市場因遭撼動而導致恒生指數下跌。浦偉士和董建華又開始在行政局裡劍拔弩張了起來，說我們應該直接放棄提案。浦偉士還將英國在歐洲匯率體系中的地位與此事相提並論，但這對香港面臨的問題實在毫無幫助。[105] 柯利達在國內趁機落井下石，投書《泰晤士報》（*The Times*）譴責我們正在

1992 1993 1994 1995 1996 1997

做的事。他的論點是，雖然不幸地我們不喜中國的行事風格，但這就是中國的現況，我們只能無奈接受。我猜在一九三〇年代時，針對那時候納粹德國的行事風格，提出類似論調的也大有人在。在回應完立法局的問題後，我和港府政治顧問歐威廉開了個會，他透過一位中間人收到了來自中國領導層的消息。首先，這消息證實了我們目前已知的事。鄧小平和其他領導階層的成員認為在香港發生的事是國際社會針對中國所設計的一部分陰謀。他們把這件事和其他事件連結在一起，包含美國出售 F-16 戰機給台灣、卡拉・希爾斯（Carla Hills，布希總統指派的美國貿易代表）訪問台北、德法兩國和荷蘭對台灣的態度，以及中國的最惠國資格等議題。這些都是西方企圖顛覆中國的陰謀，目的是摧毀最後一個偉大的共產主義政權。據悉有跡象表明，中國準備好可以容忍以民主為基礎而組成的選舉委員會，以及定義上更寬鬆的功能組別。以上這些並非我提案的內容，所以中國在思考此提案是否可能來自立法局的個別成員。事實上這的確是有可能的——這是我和歐威廉、布政司和財政司討論過的結論。我也和我的私人秘書戴彥霖和政治顧問黎偉略談過這個問題。我們對這議題嚴守立場：就政治面而言，我方認為可以容忍的唯一折衷辦法必須來自立法局。

十二月二日（星期三）

恒生指數持續下滑。我們知道，下滑的部分原因是由於設立於中國的公司及中國銀行在期貨市場不斷進行遠期買賣。他們正蓄意鼓動市場恐慌的情緒。我很好奇他們何時會發現這麼做會坑到自己，尤其是對於香港擁有大量投資（不義之財？）的高階領導人及其家庭而言，更是嚴重的傷害。他們真的想「把房子搞垮」嗎？在與我共進早餐時，《紐約時報》駐北京記者紀思道（Nicholas Kristof）似乎認為我們非常勇敢。他以我的比喻為基礎，估計房子可能真的會塌下來，而我們就快離開了，所以不會被破瓦殘礫打中。紀思道是十分了解中國的優秀記者，所以我們應仔細聆聽他的評論。

十二月四日（星期五）

截至目前為止，恒生指數已跌逾四百點。港府中央政策組首席顧問顧汝德（Leo Goodstadt）敏銳地撰文表示，這並非港指歷史上出現最大跌幅的一次。事實上，目前市場狀況已恢復到如同今年早些時候的狀況，但這情形卻絲毫不令人感到安慰。市場的恐慌感越來越強烈，這一切責任都壓在我身上，而不是中國。我睡得不太好，每當我因政治局勢感到擔憂時就會發生這種情況。

中國官員對我的稱呼越來越有創意，比如千古罪人、妓女，說我的提案是「三違反」等。他們顯然在文革手冊中找到能精準描述我的語言，這與市場上發生的事相比還不至於令人感到不安。同時工商界人士不斷對我提出批評，我想這些批評者大概都有外國護照。我正在與公務員及各部門的司長進行定期會晤。有鑑於北京正在努力破壞這群人賴以生存的體制，因此拉攏這群人到我方至關重要，成效到目前為止還不錯。但今天與布政司霍德開會時，他遞給我的紙條寫著：「你的聲音聽起來很低落。」於是我立刻打起精神，試圖讓肢體語言看起來更振奮一點。柯利達回到倫敦後繼續發牢騷。從北京來港進行簡報的駐華大使麥若彬在行政局裡幫了我一把，他的表現非常出色。他對北京抱持著既實際又悲觀的態度，但對我的提案表示支持。據說麥若彬已和英國駐華大使館的人員把話講清楚，要是他們有人批評港府的作為，肯定會受處罰。

十二月九日（星期三）

在與一個名為「香港工商專業聯會」的智庫開過會後，我莫名其妙地受到了鼓舞。這個智庫的三個領導人都不怎麼高明，包含羅康瑞、鍾逸傑和太古集團退休大班大衛・格萊希爾（David Gledhill）。對我而言，這次會議的第一個亮點是鍾逸傑承認，立法局不可能通過他所期望的選舉提案。第二，格萊希爾被迫承認，中國對於貨櫃碼頭的立場是完全錯誤的。在最初提到這個問題時，格萊希爾表示中國人已經針對這個問題發表了「正確或錯誤」

的聲明。我單刀直入地問：「到底是正確還是錯誤？」這時他才怯懦地承認是錯誤的。令人欣慰的是他們真的沒什麼好說的，並以各種虛假的理由拒絕提出替代的政治提案。

十二月十二日（星期六）

在一次非正式的行政局會議上，我們逐一討論了我所有的提案，這是鄧蓮如提出極其有益的建議，因而讓我進一步感覺到我方的立場站得住腳。我認為人們能開始理解這些問題的複雜性了。當然我們可以調整提案內容，但如果能獲得立法局那邊的顯著支持將會助益甚大。正如同祁淦禮在內閣委員會會議上所言，我們只能按照香港社會的輿論去做，不可過於操切。董建華私下和我談及他與中國曾針對這些問題進行秘密談判，我則是告訴他，即使他與魯平達成協議，但在立法局這邊無法過關，那又有何意義？

十二月十四日（星期一）

今天非常值得紀念。我在香港出口商會發表談話，提出和往常一樣的觀點：延續和美國的貿易最惠國待遇，與討論香港的政治發展，是兩件事，應該分開看。鄧蓮如在用完午餐後告訴我，立法局議員李鵬飛持續向媒體放話，說他保證我會在三、四個月內就向中國臣服下跪。接著，我發現三位十分明智的美國人，包含曾任美國駐北京大使的溫斯頓・羅德（Winston Lord）、曾任駐外大使暨亞洲專家的莫頓・亞伯拉莫維茨（Morton Abramowitz），以及美國學者和外交官史蒂芬・博斯沃思（Stephen Bosworth）。他們都是亞洲協會（Asia Society）的成員。[106] 羅德曾公開表示自己很驚訝，中方竟會在芝麻綠豆的小事上大驚小怪，實在是反應過度。優秀的加拿大駐香港領事約翰・赫根巴登（John Higginbotham）也發表過類似言論。他們都認為，真正讓中國惱火的是我們企圖具體落實《中英聯合聲明》和《基本法》中記載的內容。

接著就是今天的大事了：李光耀在香港大學的本部大樓發表演說。我以校監的身分同意主持演講。大廳裡坐無虛席，但講者逐字朗讀講稿使得場子非常沉悶。他比較了新加坡和香港這兩個偉大的亞洲城市。在聽眾正熱身準備提問時，我問了一個關於解殖民化進程的問題，李抓住機會利用此問題來攻擊所有的民主體制，特別是英國。接著觀眾席上一位教授向他提問，問及亞洲最專制的領袖坐在最民主的總督身邊的諷刺現象。他問道，香港的繁榮是否表示民主是必要的？李光耀顯然為這類問題做足了準備，他的回答驚人地比演講還長，砲轟聽眾長達四十分鐘。他在回覆時運用大量的剪報、上議院演講的摘錄（就我的經驗而言，那些資料是很少有人引用的），和電視採訪的文字紀錄。他把我的提案批得一文不值，但奇怪的是，不久前此人還建議我努力填補《中英聯合聲明》和《基本法》中的灰色地帶。其中最有害的言論是，他斷言這些提案是針對中國的陰謀詭計之一，旨在透過民主化製造混亂。我們顯然夥同美國人策劃了這一切，而這正是北京方面堅信不移的陰謀論觀點。演講中還選擇性地引用了評論家們、柯利達和麥理浩的話。

總而言之，這次的演講是場令人厭煩的個人秀。我終究忍下說出內心話的衝動，向他表示感謝之意，並提到我期待在一九九七年後有機會前往新加坡進行答辯。這讓我獲得了滿堂采。

十二月十五日（星期二）

今天李光耀以身體不適為由取消了許多活動，但看起來身體狀況還可以，還能在行程中排滿電視頻道和報紙的採訪。受訪時他重彈在港大演講的老調。我想他部分的目的是為了在改善新加坡與中國關係時，一邊損害港中關係。諷刺的是，他善用香港的言論自由來達成其目的。反觀新加坡，批評政府的人卻被剝奪了言論自由。毫無疑問，他既聰明又風趣，還在新加坡這個小國實行某種社會工程，並取得十分成功的成果。至於他的其他特質是否算得上一位和藹可親、彬彬有禮的人物，我想這見仁見智，就留給大家自己去評斷吧。

十二月十九日（星期六）

還有其他很多事值得我高興。即使備受各方抨擊，每逢我造訪香港的各個地區，還是大受歡迎。我的資訊統籌專員韓新（Mike Hanson）在十三日給我看了一份民調，顯示支持港府的人是反對者的兩倍，肯定了我們正在努力的方向與進行的方式。與林柏棟神父（Adelio Lambertoni）共進晚餐也大大振奮了我，他來自教廷海外傳教士協會（Pontifical Institute for Missions Overseas，義大利文簡稱 PIME），是位出色的義大利神職人員。幾年前他被迫離開香港，因為當時他正在教區內展開反三合會的活動。該教區的神父因被誤認成是林柏棟而遭殺害，迫使林柏棟不得不離開香港。在泰國的難民營工作了一段時間後，他又重返香港。他騎著一輛哈雷機車，負責九龍一個非常活躍的教區。林柏棟是天主教會實踐社會教誨的典範。他告訴我要「堅持下去」，因為很多教會已經開始發起請願，讓大眾可以透過連署來支持我。這和溫順天神父（Peter Barry）上週日在大教堂講道時所說的大致相同。

幸好我還有穎彤和雅思伴在身邊，更棒的是聖誕節快到了。但不幸的是，我的私人秘書賀理要離職轉任其他公務單位。賀理一直非常支持我，他與戴彥霖及黎偉略都相處得很好。我們為他舉行了歡送午餐會，並歡迎接任他的香港人梁寶榮。雖然槍林彈雨不斷迎面襲來，所幸這個家是個舒適的碉堡。我想現在是個詳細介紹香港港督府的好時機。

在生活艱苦時有個喜愛的地方可居住，這點實在太重要了。為了簡要描述我們的家，以下借用穎彤日記裡的段落，畢竟是她和管家艾絲佩絲攜手帶領員工一同打理房子：

「港督府是我們的家，這棟房子實在太棒了。港督府所在的山丘可以俯瞰中區，在香港動植物公園對面，自一八五五年建成以來一直是總督的居所。對於一個住習慣倫敦市中心四室一廳公寓的人來說，這幢房子大得驚人。就外觀而言，房子看起來完全沒有英國殖民時期建物的典型風格，反而更像東方的建築。如今四周蓋滿了摩天大廈和新建案，港督府顯得矮小了些。房子內部十分漂亮，有美麗的房間和陽台，看起來涼爽、明亮又寬敞。

美中不足的是室內裝修較為單調……」

「……壁紙和傢俱都褪色了，有機會就須進行修整。我們自用的幾個房間位於一樓，起居室和臥室各一，都很大……。我和丈夫有各自的浴室和更衣室，不過他的比較大。女孩們各自的房間位於塔樓裡，雅思甚至還有自己的廚房。塔樓是日本人於二戰佔領香港時加蓋的，後來在戰時重建，由日軍指揮官徵用為他的官邸。我猜管家應該曾住過塔樓，後來才遷居庭院中新建的平房……」

「這裡有足夠的空間供客人使用。我已預見會有源源不絕的官方訪客來這裡，當然我希望朋友也能來此一聚。一樓的三個房間可供訪客使用，包括一間雙人房、一間單人房和一個客廳。」

以下則是我自己的觀察：

房子周圍有片大花園，順著房子後面的山坡向山下的林區延伸。山頂上有一塊大草坪，房子旁有個游泳池，周圍種著灌木叢和樹木。還有兩座過去常被用來停放汽車的網球場。但現在我們常常在網球場上打球，並允許香港的青少年網球隊在那裡訓練。

我們想讓房子的氛圍變得更有活力，尤其我們打算在這裡舉辦更多公開活動，像是音樂會和慈善活動。因此我們必須重新粉刷房子、重新裝修浴室，並清洗或更換窗簾和布料。在整理房子時，我們盡量靈活運用新傢俱和古董傢俱來進行擺設，以展現出最具香港風味的設計感。此外，我們也想添加一些自己的物品。有人鄭重地告訴我們，在開工前一定要諮詢風水師。我對風水稍有了解，知道在建造或裝飾房屋時須要考慮環境的因素。但我發現很難相信這是真正的科學，更何況風水講究幾乎猶如精神信仰一般的規範，能左右你的選擇及生活方式。我猜風水師可能是為了獲得豐厚的諮詢費，在察看房子時表示周圍的摩天大樓壓迫到房子。他特別在意中銀大廈狀似尖刀，氣勢洶洶地直指港督府，還堅持在開工前挪動傢俱，儘管幅度小到幾乎難以令人察覺。風水師翻查他的圖表，告訴我們在明年前都不能進行任何重大工程。

穎彤與我的助理私人秘書周達明（Thomas Chow）討論這件事。他信奉基督宗教，對穎彤表示身為教徒的我們不應理會這些無稽之談。後來穎彤得知，風水師在離開房子時聽說我們對延後開工感到很沮喪。他告訴艾絲佩絲說，很抱歉他事先並不知道這一點，如果能提早得知我們想盡快開工，他就能提供較適合我們的日期了。這件事讓穎彤更加同意周達明的觀點。

但事實上，許多港督府員工以及香港的工商界高層都相信這些胡言亂語，其中甚至包括董建華。尤德爵士（Edward Youde）擔任港督期間重新設計了花園，讓流水從離房子稍遠的池塘中順著階梯流下，這就注定他隨後的北京之旅會遭逢不幸。事實上，可憐的尤德是真心為香港挺身而出的優秀人士，但在北上進行訪問時竟因心臟病發作去世，躺在靈柩裡返回香港。批評他重新設計花園的人表示悲劇不出所料，因為尤德讓水從他的房子流走，生命也隨著水流離開了。雖然周達明和穎彤所言正確，但我們必須走過風水的整套流程，才能讓府內員工接受我們的建議。

員工們很快就成了朋友。他們喜歡陪伴在雅思和狗兒身邊，寵壞了我們的小女兒和愛犬。這導致牠們長時間徘徊在廚房周圍，希望分得殘羹剩飯。牠們也會和負責處理電報的團隊一起待在地下室的房間裡，享受被過度餵食餅乾的樂趣。穎彤與所有的員工相處融洽。他們努力奮發、性格開朗，而且做事一絲不苟。多虧了廚師們精湛的廚藝，我才能在來自北京的槍林彈雨下撐住不被擊垮，但我不可避免地開始發福了。

十二月二十四日（星期四）

來自北京的經濟恐怖主義在過去十天內又增強了。首先，十二月十六日，人在倫敦的馬大使向帝國化學工業發出警告，表示如果他們想做好生意，就應藉著遊說來反對我的提案。值得稱許的是，他們告訴馬大使經濟和政治有別，如果中國政府不喜歡我們在香港的所作所為，就應自己去發起遊說來反對我們。接著，更糟糕的是，隨著恒生指數持續下跌，新華社在十二月十七日對怡和洋行發起猛烈的抨擊，可能是因為該公司一直相當支持港府的作為。十七日，外交部的李基茨（Peter Ricketts）短暫來港巡視狀況。他注意到情勢變得越趨緊張，這觀察顯然毫不令人驚訝，不過他之前必定沒有發現這一點。

我繼續盡可能地外出參加各種活動。在訪問葵青區時，我受到群眾熱烈的歡迎。我不確定這是不是名人效應，人們是出於我的知名度來看我，或是背後其實帶有更深的政治意義。這讓我得以繼續抱持希望。

十七日下午，我會同布政司和一個小型團隊前往香港的幾個所謂「黑點」進行會勘。我們檢查在建築物上任意加蓋的違章建物、商家在後巷擴建的情形，以及深水埗的紅燈區等。觸目所及最糟糕的景象是籠民的住處。雙層的小床鋪外圍著籠子，裡頭居住著社區裡最貧困的窮人，他們以低廉的價格租用籠屋。在這座充滿有錢人的城市中，籠屋的汙穢程度實在令人震驚。

怡和洋行的事還未結束，不過多數媒體都對中國的作法持批評態度。中方表示會在二十二日對我們發出最後通牒，但就在那一天他們的態度丕變，一切正如我方優秀的間諜所料。在與香港最大統一戰線政黨「民建聯」的代表團開會時，魯平再三保證中國不會任命另一個政府，並承諾會實踐興建新機場的計畫並遵守《中英聯合聲明》，絕不會偏離這幾項大原則及《基本法》。此外，中國外交部長錢其琛發表了樂觀的言論，表示在他三月份見過韓達德後，中英關係將會逐漸改善。不論北京在耍什麼花招，我都希望這是最後一回。

緊接著是聖誕節。潔思和麗思從倫敦飛抵香港，我的姊姊安潔拉、姊夫彼得和他們的女兒露西也都來了。二十二日，聖公會大教堂的唱詩班在我家舉辦了一場頌歌音樂會。昨天，全家人還一起去了跑馬地的賽馬場，在總督包廂裡欣賞比賽。我對馬匹完全不了解，於是管家給了我一點提示，不過我最後連一毛錢都沒贏到。潔思在頒發「婦女銀袋賽」的獎品時看起來棒極了。[107]

十二月二十七日（星期日）

我們在粉嶺度過了聖誕節和之後的幾天。可憐的穎彤因在聖誕節那天生病，而無法和我們一同享受散步和吃鵝肉的快樂時光。今天我們都去參加了林柏棟神父在葵湧教區的彌撒。該教區信徒多屬工人階級，我們受到熱情歡迎。下午我們在大雨中漫步，我卻開始有點喘不過氣來。

一九九三年

一月一日（星期五）

貿易副大臣李德衡（Richard Needham）偕妻子來訪，新年期間都和我們在一起，雖然過得很愉快，但除夕夜本身卻糟糕至極。當時我們都在參加一場聚會，中途突然收到蘭桂坊發生意外事故的消息。蘭桂坊是一個非常熱鬧的區域，位於山腳下，俱樂部、餐館和酒吧林立。

慶祝新年的狂歡人潮互相推擠，導致二十多位年輕人罹難。穎彤和我匆匆返回港督府，我換了條黑色領帶後，立刻前往港警總部和兩間負責治療傷者的醫院，最後才去了距離港督府不遠的悲劇現場。現場氣氛凝重悲傷。睡夢中的父母在半夜被叫醒，然後被帶到醫院辨認孩子的屍體。如果不是為了參加聚會，潔思和麗思原本也計劃和一群年紀相仿的朋友到蘭桂坊狂歡一下。這種悲劇實在難以完全防範，就這樣發生了。今天上午我宣布展開調查工作，要求在春節前必須提出初步報告。我強烈感覺到，如果你身處政府高層，一定要在發生這樣的事當下現身露面。雖然這可能對你沒什麼好處，但為了表示關心卻非做不可。任誰都會關心這種事，除非是鐵石心腸。

一月八日（星期五）

中國的政策方向是否真的改變了？果真如此，其成因又為何？新年過後，我們花了許多時間試圖找出答案。事實上這狀況讓我們感到一頭霧水。就目前看來，中國國務院港澳事務辦公室重新掌控了局勢，新華社那幫咄咄逼人的記者則被迫偃旗息鼓。另一方面，倫敦媒體的態度仍樂於報導總督深陷泥淖的窘境，比如在香港局面動盪不安時，鄧小平就要把我這總督玩弄於股掌之間。這類報導比比皆是，比如安．萊斯利（Ann Leslie）為《每日郵報》（*Daily Mail*）撰寫的文章。萊斯利既優秀又聰明，不太可能寫出大量這種粗糙的文章。我才在接受《倫敦標準晚報》（*London Evening Standard*）採訪時表示，隨著政治局勢的發展我們有可能會面臨需要妥協的狀況，馬上被解讀為我方要打退堂鼓的跡象。

鄧蓮如說，有傳言表示我們正在尋找一位中間人。我不斷對那些願意傾聽的人說，我們的所做所為不能超過立法局所期望的範圍，不論要改變什麼事，都必須出自立法局議員諸公的自行決定。但那些想當中間人的人如雨後春筍般湧現，不斷推銷其服務，或對外聲稱我們曾向他們尋求過協助。這讓我們心煩意亂。

一月十日（星期日）

為了與駐港英軍會談，國防大臣聶偉敬（Malcolm Rifkind）和他那能言善道的好妻子伊迪絲（Edith）在本週末短暫來訪。[108]他對中間人的問題表示頗感同身受。顯然，在他以大臣的身分與東歐打交道時，曾遇過不少類似的情況。和我們在一起的這段時間，聶偉敬顯得特別重視與各方利害關係人交流意見。在我為他們夫婦倆舉辦的一場晚宴上，聶偉敬對我說：無論發生何事，我們至少都要能夠昂首闊步地離開香港。但願真能如此。他告訴穎彤，一旦他在一個大問題上做出決定，就不會在事後花很多時間來擔心結果。他真是幸運明智的傢伙！當聶偉敬如往常一般在招待會上與支持民主的其他客人交談時，浦偉士把聶偉敬拉到一旁，想讓他知道工商界對我十分不滿。浦偉士這個人沒什麼幽默感，他剛剛對黎偉略說一定要阻止我繼續講笑話，因為中國人不喜歡這樣。我很好奇這麼沒幽默感，他是如何解釋那些廣東話雙關語的。

一月十六日（星期六）

在過去一週內，我的政治提案面臨了幾個主要問題，包括我們應該何時提交提案給立法局、我們是否該在提交之前對提案進行修改、我們應該為需要接受多大的修改空間做準備，以及如何處理中方的反應，才能夠回應其對於提案內容的意見，還有我們又該面對立法局的真實狀況。上述討論發生的背景是，民主派懷疑我們試圖從最初的政治提案中抽身而出。今年一月，我們在行政局開了幾場冗長的會議，期間伴隨發生了洩密事件及來自外部精心策劃的遊說活動。無論此猜測是否正確，鄧蓮如所效命的太古公司一定在這些事中參了一腳。榮智健時為中國中信集團的負責人，據信他不僅頗具影響力且行事相當溫和。他一直在倫敦和阿德里安・施懷雅（Adrian Swire）交涉。榮智健告訴施懷雅和其他人，表示中國希望我的提案在立法局受到重挫。中方讓步願意讓步的前提是，針對選舉委員會的政治提案必須修改，他們能在合理範圍內容許民主制度的存在。

我懷疑有人暗中鼓吹行政局的成員，試圖深入挖掘各種關於組織選舉委員會方式的細節，但沒有人可以提出比我們提案更好或更一致的想法。駐華大使麥若彬想方設法見到魯平，向他說明我們的所作所為，試圖將我們從中間人的亂局中解救出來。近期一位頗為活躍的中間人是鐵行輪船公司的老闆傑佛瑞・史特林（Jeffrey Sterling），但目前還不清楚他是以何種身分來參與這件事，其目的也尚未明朗。

更令人愉快的是，我們與財政司麥高樂（Hamish MacLeod）針對如何處理預算盈餘進行了一番有趣的討論。過去在倫敦的國會任職時，「預算盈餘」是我感到最棘手的主題，我還視之為關乎成敗的問題之一。

此外，我也著手與霍德討論我們如何以香港本地人來取代公務員部門的外籍負責人。這樣到了一九九七年主權移轉時，除了我和律政司外，整個團隊就都能由本地人組成。

我們得知一則關於柯利達那個壞傢伙的有趣八卦。他接受雜誌社記者採訪，該雜誌社的老闆羅德丞是一位與北京關係非常密切的香港政治人物，他出身律師且很愛打橋牌。柯利達告訴記者，梅傑首相在與中國有關的問題上處理得很好，而且都按著我給他的建議去處理。但後來有次在與李柱銘的一場會議中，梅傑卻拒絕接收柯利達

1992
1993
1994
1995
1996
1997

遞過去的紙條。柯利達認為那是所有問題的開端。柯利達顯然完全不明白這一切到底是怎麼回事，因為他聲稱首相告訴他對北京之行感到很滿意。現在首相的處事超乎了柯利達的意料，於是問題接踵而來。這荒唐的一切猶如柯利達觀點的真實寫照。我認為柯利達與中國共產黨共事的時間太長了，長到難免受到對方的影響，以致無法察覺中方總是鍥而不捨地指控他人懷有陰謀。

一月二十一日（星期四）

十七日，我們與駐港陸軍指揮官霍立言少將（John Foley）[109]及其夫人共進午餐。我吃了兩份美味的優酪乳燉牛肉，然後一起在非常寒冷的下午外出打網球。才剛開打我的胸口就痛了起來，我猜測應該是急性消化不良所導致的結果。在我戒菸之前一直都有這個毛病。穎彤在我們回到家後請醫生來家裡，他帶著心電圖儀來看診。接下來幾天我們不斷與醫生討論病情並進行一系列的檢查，像是反覆做心電圖以及量血壓及其他各種測試等。對於我是否真的心臟病發作，醫生尚無定論，但是一項檢查顯示我的血液中存在大量的酶，這顯然是個糟糕的跡象。不過，無庸置疑的是，我長期深受心室顫動之苦。穎彤支持我不想住院的意願，但代價是這幾天我們家都放置著醫療器材。我不希望看到頭條新聞說我快要不支倒地了。香港完全不需要另一個死於心臟病的總督。我所見到的醫生都很和善，而且對療程很熟稔，特別是其中三位似乎剛從學校畢業的年輕醫生，他們都是心臟科醫生。醫院管理局執行總監楊永強醫生負責居中調度協調，確保不會走漏消息而引起顯著的大眾恐慌，以避免媒體過度揣測我的病情。

在治療的期間，歐威廉告訴我一件事令人十分高興的事，事發時他人在廣東開邊境聯絡會，會後參加一場為他舉辦的宴會。廣東當局不顧一切地告訴他，表示對在香港的我方所有人深表同情。他們直白地表示北京政府在香港的政治發展方針上處置失當，表現得像個跳樑小丑。威廉不得不在宴會中以大快朵頤當作喜得知音的回報。身為英方代表，他為國捐軀般地吃了孔雀、半條狗（他說完全看得出狗的模樣）、一整條蛇和一碗公雞睪丸。我問他：「這些菜中哪一道是最噁心的？」他有感而發地說：「公雞睪丸！」

一月二十二日（星期五）

我們帶著裝滿藥品的箱子，準備在明天前往峇厘島並在那裡待上一週，在海灘上的飯店享受令人愉悅的假期。當然，我承諾返港後接受血管攝影檢查。我打算趁機多讀點希拉蕊・曼特爾（Hilary Mantel）的小說和費正清（John King Fairbank）的中國史。

一月三十一日（星期日）

雖然在峇厘島曬傷了，不過我的身心確實放鬆了不少。一回到家我立刻又做了一次心電圖，然後和一個由年輕醫生組成的心臟專科團隊討論。領頭的是李偉聯醫生，他的態度比其他醫生都更強硬，會毫不猶豫地說出他真實的想法。李偉聯希望我盡快接受血管攝影檢查，於是今天我去了一趟瑪麗醫院（Queen Mary's Hospital）。過程並不怎麼有趣。一根導管插在我的腹股溝，從那裡一路延伸到我心臟周圍的動脈。醫生從導管注射了某種物質後就開始拍照。我看著螢幕上的一切，勉力控制著驚恐的情緒。但我更應該同情那些年輕的心臟科醫生，他們被迫隔著玻璃窗，在一群香港醫界大老面前完成這一切。我非常喜歡李偉聯的原因之一是他很直率誠實。他對我病情帶來的風險直言不諱，駁斥任何說我的病只是「小菜一碟」的人。檢查結果顯示，我的心臟後面有一條嚴重堵塞的迴旋動脈，另一邊的動脈也有問題。三條動脈中有兩條出問題並非好事。此外，醫生還認為下一階段的療程應進行血管成形術，而非心臟繞道手術。這令我十分高興，因為我知道即使現在動心臟繞道手術，十年後可能還是得再開一次刀。

二月一日（星期一）

梅傑首相和韓達德在聽聞我面臨的難題後都致電給我。梅傑問我是否想返回英國繼續接下來的療程。我向他們坦言，若那麼做就代表我對香港的醫療體系沒信心，外界觀感不會太好。更何況其實我非常滿意李偉聯和其他人照顧我的方式。

我再次身陷國泰航空空服員所引發的糾紛中。我十分不願意插手這場糾紛，因為香港的勞資關係完全不成問題。和某些立法局議員的建言不同，港府絕對不需修改相關法律。我們有優秀的勞工處，所以我不想以政治的手段來干預他們處理糾紛。此外，該處隸屬於經濟司陳方安生麾下，她顯然能全盤掌握現況。我越看越覺得她十分擅長解決眼前的障礙。正如李柱銘所言，陳方安生總是正面迎向困難，而非繞道迴避。

二月二日（星期二）

針對如何處理選舉提案，我們在行政局會議上進行了一次十分明智的討論。與會陣容都在意料之中。董建華一如既往地以和藹可親及彬彬有禮的態度，反對我們做任何中國不喜歡的事。這時浮現了一個議題，即英國是否已經徹底改變了對華政策。我在會議總結時表明了以下幾點：首先，我並非獲派前來改變英國政策的走向；其次，對中國讓步顯然不符合香港或英國的利益；第三，我們已下定決心嚴肅看待《中英聯合聲明》；第四，中國對我們的提案反應過激；第五，我們試圖讓他們在直選和行政局組成這兩件事上感到滿意；第六，正如我以前曾在幾個場合說過的，如果英國要變更任何政策，其範圍絕不會超過香港人的期望，我再次重申這點。我們同意以目前的方案為基礎繼續邁向下一步，並公布第一階段的提案，內容包括投票年齡和市政局、區議會的選舉等問題。接著幾週後我們會在立法局進行辯論。如果中英雙方達不到共識，我方可以之後再處理其餘的事。例如，我們將要求駐北京的英國大使館，可能還包含外交大臣在內，向北京說明我們的提案，特別是針對為何要把我方的提案刊登在報紙上這件事。其背後代表的意義是，我們想清清楚楚地告訴立法機構，港府打算透過法案做什麼。我不希望中方又開始喋喋不休地嚷嚷，說我們故意不讓他們知道我們的打算。這話說得好像他們本來就會告訴他們的打算似的，實在令人匪夷所思！今晚我和幾位高階警官在他們的交誼廳裡共進晚餐。期間我發表了一段短演講來鼓舞士氣，我感覺自己好似置身滑鐵盧戰役前夕的晚宴，像威靈頓公爵那樣試圖維持士氣。我發現患有心臟病的好處是中國人再也無法指責我沒心沒肺了。最後我贏得了滿堂喝采，這對一個目前無法透過大肆飲酒這種傳統方式來振奮精神的病人而言，實在是莫大的鼓舞。

二月三日（星期三）

我像上週一樣再度回醫院接受導管治療。李偉聯和他精心挑選的團隊都在醫院等著我，此外還有另一個團隊在旁邊待命，以防我在療程中發生任何緊急狀況，需要做繞道手術。他們在九點前上工，一路忙到十二點多，這段時間十分漫長。醫生把氣球放到我的動脈裡，接著在我所能承受疼痛的範圍內開始充氣，這有點像心臟病發作的感覺。這時病人如我會面臨人生兩難：一方面希望他們盡可能給氣球多充點氣，以達到最好的療效；但另一方面，又不想忍受疼痛的感覺太久。當聽到導管終於移除的消息時，我十分高興。接下來我會在粉嶺總督府休息幾天。

二月五日（星期五）—十四日（星期日）

在我終於得以休養生息片刻之時，輪到霍德來暫時管理香港。鄧蓮如和其丈夫唐明治（Michael Thomas，曾任律政司，是一位傑出的大律師）送了我一台小小的 CD 播放機，所以我這段養病期過得充滿音樂素養，大部分的時間都待在花園聽莫札特的鋼琴奏鳴曲和普契尼的歌劇。幸好有李偉聯和其同事這群英雄，才能成功救活我這位總督，而這次的好口碑也為他們擴展了大陸市場。療程中唯一的敗筆是我自己，因為我運動不足，還不小心吃太多。

在我放假休養身體的這一週，政治情勢有了新發展。在最後時刻，北京方面突然對舉辦會談很有興趣。行政局認同我方應繼續努力按著既有的提案向前邁進，並認為應將包含我方憲制提案的法案內容刊登在報紙上，內文還涉及了早些時候發生在立法局的辯論。北京的態度在上述事情發生後陡然一變。他們是不是示弱了？英方駐北京大使麥若彬從上週開始向中國政府解釋提案內容，並把法案副本和一封我寫的信交給對方，信中解釋了事情會如何進展，還順帶附上了一封外交大臣韓達德的信。上述行動和信件內容的措辭與往常一樣，表示不論何時我們都很樂意敞開心胸相互交流。在麥若彬遞交信件給中方時，對方表示需要一段時間來琢磨其中的內容。於是，我方同意將法案的刊登日期從二月十二日延遲到十九日。今天麥若彬受召與中方見面，錢其琛終於正面答覆了韓達德信中提議要舉行的會談。錢其琛的信充滿顧左右而言他的滔滔之詞，但並未暗示我們需要正式放棄提案才能進行會談。換言之，儘管這話不應由我們來說，但他們確實在最後一刻讓步了。

二月十六日（星期二）

我們無疑正面臨艱困的難題。我們以前的立場十分明顯：雖然忍受著一連串來自中國的謾罵和攻擊，但仍堅持提議由立法局來推動香港事務的發展。儘管當時並不這麼覺得，但如今看來那幾個月過得令人心滿意足，因為我們沒有放棄任何東西，不但抵擋住對方的欺淩，中方甚至也表現出溝通的意願。現在的恒生指數比我在立法局演講時還要高、整體經濟狀況良好、香港沒有淪陷，立法局處事也變得成熟許多。雖然各界受到極大的鼓舞，恒生指數也絕對會飆升，但實際上與中國交涉這件事仍然極度複雜。所有的壓力都會堆在我們身上，逼我們讓步。從北京大使館發來的電報中，我們已經開始看到了一些端倪。最懦弱的政商界人士會跳出來宣稱自己是促成雙方會談的功臣。但事實上，會談是我方堅守立場帶來的成果。

我在今天關於上述政治進程的首次討論中，表現得猶如柴契爾夫人，提出不少可以委婉稱之為具有挑戰性的問題。我步步進逼歐威廉和高德年，要求他們說明這些會談究竟會為我們帶來什麼。我十分不願看到自己人陷入親華派常會有的「投降和賠償」思維。我們一致同意談判小組中必須要有強大的香港代表。我希望施祖祥、黎慶寧（一位能幹的香港人，是憲制事務司施祖祥的副手），也可能是歐威廉或來自倫敦的李基茨，加入大使的行列。我們希望盡快著手處理這些事並宣布會談的時間。由於中方已開始走漏消息，所以一切必須越快越好。我希望我們能想出好的談判策略，來迫使中國提出一個屬於自己的提案，最好也能有協議議程，以便於向中國施壓。我們不能在第一輪會談中按照中國的規則玩遊戲，然後在第二輪和隨後的會談中屈服。會議進行得很激烈，我們還向各方發出了電報。鄧蓮如對最近的事態發展感到非常高興，但同時也擔心我們不應讓中國人繼續拖延談判的時間。我認為這正是中國人想要的。我也與李柱銘談論此事，但援引了英國國會所謂的「樞密院條款」（Privy Council terms）。[110] 我不希望他認為我們會突然向中國屈服。我想李柱銘在這方面對我有信心，但顯然他的同事不希望看到任何我方退縮的跡象。

我們在來自中國的消息中聽到一些異議。香港的新華社要求我必須在進行任何會談前先撤回提案。在北京的港澳事務辦公室也表示我必須撤回提案。唯有深諳中英港政治的人方能了解個中奧秘。

二月十七日（星期三）

我又開始打網球了，打完了才去和媒體大亨魯柏・梅鐸（Rupert Murdoch）和《南華早報》的主席會面。他們剛撤換掉他們認為不夠親中的總編輯菲利浦・克羅利（Phillip Crawley），因為這時梅鐸試圖與中國建立更深入的關係。我為克羅利感到十分遺憾。他是優秀的記者，也是非常稱職的主編。《南華早報》並非盲目支持我。反之，當時該報對我秉持相當批判的態度。如果我是老闆，一定會認為報社取得了最佳平衡。我發現梅鐸本人比我預想的還要具有魅力，但我不確定在人群中是否會一眼就注意到他。今晚我和詹姆斯・普萊爾（James Prior）共進晚餐，他現在是英國奇異公司（General Electric Company，簡稱 GEC）的董事會主席。[111] 他還帶了一群奇異公司「企業問題專家」[112]和潛在客戶。普萊爾最近與新華社周南見面時聽到一番語帶威脅的論調：由於我可恥的行為，中國不會再向英國購買任何東西。黑手黨的手段又來了。我們還聽到謠傳新華社正在鼓吹公司給予回扣，好讓公司的計畫及商業銷售免於政治之手的阻撓。

二月十八日（星期四）

我們在昨天深夜收到了來自外相韓達德的電報，要求我們列出提案的底線，以便讓首相了解狀況。我今天一早就打了電報，說我們準備在選舉委員會和功能組別這兩件事上讓一點步，但需要一些補償作為回報，以使香港移交前後的政治制度能順利銜接，實現「直通車」的計畫。[113]例如，假如我們讓步了，那麼那些在一九九五年當選的人應該獲准能任職直到一九九九年，當然前提是他們接受《基本法》的規範。如果我們真的在會談中有所讓步，就需要獲得利益作為交換。我曾為一場教育和職業的博覽會揭幕，在後續與媒體會面時，有人提問表示，是否因為沒有人告訴我與會談有關的事，導致我無法發表任何相關意見？周圍開始有傳言說我被排除在外了。在接下來數週內，「彭定康被忽視了」這個謠言想必會陰魂不散地跟著我。

二月二十五日（星期四）

過去這週充滿了「他們會，還是不會」的話題，實在令人煩透了。我只想善盡職責，讓立法局盡快針對選舉方案進行辯論。這顯然會強化我方的立場，亦即各界，嚴格來說是各界代表，正要努力畫出底線，決定到底有什麼是我方不能接受的。有段時間，選委會似乎已經達成一致的看法（至少其中大多數人），也把這觀點當成他們的共識了。我們開了幾場進行得很順利的會議，包括今天一場非正式的會議。在這次的會議上，行政局最終決定不把法案在接下來數天內遞交到立法局。行政局的兩位大律師依然兼具雄辯之才及明智的處事手法：李國能通常較為謹慎，而張健利則強力推動我們往更開放、穩健及民主的道路邁進。張健利是一個熱情的天主教徒，堅守自由主義的價值觀，其人幽默、討喜且聰明機智。甚至連董建華似乎也認同，如果北京不盡快承諾進行會談，我們還是得繼續朝此方向努力。正如黎偉略提醒的那樣，我以前總是等到時機成熟才進行決策。所以如果這次我們直接推進一點進度，香港的溫和派大概會認為我們過於大膽且處事輕率，而工商界則會趁機再對我大加撻伐一番。

代表中方的中國高階官員似乎相當不樂見的是，某些倫敦或香港的官員持續要求中方盡快做出決定，看到底是否要舉行會談。也許中方就是不知道該不該會談。副外相顧立德在倫敦召見了馬大使，想向他詢問狀況如何。但這位大使「沒空」，而是派了一位大使館的下屬前來見顧立德。在這方面浦偉士還是值得肯定：若要說有某人能讓北京政府至少有點動作，那就是他了。當時他一直在北京處理滙豐銀行的相關事務，但就是藉此機會，在與魯平進行的一小時會談中，他花了大部分的時間傳達一個重要的訊息：北京方面應該儘早決定會談時間，除非中方真的很樂意把主動權交給香港的立法局。浦偉士為香港說了很多好話。董建華告訴我，他在與魯平的電話對談中也說了同樣的話。北京顯然正在搞內鬥，大家都在等待上級決定接下來該怎麼做。外交部和港澳辦公室在向高層匯報時，似乎都是走溫和路線，表示進行會談不必然代表中國必須有所退讓——理由在於，當他們使用「撤回」一詞時，意思是我的提案不應該成為會談的基礎，但並非意味著要先撤回我的提案才能進行會談。但在另一方面，新華社的說法就比較強烈了，他們認為如果真要進行會談，就該提出苛刻的條件。所謂的條件，包括把立法局排除在外，令其無法參與香港未來的政治發展。今天我們向倫敦方面提出了一些沙盤推演的想法，例如：若中方向我們提出荒謬的條件，我方該如何回應。我實在不想破壞雙方的平衡。

二月二十六日（星期五）

我們在防務費用協定方面遇到了困難。根據該協定，香港政府，也就是香港的納稅人，須支付駐港英軍所需費用的百分之七十。儘管駐軍並非為了阻止中國的入侵，不過仍有存在的必要。但假如中國軍隊越過邊境，我們究竟該怎麼做才好？我懷疑實際情況是，駐軍費用的龐大規模使國防部遲遲無法對廓爾喀人的未來做出決定，因為香港駐軍中有很多廓爾喀人。[114]這些人在香港很受歡迎，但我們不能指望香港的納稅人掏錢養他們，所以倫敦政府還是得自己面對難題，決定他們未來該何去何從。大約百分之五十的駐軍費用是所謂的「尾款」。此外，去年我們支付了七百筆國防部訪問香港的費用（他們買的軍裝和襯衫可真多啊！），而且才剛因應需求購買了一一七輛新車。二月二十三日，國防部常務次長克里斯多夫．法蘭西爵士（Christopher France）赴港訪問時我向他表示，這現象意味著目前我們正處於一個過渡期：要從舊時代的殖民政府走向新時代的民主體制，但有點進退兩難。即使我身為總督，在這樣的問題上還是幾乎沒有「保留權力」。[115]令人驚訝的是，幾位不太熱中於民主制度的前任總督，明知總督擁有一些「保留權力」，但他們卻主動放棄了。在涉及到開支問題時，這一點尤其令人厭煩。關於要幫英國國防部出錢這件事，我們可沒辦法指望香港的政治人物們能展現出負責和講理的態度。

我持續受到大眾熱情的歡迎。沒有太多人會以默不作聲的冷漠態度面對我，更無反感的情緒，我想這還是挺有意義的。進行這種出訪活動時，行程快結束時的媒體訪談往往是最難應對的。我在二月二十四日造訪了沙田，那是一個擁有五十多萬人口的美好新市區。我在沙田受到了特別熱情的歡迎，之後接見了媒體，他們問了很多關於會談的問題。我唯一的答案就只有這一番實話：不能說中英雙方完全沒有討論過關於會談的事——沒到那種程度，但目前雙方所做的，就只是要討論出什麼時候我們要討論會談事宜而已。有人問我，在議員們問到我方何時要針對此問題發表意見時，施祖祥當時說「馬上」是什麼意思。我的回答是，所謂「馬上」就是指「很快」。我們真的不能再這樣拖下去了。

二月二十七日（星期六）

恒生指數持續上漲，許多人懷疑中國大陸的公司在進行內線交易。這些公司顯然賭了一把，認為只要會談開始，指數就會隨之飆升。多虧了香港不斷增長的資金盈餘，財政司麥高樂在規劃預算方面進展得很順利。

關於華府和最惠國待遇眾說紛紜。梅傑首相在本週初會見了剛當選的美國總統克林頓，並商定我應在春季時赴美拜訪他。我們正在努力敲定下五月初的拜訪日期。同時，我也可以在美國參議院和眾議院進行其他的遊說工作。

我和一群血友病兒童的父母一起度過了下午，我的內心很難過。這群孩子在一九八五年以前輸血而患上了愛滋病，希望政府伸出援手。其要求完全合情合理，我們也已同意在麥高樂的預算案中加入援助方針。這次的會議令人相當心痛。有幾位母親是姊妹，她們共有三個罹患血友病的兒子。其中兩個已罹患愛滋病，另一個則是愛滋病毒檢驗呈陽性。儘管生活充滿苦難與淚水，但他們仍然堅韌不拔地迎向生命的挑戰，令其他健康的正常人感到羞愧。對身為總督得我而言，的確可以提供他們經濟支援並表示同情，但卻無法做更多事來幫助那些被迫生活在黑暗泥淖中的人。

三月一日（星期一）

我們終於收到了來自中方的消息。他們希望會談能奠基於《中英聯合聲明》、對《基本法》一致的理解，以及中英雙方間的相關協議和相互理解。此外，中方還希望讓會談維持保密狀態，並將香港代表排除在會談之外，這簡直是無稽之談。但至少中方此舉給了麥若彬大使突破現狀的入口，讓我們在近期內就能宣布會談的日期。在打給倫敦和北京方面談論下一步行動的電報中，我說我們能接受中方所提的會談基礎，但無法接受保密會談或剝奪香港參與會談的提議。我對這兩點都持強烈的反對意見，尤其無法同意排除香港代表。魯平已經向李鵬飛所率領的代表團以及香港總商會的一個小組明確表示，接下來的會談必須不涉及立法機構或香港的公務員。中國顯然希望會談一事由兩方具有主權的國家來處理，不希望香港參與。中國人用三腳凳來暗喻這件事，這比喻實在既無意義又愚蠢。我很好奇，想出這個可笑比喻的人是否曾經嘗試過坐在兩腳凳上。當然，如果香港現任及未來的主

1992
1993
1994
1995
1996
1997

權國家剝奪了香港人對於自身未來的發言權，勢必會使社會陷入非常不穩定的情況。這會讓英國政府受到來自全世界的非難。

三月三日（星期三）

最近我們有一些非常可愛的訪客。第一位是著名的美食作家喬西・丁伯利比（Josceline "Jossie" Dimbleby）；另一位則是經營李斯廚藝學校的卡洛琳・沃德格雷夫（Caroline Waldegrave），麗思正在她那裡學習廚藝。令我家廚師非常高興的是，這兩位訪客都花了一些時間在廚房教他們處理不太擅長的菜肴，包括麵包、咖哩和一些麵食。昨天作家張戎和其夫歷史學家喬・哈利戴（Jon Halliday）來共進午餐。他們在前往中國的路上行經香港。張戎在寫完精彩的《鴻：三代中國女人的故事》（*Wild Swans: Three Daughters of China*）後，正在著手撰寫毛澤東的傳記，並準備採訪幾位曾與毛澤東共事，如今仍然在世的人物。由於《鴻》描繪了中共泯滅人性的非人道一面，我很驚訝他們竟允許她進入中國。我認為毛澤東隨著年紀越大，變得越來越倒行逆施。張戎讓我想起，毛澤東曾在大饑荒期間透過節食來敷衍大規模飢荒的消息。就在張戎夫婦到訪的同一天，德蕾莎修女帶著一群修女來拜訪我。她渾身散發著聖潔的氣息，開心地笑著說希望我們對他們伸出援手，尤其是提供土地以興建新宿舍。她以迷人的姿態指出，全能的神總是賜予她生活所需。話已至此，我還能說什麼呢？她離開時在辦公室周圍放置了聖牌和祈禱卡，並要求我為她祈禱。我對她說：「應該是修女您該為我祈禱吧」。她和同事們笑嘻嘻地離開，要前往澳門。當然，最後我們交出了土地，這就是所謂禱告的力量。

三月五日（星期五）－六日（星期六）

我在週末短暫前往日本參加「英日二〇〇〇會議」（UK–Japan 2000 conference）。我在年輕時曾以後排議員的身分首次造訪日本，見到了其他同樣年輕的政治家、公務員和商業領袖。後來我就會定期參加此一會議。日本人對年輕人的定義，讓我得以更深入理解英日間的文化差異。會議在一家飯店舉行，從飯店望出去是一片海灣，更遠處連接著富士山，景緻優美。我不得不在會議中談論許多關於香港和中國的事。我清楚指出，中國對待香港的態度會成為國際社會在未來一個世紀內如何與中國打交道的試金石。有位愚蠢的商人把我的所做所為與天安門廣場事件相提並論，我國駐日大使約翰・博伊德（John Boyd）立刻提出回應：由於此事涉及香港，所以你絕不能無視在世界各地日益普及的民主價值觀。

日本媒體對我讚譽有加，香港報紙的意見則相較混雜，而倫敦媒體基本上都支持我。《泰晤士報》上有一位意見領袖敦促大家團結起來支持我，並站出來反對外交部。《衛報》則認為事態開始退步，因為外交部正試圖迫使我更改民主提案，向中方傾斜。該報甚至表示，我威脅說，一旦發生這種情況我就會立刻辭職。我在這段期間不斷告訴所有願意傾聽的人，雖然柯利達派殘存的抵抗勢力仍揮之不去，甚至連工商界的遊說團體也冒出越來越多的批評聲浪，但整體來說，支持我的人都已經出了最大力道，包括首相、外相韓達德和內閣、外交部的李基茨和麥若彬大使。此外，我的支持者似乎是跨黨派的。

三月十日（星期三）

我們和雅思所就讀學校的優秀校長大衛・詹姆斯（David James）、她的歷史老師及其配偶一起外出用餐。他們問我在香港過得如何，我說撇開和中國打交道不談，我很享受在香港的生活。不過如果不用和中國打交道，我也就沒有留在香港的必要了。我剛剛收到負責外交部事務的梅傑首相私人秘書史蒂芬・沃爾（Stephen Wall）來信，信中表示他即將動身前往葡萄牙里斯本擔任大使。他在談到和中國進行談判時，拿天主教神父羅納德・諾克斯（Ronald Knox）的說法來當比喻。他退休前是在修女院當駐院神父。有人問他聽修女告解是什麼感覺，他說簡直像被鴨子啄到死一樣。

1992

1993

1994

1995

1996

1997

三月十二日（星期五）

今天我必須告訴立法局我們的計畫。畢竟我不能一直反覆說會談「馬上」就要開始，也不能以其他類似「詳情之後再提供」的說法來加以搪塞。在我的解釋中，我指出雙方從二月初就開始討論會談的相關事務，我方對會談的基礎和與會代表的立場合情合理。但過了這麼久，雙方還是談不攏日期，以及何時可以宣布要進行會談了。中方試圖在所有的會談中貶低香港的地位，簡直是故意羞辱和排擠香港官員。此外，中國的立場有時會呈現自相矛盾的荒謬情況，錢其琛曾一度建議會談可以在聯合聯絡小組中進行，但裡頭有幾位是香港官員。

由此延伸出的言辭轟炸比我預期的還要少。中國外交部與新華社的言論有顯著的區別：前者發表了一份謹慎的聲明，其中並未談及要全數取消會談；後者發言的用語則彷彿回到了文革時期。我認為這情況對於我們未來要進行的政治論辯會很有幫助。

三月十四日（星期日）

我們和亨利・凱瑟克（Henry Keswick）等人一起飲酒用餐。[116]他說這是十年來他首次在總督府用餐，並表示贊同我們正在做的事。

三月二十日（星期六）

歌手艾爾頓・強（Elton John）來香港開音樂會。我們共進午餐，氣氛愉快，雅思在用餐時有幸坐到他身旁。他很感激我讓他和他的一位旅伴在我家球場上開音樂會，而那個人正好是他的網球教練。艾爾頓的音樂會非常精彩，每個環節都令人眼睛為之一亮。

三月二十六日（星期五）

穎彤以前在牛津大學的法律老師蘭尼・霍夫曼（Lenny Hoffmann）和妻子來我們家用餐。絕頂聰明的他目前是上訴法院的法官，其自由主義的觀點十分令人欽佩。

這幾週以來，我們一直在與北京討論會談的性質、基礎、開始日期和與會者等事宜。大部分的時間我們不清楚中方實際上是誰負責制定政策。到最後比較明朗的是，如果外交部長錢其琛能夠以其政治地位來掩護他的下屬，讓他們比較好做事，會對事態產生正向的影響。麥若彬大使和中國外交部副部長姜恩柱在北京進行了幾場會談，談到最後大都變成永無止境的遞包裹遊戲。每當我們認為快拆完一層層包裝紙時，姜恩柱就會從桌子下再抽出另一張。同時，我還得應付蠢蠢欲動的媒體、立法局的騷動和行政局略微浮躁的氛圍，因為有個團體希望我儘早刊出提案內容。另一個規模很小的團體則希望我們釐清北京的確切需求並照著做。每個人都急於從我們和北京方面挖消息，以深入了解到底現況如何。這話說得好像我們真的知道發生了什麼事⋯⋯。

中國經常變更他們的要求。一開始，他們要求會談的基礎應該要與《基本法》接軌，而不僅僅應奠基於《基本法》。我們駐北京大使館和外交部的一些人似乎認為這點很重要，不過在我看來這不太重要。我很樂意承認這一點，以便讓我在更重要的問題上取得進展，亦即哪些代表團成員會參與會談。中國依然決心阻撓來自香港的人參與會談，或者至少禁止任何香港官員在英國這個主權國家的代表團中擔任顧問。北京顯然想透過將官員劃分成中英兩國，來羞辱並邊緣化香港。為達此一目的，他們已經嘗試過無數種複雜程度不一的方法。我們在這一點上琢磨良久，同時也和非常有耐心的麥若彬大使往返不少封電報。這期間有些人開始對生活失去熱忱。此後再也沒人提及會談保密的事。

財政司麥高樂的預算編得很出色，這是一份聰明且平衡的預算案，除了著重在增加住房和福利方面的支出，還降低稅收及增加儲備金。現在英國正是舉行選舉的時刻。我繼續與布政司霍德和麥高樂討論如何處理外籍高階官員的離職事宜，以及如何讓當地人來接手其職責。我內心很清楚，陳方安生應該來接任霍德的位子，施祖祥則為第二人選。根據我的經驗，當你有像她那樣的公務員時，就能安心下放權力。但是霍德和麥高樂都告誡過我，一些高階的男同事可能不會接納身為女性的陳方安生，但她也沒辦法改變性別這個事實。至於在英國那邊，外交部搞出了真正的大麻煩。他們想同時調走我的三位資深外交顧問，包含高德年、歐威廉和柏聖文（Stephen Bradley）。他們既然是一起來，就應以同樣的方式一同離開。多麼優秀的人事管理手段啊！簡直不把香港應享有的政策待遇放在優先順位處理。

我們更常有機會見到英商馬世民（Simon Murray）和他的妻子馬珍妮（Jennifer Murray，編按：她也是一名飛行員，曾創下許多飛行紀錄）。他曾在法國外籍軍團服役，在李嘉誠團隊中是最為功成名就的，並且公開表示非常支持我們。他的薪水顯然很高，但有人告訴我他交的稅比其他香港人都多。這並非因為他是城裡最富有的人，而是因為其人品德高尚且敦厚老實。這件事應該是真的。幾乎所有社會中的富人都花費巨資來設法避稅，拒絕回饋給其賴以為生的社會大眾，這實在是很誇張。我們最近和以前的英國橄欖球明星彼得・湯普森（Peter Thompson）與其妻子度過了一個愉快的夜晚。他是某家香港爵士樂俱樂部的大股東，收藏了多幅英國畫家錢納利的作品，都令人讚嘆。此外，我們還在月底舉辦了香港國際七人制橄欖球賽，這是一年一度的體育盛會，真是要一邊喝酒一邊看球才過癮。我們在港督府為許多籌畫者與參賽者舉行了盛大的招待會，幸好我們剛為酒窖補完貨。這次的客人和活動都不是平常港督府會有的。即使就政治發展而言，這幾個月過得不太愉快，但生活大部分的時候仍然趣味盎然。

北京正在召開全國人民代表大會，說穿了就是中國的假議會，使得來自北方的攻擊毫不停歇。魯平召開了一場新聞發布會，還接受了幾次媒體採訪。他在採訪過程中以陳詞濫調來進行尖銳謾罵。市場還蠻安定的，似乎早已預見事態只會變得更糟。至於英國的工商領袖們是否也會如此放鬆則是另一回事。行政局表現得還可以。如預料之內，有一兩名行政局成員表示他們實在不知道該做什麼，只知道該避免與中國發生爭執。雖然董建華忐忑不安，但其發言仍然很有禮貌。我們對中國的底線究竟在哪感到相當困惑，正如北愛爾蘭的邊界總是模糊不清一樣。假如由麥若彬大使來領導我方團隊，想必北京會非常高興，而團隊成員則是由麥若彬和我們共同協商決定，這麼做的話能就能幫我們繞過是否應該讓香港代表上談判桌的問題。中國官員有時似乎會把自己逼到不上不下的窘境，搞不清楚自己究竟想不想脫困，然後盼望我們出面把他們救出來。

三月三十日（星期二）

我和新任的私人秘書梁寶榮，以及資訊統籌專員韓新、政治顧問黎偉略一起前往布魯塞爾。要成為我的私人秘書或貼身顧問必須通過我的考驗，主要是看我能否和他們長時間待在國際機場、等候航班或在飛機上長途旅行。梁寶榮、韓新和黎偉略以優異的成績通過了這項測試。到了布魯塞爾，我在我國駐歐盟大使約翰・柯爾（John Kerr）那裡待了兩天。過去我在當內閣閣員時，曾在開政務會議時坐在他旁邊，那時我就知道他有多麼精明幹練。他深諳歐盟和英國政府的處事手法，或可稱之為工作方式。他指出擴大歐盟的規模無法達到加深彼此關係的目的。每當歐盟的範圍擴大時，一定會連帶產生制度上的變化，以便在成員國眾多的情況下取得共識並進行決策。此外，柯爾還對英國首相的個人工作習慣發表評論。他認為在柴契爾夫人擔任首相期間，唐寧街首相官邸的工作人員被賦予了許多原本應由內閣辦公室所行使的權力。這件事破壞了傳統內閣大臣和首相之間的關係，因此不會再有一位高階官員能在白廳（Whitehall）幫忙關照首相該注意的事項。[117] 例如，現在梅傑首相就發現自己身邊沒有像是威廉・懷特洛（Willie Whitelaw）或伯克・傳德（Burke Trend）那一類的能幹助手。於是柯爾認為，應該要改造一下內閣大臣在體制中向來讓人覺得慈祥和善的面貌。

我在布魯塞爾會見了所有的高階官員，包括很健談的雅克・狄洛（Jacques Delors），以及列昂・布列坦（Leon Brittan）。多虧了列昂認真的工作態度和明智的處事手法，在歐盟委員會中他可能是狄洛之下的第二號人物。列昂負責委員會的對外經濟關係，顯然他非常享受這份工作。我想總督這份工作的任期正好卡住了我的時間，讓我在未來不可能進入歐盟委員會任職。比利時一個類似查塔姆研究所的地方舉行了大型會議，我不僅在席上發言，還見到幾個來自英國國會的人。我們在政治上的意見都十分一致。

四月一日（星期四）

寶榮、麥可、偉略和我在抵達倫敦後立刻和穎彤及雅思會合。能夠見到剛結束滑雪假期的麗思和潔思，真是太好了。接著在晚上，我去了倫敦的皮姆利科區（Pimlico），在一間我很喜歡的義大利餐廳大天堂（Gran Paradiso）與記者朋友餐敘。他們以親吻及擁抱熱情地歡迎我。在閒聊中他們提到了香港，但我想這只是出於禮貌，因為與南斯拉夫或英國政界的動盪相比，香港顯然引不起他們的興趣。[118]當他們問我關於發生在倫敦的事時，我反而沒什麼有趣的東西可以分享。

四月二日（星期五）

我去找梅傑首相一起吃午餐。他顯然過得很不開心。他非常努力工作，而且性格堅韌不拔，但像他那樣站在金字塔頂端，照理說應該可以好好享受午餐才對。主要是歐洲事務紛擾不已，他正煩惱保守黨內部會精神崩潰。[119]他擔心即使我們搞好經濟也不會得到多少掌聲。我希望他知道，少了他，保守黨真的會崩潰。

在與香港有關的問題上，外交部的官員大都與首相和外相韓達德站在同一戰線，不過這是應該的。李基茨非常出色，但我總感覺負責亞洲事務的助理次長韓魁發（Christopher Hum）是柯利達派的活躍分子。在一次會議上，韓魁發的態度強硬，以一連串的問題質疑我們究竟目標為何。

四月九日（星期五）

我在倫敦接受許多媒體的採訪，與傑拉爾德．考夫曼（Gerald Kaufman）[120]、羅伊．詹金斯（Roy Jenkins）[121]和安．萊斯利一起上過多檔節目，包括《新聞之夜》（*Newsnight*）、《佛洛斯特談話節目》（*The Frost Programme*）及《有沒有問題？》（Any Questions）。我和詹金斯針對香港問題彬彬有禮地進行了一番辯論，結果大受好評。他的質疑是，既然我們的動作慢半拍，事到如今是否還有智慧禁得起中國的打壓？他曾公開表示自己在巴黎的一間廁所裡拒絕了總督這個職缺，所以我很好奇，如果他是我的話會怎麼做。不過這次倫敦之旅的重點不是上述這些工作，而是終於得空拜訪好友，當然最重要的是看看潔思和麗思過得如何。遠距離育兒這項工作大不易，但目前為止成果還不錯。

四月十一日（星期日）

我們在多塞特郡（Dorset）和以前下議院的同事勞勃・塞西爾（Robert Cecil）及其夫人漢娜度過了愉快的復活節週末假期。假期過後的第一個星期日就要進行會談了！外相韓達德發出訊息給中國外交部長，表示我們很高興以三月時雙方幾乎都同意的會談基礎上繼續進行交流，亦即我方代表團將以英國大使為首，並從外交部及香港政府的公務部門派人參加。此外，韓達德還加入一句話，表示駐北京大使會成為英國政府在會談中的代表，主要負責和姜恩柱打交道。其實這就是姜副部長本人在更早的某次會議上提出的建議，不過當時沒被採用。對此，中方回覆表示同意，並提議在四月二十二日開始進行會談，甚至可憐兮兮地詢問我們是否打算針對香港政府的代表權發表更多意見。他們顯然不希望我們大肆宣揚中國退縮了，這很合理。他們也的確打退堂鼓了，天知道是什麼原因。

四月十三日（星期二）

昨天我們宣布了會談的開始的時間，表示英方沒有改變對於香港代表權的立場，也沒有因為中方放棄了原本堅持的一個前提而沾沾自喜。當然，還是有一些媒體認為一定是英國人先退縮的。

整體而言結果還不錯。這件事證實了我既有的觀點：只要錢其琛人在北京且有能力推翻強硬派，事態總會有所改善。此外，中國人顯然原本不相信我方確實有一條底線存在。現在他們似乎已經認知到我們是來真的。錢其琛回覆韓達德的速度實在太快，快到讓我懷疑香港的新華社是否知道最後到底發生了什麼事。為了結束這一切，我們與韓達德開了一場漫長的會議，在會上確認了我方的談判立場和開場白。韓達德和外交部的其他人一樣，對我方的立場非常堅定。他認為中國的立場並不像其他人所以為的那樣不易動搖。中國人也不想在其他國家面前留下太糟糕的印象。有時我認為，在曾派駐中國的外交官中，只有少數人沒有臣服在中國這個大國的國力之下，也沒被中國那種非理性政治作風的魅力給迷惑，而韓達德就是其中之一。不論是身為一個人、大臣或政治家，韓達德都令人印象深刻。他沉著冷靜、堅定不移且頗具權威。一切都進行得很順利。他就像板球選手瓦利・哈蒙（Wally Hammond）那樣漂亮出擊。[122]

從我在巴斯市的選戰遭逢挫敗算起，差不多一年了。過去這段時間堪稱一場偉大且重要的冒險之旅，很感謝我有幸能和自己十分在意的各方人士合作。

註釋

1 譯註：一九九二年四月九日，英國首相梅傑解散國會，提早舉行大選，後來在民調不看好的情況下獲勝；但時任保守黨主席的彭定康卻落選了。梅傑是保守黨黨魁，而彭定康的主席之職只負責黨內行政事務，並非黨魁，而是由黨魁指派。

2 梅傑（港譯：馬卓安），英國首相、保守黨黨魁（一九九〇至一九九七年）。

3 譯註：彭定康的長女彭麗思（Laura），次女彭潔思（Kathy），三女彭雅思（Alice）。

4 譯註：尼爾森・波斯比，時任加州大學柏克萊分校政治學教授。

5 譯註：即彭定康夫人，漢名彭林穎彤。

6 佛瑞妲・伊凡斯在當時已經當了我整整兩屆國會選區的秘書，並在當地不辭勞苦為選區付出許多，也花很多時間和精力在像 Crisis at Christmas 的慈善組織擔任志工（譯按：Crisis at Christmas 是在聖誕節幫無家者舉辦餐會的活動）。她在我落選後全職投入志工團體工作，尤其在住宅領域，努力為街友尋找安身之所。後來她更接受培訓，成為聖公會伯明翰教區的牧師，陸續在各地教區服務，其中大部分是社會弱勢族群聚居的地區。

7 我與顧立德是多年摯友，就讀大學期間就認識了。他比我早六年進入下議院，後來也當過好幾個不同部門的首長，而在我寫這篇日記時他人就在外交部。阿拉斯泰有兩個兒子，而馬尼斯（Magnus）是哥哥。我們兩家人過去偶爾會一起度假出遊，所以我們家對他一點都不陌生。馬尼斯在大學畢業後在創投界大展身手，成就了一番事業。

8 譯註：這間小公寓位於倫敦皮姆利科區（Pimlico）區的莫珀斯公館（Morpeth Terrace，是一整排連棟的建物，與台灣都會區的某些住宅相似）；英相邱吉爾也曾於一九三〇到三九年之間住在這個公館。

9 此時韓達德（Douglas Hurd）擔任英國外相，任期從一九八九年開始（譯按：直到一九九五年才卸任）。韓達德也曾擔任北愛爾蘭事務大臣（我是他麾下的初級次長）、內政大臣。一九九〇年他參選保守黨黨魁，我是支持他的，但後來約翰・梅傑勝出。

10 卡靈頓男爵曾於一九七二至七四年間當任保守黨主席，當時我是他麾下的政務秘書。他曾擔任過外相（一九七九到八二年）與北約組織秘書長（一九八四至八八年）。在我曾經效力過的人物裡，他是最傑出的一位。

11 崔斯坦・加雷—瓊斯與我，自我們開始成為國會議會候選人以來就一直是朋友。高中畢業後，他到西班牙與父母同住，幫忙他們經營在馬德里的事業。他的妻子卡塔莉（Catali）是西班牙人，兩人育有五名兒女，最小的孩子是獨女維多利亞，也是我的教女。崔斯坦在一九七九年大選中成為英格蘭沃特福德選區（Watford）的國會議員。多年來，他一直是保守黨黨鞭辦公室的要員，並於一九九〇至九三年擔任歐洲事務副大臣。崔斯坦是我的摯友（不過他滴酒不沾，跟我完全不一樣）。他博覽群書，有語言天分，能說多國語言，是一位充滿熱情的親歐派人士。崔斯坦非常聰明，善於謀略，但從不口是心非。他跟其他的政治人物不一樣，並沒有很大的政治企圖心。

不管我人在天涯海角，幾乎每週都會跟他通話至少兩次。他在一九九七年進入上議院，而且對上議院議員的職位異常熱忱，天知道這背後有什麼神秘莫測的理由。有時，雖然他身在倫敦威斯敏斯特專區，卻幾乎跟他在西班牙埃斯特雷馬杜拉（Extremadura）的家中眺望群山時一樣快樂。他知道抽菸對身體有害，但還是執意當個老菸槍，結果於二〇二〇年辭世。到現在我還是很想念他。

12 譯註：safe constituency，即台灣所謂的鐵票區，絕對會選上的席次。

13 戈登・沃克是工黨的政治人物。一九六四年，他擔任工黨議員兼外交事務發言人期間，因為選戰對手打出卑劣的「種族牌」而失去斯梅威克選區（Smethwick）的席位。但哈羅德・威爾遜（Harold Wilson）任命他為外交大臣，接著他又在萊頓選區（Leyton）的補選中落敗。不過，等到後來舉行大選時他終於打贏萊頓區的選戰，再次成為內閣大臣。

14 穎彤在牛津大學法學院畢業後獲得大律師資格，但因為要撫養三個小孩而一直沒機會執業。等到我們的么女雅思快要上中學了，穎彤獲聘為錢伯斯律師事務所（Chambers and Partners）的律師，而該事務所專攻的是家事法。當時穎彤在法界已經闖出一片天，如果我們真要遷居香港，她就得放棄在英國的事業。不過，穎彤還是願意為我犧牲，因為她知道香港總督一職對我來說是非常難得的好機會，而她也將扮演相當重要的角色。

15 克里斯多福・布蘭德是英國商人，最廣為人知的工作大概是 BBC 的董事長（一九九六至二〇〇一年）。

16 大衛・歐文於一九七七年至七九年間擔任英國首相詹姆斯・卡拉漢（James Callaghan）政府的外交大臣，也是英國社會民主黨（Social Democratic Party）的創黨成員之一。

17 約翰・伯特曾任電視廣播界高層主管，一九九二至二〇〇〇年間擔任 BBC 總裁。

18 譯註：私人秘書是 Private Secretary 這個職銜的中譯，並非是私人給薪的秘書。作者到港後身邊也有戴彥霖（Martin Dinham）、黎偉略（Edward Llewellyn）等多位私人秘書。

19 譯註：「最卓越的聖米迦勒及聖喬治勳章」（The Most Distinguished Order of Saint Michael and Saint George）中的爵級司令勳章／二等勳爵士（Knight/Dame Commander）。

20 約翰・科爾斯在此之前出任英國駐約旦大使和駐澳洲高級專員，並受任命準備於一九九四至九七年擔任外交和國協事務部（Foreign and Commonwealth Office; FCO）常務次長。

21 一九九〇至九九年，勞勃・費洛斯擔任英女王伊麗莎白二世的私人秘書，後成為上議院議員。

22 蘇珊・哈西男爵夫人多年來擔任英女王伊麗莎白二世的寢室女官（Woman of the Bedchamber）。她的先夫馬默杜克・哈西（Marmaduke Hussey）曾任英國廣播公司主席，她的弟弟威廉・沃德格雷夫（William Waldegrave）是我的友人，曾任保守黨政府內閣的首長。

23 諾曼・福勒在柴契爾夫人的政府中長期擔任首長。一九八一至八七年間擔任衛生大臣，任內成就非凡。他最後擔任的公職為上議院議長（二〇一六至二一年）。

24 針對彼得・里基茨及其他外交部與大英國協事務部負責香港及中國外交事務的人員，我在《香港日記》最後將會用一個註釋進行完整的說明。

25 衛奕信自港督職務退休後，進入上議院成為終身貴族，是為蒂利安的衛奕信男爵（Lord Wilson of Tillyorn）。他是一位傑出漢學家，除了在外交部服務外，也曾擔任《中國季刊》主編。一九八七年至一九九二年衛奕信出任香港總督。除了以上及其他的公職外，他在二○○二年至二○○八年間也出任劍橋大學彼得學院（Peterhouse College）院長。

26 穆佐雷瓦與穆加貝都是辛巴威的政治人物：穆佐雷瓦是溫和的反對派，長期遭穆加貝打壓。

27 愛德華・希思為一九七○至七四年期間的英國首相，一九六五至七五年期間年擔任保守黨黨魁。在與柴契爾夫人（Margaret Thatcher）爭奪黨魁地位失敗後，他曾度過一段外界戲稱他為「大怒漢」（the great sulk）的時期，努力扮演中國老朋友的角色，對於解決中英雙方的商業問題更是著力甚深。這種身分讓他有時候在民主和人權的承諾上必須作出讓步，正如某些人所想像的一樣。

28 譯註：彭定康之所以會失去在巴斯的國會議員席位，各界普遍認為原因之一就是保守黨政府實施的人頭稅制（poll tax）。

29 李柱銘是香港著名大律師，也是香港民主同盟的創黨主席。李是公認的香港民主政治重要推手，並因此遭到中共的攻擊和辱罵。相較於那些抱中共大腿的人，李柱銘當然是更受歡迎，但顯然北京政府就是不懂個中道理。

30 譯註：香港殖民地時代的布政司，於一九九七年七月一日香港特別行政區成立後，改名「政務司司長」，英文改稱 Chief Secretary for Administration，縮寫為 CS。

31 霍德爵士於一九七二年從英國陸軍退役後加入香港公務員行列，並於一九八七至九三年擔任香港最後一位非華人布政司以及副總督，之後一直到九七年出任港府駐英專員。霍德爵士已於二○一七年辭世。

32 柯利達爵士是漢學家，一九七八至八三年之間出任駐北京大使，在《中英聯合聲明》談判期間擔任首相柴契爾夫人的資深顧問。有一段時間他是梅傑首相的顧問和內閣聯合情報委員會主席。梅傑造訪北京惹人非議，不久後他就解除了柯利達的這兩個職務。不幸的是，柯利達還是屢屢出現在這本日記裡。

33 李鵬在一九八七至九八年期間擔任中華人民共和國國務院總理，這段時間他的位階大致都在中共中央總書記江澤民後排第二位。一九八九年天安門大屠殺事件發生後，李鵬是中共領導人中最大聲捍衛鎮壓行動的。在香港我們剛好也有一位名叫李鵬的按摩師，後來他把名字改為李正義（LiJustice），因為他受不了自己與一個滿手鮮血的政治人物同名。

34 馬毓真大使於一九九一至九五年之間擔任北京駐英國大使，曾在九七年香港回歸後擔任中國外交部駐香港特派員公署特派員。

35 譯註：西敏宮即英國倫敦西敏區的國會大廈。

36 鄧蓮如的父母為逃避戰火逃離中國，她在香港出生。美國加州大學畢業後，她回港從商，一開始在太古集團服務，後來轉到滙豐銀行。她於一九七六年獲任命為香港立法局議員，並在一九八二年獲任命為行政局非官守議員。一九八八至九五年之間，她擔任行政局首席非官守議員。一九八九年，她成為英國上議院議員。她在一九八八年與港英政府倒數第二任律政司唐明治（Michael David Thomas）結婚。靠著超群計謀與靈活手腕，她始終能優雅敏捷地游走於詭譎多變的香港政壇。

37 這是將聯合國《世界人權宣言》予以法典化的條約。

38 譯註：一九九七年以後改稱「功能界別」。

39 譯註：衛奕信雖有倫敦大學亞非學院博士學位，論文主題是中英關係，但並非學者而是職業官僚。

40 魯平是外交官，生於上海，曾任中華人民共和國國務院港澳事務辦公室主任。身為該單位的負責人，魯平的職責包括港澳主權移交給中國。不過，他在主權移交政策的制定到底得到多少授權，對我們來說一直是個謎。他說一口流利的英語，熱愛古典音樂，公認是一位溫文儒雅的人。他承受了莫大的政治壓力，據此或許可以解釋他為何偶爾會大發脾氣，另一個原因，也可能是他身體狀況不太好。我一直很遺憾沒機會跟他建立一個比較密切的私人關係，同時也明白他對外國人的負面態度應該受到在上海成長和接受教育過程中所經歷到的各種反華種族歧視事件。一九九七年香港回歸後不久魯平遭到免職，二〇一五年辭世。

41 後來成為終身貴族的大衛・吉摩男爵原來是一位教師，加入英國外交部後仕途順利，步步高升。他擔任過駐馬來西亞高級專員，1991年獲外交部委任為常務次長，並協助梅傑首相讓英國擺脫了與種族隔離時期的南非有關的糾纏。吉摩他並非親中派，在處理涉及中國和香港的事務上善用運用常理，並堅持英國的價值觀。

42 戴彥霖在一九八六到八七年之間是我在海外發展局期間的私人秘書。他結束在香港的工作後，回到英國國際發展部服務，擔任總幹事。他從國際發展部退休後，繼續在發展領域服務，並成為抗擊愛滋病、結核病和瘧疾全球基金等組織的董事長。他盡職盡責，是公務員的榜樣。

43 黎偉略在香港的生涯告一段落後到比利時布魯塞爾與我共事，當時我出任歐盟對外關係專員。後來他在波士尼亞為艾布鄧（Paddy Ashdown）效力。艾布鄧時任國際社會駐波赫高級代表（High Representative for Bosnia and Herzegovina），先前當過英國自由民主黨黨魁。黎偉略接著擔任在野保守黨黨魁大衛・卡麥隆（David Cameron）的幕僚長，並在卡麥隆出任首相後成為唐寧街幕僚長。卡麥隆辭任首相後，黎偉略受任命為英國駐巴黎大使，之後再成為駐羅馬大使。他在二〇一六年成為上議院議員。

44 西敏主教座堂是英國最大的天主教堂，不遠處就是我家那一排公寓建築。當選國會議員後，我就與家人住在那間公寓，我家三個女兒都在那裡長大。

45 李光耀在一九五九至九〇年擔任新加坡總理，他在二〇一一年去世前始終對這個城邦島國的發展保持密切關注。李光耀畢業於劍橋大學，非常聰明，對許多國際政治議題都有自己的觀點，偶爾也會聽取別人對相關議題的看法。若說李光耀是新加坡成功的最主要功臣，那他必然當之無愧，不過這個觀點對很多人而言非常兩極化。

46 譯註：雙重一級榮譽學位是指兩個主修科目都拿到一級榮譽學位。

47 當年賀理是上一任港督衛奕信的私人秘書，在我的任內也幫我當了一年多的私人秘書。接著他升遷為行政署長，之後提早退休，定居在英格蘭奇徹斯特（Chichester）附近。

48 譯註：大英國協（Commonwealth of Nations）內，高級專員（High Commissioner）指成員國間互派的最高外交使節，職能等同大使。英國與新加坡同為大英國協成員國。

49 譯註：哈利・萊姆是英國電影《黑獄亡魂》（*The Third Man*）裡面死於非命的角色，但也是主角。

50 譯註：最高法院首席按察司（Chief Justice）後來稱為首席大法官，但香港主權移交後，成立終審法院，最高法院改稱「高等法院」，而終審法院首長稱為「首席法官」（英語：Chief Justice of the Court of Final Appeal）。

51 江澤民在一九八九至二〇〇二年間擔任中共總書記和中華人民共和國主席。他大體上「和藹可親」的個性，讓許多人低估了他的政治能力和手腕。我從未懷疑江澤民是個冷酷無情、運用權術的高手，否則他無法在中國政壇高層生存如此之久。（譯按：江澤民已於二〇二二年十一月三十日在上海逝世，享年九十六歲。）

52 顧汝德是牛津大學畢業的經濟學家，在一九六〇年代來到香港，並在香港大學任教。他曾為一些刊物撰稿，也成為著名的廣播員和投資顧問。一九八九年，前任港督衛奕信勳爵任命他為政府中央政策組負責人，我接任港督後讓他留任。一九九七年主權移交後，他到愛爾蘭都柏林退休，成為都柏林聖三一學院商學院的教授。顧汝德深信天主教徒肩負著履行社會政策的義務。

53 譯註：此一職務原本稱為資訊統籌專員，後來改稱新聞統籌專員，但英文都是 Information Co-Ordinator。

54 浦偉士爵士一生大部分時間都在香港滙豐銀行擔任銀行家，並在收購米特蘭銀行（Midland Bank）前受任命為滙豐控股集團主席。他在一九九八年從滙豐銀行集團退休。

55 譯註：「建立在沙子上」的比喻來自於《聖經・馬太福音》，意指並不穩固。

56 何鴻卿爵士除了在商界叱嗟風雲，建立成功的事業外，也是一位中國和法國印象派藝術作品的顯赫收藏家和非常慷慨的慈善家。他在二〇二一年離世，一生捐助教育、健康和藝術事業，也是大英博物館特別重要的捐贈人。

57 商人大衛・楊恩（David Young）受首相柴契爾夫人推薦於一九八四年封為貴族。他在一九七九年大選後，接受柴契爾夫人和她的經濟夥伴基思・約瑟夫爵士（Keith Joseph）任命為英國政府的培訓及就業顧問。後來他進入內閣，先擔任就業大臣，再成為貿易與工業大臣。柴契爾夫人認為他做事的態度是「沒什麼辦不到」。柴契爾夫人的企業相關政策能夠實現也歸功與於大衛・楊恩，不過一些人對他實際的成就多寡抱懷疑態度。柴契爾夫人卸任前，大衛・楊恩已辭去職務並重返商界，擔任香港電訊執行總裁等職位。另外，他在許多重要的慈善機構也曾是很重要的領袖。

58 譯註：後座議員英文為 backbencher，即普通議員；至於所謂前排議員，則都是擔任政府要職或反對黨影子內閣成員。

59 譯註：「及時行樂」（Carpe diem）是拉丁文名言，也是《春風化雨》這部電影裡的經典台詞。

60 譯註：M4高速公路連結倫敦西區和希斯洛機場，交通繁忙，沿途有高科技業廠房及辦公大樓，故稱為「M4走廊」（M4 Corridor）及「英國矽谷」（the UK's Silicon Valley）。

61 李德衡和我是一九七九年同一屆進入下議院的國會議員。他的選區在北威爾特郡（North Wiltshire），鄰近我自己的巴斯選區。之前我們同時爭取代表保守黨競選北威爾特郡議員，但後來他把我打敗了。身為愛爾蘭世襲貴族，李德衡不自動具有上議院議員的資格，但在一九八五年至一九九二年間他擔任北愛事務部政務次長，任內建樹良多，推動貝爾法斯特和倫敦德里大部分的再開發工程。隨後，他在一九九二至九五年間擔任貿易副大臣，接著就回到商界發展，成就了一番事業。另外，他也著書立説，描寫政治與商業之間的關係，很具有娛樂性。他從以前到現在都一直是我的摯友，人勇敢、有原則，是人人羨慕、非常幽默的説故事高手。擔任公職期間，李德衡戰功彪炳，但也吃了不少苦頭。

62 譯註：高錕爵士（Sir Charles Kuen Kao）一九八七年至一九九六年擔任中文大學校長。二〇〇九年獲諾貝爾物理獎，表揚他「在光傳輸於纖維的光學通信領域突破性成就」。

63 譯註：凱蒂是前述電視主持人兼作家強納森．丁伯利比之女。

64 施祖祥在中國大陸出生，但幼年隨家人移居香港。大學畢業後加入香港公務員隊伍，並於一九九一年至九四年出任憲制事務司。一九九四年至九六年間他出任公務員事務司，一九九六年至二〇〇四年獲委任為貿易發展局總裁。施祖祥是一位能幹的官員，公正不阿、誠實正直，香港之所以能夠如此成功，有如此得體的社會，要歸功於像施祖祥一樣不可多得的公務員。

65 自一九七〇年代中期開始，很多越南家庭乘船出海，先是為了逃離越戰戰場，再來是逃避越共政權的統治。絕大多數選擇離開的越南人坐船來到香港，旅途非常險峻。到一九九〇年代初期，香港的越南難民人數達五萬人以上。一部分的越南船民依據聯合國標準劃歸為難民，而另一部分則被納入遣返計畫。

66 譯註：威雅中學是位於倫敦西北數十公里處白金漢郡（Buckinghamshire）海威科姆（High Wycombe）集鎮的一所女子寄宿中學，成立於一八九六年。契姆預備小學位於英格蘭漢普郡（Hampshire）黑德里村（Headley），成立於一六四五年。二〇二二年九月八日當天母親伊莉莎白二世女王駕崩，查爾斯王子登基成為查爾斯三世。

67 譯註：香港行政局（Executive Council，簡稱 ExCo）在一九九七年主權移交後改稱（香港特別行政區）行政會議，但英文不變。

68 李國能出生於香港，劍橋大學畢業。回港後擔任執業大律師，並於一九九二年至九二六年擔任行政局議員。他曾擔任暫委高等法院大法官以及其他多項公職，一九九七年香港第一任行政長官董建華委任成為香港終審法院首席法官。二〇一〇年宣布提早退休，隨後獲得了無數榮譽和獎項，其中包括牛津大學的榮譽學位。

69 王葛鳴原來是社會工作者及社工行政主管，主要服務對象為年輕人。一九八五年出任立法局非官守委任議員，任期至一九九一年，之後成為行政局非官守議員。我後來委任她接替鄧蓮如成為行政局召集人。

70 董建華出生於上海，是航運業巨擘董浩雲的長子，董浩雲擁有東方海外貨櫃航運公司（The Orient Overseas Container Line）。董建華於一九八一年接管東方海外。一九八六年東方海外陷入財務困境，因中國政府出手相助而脫離困境。一九九二至九六年董建華擔任行政局非官守成員，一九九七至二〇〇五年受任命為香港特區行政長官。二〇〇五年辭去特首職務，成為中國政協全國委員會副主席。普遍認為董建華可以在美國為中國官方觀點代言。不過，儘管他是個和藹可親的人物，董建華對民主和開放社會的自由懷有敵意，所以代言人的價值大概非常有限。二〇一七年，董建華以六十三億美元的價格將東方海外公司出售予中國國有企業中遠海運控股公司。

71 譯註：松浦晃一郎於一九八八年任日本外務省經濟合作局局長。

72 周南一九四六年加入共產黨，韓戰期間在朝鮮半島擔任部隊政委（譯按：相當於台灣部隊的政戰官），審訊戰俘。他後來加入中國外交部，一九八〇年晉升為駐聯合國大使。一九八三年起任外交部副部長，後接任新華社香港分社社長，參與香港主權移交談判。維基百科英文版引述別人對他的描述是「機智而溫文爾雅」、「愛以魅力吸引人」，這些文字充分展現了政治諷刺藝術的精髓。

73 陸軍中將霍立言爵士於一九八三年擔任英國陸軍空降特勤團（Special Air Service，簡稱 SAS）主任，一九九二至九四年擔任駐港英軍司令，返國後成為國防情報局局長。從英國陸軍退役後，他於二〇〇〇至〇五年擔任英國王室屬地根西島（Guernsey）的副總督。

74 陳方安生出生於一個上海家庭，其深厚的中國愛國情懷毋庸置疑。她的祖父方振武是抗日名將，叔父方心讓是著名骨科醫生，曾照顧過鄧小平的兒子鄧樸方。（鄧樸方在文革期間因遭迫害而被迫跳樓，從此半身不遂。）陳方安生的母親方召麐可能是過去半個多世紀以來最偉大的中國女畫家，作品在許多畫廊展出，包括牛津的阿須摩林博物館（Ashmolean Museum）。父親去世後，陳方安生在香港長大並接受教育。她後來加入公務員隊伍，並在一九九三年升任布政司，職位僅次於港督。香港主權移交後，她續任職位相當的政務司司長（英文跟移交前相同，仍為 Chief Secretary），還是地位僅次於特首的香港官員。二〇〇一年辭去公務員職務後，她對香港人爭取自由的訴求更直言不諱，後來在二〇〇七年當選立法會議員，只擔任了一屆的議員，之後成立了一個委員會來監督和評論政改。二〇二〇年，《香港國安法》通過後，她徹底退出公眾生活。她的丈夫陳棣榮原為商人，後來擔任皇家香港輔助警察隊總監，二〇一〇年去世。陳方安生獲得了許多榮譽，包括英國女王伊麗莎白二世授予的榮譽聖米迦勒及聖喬治爵級大十字勳章（GCMG，相當於通常授予總督的榮譽）和香港政府的大紫荊勳章。

75 史蒂芬·沃爾在一九九一年至一九九三年擔任首相梅傑的私人秘書，負責外交政策和國防事務。一九九三年受任命為駐葡萄牙大使，並於一九九五年成為常駐歐盟代表。他後來擔任工黨首相東尼·布萊爾（Tony Blair）的歐盟顧問。他目前負責撰寫英國與歐盟關係的官方歷史，真羡慕他！

76 夏舜霆擁有自己的出版集團，事業非常成功。他曾在柴契爾夫人和梅傑兩位首相的政府中擔任要職，有強烈的「一國保守主義」觀點，既認為政府在社經政策中能扮演重要的角色，也相信英國在歐盟的重要性。保守黨中的右派分子不喜歡他的觀點，但卻不得不承認他是一位幹練有為的政府官員。他做事非常有辦法，而且通常都能作出明智的決定。夏舜霆毫不掩飾自己粗枝大葉的做事風格，但成效是有目共睹的。我和他在關於中國的議題上意見也許分歧，但並不影響我對他才華由衷的欽佩，或是他受大家喜愛的程度。

77 譯註：理論上國務院港澳辦主任魯平才是北京在香港的最高代表。

78 譯註：歐洲匯率機制（European Exchange Rate Mechanism，簡稱 ERM）旨在約束歐洲貨幣匯率變動和實現歐洲貨幣穩定。一九九二年九月十六日英國保守黨政府無力維持英鎊匯率下限，被迫退出 ERM。貨幣投機家喬治・索羅斯（George Soros）透過做空英鎊而獲利超過十億美元。此事件歷史上稱為「黑色星期三」（Black Wednesday）。

79 譯註：英格蘭、蘇格蘭及愛爾蘭王查理一世（Charles I），在位期間（一六二五至四九年）捲入了與英格蘭國會的權力鬥爭，也在宗教上得罪了蘇格蘭國會，並企圖推翻英、蘇兩國國會的權威，最終爆發了史稱英格蘭內戰（English Civil War）的戰爭。英格蘭議會派領袖奧立佛・克倫威爾（Oliver Cromwell）掌權後決定處死查理。查理一世在一六四九年在倫敦白廳大道國宴廳（Banqueting House）前的斷頭台被處死，結束了對大不列顛三國二十多年的統治。

80 麥理浩爵士出生於一九一七年，二次大戰時在日軍大後方訓練中國抗日游擊隊，之後加入英國外交部。他曾任英國駐南越大使，並於一九七一年獲委任為第二十五任香港總督。他在任期間歷經四位不同的英國首相，一九八二年卸任，是歷來港督任期最長者。麥理浩是工黨的支持者，香港龐大的社會改革計畫和基礎設施開發都歸功於他。他不認為香港有需要進行政治變革，但不失為一位偉大的殖民地行政長官。他在公元兩千年去世。

81 鄧小平從毛澤東時代的血腥動盪中脫穎而出，成為中國的最高領導人，直到一九九七年去世為止。中國在最繁榮的時期經歷了驚人的經濟成長和對西方的開放，鄧小平的功勞要比任何其他中共領導人都要大。身為中國經濟成就的主要推手，鄧小平政治生涯中大部分時間的官方職位只有一個：「中國橋牌協會主席」。他的確為中國留下了一手王牌。（譯按：鄧小平去世後不到半年香港主權就移交給中國。一九九〇年三月鄧小平卸任中華人民共和國中央軍事委員會主席，這是他去世前的最後一個官方高層職務。）

82 譯註：上議院議事廳內的長椅為紅色，下議院議事廳則以綠色為主調，均採用綠色的長椅。

83 錢其琛在擔任過記者和中共共青團幹部後，前往蘇聯莫斯科待了一段時間，然後加入了中國外事單位。歷任一連串外交要職後，他在一九九三至二〇〇三年升任外交部長、政治局委員和國務院副總理等職位。近年來中國最資深、服務時間最久的外交人員當中首當錢其琛，是他具有智慧及高明外交手腕的明證。錢其琛已於二〇一七年去世。

84 賀維曾是保守黨籍律師、國會議員和終身貴族，在愛德華・希思（Edward Heath）和柴契爾夫人兩位首相領導下擔任了保守黨政策製定和執行的角色，非常具有影響力。在柴契爾夫人的政府中，賀維擔任了財政大臣、外交大臣以及副首相等重要職位，後來兩人因歐盟問題而失和。賀維自柴契爾夫人政府辭職，也加快了柴契爾夫人自己日後離開英國政壇的步伐。《中英聯合聲明》談判過程中，大部分時間賀維出任英國外交大臣。若干年後，賀維往往忽略了英國政府就香港民主發展進行談判時所做出的承諾，唯恐這個問題可能加劇英中的緊張關係。

85 朱鎔基曾因批評毛澤東的經濟政策而被打為「右派」。但他實在是個能員幹吏，尤其在經濟領域更是傑出，因此受鄧小平招攬回到政府任職。朱在西元一九八〇年代晚期擔任上海市長時，以嚴厲反對貪腐而聞名。在國家主席江澤民的領導下，他被提拔為負責經濟事務的副總理，並在經濟改革問題上與李鵬總理發生衝突。李鵬卸任後，朱在一九九八至二〇〇三年期間擔任中國國務院總理。我在擔任歐盟執委會外交專員時曾與朱打過交道，他是我見過最聰明的政府官員之一。無論何時何地，他總是能站在共產主義的堅定立場上與人進行公開辯論。不論在何種政府體制，他肯定都能達到最高的領導位置。

86 譯註：溫順天神父與台灣的淵源最早始於一九六〇年代，獲美國瑪利諾會派往苗栗南庄；他在一九七〇年代二度來台服務，七七年取得台大歷史碩士學位。一九七八年黨外人士陳菊遭警總通緝，曾在溫順天神父幫助下逃亡，隔年他獲派轉往香港傳教。

87 譯註：港督府於一九九九年改名為禮賓府。

88 譯註：這個部門後來合併改制為商務部。

89 譯註：英語為 taipan，源自於粵語，一般指香港的外國企業高層，尤指歷史悠久的貿易公司如怡和洋行和太古集團中的負責人。

90 鍾逸傑爵士是一名殖民地的職業公務員，從一九五七年開始在香港工作，二〇一九年去世。一九八五至八七年之間他晉升為布政司，並在時任港督的尤德爵士（Sir Edward Youde）去世後，於一九八六至八七年間短暫出任署理香港總督。香港回歸前，他曾批評英國政府在香港的政策。

91 譯註：為英國保守黨政治家、前內閣大臣和商人。

92 譯註：在一八六〇年成立，曾是香港電訊及澳門電訊的大股東。

93 韋奇立將軍（Vasco Joaquim Rocha Vieira）是一名職業軍官，從一九九一到九九年之間擔任葡萄牙第一三八任，同時也是最後一任澳門總督。他是一個徹頭徹尾的正派好人，但因為「葡萄牙政府是否確實擁有澳門主權」是個尷尬的政治問題，因而限縮了他這位總督能有所發揮的空間。

94 譯註：即 Peninsular and Oriental Steam Navigation Company，又名半島東方輪船公司或大英輪船公司，是一家總部位於英國倫敦的航運公司。

95 譯註：所謂第五縱隊活動是指從內部搞破壞。

96 加雷斯・伊凡斯（Gareth Evans）是一位大律師、政治家、學者和國際政策制定者。在一九八八至九六年之間成為澳洲外交部長前，他曾在勞勃・霍克（Robert Hawke）和保羅・吉廷（Paul Keating）麾下的工黨政府中擔任過一些部長級的職位。二〇〇〇至〇九年之間，他曾任國際危機組織（International Crisis Group，一個衝突解決組織）的主席，並在墨爾本大學任教。二〇一〇至二〇年之間，伊凡斯擔任澳洲國立大學校長。他是數個國際委員會和專家小組的成員，並積極參與核裁軍運動。伊凡斯因其對於維護人權價值的堅定信念而揚名國際，和渴望民主的香港是好朋友。雖然我不愛澳洲的板球隊，但那個國家還是有值得喜愛之處，伊凡斯算是一個。

97 譯註：前英國國會議員、保守黨成員，時任歐洲事務國務大臣（Minister of State for Europe）。

98 譯註：指馬斯垂克叛亂者（Maastricht Rebels）事件。一群屬於當時執政保守黨的英國議員，在下議院針對《馬斯垂克條約》如何實踐於英國法律中的一系列投票中，拒絕支持梅傑首相的政府。

99 譯註：此為外交部的翻譯。

100 一九七六年麥可・波蒂略（Michael Portillo）從劍橋大學畢業，我招攬他加入保守黨的研究部（Conservative Research Department）。一九八四到九七年之間，他擔任過國會議員及一些部長級的職位，有段時間還曾是我環境部裡的助理政務次長之一，最後在一九九五年升職為國防部長。他的父親是反對佛朗哥將軍的左翼政治派，佛朗哥將軍直到去世前都流亡在外。波蒂略在議會中逐漸轉向右翼靠攏，成為柴契爾政府的擁護者，因此受到《衛報》讀者不公平的對待，成為備受抨擊的出氣筒。他後來轉而從事電視節目主持人的工作，成功周遊全世界。

101 祁淦禮（Kenneth Clarke）在一九七〇到二〇一九年間任職國會議員，後以下議院之父的身分退休。（譯按：Father of the House 通常是指年紀最長，或在任時間最長的下議院議員。）在職業生涯中，祁淦禮擔任過許多至關重要的政府職位。其個人特色是滔滔不絕且直言不諱的雄辯風格，這點在支持英國加入歐盟的議題上更顯突出。一九九三至九七年之間，他擔任財政大臣，而且成為英國戰後最成功的三位財政大臣之一，其他兩位分別為拉布・巴特勒（Rab Butler）及羅伊・詹金斯（Roy Jenkins）。他曾在柴契爾、梅傑和大衛・卡麥隆（David Cemeron，港譯：甘民樂）手下歷任各部會大臣，最終卻因反對「無協議脱歐」而遭鮑里斯・強生（Boris Johnson）趕出保守黨。不論是從爵士樂到賞鳥，或是從體育到保守黨的現況，他對大多數的議題都擁有強烈且精闢的個人意見。尤其在最後一個話題上，事實證明了他的見解萬分準確。

102 譯註：即雅子皇后。

103 鮑磊是前任港督衛奕信委任的立法局議員（從一九八五到九五年），也是怡和洋行的董事。他專責公司的日本業務，而且是香港總商會的副主席，強力支持政府承諾要賦予香港的自治權。

104 譯註：日本外交官，曾任日本駐澳洲及駐荷蘭大使。

105 譯註：此指一九九二年九月十六日發生的「黑色星期三」（Black Wednesday）事件，前面已經提及。

106 譯註：總部位於紐約的一間美國非營利組織，旨在向世界傳揚亞洲文化。

107 譯註：於一八四六年首次舉行，早年會邀請一位名媛擔任頒獎嘉賓，獎品為一個裝有二十一個純金金幣的銀袋。

108 聶偉敬是愛丁堡選區的國會議員，他在柴契爾夫人和梅傑首相手下都擔任過首長級的職務。在梅傑的內閣中，他先是出任交通大臣，後於一九九二年開始擔任國防大臣，一九九五年則轉任外交大臣。他在一九九七年丟掉了蘇格蘭的席位，但二〇〇五年他轉換選區至肯辛頓和切爾西（Kensington and Chelsea），選後重返國會，一直服務到二〇一五年。此外，他還以出色的辯論能力聞名，是國會的演説家。

109 譯註：在本書索引中他是中將，但那是他的最終官階。在香港期間他是少將。

110 譯註：意即保密條款，表示李柱銘不得向別人提及他們的討論。

111 詹姆斯・普萊爾從一九五九年到八七年之間擔任英國保守黨議員。從下議院退休後，他就成了上議院的議員。普萊爾與前首相愛德華・希思關係密切。在一九七四年之前，普萊爾是希思政府的農業部大臣和下議院領袖。後來他在柴契爾夫人手下擔任就業大臣和北愛爾蘭事務大臣。不過兩人的關係並不融洽，因為柴契爾夫人認為普萊爾對工會問題和總體經濟政策的態度過於軟弱。我曾在他手下工作過，當時他是彼得・卡林頓（Peter Carrington）的副手，在一九七四年的選舉前擔任過保守黨主席，同時也是卡林頓北愛爾蘭團隊的首長級成員之一。他從政壇退下後陸續擔任過許多董事職位，並曾任奇異公司的主席。

112 譯註：即 fixer，通常是企業外部人士，扮演著類似說客、牽線者、問題解決者的角色，擁有豐厚的人脈與政商、社會資源，通曉各種能幫助企業的門路。

113 譯註：功能組別在一九九七年後改名為功能界別，是從香港各職業團體選出議會代表的方式。

114 譯註：尼泊爾的一個部族，因驍勇善戰而被英國徵召加入駐印、緬的英軍，之後逐漸演變為英軍的一支常備部隊。一九九七年前的駐英港軍即為廓爾喀人，港人稱之為「啹喀兵」。

115 譯註：保留權力（reserve powers）的概念類似於行政首長的裁量權。

116 亨利・凱瑟克是凱瑟克家族的重要成員，該家族創建並負責怡和洋行集團（Jardine Matheson）的營運。他曾是該公司的董事、總經理和主席。身為右翼保守派的凱瑟克在一九七五至八〇之年間是《旁觀者》週刊（Spectator）的老闆。此外，他還曾是英國國家肖像館（National Portrait Gallery）的主席。怡和洋行為香港最初的幾間貿易公司之一，其大獲成功的業務主要都位於亞洲。就當時的社會背景而言，凱瑟克本人理所當然地將英國的帝國主義視為維護公司利益的好幫手。他常常對那些不同意這種觀點的總督充滿敵意。凱瑟克曾向我表示，既然他都已經七十歲了，他決定原諒我的罪過。我不是在質疑他身為天主教徒的美德，但我很懷疑他是否真的已經原諒我。

117 譯註：白廳是英國中央政府的所在地，位於倫敦。

118 譯註：時值南斯拉夫進行內戰的年代。

119 譯註：一九九三年四月是即將簽訂《馬斯垂克條約》的時刻（十一月），歐洲經濟共同體將改制成歐盟。

120 譯註：時任英國內閣閣員。

121 譯註：時任牛津大學校監。

122 譯註：瓦利・哈蒙是二十世紀上半葉的傳奇板球打擊手。

CHAPTER TWO

第二章

繞著桑樹叢兜圈[1]

一九九三年四月－一九九四年四月

ROUND AND ROUND THE MULBERRY BUSH

四月十五日（星期四）

在我們外出期間，房子的裝潢也持續翻新。翻新工作還未完成，整棟房子仍散落著油漆罐、木板、未鋪設的磁磚和灰塵，但依照英國人的標準，目前裝修工程堪稱又快又好。房子翻新期間，我們大約有一週的時間無法開會或招待客人。今天，我們在大廳發現一個討人喜歡的漆器，是寫著典雅中國書法字的紅色櫥櫃，上面的文字告訴世人讀書令人快樂的道理。

我們不得不重提那一波三折的新機場計畫、與北京當局的談判，以及我赴美為中國交涉最惠國待遇的準備工作，這項交涉或多或少能確保中國產品進入美國市場後免稅。基於中國持續迫害人權的劣跡，美國政界和媒體大都對此持反對意見，但對我們而言意義重大，因為美中貿易受阻將不利於香港經濟。

四月二十日（星期二）

今天麥若彬大使從北京南下，和陪同參與談判的香港團隊促膝長談。我們對開幕詞中各項措辭一一斟酌，也細讀其他較乏味的行政文件。對於我們能取得多大的進展，我麾下年輕的中國問題專家們大都存疑。麥若彬、高德年兩人就像久經沙場的老戰馬，鼻翼因即將到來的戰鬥而不斷抽動，高德年似乎認為中國真的打算和我們認真談事情了。我也希望如此，但不敢打包票。

我通常很排斥由別人為我準備演講稿，但在一次由美國商會舉辦、約七百人參加的午宴中，我的顧問柏聖文（Stephen Bradley）為我寫了篇出色的講稿。他明白闡述為何中美貿易不該受限，我很樂意使用他的講稿。

四月二十六日（星期一）

在行政局開會時，我們的幾次討論都像是繞著桑樹叢兜圈，毫無進展。董建華持續大聲疾呼：無論談出什麼協議，中英雙方都應該趕快談妥。我想除了殺人之外，他什麼都講得出口。到了上週六（四月二十四日），我們已經可以回顧第一輪談判內容。[2]然而，談判在解決實際問題上沒任何進展，絕大部分都聚焦於雙方的原則。令人煩躁的是，中方原本打算將近一個月後才舉行第二輪談判。我們期望談判有所進展，但如果談判前後間隔太久，每一輪談判只能就先前發掘過、放上檯面的原則交流作為開場，場面勢必會陷入充滿火藥味的激辯中。更有甚者，人們會開始認為，中方試圖對我們敷衍了事。（這是事實！）最終，北京當局同意在本月底進行第二輪談判。

在我的團隊出訪北京前，我有段時間悶悶不樂。高德年表示，柯利達將會在五月底來港，然後造訪中國，而他顯然兩個月前就得知這件事，還邀請柯利達共進晚餐。柯利達已從過去旁觀批評的角色，轉而積極插手干預，試圖讓我們在香港的努力化為泡影。他在談判期間出現在中國，外界會解讀為秘密特使造訪，或企圖削弱香港的重要性。想當然耳，中方肯定會善加利用這一點。我現在才得知，中方在最近一輪談判後的宴會上，向歐威廉提到他們有多期待柯利達的到來。我懷疑，柯利達會透過以前曾效命於他的官員得知我們在做的事，然後偷偷轉告中國。我聽到消息當下雖沒氣到拍桌，但確實發了頓牢騷。長久以來，我都無視中國外交部在香港處處和我們作對的報告，但這件事叫人難以忍受，他們有告知我的義務。我並不想對自己人究責，高德年頂多是在判斷上出現嚴重疏失，歐威廉和李基茨也沒什麼好指責的。我致電副外相顧立德，告訴他柯利達不該出訪北京，當然也不該知曉我們在做的事。目前，外交部仍認為應該向柯利達通報進展，希望他出訪時可以好好約束自己。但既然他無論如何都會使壞，我不認為通報進展會有多大助益。高德年曾是柯利達的手下，我相信他和這位前上司有正當職場關係，所以難道你要我相信，當他們兩人共進晚餐時，只會聊高德年鑽研的那些中國飛蛾嗎？[3]大家把柯利達當作前港督衛奕信那樣的大人物對待，但衛奕信值得世人敬畏，我卻不敢苟同柯利達。

我和從北京來訪的美國駐中國大使芮效儉（Stapleton Roy）以及美國駐香港領事威爾森（Dick Wilson）共進晚餐。我們針對華府最惠國待遇政策，討論了幾項至關重要的訊息。效儉認為這部分可能很棘手，他深知中美關係良好與否攸關香港未來。

四月二十七日（星期二）

穎彤訪問了香港國際社會服務社（ISS），巧遇傳奇人物安東尼・勞倫斯（Anthony Lawrence）。越戰期間他曾擔任英國廣播公司（BBC）的遠東記者。現階段，服務社為穎彤訪問過的越南難民營提供教育服務。[4]穎彤表示，聯合國難民署（UNHCR）正在削減難民營成人教育服務的資金，服務社工作人員都很擔心。難民署似乎認為，如果難民不接受教育，就更有可能回到越南本土。穎彤和服務社人員都認為這作法莫名其妙，純粹讓難民營更難管理罷了。我看能不能幫上什麼忙。

本週最大的樂事，是與英商馬世民和他的妻子馬珍妮在他們金馬麟山道上漂亮的宅邸共進晚餐，從宅邸透過樹林向南可俯瞰大海。此處美景近似法國南部某些未遭人為破壞的景緻。（如今南法還有這種地方嗎？）他們夫妻倆都很出眾，熱愛冒險、風趣過人。馬世民訴說了一籮筐軼事，也提及他加入法國外籍兵團的時光，很可能是真人真事，這些都寫進了他那本精彩好看的自傳。[5]馬世民熱愛香港，希望香港能在法治下保有自由。

另一場會面就沒那麼愉快了。我接見了受時差所苦的英國奇異公司董事會主席詹姆斯・普萊爾，他此行的目的是拜訪我和約翰・李普特（John Lippitt）——李普特是該公司在香港的「企業問題專家」。我一直都不太喜歡李普特，甚至覺得就是他這種人敗壞了「企業問題專家」這一行的名聲。針對香港政治發展，普萊爾有強烈的預感，認為中英爭論若持續下去，恐怕會威脅該公司的輝煌前景。他和大衛・楊恩勳爵（Lord David Young）近期都去見過李鵬總理，李鵬對他們毫不客氣地表示，只要中英政治爭論未解決，英國在華企業就不會生意興隆。中方這番發言，似乎不像正在申請加入世貿組織的國家該講的話，但我猜他們沒提醒李鵬。

1992

1993

1994

1995

1996

1997

四月二十九日（星期四）

在北京的第二輪談判沒有太大進展。在不改變核心立場的情況下，我們針對選舉委員會以及持續限制直選席次和功能組別等面向，提供麥若彬大使的團隊略為不同的說法。要是中方願意的話，他們就能順勢把我們改變說法這件事當作下台階，同意我方的確已回應他們在談判初期所提出的八點原則。上一輪談判進入尾聲時，中方似乎暗示他們很滿意其中四、五點細節，例如：出乎他們意料的是，我們依然接受《中英聯合聲明》和《基本法》。但顯然我們還是繼續繞著桑樹叢兜圈圈。下一輪談判會在五月二十一至二十三日舉行，那幾天是週末，屆時姜恩柱副部長已從歐洲返國。中方擬定了一份文件，是他們希望在原則討論結束前能與我們協調好的事項。我不確定在談判剛結束不久的現在，如果有人向我問起那些原則，我能記得多少，但中方搞不好也不會記得。我們覺得是讓韓達德外相捎訊息給中國外長錢其琛的時候，提醒他我們真的該開始談細節，不能再繼續兜圈子了。開始有愈來愈多人問我們，是否來得及將一九九四到九五年的選舉立法納入會談議程，並在七月底前予以討論？

四月三十日（星期五）

我們飛抵美國，途經洛杉磯。我們和友人麥克・梅道佛（Mike Medavoy）及他的妻子派翠西亞（Patricia）在此停留一晚。[6]麥克熱中政治，我們和他第一次見面是在阿斯本研究所主辦的那種號稱給未來領導參加的會議。（如果真有所謂的「死亡之吻」，那這種場合就是會招來厄運的死亡之吻。）想當年，我和祁淦禮代表歐洲出席，而美國的與會者有蓋瑞・哈特（Gary Hart）和克里斯多夫・陶德（Christopher Dodd），他們倆都是前景看好的參議員。來到洛杉磯，我們在某座花園享用了豐盛晚餐。我們這桌熱烈談論著醫療改革和醫療法案，而穎彤告訴我，她們那桌都在聊自己過去遭人打劫的經驗。醫療開支和犯罪是一九九三年的美國日常。

五月一日（星期六）

今早梅道佛伉儷先行登機，他們要到華府做一些政治拜會；我們晚一步走，是為了和駐美大使羅賓・倫威克（Robin Renwick）以及他活潑的法國妻子安妮（Annie）碰面。我上一次和倫威克伉儷碰面，是在我擔任海外發展副大臣期間，羅賓當時是英國駐南非大使。

五月二日（星期日）

今晚我們在喬治城和約翰・紐豪斯（John Newhouse）及他的妻子西米（Simmie）碰面，約在他們家中小酌。[7]我之前和約翰有些書信往返，他是很優秀的記者。如果他沒有在《紐約客》雜誌中公開稱讚我，那我的評論可能就更客觀了。勞合・卡特勒（Lloyd Cutler）也來坐了一會兒，他是民主黨元老級政治人物，曾獲卡特總統（Jimmy Carter）延攬到白宮襄助政務。[8]約翰認為，如果他在柯林頓時期才進入白宮，也許就可以協助這位新總統，幫他解決一些煩惱。聊起柯林頓，大多數人都很明確告訴我，他們的確希望新總統能有好表現，但也覺得他的政治操作有些混亂。

五月三日（星期一）

第一件事，是和我們的一位說客與幾位貿易顧問開會。讓我留下最深刻印象的是斯圖亞特・艾森斯塔特（Stuart Eizenstat），他曾任卡特總統的內政顧問。可惜啊，我們無法留住他，因為他馬上就要轉任美國駐歐盟大使了。接下來，我要和麥若彬大使、梁寶榮一起去白宮，媒體就交給能幹的韓新來關照。一如既往，進入白宮前的安檢程序相當耗時。（「你從哪裡來的？」）白宮這棟建築雖然優雅，但沒有特別宏偉，進去後，克利夫頓・華頓（Clifton

Wharton）、溫斯頓・羅德（Winston Lord）與副國家安全顧問山迪・柏格（Sandy Berger）正等候我們。克利夫頓是副國務卿，溫斯頓是他手下負責處理亞洲事務的助理國務卿。我們在內閣會議室稍候，等著與總統會面，大家都說他很常遲到。後來有人引導我們進入總統辦公室，晉見總統、副總統高爾（Al Gore）和白宮新聞秘書喬治・史蒂芬諾伯羅斯（George Stephanopoulos）。看到某些我認識的政治領袖進入政壇，常常讓我很訝異，因為他們好像不太喜歡與人交流。柯林頓剛好相反。他能言善道且非常聰穎，即使整個廳舍只有他和另一個人，他也會盡其所能地大加暢談。總統和高爾都很高大，也都十分和藹可親。（穎彤後來問我：「你覺得他們兩個怎麼樣？」我說：「他們很大隻。」她回我：「嗯，真是精闢。」）我們為美國記者辦了一場記者會，多數記者都高聲對總統丟出波士尼亞相關議題，後來港媒和英媒也進入會場，針對我的選舉提案發問，柯林頓也用幾個優雅的詞句展現支持的立場。他們一離開會場，我們就開始談正事。

我說，有三個和最惠國待遇相關的大前提，接下來一整週我都會一再提起。首先，中美關係良好是香港長期維持繁榮與穩定的關鍵。其次，如果中國的改革開放不順利，對周遭地區和全球都甚為不利。第三，如果中國的經濟改革落實到位且能融入全球體系，對我們所有的人都有好處。當然，如果上述情事都沒有實現，後果將正好相反。我說我知道新政府的政策不太可能和前朝一樣，我也知道新政府和新國會可能想針對最惠國待遇提出新作法，以圖鞭策中國在貿易、武器擴散和人權方面的作為，這些我們都很贊同。但如果要對最惠國協議提出附加條件，我們傾向由行政部門帶頭，而不是讓國會把這些條件直接寫進法案中，而且附加條件應該只能規範大方向。我也希望可以將香港的情況列入考量，但以現階段來說，在任何條件清單中提及香港的政治發展，都不會有太大幫助。我們花了大約四十分鐘討論這些要點。柯林頓總統在武擴議題上投入的時間讓我感到相當訝異，這顯然是美國政府非常關心的問題。柯林頓和副總統的讚美都讓我有些不好意思，高爾說我就是那種靠個人力量改變歷史的範例。他們講話就是這樣！但我想這可以有兩種解讀，我可以想到很多負面例子。高爾知道我在環境議題方面的背景。我們的整段談話都非常愉快，我想狀況實在好到不能再好了。

接下來我與亞洲協會共進午餐，之後與財政部長勞合・班森（Lloyd Bentsen）會面。他是一位彬彬有禮，頂著亮白銀髮的南方紳士，提了很多和中國有關的貿易問題，這些問題讓美國人相當憂心。他希望不要以太過麻煩的方式來解決這些問題，但這需要中國有所讓步才有可能。然後我們又在國務院見到了華頓和羅德，他們說美國當局正在尋求解方，希望不要與國會發生衝突，同時也要在不激怒中方、不引發中方激烈反彈的情況下，推動中國前進。溫斯頓說，中方目前正試圖要在未來幾週內，盡可能提高美國商品和設備的訂單量，藉此向柯林頓政府施壓。他還提到，中方宣稱的訂單量和他們最終的購買量，往往有段滿大的差距。

我和他們坦白說明了目前我們與北京會談的立場。香港人希望談出一個結果，但有些立場是不能犧牲的；立法局則可能會支持我們與北京達成的任何協議。這其實代表我們必須竭盡所能，透過談判來爭取最好的條件。參議員喬治・米契爾（George Mitchell）一直主張要為最惠國制定嚴格的附加條件，我們和他會面後，便在大使館與多位參、眾議員和記者共進晚餐。當中有四個牛津大學貝里歐學院的畢業生，我對其中兩位稍有認識：克里斯多福・希鈞斯（Christopher Hitchens），他比我印象中還胖一些，但一如既往地好相處，而且就我記憶所及，這是他第一次認同我正在做的事；大衛・博倫（David Boren）是現任參議員，我們在貝里歐的時間稍有重疊。他在牛津拿到碩士學位後，才十年光景就成為奧克拉荷馬州州長。我們一致認為他很幸運，不需要在一九九七年時將奧克拉荷馬州歸還給中國。

五月四日（星期二）

今天一早我們與參議員米契・麥康諾（Mitch McConnell）的晨間會議展開一天的行程，他起草了《香港關係法》（Hong Kong Act），該法案讓美國得以在九七年後，將香港與中國的經貿事務分開處理。在會中和會後的記者會中，麥康諾都以恰當的措辭發言。接下來到全國記者俱樂部（National Press Club）演講，負責報導的是強納森・丁伯利比（Jonathan Dimbleby）和法蘭西斯・傑瑞德（Francis Gerard），內容則會收錄在BBC的紀錄片當中。比較難應付的是和《華盛頓郵報》（*Washington Post*）編輯委員會的會議，時間拉得比較長，問題也很棘手，但不至於不合理。然後在國會

1992
1993
1994
1995
1996
1997

山莊與參、眾議員召開更多會議，其中大都是民主黨成員。他們給我的印象是，由於該黨在野許久，所以當然希望盡力幫助柯林頓總統，但執政方向似乎不如他們預期地那麼明確或適切。幾位眾議員告訴我，南西・裴洛西（Nancy Pelosi）眾議員付出許多心力處理最惠國法案的附加條件。昨晚用餐時我坐在她旁邊，她很風趣，也很了解中國。她的國會選區位於舊金山，轄區內有牛仔褲大廠 Levi's 總部，以及規模龐大的華人社群。每當她向媒體談起中國和香港議題，她都會提到我多麼有說服力，今天她的說法也是如此，不過我並未動搖她想為美中貿易設下條件的立場，好比改善人權這類的條件，所以顯然我並不像她說的那麼有說服力。最後，卡內基基金會（Carnegie Endowment）為眾多中國議題專家舉辦晚宴。當晚最難回答的問題是由一位前任大使提出的，他問我確切來說，我對自己過去一年的表現有什麼看法？我會想在墓碑上刻下什麼成就，會把港督的經歷寫上去嗎？這還滿值得我思考的。

五月五日（星期三）

今早漫長的新聞發表會後，我與議長湯姆・佛里（Tom Foley）會面。他高大英俊，非常有魅力，也非常有愛爾蘭人的氣質。麥若彬大使告訴我，美國要派誰去當北愛爾蘭特使，就看佛里願不願意點頭了。[9]當天稍晚我遇到其他人，很多人都向我提到裴洛西的遊說技巧，包括總統的主要國家經濟顧問勞勃・魯賓（Robert Rubin）和眾議院外交事務委員會主席李・漢彌爾頓（Lee Hamilton）。然後我們在布魯金斯學會（Brookings Institution）午餐，下午接著向眾議院和參議院的外交關係委員會說明我們當前的工作。我和老朋友比爾・布雷德里（Bill Bradley）碰面了一小時，我聽到幾乎相同的論調，不過他最擔心的，好像是美國會否陷入波士尼亞戰爭的流沙中。[10]理智的他本來也有機會當上總統，但他沒有柯林頓那樣的魅力，這點如果問起他，他自己也會承認。

五月六日（星期四）

我們搭火車去紐約，下榻在香港企業旗下的半島酒店，我們的套房可以飽覽第五大道上的美景。在華爾道夫酒店（Waldorf Astoria）內，我們與六百多人共進午餐，餐點相當豐盛。然後參觀了紐約證券交易所，在那裡有人向我解釋了我難以理解的證券操作。後來我與《華爾街日報》（*Wall Street Journal*）的編輯委員會進行一小時的訪談，接著是電視台的採訪。今天最棒的是，我有機會和準備要去中國的季辛吉（Henry Kissinger）暢談。[11]他認同我對最惠國待遇的看法，而且似乎也支持這套方案，他甚至事後也對媒體表達了這樣的立場。有位記者問他有沒有給我任何建議，他打趣地回答：「他沒有問我任何建議耶。」當我們與英國總領事阿利斯泰爾・杭特（Alistair Hunter）共進晚餐時，我已經筋疲力盡了。穎彤說我的語速變得愈來愈慢了。

五月七日（星期五）

早上我和英國駐聯合國的大使大衛・漢奈（David Hannay）碰面。我們曾經一起工作過，當時他是派駐到歐洲共同體的大使。他非常敏銳，對我講了很多聯合國的故事，當中並沒有夾帶太多關於同事的好話。每次和他交談，我都學到很多東西。他對巴爾幹半島各地的政策都相當有意見。有段時間畢瑞伯（Bob Peirce）也陪在他身邊，畢瑞伯之後會成為我新任的政治顧問，因為歐威廉離任了。我想我和他的相處會很融洽，他聰明、風趣、直接，不隨便相信任何事，但想法又很有建設性。隨後，我參與了郝爾布魯克（Richard Holbrooke）主持的外交關係委員會會議，然後又與《紐約時報》編委會開會，接著舉辦記者會並接受CNN採訪。當晚我和穎彤約了我以前的業師薛文・高曼（Sherwin Goldman）共進晚餐。一九六五年時，我獲得牛津大學貝里歐學院的出國獎學金，隨後來到紐約為約翰・林賽（John Lindsay）的市長競選活動助選，團隊中的薛文比我年長一些，他是德州人，畢業於耶魯和貝里歐學院，他也是我的上司。他教了我很多關於政治和美國的事，我想我職涯中最重要的某些決定，很大一部分是受其影響。他也熱中參與各式文化活動，有段時間甚至影響了我，讓我對芭蕾產生興趣，不過當時是美國劇院芭蕾舞團（the American Theatre Ballet）的鼎盛時期，所以要讓人愛上芭蕾其實不難。

五月九日（星期日）

經過漫長的飛行，並在東京轉機停留兩個半小時後，我們於週六晚間回到香港。港督府裝潢完成了，看起來賞心悅目，比之前更活潑也更典雅。雅思見到我們很開心，我們的狗狗威士忌和梳打也是。府內員工把牠們寵壞了，尤其是阿澤。

五月十一日（星期二）

一回來就直接開始討論與北京的談判內容。我們真的要接受沒完沒了的原則討論嗎？如果把談判焦點轉移到中英聯合聯絡小組會是好主意嗎？某些立法局的成員有點麻煩，他們想知道更多關於備案的資訊（搞得好像他們還沒拿到一樣）。很多暴躁的情緒其實是行政局議員浦偉士刺激出來的。事實是，我們之前明明已針對這件事討論許久，我們現在站穩的立場也是經立法局明確批准的。另一個事實是，一旦我們開始討論備案，內容肯定會洩露出去。鄧蓮如告訴我，行政局不希望被當成是單純幫我做政治掩護的單位。如果事實真的是這樣，那我還真幸運。但每每要他們發言支持他們事前做的決議，他們總是低頭不語。約翰・艾胥頓（John Ashton）是我的新任政治顧問，他原本是我們駐羅馬大使館的首席黑手黨專家，而目前我們在香港的工作又與中國及統一戰線有關，所以對我們來說他擁有絕佳的履歷。艾胥頓之後會擔任我另一位新任顧問畢瑞伯的主要副手。艾胥頓很有魅力，也接受過良好的科學教育，以外交官來說，這樣的背景相當出人意料。

我們向立法局解釋新的英國國民海外護照（British National Overseas passport）時遇到一些困難，他們認為那是次等的英國護照，不過會有這種想法也是在所難免。他們特別關心的是獲得這種護照的方式，以及持有該護照能享有的權益。我無法給他們非常精準的答覆，只能提供籠統的保證。可以確定的是，愈接近一九九七年，我就會收到愈多與公民權利相關的提問。長久以來，只要生活在英國殖民地就能成為英國公民。古羅馬人在這方面的規範明確多了。

五月十二日（星期三）

我們和北京在經濟方面的談判正開始有些進展。他們對新機場的態度變得比較積極，但對國防資產意見較多，至少私底下看起來是這樣。顯然，解放軍不想在一九九七年後失去分一杯羹的機會。其他更嚴肅的討論也開始進行，首先是精簡目前的駐軍，等未來立法機構處理到國防經費問題時，這樣的政策將會有所助益。

卡拉漢勳爵（Lord Callaghan，也就是詹姆斯・卡拉漢）來香港待了一下，緊接著要造訪中國。我想，身為中共政權的老友，他應該能走紅地毯並獲得其他首相級待遇——儘管他已卸任多年。換言之，一般的飲宴招待是少不了的。他很有那種足以虛張聲勢的魅力，但他其實不認為我們應該在一九九七年以前針對香港的民主或法治做任何安排。他說我沒有必要為了香港的未來犧牲自己；他還說，英國要關切的，是必須確保英商可以與中國進行大量的貿易往來。他認為既然我們無法在移交香港後影響中方的決策，那麼現在這樣吵吵鬧鬧其實沒什麼意義。我應該低調點，然後在適當的時候揮揮衣袖離開，不要引起任何爭議。至少他是當著我的面說這些話，不是像某些商人那樣在我背後說三道四，例如某些已離任的保守黨政治人物。很難不喜歡他這樣的人，但就像黎偉略提醒我的那樣，過去卡拉漢在政壇常會迴避工會改革等重大問題。當國家衰落時就需要他這種人擔任政治領袖，因為這樣人民才能體會柴契爾夫人多麼有價值。就像高爾說的，政治人物可以改變歷史。總之，他顯然是認為《中英聯合聲明》都是鬼扯，而且他雖然曾任工黨黨魁，但卻認為人權議題的相關言論都是廢話，應該直接丟進廢紙簍。

今天卡拉漢飛往北京，在我生日這天，四十九歲了。他起飛後，柴契爾飛抵香港。前段時間她多次在夏威夷的國際旅遊會議上演講，不過她用相當特別的方式唸「夏威夷」這個地名。顯然她目前的狀況還不錯。我們和我個人辦公室的大部分成員共度了非常愉快的生日晚宴，強納森．丁伯利比也有出席，他再度來採訪我。晚餐後柴契爾和我們一起小酌。強納森請她繼續談談波士尼亞，而她依然充滿活力。

五月十三日（星期四）

我們和一些比我們更年輕、更有活力的商業領袖，共同為柴契爾舉辦晚宴，當中包括潘廸生，他名下資產包括英國高級百貨公司夏菲尼高（Harvey Nichols），另外還有英商馬世民和立法局議員鮑磊。她強調，不論是波灣還是福克蘭群島的侵略行動，她一直都抱持反對立場。我們陪在柴契爾身邊這段期間，她不斷接見商界說客，他們希望她能牽制我。

五月十四日（星期五）

今晚董建華辦了晚宴，柴契爾在晚宴上發表慷慨激昂的演講，主題是法治，以及政治與經濟自由的關係。無論是公共場合還是私下聚會，她真的傾盡全力地支持我。

五月十五日（星期六）

今天我邀她陪我參觀東區。那裡有大量的歡呼人潮及一群攝影師，我們搭乘敞篷觀光巴士穿過擁擠的街道。她顯然有抓到重點，她把親眼所見的一切和她從商界領袖口中聽到的內容拿來比較了一番。她語氣略酸地說道，她認為來見她的人大部分都持有外國護照。

五月十七日（星期一）

外交部常務次長約翰．科爾斯（John Coles）從倫敦飛來香港，浦偉士告訴他，行政局成員之間普遍存在信任危機。鄧蓮如顯然認為英國正在策劃某些陰謀，不打算把完整的會談內容告知行政局。我倒希望我們真的有秘密。長年以來，密謀和秘密外交已深植香港人心中，即使最理智的人都會受其影響。經過一番探詢後，我們發現正式會議前那場私底下的準備會議上，行政局成員根本沒有談到我們與北京的談判。

在香港記者協會的舞會上，穎彤擔任抽獎人，結果頭獎居然抽到我，獎金港幣兩萬元。我當然必須把獎金退回讓穎彤重抽一次。這件事有如前奏般帶出當晚兩起尷尬事件。第一件事，是我和穎彤為了募款，同意一起跳支探戈。這就要說起日前的某個笑話了。先前某個場合上有人問我，我們與北京的談判何時開始，我回答「探戈需要兩個人一起跳」，所以現在，我在外人眼中不僅是「娼妓」（近期外界對我的謔稱），親中的報紙還普遍把我稱為探戈舞者。[12]加上我本人只去過阿根廷一次，所以今晚在舞池中，我很快就證明我要靠這種舞步吃飯有多難了。第二件尷尬的事和卡拉OK有關。某個親中代表從香港去北京參加中共的諮商委員會，本來起身要唱卡拉OK，但拿起麥克風後，突然改以粵語發表演說，而且講的話顯然都是在罵我。在場的眾人似乎都覺得很丟臉，那位女性代表只好在一片罵聲中下台。但難堪的事似乎不嫌多，當天晚會結束前，另一位起身唱歌的賓客突然心臟病發當場死亡。真是一個奇怪且不平靜的夜晚。

五月二十日（星期四）

麥若彬大使來香港，他要和我們討論目前我們為下一輪談判做的準備。在今天平靜的行政局會議上，我很明確地表示，如果會談內容可以順利從大原則轉向細節的話（希望如此！），就需要中方提出他們的大方向，這樣才能得出他們能接受的明確協商結論，而且也能獲得倫敦政府的背書。這個作法似乎讓行政局很滿意，就連浦偉士也不例外。

五月二十二日（星期六）

查爾斯・鮑威爾（Charles Powell）剛剛對我說，浦偉士正在到處放話，說我是有史以來最爛的總督。[13] 沒差，反正他很快就要高升，回倫敦的滙豐銀行總部做一些更了不起的工作了。滙豐銀行想在倫敦設立總部，此舉在北京政府看來，可能不會認為該行對香港的未來真有信心。

昨天浦偉士與我談到他的行政局職位要找誰接班。我挺喜歡他在銀行的副手葛賫（John Gray），可以的話我很樂意指派葛賫接班。既然怡和洋行投資成立的怡富銀行（Jardine Fleming）已經順利入主香港這個殖民地，現在該行與滙豐之間顯然有利益衝突，因此雙方正在爭執怡和洋行的大班能否繼續擔任滙豐銀行董事。

這週我們針對未來處置國防資產的方式召開了幾場會議，這是我們已經爭論多年的議題了。應該撥多少資產給解放軍？為了照顧香港市民和納稅人的利益，現在我們應該釋出多少資產來進行開發？撥給解放軍的國防資產是否該繼續由香港持有，還是解放軍可以加以開發？但若是撥給解放軍，必然會有軍方人士覬覦層層回扣。還有一個連帶問題：中國在香港市中心駐軍，是否會引發大眾擔憂？針對最後一點，戴彥霖曾對我強調，這會和以往一樣讓人頭痛，但我卻不這麼認為。前幾天有報導指出，進入香港的解放軍部隊人數高達一萬人，這和幾年前鄧小平說的四千人有所出入。結果這則新聞並未引起軒然大波。但無論如何，我認為時間拖得愈久，我們對這些問題的掌控力就會更低落。除非我們可以快速與中方達成協議，否則他們會阻撓我們在這塊土地上所有的開發計畫，並在一九九七年後一舉獲得所有的國防用土地，而不需解決任何所有權歸屬的問題。因此，我提出新的構想，改由我們主動提供中方添馬艦海軍基地（香港市中心核心地帶的主要防禦區），藉此一舉逆轉我們之前的消極作為。[14]

五月二十四日（星期一）

麥若彬大使和香港代表結束他們在北京的最近一輪談判。他們說中國代表團在肢體語言上展現的態度，比他們的口頭攻擊和緩許多。我們似乎讓中方點頭同意，要在下次會談中討論區議會和市政局的運作。但這可能不是我們想要的突破，雙方還是沒討論到細節。首先，他們顯然想把政治提案切分得很細碎，只有在我們有所退讓，願意修改特定計畫內容時，才會同意進行下一步。其次，每當他們發現討論細節的壓力過大，他們就會不假思索地退回到該死的「原則」問題。我們已經開始在考慮選舉委員會及功能組別的相關備案了。我們還不會提出任何事項，但我們要知道未來期望的方向，才能在不得不前進時有所應對。

五月二十五日（星期二）

今天的行政局會議很順利。不過，當我向成員徵詢未來方向的意見時，起先是全然的沉默，好在後來我們有得到想要的結果。我們為下一輪談判制定的計畫獲得該局成員支持，而我在國防用地上提出的交涉，也就是提供中方添馬艦海軍基地一事，也達成了協議。現在我們開始檢視一些原始提案的替代方案，行政局的議員似乎終於開始了解，為何我們幾個月前會針對選委會和功能組別等事項，推導出那樣的結論：因為其他選項都很難實行。我想這就是為什麼某些行政局議員會選擇比較輕鬆的做法，也就是抱怨沒有受到諮詢，而不是針對檯面上的提議提出看法加以調整。由於我們無法增加立法局的直選成員人數，因此只能在如此棘手的環境中盡力為之，所以所有的新版內容，只要和我們一九九二年版的提案有所差異，不免都會讓選舉的公平性和民主程度降低。而且，我不確定稀釋版的提案能否在立法局會議上通過，因為很難為它找出一個符合我們認知或政治傾向的辯護方式。之前我和黎偉略、戴彥霖進行沙盤推演時，就發現我們很難說服得了對方。

1992
1993
1994
1995
1996
1997

五月二十六日（星期三）

我們在港督府的宴會廳辦了另一場公開音樂會，表演者來自香港演藝學院。大家都對府內的新裝潢讚譽有加，說比之前好太多了。敬穎彤和我們的管家艾絲佩絲！幸好所有的開銷（不是很多）都由香港這邊自行決定，沒有讓倫敦代勞。我認為立法局不會有任何人對此次港督府翻新工程提出異議，特別是我們藉此次機會展示了香港的能耐，讓大家看到最好的香港。

五月二十八日（星期五）

今天開始的第四輪談判似乎是一場沒人得分的和局。麥若彬告訴我，針對安全議題，他認為我們堅持要中方提出自己的建議這點，讓中方不太高興。現在他們對我們要訂定邊界和選舉委員會的立法議程，採取強硬的態度。他們從一月就已經拿到該法案的副本了，如果說他們在過去四個月裡已對此法案發表過某些看法，應該不會不合理吧。在各級立法機關的選舉程序皆即將完成的此刻，他們才選擇發洩怒火，這顯然是相當愚蠢的事。

五月三十日（星期日）

經過幾天毫無成果的討論，中方最後表示，下一輪談判要在六月中旬以後才能進行了。我們不覺得他們在盤算什麼陰謀，好像單純是因為錢其琛暫時要離開北京一陣子而已。但由於談判一無所獲，所以讓人非常挫折。我們暫時別無選擇，只能盡量保持耐心，並以堅定的態度繼續前進。我們不能單純因為中方還不打算說出任何有實質意義的話，就採取急躁操切的行動。當然，社會上有些人希望我們這麼做，我猜中方打的就是這樣的如意算盤。若在北京能有個第五縱隊為我們效勞，那該有多好。

討人厭的柯利達來了，他說他是為了克萊沃特公司（Kleinwort）的業務而來，他顯然有在他們手下做事。在某次電視訪談中，他被問到一個頗為合理的問題：「如果你因為私人原因來拜訪香港和中國，那你為什麼要接受這次電視採訪？」他需要思考一下如何回應，於是便要求電視台暫停錄影。

五月三十一日（星期一）

本月最後一天的最大亮點，是穎彤在扶輪社的精彩演講。她請我事先幫她挑好一、兩個笑話，後來她告訴我觀眾反應極佳。如果今天觀眾不喜歡，我猜她不會讓我知道。

今天我們的賓客眾多，穎彤告訴我府內只剩一張空床，其他都被佔滿了，而賓客名單中也包括副外相顧立德和隨行官員。好希望潔思也能來，但今早她致電告訴我們，她在英國達靈頓區（Darlington）附近的A1公路上出了車禍。還好她平安無事，真是謝天謝地！不過她顯然飽受驚嚇，而我們也一樣。當時她開著我那輛一九三二年出廠的經典老車Morris Minor，在暴雨中載著三個朋友回到新堡，結果前面車子急煞，導致她們撞上護欄，接著又被後車追撞。她覺得我那台老車應該報銷了，幸好她和她朋友都沒受傷。分隔兩地時，最難受的就是碰上這種事了。她很勇敢，反應速度快，駕駛技術也很好。她覺得很對不起我那台可愛的老車，但誰還管它啊。不過那台車是巴斯當地相當著名的老物，所以我確實覺得生命中的某部分也隨它消逝了。安息吧，我的424 MAE。[15]

六月一日（星期二）

我與我方主要的中國問題專家出席了今天的早餐工作會報，出訪北京的團隊成員大都參與了，五月二十九日抵港的顧立德也來與會，我們一致同意六月會談應該刪減次要事項，才能為七月份的外長會議做好準備。我們必須設法做點事來為談判增加一些助力。所以韓達德外相該為此致函錢其琛。我們還針對下一輪談判會提到的機場建設和資金來源進行討論，訂出我們的立場。我們收到的暗示是，中方可能會提議對該計畫挹注鉅額資金。坦白說，如果我們可以把爭論焦點放在資金本身，不要離題，那會是很大的進步。會後，在顧立德出席的行政局會議上，大家對於和北京談判所需耗費的耐心，似乎沒有感到太大不滿。大家普遍認為我們應該再等等，由中方來開第一槍；但浦偉士已經開始催促我們改變立場了。

六月二日（星期三）

昨晚我們和香港立法局成員共進晚餐，我們討論到一直以來的問題，也就是來訪的部長私底下的談話內容，常會遭人扭曲並洩露出去。這完全不是顧立德的問題。其中一個外流的版本是這樣：我們打算把我們與中國達成的協議寫入合作備忘錄，然後讓香港立法局對此進行辯論和修訂，最後的結果將送回北京審批。這就是會讓我們的北方朋友相當反感的事。

晚餐時，穎彤坐在杜葉錫恩隔壁。她們的互動彬彬有禮，但就像穎彤說的，杜葉錫恩是經驗老到的倡議人士，關注政治議題的動機起於香港警察的腐敗，也能就此提出合理的攻擊。現在她基本上就是位傳統的左派政治家，敵視英、美，閒暇時還會閱讀政治短文。過去英國拒絕民主化提案時，她便反對殖民地體制；現在我們開始兌現我們對民主的承諾（或至少正在嘗試這麼做），她依舊持反對立場。她的出發點似乎是反對殖民政府，而不是支持民主。她已年屆八旬，但戰鬥力極強，從許多方面來說都是大英帝國中讓人敬佩的表率。我們在世界各地都催生出像杜葉錫恩這樣的人。要是我們是中國共產黨的話，她應該早在好幾年前就入獄服刑或遭槍決了。

六月三日（星期四）

本週我接受的採訪中，最有趣的是英國《獨立報》（*The Independent*）威廉・里斯—莫格（William Rees-Mogg）的訪談。

我說訪談，但我不確定這個用詞對不對，因為我感覺自己更像在會晤一個大人物。我非常喜歡威廉和他的妻子姬蓮（Gillian）。我們還在巴斯時，他們待我們非常友好，讓我們以極為低廉的租金，承租他們莊園的一間小屋。當時我才初次競選議員，身上沒什麼錢，但又需要遮風避雨的地方。我們只租了幾個月，但已能十足感受到他們的友善，還有他們古怪的魅力。喜歡某些人不代表每件事都要和他們抱持相同立場。威廉心中對未來世界已有明確構想，而我們的會談就是在這樣的背景下進行的。他認為歐洲已經玩完了，人類的未來全看亞洲，尤其是中國。他不覺得我們在香港有什麼好爭的。我不確定我說的話能否動搖這種「宗座權威」（ex cathedra）等級的思想，但我想如果英國奇異公司的某位董事，可以想到另闢戰場來解救公司（我指的是該公司原有製造和研發領域以外的地方），那麼今天我們的談話內容就可能為其提供了有用的出發點。威廉一家待我們那麼好，如果我們能回報他們就太好了。我告訴他，我們很樂意招待他們的孩子。畢竟我們也接待過很多朋友的小孩了。

六月四日（星期五）

我懷著不安的心情，開始聚焦我們有哪些辦法可以在終審法院上重新使用先前的提案。這一天群眾再次徹夜留守維多利亞公園，紀念天安門事件。在今天某場會議上，我發現自從立法局擋下我們一年多前與中國秘密商定的計畫後，相關的替代方案毫無進展。我原本以為已經有人備妥草案了呢。結果鮑磊發現，我們哪有那麼好運。真是荒唐。無論如何，現在我們必須完成這類工作，同時也要加強備案。我打算繼續和首席大法官討論此事。等我們收到更多提案後，我們就得回頭去和中方再大吵一輪。

在要離開粉嶺度過週末假期前，我們先過了一個穎彤所謂「總督與夫人的典型週五之夜」。我們為輔助警察隊舉辦一場舞會。陳方安生的丈夫陳棣榮是輔警總監，他們夫妻倆很會跳交際舞。有意思的是，香港許多聰明富裕的女性會去學交際舞，我想那可能是很好的運動吧。

但或許更令人驚訝的是，某些男性擁有出色的快步和探戈舞技，這和我在記協舞會上的爛表現形成強烈對比。

1992
1993
1994
1995
1996
1997

六月七日（星期一）

我的特別委員會討論著副外相顧立德與馬大使在倫敦的那場面談。顧立德向對方明確說明，我方希望談判在今夏結束前可以有什麼進展。我們當時就說過，希望在接下來的兩次會議上就功能組別和選舉委員會進行具有實質意義的討論。如果能達成這項目標，我就可以在七月一日回倫敦參加內閣委員會，聽取高層對我未來的行動有何額外指示。我對中國目前是否會有任何動作感到懷疑，他們的官員聲稱我方對機場資金等事項耍了小動作，現在正為此氣憤不已。

六月八日（星期二）

布政司霍德離任了，由陳方安生署理其職。我已決定等他卸任回倫敦擔任香港駐倫敦代表以後，由陳方安生正式接任他的工作。提拔安生一事無疑惹惱了她的某些男同事，甚至可能因此讓其中一、兩人提前退休，這是相當合理的推論。我與安生以及財政司麥高樂，討論了貪腐問題和公務員薪酬的結算方式。我想為廉政公署投入更多資源。我們愈往一九九七年邁進，就要愈努力打擊貪腐，另外我也認為，我們今年應該在公務員的薪餉中加入抗通膨的計算標準。有些公務員近期開始抱怨，前幾年採取的整體性財政穩健措施讓他們有所損失，港府應予以彌補。但我不希望外界認為港府揮霍無度，甚或因此導致通膨再次發生。如果我們按照公務員工會要求的薪酬標準調高薪餉，私部門肯定會抨擊我們。

六月九日（星期三）

我們開始討論一份由倫敦主導的草案，該文件是為內閣委員會所起草，希望可以針對功能組別和選舉委員會的各種備案有進一步的討論。我提出的問題是，現在我們是否要向中方展露任何動作。我也不是完全不同意這份提案的內容，但我覺得這和中方可能願意接受的範圍有段差距。我也不願意選擇我過去認為會有戰略失誤的方案，那是八〇年代中期擬定的版本，當時我們似乎默認，我們在一九九七年前所做的一切都必須和中方之後的計畫一致。實際上這當然能讓我們握有籌碼，但也會讓我們在享有主權的最後階段顯得不負責任。

穎彤對我說的事應證了我的想法：我們必須彌補過去犯下的嚴重錯誤。今天鄧蓮如約了穎彤吃午餐，也說了她對香港前途相當悲觀，她認為香港移交後將難以保有原本的價值觀和生活方式。鄧蓮如說，她曾參與天安門事件後的政治倡議，當時的目標是要在直選立法機構中獲得半數席位。雖然這個想法在社會中獲得廣大支持，但卻遭前港都衛奕信及英國政府阻撓，柯利達當然也是幕後黑手之一。當時似乎還出現一些混淆視聽的行徑，例如捏造民調結果，將民意塑造成反對此一倡議。穎彤認為，當今某些社會領袖不願挺身支持我們，但我們不該加以批評，因為我們過去曾多次讓他們大失所望。唉，我想她說得沒錯。

六月十日（星期四）

我們為來自美國的溫順天神父舉辦晚宴，每週他都會在大教堂舉行英語彌撒。這天是他擔任神職人員滿二十八週年的紀念日。一直以來，溫神父投入大量的時間參訪中國的地下教會（尤其是每逢休假健行的時候），我認為他甚至還走訪了官方認可的教會，也就是共產黨口中的「愛國」教會。他告訴我們，某次在尋找當地的地下主教時，有人帶他到一間小屋門口，他大聲敲門，接著聽到有人拖著步伐，從走廊另一端過來開門。門開了一道小縫，門後有位穿著T恤和拖鞋的小伙子緊張地盯著他看。溫神父對他說，自己正在尋找當地的主教，那小伙子關上門並告訴溫神父他一會兒就回來。幾分鐘後，他拖著步伐再次走向神父，並讓神父親吻他的主教戒指。原來那個小伙子就是主教，他剛剛是去把主教戒指給戴上。

六月十一日（星期五）

自我到香港以來，這是我們第一次舉辦女王生日宴。今天一整天都下著滂沱大雨，雨勢甚至影響了我今早打網球的行程。為了不讓大家淋濕，我們將「鳴金收兵」（Beating the Retreat）儀式改到宴會廳舉行。優秀的警察管樂隊在行進間吹奏出優美旋律，並以我最喜歡的管樂曲〈高地大教堂〉（Highland Cathedral）畫下句點。我想在我要離開香港之際，也就是短短四年多的任期結束時，也會要求他們表演這首曲子吧。活動前，穎彤就建議港督府員工和我們的友人可以帶孩子來玩，他們似乎都玩得不亦樂乎。

媒體大亨梅鐸再次來訪。他正打算買下邵逸夫爵士電視王國的部分產權，顯然是想把香港當成進軍中國市場的基地。若要接待梅鐸入住港督府，可能會遇到一些法律問題，這可不是什麼好消息，因為這無疑會招來他旗下媒體帝國大加撻伐。他個人的世界觀和名下事業的利益不僅重疊，而且似乎結合得非常完美。

六月十二日（星期六）－十三日（星期日）

週末我們走訪了鄧永鏘在西貢的美麗小屋，屋前有漂亮的庭園和壯麗的海景。[16] 西貢是個迷人的半島，除了鄰近兩個郊野公園，還有絕佳的步道、海灘、小漁村。住在這裡一定很享受，鄧爵士肯定也盡情享受了這個地方。他是相當令人難忘的香港人物，但其實他不管去到哪裡都能鶴立雞群。他的祖父相當有名，是非常恪守傳統的華人買辦，透過經商致富，名下也經營巴士公司。但鄧爵士的父親與祖父鬧翻，於是鄧父幾乎得靠一己之力將他撫養成人。他十二歲時被送往英國唸書，當時幾乎一句英語也不會，但現在他卻能說、寫優美的英文詞句，還彈得一手好鋼琴。他經營的演藝事業也相當成功，坐擁商家和俱樂部，名下的事業展現了他時髦的一面。最重要的是，他為人非常慷慨，交友廣泛，摯友甚多，並為藝術和香港的英語教育投入大量心力，而他的交際範圍似乎還包含大量皇室成員。

英國專欄作家多明尼克・勞森（Dominic Lawson）與其妻羅莎（Rosa）也受邀出席午宴。多明尼克正好在寫些關於香港和我的文章。我盡量避談與英國政局相關且會招惹閒話的議題，也就是財政大臣諾曼・拉蒙（Norman Lamont）被迫去職以及隨之而來的混亂局勢，但這狀況其實也算可以理解。多明尼克是優秀的記者，但他的觀點我並非全然認同。鄧永鏘在午餐時表示，現下香港有錢人把香港出賣給中國的程度讓他非常震驚。

六月十四日（星期一）

開始第五輪談判。我們原以為中方這週終於要開始推動談判進度了，但事前他們似乎又決定要針對我們的「小動作」加以回擊，並堅持要我們支持他們對區議會和市政局選舉的安排，否則不願再往下討論其他事項。經過這幾次其差無比的談判後，我方經驗豐富的官員說，目前我們受到的對待，與一九九一年在機場談判的狀況有著天壤之別。當時中國官員在談判中大聲辱罵我們，並在會後召開記者會，延續他們在會議中的攻擊論調。有人認為現在他們可能稍微比較謹言慎行了，因為他們不確定我會不會突然對談判喊停。如果真是這樣就好了。現況如此，我們的北京團隊難免覺得筋疲力竭。

傍晚我在香港內科醫學院演講。晚宴上坐滿了為我提供健康照護的醫生，他們顯然把我視為戰利品，一個成功瘦身的展示案例。但我想部分成果要歸功於我的新任副官麥克・艾利斯（Mike Ellis），還有我們的管家艾絲佩絲（她密切關注我的飲食狀況）。麥克在港督府的陰暗地下室放了一台划船機，位置靠近維安人員進出的通道。我被迫和好身材的麥克一起進行這項討厭的運動，他會對我大喊：「往前划！」我覺得這台機器真的很無聊，但顯然有人真心覺得划船機很有趣！該死的「往前划！」，繼續划下去然後讓自己無聊到死吧。

六月十五日（星期二）

我們的談判團隊自北京歸來，所以現在該來討論如何向倫敦的內閣委員會報告談判進度了。我不想抱持失敗主義，不想就這樣放棄，所以我想我們還是要告訴各個委員，如果中方在後續談判中提出他們自己的構想，我們也會和他們理性討論。為什麼我們得在他們發表想法之前就先有動作？大家普遍認為，談判最晚得在十二月初結束。這有點太晚了，任務也很艱難，但並非不可能達成。我不確定我們能不能再延長時限。

多明尼克・勞森對我進行了一場重要採訪，報導中囊括商界對我的批評。有個想像力太豐富的傢伙不僅威脅要槍殺我，還承諾如果我被召回倫敦，他會為保守黨募集五百萬英鎊。這筆錢對保守黨來說當然有點用處，但我覺得他好像太濫用募款了。

六月十八日（星期五）

我們在一場會議中進一步討論了梅鐸接管無綫電視（TVB）的野心。集結眾人智慧，得到的結論是我們應該阻止這宗併購，但我不確定此舉是否明智。實在不太能確定。梅鐸是外資沒錯，但他捍衛廣播自由的立場，不見得比香港當地的企業家更堅定。梅鐸的立場有可能和公眾利益一致嗎？有一、兩位顧問認為我的想法太天真了。戴彥霖認為，梅鐸只是想為進入中國主要市場打下基礎，只要有機會，他的立場便會一退再退，甚至會為中共開脫。

我為歐威廉舉辦告別午宴。他在香港待了四年，他的職務將由畢瑞伯接任。先前我已和畢瑞伯在紐約碰過面。關於香港和英中會談，有一份單薄的內閣委員會報告，內容我不太滿意，而歐威廉告訴我，撰寫那份報告的人不是李基茨，是負責亞洲事務的助理次長韓魁發。不意外。我會想念歐威廉，尤其是他的幽默感。下週我們會很忙碌，因為接下來是為期三天的中英聯合聯絡小組會議，還有在北京的下一輪談判，月底前也得完成內閣委員會會議的準備工作。在經濟議題上，我們已經從中方獲得一些回應了。就機場而言，他們已同意西區海底隧道動工，對機場資金討價還價的態度也轉趨正面，只要求我們加碼港幣兩百億元。雖然連我自己都有點懷疑，但我覺得中國能像這樣不再把所有的經濟議題徹底政治化，可謂一大讓步。而西區海底隧道一案，在立法局看來是較為複雜的議題，原因在於香港過去一直很善於利用私人投資來滿足公共利益，然而前提是投資人能按正常方式獲得回報。為確保此一前提，港府希望撤銷立法機構對過路費級別設定的干涉權，以免影響私部門投資者獲得合理回報的權益。不過這類合理的融資方案很少能獲得民粹主義的青睞。

六月二十日（星期日）

我們邀請一群英國記者帶他們的妻子過來喝兩杯。穎彤最近接受了《每日郵報》（*Daily Mail*）的採訪，但內容沒有上報，該報駐港記者為此致歉，同時也解釋原因：「妳的言論不夠勁爆。」

六月二十一日（星期一）

我們在深圳沿海的大亞灣，針對中國核電廠的運作舉辦了一次講習活動。這顯然是為了防範意外事件，因為該電廠如果發生任何緊急狀況，可能會對香港帶來嚴重後果，會讓公眾非常憂心。中方堅持他們應具有否決權，可以否決我們想針對意外或緊急事件向公眾提供相關資訊的決定。這我們完全不能接受。這件事還沒解決，但我的想法是，如果我們和中國談成的協議無法讓社會大眾接受，那倒不如不要和中方達成任何協議，因為我們無法在大眾面前為協議內容辯護。

六月二十三日（星期三）

儘管高德年在中英聯合聯絡小組會談中的表現亮眼，但整體情況並無太大改變，因此信評機構穆迪（Moody's）可能還是會對一九九七年後的香港前景抱持相對悲觀的看法。我認為連這都很難改變商界親北京派人士的態度，而那些認為沉默和低調才能確保安全的人，應該也不會受此影響。

六月二十四日（星期四）

就在香港仔歡欣鼓舞的龍舟比賽開始的前一天，我又進行了一次區域訪視，這除了能和公眾保持聯繫，從其他面向來看也很有幫助。我想看看香港的好與壞。我知道所謂的官方視察常常只能看到刻意粉飾的表象，在你訪查之前，大家會盡可能事先把一切打理好。但這次在參觀臨時安置區時，當地居民竭盡所能地讓我看到更多真實的情況，所以我不是只有看到房屋署官員想讓我見到的情況而已。我被居民拉著去看一些屋況危殆的區域，這讓房署官員和警察坐立難安。在戴彥霖和黎偉略的默許下，現在我盡量改採較為臨時的快速抽訪行程。

六月二十五日（星期五）

中方宣布要任命顧問群來協助處理九七政權移交的準備事項，麥若彬大使對此加以批評，繼而成功地讓中方處於劣勢。大約三年前，他們曾表示會成立一個工作委員會，來為一九九七年後的治理掃除相關障礙，這當然完全沒有涵蓋在《基本法》中。這類委員會將會被命名為「預委會」而不是「籌委會」。此「預委會」將為接下來主要的工作委員會奠定基礎，並讓北京可以藉機打壓港府的權力。他們也找了意料之內的顧問人選，這些人應該只會對他們說些他們想聽的話，所以我們被排擠在外的可能性極大。

六月二十六日（星期六）

北京的第六輪談判結果顯示，中方之後可能會願意告知我們他們對功能組別和選舉委員會的訴求。他們當然希望功能組別中的投票人數愈少愈好，我們則相反，我們希望能在合理範圍內盡量增加人數。蠢蛋都能輕易判斷選舉是否受到操縱。北京政府立場轉變，可能是因為他們聽到內閣委員會會議即將召開的消息，以及他們對我有著所謂「瘋子總督因素」的恐懼。他們可能真的很擔心我們會按照自己所訂定的最後期限來推動談判進度。我們已經給過他們軟性警告了，表示我們的外相韓達德可能會在七月初，從東京高峰會返國途中順道拜訪北京。韓達德有點擔心中方會因此認為他能削弱麥若彬大使和我的權力，但我不那麼想，反而認為這是好辦法。

六月二十九日（星期二）

在出發前往倫敦的內閣委員會會議之前，我們在香港行政局的會議上就機場資金問題討論了許久。我們目前的提議是投入港幣兩百二十五億元，作為該計畫的初始股權投資，同時我們內部也已預計要加碼到兩百五十億元，而中方那邊的要求則是四百億。英方某些成員認為乾脆把計畫全部移交給他們，但我猜這樣做的話，可能連中方都會很吃驚。多數人支持我們提出的兩百五十億元方案。中方想和我們賭一把，我覺得部分是因為他們過去總能逢賭必贏。

穎彤要去韓國主持某艘船艦的啟用典禮，但船名不太好聽，叫做索羅（Soro，但唸起來就像 sorrow，有點悲傷）。我不知道那在韓文中代表什麼意思，但以船名來說實在不太吉利。

六月三十日（星期三）

我一早就回到倫敦了，這是個美麗的夏日清晨。在我們回維多利亞時代老公寓的車程中，我意識到四年後我就會真正回歸倫敦了（前提是保守黨不會為了五百萬而射殺我）。

見到麗思很開心。我出門和老友崔斯坦・加雷—瓊斯與其妻卡塔莉共進午餐。崔斯坦滿懷詭計，他希望梅傑任命約翰・柯爾（John Kerr）擔任他的幕僚長，而且他顯然正在遊說梅傑和韓達德把我召回倫敦，擔任威廉・懷特洛那一類首相身邊能幹助手的角色，幫梅傑分憂解勞。我對他說，不可能。我雖然很喜歡崔斯坦，但還是叫他死心吧。幫政府善後、擔任當局的發言人，我愈想愈覺得這是件苦差事。我之前做過類似的職務，結果呢，看看現在我在哪裡？香港！不過擔任香港總督是一份我想堅持到底且值得努力的工作。崔斯坦買了一幅新的西班牙畫作，我認為比較禮貌的說法是，那是一件「有趣」的作品。

下午我們在外交部開了很多會，為內閣委員會會議做準備。然後我帶麗思、姊姊、姊夫和他們的女兒到一間義式餐廳吃晚餐。

七月一日（星期四）

今天一大早起來接受電台和電視台採訪，包含與布萊恩・雷海德的另一場專訪，這次他態度很和善。內閣委員會的會議進展還算順利，但老實說討論過程相當混亂，有一群部長級的官員參與其中，包括擔任會議主席的首相梅傑，還有外相韓達德、財政大臣祁淦禮、內政大臣夏偉明（Michael Howard）和下議院黨鞭理查・萊德（Richard Ryder）。麥若彬和我向大家報告了香港的現況，環顧各席，我不覺得有誰將香港議題排在自己的前五個待辦事項中。我認為他們都很樂意交給我處理，然後讓韓達德監督即可。後來我們同意韓達德應該去一趟北京，因為這樣一來，如果談判仍不順利，如果我們還是無法達成任何協議的話，我們也能證明我方已窮盡一切努力了。同理，既然現況如此，而且錢其琛似乎在香港議題上握有主導權，那麼讓韓達德和他保持良好關係自然很重要。或許我們透過電報溝通也能得出相同的結論，但我回倫敦一趟有其象徵意義，這可能多少可稍微推動中方。當天稍晚，我與工黨外交事務發言人簡力行談得很愉快，他的想法對我很有幫助，而且為人非常溫文有禮。

潔思從新堡回來，晚上我帶她和麗思一起去諾丁丘的克拉克餐廳（Clarke's）用餐。和她們聚餐真開心，而且我們在餐廳還見到很多朋友。

七月二日（星期五）

今天早上我和梅傑一起吃早餐，他似乎不需要我的口頭鼓勵。他說經濟合作暨發展組織（OECD）中某些國家的情況比我們惡劣多了，說經濟重新開始成長了，說馬斯垂克的騷動已確實告終，也說事實證明他對歐洲的看法是對的。但他似乎背負了太多重擔，而很多壓力其實都源自討厭的右翼議員。我只需要聽梅傑分享他們的事，但他則必須和他們面對面。這再度讓我感到有些內疚，因為我無法待在英國幫他，雖然實務上我也不覺得我能幫上什麼忙。他現在的財政大臣祁淦禮非常優秀，比我適任而且更有韌性。祁淦禮會聽取專家意見，也對自己的直覺深具信心，他的直覺通常是對的。

七月三日（星期六）

穎彤剛從韓國返港不久，我也從倫敦回來了。在那艘船的啟用儀式上，她敲酒瓶才敲第一下，瓶身就從側邊破掉了，有人告訴她這是好兆頭。想起這艘船的船名，我不禁覺得能有吉兆真是太好了。報紙上充斥著以下報導：中國農民發怒、資本流到海外、當局賦予朱鎔基愈來愈大的經濟掌控權。朱鎔基似乎是最有經濟素養的領導人物，他熟悉市場運作方式，在國外備受推崇，並以強勢著稱。我們另外還聽說，中國大型企業中信集團的負責人榮智健剛剛買下白樺莊園（Birch Grove）——我國已故首相哈洛德・麥米倫（Harold Macmillan）的故居。我不確定他們有沒有附贈家族銀器，但莊園周圍的環境確實不錯，我曾經和哈洛德那位大老一起在裡頭散步過。也許那裡之後會變成高爾夫球場。無論如何，這似乎代表中、英關係並未完全決裂，畢竟金錢有其獨特的溝通方式。

七月五日（星期一）

我為我的副秘書安・薛波舉辦告別午宴，她過去的職務內容不太讓人欣羨，因為她得幫我寫我不想親自撰寫的演講稿，例如國際水管工會議或殯儀館協會週年活動這種場合。（以上這些會的名稱是我自己編的，但就是諸如此類的活動。）參與這類活動是我的工作之一，必須盡力做好，要對水龍頭或棺材展現出豐沛知識和熱情。安把這項工作做得非常出色，她為人風趣而有魅力，但現在她打算回英國西南部和丈夫團圓。她的丈夫是知名自然史節目的攝影師。安的工作將由另一位外籍香港公務員接任，她來自威爾特郡（Wiltshire），名叫蘇啟龍（Kim Salkeld）。我以前從未在韓國以外的地方遇過叫金（Kim）的人。除了我的私人秘書和副手，辦公室裡經常還會有兩、三位本地的年輕華人公務員，他們都是指日可待的人才。

七月六日（星期二）

這個月的北京談判肯定又會一無所獲，於是我找了戴彥霖、黎偉略、韓新一起檢視目前的談判成果。我們堅持雙方應該開誠布公地對談，而且談判桌上應該要有香港官員。有些人顯然認為那代表談判成功，我想談判桌上若出現任何理性的討論，應該都可以算是成功吧，畢竟和我們交手的中國官員彷彿就是那種「會大呼小叫，把你的體重報出來的體重機」。韓達德會在這週七月八日（星期四）晚間和錢其琛共進晚餐，接著會來香港與行政局及立法局成員交流。如果親中媒體披露的消息無誤，那中方目前的打算就是把選舉拆開來談，針對區議會和市政局選舉所做的決策是一回事，立法局選舉的相關安排又是另一回事，有個說法是，這樣做就能避開最後期限的問題。我們不太贊同這種想法，我們希望把相關事項綁定一起討論，不要開始把事情切分開來。

我們開始認真討論霍德該於何時正式離任，並由陳方安生接替布政司一職，現在看起來時間點應該會落在十一月，只不過我到時候應該會需要頻繁出差，而且那時的北京談判不是即將告終、就是準備進入高潮（但前提是我們運氣要夠好才能走到那一步）。如果到時還是沒有什麼進度，我可能會把我的第一版計畫納入方案，並送交立法局討論。

七月七日（星期三）

我去視察了赤鱲角機場的工程進度，成果非常不錯。填海計畫無間斷地進行，工程跨越過南海，並朝澳門的方向前進。在我們完工之時（或假設我們可以完工的話），此工程將成為世界奇景（如果機場工程也能納入世界奇景的話）。本週我也獲得一個屬於我個人的「初體驗」：在訪視完菲臘牙科醫院（Prince Philip Dental Hospital）後，有人在記者會上問我一個和牙醫有關的問題。[17]由於安．薛波幫我準備了相當詳細的資料，我現在對牙醫已有一定的認識，而且我個人一直認為，現代牙醫科學是人類應該活在二十世紀的主要原因。

七月八日（星期四）

浦偉士再次來見我，討論要找誰替代他的行政局遺缺，他想要他的副手葛賚擔任此職，我們難得看法一致。我覺得在行政局中安插銀行家出身的議員是正確的決定，這樣以後我就不必花那麼多力氣拔出某位蘇格蘭銀行家插入我肋間的短劍了，這會是滿令人開心的事。[18]我一直在想，偉士之所以會像小熊維尼卡通裡的驢子屹耳（Eeyore）那樣悲觀，究竟和他在滙豐的工作有多大的關聯？因為我知道他之後需要花費大量的心力和外交手腕，

1992

1993

1994

1995

1996

1997

才能向北京解釋為何滙豐在併購米特蘭銀行（Midland Bank）後，要把總部和多項銀行業務遷往倫敦。我猜他會希望事態盡量朝向北京的意願來發展，因為這樣做才有機會拍到北方共產人士的馬屁。如果他真的這樣想，其實也可以理解，只是這麼做不算太光彩就是了，另外我覺得這稱不上什麼好盤算，因為滙豐大多數的員工都沒有外國護照。但我和穎彤說這些事時，她的回覆很有哲理：「事情如此，那就是如此。」如果你要在義大利西西里經商，不論你願不願意，你都得向黑手黨繳交保護費。

七月九日（星期五）

昨天韓達德和錢其琛吃晚餐，今天則來到香港，他所搭乘的中國籍班機延誤了九十分鐘，所以他和我們的會面相當急促。不過他心情很好，也對我們所提出的一切表示支持。他和錢部長的討論相當平和，且多數都和香港議題無關。因此，就我們看來，目前最可靠的論點是錢其琛的個人觀察，中方想要一台「直通車」，這樣才能讓移交過程更順暢，然而若無法達成此目標，形勢就會演變成我們在一九九七年前可以做自己想做的事，但中方會在移交後改弦易轍。另外，錢部長也同意談判應該聚焦在功能組別和選舉委員會上。我方會事先想好在這些事項上有哪些面向可以稍微讓步，但前提是中方也同樣要有退讓的意願。我想這應該是所謂的「斯巴達式讓步」吧，因為中方眼中的讓步很簡單，就是我們在這些事項上要盡可能按照北京的意願來加以安排。但無論如何，我們最後都還是得把談判內容寫進法案並送交立法機構審查。韓達德不久後就要踏上飛回倫敦的班機了，他只能在香港短暫停留，話雖如此，他還是想辦法擠出時間和行政局及立法局成員進行非官方的交流。我們遇到支持民主的示威群眾，在立法局議員劉慧卿的帶領下，他們遞給我們一份連署書，並且以平和的方式喊出訴求，希望一九九五年的立法局選舉能以直接普選的方式進行。今年顯然是各種倡議活動風起雲湧的一年。有多少示威人士真心覺得一切有可能如願改變，這很值得思考。他們一定會聽到有人這樣說：如果英方早點開始推動民主進程，現在可能已經實現了。

送韓達德到機場後，我換下西裝，和警察一起在巡邏中度過剩餘的夜晚，包含陸上、海上以及邊防巡邏。我們繫上安全帶後沿著海岸高速航行，在小型巡邏快艇上測試熱感應影像，我們之中當然沒有人是感應儀器要偵測的嫌疑對象，所以沒有人因此被捕。早上我搭直升機回粉嶺，抵達時大約是凌晨三時三十分。

七月十二日（星期一）

我們的特別委員會討論到如何修改功能組別及選舉委員會的相關提案，除了目前的選民之外，還要讓更多人獲得投票權，但人數未達到我最初版本的提案那麼多就是了。事實上，只要一偏離我最初版的提案內容，一切就會變得極為複雜。以我的初版提案而言，別的不說，至少簡單、清晰又合理。要找到新的作法來把這些要點納入選舉過程，同時又要讓北京政府和支持廉正選舉的人士雙雙滿意，實在是難解之謎。現有的功能組別完全站不住腳，過往的港督或是英國政府當初真的不該接受這個提案。那些選區大部分都劃得很小，很容易受中方操控，例如代表區議會這個功能組別中的那位男議員，由於對小選區中具有投票權的選民行賄，所以目前正在香港監獄（Stanley Prison）服刑。[19]該選區中（其中多數成員都是香港中華總商會的雇主，但老實說除了這些人以外好像也沒有納入其他人士了），有位何姓議員在上次的立法局選舉前夕突然離任，因為他針對機場的發言引發中國不滿，而他的商業利益也因此受到中國的威脅。類似的事不斷發生。居然沒有一個組別以「腐敗自治區」為名，真的是失算了。

過去我們曾對香港人做出承諾，而我們覺得英國內政部目前的期望，是把這樣的承諾限縮在香港少數族裔之中（其中以印度裔居多），保障這些人在一九九七年後的身分權，於是我們開始聚焦在這個議題上，尤其針對他們能否持有某類英國護照，或者享有免簽入境英國的權利等。許多印度裔人士過去曾為香港駐軍或者港英殖民政府工作，但未來他們可能會面臨失去公民權的危機，因為對中國來說，公民權和族裔緊緊相依，中國政策中的種族歧視非常顯而易見。這些和公民權、英國入境權相關的議題，會隨著時間往一九九七年推移而變得愈來愈難應

1992
1993
1994
1995
1996
1997

付。過去在大英帝國的其他領地中，很多人曾為殖民政府工作多年，尤其是為軍警單位服務，而從英國過去的紀錄看來，我們並沒有好好照顧到那些族群的權益。

七月十四日（星期三）

我參觀了黑衛士兵團（Black Watch）的一些訓練活動，並與他們共進午餐。這些弟兄讓我印象深刻。他們之中有些人非常精練能幹，其中一人則談起其他部隊那些強悍的小傢伙（不過他的說法可沒那麼有禮貌）。兵團成員大都來自蘇格蘭的格拉斯哥，從他們和我分享的事情聽來，單身的士兵似乎不太想待在香港，因為他們覺得這裡很難釣到女生，但對有家室的人來說待在香港很不錯，尤其他們的妻子大都可以在這裡輕易地找到工作。

七月十九日（星期一）

我們離暑假愈來愈近了。雅思和穎彤已先飛回倫敦，留我下來負責照顧狗狗，牠們好像覺得很驚訝，原來我也會帶牠們出門散步呀！減少駐軍經費一事已有眉目，我們在立法局的這個會期中通過了八十四項法案，這也值得開心，這些法案大都與我們的預算有關，尤其是與基礎建設相關的預算。

七月二十日（星期二）

第八輪談判已於北京召開，對於中國所謂的「直通車」計畫，目前雙方一點共識也沒有。我們本來有意對選舉委員會和功能組別稍加讓步，但進度依然無法推進。

我優秀的年輕管家阿廖問我，要不要訂製山美裁縫（Sam's Tailor）的服裝，他會這樣問，其實代表該裁縫店曾打電話給他或者打給我的副官麥克・艾利斯。總之我答應去一趟山美先生在九龍的店面，也答應私下和他吃頓飯。在完成一般的尺寸丈量，並挑好西裝外套與襯衫布料後，我們去了一家印度餐廳用餐，我在那裡真是被逗樂了。其實我應該要料想到這種情形：我踏進餐廳時，他整個家族的成員全都已就座等我了！不只如此，全香港的印度人應該有一半都聚在這了。總之全都來九龍做西裝了，我本來就該預料到會有這樣的狀況。他的西裝和襯衫都做得非常好，比我過去買過、穿過的西裝都更高檔。我可不是毫無理由就故意不穿總督官服啊，都是因為有這種精美的西裝——不過，我的確是刻意不想戴那種插滿羽毛的總督官帽。[20]

七月二十三日（星期五）

八月中還會有另一輪談判，不過我覺得現在不太有機會達成任何協議了，但總之目前我們亟欲完成的工作是為功能組別制定新的提案，包含大幅縮減投票人數至一百萬人以下。我相信對北京來說，這個數量還是太多了，而且就算他們同意，這對立法局或香港社會而言，人數真是少到無法接受，媒體就更不用說了。但至少現在行政局同意這個新的構想，而且對未來發展更重要的是，陳方安生對十一月接掌霍德爵士的工作樂意之至。她已經有充分的心理準備了。她提到，她老公顯然非常支持她赴任，對華人丈夫來說，能夠如此支持事業成功的妻子不是件容易的事，但我覺得這個難題也不僅限於華人。安生也說到，如果她必須時時顧忌中國，考量他們對她所做的種種決策的看法，那麼她便無法保證自己在一九九七年後願意續任，甚至不確定自己有沒有辦法撐到九七移交之前。我和她分享了我的看法，我自己覺得這滿符合現況。我說，一旦我手邊有像她那麼優秀的人選，可以交付困難的重大任務，我會很樂意將工作交給他們處理。很顯然我是想顧全大局，而且一直以來我在處理重大議題時，都會參考她的建言，我希望自己在她處理香港事務時，盡量不要對她有所懷疑。

七月二十四日（星期六）

我和鄧永鏘爵士、英商馬世民一起在文華東方酒店的法式餐廳吃了頓開心的晚餐，我自信滿滿地和他們分享安生的事，他們都覺得她實在太棒了，就像我覺得晚餐有人請客一樣棒。

七月二十六日（星期一）

我邀請布政司霍德與其妻姬蓮到 Café de Paris 共進晚餐，討論安生的事還有他們回倫敦後的安排。他非常忠誠也很支持我，我真的欠他太多人情了。好希望他知道能與他共事我有多開心。現在我和他們夫婦也變成很好的朋友了。

七月二十九日（星期四）

昨天我先飛回倫敦一趟，之後馬上就要和全家人以及一些好友一起到義大利度假了。一直有人說我不用真的在香港待滿五年，但我不斷抵抗這種說法。昨天我分別和韓達德外相、梅傑首相單獨會面，今天則和梅傑一起吃午餐，剛好今天也是基督城（Christchurch）[21]的補選日。過世的議員名叫艾德禮（Robert Adley），他是下議院中少數會批評我們香港政策的議員，但這不影響我對他的好印象，我說的是實話。我對韓達德的敬佩不亞於任何人。他當然會想找個優雅的方式離開這個外交部舞台，我也相信梅傑會對他施加很多壓力，拜託他不要走。真希望我可以阻止梅傑打電話給報章雜誌的老闆和編輯，更希望可以阻止他閱讀那些討厭又自命清高的右翼專欄作家所寫的文章。根本不用在意那些人的意見，這會讓他們以為自己的意見很重要，但其實他們一點幫助也沒有。梅傑自己就比他們大部分的人都聰明多了。當然我也知道說的比做的簡單，我自己有時候也會過度在意別人的批評，需要放下「全世界都在與我彭定康作對」這種執念。梅傑不愛喝酒（喝一點不算愛喝吧），所以他唯一的執念就是一直去看那些對他不甚公允、甚至常常過於無情的評論。現在我們的黨這麼爛，他能做到這樣已無人能比了。

八月二十八日（星期六）

我們在義大利租的別墅位於翁布里亞（Umbria）大區，南方緊鄰大區內的斯波萊托（Spolete），也離北邊的斯佩洛（Spello）和阿西西（Assisi）等城市不遠。別墅靠近羅馬人常造訪的知名噴泉，詩人拜倫也曾描繪過此地。這棟房子本身舊得非常迷人，房子的主人是當地大戶人家，這次顯然是第一次出租給別人使用。照顧我們的廚師非常友善，他語帶哲理地說，這個家族好幾世紀以來都沒在工作，所以現在他們會把房子租給外國人以支應生活開銷，這件事一點也不令人意外。有天我們去櫥櫃找酒杯，剛好看到在我們到訪前被先行移走的相框。其中一張是合照，應該是這位伯爵的父母，他們配戴著法西斯的徽章，神情非常愉悅。每個家族都有自己的歷史，而有些確實比較適合深埋在櫥櫃中。

九月一日（星期三）

回到香港後我們開始為新一輪的北京談判做準備，這是第十次談判，不久後也會召開第十一輪談判，然後在九月底前有大約三週的空檔。我們目前的設想是中方不會在下兩輪談判中讓步，但九月底前可能會做出一小步的退讓，因為接著雙方外交部長就要會面了。這樣做的目的，我猜是要對我們施加更多壓力，但總有一天這種策略會變得毫無意義，因為這樣一來，我們就得處理談判破裂後的狀況。我們今年秋天大部分的工作，就是盡量把情況導向我們可以控制的範圍內。我們當然不想困在批評聲浪中，但時間滴滴答答地前進，我們要盡快安排好種種複雜的事項，因為明年就有三場選舉要舉行了。我們有很多法條和補充細則要敲定，選區和選委會也有諸多複雜的工作得處理。有時我們也不免會對現實感到震驚，我真的不太相信中方會接受單一選區相對多數制，因為這種相對多數代表制對民主派的候選人比較有利。其次，就算他們可能會讓現任公職人員和法官繼續留任，但立法局的議員也能留任嗎？在他們內心深處，如果香港領導階層對治理香港的看法與北京不一致，他們就不會希望讓港人治港。

九月二日（星期四）

我們早就開始為我在立法局的下一場年度演講做準備，但感覺距離上一次演講好像沒過多久。前陣子庫務署才預估我們本年度的經費會出現赤字，但這裡可是香港，進一步估算的結果，變成我們會有大量的盈餘，所以我應該會有更多的發揮空間，可以為社會做點事。[22]

回到香港的第一週，我們以德瑞克・尼莫（Derek Nimmo）主演的戲劇劃下句點。我們和德瑞克以及他的妻子派翠西亞（Patricia）一起喝了點酒，他們兩人都很風趣。這部劇出自威廉・道格拉斯─荷姆（William Douglas-Home）之手，是一部普普通通的英國客廳喜劇。德瑞克已經很賣力了，但要救活這部戲真的有點難。

九月六日（星期一）

證券及期貨事務監察委員會（證監會）的大老們經過多次開會討論後，向我報告了和怡和洋行有關的棘手問題。證監會的職責之一是監管收購守則，而這自然會先遇到管轄權的問題。怡和已設法將上市地點從香港改為百慕達，很顯然這表示他們對一九九七年後可能出現的狀況感到不安，尤其他們過去差點被本土企業收購，現在他們很害怕重蹈覆轍。該公司的說法是，既然他們現在是一間在百慕達上市的公司（但他們在加勒比地區的業務當然不多），那麼理應不受限於香港的收購守則。證監會在法理上的管轄範圍當然一清二楚，但怡和的說法無疑也可用來在法庭上挑戰該會。不過如果我出手干預，企圖推翻證監會獨立且依法做出的決定，那麼不論從法律或是政治的角度來看，都會對我造成極大的傷害。從我個人的角度而言，我可能會因此惹上官司，而英籍總督插手保護英國公司，使其免受法律制裁，這件事會引發什麼樣的政治風波，我根本連想都不敢想。另外，雖然中國以後會想把這種事當先例，但如果此時此刻發生這件事，中國又會怎麼看我們？所以如果怡和的大班亨利・凱瑟克名下的事業體不滿意事情的走向，他們只能訴諸法庭審理了。此時有人告訴我，剛好在我出任香港總督前，怡和就在倫敦遇過類似的問題了，既然如此，那麼現在他們也沒有理由不尋求法律途徑。

美國參議員黛安・范士丹（Dianne Feinstein）和鄧蓮如及她的丈夫唐明治（Michael Thomas）共進晚餐。范士丹也來和我見面。她剛結束北京的出訪行程，她認為北京高層都力求社會穩定，這應該部分歸因於中國現在所面臨的經濟問題，近期我們常常聽到這類事。

九月八日（星期三）

在討論我的立法局講稿的過程中，我們開始掌握到更多的細節。我和布政司霍德、兩位顧問麥高樂、顧汝德（Leo Goodstadt）等人熱烈討論，彥霖和偉略當然也參與。我對健康、教育、福利、基礎建設等領域所設下的目標，有哪些已涵蓋在現有政策中，又有哪些應該在未來納入政策？我們的經費足以達成哪幾項目標？考量目前的種種開銷，在確保未來不會形成負債的情況下，我們能不能重新分配今年的盈餘？我們要如何將某些長期預算的分配計畫包裝在這場演講中？之後我會親自撰寫部分講稿，有時這樣最有效，最能逼迫別人盡快做決定。針對北京的談判，我變得比較能放寬心了，因為現在我知道談判一定會有結束的一天。我相信現在中方會很願意接受談判破局的狀況了，因為現在他們還得處理國內的經濟問題，我想他們應該無法承受太多香港帶來的風險。他們可能真的搞清楚協議背後的風險了，因為若我方有可能答應任何一項協議的內容，都可能會動搖中國國內的政局。之前麥若彬大使南下到訪香港，和我仔細討論這件事，他很直白地說他覺得談判可能會破裂，他的分析很正確。他說接下來幾個月可能會很辛苦，中英關係會惡化，我和中國官員之間不會有進一步的對話空間，各個臨時組織中，親北京派的聲量可能也會擴大（受到脅迫的臨時立法機構也會是其一）。但他不是要我認輸（英國政府應該是支持他這種態度的），只是覺得我不用對眼前的問題太拚。換句話說，他其實只是善盡他身為英國官員的本分。

梅鐸正要把《南華早報》出售給馬來西亞的集團，我想他之所以不希望名下持有香港紙媒，是為了盡力排除所有潛在的風險，以免他在中國發展電視媒體事業時受到影響。中國銀行已為該報的招標計畫備妥資金。之前有人對我說該銀行週轉不靈，但我想北京應該是希望把《南華早報》變成港版的《海峽時報》（*Strait's Times*）。真令人遺憾。

九月十日（星期五）

針對下次的第十一輪談判，我們其實沒什麼事要準備。麥若彬大使飛回北京的班機發生嚴重意外，快到達目的地時擋風玻璃在雷暴中碎裂，但他們不能在北京使用自動降落系統，所以只好使用自動駕駛模式再次返航香港。穎彤說麥若彬本來就有嚴重背傷，所以疼痛感應該非常劇烈。參與談判的過程一定很難熬，這些談判對體力造成的負擔絕對多於智力。他真的是勇者。

本輪談判過後，到十月前會有段空檔，因為北京的談判代表要和中國的國家副主席一起出訪歐洲。[23]很顯然已經有人走漏消息給中方了，他們知道我方的最後期限不是十月，而是十二月。我可以肯定柯利達以前的下屬中，一定有人到現在還覺得他沒那麼親中。像是我們要在談判中使用的手段，或者其他類似的議題，我從不相信他不會把握機會將一切如實稟報給北京。但我也相信中國一定還掌握其他的消息來源。總之我不要對最後期限太過執著就是了。

九月十一日（星期六）

我們在總督府辦了一場非正式的行政局會議，邀請麥若彬參與，商討接下來幾個月的戰略計畫。我們認為我方在第十二輪談判時可能需要做出極小的讓步，談判會從九月十四日開始，可能會稍微縮減功能組別中的投票人數。我們也要草擬一封信，讓韓達德外相可以在和錢其琛部長會面前先寄給對方，談談「直通車」這件事，然後也得想想我在立法局上的演講該說些什麼。李基茨已經擬好談判後要發布的白皮書了，不論談判成敗為何都會需要這份文件，雖然談判破裂的機率比較高就是了。我們要照顧的群體數量之多，讓這份工作不容易完成。在接下來的聯合聯絡小組對談中，我們應該可以針對國防用地達成協議了，尤其是我們在這個議題上幾乎已經退讓到底了。但我們想堅持的是，中方應該針對國防用地未來的用途做口頭承諾，保證不會將土地改為他用，並在解放軍不需要時將土地交還港府，用於社經發展。大家都覺得解放軍之所以想要獲得如此大量的軍事用地，是因為他們之後想自行開發以作商用。不過要拒絕將土地交給解放軍著實有些難度，因為長期以來英方在港駐軍也一直宣稱他們需要用到那些土地。

九月十二日（星期日）

林柏棟神父一直極力說服我和他們一起去爬山。他在義大利傳教會的朋友也會一起去。九月十一日是我們的結婚紀念日（我有記得這件事，買了一座精緻的燭台給穎彤，也帶潔思和雅思一起去吃大餐），今天我們和潔思一起去西貢找林柏棟神父，我們約在一條登山步道上碰面。潔思已有心理準備了，她覺得行程會很無聊，會見到一大群穿著傳教士長袍的老人，結果到達會面點時，出現的是一群身材勻稱，穿著球鞋、短褲、亮色 T-shirt 的義大利年輕人及中年人士。一路上都很熱鬧，他們除了大聲喧嘩之外也一直在唱歌。我們和他們度過了愉快的上午，不過真的很熱，也流了很多汗。他們大約十二人，到達登山步道的峰頂後，他們唱了首好聽的義大利民謠給

1992
1993
1994
1995
1996
1997

我們聽。接著出發前往他們位在附近的房舍，那是教會最早的據點，我們在那裡享用了義大利料理。他們所有香港的傳教會成員都集結在那裡，很多年紀較大的成員也出現了。以前他們在香港的成員總數超過七十人，但現在只剩下四十多人了。我們吃了義大利火腿、千層麵、米蘭燉牛膝和一個大蛋糕，喝了很多奇揚地紅酒（Chianti）和阿斯堤氣泡酒（Asti Spumante）。我們一定要再約。我不確定這算不算是教會的狂歡盛宴，但教會提供的氣泡酒真的很棒。

九月十三日（星期一）

我和鄧蓮如好好聊了一下。要更新八卦找她就對了。她在倫敦聽到很多謠言，說我要回去幫忙梅傑，可能會擔任某個要職。她常聽到的說法是我會回去擔任上議院領袖，負責幫整個執政團隊的大小事善後和收尾。我向她保證，不論倫敦或香港發生任何事，我在一九九七年移交以前，肯定會一直待在香港當總督。除非我所有的計畫都被推翻，或者香港社會不再支持我們長期以來的執政計畫，這樣才有可能改變我的想法。她似乎也覺得大家之後會對我們要採行的做法有所共識，也就是不苟同中國的政治發展，只專心顧好香港的局勢就好。她覺得多數商界人士似乎都認定我們的談判無法達成任何政治協議，如果真是這樣，這代表不會出現所謂的「直通車」。但就像我不斷與大家提到的，如果要我們在一九九七年前幫中國完成他們希望我們做的骯髒事，我們是絕對不會接受的。

我和葛賚的討論也很有收穫。在浦偉士回倫敦以後，他會接掌滙豐銀行。我已邀請葛賚接任香港行政局的議員遺缺。他很體面，我們也很坦誠地與對方交流。他說有些人會對他出任此一職務感到不滿，因為他是外籍人士，而且他對政治議題的看法和很多英國商人一樣。不過至少對我來說，我會知道我們和他的立場有何異同，他如果不同意我的意見，應該會當著我的面告訴我。

九月十四日（星期二）

內閣中擔任威爾斯國務大臣的韋桓德（John Redwood）抵達香港。戴彥霖問道：這是不是我們第一次接待這種機器人般的官員？韋桓德可能是英國內閣中最右派的官員，他所負責的威爾斯發展局（Welsh Development Agency）這類單位則是政治干預最為嚴重的處室之一，此次要他帶著發展局的人員來訪，想必非常難為他。他們此行的目的是想知道他們的資金應該投往香港、中國還是越南。我和澳洲外交貿易部（Department of Foreign Affairs and Trade）部長碰面，他希望在總理基廷（Paul Keating）和外交部長伊凡斯（Gareth Evans）之間尋求平衡點，總理不斷鼓吹要增加與中國的商務往來，並且不對他們提出任何質疑，而外交部長也樂意與中國做生意，但是他不認為他們可以避談中國的人權問題。不過我和他的討論大都集中在歐洲的保護主義政策上。有人與他提起我為《經濟學人》（*Economist*）寫的文章，看來那篇關於自由貿易的專文應該是在上週刊出了。我和怡和的高層吃午餐，其中有些人已經看過那篇文章了，包括該行的大班李舒。他說他有翻開那篇文章，但後來讀到睡著了。你還真誠實呀。

九月十五日（星期三）

今晚我們帶著潔思和雅思，到英商威廉・寇塔（William Courtauld）和他妻子卡洛琳（Caroline）的住處共進晚餐。卡洛琳約了很多年輕人來陪潔思和雅思。寇塔一家很好相處也非常慷慨。在怡和工作的威廉是前英國財政大臣拉布・巴特勒（Rab Butler）的繼子，卡洛琳則對中國和緬甸相當了解，她的中緬相關著作寫得很好。卡洛琳是翁山蘇姬的朋友，黎偉略應該會對此很感興趣，他很想去緬甸看看。我自己也想去，但我覺得在軍政府掌權期間應該無法成行。我也應該補充一點和威廉母親莫莉・巴特勒（Mollie Butler）有關的事。她是拉布的遺孀，雖然年紀大了，但還是銳利機敏，依然神采奕奕。她仍會把握每次為拉布說話的機會，尤其只要有機會痛罵亡夫擔任財長期間的首相哈洛德・麥米倫，她一定不會錯過。我個人非常欣賞她，雖然我們的政治立場有些不同。她很不喜歡歐盟，

1992 1993 1994 1995 1996 1997

而我則支持歐盟，但我想針對這點她應該已經原諒我了吧。她的回憶錄寫得很好，其中也有記錄她兩任丈夫（寇塔和巴特勒）逝世的經過，那些章節令我為之動容。我之前曾到法蘭西斯．皮姆（Francis Pym）的選區演講，前一晚我住在皮姆和他太太薇樂莉（Valerie）家中，客房床邊擺的正是這本回憶錄。我覺得主人認真選擇床邊讀物哄客人睡覺，真的很值得讚許。回憶錄這類集結各種訃聞的書通常都很適合，但大都會讓人在床邊讀到無聊得要死。

九月十七日（星期五）－十八日（星期六）

週末我們有倫敦的政客來訪，首先來的是包定禮夫人（Virginia Bottomley），她是現任衛生大臣，接著是戴維．亨特（David Hunt），在我擔任環境大臣期間他是我的副手，而他的現職是就業部長。[24]就我所知，戴維是下議院最會演講的議員。颱風差點就要入境香港了，或者至少可以說，颱風已逼近香港。這是本季第三個颱風了，天文台也掛了八號風球。[25]外頭豪雨傾瀉，房子都在暴風中顫抖。很多會議都取消了，這是壞天氣裡的好消息。風暴結束後，我和霍德以及兩位台維斯盃（Davis Cup）香港代表隊的資深球員一起打網球，他們是科林．格蘭（Colin Grant）和獲加（Mike Walker）。他們已經成為我生活上的重要支柱之一了，人都很好，當然也都是厲害的網球球員。他們不會狠狠把我擊敗（他們沒辦法修理霍德，因為霍德本身也是網球好手），而是會讓我接得到球，這樣球賽才能繼續進行下去。我的球技需要再進步一些，因為我接下一個挑戰，要和其他人一起打網球慈善賽，對手之一是彷彿光速發球機的唐納（Roscoe Tanner）。哎，相較之下，我的發球球速堪比我那輛已報銷的 Morris Minor 古董車。

九月二十日（星期一）

達德的舉動讓我有點訝異，他對中國拿下奧運主辦權一事大加撻罰，我想他下次在北京和中國外長碰面時，兩人應該會為此出現一些爭執。我們也開始預想談判尾聲的種種狀況以及應對方式。最壞的情況，是我們在香港立法局中的任何議案都無法取得過半支持率，無論是我們在北方好不容易談出的結論，還是我們最初版的各項計畫。哎，民主制度可真是迷人。行政局會議結束後，我公開指派安生為新任布政司。在記者會的英語提問環節結束後，安生又以廣東話接受相同的採訪。我猜這也是工作重點之一。

九月二十一日（星期二）

首相官邸要求我們接受 BBC 時事紀錄片《廣角鏡》（*Panorama*）拍攝團隊的採訪，談談梅傑的事（他們也訪問了外長韓達德和財長祁淦禮）。結束後我們在港督府宴會廳的慈善音樂會中度過美好的一晚，欣賞了由訪港室內歌劇團演出的《魔笛》（*The Magic Flute*）。他們的演出非常動聽。

九月二十二日（星期三）

在浦偉士和他太太回倫敦前，我為他們辦了餞別晚宴。那似乎只是他們參與的眾多歡送活動之一，他舉辦的餞別宴比法蘭克・辛納屈（Frank Sinatra）還多。我聽到他在其他晚宴上對我有所置喙，他應該早就知道大家會轉述那些話。我通常不太理會那些批評，但這次我覺得，我可以在為他發表的演講裡做出一些隱晦的回應。我說我有注意到行政局的角色變了，不再需要為殖民政府提供正式發言的管道（這個轉變源自於立法局的改革），但仍會輔助總督做一些政治判斷。我接著說，不論總督是個聰明有禮的外交官，還是庸俗粗鄙的政客，要做出這些決策都不是什麼容易的事。然後我稍微話鋒一轉，談了點政治和處事原則，也談了忠誠的重要性，然後快速帶過一些稍稍恭維浦偉士的話。他身經百戰，身上披著刀槍不入的獸皮，所以我懷疑他可能無法理解我的弦外之音。不過其他人當然都聽得懂。就像我說過的，他就只是個稱職的銀行家。

九月二十三日（星期四）

我為高德年辦了歡送午宴，這個場合比較感傷一點。他是非常聰明的外交官，為柯利達工作很多年，在這種前提下讓他加入我的團隊，對他來說一定很不容易。他是我方在中英聯合聯絡小組的首席代表，需要應付那些坐在談判桌對面的恐怖外交官，而他一直以來也盡己所能地提高談判效率。我希望有一天他會成為英國駐北京大使，他應該會很喜歡這份工作。這差事確實很不錯，但絕對不可能派我去做。現在高德年應該比較有時間浸淫在他最愛的飛蛾研究了。之後他的職位會由休・戴維斯（Hugh Davies）取代，戴維斯長期接觸中國事務，與他共事過的人都對他有很好的印象，因為他很明理，也很會凝聚團隊精神。

提到柯利達，《南華早報》的一則報導說在我的堅持之下，政府對他出版回憶錄一事施壓。看來他最近持續打給記者告狀，真是一派胡言。我之前其實還寫信給內閣秘書長羅賓・巴特勒（Robin Butler），對他說我完全不想和柯利達的回憶錄扯上任何關係。我覺得實情應該是，外交部和內閣辦公室要求他拿掉書中一、兩處文字，基本上就是他在位期間難以忍受公務員向外界洩漏的那種事。他真的是個自命清高的老東西。我本來要說他是個很無聊的人，但其實他本並非如此，而是他所做的事很無聊，要思考和處理的事花掉太多時間了。

九月二十五日（星期六）

昨晚，我的友人威廉・沃德格雷夫與妻子在我們這裡過夜。威廉接著要去東京幾天，他的太太卡洛琳則繼續和我們待在一起。卡洛琳這幾天常待在廚房，教我們的廚師各種厲害又實用的烹飪新技，真的幫了我們大忙。最近雨下得很大，我得到新界巡視防洪狀況。我們正在處理邊防事務，而其中某些需要處理的事項，我們一直很難和中國當局達成協議。

九月二十九日（星期三）

今天的區域訪視一樣很不錯，我們去了旺角，接著穎彤和我得去參加我們的第二次中國國慶招待會。畢瑞伯為我寫了份一流的講稿，我也多少背了下來。他在裡面引用了清代詩詞，主要在說要爬得夠高，才能看得夠遠。我不太確定這到底要表達什麼，但效果還不錯。活動最後周南和我虛情假意地互敬對方一杯。梅兆贊（Jonathan Mirsky）是名非常優秀的記者，目前他在香港為《泰晤士報》報導新聞，他告訴黎偉略，攝影記者收到的指示是不要拍攝我們敬酒的畫面，不能露出任何一點協商的跡象。因為梅兆贊，我們在香港的社交生活增色不少，尤其是他很了解中國，對中共行徑的分析也很到位，讓我相當佩服。

九月三十日（星期四）

威廉結束了在東京的部長訪問，返港後，我們和他還有卡洛琳簡單碰面。可以和他們多相處一段時間真的是個福利，這幾天卡洛琳和穎彤也一起散步好幾次。威廉最近很辛苦，因為施廣智（Richard Scott）正在進行惱人的調查，也就是英國內閣首長在伊拉克軍售案中的涉案程度。施廣智是一位法官，他分辨他人是否說謊的能力想必遠遠比不上他的法學知識。究竟是威廉和檢察署檢察總長尼克・萊爾（Nick Lyell）的證詞屬實，還是應該相信國防部軍備副大臣艾倫・克拉克（Alan Clark）呢？對此他似乎難以裁決，但其實若對他們三位都有所認識的話，大部分的人都可以在毫秒間下判斷。

十月一日（星期五）

沃德格雷夫伉儷離開後的今天，剛好是國定假日。我在粉嶺工作，穎彤則去東頭探訪香港唐氏綜合症協會。

八月時東頭發生幾次示威，少數居民反對此類組織進駐當地，他們不想住在唐寶寶隔壁。穎彤是該慈善協會的公益大使，她的見解很正確，她帶了一兩個人一起過去，包括為該協會大力付出的鄧永鏘，藉此展現對該協會的支持。我不確定自己是否該全然接受以下說法，但偶爾會聽人說起華人社會普遍避談身障或死亡等議題，包括愛滋病或興建安養機構等。大家都能強烈感受到穎彤對他們的支持，不過那些抗議的鄉里人士當然是例外。她之前就聽人提起抗議的事，說是會有大型示威，而且會有抗議人士朝她丟尿袋。她的回應是：「我猜凡事都有第一次吧？」後來卻發現示威相當平和，而且還滿幽默的。有人對穎彤說，大多數的居民都很受不了那些發起抗議的少數鄉里，並開始和他們劃清界線。穎彤聽到一件令她莞爾的故事，內容和麗思有關。麗思在好萊塢度假期間，借住在我們的友人麥克・梅道佛家中，受他們照顧，幾天前他打來說麗思已經到了，而且她在過海關時，有人問她母親人在哪裡，她回答：「我很確定現在她人在香港打高爾夫和遛狗。」穎彤笑答：「我希望她不要覺得我在香港成天只做這幾件事。」

十月二日（星期六）

昨天外相韓達德再次和錢其琛見面。如我們所料，他們的討論沒有什麼結果。會談結束後，韓達德和同行的外交部助理次長韓魁發討論（他們兩人先前一起出席紐約的聯合國會議），我們是否要把區議會和市政局的選舉方案，以及其餘的政治談判事項分開來談，好讓我們有更多的時間和中方討論立法局的事。這會有很多技術上的困難，但同時我們也得考慮到一個重要的政治問題：只有在中方確信我方已訂定明確的最終期限時，他們才願意動起來。如果我們一直修改先前已明確討論過的事項，他們就不會相信我們會訂下所謂的最終日期，也就不會針對現況做出任何退讓。我們發了電報說明這件事，也討論到若談判破局，我們該如何處置：要提呈我最初版的提案給立法局？還是根據我們先前針對選舉委員會和功能組別人數的討論進行微調？但我個人不覺得這些做法能發揮任何效用，反而可能在立法機構中兩邊都不討好，也就是到最後完全不會有人同意我們的議案。

十月五日（星期二）

愛爾蘭商人湯尼・歐萊利（Tony O'Reilly）以前是名常參加國際賽的橄欖球選手，現在人在香港。我在求學時期有看過他打球：他是個又高又壯、極為帥氣的愛爾蘭人。他當時如此，現在也一樣。除了擔任亨氏食品公司（Heinz）的董事會主席，他名下還有一些報章媒體，此次來港是為了參加與新聞自由相關的國際論壇。雖然我平常都會吹噓我的講稿都是自己寫的，但這次我用了黎偉略幫我寫的稿來為論壇開場，他的稿子寫得很棒，現場反應極佳。我和歐萊利夫婦小酌，他邀請我去都柏林演講，該系列演講由他的媒體集團主辦，深獲好評。下次的演講活動已排到明年三月後，我的時間似乎可以配合，更棒的是，他說演講費有兩萬英鎊。聽起來非常不錯，但我對他說我不能收那筆錢，因為我的工作已支薪了。我覺得他應該沒聽懂我所說的職業倫理問題，因為他居然對我說：「費用還可以再拉高一點。」

十月六日（星期三）

這幾週工作量很大，今天終於輪到我在立法局的年度演講。在我到達立法局大樓時，外頭有一群追求民主的示威人士，其中許多人都很面熟。他們顯然是希望我舉白旗投降。說來真的很弔詭，因為新華社香港分社和很多親北京的商界人士都認為我會終止談判並直接改採我的提案。之前我很擔心演講內容太多，要講到月底才講得完，但其實兩個小時內就結束了。穎彤事前也建議我稍微加快語速。在我說完自己對於各項社經政策的看法後（中間還穿插一些和社福相關的新構想），最後我把話鋒轉向香港政治，也對自己寫的結語相當滿意。「現在我們能談判的時間只剩幾週，不是好幾個月那麼長了。我們不會為了簽署和平協議而放棄我們的原則，否則這樣還有什麼意思呢？」我在最後故意稍微越線地說：「我們的決策不能憑空而來，必須建立在你們的意念之上，因為自由的價值來自內心，如果自由在你們心中凋零，那就無藥可救了。」接著是記者會，然後接受本地和外國媒體的採訪，再來是電台和電視節目，最後還有另幾場公開的會議，第一場辦在明天，一樣在沙田舉行。

十月八日（星期五）

本週最氣人的工作是今天我得和兩個無賴開會，他們是勞勃・弗萊明銀行（Robert Fleming）的人，一個從倫敦來，名叫約翰・曼瑟（John Manser），另一個更麻煩的傢伙是艾倫・史密斯（Alan Smith），他負責維護該行在港權益。他們私下到處亂傳的許多話，此刻已在我腦海中重播一遍了。總督的耳中可聽到多少消息，答案可能會讓大家很震驚。他們倆整週不知向新華社香港分社叩頭幾次了。真希望他們知道這樣會招致多少訕笑，連最不帶感情的中國官僚都會嘲笑他們。他們甚至還對中方說，英國展現出民主的某些缺陷，而且在香港沒有人同意我為選舉所做的決定。馬屁精。

十月十日（星期日）

本週末《南華早報》的一份重要民調顯示，大多數人都認為，為民主挺身而出很重要。副外相顧立德來訪，這是他身為首長的例行拜會行程之一，但這次他還為了別的原因而來。他說要私下和我聊聊，並給了一、兩個具體而仔細的建議，主要是要我回西敏區負責重要工作。那可能是我唯一真正有興趣的工作，但我仔細思考了讓我無法赴任且會很沒面子的所有理由。我一再承諾，只要有一定數量的香港人希望我繼續做下去，我就會在香港待滿五年。我猜如果立法局砍掉我所有的計畫，我可能就得夾著尾巴逃回去，但在那種狀況下要回去任官恐怕也不太可能吧。幾天後我們要回倫敦參加內閣委員會會議，協議未來的政策走向，我猜到了倫敦後我會聽到更多這類要我回去的聲音。

十月十一日（星期一）

我們花了很多時間仔細討論哪裡可以稍稍讓步，藉此推動點談判進度，畢竟現在已經來到第十四、十五輪了。我們還要準備內閣委員會會議和會議中要提交的報告。李鵬飛和其他幾位議員再次來見我，希望我們把區議會、市政局的選舉和立法局拆開來談，因為立法局一案會牽涉到更重要的事項。我向他們解釋，這樣會模糊焦點，而且我們得在一九九四年七月前讓所有的立法機構就定位。假使中方同意我們提出的投票年齡、地方選舉等事項，並同意按地域劃分的投票方式（這些都無涉《基本法》或《中英聯合聲明》），我們絕對會在下一輪談判開頭，就大力支持他們闡明此立場！在香港中文大學的某次畢典後，我其實就在媒體前笑談過這件事了。而真正的問題一直以來都沒有改變：任何可以讓選舉變得更公平、更為人接受的做法，中方都不會同意，但我方所提出的方案，也不可以讓我們淪為可悲的移交單位，在九七移交前的兩、三年間都在為北京做事。就目前看來，正是前布政司鍾逸傑以前說過的那種狀況：某次他在下議院的外交委員會針對香港事宜作證時，不小心說出了中方的底細。在出席某次會議時他告訴委員會：「中方的做事方式不是要操弄選舉，但他們確實希望能事先知道選舉的結果。」說得可真對。

十月十七日（星期日）

今天開始慈善步行，活動在沙田舉行，有一萬個公務員參與。接著穎彤和卡洛琳・寇塔以及她的老朋友容思（Millie Yung）一起前往中國西南部的雲南。容思很聰明，也非常了解中國。

1992

1993

1994

1995

1996

1997

十月二十日（星期三）

今天第十四輪談判剛開始時，中方對僅剩的談判回合提出時程建議。他們表示會參考我們的看法，針對一九九七年之前要成立的委員會提出客觀的篩選標準，委員會除了要準備交接事宜，也要審查可以搭上「直通車」的議員名單。他們之前還說，只要我們不執意讓區議會和市政局採取完全直選的方式，他們就會考慮我們有關選舉年齡和地區選舉投票方式的提案。如果說這也算讓步，我還真不意外。這種做法連李鵬飛和他的夥伴都不會接受。

十月二十二日（星期五）

和遠在北京的第二日談判相比，昨天我經歷的事情真的刺激多了。我參與了慈善網球賽，地點在維多利亞公園的體育場，觀眾人數眾多。我和亞米崔吉（Vijay Amritraj）一隊，對手是霍德和唐納。和我日益交好的科林．格蘭，連同他的夥伴漢斯．法蘭克林（Hans Franklin）與獲加，三個人花了很多時間幫我特訓。我算是活下來了，不過我很緊張，所以發球時都沒辦法拋過頭頂。但我順利和對方來回對打了幾回，最後在決勝局中，我們以反手截擊贏得球賽。英國《金融時報》（*Financial Times*）記者約翰．巴雷特（John Barrett）曾是網球選手，他寫了這場比賽的報導，稍微誇了我一下，但也把我的一個非受迫性失誤寫進去。

中國官員在北京誇口說他們做了很大的讓步，而另一邊，我們則重新思考談判破局後的狀況，以及到時該交給立法局什麼方案。我覺得我們真的要到最後關頭才有辦法決定，但屆時應該不太可能不採用一九九二年的版本。我一直反覆思考是要務實一點還是光彩一點，但如果我們改變計畫，結果立法局和北京都不滿意，那這樣也沒什麼意思。

十月二十四日（星期日）

這週末穎彤從雲南回來了，她的雲南行很開心，而我則有和目前在洛杉磯的麗思小聊，也開始撰寫我的講稿，因為下次回去看潔思時，我要在新堡演講。幾乎所有來這裡找我的訪客都覺得中國的經濟遇上難題了，若非如此，那就代表他們在做一些不正常的勾當。我的經驗是，如果大家不知道究竟發生了什麼事，他們就會套用這種說法。亞洲版《華爾街日報》的麥健陸（James McGregor）提出的觀點最為有趣。他說沒人知道現在中國究竟發生了什麼事，其實不意外，因為中國其實是由一個秘密組織在管理。近期的經濟狂潮因何引發？因為有位老先生（他姓鄧）去了一趟廣州。總理李鵬今年消失了四個月，沒人知道他當時去了哪裡，也沒有人知道他在消失期間發生了什麼事，結果他又突然穿著泳褲重新出現在大眾面前。據說中共中央黨校校長胡錦濤是高層的大人物，他原本沒沒無聞，後來在西藏擔任黨委書記，但由於患有高山症，所以不能經常待在西藏。[26]他成功的秘訣是什麼？高山症嗎？與此同時，由於中國政治環境高深莫測，經濟如此蓬勃發展，可能會讓傳統經濟學家很困惑……但也許事實根本並非如此！

十月二十八日（星期四）

第十五輪談判自昨天開始。會議極為枯燥，死氣沉沉。然而在第二天的今天，中方做出相當聰明的舉動，這代表他們不希望談判破裂。談判一開始，他們突然建議我們應該做一份臨時備忘錄，記錄我們討論許久、他們認為已快達成協議的五件事。他們會同意將投票年齡降至十八歲；沒收具全國人大代表身分的香港公民之被選舉權，不讓他們參與地方選舉和立法局選舉；在地方選舉中實施單一選區相對多數制（但立法局選舉另議），接納區議會和市政局選舉的特性與功能（但選民人數需另議）；還有，中方也承認，雖然港府可以在一九九七年之前換掉上述各級議會的委任議員，但在一九九七年之後中方可能會讓他們復職。換句話說，委任議員之後會回歸。

未來是否有機會針對有爭議的議題達成協議（好比說立法局的投票制度，或者透過正式選舉產生的立法人員能否搭上「直通車」）？這個討論則暫時擱置。對於「直通車」，我想我們可以接受合理起草的誓詞，使其適用於一九九七年後的立法局，畢竟西敏區的國會議員也有宣誓，但誓詞絕對不能溯及既往，必須明確排除溯及既往原則。[27]目前可以明確看出（若與中方的交涉算得上明確的話）中方似乎不希望談判破裂，但我們還沒認真討論過功能組別的選民組成和劃分方式，也還沒討論其他重要事項。

十月二十九日（星期五）

在討論完這全部的事項後，我們開始著手準備內閣委員會的報告，以及讓首相傳給對方領導人的訊息，我們把重點放在目前諸多懸而未決的問題上，並呼籲加快討論進度。等內閣委員會核可我們未來的談判走向後，就會把這個訊息寄給中方。

十一月一日（星期一）

本月第一天便以我和渣打銀行董事會的午餐會開啟，過程讓人甚為沮喪。他們批評我們在香港做的事……更正，不是批評，他們是滿懷敵意。他們認為我們做的任何事、說的任何話都不應惹怒北京。他們對香港和中國目前發生的事似乎了解甚少，據此提出的建議也都非常侷限，而且非常無趣、保守。難怪渣打幾年前雖然還是香港銀行界的龍頭，但現在早就被滙豐銀行遠拋在後，針對本地新興事業的融資需求，滙豐做的準備充足多了。

十一月三日（星期三）

前英國橄欖球明星彼得・湯普森之妻南西（Nancy）借給穎彤一本型錄，裡頭記載了遮打爵士（Paul Chater）的藝術品收藏目錄，那些作品原本隸屬於港督府，但在戰時佚失了。當時有人把畫作埋在港督府的花園中，但是知道埋藏地點的那兩個人都在日據期間喪生，這些作品從此不見天日。真的很可惜，裡面有幾件優美作品的創作者，是旅居澳門的英國畫家錢納利。

今天穎彤和我短暫走訪澳門一趟，澳門總督邀請我們去欣賞音樂節中《杜蘭朵公主》（*Turandot*）的演出。我們和他們夫妻倆處得很好，穎彤認為，港澳兩地和中國之間的關係很類似，這是雙方相處融洽的原因之一。不過，澳門本身當然和香港大不相同，面積小很多，且葡萄牙人早在一九六七年的文革期間就形同放棄該殖民地了；後來葡國某次發生革命，又重拾澳門管轄權，但之後又決定放棄。但不論我們兩方的殖民地有何差異，中共對待港澳雙方的方式始終如一。在回程路上，我們剛好錯過了一場重大的社交風暴，主角是梅兆贊，他的行為反應了外國記者整體的心情寫照。我還滿喜歡他的，就連他惹毛我的時候也一樣。但他很有勇氣，對中國認識甚深，也是活力極佳的夥伴。顯然他有時會像現在這樣，在參加晚宴時突然中途憤而離席，但通常是那些人活該遭此對待。不過話說回來，在他之前寫的那一篇訪問稿裡，實在看不出他到底是覺得我們打算出賣香港，還是準備面對天花板全盤崩落般的大災難？

十一月五日（星期五）

晚上我和艾立克・安德森（Eric Anderson）伉儷一起小酌。他即將卸任伊頓公學（Eton）校長一職，到牛津大學的林肯學院（Lincoln College）擔任院長。另一位比較常來的訪客是令人欽佩的潔西卡・羅森（Jessica Rawson）——她是大英博物館亞洲部門的負責人，即將走馬上任牛津大學墨頓學院（Merton College）院長職務。我在想他們的工作內容都是些什麼呢？我們與潔西卡天南地北地聊著，漫步在香港隱密的巷弄之間尋找古物，尋訪老中國最好的嚮導非她莫屬。

十一月七日（星期日）

昨天清早我們飛抵倫敦，先回莫珀斯公館（Morpeth Terrace）[28]的家中，放完東西後，我就到皇家汽車俱樂部（RAC Club）洗土耳其浴。週末除了和韓達德分享香港的事情外，我也打聽目前我們對於難搞的香港公務員年金問題抱持什麼立場。這和捍衛英鎊政策有關，財政部試圖排除港幣以現值兌換英鎊的可能性，但這和我們在港的支付對象無關，問題在於退休的公務員可以領到多少英鎊。財政部對殖民地公務員的福利幾乎都很苛刻，這次也不例外，他們顯然也已開始下手了。之後應該會有個官職不高的財政部官員，把削減殖民地年金一事當作畢生成就，每晚在又冷又濕的月台等待開往吉爾福德（Guildford）的火車時，想的都是那些在溫暖的空間裡盡情玩樂的時刻，還有僕人隨傳隨到，而殖民地公務員卻因這位官員的決定而嚐到一點現實的苦味。問題在於，這些議題相對來說都是小事（但對於受到切身影響的人來說當然事關重大），所以部會首長們不太會花時間去理解或處理，通常就是直接採納部門官員的建議。我自己的經驗是，像崔斯坦・加雷—瓊斯、楊佐義（George Young）、李德衡這類傑出的首長，往往會不嫌繁瑣地去理解、去處理此類塞在首長意見箱最底部的長篇大論申訴。韓達德還希望我在見到首相時稍微鼓吹他一下，讓他對北愛爾蘭的議題保持興趣。

十一月八日（星期一）

今早我和梅傑約吃早餐，他比我想的還有精神，原本聽其他人的描述，還以為他過得不太好。他對我們在香港的做法沒有意見，並且認為在國內的政治甚或是歐洲的議題上，最壞的時刻都過去了。其他人對此稍有疑慮，因為黨內有一小群右翼人士認為宗教狂熱是歐洲現在最大的問題。至於北愛爾蘭的議題，我也有依約提起，梅傑認為現在正是北愛爾蘭一直以來所謂的「難得機遇」。他顯然和愛爾蘭總理亞伯特・雷諾斯（Albert Reynolds）處得很好，這兩人從過去分別擔任兩國的財政首長時就結識至今。我認為之前的幾位首相比較排外，而且他們連處理其他事務時也是如此。

當天稍晚我遇到了夏鼎基爵士（Sir Philip Haddon-Cave），大家經常將他和傑出的經濟學家郭伯偉（John Cowperthwaite）相提並論，說他們是香港經濟繁景的重要推手。[29]一般認為，郭伯偉的見解是政府不太有能力影響經濟，他甚至對蒐集經濟數據一事都抱持懷疑的態度。夏鼎基則沒有這麼極端，但他反對香港政府循新加坡模式來干涉經濟，而且毫無疑問地他對此一決定有極大的影響力。說起來他就是前港督尤德爵士的虔誠擁護者，且現在有愈來愈多人對我說，他對尤德爵士的猝逝深感惋惜，因為這讓制定殖民地相關政策的大權落入某一派政治人物手裡，而他們並非那種「不計任何代價都要和中國爭到底」的人。

十一月九日（星期二）

我去下議院見了工黨的黨魁約翰・史密斯（John Smith）和外交事務發言人簡力行，他們為人非常親和。約翰・史密斯問了個很好的問題：他想知道中方是否對工黨執政後可能出現的狀況感興趣。他顯然是突然意會到下次選舉的時間點，可能剛好就在我們即將結束香港殖民統治權之前。他身材看起來有點過重，但反應還是很快，也很討喜。在下屆選舉到來之際，我想他會是他們黨內的重要資產。對我來說，他一直是很有識別度的政治人物，一位優秀、激進、信奉社會主義的蘇格蘭律師。他的公眾演說也相當出色，尤其是他在下議院發表的那些演講，就好像他的蘇格蘭同鄉聶偉敬一樣。

十一月十日（星期三）

我們為今天的內閣委員會會議準備了一份有點複雜的報告書，用以說明未來展望。昨天我剛好有機會先和科爾斯順過一遍內容，他是外交部新任的常務次長，接替大衛．吉摩的職位。我們建議在下幾輪談判中，先以明文訂定第一階段協議內容為目標，處理區議會和市政局這兩個地方選舉，以及投票年齡和其他比較偏技術面的問題，也可以嘗試草擬立法局議員當選後的誓詞，並排入議程，藉此保障他們可以搭上「直通車」的權益。如果未來幾週我們在這幾個面向都沒有進展，我們還是會自行制訂一些相關法規，給我們自己一點喘息空間，來決定較為複雜且具爭議的議題，好比說功能組別。但最後還是要看立法局如何定奪，我們不能走得比他們計劃中的旅程更遠。

會議大都按計畫進行，首相也一如既往，仔細地閱讀那些報告。財政大臣祁淦禮和下議院領袖黎安泰（Tony Newton）都很支持我們，祁淦禮表示：「我們一定要相信當地總督對這些事務所做的判斷。」[30]貿易及工業大臣夏舜霆問了些他想知道的事，算是滿合理的問題。他問道，若和中國陷入紛爭，對我們的經濟還有英國的商業活動有何影響？我提出過去幾年的事實來回應：我們之前有所讓步，避免與中國陷入糾紛，結果經濟表現不只跌到低點，出口狀況其實也很差。現在只要有英商無法和中國簽下契約，就會怪罪我們的香港政策，完全不理事實為何，而中方當然是釋放此類消息的源頭。除了上述問題之外，我們都可以輕鬆應答。本週的壞消息是麥若彬大使得暫離團隊一陣子，因為他嚴重背痛好幾個月，所以到醫院進行手術。他為人勇敢又冷靜，是個徹頭徹尾的好人。接下來的幾輪談判我們希望可以找高德年來領軍，但外交部說他沒辦法騰出時間，所以這項工作就輪到助理次長韓魁發頭上。我不覺得香港人會熱烈歡迎這項決定。

我一如往常地接受訪問，其中包含 BBC 的廣播新聞節目《今天》以及約翰．韓福瑞斯（John Humphrys）主持的電視節目《紀錄觀點》（*On the Record*）。現在應付這些採訪容易了，因為我對相關議題的了解比採訪者高出許多（但我也盡量不要表現得太高傲），而且中方近期打出的牌也不太好。在和韓達德及其夫人茱蒂一起度過美好的晚餐時光後，我們看了那部描述柴契爾夫入首相生涯的影集——今天看的是最後一集，也就是她卸下首相職務的過程。雖然她未指責我，但略有微詞，因為之前我向她解釋她該下台的理由時，過程中完全沒有說到任何一句好話。也許當時我應該表現得傷感一點，但那陣子沒有什麼好悲傷的事。

十一月十一日（星期四）

我們北上到新堡看潔思，我也在格雷伯爵（Earl Grey）紀念講堂上發表和人權議題有關的演講。我們住在往小城赫克森（Hexham）那條路上的一間旅館。潔思與朋友合租房子，是很常見的那種學生公寓，看得出來他們在我們到訪前已稍微打掃了，但還是有點髒亂，不過還算舒適。穎彤逼我承認，這裡至少比我大三時在牛津住的小公寓整齊、宜居多了。出席演講活動的聽眾多到滿出來，所以校方安排了另一個可以用電視觀看演講的場地。對遠道而來的香港媒體來說，我這次的演講其實沒什麼特別值得報導的地方。演講前我們先和新堡大學校監馬修・雷利（Matthew Ridley）碰面，也喝了杯茶，他比他弟弟尼克（Nick）好相處多了。[31]後來校長詹姆斯・萊特（James Wright）招待我們吃晚餐，他來自蘇格蘭，是劍橋畢業的古典學者。讓我有點訝異的是，他居然是個老饕，而且收藏蘇格蘭現代藝術。與他們夫妻相處的時光很愉快，另外我也遇到我的新任政治顧問約翰・艾胥頓的母親，她在新堡大學任教，也很為自己聰明的兒子感到驕傲。

十一月十二日（星期五）

在這個清新的秋日裡，我們約了潔思和一位友人一起沿著哈德良長城（Hadrian's Wall）散步，然後到港邊二十一號餐廳（Number 21 Quayside）吃晚餐，去年我們也在這裡聚餐。她帶了一位非常好相處的男生過來，名字叫馬克，馬克不顧她的反對，堅持穿西裝打領帶來和我們一起用餐。我覺得他應該好一陣子沒有穿過西裝或打領帶了，他

1992

1993

1994

1995

1996

1997

說他媽媽還叫他剪個頭髮再來，但他不想那麼誇張。

十一月十四日（星期日）

週六晚上搭機返港。我不在的這段期間發生了一場風暴，有人要求廉政公署的某位高官下台。但如果要炒他魷魚，港府就必須拿出一種非常嚴苛的權力，而這權力就是為此類狀況而存在的。可以理解有人會對此有所顧慮，我也可以想見一九九七年後這種權力會遭到濫用，但真的沒有其他方式可以有效處理逐漸蔓延的貪腐問題了，而且目前我們若要行使此一權力，就必須先獲得法院同意。

十一月十五日（星期一）

我們還是無法確認中方是不是真的想談成一份可以讓人接受的協議。我們偶爾會透過董建華這類中間人聽到一些正面的消息，但不管魯平在北京的發言為何，新華社香港分社還是一直在香港放送態度強硬的報導。會議中我們花了很多時間討論可能可用的立法局誓詞，來為可以搭上「直通車」的議員預做準備，我們討論的大都是如何在誓詞中彰顯反叛的態度，但又要讓中共可以接受，這很像是執意要往艱難的道路前進。

我和布希總統及其夫人芭芭拉會面，也一起享用晚餐。他們很喜歡梅傑。布希總統和梅傑對媒體有著相同的顧慮，好比說媒體對美國的經濟表現輕描淡寫，沒有寫出美國經濟早已進入復甦期。雖然現在他們已將數據上修，但他說那些和經濟有關的報導害他的選戰輸慘了。儘管如此，他並沒有表現出不滿的情緒，還是非常紳士。他的言行舉止近乎完美，很像我的老上司彼得・卡靈頓。他感謝我在他訪港期間為他提供警力及其他支援，他是唯一為此表達謝意的政治領袖。我認真覺得他是運氣不好才選輸的，他同時也是保守派裡面具有國際觀的人物，堪稱典範。他身邊的人都很優秀，這我毫不意外。安妮長公主（HRH Anne, Princess Royal）也抵達香港了，並下榻在府內，她此行是要參加和馬匹有關的國際會議。我相信這件事很重要，但我完全搞不清楚會議內容是什麼。

我愈來愈關注目前仍滯留在港的越南移民人數，也和聯合國難民署的新任署長開會，討論如何鼓勵他們返回越南，這次的討論很有幫助。以我們的補償方案來說，我想世界上應該沒有任何一個地方的難民甚至非法移民，可以得到比這更優渥的遣返方案了。香港的難民營中大約還有三萬多人，但我想我們恐怕得自行處理最缺乏自理能力的族群。不幸的是，雖然移民和難民營是香港目前亟待處理的問題，但在全世界也都是如此，不過或許香港市民中本身就有很多人是移民，所以這個議題似乎沒有那麼讓人反感，只是我們仍得找出恰當的方式來讓事情變得更好處理。穎彤比我更常訪視那些機構，也更常和志工團體開會，設法解決問題。

十一月十八日（星期四）

今天的第一件事是和醫生碰面，他叮囑我要更認真減肥。好在後來的事讓人滿意多了，尤其是和季辛吉為時一小時的會議。與他相處從不枯燥。他認為美國應該要處理好和中國的關係，也認為在一九九六年的競選期間，柯林頓會把更多心力放在就業和經濟上，而不是人權議題。美商想要進入中國市場，即使之後幾個月可能會讓一些投資人覺得他們好像是把錢投在艾菲爾鐵塔上，換句話說就是投資在跌價的標的上。他也談了滿多李光耀的事，說他實際上就是一個城市的市長，服務的是一座夾在馬來西亞和印尼之間的一個中型城市，而這也是為什麼和中國打好關係對李光耀來說如此重要。他提到李光耀時都叫他哈利（Harry，我想李光耀會喜歡這個稱呼）。他還談到這位新加坡領導人在一九六〇年代晚期出訪哈佛時的趣事，當時李光耀和一群哈佛教授討論越南的事，大家都分享了自己的觀點，大力批評美國的政策，最後他們也問了他的想法，結果他只回答：「我覺得你們是一群叛徒。」他告訴我李光耀沒有懷疑我的智商，但強烈批評我對生活和政治的態度。季辛吉臨走前又提了這個話題：「至少他沒有覺得你是笨蛋。」

傍晚我們與安妮長公主和她的女官一起用餐，餐桌上除了我和穎彤就只有麗思而已。公主和往常一樣機智、風趣。從她接下幾個榮譽職以後，她就開始關注相關議題，譬如她比我在海外發展研究所（Overseas Development Institute）接觸過的許多部長都更了解國際援助事宜，只可惜我沒辦法和她聊馬的話題。

今天恒生指數暴跌，但沒有人知道確切的原因，或許很可能是中國人對談判抱持悲觀的態度，於是大量拋售股票。中國經濟展望也趨向悲觀。任職於摩根士丹利（Morgan Stanley）的巴頓・畢格斯（Barton Biggs）在九月時還看好中國的經濟前景，結果現在卻說那是經濟泡沫，而且他之前就叫大家把中國的股票賣掉了。我有時會覺得讓我訝異的不是這些分析師可以領這麼高的薪水，而是他們居然有資格領薪水。

十一月十九日（星期五）

這一切要到什麼時候才會結束？今天開始第十六輪談判，中方居然這麼快就走回頭路，而且還不會不好意思。上一輪談判中他們才承諾要推動談判進度，先處理一些比較不重要的事。我們究竟要怎樣才能知道他們到底在耍什麼把戲？這遊戲規則看起來就像出自路易斯・卡洛爾（Lewis Carroll）之手，難以捉摸。[32]也許這一切都是精明的談判策略，但也許他們單純只是想把我們耍得團團轉而已。我方已準備好要談第一階段的協議了，但他們還沒預備好，甚至反悔他們先前對於地方選舉異中求同的決定，並可能在一九九七年後調整香港政策。他們現在不願接受我們擁有撤銷委任議員席次的權力，我希望他們不是因為接收到我方的錯誤信號，或是收到英國本土評論家的錯誤建議，才做出此一判斷。我們可能要直接對他們說，如果下一輪談判還是沒有任何結果，我們就會終止談判了。據說中國外交部副部長姜恩柱有次狠狠地罵我們，幾乎罵到口沫橫飛。

十一月二十日（星期六）

為了要讓我重振心情，我們接待了要從北京回國的德國總理柯爾（Kohl）。[33]這幾年來我與他不時有些接觸，我們也處得很好。之前我擔任保守黨研究部（Conservative Research Department）的負責人時，曾和艾德諾基金會（Konrad Adenauer Stiftung）交流互訪，當時就見過他幾次；後來我當上保守黨主席，就更頻繁地見到他，因為當時黨內嘗試要與歐洲議會中間偏右派的歐洲人民黨（European People's Party）協商，希望能成為他們的會員。讓我訝異的是，在我當上主席前，柴契爾就已對此議題很感興趣，梅傑也大力推崇。柯爾建議我們兩人應該私下見面，只帶上他的口譯員，就像我們以往那樣。常常柯爾一開口，他的口譯員好像就知道句子會怎麼結束了。我們的討論很愉快，但也有些迂迴。他顯然把蘇聯和中東歐發生的事件當作觀察中國的基礎，他不認為開放市場會帶來什麼效益，只會腐蝕馬列主義的架構。他在對話中夾雜了很多和普魯士、俾斯麥、史塔西（Stasi）有關的內容，也對在港情報分子的活動特別感興趣，覺得香港很柏林像，但同時對本地情報分子的情資品質抱持質疑的態度。[34]對於商界不支持我們打造公平的選舉一事，他完全不訝異。他覺得商人不會深謀遠慮，只會看明天可以獲得什麼利益，而選舉當然在資產負債表上舉無輕重。他說香港曾出現在他和中方的對話裡，中方也向他保證他們會支持讓移交順利進行的做法。在和中共政府高層開會時，他的態度也許就和他所批評的商人無異？這種揣測當然也並非不合理。我們差不多聊了一個多小時，在他臨走時再次強調他對梅傑的支持，還有他或多或少了解英國在馬斯垂克所面對的難題。[35]他還邀請我下次到德國時去找他。當初我們與歐洲方面重新協調英鎊和歐元間的匯率時，要是他出手幫我們該有多好？或許英鎊就不會被迫退出歐元匯率體系了。[36]雖然我很喜歡他，但我不覺得他會為此事徹夜難眠。

憲制事務司施祖祥才上任一年多就加入我方的談判團隊，從北京回來後，他告訴我中方對待他們的態度有多惡劣，尤其對外交部助理次長韓魁發的態度最差，但在會議最後所有的人都接收到同等的惡意，甚至在會後的宴席上也是如此（如果充斥如此多霸道無禮的行為也可以稱得上是宴席的話）。前三道菜出完之前，姜恩柱都不願和韓魁發交談，之後他也一樣失禮，而且沒有送我們的談判團隊離開會場。這樣還能宣稱自己是禮儀之邦？我還是得繼續相信，希望自己可以繼續相信，共產黨不等於中國。好比說施祖祥，他也是華裔人士，但他有禮、善良又聰明，所以問題是出在那個黨身上。我很依賴施祖祥的協助，就像我依賴陳方安生一樣。和我相處時，他們總是坦誠以待，若覺得我哪裡做錯了也會直接告訴我。

十一月二十一日（星期日）

英國記者威廉．里斯—莫格和其妻姬蓮造訪香港，和我們一起吃晚餐，他們的兒子雅各也來香港為工作做準備，並下榻在我們這裡。我們從他還是嬰兒時就見過他了，這個善良又逗趣的年輕人個性早熟，他決定從調整穿著和言行來開啟人生，他的儀態活脫是只會出現在倫敦伊靈片場（Ealing Studios）中的傻氣英國貴族，爬山時也會穿得像都市菁英，不過游泳時還是會拿掉領帶就是了。他對雅思很好，會教她寫數學作業。

十一月二十二日（星期一）

今天我們的工作從討論第十六輪談判的內容開始。不知道外人會不會相信中方竟然做得出那些可惡行徑，好希望整個談判從一開始都有錄下來，可以放到電視上播映。他們其中一個超現實的戰略，是拒絕解釋某樣東西的意義，直到我們做了點讓步，他們才要解釋，換句話說，公開、正確、透明對中方來說就是讓步，這可是和《論語》的內涵天差地遠，孔夫子說統治者該做的第一件事就是正名，也就是一個人的用詞，要確實符合該詞彙的實質意義。好在現在談判快結束了（壞就壞在還沒結束）。我們需要得到行政局的支持，來為這種像在煉獄裡贖罪般的情節找出最適合的終結方式。我在香港外國記者會上做了一場午餐演講，講題是普世價值。該組織因約翰．勒卡雷（John le Carré）的小說而聞名。[37]這次的演講是我在新堡大學演講的精簡版，講的是人權、法治、民主和經濟發展之間的關係。

接著我出於好奇而向鄧蓮如打聽，結果和我想的一樣（我之前就有提過了），英國政府想做的事常常不為大眾所知，而誇張程度竟然至此。這導致我開始用不健康的心態去探聽陰謀論的源頭，最後發現源頭居然是個理應難以取信於人的謠言。鄧蓮如聽到有人説（誰說的？），我其實根本沒去新堡，顯然有人認為，我要不是去面試歐盟執委會主席的職缺，就是去參加某場特別機密的內閣會議。此傳言指出，我在新堡大學的演講是透過電視轉播進行的。我平靜地試探，想知道這些論述因何而起，原來是人很好的《南華早報》前總編菲利浦·克羅利（Philip Crawley）就讀新堡大學的女兒，她想聽我的演講，但未成功擠進演講廳，於是去另一個會場，用電視看演講。這就是陰謀論的源頭。

十一月二十三日（星期二）

行政局會議前，董建華來找過我兩次。他一直和魯平有聯絡，魯平試圖讓他相信中方的誠意，宣稱中方完全沒有改變過立場，也不懂為何我們要對立法局選舉的投票方式反應這麼大。在漫長的行政局會議上，大家有了基本的共識，認為我們應該繼續推動所謂的第一階段協議，先處理比較簡單的議題，不要拖太久。

十一月二十四日（星期三）

與美國商會的午宴是本週亮點，比起大多數其他商界社群的領袖，他們實在聰明太多了，他們對中國說的話以及對中國的見解都非常恰當。也許背後有美國經濟撐腰真的有幫助。

十一月二十五日（星期四）

在討論貿易議題時，財政司麥高樂唸了一份有趣的報告，出自他剛參加完的亞太經合會（APEC）會議。他說那幾場會議中，出席的都是國家領導人或其代理人，而江澤民的發言只有他剛剛唸的那幾句。但比較奇怪的是，

1992
1993
1994
1995
1996
1997

一直以來他的說詞都和討論會中其他人的發言沒什麼關係。

十一月二十六日（星期五）

第十七輪談判的第一天。沒錯，十七輪了。這次一切的經過也如我們所預測的，中方又提起他們在先前幾輪談判中似乎就講過的事，完全沒有讓步的跡象，不論是對立法局選舉的投票方式，還是一九九七年後能否以委任方式決定區議會和市政局的成員，以及讓香港政府決定成員人數這件事。若制度真照中方的想法走，同時還覺得港府或立法局對此類事項擁有自主權，那也太過愚蠢。《中英聯合聲明》徹底變成空話！談判會立刻破裂的預測傳得又快又遠，部分歸因於我方謹慎地把一些消息放出去，韓新很擅長做這件事。駐中國使館和外交部助理次長韓魁發正嘗試繼續拖緩事情的進度，這或許還算可以理解。我們多數人都認為又到了「及時行樂」（Carpe diem）的時刻了，而且如果寫出這句名言的古羅馬作家荷瑞修（Horace）真的希望我們好好享受人生，那我想沒有什麼事會比我們現在更慘了。現在中共的官僚一直把我們當猴子耍，完全不顧香港人民的利益。

十一月二十八日（星期日）

今晚我們在港督府和行政局成員開了一場非正式的討論會，李國能和張健利的反應特別激烈，針對一九九七年後區域政府機關委任職務的最新提案，他們認為會嚴重侵害香港特別行政區的區政府自治權，也會違反《中英聯合聲明》和《基本法》。行政局完全沒有軟化的跡象，他們普遍接受我們經倫敦認可的現有計畫，也就是把我們的提案拆開來談，並先將第一部分的提案送交立法。行政局認為如果我們此刻改口，未來在任何談判上都將無法嚴肅地把持立場。

十一月二十九日（星期一）

今晚我有一場授銜儀式。這類活動都在宴會廳舉辦，寬敞的空間內最後一排會有警察組成的樂隊，大門也會敞開通往府內的主要通道。典禮中我掃視了與會來賓，他們來見證自己的親友接受授銜；我也剛好瞄到雅思的四、五位同學，他們穿著馬汀鞋，準備從她房間所在的那棟樓偷偷下樓，進到大廳然後開溜。在我做這些正經事的時候，看到大家的生活如常進行，感覺頗為有趣。我想若在白金漢宮應該看不到這種情景。

十一月三十日（星期二）

今天召開正式的香港行政局會議，我們延續了星期天的話題。幾乎所有的人都支持我們在本週五公開發表提案內容，並在下週的立法局中提呈相關法案。我起初的直覺也是如此，但外相韓達德希望我們再延一週，主要是因為他接下來幾天行程滿檔，空不出時間。我們會後花了點時間，討論我要對這些事項發表的聲明稿、記者會內容以及目前草擬的白皮書等。

十二月一日（星期三）

週四到立法局發表聲明前，我先和很多議員討論，包括李鵬飛。他才剛去過北京，當時他試著說服北京官員不要語帶挑釁或耍蠢，結果遭對方施壓及惡意相待，他對他們的攻擊非常惱火。基本上李鵬飛是個很棒的人，但偶爾會與無賴或懦弱之人同流合汙。即使有時我不同意他的話，但還是覺得他很討人喜歡。

1992
1993
1994
1995
1996
1997

十二月二日（星期四）

我在立法局發表聲明，闡述我們處理選舉事宜的構想：如果我們無法和北京達成可接受的協議，就會向立法局提交最初版的提案。我們收到的回應很不錯，記者會也還可以，而目前北京唯一的回應是，如果我們自行推動任何法案，他們就會終止談判。

十二月四日（星期六）

今早在北京有點小衝突。他們宣稱他們給的條件很大方，而我們的行為則非常不合理，尤其是我們強調香港立法局的角色不只是提供諮詢而已，這讓他們無法接受。目前民調顯示民眾較支持我們，雙方支持率大概是二比一。我們的北愛爾蘭友人修·歐尼爾（Hugh O'Neill）告訴我們，太古集團的大班薩秉達（Peter Sutch）在一場商務簡報會中對他們說，香港是由「來自薩默塞特郡（Somerset）的政治家」所治理。[38]雖然薩秉達的弟弟待在薩默塞特郡的天主教學校唐塞德中學（Downside School）擔任修士，但我還是不覺得他這句話帶有讚美之意。

十二月六日（星期一）

在和鄺富劭（Francis Cornish）交談前，我看了一下英國的貿易資料。[39]鄺富劭是我們的總領事，也是負責英國在港貿易事務的主要官員。鄺富劭受到很多高射砲攻擊，因為那些人認定我們的香港政策破壞了英國產業進入中國市場的機會。官方數據證實，在一九八五年到九二年我們對中國卑躬屈膝的日子裡，我方對中國的出口貿易確實下降了。而令人訝異的是，在那幾年間，我方對中國的貿易起初呈現出超趨勢，只是到後來變成中國享有貿易順差，並以二比一的優勢領先我們。不久後，我們就會看到這位來自薩默塞特郡的政治家會交出什麼樣的貿易成績了。韓達德在下議院的發言獲得不錯的迴響，而對於我們關於未來發展所做的提案，議員們回應的內容都很正向；但上議院比較不支持我們，我覺得目前最適合形容上議院的說法，大概就是西敏寺版的功能組別吧。

十二月七日（星期二）

結束行政局的會議後，我們到住宅區訪視，過程十分順利，遇到很多熱情的民眾，回來後也得知恒生指數開始急遽回升的消息。難道是因為中國投資人在北京放話前就已挹注資金嗎？有一群親北京的顧問已先行北訪，雖然他們名為顧問，但絕對不是到那裡提供諮詢服務，反而是接收指令。最近一次的中英聯合聯絡小組的討論沒有任何成果，這毫不令人意外。

十二月九日（星期四）

我們起床後就從收音機聽到柯利達單薄的聲音，他正向外交委員會報告，對我們大肆批評。我猜他應該會在英國引發一陣騷動，但對這裡真的沒什麼影響，說得好聽一點，他在這裡的支持率絕對不會太高。我們培養出來的蘇聯學家居然認為大家應該起身對抗蘇聯，而且還與一批認為我們應該向中國屈服的漢學家聯手，這實在是很有趣。

十二月十日（星期五）

穎彤和我參加了英國黑衛士兵團在赤柱炮台舉辦的舞會。每次參加這類活動前，我們都會找人惡補蘇格蘭高地舞，以免到時太過尷尬。我們一起跳的利爾舞（reel）還算不錯，後來我也和軍團上校的夫人一起跳了一支舞，

1992
1993
1994
1995
1996
1997

她很有魅力，也和我分享為人父母最怕的事，也就是子女喪生，但她提及這件事時完全沒有自怨自艾。舞會超時，很晚才結束，就如柴契爾夫人擔任首相時在議會的私人秘書伊恩・高（Ian Gow）生前常說的：「酒全都喝完了。」[40]

十二月十一日（星期六）

北京放話的聲量又更大了，錢其琛和李鵬雙雙暗示英國貿易會遇到的難題，也談到英中經貿關係。這可和馬毓真大使在倫敦做的事天差地遠，即使目前兩國有所爭執，這週馬大使還是花了好些時間走訪英國企業，鼓勵他們多投資中國。

十二月十四日（星期二）

本週我們不斷討論新年期間如何處理中國事務，除此之外，最有趣的討論就是年金議題了。我們是否該全面導入隨收隨付制，將納繳與支領的金額互相連結？這在香港是重大議題。目前為止，政府的規定都是必須投保私人保險，但此政策顯得愈來愈不合時宜，因為一旦有保險公司遇上突發意外，政府就必須承擔或有負債。我和陳方安生都對新的計畫有所保留，無法全盤同意，但我們最後都認為社會上的訴求是為長者提供更好的照護，而這個新政是唯一的解方。

十二月十五日（星期三）

今天憲制司施祖祥在立法局提交了第一階段的法案。中午我們辦公室有聖誕聚餐活動，穎彤的兄弟馬爾康

（Malcolm）與其妻子珍妮（Jenny）今天也飛抵香港，準備和我們一起慶祝聖誕。我姊姊和姊夫彼得也帶著女兒露西一起過來，潔思和麗思也飛來了。恒生指數不斷攀升，大概是因為麗思蒞臨香港了吧？我和陳方安生會同相關官員開了一場馬拉松會議，內容是關於新界的住宅、汙水處理系統和土地使用議題。我算是汙水處理方面的專家，這讓與會官員很訝異，這其實源自我前幾年出任英國環境大臣等首長職位的經歷。當時我每次到歐盟開會，好像都在處理汙水浮昇和海洋放流的問題。本週我也多次會見外媒和外國政治人物，我猜對很多人來說，和以往在英國的聖誕假期相比，天氣實在好多了。在倫敦那頭，《太陽報》（*The Sun*）刊了一篇批評我的文章，我猜這應該是他們第一次在報導中提到香港，聽說好幾個我以前的敵對對象都是促成那篇報導的幕後推手。他們這麼做是什麼意思，真的很希望我回到英國政壇嗎？

十二月二十二日（星期三）

天氣非常棒，股市也不斷飆漲。昨天我們參加了一場美好的聖誕頌歌音樂會。今天股市仍不斷攀升，我們也去了趟林柏棟神父教區內的學校，參加期末慶祝會。活動很好玩，樞機主教胡振中還為我捎來一則來自教宗的聖誕祝福。（他人真好，居然還想到我！）

十二月二十三日（星期四）

前議員鍾士元爵士來見我，他是我們在先前幾位總督任內的堅實盟友，在香港行政局和立法局都有席位。一九八〇年代他曾代表香港公眾發聲，嘗試說服英國在討論移交事宜時採取更堅定的立場，也就是以更強硬的態度面對中國，結果受到英國政府和議員粗暴地譴責。因為無法對即將離去的殖民勢力發揮影響力，所以可能別無他法，他最後選擇跳槽到另一陣營，現任北京政府的顧問，這也許是必然的結局吧。我算是很欣賞他，他先前無處發揮長才我也覺得很可惜。他對民主沒什麼信念，但對香港非常有熱忱。他花了很長的時間向我解釋中國的立場，但到最後我不覺得我更理解中方，只是覺得應該和他保持聯絡。真希望我早點認識他，這樣就可以和他有更多交流的機會了。

十二月三十日（星期四）

我在聖誕夜裡和科林．格蘭打了幾場網球，與他打球很棒，因為他會一直把我的球打回來給我，直到我失誤為止（而我當然會出現失誤），總之他真的是我生活中絕佳的夥伴。目前他經營一個小本生意，主要是出租影片給旅居香港的外僑。打完球後我臨時抱佛腳去買了點聖誕禮物，爾後我們享用了美味的聖誕晚餐，之後接著去英國聖公會的聖約翰座堂參加午夜場彌撒。從聖誕節當天起，聖約翰座堂就湧現滿滿的人潮，很多我們在香港的朋友、夥伴以及美國友人麥克．梅道佛和他的兒子布萊恩都去了。我們一起玩了很多遊戲，像是室內草地滾球、跳棋、桌球、比手畫腳等等，聖誕節過後也出去探險了幾次，其中一晚還去了爵士酒吧。

這時財長祁淦禮和他妻子姬蓮也和我們待在一塊，接著就要去漢城開會。[41]他們還帶上一些官員和一位幹練的年輕秘書海伍德（Jeremy Heywood），海伍德看上去非常年輕，完全不像是需要處理這麼多要務的人。祁淦禮說他的表現非常優秀。我們帶祁淦禮夫婦去了那家爵士酒吧，他對這個行程讚譽有加，我猜部分是因為英國樂手蓋．巴克（Guy Barker）也參與演出吧。我們也一起去米埔濕地賞鳥，祁淦禮說他觀察到五十多種鳥類。然後還去大嶼山爬山，找到各式各樣的野花。他們夫婦倆和財政部參訪團接著便出發前往南韓了。他們造訪期間，我們沒有邀他們一起玩的遊戲是「反轉躲貓貓」（sardines），因為我們玩的時候會非常吵鬧。我在遊戲中作弊取勝：在大家跑來跑去到處找我時，我拿了一瓶酒，然後偷跑到我更衣室旁的陽台坐下，在那裡安安靜靜地享用美酒。

中間發生了一個戲劇性的事件，就是聖誕節當晚管家們忘記在晚餐後熄掉蠟燭。隔天是節禮日（Boxing Day），我的副官麥克．艾利斯很早就起床了，在早上七時十五分左右來敲我們的門，說他有聞到冒煙的味道。我下樓一看，發現餐廳的壁爐周圍起火了，看起來有火苗從壁爐竄出來。總之我提了很多水過來，和幾位已經起床的管事人員一起合力把火撲滅。穎彤對我說，當時廚師們在隔壁開心地做早餐，所以完全沒發現這件事。這起意外讓餐廳多處損毀，而我們明明不久前才翻新而已。其實這件事有可能演變成火災，所幸沒有如此。這段期間艾絲佩絲回家過聖誕節，這個意外就顯示了她不在時會發生什麼狀況，希望她回來後會原諒我們的粗心大意。我向幾位管事保證，這不完全是他們的錯，因為我們用完晚餐後就馬上衝到客廳玩一些很吵的遊戲，我覺得就是因為這樣，因此府內員工才沒注意到這個狀況。他們當時應該非常不解，不知道我們到底在開心個什麼勁。當然火災警報器沒響是最大的問題，明明整個房間都是煙，但警報器一聲都沒響。

聖誕節到新年前的這段期間，北京政府持續鼓譟地批評我們，倫敦也動作頻頻，有部分顯然是因為大衛・楊恩勳爵不斷地對政商人士說，英國在中國的發展前景就快被我毀了。有人說客戶範圍遍及各個領域的形象公關提姆・貝爾（Tim Bell）是他的幕後黑手，《太陽報》的那篇報導就是一例。

在香港還發生了另一起正面衝突。在我們愉快的大嶼山之行前，我得先去參加大嶼山寶蓮寺的天壇大佛開光儀式。這尊無比巨大的釋迦牟尼佛青銅坐像安放在寺頂，寺內的和尚身著袈裟並打著橙金色的傘，在階梯上列隊。新華社香港分社社長周南和我都要上台演講，他以雙手合十的方式和我打招呼，而非握手，結果媒體都把這當成是他對我的羞辱。周南在演說中提到中國一向尊重人民的宗教主張與信仰。這種事是騙不了人的。

1992
1993
1994
1995
1996
1997

一九九四年

一月三日（星期一）

顯然中共高官們對陳方安生愈來愈感興趣，他們特別關心公職人員的交接和經濟議題，這可能表示他們有點緊張了，不確定自己是否能勝任管理香港的工作。我希望他們信任陳方安生，她完全有能力主導香港事務，也不太會引發政治衝突。她的家庭背景具有愛國形象，雖然他們不是共產黨員，但絕對是深受敬重的華人家庭。

我委任王葛鳴為房屋委員會主席，我們會同陳方安生和麥高樂認真討論了房屋政策。該委員會當然有滿手資金，主要的問題是如何運用，而王葛鳴處理相關事務的方式深具政治手腕。

一月四日（星期二）

行政局成員之間似乎開始出現新共識，大家想在第二階段改採我一九九二年提交的初版提案，我們也想在未來幾個月內提報九二年的提案給立法局。現在大家主要的考量之一當然是立法局最後會通過哪些法案，但目前我們不需做出最終決定，等時間快到了再定案即可。預備工作委員會的成員在北京集結，目前看來其中有三分之一持有外國護照，這代表他們對未來真的深具信心呢。有民調顯示，人民不認為這個委員會可以代表民意，該委員會的反對者與支持者的比例大約是二比一。中方逼我們派公務員去北京向他們簡單匯報，但我們拒絕了此要求，結果他們指控我們沒有展現合作意願。他們只是想要「另起爐灶」，並希望我們幫他們背書而已。我自己認為在香港透過原本的管道和他們討論已經很夠了，就像我們也會和其他團體討論一樣，但我們也不想影響現有的溝通管道，例如中英聯合聯絡小組和處理機場議題的委員會等等。

一月六日（星期四）

放假回來後的第一週，我的訪客有美國參議員米契・麥康諾（Mitch McConnell），以及他那位出生於台灣的新婚妻子趙小蘭（Elaine Chao）。一番長談後，她問我們的處境和近期敗選的紐約市長有何不同？[42]他本來已開始為往後的政治生涯做準備了，但後來卻由他的共和黨競爭對手入主市府。我很有禮貌地回覆她，我方還有三年半的任期才會離港，還有一些其他事項尚待完成，但我沒有說出我真正應該給她的答覆：如果我們的處境和當時在任的市長相同，我不覺得我們會敗給對手。而且我們這種例子並不多見，因為很少有殖民地的人民希望殖民政權繼續待下去。

一月七日（星期五）

我們和副外相顧立德和外交部的李基茨一起討論白皮書，還有下次內閣委員會會議的內容。我們要沿用一九九二年的計畫還是要加以修改，尤其是減少功能組別的投票人數，並讓選舉委員會不要那麼民主？我自己的見解是，無論如何都不要放棄我們初版的計畫，而且一旦送出第一項法案，我們就應該加緊推動第二項法案。同時我們也要考慮的是，若是先假定對方會做出哪些讓步，再依此草擬法案，這種做法挺難的。而且，我們很難否定的一個事實是，這樣草擬出來的法案顯然不會是最好的。另一個讓問題更為複雜的考量點，是中國要在三月舉行全國人民代表大會，但我真的不覺得這有什麼好擔心的，因為與會代表會針對香港發表哪些謬論，我現在已經可以預料到了。

1992

1993

1994

1995

1996

1997

一月十日（星期一）

我們和英國學者馬若德（Roderick MacFarquhar）與夫人艾蜜莉・柯亨（Emily Cohen）共同模擬會議狀況並一起享用晚餐，他應該是中國政治學領域裡最受尊崇的評論家。他認為鄧小平死後，中國會分裂成三個派系，分別是以李鵬為首的左派團體，以江澤民為首的中間派人士，以及朱鎔基身後那群能幹且值得信任的改革派，這三個派系將出現紛爭。他似乎還認為江澤民和朱鎔基這兩個派系的實力會達到平衡，但這是否會帶來真正的改革又是另一個議題了。中間派通常沒有什麼用，但他們都能持續在政界生存下去。

我又見了鍾士元爵士一次，他完全相信中國所謂的「談判結束」，令人既傷心又驚訝。他以前明明不是這樣的人，以前他常常說我們應該繼續把持維多利亞島，並且在必要時引入水罐車。在我和王葛鳴帶著工黨外交事務發言人簡力行參觀了一些公屋後，我和澳洲總領事一起吃晚餐，討論我的訪澳計畫。澳媒報導了總理基廷和外交部長伊凡斯之間的爭端，基廷不支持我們的香港政策，但伊凡斯對我們全力相挺。基廷不想捲入任何惹怒中國的事件中，不希望影響澳中經貿關係，但那是他自己一廂情願的看法。

一月十二日（星期三）

力行偕同夫人一起來午餐，他們還會在香港短暫停留幾日。我向他完整說明了目前的狀況，他的見解對我極有幫助。

一月十三日（星期四）

我和穎彤在香港麗嘉酒店（Ritz Carlton）與約克公爵夫人（Duchess of York）和鄧永鏘一起度過非常美好的午餐時

光，之後我就得到立法局接受質詢。[43]在我小心啜飲杯中美酒時，我看著桌上兩瓶還沒喝完的柏翠酒莊（Château Pétrus）紅酒，心裡非常欣羨。公爵夫人很有魅力，行為舉止也都非常得體，雖然我也不知道怎樣才是不得體。

一月十四日（星期五）

記者雨果・楊（Hugo Young）最近待在香港，還幫《衛報》寫了一篇縝密周全的文章。溫和一點的說法是，他認為有錢人的行為有待檢討，雖然今晚在我們府內宴會廳所舉辦的香港公益金二十五週年紀念舞會上，他們一共捐了港幣七百萬元的鉅款做公益，其中兩百萬是一台法拉利的拍賣所得。其實我覺得，如果我們把大家在活動中佩戴的首飾珠寶集結在一起，應該可以籌措到更高的資金。每當想起慈善活動的功用，好比說保守黨辦的那些活動，我就會想起雞肉冷盤沙拉和傑佛瑞・亞契（Jeffrey Archer）主持的拍賣。雨果的主要論述是，他上次來到香港時是四年前，當時有錢人都很焦慮，批評總督太過軟弱，結果現在他們又說總督太過強硬。前副首相賀維（Geoffrey Howe）同樣也批評我態度強硬，他開始在倫敦接受採訪，並在媒體上批評我們的立場，時間點剛好就在我要對外交事務委員會的某些委員口頭報告之前。

一月十七日（星期一）

在自由論壇（Freedom Forum）針對新聞自由舉辦的會議上，我說了些平常關注的重點，但有人問了一兩個比較難回答的問題，詢問我們在審查現有新聞法案、引入資訊自由法案、立法保障新聞權益等事項當前的進度如何。這些工作我們都略有涉入，但可能得再做得更多。我希望我們還有發揮的空間。目前要多加留意的主要是當前政界對人權議題的保守作風，包含行政局、港府當局，就連倫敦政府也不例外，目前的整體方向是要我們不要做得太超過，不要在太多事情上和中方對立。我們得在移交之前多加檢討相關議題，就像英國作家威廉・莎克羅斯

1992 1993 1994 1995 1996 1997

（William Shawcross）來訪時曾對我說的那樣，香港需要用到的建設，我們得在離開前盡力完成，這點非常重要。他後來也寫了篇相同論調的文章。重要的是如果人權受到侵害，大家要能意識到。

一月十八日（星期二）

今天穎彤為慈善團體「防止虐待兒童」（Againt Child Abuse）所屬的護兒中心主持開幕儀式。因為一些深層的社會文化問題，香港政府很難插手干預家庭事件，難以安置及保護受虐兒童。穎彤說香港機構中的兒童大都是孤兒，或是出於某些原因而遭父母棄養的小孩。只要父母不願放手，很少孩童能離開原生家庭。但現在確實有愈來愈多人會舉報鄰居虐童，這代表大眾對兒童權益的意識已開始提升了。這算是穎彤以前擔任大律師時經常處理的領域。

我和政務司及財政司討論預算草案，我們得到的最新數據是一九九七年至九八年間的財政盈餘，預估會從港幣七百八十億元幾乎翻倍，達到一千三百多億元，這也讓我們的機場和貨櫃碼頭兩項提案有了新的立基點。對於機場的開銷，我們絕對有能力再加碼，甚至可能可以滿足中方對資金所有的要求，藉此羞辱他們一番。假使我們真的需要更多貨運碼頭，我們也可尋求其他管道來取得資金。

在踏上夜間班機回倫敦前，我看到我們海外辦公室的負責人詳細報告了法、德兩國是如何對中國阿諛奉承。法國的作法還滿無恥的，讓人不禁心想：「背信忘義」一詞到底應該用來描述英吉利海峽西側還是東側的國家？

一月十九日（星期三）

我在黎明時分回到倫敦的公寓，帶麗思出門大肆採買一番（我說，「別告訴妳媽喔」），然後和賀維進行了一場糟糕的會談。在輪到我解釋我們目前的工作時，他一直在打瞌睡，接著他將焦點擺在功能組別上，說有些地方我們徹底做錯了，但也沒說清楚是哪些地方。我希望批評我們的人也都學他用這種方式來表達批判。他是個不錯的人，對於保守黨和國家都有很多貢獻，而我也覺得他承受柴契爾夫人過多的責罵了。我覺得今天的問題在於，他覺得他視為寶貝的《中英聯合聲明》之後會長大變成一個難搞的青少年。當初參與討論該項聲明的人當中，有些人現在很不情願，恨不得他們可以扭曲那些白紙黑字寫下的條文。但即使談判桌的另一邊是中共，也不能那樣啊。做人不能這麼草率，不能接受一個概念對英國議會和香港市民有某種意義，但在北京談判上又能代表完全不同的意思。難道法治和民主在香港和在北京能有兩個完全不同的意涵嗎？

前往外交部開幾個會議之前，我先會晤了駐華大使麥若彬。儘管他看起來身體狀況並不太好，但還是準備好要回到北京的工作崗位上。他對即將召開的全國人大會議相當憂慮，擔心到時候會議中將出現不利於英國與香港的言論。我想這又是另一個理由，足以說明為什麼我們在二月底於立法局通過第一階段法案後，就該盡快推出第二階段提案。舉例來說，要是延到復活節以後，就會讓那些鼠輩有太多時間出來亂咬，盡情破壞一切。

一月二十日（星期四）

我向外交事務專責委員會報告工作，襄贊我進行報告工作的是和我們關係友好的霍德爵士，還有在倫敦幫我們料理各項事務的施祖祥。我在報告中提到的內容大都是平常那些議題：首先，我確實可能比其他政治人物更加重視公眾參與的權益，也更願意承擔責任；其次，我不會把香港看作是英中之間不必要的麻煩，香港是英中關係當中最重要的元素，也因為香港是我們最後一個負有重大殖民責任的地區，我會從這個角度來看待英中關係也很正常；第三，我認為在重大事務上，我們不該使用語氣強烈的名詞，然後用比較弱的動詞來和緩語氣；最後，雖然中方非常惡霸，但我仍不覺得我們每次都得屈就他們。

1992
1993
1994
1995
1996
1997

一月二十四日（星期一）

在《今天》節目的訪談結束後，我和韓達德還有幾位外交部資深官員開會，他全力支持我對未來的規劃：一九九二年版的法案最可能獲得立法局的多數人支持。我們應該在送交第一階段的提案以後盡快推出該版法案；對於中方以貿易作為威脅的手段，我們也不要有過大的反應。接下來的內閣委員會會議進行得很順利，大家都很支持我們，就和他們上週在內閣全員會議時一樣，因此目前母國政府的支持力度是我最不需要擔心的議題。我和商界與銀行界的領袖在市中心的餐廳吃午餐，英國奇異公司的詹姆斯・普萊爾也出席了，還以非常溫和的口吻表示他理解我們的立場，但也擔心那是否會影響我們的貿易前景，畢竟中國的市場發展迅速。我不覺得金融服務業者會擔心這件事，畢竟中國的確需要他們的協助，我也不認為他們會因英中關係而受到任何不合理的對待。然而，馬大使還是可以到處以此威脅英國企業，使他們屈服於中方。當然從數據來看依然完全不是這回事，但中國還是可以安安穩穩，不斷以英國的出口與投資額度作為要脅。

一月二十六日（星期三）

我們在天清氣朗的日子回到香港。中方剛針對機場發表非常荒謬的言論，這顯然是因為立法局上週五以三十八比二的票數通過新的預算案，所以中國十分惱火。我們打算提出的新方案，可以滿足他們全額的資金需求，希望可以藉此讓他們無地自容，但我猜這應該只會促使他們重新定義需求，或者聲稱那些從來都不是他們的訴求。真是黑手黨式的威脅啊。

午餐後和浦偉士見面。我真的是自討苦吃，他這個道貌岸然的惡霸又突破自己的下限了。他對我說，很多商界領袖都找他聊過，提到我們目前政策的難點，還有這對英中貿易可能產生的影響（但他們當然都沒有提出數據或例證）。再來，他很確信這些商人會想致電首相，要他改變做法——這當然會讓梅傑很尷尬，畢竟現在他正面臨巨大的政治壓力。但如果沒看到政策大轉彎，商界就不太願意支持政府，尤其是不願意支持保守黨。他在說這些話時，還不斷搖頭。真是可悲，我實在很希望他早點滾回倫敦。他還告訴我他會在二月二十二日向保守黨外交委員會的後排議員們報告相關事宜，還說他當然希望只談銀行業務就好，但就怕他們想聽他發表對於中國和香港的看法。接著他補充說，因為他不是政治人物，所以可能沒辦法很有技巧地回答那些問題。若是要他罵我，說我徹底瘋了，對他來說有什麼難的嗎？我真的寧可應付那些死忠又老派的親中人士，像是曾鈺成和杜葉錫恩。[44]

我們已開始為我的澳洲行做準備，我接受了幾個澳洲媒體還有CNN的採訪，穎彤和我在澳洲記者的陪伴下，一起訪視南區中鄰近赤柱的區域。我們先勘查了一些之後顯然會清除掉的違章建築；後來到了兒童俱樂部，被一大群熱情的小朋友包圍；穎彤也堅持要去視察廁所和廚房的情況，看起來都很簡陋。後來我們又接著去視察一些大型的重建計畫，當中有很多令人印象深刻的新建樓宇，景觀設計得很好。我們被大量人潮簇擁，也受到居民的熱烈歡迎，這在澳洲電視台上播放應該就可以反映現況了吧，他們會知道香港人認為我們在香港做的事是對的。

一月二十七日（星期四）

我們有兩場道別活動。首先我偕同穎彤向盧警長道別，多年來都是由他主理總督府的門口守衛與府內安全。[45]後來我也和外交部常務次長大衛・吉摩開了最後一次會，這是他卸任前最後一次來訪，之後他就要退休了。他不太相信中國崛起成為世界強權的道路會很順遂，他覺得現在大家對待中國的態度，有點像一九三〇年代時應付德國的方式，另外他也懷疑中國商人應該不太能了解我們所說的法治問題。我向他指出，現在中方愈是偏激，就愈清楚地展現出他們真正的態度，也就是他們不希望一九九七年後還有法治存在。他們只會聳聳肩，接受香港變成一座無異於中國本土城鎮的普通城市。

查爾斯・鮑威爾打來和我聊天，自從他離開外交部後（真叫人難過），就擔任怡和洋行等公司的顧問至今。他覺得英國商界人士的批評聲量還不是很大，尤其是因為沒有人可以舉出例子，說他們受到中國的惡意對待。我

1992
1993
1994
1995
1996
1997

們也再次討論了難搞的收購守則，那耗費了戴彥霖大量時間，也把我們兩個都氣瘋了。如果怡和洋行想要測試他們在法院的人脈有多大能耐，那就儘管去吧，總之我絕對不會無視證監會的論點而一意孤行。

一月二十八日（星期五）

魯平大肆批評我們的機場預算，還謊稱我們明明已針對機場和鐵路的借資額度與北京達成協議，結果現在卻超支了。連柯利達都反駁此一說法，柯利達耶！我們搞不清楚中國究竟在玩什麼把戲，可能是因為我們會提出讓他們難以抗拒的提案，所以現在他們開始緊張了吧。另一方面，不論我們提出什麼讓他們願意接受的方案，他們可能都想將之營造成中方的勝利而非雙贏的局面。總之我們正在為新版提案進行最後微調，而且因為他們指控我們暗自修改，所以我們會在農曆新年前公開此提案。

二月一日（星期二）

在出發到澳洲以前，我們再次確認機場預算案的細節，並且會在對外發布前先傳給中方官員；另外也確認了我們在立法局答辯時的相關安排，內容是針對月底要送出的第一階段政治提案、之後的白皮書，以及第二階段法案的發布公報。我持續主張應該重新檢視新聞自由的相關法規，因為這才能為我們帶來可長可久且站得住腳的答案。在我和商界領袖的會談當中，最糟糕的莫過於地質學家約翰．詹金斯爵士（Sir John Jenkins）了，他是現任殼牌石油（Shell）的董事會主席。（我的精神沒有非常好，因為先前已經講了兩個半小時的話了。）他很積極地想讓我知道倫敦的每個人都希望我遭天譴，也說到馬大使人有多好，不會為英國的利益帶來威脅，還說香港現在之所以成功，是因為大家都引頸企盼一九九七年的到來，並希望英國趕快離開。我後來得知殼牌石油正打算和英國的電力公司 PowerGen 合作，在中國開設一間耗資四十億美元的石油精煉廠並進行其他石化計畫，而電力公司需要擔起大部分的財務風險。這讓我不禁開始思考：殼牌明明在年度報告中承諾要對全球的社會隱憂有所回應，但這個立場與我剛剛聽到的話相符嗎？

二月五日（星期六）—二十二日（星期二）

我們在二月五日抵達澳洲，頭幾天先在雪梨北邊的小度假村度假，然後出發前往雪梨、墨爾本與坎培拉。我會在這幾座城市演講，並有好幾場會議要進行。在雪梨的兩場會議特別有意思，我見到受人敬重的澳洲高院法官麥可・科比（Michael Kirby），他是活躍於國際的人權倡議人士，很關注香港現況。另外在我到訪之前，大家都在猜總理基廷究竟會不會見我，也在揣測澳洲政府在對中事務上，要如何平衡總理和外長加雷斯・伊凡斯的立場。我和基廷在他雪梨的宅邸碰面，那裡坐擁港口海景，出人意料的是，我們竟然處得不錯，我想他應該也有些訝異。一開始我就說我們倆都是愛爾蘭移民的後代，我猜他應該沒有料到我會這樣開場。事後伊凡斯告訴我，基廷對這場會面原本的預期顯然是會見到「保守黨的黃鼠狼」或是盛裝打扮的殖民地總督（這些都是基廷的用詞）。他相當有才智，也比我預期的更願意傾聽我的發言，撥給我的時間也比媒體原本預測的還要多。大家都說他對於自己才智過人卻未受過正式高等教育耿耿於懷，他顯然也很厭惡有人無功受祿，明明是透過旁門左道竄起也爬到所謂精英階層的頂端，卻沒有足以為人道的精英事蹟。我後來在坎培拉見到伊凡斯，他對我說他還打趣取笑了總理，因為他居然與我處得那麼好。

我們每到一處都獲得盛情款待。我們和幾位州長碰了面，並下榻在墨爾本州長華麗的別墅中，在坎培拉則和伊凡斯與他的外交部同仁好好討論了一番，他們的表現讓人印象深刻。在墨爾本大學的亞洲研究院（Asia Institute）也有一番令人愉悅的交流，並且在我的演講結束後，有位曾出任澳洲駐中國大使的澳洲頂尖漢學家上台發言，他提及老派的外交策略，就是在和中國談判時會傾向於完全接受他們的條件，所以我現在的做法其實會對亞洲其他地區有所幫助，因為我聚焦於中國對待香港的方式上，這會成為未來中國對待亞洲其他國家的典範。在整趟澳洲行中，我一直收到倫敦和香港發來的大量電報，談及我們要發布的白皮書，以及與下一階段政治提案有關的其他安排，看起來一切都進行得很順利。

我與穎彤都好愛澳洲，但是她注意到澳洲州長受到的待遇似乎和我這位總督有些不同。我們拜訪新南威爾斯州的州長時，管家幫我們斟完茶後，是以倒退走的方式離席，並且還向我們鞠躬；他們還會先幫州長斟茶、送上餅乾，之後才服務賓客。穎彤的結論是，澳洲還沒準備好要轉型成一個共和國。我很慶幸沒人在香港總督面前需要面朝賓客倒退離場。

二月二十三日（星期三）

今天在立法局討論的法案，理應是我們的計畫中較無爭議的部分，至少今天我們面對的不是北京。以地理位置劃分選區的立法局，連同市政局和區議會，這些選舉都會採行單一選區相對多數制。各區政府機構的委任職務將會取消，投票年齡將下修到十八歲，我們也會准許擔任中國人大代表的香港公民可以在香港參選。杜葉錫恩的發言非常尖酸刻薄，而這一切的爭論，都要從她延後討論的動議遭拒開始。對此，我們以三十六比二十三的票數取得優勢，並在後來的二讀中獲得四十八比二的票數。在她的發言結束後，我決定幫杜葉錫恩改名為「妒厭錫恩」。

二月二十四日（星期四）

我們公布白皮書，接著我也明確回答一個常被問起的問題，在立法局接受質詢時也再次做出相同的回應，那就是我們會在三月初把我在一九九二年的提案送交立法。我收到的問題主要針對以下幾點，第一就是如果有任何提案比我先前提出的法案更能使香港邁向民主，我是否會擋下那些提案？還有我是否有做好可能需要調整法條的心理準備？我試著踩在模糊地帶，先說我們希望立法局可以通過該法案，同時又得彰顯我們不願因為立法局的多數決定而調整法案。不需多說，這當然會引發李柱銘的憂慮，他擔心我們會和立法局中間派的議員密謀來沖淡該法案。我想他是有權窮盡一切方式達成目標沒錯，他打算對該法案投下反對票，希望藉此讓該法案變得更加民主，但我們每個階段的目標應該也都和他一樣，是要捍衛民主啊。我希望他在仔細思考後會支持我們。在我的顧問畢瑞伯和港府官員黎慶寧英勇地發表這份白皮書後，文件本身在記者會上受到一些抨擊，但這不是他們的錯。我們還是面臨和過往一樣的處境，就算把在倫敦討論的詳情逐一稟報，記者還是會要我們提供電話簿給他們查詢確認。他們想知道談判中所有的內幕糾葛。

二月二十五日（星期五）

從中方過去的紀錄來看，這次的反應算是靜音等級了，他們好像覺得對於我們已經決議的事，若還要提起動議，好像沒什麼意義。如果倫敦當局之前就有明確表示，這份白皮書以及我們對於未來立法所做的決定，兩者都獲得倫敦內閣全力支持，那麼現在我們應該會比較有優勢，不過我也確信我們之後一定還會遇到一些糾紛。北京對這份白皮書做的回應如下：他們說我們之所以當天很晚才發布消息，是想減少媒體報導的機會，也可能我們最大的目標，是要強調中英兩方對於《中英聯合聲明》的內容和香港自治的理解天差地遠。對我們有利的還有歐盟執委會貿易執委列昂．布列坦在北京的精彩發言，他訓斥了中國貿易部長，說他們在貿易與投資事務上處理不公。他非常強烈地表示，任何一個歐盟會員國遭受不公平對待，將會被視為是對歐盟全體會員的歧視，而且先前中方明明已經有人向他做出「最高保證」，不會有任何歧視的情況發生了。我們可以等著看這些話對中國會有多大的影響，但無論如何，至少這為歧視的情事留下一筆正式的紀錄。韓魁發助理次長說，儘管外界紛紛擾擾，但無論在上海或廣州，英國的經貿事務似乎都沒有任何受到不公平對待的跡象。他還引用在上海的英國官員所說的話，該官員表示自己聽到上海市政官員的對話，談及中國方面應該把經貿和政治務分開，還說和英國出口有關

1992

1993

1994

1995

1996

1997

的說詞都只是北京那邊的論調。我們不久後就可以知道他這個說法是對是錯了。穎彤和我帶著雅思、戴彥霖與其妻珍妮一起去聽巴布・狄倫（Bob Dylan）的演唱會，雅思好像滿喜歡這類老人活動。

三月一日（星期二）

今天這場安靜的行政局會議為本月的工作起了頭。現在立法局已通過我們的法案，白皮書已對外發布，下一階段的法案也已公告了，所以我向大家建議，現在最合適的說法是這個階段的工作已經告一段落，我們要開始著手處理可以和北京合作的部分了。會後我又把這些內容完整地向媒體報告了一遍，我想這個說詞應該符合社會大眾的期待吧。

三月三日（星期四）

我們有足夠的預算，這是香港經濟政策成功的另一例證。個人稅與公司稅都獲得減免，優先要務的開支也已加碼，從我們發布的資訊也可以看到從現在到一九九七年以前的外匯存底正逐年提升。看來這又是個適合選舉的好時機？在穎彤和我去大埔進行另一趟區域訪視後，會做出這種結論也相當合理。當地有大批熱情的群眾，我們也拜訪了一座道觀，還有一座極為乾淨的工廠，那是我所涉足過的廠房裡最乾淨的一間。

我們聽說梅鐸之後會在他買下的衛星頻道「衛視」（Star）中踢掉 BBC 的節目。[46]他想把該頻道當作進入中國市場的跳板。我認為，不論他在北京如何卑躬屈膝，中共還是永遠不可能允許一個外國人掌控國內大多數的媒體，在英國，政府則對這類事採取放任政策。

畢瑞伯和李基茨、黎慶寧一起去了溫哥華，與來自加拿大、澳洲、美國、日本以及紐西蘭的同級官員對談。言談中可以清楚發現，這些國家雖然希望香港一切順遂，但也已做好最壞的打算了，例如他們在思考如何因應

（或者是否需要因應）一九九七年前後大量的香港移民問題。我收到的消息指出本地某個越南難民營有點狀況，雖然目前的難民人數已下降到兩萬六千人了，但要讓態度強硬的人改變立場，並說服他們返回越南還是很困難。

三月四日（星期五）

從中國傳來的消息指出，領導層已開始大肆拘禁包含魏京生在內的異議人士，這可能和「人權觀察組織」亞洲分會（Asia Watch）的羅斌（Robin Munro）告訴黎偉略的事情有關：當前中國社會與生產線上都出現許多動亂，讓當權者相當憂心，但他們也可能只是想在下屆全國人大召開之前，先讓批評人士噤聲。在美國國務卿華倫．克里斯多福（Warren Christopher）訪中之前出現這樣的事件顯然不甚理想，也會讓最惠國待遇的談判變得更為複雜。

而在英國，怡和洋行的議題持續醞釀，證監會已下定決心要清楚展現他們的態度：如果你大部分的業務都在香港進行，那麼收購守則會是你無法迴避的條款。這陣子恒生指數下跌，而這次似乎和本土政治情勢毫無瓜葛，是股市與債市整體環境不好所致，不過這不代表我們不會因此遭到非難。但最壞的消息是李基茨將從我們的團隊離開，他要飛去巴黎負責另一職務。我們會非常想念他。他一直在倫敦幫我們瞻前顧後，也是我們和外長、外交部及當局其他高官之間良好的溝通橋梁。我很欣賞他，希望我們之後還能繼續當朋友，偶爾見見面。

三月六日（星期日）

安妮長公主再次來訪。我們也同時接待了外交部亞洲事務新任負責人大衛．萊特（David Wright），我向他說明了我所認知的現況：統一戰線正在攻擊我們；李柱銘和民主派懷疑我們會背棄他們；北京時不時會猛批我們；而社會整體氛圍似乎站在我們這邊，總是會預設我們立場良善。儘管我們和中國有所爭執，我還是認為在一九九七年以前我們可以非常稱職地治理香港，也會盡量為港人爭取到最大幅度的自由，但等到移交之後，多數事務最終還是得看中共是否守信用且願意遵守「一國兩制」的承諾而決定。可能有人會擔心英中貿易事宜，但相關數據並未出現值得擔心的跡象，這些煩惱都是北京為達政治目的而刻意鼓譟的情緒而已。由於麥若彬大使要接受治療，所以也來到我們這裡，他的背痛還是很嚴重。他故作平淡地告訴我們北京現在的情勢，他收到的消息其實也和大家差不多，但沒人確切知道中南海的高牆之內究竟發生了什麼事。

三月七日（星期一）

本週的狀況大概將是如此：我會從商人、外交官、學者、政治人物等各界人士口中聽到大量關於中國現況的評析，我們的討論最後也會有更明確的著力點，但不一定能因此做出更好的結論。有件事我通常不會寫在日記裡，那就是有時我一天真的需要講上四、五小時的話。幾乎每個歐美政商名流來到香港都一定會來見見我，像這週的賓客就有義大利前外長、說客、善於解決問題的顧問等等，我可以做一份完整的名人清單，記錄哪些人對於大英帝國最後的海外屬地（幾乎是最後了）的命運感興趣。我想我也有必要會見所有的人，而他們當然也如此預想。我優秀的資訊統籌專員韓新也參與了其中多場會談，但他憂鬱異常，我看到他在聽到不斷重複的內容時變得眼神呆滯。「香港應該是全世界唯一一個自由但不全然民主的社會，且因為要移交給中國，所以它邁向全面民主化的進程受到迫切的威脅。若要探討經濟與政治自由間的關係，香港至今都一直是個與眾不同且相當成功的案例，所以中共也在《中英聯合聲明》中承諾，會在一九九七年後讓香港維持現狀，而我們也只能盡量相信他們，預想他們做的會和說的一樣好聽，畢竟香港發展得好對中國也有好處，香港不好中國也會受牽連。但無論如何，我們就是得盡力確保在移交以後，香港和港式生活仍能以一座自由城市的姿態延續下去。多數香港居民本身也是難民，在中國大陸出事時逃難至此，他們知道共產和自由有何差別。我已下定決心要給他們最大的機會，讓他們自行決定要為香港特有的公民權築起多高的保護圍牆，我也不認為這個決定真的會對英國的經濟有所影響。雖然威脅的聲音一直存在，但從數據上看來事實並非如此。」一次又一次複述這些言論後，雖然我沒有不認同，但確實講到有點無聊了，也真的對韓新很抱歉。之後還是會有絡繹不絕的訪客，而我想我也有義務能見多少就見多少。

有報導提及怡和洋行要從香港下市了。從該公司的觀點看來，此報導不太正向。查爾斯・鮑威爾從馬來西亞帶著滿腔怒火過來，可憐的戴彥霖得要聽他大肆抱怨。其實這是怡和洋行自找的：戴彥霖發現其實風聲是他們自己放出來的，然後當報章媒體想確認消息正確度時，證監會也放出風聲來回應他們，而且消息還傳得更遠。除此之外，業界也沒有任何單位會同情怡和洋行的遭遇。但這可能會應證該公司大班亨利・凱瑟克的觀點：他認為我們不會好好回報他們第一年甚或一年半來對我的支持。衛奕信常被這些大英帝國的偉大人物批判，我想接下來就輪到我了，尤其凱瑟克顯然已把我視為社會主義人士。

三月八日（星期二）

穎彤和黎偉略一起寫了一份很棒的講稿，讓穎彤在國際婦女節時對台下四百多位來自商界及其他領域的女性專業人士發表。她得小心迴避一、兩個熱議的政治話題，像是我們是否要簽署國際公約，支持消除對女性任何形式的歧視，或者是否應該成立女性專屬的委員會。儘管如此，她還是有辦法提到好多有意思的要事，像是平等的工作機會與薪資、晉升時遇到的歧視以及性騷擾問題。這些議題在香港和全球各地都差不多，而且男性一如既往興致缺缺，讓改善速度無法加快。穎彤説聽眾中竟有一位男性。我心想，那個人其實應該要是我才對。

外交部持續調整外派人員名單，香港也是。休・戴維斯已經接替高德年的職位一陣子了，他不像高德年那樣喜歡研究飛蛾，但我不覺得這是什麼缺點。他很了解中國，有個好相處的妻子，他本人幽默風趣，有能力又有禮貌。他以談判有耐心且為人慷慨著稱，這些特質都會在他擔任我方中英聯合小組首席代表時受到考驗。這份差事至今仍舊非常棘手，而他和團隊也以過人的才智加以完成。戴維斯能謹慎而細膩地管理他的優秀團隊，這確實是他的長才，而他的副手包雅倫（Alan Paul）也足智多謀。即使他們面對的談判對象差勁無比，他們仍努力為移交之

1992
1993
1994
1995
1996
1997

路鋪好基石。外人很難知道中方在中英聯合小組的官員為何如此難搞，是因為他們收到的指示是要處處刁難人，所以才不得不這樣做嗎？還是因為他們的個性天生就是如此，所以才被委派到該團隊中？

三月九日（星期三）

李基茨的職位將由古沛勤（Sherard Cowper-Coles）接任。我不會說他的外交部同事全都熱烈歡迎此一任命，因為他們總是能彬彬有禮地壓抑心中的喜悅之情。聽說他很聰明，今天我見到他本人，他顯然努力想讓人留下最好的印象。對於那些有點不情願推選他的人，我有什麼理由不相信他們嗎？他們會感到不情願，應該自有其理由，不過他們也說我可以拒絕。

同日，我和香港工業總會共進晚餐。晚餐後我臨時有發言的機會，便在言談中帶到一些數據：二十年前香港人均國內生產毛額（GDP）是一千八百美元，恒生指數落在四百點，學生人數大約五千人。現在人均 GDP 是一萬八千美元，恒生指數剛破萬點，接受高等教育的學生人數也達到三萬五千人。

三月十日（星期四）

我和鄭海泉一起吃早餐，他人還不錯，同行的還有幾位立法局議員，也都是無黨派。[47]他們對我們第一階段的法案大都表示支持，現在則開始觀望下一份選舉法案有沒有哪裡可依他們的意見調整。他們非常希望可以從我們這邊拿到一點掌控權，並提到當我們以一九九二年的法案來談判時，若可以得到滿意的結果，也就是需要做的讓步可以符合預期，我們應該會很開心。但我們必須直球對決，不能拐彎抹角。在座另一名議員李家祥，要求我們以立法形式提供幾個經過妥協的九三年版提案，但我們的形象如果不夠堅定，對於九二年的計畫有任何一點動搖，李柱銘和立法局其他真正自由派的議員就會指控我們，說我們一直在暗中要小動作，而這在某種程度上也沒說錯。這個夏天會有很多麻煩事要處理，我自己認為九二年的法案有五成的機率會通過，但如果沒有順利通過，我們可能就要改用九三年的某幾個版本了。那樣對香港來說不是壞事，不過對我或港府而言則不是什麼好事，總歸一句，我們得確保我們不會在過程中把雙手弄髒。

我接著和陳方安生與畢瑞伯會面，討論廉政公署的事。我們開始檢視他們在幾份情資報告中，對於貪腐行為和警消等維安部隊的控訴，但我們一方面無法證實這些報告書的說法，另一方面又得在一九九七年前守好這道防線，畢竟我們現在最不想看到的就是貪腐行徑暗中蔓延。

長公主今晚離開香港，她每次來此都會非常認真地投入工作。皇室匆促的來訪行程依然不間斷，相關安排會佔據許多時間與心力，但每當看到訪客如此用心工作，一切努力都值得了。

三月十一日（星期五）

李鵬昨天在全國人大發表重要的開場演說，我們在這裡都把人大稱為最像婆家的國會。他針對香港的發言相當平實，比我們預期中溫和多了，不過他當時出現一次奇妙的口誤，成為演講的亮點：他一開始不小心把談判破裂的局面怪罪到中方頭上，後來才連忙改口修正。前港督麥理浩在《南華早報》的訪談讓人生厭，同一天喬治·華爾頓（George Walden）對某份英國報紙的說法也相當類似。我還曾和他在教育與科學部共事呢。不知道他們心裡究竟是怎麼想的，他們到底幹嘛接受這些訪問？他們覺得自己真的有幫到誰嗎？

今天的會議不算太順利，我們和相關官員討論個別議員所提出的法案。幾個高層官員希望我們直接公開表示，如果個別議員的提案涉及財務，將無法進入議會的討論程序，但這會讓我們很為難。假使陸恭蕙提出了資訊自由的相關草案，或者胡紅玉自行提出反歧視法案與委派人權委員會成員的法案，一切就會變得很麻煩。我們必須嘗試和她們對話，但這不太容易，因為她們都是擁有獨立思想且路線溫和的立法局委任議員，多少都對移交做出承諾，並將之列入她們的草案中。將這些議員個人提出的法案排除、不加以談論，可能會引發全面的政治風波，這讓陳方安生和麥高樂很是憂心。雪上加霜的是，香港的憲制性法律本身就非常荒謬。[48] 雖然香港政府或許可以主導行政事務，但卻沒有實際的執政黨，行政部門也沒有像美國總統那樣握有最終決策權。這種憲制性法律絕對不是熟悉政治運作的政治人物會設計出來的制度，但現在我們當然也沒辦法著手修訂。

三月十三日（星期日）

今天我們到澳門和當地總督夫婦打高爾夫和網球，玩得很開心。我為了確保自己能贏得比賽，邀了科林・格蘭和我同隊，而我們要小心的是澳門總督的政策顧問，他來自葡萄牙外交部，大學時代是葡萄牙的冠軍，所以我們雙方會重砲交鋒。澳門的三合會問題很棘手，這也是我堅持反對在香港蓋賭場的主因之一，把香港賽馬會的賭馬收入拿去做公益應該比那好多了。

三月十六日（星期三）

雖然週一我們已經先和亨利・凱瑟克與查爾斯・鮑威爾開過會了，但我還是希望本週可以稱得上是較平靜的一週。週一的會議中，他們似乎想證明在下市議題和收購守則上，滙豐銀行和他們都面臨了同樣的問題。不過，滙豐銀行和英國央行（Bank of England；譯按：可直譯為英格蘭銀行，但其地位相當於英國的中央銀行）都極力否認這一點。

三月二十一日（星期一）

又順利結束了一場區域訪視，這次去的是黃大仙，行程結束後有人向我問起錢其琛在人大進入尾聲時針對香港的發言。他當時好像說雖然我們在政治上沒有任何合作的可能，但在其他事務上我們大家有必要合作，才能換取香港的最大利益。對我來說，如果未來我們可以包容彼此不同的意見，似乎不是什麼壞事。古沛勤這十天都和我們待在一起，甚至還去過我們在跑馬地的包廂看比賽。現在他似乎覺得我們在做的是對的事，但對於香港移交後的前景還是相當不樂觀。在我和澳洲塔斯馬尼亞的州長交談後，他告訴我：「有件事你還沒提到。」「什麼事？」我問他。「你沒說你正在做對的事。」

三月二十二日（星期二）

倫敦那邊建議讓顧立德在聖靈降臨節（Whitsun）去北京「加深」雙方情誼，理由似乎是因為中方還沒朝我方膝蓋開槍，所以我們應該要去拜訪一趟，看看他們對我們是否還有好感。在香港，我們大家都覺得會有這種想法真的是瘋了。外交部似乎有個壞習慣，會一直想要把蛋糕從烤箱裡拿出來，反覆確認蛋糕是否已經烤好了。我們覺得去一趟中國沒什麼好處可言，卻可能有一堆壞處，其中之一是會讓中方把注意力過度集中到香港身上，而且他們也不太可能承認他們已準備好繼續和我們做生意了。在這種情況下，我們就是慢慢往對的方向帶過去就好，因為這種事中方極不可能明說。顧立德和外交部顯然不喜歡我們如此敵視中國。我猜我們可能得屈服於他們，但我們即將在立法局推出第二階段的選舉法案，這時去拜訪北京一定會讓外界起疑，而且法案內容若經過任何調整就更會如此。

我花了很多時間準備復活節到聖靈降臨節期間的演講，也收到很多中方放出的消息，他們說只要我們不要任何「花招」，就願意把政治紛爭擺到一旁，繼續討論其他事項。華倫・克里斯多福的北京之行顯然不太順利，最惠國待遇的談判可能也會變得更加困難。有關怡和洋行案的討論依然很棘手，今天在行政局會議上亦是如此（有人提到怡和洋行對一九四〇年代在上海發生的事自有一套說詞），但整體而言，我有出席的會議似乎都會出現比較正常的政治論述，這點很有意思。

針對房價飆漲的問題，我們可以做些什麼來解決嗎？陳方安生和麥高樂都提出警告，說比物價上漲更慘的只有一件事，就是物價和市場雙雙崩盤。但如果你想戳破泡泡，可能會一不小心戳破太多。如果我們可以用更長的時間來處理這個問題，而不只是掌握從現在到移交前這段時間，那我們也許就能用更堅決的方式來處理問題，然而我可不想看到股市在未來一兩年內崩盤。在英國議員泰瑞・迪克斯（Terry Dicks）來訪時，他問起我未來三年最擔心什麼事（他本身政治立場屬於右翼，結果居然很支持梅傑），我本來想談及股市和房地產，但我後來說的是「另一場天安門大屠殺」——若是如此，這真的會是更嚴重的問題。

不久前剛轉任公務員事務司的施祖祥正不畏艱難地處理一些和「本地化」有關的複雜議題，與此同時，我們留意到新華社香港分社正大動作接觸為數可觀的公務員。[49]每次結束一場晚宴或會議，他們就會發出三份文件：一份鄧小平討論香港問題的著作合集，一份《基本法》的法條影本，另外還有香港本地報紙的一篇文章，內容談及英國為了拓展影響力，總是把殖民地搞得一塌糊塗。他們接著還會提供一個私人電話號碼，以免這些公務員臨時想要「過去一趟」。可以想見結果當然很糟糕，公務員越來越擔心以後得和這幫土匪打交道。

三月二十四日（星期四）

怡和洋行的爭議持續延燒，媒體報導篇幅也加大，對該企業來說，報導造成的傷害最為嚴重。我打賭他們一定在公關事務上燒了很多錢，但這問題還是沒有處理得很好，我也不知道查爾斯・鮑威爾是否有獲得授權來主導事態發展。議員個人法案的討論也錯綜複雜，讓我們深陷其中，尤其是胡紅玉針對人權委員會以及反歧視法規提出的兩項法案。穎彤再次造訪越南難民收容中心，這次去的是位於白石的機構，那裡出現罷工與示威，抗議聯合國難民署逼迫他們返回越南一事。她特別關心孩童的處境，而且因為現在越南人回國後受到的待遇似乎遠比以前好，所以她也愈來愈留意，何以越南家長們覺得難民營值得繼續待下去。

三月二十五日（星期五）

CNN老闆泰德・透納（Ted Turner）與妻子珍・芳達（Jane Fonda）來和我們一起吃早餐。珍比另一半有趣且能言善道多了，但我想透納應該還算得上一名非常優秀的商人吧。他談到自己對中國人權的見解（和他老婆非常不同），看得出他希望有機會在中國轉播他的電視台節目。我覺得這非常不可能。懷有類似的野心，想要搶灘中國的企業不在少數，但我想透納的CNN會和其他類似企業一樣橫屍灘頭。

接著是七人欖球賽！梁寶榮得事先做些神奇的調度來預防災難事件發生，因為酒牌局直到最後一刻才將酒類販售許可發給體育場。先前警方發出的臨時牌照只允許販售極少量的酒類，進場的四萬名球迷大概會覺得這根本是大齋期（Lenten）的戒酒律等級吧。梁寶榮總有辦法讓人了解什麼才叫合情合理。我們為七人欖球賽的主辦人員和幾位球員辦了招待會，好在這種活動不需要酒牌。卡麥隆（David Cameron）也來到香港了，他是黎偉略的朋友，原先在保守黨研究部服務，後來任職財政部與內政部的特別顧問。他應該是為球賽來的。他既聰明又有魅力，黎偉略說他正在政壇上迅速竄起，而且我也聽過不少人這樣說。他似乎很討人喜歡，也遠比我們七人欖球賽的貴賓容易招待——我說的是東加國王。用「身軀龐大」來形容這位國王絕對遠遠不夠。主辦單位找到一把非常大的椅子，足以讓穿著超大尺碼雨衣的國王坐好。他很和藹可親，面帶微笑，但不擅長聊天。香港欖球總會的主席努力和他聊了半小時，但都沒得到什麼回應，最後國王才轉頭對他說：「你知道國旗中有紅、白、藍三個顏色的國家，總共有十二個嗎？」

三月二十六日（星期六）

《金融時報》的賀伯頓（Simon Holberton）開始在報導中寫到我們已度過香港最艱困的時刻了，現在的日子可以說開始回歸正常，他大概是第一個如此報導的記者。

法國對於香港在經濟合作暨發展組織擁有觀察員身分一事不甚滿意。他們一直想讓我們改動麥高樂在預算書中新修訂的部分，內容是關稅徵收，這會讓法國高價酒類的售價因而上升，但他們也有從其他管道調降低價酒類的售價。法國宣稱，從某方面來說這違反了關稅及貿易總協定（GATT）的精神，但根本沒有這回事，只是法國剛好不喜歡這個政策而已。該國官員常常讓我對法國文化的熱愛與日俱減。這也再次顯示歐盟對我們的支持極少，支持我們的聲音全都來自澳洲、加拿大、美國、日本和紐西蘭，歐盟除了列昂・布列坦有發表言論以外，其他什麼也沒做。法國的部長級官員要拜訪中國時，會對我或所有的香港官員避之唯恐不及，途經香港時會有這種反應的人大概就只有他們了，而且他們一定還會覺得我們沒有留意到此事。歐洲向來有志於培養世界觀，並同時維持高道德的標準，但這招牌經常被企業界的銷售部門砸爛。

三月二十九日（星期二）

我們在行政局會議上討論了歐洲議題，也開始和北京討論之前我最不喜歡的《公安條例》。每次只要準備開始討論這個主題，就會有很多人跑出來說現在不是討論的好時機，但我們總要找時間討論，而現在似乎一樣是個好時機。今天加雷斯・伊凡斯途經香港，準備去拜訪中國。他是真的會幫我們說話的人。我和他小聊，之後便趕緊踏上夜班飛機飛去都柏林。

三月三十一日（星期四）

昨天我和愛爾蘭總理亞伯特・雷諾斯會面。在我出發前，有些香港人對此會面持疑。我不斷看著我的出訪計畫表，雖然邀請函是由愛爾蘭政府發出，但計畫看不出任何疑點。我在香港的一位私人秘書後來甚至還問戴彥霖，為何總督那麼堅持要去某家茶館？雷諾斯為人和善，人好到我覺得他應該隨時都要揹一根球桿來自衛。之後我去愛爾蘭商人湯尼．歐萊利和《獨立報》媒體集團幫我安排的場合演講，開場人是我的老友莫利斯．海斯（Maurice Hayes）。我在北愛爾蘭擔任次長時，他是我麾下的私人秘書之一。演講似乎很順利，主題是新聞自由。穎彤注意到，雖然有些其他問題，但我似乎很支持此議題。活動前他們在三一學院（Trinity College）的圖書館幫我們辦了接待會，演講後我們到愛爾蘭中央銀行（Bank of Ireland），用餐的地方有牆板裝潢，那曾是愛爾蘭上議院議員開會的地方。狹長房間的兩側皆掛上繪有比利王肖像的大型掛毯，歐萊利開心地把那房間形容為「新教佔上風的峽谷」。[50] 昨晚我們下榻在歐萊利位於卡色馬丁（Castlemartin）的華麗別墅，裡面掛滿偉大的愛爾蘭畫作，包含幾件傑克．葉慈（Jack Butler Yeats）的作品，他是詩人葉慈的弟弟。

四月一日（星期五）－四月九日（星期六）

回到倫敦後，韓達德與我分享了歐盟高峰會上完整的事件經過。他必須以極其受辱的方式針對投票方式公開認錯——似乎和條件多數決（qualified majority）有關。他說那是他政治生涯中最難熬的一週。倫敦政府近期一片混亂，大家的表現都不算太好。我發表了一些可能不是特別有幫助的談話，告訴大家要控制好自己的情緒，也要注意自己的言行舉止。如果你才剛從香港飛過來，說這些話當然容易多了。我再次向梅傑解釋為何我不能在圓滿完成總督任務前離開香港。總之現在倫敦亂成一團，當局自毀前程，把政府搞得分崩離析。我和瑞典總理卡爾．畢爾德（Carl Bildt）一起吃晚餐。我們是老朋友了，在我們雙雙進入國會前就已認識。我國把歐洲採行條件多數決一事搞得烏煙瘴氣，這顯然讓他極為心煩，不解為何我們要把事情搞成這樣。

雖然我和商界人士與基金經理人在這幾場會議中沒什麼共識（這群人聽完馬大使發表中國對港政策後，才剛為他大聲喝采），但我感覺得出他們對倫敦當局的支持力道依然強勁。有傳言說外交事務專責委員會將在關於香港的報告中支持我們，報告不久後就會發表了。

我和穎彤、雅思與待在英國的潔思、麗思一起度過歡樂的時光，慶祝潔思二十一歲生日，她的朋友們也出席了。我們之前已經賣掉巴斯郊外的小屋了，並有一搭沒一搭地在倫敦找房子，為我們之後回來定居做打算。我們去多塞特郡找國會議員勞勃・克蘭伯恩（Robert Cranborne）與其妻漢娜（Hannah）一起度過復活節，也去見了作家丁伯利比伉儷，他們就住在巴斯郊外。回香港沒什麼不好的，只是要和我們的兩位女兒分隔兩地。不過，有人叫我要認真減肥，也要多運動，不能只是打打網球而已。

註釋

1 譯註：本章章名「繞著桑樹叢兜圈」（Round and Round the Mulberry Bush）出自英國童謠〈繞著桑樹叢走〉（Here We Go Round the Mulberry Bush），可引申為「任何持續無意義的爭論或追尋」。

2 譯註：中英雙方這次正式的第一輪談判是在一九九三年四月二十二日假北京釣魚台國賓館舉行；到同年十一月二十七日為止將進行十七輪談判。

3 譯註：高德年利用他在香港的時間做研究，發現了許多尺蛾科飛蛾。

4 譯註：越戰期間越南落入越共手裡後，許多越南人冒險搭乘船隻偷渡到香港，因此該處設有許多越南難民營。過去台灣也曾接納過數千名越南難民。

5 譯註：一九七八年出版的 Legionnaire: Five Years in the French Foreign Legion 一書，中譯本是《從頂尖軍團到香港大班》。

6 麥克·梅道佛是成功的電影製片人，他是獵戶座影業（Orion Pictures）和鳳凰影業（Phoenix Pictures）的共同創辦人，也曾擔任三星影業（Tristar Pictures）的董事會主席。他監製過許多名片，包含《阿瑪迪斯》（*Amadeus*）、《沉默的羔羊》（*The Silence of the Lambs*）、《西雅圖夜未眠》（*Sleepless in Seattle*）和《情色風暴一九九七》（*The People vs. Larry Flynt*）。政治議題向來是他關切的，我們第一次見面是在阿斯本研究所（Aspen Institute）主辦的會議上，當時我還只是坐在國會後排的普通議員。他曾是柯林頓總統與歐巴馬總統在美國西岸的主要支持者。

7 約翰·紐豪斯是傑出的美國記者，主要服務於《紐約客》（*New Yorker*）雜誌。他曾當過政府官員，也是戰略武器限制談判（Strategic Arms Limitation Talks）的談判代表。他獲得福特基金會（Ford Foundation）的鉅額補助，曾短暫寄居巴黎，撰寫美歐關係的報導，《歐洲浮沉》（*Europe Adrift*）是他在那段時間的作品之一。約翰已於二〇一六年逝世。

8 勞合·卡特勒為美國律師，曾在白宮法律顧問辦公室（White House Counsel）擔任卡特總統及柯林頓總統的顧問。卡特勒於二〇〇五年逝世。

9 譯註：為了推進北愛爾蘭的和平進程，柯林頓總統在一九九五年初設置了美國駐北愛爾蘭特使（United States Special Envoy for Northern Ireland）一職。

10 布雷德里為民主黨員，一九七九至九七年之間擔任紐澤西州參議員。他在二〇〇〇年的黨內總統提名初選中敗給高爾。布雷德里曾是籃球明星，就讀牛津大學時曾在歐洲打過職業賽。

11 季辛吉的名聲之響亮難以言表，他擔任美國與中共溝通橋梁的形象更深植民心。他的傳記及電話簿上的聯絡名單，數量之多連圖書館的書架都難以招架。我一直覺得他很風趣、好相處，他也特別擅長在公開場合中，和研讀國際關係的學生或學者對話（無論年紀多大）。不過他對中國的立場和我不同。

12 譯註：「探戈需要兩個人一起跳」（it takes two to tango）是英語的諺語，指有些事情必須兩廂情願才能進行。

13 查爾斯・鮑威爾是柴契爾擔任首相時的主要外交政策顧問，他在一九九一年離開外交部，開始在商界尋求發展，擔任多家企業董事，包含怡和洋行。他既聰明又活躍。在二〇〇〇年時受封終身貴族。

14 譯註：後來，此海軍基地於一九九三年遷移，經填海工程後，目前是香港特區政府總部及立法會綜合大樓所在地。

15 譯註：Morris Minor 的車牌號碼。

16 鄧永鏘爵士是一位慷慨、睿智且有教養的企業家。他在英國和在香港同樣出名，對於他土生土長的香港，他高度支持民主，也重視中國所承諾的自治權。鄧爵士已於二〇一七年因肝癌逝世。

17 譯註：此醫院以英國菲利普親王（Prince Philip）為名，在香港譯作「菲臘親王」。

18 譯註：葛賚來自蘇格蘭。這句話的意思，應該是既然葛賚加入行政局，那就不能像其他商界人士那樣肆無忌憚批判彭定康。

19 譯註：即現在的赤柱監獄。

20 譯註：作者曾表示拒絕傳統的港督服裝，而那種制式服裝包括一頂插滿羽毛的帽子。

21 譯註：英格蘭的選區，位於多塞特郡。

22 譯註：香港「庫務署」相當於台灣的「財政部」。

23 譯註：時任中華人民共和國副主席的是榮毅仁。

24 譯註：包定禮夫人之夫包定禮（Peter Bottomley）是英國下議院議員。

25 譯註：香港的八號風球大約相當於台灣的輕度颱風。

26 譯註：胡錦濤是中共中央高層安排的政權接班人，一九九二年年初從西藏返回北京後持續步步高升。

27 譯註：立法局在一九九七年後改稱立法會。

28 譯註：這棟建物位於皮姆利科區（Pimlico）。

29 譯註：郭伯偉擔任香港財政司長達十年，一九七一年卸任後由夏鼎基接任，夏隨後也任職十年。他們任職的二十年期間讓香港累積出傲人的經濟表現。

30 譯註：前任英國國會議員，全名為Antony Newton。

31 譯註：尼克・雷利（Nicholas Ridley）是保守黨政治人物，曾任運輸大臣、環境大臣等要職。

32 譯註：路易斯・卡洛爾為《愛麗絲夢遊仙境》（*Alice's Adventures in Wonderland*）的作者，本名查爾斯・道吉森（Charles Lutwidge

Dodgson），是牛津大學數學家。

33 柯爾（Helmut Kohl）於一九七三年成為德國基民聯（CDU）主席，並於一九八二至九八年這十六年間擔任德國總理。他和柯林頓一樣，能從簡單的小故事悟出大道理及處事原則，我和梅傑都很享受與他相處的時光，但目前看來他從未想讓德國在歐盟中獲得如英國般的主導地位，這和我們原本預期的不太一樣。

34 譯註：史塔西為前東德政府的國家安全部隊，實際上是秘密警察。

35 譯註：《馬斯垂克條約》即《歐洲聯盟條約》。歐洲領導人於一九九一年十二月九日至十日在荷蘭馬斯垂克舉行第四十六屆歐洲共同體首腦會議，隨後簽署《歐洲經濟與貨幣聯盟條約》和《政治聯盟條約》，二者合稱《歐洲聯盟條約》。作者先前也曾提及這件事在保守黨黨內造成茶壺風暴。

36 譯註：作者曾於一九九二年十二月一日的日記裡提及此事，即一九九二年九月十六日的「黑色星期三」事件。

37 譯註：請參閱勒卡雷的諜報小說《榮譽學生》（*The Honourable Schoolboy*）。

38 譯註：作者於一九七九至九二年之間曾出任該地議員。

39 鄺富劭曾任外交部辦公室韓達德的發言人及威爾斯親王的副私人秘書。一九九三至九七年他出任香港商務署資深官員，後來接任英國總領事直至一九九八年，接著在一九九八至二〇〇一年之間擔任英國駐以色列大使。卸下外交職務後，他主持英格蘭西南部觀光事務，並持有匡托克（Quantocks）的部分土地。鄺富劭身邊的英國商界人士往往浮躁不已，他身處其中卻能處之泰然，十分可貴。

40 譯註：這裡所謂「議會私人秘書」（Parliamentary Private Secretary）一職，是由國會議員擔任，負責襄助首相，但並不另外給薪。伊恩・高長期擔任下議院議員，也歷任多種政府首長職務，但一九九〇年愛爾蘭共和軍在其車上裝了炸彈，因而遇刺身亡。

41 譯註：「漢城」是南韓首都 Seoul 的舊譯名：二〇〇五年一月，李明博擔任市長期間，市政府才指定市名漢譯為「首爾」，並正式要求使用華語的各國協助正名。

42 譯註：紐約市長丁勤時（David Dinkins）於一九九三年十一月的紐約市長選舉中尋求連任，卻敗給共和黨的魯迪・朱利安尼（Rudy Giuliani）。朱利安尼於一九九四年一月一日起接任紐約市長，且後來又連任成功，順利當滿兩屆市長，於二〇〇一年十二月三十一日任期結束才卸任。

43 譯註：約克公爵夫人即英國安德魯王子的夫人莎拉（Sarah Margaret Ferguson）。後來兩人於一九九六年離異。

44 曾鈺成出生於廣東，年幼時隨家人移居香港。他是親中政黨民建聯的創始成員之一。

45 譯註：這位警長（Sergeant，港人亦稱為「沙展」）姓「Lo」，此處採音譯。

46 譯註：一九九三年媒體大亨梅鐸收購衛視，並於二〇〇一年後改名為「星空傳媒」。

47 鄭海泉是一名經濟學家，他的業界生涯大都待在滙豐銀行，並爬到很高的職位。他曾任立法局議員和行政局非官守議員，並於二〇〇八年被指派為中國人民政治協商會議全國委員會委員。

48 譯註：所謂「憲制性法律」是指香港的《基本法》。

49 譯註：這裡說的「本地化」是指讓港府中為數不少的高階公務員退職，改為任用香港人。

50 譯註：愛爾蘭和蘇格蘭有時會稱英王威廉三世（William III of England）為「比利王」（King Billy）。在威廉三世從信仰天主教的詹姆斯二世（James II of England）手中奪得英王帝位後，他所信仰的新教也慢慢重獲優勢。

CHAPTER THREE

第三章
打贏關鍵選戰
一九九四年四月－一九九五年四月

WINNING
THE
BIG VOTE

四月十一日（星期二）

我們從英國返港後再度回歸日常。最新消息是《明報》記者席揚因涉嫌竊取國家機密而在北京被捕。其實他只是精準報導了中國的經濟監管狀況，這事必然會在香港記者間引發寒蟬效應。中國一貫的做法是未審先判，因此席揚的下場無疑是入獄，可惜我們對此無能為力，只能徒呼負負。

此外，我們必須集中心力，在立法局完成實質的立法工作——也就是可望通過的人權法案。還有，魯平訪港之際，將聯合其黨羽全力削弱港府以及民選的立法局，我們得做好應對準備。

麥若彬大使抵港進行短暫訪問，在商議人權問題前，他告訴我們中國外交部對他的態度相當冷淡，但至今尚未有跡象顯示中方會打壓英國貿易。國際特赦組織（Amnesty International）將於本週發布一份報告，倡議成立人權委員會，但人們都不大確定委員會實際上能發揮什麼功能。即使不成立委員會，我們還是有辦法處理一些當務之急，像是提高民眾的人權意識，讓大家都有機會、有能力追求人權理念。反對成立委員會的主因是怕此舉恐將危及《國際人權公約》。我們當然希望在言論自由和保衛人權方面多下功夫，但在這個問題上堅守立場絕非易事。

四月十八日（星期二）

我與吳教授碰面，他是位無畏的中國作家，曾被共產黨關了好些年，對中國的想法相當悲觀。在他看來，中國很多年後才會改變，而香港會在一九九七年後歷經一段艱困時期，至於前程會否盡毀，則取決於人們為其奮鬥的決心。我又問，假設群眾為港而戰，共產黨會怎麼做？我倆都心裡有底，並為此感到不安。

1992
1993
1994
1995
1996
1997

四月二十日（星期三）

我們一直提議魯平訪港時可以安排會面，但並沒接到答覆。葡萄牙總理卡瓦科・席瓦（Cavaco Silva）到訪中國後和我見面。相較於我的治港手法，他在澳門的施政作為非常不同，但無論在私人或公開場合，他對於這點都一概避而不談。不過，他還是明確表示：如果香港在主權移交之後能持續繁榮，那麼澳門才有前途可言。

四月二十二日（星期五）

我將再次針對最惠國待遇議題到美國商會發言，安生已先行抵達華盛頓，就同一主題進行遊說。已退休的英國外交部常務次官麥可・帕利瑟爵士（Sir Michael Palliser）不久前到訪過北京，他與麥若彬大使的看法一致，認為沒有跡象表明英國貿易會受中方打壓，但他認為中國經濟或有失控危機。目前大部分有關英中貿易的主張都蘊含著某個無法證明的負面因素。

四月二十三日（星期六）

我到香港職工會聯盟（Confederation of Trade Unions）舉辦的展覽演講，第一次穿得那麼像個總督。

四月二十四日（星期日）

據悉尼克森總統（President Nixon）已逝世，希望北京當局上下會在手臂纏上黑紗。[1]

威爾斯親王將在十一月來港，於環保會議中發表演說。派崔克・金肯（Patrick Jenkin）是籌辦人之一，當年我還在國會當私人秘書時曾是他的手下。他一開始竭力邀請我參加會議，但今天他來信說若我到場的話，中國也許就會缺席。若最後沒有獲邀我也能理解，當然我明白金肯的心還是與我們同在！

四月二十五日（星期一）

英國渣打銀行董事長祈澤林（Patrick Gillam）前來會面，希望向我說明聘請柯利達為顧問的理由。他說這事不帶任何政治立場，但我對他說：港英兩地政府可不這麼想，隨後我又說或許是他太了解衍生性金融商品的交易，才會打這麼精明的算盤。柯利達剛才又發言詆毀我們。北京政府可能會乘隙而入，但這又有什麼差別嗎？立法局議員麥理覺（Jimmy McGregor）向來表現優秀，卻在香港總商會（General Chamber of Commerce）理事會選舉中以大比數落選，因此已經去職。他的對手利用大量代理投票的票數將他拉下台，這正好反映出我們必須組織公正的功能組別。

四月二十六日（星期二）

今天，我與聰穎端莊的趙女士道別，她是港府主要的普通話口譯員，曾隨我到北京工作，並負責過去一年所有的會談。她的家人已經到了溫哥華，不過目前她的先生還沒在那裡找到工作。她準備去和家人會合，她還說自己無法想像一九九七年以後香港會是怎樣的光景。她是一流的口譯員和出色的女士，我們會很想念她。也許我們讓她與北京的中共官員有過多接觸，她才會對香港的未來有如此精確的看法。我問，在她幫忙做口譯的人之中，最差勁的是誰？她說是周南。

接著，我與加拿大記者約翰・佛雷澤（John Fraser）見面。約翰聰敏友善，曾擔任多倫多《環球郵報》（*Globe and Mail*）駐北京記者。他不認為中國以後能與自由沾上邊，也很擔憂部分異議人士的處境。他登上我的友好加拿大人清單——但不友好的加拿人也沒幾個就是了。

一如外界預測，魯平態度輕忽，來信表示自己訪港日程繁忙，無暇與我見面。他將參加中國銀行的慶祝活動，顯然我並未獲邀出席。我想這是出於他們的一片好意吧。

五月二日（星期一）

這週魯平訪港，我會擺出大義凜然的姿態，但也不會過頭。第一天日程如常，包括討論如何遊說立法局支持政改方案、觀賞完皇家香港警察一百五十週年軍操匯演之後出席招待會和演講、於港督府視察儀仗隊、到香港加拿大商會（Canadian Chamber of Commerce）和加拿大總督共進午餐、與敏銳的紐西蘭反對黨領袖海倫・克拉克（Helen Clark）會面、到香港文化中心為已故法國畫家夏卡爾（Marc Chagall）的展覽開幕。[2] 魯平週日的行程並不順利，他抵港時拒絕回答記者提問，隨後為了迴避有關席揚案的示威，還得從後門溜走。一整天下來，他只能和預備工作委員會的成員躲在一塊，應該是要指示他們接下來的工作方針。

五月三日（星期二）

我愉快地到訪某個公共屋邨，在那意外遇到總督府某位管事人員的母親，還有我私人秘書梁卓文的父親，這麼巧合的事怎麼會同時發生？梁父是來自中國大陸的難民，理所當然會以兒子為榮。梁卓文也證明香港有別於其他地方，社會流動度非常高。他父親是貨車司機，雙親都不諳英語。梁卓文考上大學，通過公務員考試，而且快速升遷。他為人開朗認真，總是全神貫注地工作，無論哪個國家的政府首長都會希望把他納入自己的私人團隊。公共屋邨周圍擠滿人群，到了最後的記者招待會，我設法表露出最愉悅的神情，表示我的大門永遠為魯平敞開。

五月五日（星期四）

魯平這週過得相當艱難，又要躲開媒體，又得提升曝光率。不出所料，過去他所受的訓練並未讓他擁有這方面的技能和經驗。親中人士曾鈺成告訴一些記者，魯平之所以不見我，是因為柯利達建議周南和其他中國官員不用給我面子。顯然柯利達還說，與我會面那就意味著像我這種與中國打對台的人都不用承擔後果。但他又怎麼知道呢？

五月九日（星期一）

報刊上許多民意調查結果都相當正面，我都會一字不漏地讀完。我以前當黨主席時已經習慣了糟糕透頂的民調結果，所以才會對現況樂不可支。穎彤認為這不見得是好事，每當我開始得意忘形時，她都會在旁提醒，真是謝天謝地。總之，根據民調結果，魯平訪港後讓港人對過渡期的信心下降，我似乎變得更受歡迎，但大眾對未來的期望跌至谷底，這並非值得高興的事情。

五月十二日（星期四）

我的五十歲生日很特別。穎彤送我一尊美麗的唐三彩馬俑，我希望年屆五十不代表踏入人生的最後一段旅途。我先與教育局高層商議學校的教學語言中，粵語佔比應為多少？提升年輕人的英文口說和寫作能力有多大價值？這場會議極為有趣。隨後我們去南丫島閒樂園餐廳（Pigeon Restaurant），才發現穎彤幫我辦了驚喜派對。我們乘坐慕蓮夫人號（Lady Maurine）前往，但停泊時出了點問題，所以很晚才抵達，我不知道為什麼我的手下都不會看地圖，而且居然還不承認。不過那一晚大家都玩得很盡興，英商馬世民與威廉．寇塔、前英國橄欖球星彼得．

1992
1993
1994
1995
1996
1997

湯普森、記者賀伯頓與梅兆贊都帶著老婆來了，還有溫順天神父、鄧永鏘爵士、穎彤和雅思。我喜歡收到禮物，而鄧永鏘今年送我一幅特別好看的畫作。

人生無常……我們回到港督府後得知工黨黨魁約翰・史密斯心臟病發逝世，這對英國來說實為噩耗。他非常出色，無疑可以成為優秀的改革派首相，讓蘇格蘭人稱心滿意，就連英國其他地區的民眾也都認為他是個貨真價實的激進派，即使不支持他某些觀點，也會認同他這個人。今天對我國來說是個悲傷的日子。

五月十三日（星期五）

為爭取立法局議員支持選舉制度修訂案，我們必須精心部署，例如具體說明我們準備和北京政府在無數次會面中商議什麼，但這些修改有可能降低提案的效力，甚至破壞整個法案，情況開始讓人擔憂。某次出席一場專為香港各界權貴人士舉辦的例行午宴時，我照常為修訂案進行遊說，同桌有位上了年紀且出言不遜的股票經紀人，說應該槍斃民主派的李柱銘，或至少讓他滾回他在中國的故鄉。若把這種說法套用到整個香港，這裡恐怕要變成空城了。我設法閉上嘴巴，以免張口就讓這個可笑的老傢伙滾回漢普郡或他的家鄉去。

在前往粉嶺度過週末前，我們先去參加了輔警舞會，陳方安生當然也和丈夫陳棣榮結伴前來。我倆聊了她最近的華府之行，一切都很順利，包括最惠國待遇的遊說。她在那裡有很好的人脈和信譽，這對中港兩地均為好事，可惜北京那群人就是不懂。

五月十五日（星期日）

下次去倫敦時我會在前財政大臣拉布・巴特勒的紀念講座上演講。講稿完成了。他的確是偉大的政治家，有能力把明智的政策轉化為可行的法規，但說什麼很遺憾他終究未能當上英國最偉大的首相這種話，已經是政客的陳腔濫調。可惜的是，當年他和頂頭上司哈洛德．麥米倫首相不對盤，兩人針對希特勒和英國姑息養奸的外交政策有不同的看法，關係糟透了。

五月十六日（星期一）

我見到了季辛吉，他一直在中國與各領導人進行例會，唯獨沒見朱鎔基。他印象中朱鎔基對大小事都很緊張，說話時大量使用第一人稱，連毛澤東和其他中國領導人都不會這樣。季辛吉還詳述了朱鎔基試圖挽救國家經濟卻處處碰壁的情況。晚上，我在國際特赦組織的大會上就人權議題發表演說，最後有人問及某位遭遣返的中國男孩的現況。我說我從未聽聞那件事。感覺將有麻煩事發生。

五月十七日（星期二）

那位男孩的事上了頭版，這下麻煩大了。他生於中國，在母親的安排下偷渡來港同住，他的姊妹則留在中國與祖父母和其他家人生活，其中一名女孩當時只有六歲。過去三年來，這位母親和她丈夫不斷上訴，希望推翻法院將孩子遣返中國的裁定。案件走一般法律途徑，也進入上訴法院，一切遵循正規方式處理。一九八〇年起，總督不再負責請願書事項，改由保安司代理。在這種情況下發生如此敏感的事，保安科卻沒有事先提醒我或港督府的人，加上昨晚的提問，實在令人難堪。我查看了相關文件，保安科確實做出正確的決定，但有些民眾還是無法認同判決，尤其是那些富同情心的自由派人士和僑居香港的外國人士。我們收到大量指責港府的傳真和信件：「你們怎能如此狠心，把小男孩送回去？」拆散這個家庭的並非港府，是那位母親當初選擇把孩子遺棄在中國。本案如今已經走完法律程序，如果為這小男孩法外開恩，怎麼對得起過去三年內遭港府遣返的另外兩千兩百個孩子？此外，再出現同樣案件時，又該怎麼處理？許多人以自由為名抨擊我們，但並沒有任何民選政治人物為此提出批評。

無獨有偶的是，我們又發現另一起非法入境案，涉案的兩名年輕婦女以證人身分遭關押超過七個月。據悉這是長久以來的慣有做法，但我無法容忍這種事。我們讓她們在獲釋後由社會福利署接管，並針對相關作法設立審查制度。在這些方面，我們既可以通情達理，而且不會在別處遭受惡果。

五月十八日（星期三）－十九日（星期四）

大衛・楊恩勳爵來訪，他似乎對中國經濟狀況非常悲觀。先前訪問過北京的前副首相賀維也和妻子艾絲佩絲（Elspeth）一起來了。賀維不再把香港比喻成明朝花瓶，這次他說香港就像一株大黃（rhubarb），但我不太懂他的意思。雖然我倆對香港立場不一，但他不會公然與我交鋒。某次上議院辯論中，前座議員並無任何分歧，港府卻還是遭到一兩個意料中的發言攻擊，而主要的批評者在中國或香港都擁有商業利益，這難道只是巧合嗎？這群人認為，若支持我們在港兑現諾言會有損他們的利益，其中英之傑公司（Inchcape）的董事克羅默伯爵（Evelyn Baring, Earl of Cromer）的批評尤其激烈，但這也是意料中事。先前，英之傑的執行長麥嘉卓（Charles Mackay）非常支持我們提出的計畫，但現在倒是公開表示反對。英之傑在香港佔盡優勢，他卻沒有多花心思去提升經營策略，實屬可惜。理查・馬許（Richard Marsh）對我們也有不少意見，他恰好是中國一家投資公司的董事。與卡拉漢勳爵一樣，馬許似乎也不怎麼重視人權，這或許就是具英國特色的社會主義吧。

五月三十日（星期一）

我們在五月二十日（星期五）晚上飛回倫敦，見到兩個女兒和親朋好友。按目前的政治氛圍來說，政府稱不上是自信滿滿。我在外交部開了不少會，大都圍繞在人權問題。我也在首相位於唐寧街十號的官邸與他共進晚餐，他狀態不錯，並沒有受近來緊張的政治氛圍影響。我到三十俱樂部（Thirty Club）就香港問題致辭，而拉布．巴特勒的紀念講座則是在卡爾頓俱樂部（Carlton Club）舉行。接著還到曼徹斯特參觀唐人街，並到當地市政廳大會堂為名字取得很棒的「文學與哲學學會」（Literary and Philosophical Society）演講。我照例講述了我身為曼徹斯特之子回歸的故事——更準確來說是「曼徹斯特之孫」。[3]

這週的重點（也許是最沒意思的消息）就是威士忌因咬傷一名港督府的裝修工人而被捕。法律之前人人平等，就連總督的㹴犬也不例外，牠已經在政府狗舍隔離一週，看起來很可憐。這是個大新聞，各家媒體都非常關心，甚至還登上英國報紙。有些人認為我們的狗比穎彤或總督本人有名，大概是因為我倆沒咬過裝修工人吧。

今年夏天各界將針對以下問題爭辯不休：我們是否需成立人權委員會？該如何處理個別議員提出的人權法律草案，以及其餘關於法定資訊權和平等機會的草案？這一連串複雜的問題必須仔細斟酌。政改方案根本還沒通過，就有人指責我們在人權議題上軟弱無能，最常見的說法有兩種，一是我們向北京低頭，二是我們在惹事生非。人們有時會在同一段話，甚至是同一句話裡轉換立場。目前人權議題並沒有獲得社會支持，也無法帶來政治利益，而我只希望那些催促我們為此付出更多心力的人，可以在日後站出來支持我們——例如，在我們必須完善選舉制度的重要時刻。時機成熟時，我們必定要在公共秩序等議題上做些小改變。

五月三十一日（星期二）

我們收到倫敦傳來的消息：滙豐銀行向上議院的議員做了簡報，好讓他們在辯論會中有把柄攻擊我們。幾天前我把這事告訴鄧蓮如，她馬上寫信給浦偉士，不久我就收到他親筆來信，表示滙豐沒有任何惡意。某些方面的事情都好像有轉機，例如機場和國防用地。針對國防用地，有人認為中國政府方面因為有解放軍介入而動作太大，但其實中方也想與我們協商出一個方案。我們只需保持冷靜，採取堅定立場。目前我們正在設法平息房價，並籌備老年退休金的最終方案，期望在七月大力推行。港府打算投放一百億港元當作政府出資的部分，這麼一來僱主和勞工就只需繳交三分之一的款項。這是推行新政的契機，讓長者獲得更好的保障，而他們只需繳納所能負擔的費用。

六月四日（星期六）

為紀念一九八九年天安門屠殺事件，港人和平地舉辦六四燭光晚會，至少三萬人聚集於維多利亞公園。《明報》拍到黎偉略、英商威廉・寇塔伉儷和到港訪問的工黨議員馬克・費雪（Mark Fisher）一同前往。其實我也想到場，但那似乎會顯得我思慮不周。我們的政治討論依然集中在選舉制度修訂案，其中有兩個須清除的主要障礙。首先，有些中間派傾向支持以李鵬飛為首的自由黨修正案，認為該動議代表某種共識，原因是經過不計其數的會議後，自由黨針對討論過的內容做出了調整，但對此我們還是必須加以阻撓。其次，我們必須為自己的法案爭取更多支持，傷腦筋的問題數不勝數，像是親中派議員將如何投票？親中派本著不該協助完善法案的立場，會不會對李鵬飛的修正案投棄權票，然後對我們的投反對票？獨立團體會怎麼投票？我們已竭盡所能遊說拉票。還有人說，如果李鵬飛的修正案無法通過，自由黨那批人就會轉向支持劉慧卿個人提出的草案，該案建議立法局議席以全面直選的形式進行。雖然某些自由黨人聲稱將藉此羞辱我，但我認為他們不至於如此愚昧。

六月八日（星期三）

劉慧卿來和我開會。她想打探我是否已經退縮，準備俯首聽命於中國。我耐心地說明我們長久以來所做的一切，她不時還會點頭表示認同。但果不其然，她從辦公室離開後就公開譴責我。有時候，我覺得許多政客與我見面，只是為了事後在媒體面前中傷我時站得住腳。與其他人一樣，劉慧卿有充分的理由不信賴英國人，值得稱道的是，她坦率地表達自己的意見。相反的，霍德回香港時透過港府駐倫敦辦公室確認，最近上議院辯論前滙豐銀行曾向三位議員發放風聲。現在我可以回信給浦偉士，告訴他那三位議員顯然沒搞懂滙豐的意思。劉慧卿、李柱銘和他們的政治同僚至少不會像偽君子般在人背後捅刀。說到虛偽，為了克羅默伯爵先前的發言，麥嘉卓卑躬屈膝地前來道歉。根本沒有人在乎那場上議院辯論，他們何必道歉？我還得知麥嘉卓的妻子抱怨說我之前回英國時，在格林德伯恩莊園（Glyndebourne）怠慢了她。我相信她是個很棒的人，也許我該知道她；不過，除非先前她曾用降落傘飛到港督府草坪上並吟唱詠歎調，不然我很難認出她是誰。

六月十日（星期五）

我和穎彤又去了沙田的白普理寧養中心。穎彤和卡洛琳・寇塔等人成功推動臨終關懷運動，一群我們很欣賞的修女也幫了不少忙。大概所有的社會都無法好好面對身後事，但部分華人社會似乎特別抗拒。善終服務讓人們有尊嚴地離去，也盡量減低過程中的痛苦，香港沒理由不全力支持這項了不起的事業。晚上，我們在港督府為英女王壽辰舉行招待會，雨及時停了下來，所以我們不用留在宴會廳，可以到花園舉行「鳴金收兵」儀式。

六月十二日（星期日）

貿易副大臣李德衡站在我們這邊。他支持港府正在推動的事，卻也語重心長地勸我別抱持草木皆兵的心態，讓我對那些商人好一點，還說他們覺得受到不平等待遇。香港經濟明明還在全速前進，應該對他們毫無影響才對。不過，我們挺身對抗中國後居然相安無事，也許激怒了那些預測錯誤的人。李德衡的話也不無道理，即使無法喜歡他們所有的人，我至少該善待那些不會一天到晚在背後說我們表現得很糟的人。他也承認，這種虛偽行徑確實令人難以忍受。

六月十三日（星期一）

今天是放假日，我們到荃灣欣賞龍舟比賽，划槳選手和市民都表現得熱情。荃灣的政務專員周達明以前是我的私人秘書，雖然今天天氣陰沉，但在他的安排下，我們還是度過了美好一天。比賽結束後，我們去某家燒鵝餐廳用午餐，在那裡可以清楚看到建造中的青馬大橋。現階段看起來已經非常宏偉了。

我們打算提出新議案，以打造一個更公開透明的政府，但目前還是先集中討論選舉法案的票數。有些人聰明過頭，以為某些修正案會討好或激怒北京，為此我與各個人物和團體見面，嘗試說服他們不要讓我們的計畫泡湯。另外，我們與這群人的關係似乎有所改善，這反映在有關機場、貨櫃碼頭和國防用地的討論上，為什麼會這樣？我認為原因有三。第一，中國和台灣的關係非常糟糕，他們也不樂見其他地區的情況跟著惡化。第二，中國對內政策陷入窘境，經濟方面尤為嚴重，其中香港經濟扮演重要角色，他們或許期望香港能發揮正面作用。第三，不影響自身利益又能玩弄我們的時日不多了。他們也是務實的，可不想無休止地爭吵下去。另外，有人指控我們串通國際社會，試圖讓香港社會顛覆中共統治，但我們在人權委員會和其他議題上表現得相當克制，使那些聲音再也站不住腳。他們或許也注意到，有關最惠國待遇我們已在華府遊說成功，不太可能是反華陰謀中的一員。然而，一如既往，天知道他們的心思。我碰到某個巴克萊銀行（Barclays）的主管，他甚至認為中方把先前收回的部分業務還給他們，是政治局面緩和的象徵。這實在讓人吃驚。

六月十七日（星期五）

針對處理國防用地一事，我們與包雅倫以及他麾下優秀的中英聯合聯絡小組討論得非常順利。中英雙方的主要分歧點還是在於土地是否只能用於國防，以及海軍基地的規模為何。此外，由於還不確定立法局是否會通過撥款，我們依舊拒絕為土地提供財務擔保，以免英國要承擔任何可能產生的債務。整體來說，距離達成協議的那天不遠了，我們都知道中國盼望著那天來臨，也知道雅倫稱得上是談判專家。

從現在開始到月底，可說是我擔任總督期間最重要的一週。到底我們能否在國防用地和機場問題上取得進展，同時在立法局通過選舉草案？《先驅論壇報》（*Herald Tribune*）的凱文・墨菲（Kevin Murphy）以「彭定康得以僥倖脫身」（Patten is getting away with it）為題撰文。草案落實八字還沒一撇，他卻已經認為我的做法能為香港建立可長可久的體制。我不太確定這一點，但我們堅定地面對北京政府的舉措，其實已充分傳達出某種重要訊息。毫無疑問，還是有一些香港人認定我們會和中國私下達成協議。但想要滿足所有的人本來就是天方夜譚。接下來幾天我們都要不斷遊說，鄧蓮如卻安排了休假。她身為立法局首席議員，這似乎不是個好決定。

六月二十二日（星期三）

在中英聯合聯絡小組裡，中英雙方的氣氛好轉，但並沒有什麼進展。顯然中方在國防用地的問題上舉棋不定，但也安排我們在未來幾天開會討論機場議題。我們的退休金方案發展順利，但中國走的明明是共產體制，卻對福利支出有所保留。更奇怪的是，他們還敦促我們提高公務員退休金額度。

今天下午，我為東區尤德夫人那打素醫院（Pamela Youde Nethersole Eastern Hospital）主持開幕式，回來時得知中方不打算在今天的聯絡小組會議上就國防用地一事取得共識，所以我們希望把最終會議延至下週，意味著機場協議的進度也將變得緩慢。英國財政部幾週前才針對國防用地達成一致意見，表示將來不會負責提供資金。為了加快進程，財政部又提出異議，表示我們做得不夠徹底，應該要確保英國未來不必為國防用地的任何必要支出提供擔保。我們的回應是，英國將來不用履行任何義務，但財政部堅持在這個問題獲得解決前，我們都不該達成協議。我寄了封電報回倫敦說我們不能再等下去，會繼續執行目前的提案，如果有人想接手這個問題，我會與首相和外交大臣商議。我希望此般大動作會有其效果。

1992
1993
1994
1995
1996
1997

六月二十五日（星期六）

包雅倫說國防用地的磋商已出現最終突破，討論出一套中方可以接受的擔保方案。雖然這件事還不是十拿九穩，但我們已成功讓財政部閉嘴。包雅倫一直以來都是這麼能幹。

六月二十六日（星期日）

我們在粉嶺度過愉快的一天。不過，接下來幾天我和穎彤還是花了相當長的時間，討論我們的選舉法案若一敗塗地會有何後果。我倆都認為繼續堅持下去是件難事，我將在政壇受挫，而且無法再做更多。最好的應對也許是夾著尾巴逃回英國，試著朝其他方面發展。我不確定剩下這兩年多裡，有名無實的總督能否激勵香港社會。我應該會退出政壇，雖然我和穎彤都會痛徹心扉，但卻沒什麼遺憾。

六月二十八日（星期二）

六月二十七日起的這一週，我們幾乎都在為選舉提案拉票。李鵬飛那群所謂的自由黨成員（他們大都由政府任命）試圖強行推動修正案，聲稱可以讓一切回到我們在北京談判時準備妥協的那一刻。這不是實話，但聽起來確實是個折衷方案，讓立法局裡少數中間派相信修正案既能滿足中共的要求，又讓香港顯得依然保有民主的抱負。這些中間派自稱「早餐派」，他們受到滙豐和恒生銀行等資方的壓力。[4]律師們也為這種破壞法案的折衷方案遊說拉票，而大律師則普遍持相反觀點。[5]中間派的處境實在令人唏噓，他們的主張還算正派，卻太輕易被說服，相信只要按指示做事，就會有利於我們在香港所有的人與全人類。他們所持的理據往往聰明過頭，根據我自己的經驗，這是在政壇自討苦吃的不二法門。過程中還有個荒唐的插曲，幾個新界代表（其中至少有一位是中共政府的顧問）考慮對李鵬飛的修正案投棄權票，以換取李柱銘那群自由派人士支持他們一貫保守的新界計畫，但最後這件事不了了之。辯論期間，魯平曾致電某些猶疑不定的立法局議員，據說浦偉士在北京也打過電話給他們。如果傳聞屬實，北京鐵定已透過竊聽得知他有多麼忠心——我想大家都知道了，就連長眠於德州的前美國總統詹森（LBJ）也知道了。

六月二十九日（星期三）

今天是至關重要的日子。傍晚，一些港府官員和幾位行政局議員百折不撓地四處拉票，其中張健利尤其賣力。[6]我和私人助理戴彥霖、黎偉略在港督府等待結果。夜幕低垂，黎明曙光降臨，不知全能的上帝是否出手干預，我們全面獲勝。李鵬飛的修正案差一票才能通過修訂，我們的方案再以三十二對二十四票獲得通過，而劉慧卿的全面直選法案則是以二十一對二十票遭否決。如果全面直選實際可行該有多好，若是幾年前還有希望，一九八〇年代末，政府就直選議員的席次進行諮詢，但社會大眾表示質疑，自此便把直選方案排除在外。無論如何，總體結果十分理想。經過接近兩年的起伏，我們終於成功了，過程中也克服多方阻撓，包括中共、香港大部分當權派、香港上海滙豐銀行、在港經商的英國貴族、我國幾位傑出的前外交高官、以及大部分受皇室表彰或從香港獲利的人。如果選舉的規則是把委任議員排除在外，只允許民選議員投票，那我們會贏得更漂亮。我猜那些沒有外國護照的人也會為我們帶來很大優勢。

六月三十日（星期四）

我六點十五分起床，心裡想著要去謝票。今天清晨明媚，我和徹夜未眠的黎偉略一起去望彌撒，顧汝德也坐在教堂長椅上。我的腦袋一片空白，似乎還未意識到發生了什麼。一份英文報紙的標題醒目地寫著「彭定康大獲

1992
1993
1994
1995
1996
1997

全勝」。

穎彤再次助我找回理智和平復心情，她在日記裡以不同的角度記錄了驚心動魄的這天，值得一讀：

「要是得常常忍受像今天這種狀況，我可辦不到。一整個早上傳言報導滿天飛，有的說議員搖擺不定且自食其言，還有各種雜亂無章和錯漏百出的狀況。後來，我們又聽說魯平致電給兩位無黨派議員，嘗試說服他們支持李鵬飛的修正案。他們尚未改變心意……如果那不是政治干預，什麼才是？」

「定康為了找點事做，整個早晨都在各房間裡來回踱步。我與香港公益金（Community Chest）的人開會，然後和卡洛琳・寇塔小聊，再到法蘭西斯・傑瑞德和強納森・丁伯利比的電視節目接受採訪。下午定康到社區巡視，忙得不可開交。稍後，我參加香港公益金年會，在之後的茶會上見到部分受資助的人士。董事會會議緊接而來，耐人尋味的是，沒有任何商界人士祝定康一切順利，或許他們不希望得罪任何人。晚上七點回到港督府，我的心臟都快跳出來了，但最先表決的李鵬飛修正案也要到八點才有結果。我和定康心不在焉地看著溫布頓網球錦標賽重播，直到黎偉略匆匆趕來，說李鵬飛修正案以二十九對二十八票的結果遭到否決，比數雖近，卻足以讓我們鬆一口氣。我們下樓到私人辦公室，所有的人都齊聚一堂……我們暢飲香檳後共享晚餐，房間裡充斥著歡笑聲。接下來，大夥們繼續留在辦公室，聽取了關於主要表決的其餘辯論，而那時我們的心情已逐漸平復。」

「凌晨三點四十五分，定康上樓對我說投票結果是三十二對二十四，一切都結束了，我們的努力沒有白費，終於迎來了開花結果的一刻。香港人擔起重任，並做出正確決定，真是太好了。當然，反對派紛紛主張『此次選舉黑幕重重』或『選舉結果只是勉強過半而已』。但過半數就是過半數。定康在六點十五分起床後到教堂，然後吃了一頓豐盛的早餐慶祝勝利，這可是他幾個月來第一次吃培根和雞蛋！」

我們回辦公室開會時，聽到許多來自選戰前線的故事，像是誰對誰說了什麼？有什麼影響？今天是這輪最後一回的聯絡小組會議，除了戴維斯和包雅倫，大部分人認為中國不可能在法案通過翌日就和我們達成國防用地的協議，但中國讓眾人跌破眼鏡。大眾的想法一般都不準確，特別是倫敦人。晚上，我們參加鄧永鏘的中國會（China Club）三週年慶祝會。[7] 閒聊間，我們總結出那些支持政改方案的人都在預料之中，反之亦然。目前已有幾個人向外交大臣主動請纓繼任總督一職，唉，聽說普萊爾在倫敦不斷對怡和洋行放炮，說什麼怡和洋行怎能放任自己的董事鮑磊跑票？

七月一日（星期五）

英國報章都非常友善，《金融時報》、《泰晤士報》、《每日電訊報》（*The Telegraph*）、《獨立報》和《衛報》都透過社論表示支持。

我一整天都在打電話或寫信致謝，還接受各家報社和電視台訪問。今天是加拿大國慶，可惜優秀的加拿大駐港領事約翰・赫根巴登即將離港，但他依舊貫徹尖銳風格，把香港近況形容為剛得知自己身患絕症的病人，但還未宣告死亡，我馬上領會其中含意。聽起來他不太信任中共。他認為，重點是中方是否會好好遵循這次投票結果。我還去了一趟選舉事務處，最後一次的選民登記活動剛結束，登記率大概上升了至少百分之五十，結果十分理想。晚上，賀理和他的妻子蘿西（Rosie Hoare）陪我們去聽音樂會，曲目包括威爾第（Verdi）的《感恩頌歌》（*Te Deum*）。難道香港管弦樂團幾週前決定今天的演出曲目時，就已經預知選舉結果？

七月二日（星期六）－三日（星期日）

趁著週末，我整理出這週的諸多成就，包括選舉法案和國防用地協議，還有昨天立法局剛通過為接續機場工程而撥款港幣一百五十億。另外，我們撐過了一場溫和的人權立法辯論，決定先維持現狀，暫不成立獨立委員會。撥款獲准，代表無論能否提前和中國達成協議，機場計畫都能繼續運轉。

我在讀《金融時報》要我評論的《親愛的基洛，鬆開你手中的錨》（*Sweet Killough Let Go Your Anchor*），作者是我的好友莫里斯．海斯（Maurice Hayes），以前我擔任北愛爾蘭政務次長時他是常務次長。海斯是生長於北愛村莊基洛的天主教徒，這本回憶錄可謂生花妙筆之作。我特別喜歡為這家報社寫文章，他們不會過度潤飾稿子，而且讀者都是與我志同道合的人士。

七月四日（星期一）

今天討論了高層官員任命事宜，我認為最明智的做法就是提前通知中國政府，然後直接任命，而不是把所有的官員當成討價還價的工具，否則我們不會取得任何進展。那些不獲中方認可的官員將面臨窘境。

鄧蓮如度假結束後回來參加會議，並大力讚賞投票結果。非常感謝，可惜妳沒有與我們同在。我非常肯定有很多禿鷹正在倫敦上空盤旋，等著要攻擊我們。李鵬在最近的會面上出言恐嚇普萊爾，結果顯然非常糟糕。此外，大衛．楊恩持續批評柴契爾，但她說自己還是很堅定。她和自由民主黨黨魁艾布鄧都親切地寫了封信給我。我和施祖祥以及一群中層公務員一起吃晚餐，他們似乎對未來沒什麼顧慮。施祖祥介紹了曾俊華給我，他是個人才，將接任梁寶榮成為我的私人秘書。

七月五日（星期二）

我們在港督府餞別霍立言與其妻黛安（Diane Foley）。霍立言是出色的駐港英軍司令，我相信他就是軍方所謂的「軍人思想家」。雅思已經回英國過暑假了，港督府變得非常安靜，小狗們也會傷心個好幾天。

我們試圖抑制房價上漲，而不是讓整個市場毫無起伏，看來相關措施已取得成效，房價最高位已經下降百分之五至二十。我接受了吳靄儀為報社做的採訪，過程中有不少爭辯。[8]她是聰明勇敢、善於表達的大律師，而且支持傳統的反殖民主義，在她眼中我們所做的事無一正確。我能理解這類人士會有此種想法：也不過才十到十五年前，他們為了爭取適度的民主而成為國家的敵人。我想在任何有關基本原則的爭辯中，我都會支持像吳靄儀這樣的人。晚上，我和穎彤在君悅酒店的義大利餐廳 Grissini's 共享寧靜的用餐時間，以表示我對她的感激之情。我們在香港的時間已經接近一半。正如我母親所說，穎彤一直很可靠，她所做的總是遠遠超出大家的預期。我甚至開始稱她為「中央」，意思是她就像我的中央政治局。戴彥霖說這不怎麼浪漫，但她對我來講確實就是那麼重要。

七月七日（星期四）

在今天下午的立法局答問會中，我嘗試表現得彬彬有禮，既有魅力又圓融，也就是開啟梅兆贊所謂的「彭定康儒家模式」。我與《經濟學人》智庫（Economist Intelligence Unit）的負責人尼可拉斯．科爾切斯特（Nicholas Colchester）以及傑瑞．席格（Gerry Segal）會面。尼可拉斯很關注香港的法治，我告訴他我們所面臨的困難。優秀的大律師工資很高，所以他們都不願意去當法官，再加上涉及內地公司和投資者的業務量龐大，以致事務律師總向中國妥協。會面結束後，我和穎彤到英港信託（Anglo-Hong Kong Trust）所舉辦的社區英文實驗教室，這計畫是鄧永鏘和馬世民的主意。教室裡有不少人，其中六個小孩在背誦相當困難的英詩，這場景即使在英國也很罕見。總是充滿幽默感的鄧永鏘特別安排某個孩子朗誦希臘詩人卡瓦菲斯（Cavafy）一首以希臘殖民地為主題的詩：殖民地的一切本非如此／無人可再質疑／儘管所有的事物都在前進／正如大眾所信／時機已經到來／一位政治改革家誕生。（譯按：這位詩人的希臘文姓氏是 Kavafis；所謂政治改革家云云，顯然是在影射彭定康這位殖民地總督。）

七月八日（星期五）

我去了粉嶺的特別任務連——此單位相當於英國的特種部隊（SAS）。[9] 我用機關槍和手槍來射擊目標，並請戴彥霖和黎偉略也試試看，但他們竟然拒絕了。本週我致函魯平，向他說了有關老年退休金的提案。得知這消息後，魯平竟然馬上告訴香港特區籌委會的預備工作委員會，由該會向媒體公開了一切細節。下次向魯平簡報前，我們必定會請他注意這一點。

黎偉略和我的副秘書蘇啟龍來粉嶺，晚上我們一起到沙田的龍華酒店吃乳鴿。隔天，我帶著他們和戴彥霖夫婦坐船出遊，無奈我花了不少時間在船艙裡工作。傍晚，我們邀請麥若彬伉儷以及他們一些香港老朋友共進晚餐。報章報導有幾家餐廳出現霍亂跡象，下週我們必須持續追蹤此事。

七月十四日（星期四）

今早與我任命的商業諮詢委員們討論了消費者委員會（Consumer Council）有關銀行的報告，其中建議撤銷利率協議。按照協議內容，銀行實際上不會向存戶發放利息。若以完善競爭政策為論據，取消協議的確比較好。另一方面，我也不希望讓銀行在一九九七年以前陷入任何困境。我們的土地提案成功使房價降溫，因此獲得廣泛支持。最後有人問道，我不時建議在商界和支持民主的政治家之間建立橋梁，商業諮詢委員會能否在這方面予以協助？最近我才對李柱銘和香港民主同盟人士提起此事，我的答案一如往常，熟到簡直在夢中也能複誦：商界必須先意識到民主程度的提升對他們而言並非壞事，而政治家也得明白商業秩序有多重要。所以他們要做的就是圍坐在營火旁高唱〈歡聚一堂〉（Kumbaya）。[10]

《星期日南華早報》的霍亂報導令人擔憂，結果他們的依據只是兩家餐廳的魚缸用水採樣。顯然報社刊登這則新聞時，就知道手上資料不足以下定論。最新的檢查顯示，採樣的水並無問題。我希望有關餐廳能向報社索償。

七月十五日（星期五）—十六日（星期六）

副外相顧立德正在北京訪問。我們都強烈反對此趟行程，他顯然左右為難。我希望他不會讓事情倒退太多，他在週末（七月十六日）寄來有關會面的電報，讀起來實在嚇人。他見到了姜恩柱和錢其琛，並努力把事情導向更友好的方向，卻換來兩人苛刻和不妥協的態度。這不是顧立德的錯，我們本來就不該抱有希望，外交部派他去的決定該死又愚蠢。會面結束後，錢其琛回答記者的問題時，否認自己曾說過政治和經濟問題可以分開處理。這麼看來，我們不但沒能推進事情發展，反而讓情況倒退。讓各家媒體大做文章的是，顧立德不會與魯平見面。（但事實上他本來就沒打算見魯平啊。）媒體認為我們是故意怠慢。我們很想對英國外交部說、卻又不能說的話是：「早就告訴你們別這樣了。」——不過我們還是說了。事後媒體失真的報導讓人心寒。想以這種方式趕上中國人的腳步實在可笑，我們應該束手旁觀，讓情勢自行轉變。

七月十八日（星期一）

我們開始討論功能組別的安排，應該不會過於複雜。另外，距離一九九七年只剩幾年時間，但中英聯合聯絡小組的進程依舊緩慢。面對中國人的頑固和無能，我們決定在秋天給他們點顏色瞧瞧。我們的團隊明明這麼優秀，中方卻淨做些徒勞無功的事。我希望韓達德下次在聯合國大會見到錢其琛時可以提及此事。

我首次和新上任的警務處處長許淇安單獨會面，他對八月中旬第一次拜訪北京有點擔憂。最近有幾起中國異議人士偷渡來港的棘手案件，中國國安部門希望他們重投祖國懷抱，並開始以各種方式威脅，禁止把任何非法入境者送回邊界，除非我們將中方想扣押的人一併送到內地。一位記者在採訪時告訴我，他在穎彤離開雲南不久後到了當地，得知一位坐過牢的維權音樂家曾與穎彤見面聊天，並在幾天後遭秘密警察審問。

七月二十一日（星期四）

我和外交部顧問以及香港保安官員討論如何在九月遣返越南船民，有關安排相當棘手，尤其是我們只剩下兩年時間。把戴著手銬的人押上飛機不是件輕鬆事，不只是最心軟的自由派人士對此感到難過，所有的人都如此。

我在香港與加拿大領事赫根巴登做了最後一次談話，他即將成為加拿大駐美國大使館的第二號人物。他一如以往的賢哲，指出中國過去三年的過失——中方分化了香港社會，卻還是在爭辯中敗給我們；中方唯一的支持來自商界，但那群商人總是舉棋不定，其中最有力的擁護者居然是持外國護照的人。都是因為他們，機場修建成本上漲不少，他們在擺脫前任港督衛奕信後纏上了我。那群人還分成許多對立的小圈子，全都希望可以在香港大撈一筆。赫根巴登認為，我們成功讓自由、開放、多元價值滲入香港社會，在那之前的政策只是讓大家對《中英聯合聲明》和中國的承諾抱持希望。九七年移交主權後港人必須面對的現實處境是，即使香港有成功的機會，他們也得付出努力才行——但我們沒有把這真相告訴港人，也沒有逼他們面對這個現實。赫根巴登認為這簡直是可怕的騙局。不過，我們還是製造了機會，好讓市民可以對自己的未來做出部分決定。我多希望赫根巴登在二十年前就加入我們的外交部工作。

七月二十九日（星期五）

二十二日倫敦政府內閣改組，這真的會帶來影響嗎？我將回到倫敦，並和穎彤、雅思和幾位好友到法國度假。我離港前的最後一次民意調查顯示，我們的退休金提案獲得愈來愈多港人的大力支持。

七月最後一週，我與首相、外相、顧立德以及其他官員會晤，我不斷強調距離九七年只剩不到三年時間，我們經歷過一場抗爭，接下來還要面對其他棘手難題。只希望最艱難的時期已經過去，以及之後的「大事」不會使情況惡化。某次外交部會議上，顧立德建議讓各大臣到中英聯合聯絡小組主持會議，以提升小組的活躍度。這當然引起各官員的不安，也同時代表我們準備給中方更多壓力，以取得進展。

梅傑首相看起來比之前愉悅多了。奇怪的是，目前的經濟和政治新聞呈現出脱節的狀況：經濟報導愈來愈好，政治則是愈趨慘澹。首相樂見內閣改組，韓達德打算明年退出政治圈。他還是確信我會辭退香港總督一職來接替他，但我記得在改組前，我就和梅傑討論過這個問題，當時他曾來電告訴我有幾個部長想繼任港督一職，並就此詢問我的意見，那時我就重申自己想留在香港，直到交接為止。

八月二十八日（星期日）

我們在法國的假期有一大收穫，就是發現一套度假屋，雖然當時匯率差得離譜，但我們還是把它買了下來。加拿大記者約翰・佛雷澤把我們介紹給史黛拉・萊特（Stella Wright），她很熟悉南法納雅克鎮（Najac）及周圍的外國人房地產市場，剛好我們一家很常到當地度假。我們本來下榻多多涅河（Dordogne）岸邊，後來開車過河去找她。她介紹了兩三套不錯的房子後，大家一起回她家討論。雖然稍早看的房子很好，但我們更喜歡她家，對此我如實相告，她回答説自己和丈夫正打算出售，我們在花園逛了一圈，就當場提出報價。史黛拉以前與丈夫喬治離開英國去紐西蘭，發現連他們也受不了當地靜僻的環境，便遷居南法鄉間。她家有個小木屋客房需要大幅整修，正好喬治在經營一家小型建築公司，他的副手可以幫忙處理一切工作，實在是太走運了。

這趟假期唯一的美中不足就是麗思和潔思沒來。麗思一直在《星期日郵報》（*Mail on Sunday*）工作，以累積有關時尚媒體的經驗，而潔思則在亞洲旅遊，期間還發生意外，越南本是此行的重頭戲，但同行友人弄丟了護照和越南簽證，所以她們無法入境當地。無論如何，我們九月要為穎彤慶生，屆時就能團圓了。

1992
1993
1994
1995
1996
1997

八月二十九日（星期一）

回港後我一直悶悶不樂。我們出發去度假後，這裡的雨就下個不停。房子不斷漏水，其中一間客房還有點發霉。我又在回應老掉牙的問題，給的答案也都千篇一律，所有的事都毫無進展。中英聯合聯絡小組又在原地踏步，中方立場總是不清不楚，或許他們根本不知道該怎麼做，又或是中國沒人有足夠的政治影響力來採取任何措施。不過，我的女兒都回家了，霍禮思（David Frost）也前來拜訪，他依舊幽默可親地戲仿自己。[11] 大主教喬治・凱瑞（George Carey）和妻子將前往中國問候當地受苦的信眾，途中會經過香港。

九月二日（星期五）

北京全國人民代表大會宣布，中國打算在一九九七年後解散香港的民選立法局。這事並非意料之外，但難免讓人沮喪。不只是我們，香港各界都感到難過。我見到剛從中國離開的美國商務部長羅恩・布朗（Ron Brown），他對於中美簽訂的一些貿易協議感到滿意，但《華爾街日報》卻在四處打探，希望查明這些協議能否帶來實際收益，或只是沒多少後續動作的合作備忘錄。布朗出訪前和到訪期間，中方似乎還威脅說，如果中國無法加入關稅暨貿易總協定，他們就會在有利的時機打破貿易及投資的國際規則。以我來看，中國即使成功加入總協定，還是照樣會破壞規矩。不過，美國政府至少譴責了全國人大的決定。

一九八九年天安門屠殺事件後，曾鈺成就申請了加拿大護照，這可謂最有意思的醜聞，或只是件讓人難堪的消息。雖然他後來撤回申請，但他身為親中的民建聯主席，終究觀感不佳。他的家人還是繼續申請，目前已經定居加拿大。

九月五日（星期一）

為了那些曾招待我們到自己家或公共屋邨作客的家庭，我們舉辦了一場招待會，邀請他們參觀港督府，他們大都都是首次來訪。大家邊喝飲料邊暢聊，好不快樂。我們只是略盡綿力，但有其價值。

九月十五日（星期四）

我們花了好些時間思考如何促進中英聯合聯絡小組的進程。雖然韓達德因波赫戰爭而十分頭痛，但他還是答應開展一段較長的行程，並進行一次短訪。只要他和我們在一起時，就會參加聯絡小組會議。他抵港前一天（九月十五日），中國再次因為怡和洋行參與九號貨櫃碼頭提案而暴跳如雷。韓達德短暫造訪期間沒有特別議程，但這次短訪應該有利於他在聯合國大會上與錢其琛的會面。

韓達德遇到與戴維斯同等位階的郭豐民，兩人這次的討論沒有多大意義，卻為郭豐民做足面子。[12]隨後，達德表示自己理解英方在聯絡小組的難處何在了，他們根本是在硬邦邦的石地上撒種。我們和韓達德以及外交部官員，還有李柱銘和王葛鳴等香港官員度過歡愉的晚餐時光。王葛鳴總能看到事情美好的一面，她大讚港督府的食物有所改進，還說以前總是填飽肚子才來。

九月十六日（星期五）

我們到行政局議員錢果豐的華美住宅享用了豐盛晚餐。他們住在深水灣，屋子裡全是精緻的中國古董，還有無敵海景。客人中有一位律師，曾因涉嫌間諜罪在中國坐牢三年。他以前在中共中央政治局工作，後來轉職到美國一家律師事務所，一回國就當場被捕。他否認罪行，坐牢三年才獲釋，甚至用了更長的時間才讓自己的生活重回正軌，他目前在中國開了間公司做生意。他確信自己認識的人為了自保而栽贓他，而他似乎也抱持著「中國就是如此」的態度。這種生活態度實在不適合膽怯的人。

九月十九日（星期一）

今天是穎彤五十歲生日，我請了一位風笛手演奏〈生日快樂歌〉來喚醒她。老實説，這首曲子用風笛演奏實在古怪，但也確實讓所有的人醒了過來。女兒們帶她出去吃午餐，晚上再回來享用大餐。用餐後，我們蒙住她的雙眼，把她帶到大廳，那裡有三幅女兒的肖像畫，全都出自北愛爾蘭畫家湯姆·哈利法克斯（Tom Hallifax）之手，我提前請他秘密作畫。重見光明後，穎彤雀躍不已，甚至有些眼泛淚光。

九月二十日（星期二）

今天我們舉辦了區議會選舉，共有超過六十萬市民投票。不單是選民登記數目，現在連投票人數也創新高。香港民主同盟贏得大多數的席位，李鵬飛那群人的表現不佳，而親中派民建聯的結果還不錯，這或許能降低北京對公平選舉的敵意。此外，我們對中英聯合聯絡小組頻頻示好，卻沒有換來什麼進展。戴維斯和同僚去北京開會，雖然他們在郵票協議上大獲全勝，但整體而言還是沒有突破。會後會議上，戴維斯向魯平提到聯合國公約規定的締約國報告義務，魯平卻莫名其妙地大發雷霆。戴維斯向來謙恭有禮，面對這種突發事件感到相當錯愕。到底接下來韓達德與中國外長在紐約的會面能否讓情況盡快改善，我們拭目以待。

九月二十三日（星期五）

眼前有一大難關，外界本來認為我們對中國的態度過分強硬，但我們打算改變方針，在不違反原則的前提下與中國適當合作。不過，一旦不慎陷入膠著狀態，某些人會說我們向中國低頭，其他人又會責難我們不與中國和睦相處。不論我們怎麼做，中國的應對也是一大問題。我以前的國會助理佛瑞妲．伊凡斯（Freda Evans）來訪，勞勃．亞力山大（Robert Alexander）和他的愛爾蘭大律師妻子瑪莉（Marie）也一同前來，夏天我們才在法國見過面。勞勃現在是國民西敏寺銀行（NatWest Bank）的董事長，已經和貿易代表團去過中國，副總理李嵐清向他們保證不會把貿易和政治混為一談，但實際的狀況無人知曉。國家出口的表現持續良好，英國直接投資與合資企業也持續高水準地運作。

九月二十五日（星期日）——二十六日（星期一）

我為我所有的政治顧問、中英聯合聯絡小組英方成員以及港府官員安排了為期兩天的會議，除了讓他們增進感情，還要討論如何與北京改善關係，並計議韓達德應該和錢其琛說些什麼，以及商量我在十月五日於立法局的演講內容。所有的人都在週日晚上相聚燒烤，並於兩天內公開自由地發表意見，其中有不少好點子，可以守住港府的立場，同時又能與魯平的工作委員會合作。魯平不斷催促香港金融管理局派人參加研討會，商討美元和港元的掛勾，我認為這事無傷大雅，而且貿易發展局也參與過類似的研討會。我們會請新上任的英國駐華大使艾博雅（Len Appleyard）轉達魯平，以示好意。只要檯面上沒什麼棘手事，我相信艾博雅都很樂意與中方大使對談。我們會很想念麥若彬，但有人說在外交部主管香港事務的古沛勤認為，該是保守行事的時候了。我們在這兩天裡討論了各種話題，從中英聯合聯絡小組的議程，到公務員過渡，再到國籍，最後還有實際交接時我們要舉行的儀式。我和古沛勤都認為沒必要那麼辛苦全面修改法律，反正中方不滿意的話，無疑會在交接後重新修訂，我們又何必為了所謂的融合，提前幫他們把事情都做好呢？我希望可以排除這種問題，免得在會議上為此吵個沒完沒了。

九月二十七日（星期二）

我們在行政局談到中英聯合聯絡小組慘澹的成果，並花了很長的時間討論《公民與政治權利國際公約》的報告義務。張健利非常堅持公約原則，李國能則認為這問題有點微妙，他剛去過北京，大概是為了將來做盤算而接受審查。我認為李國能不太想爭奪第一任行政長官之位，中國高層似乎還是看好陳方安生等人。稍晚，我與美國空軍參謀長及海軍第七艦隊指揮官見面，穆亦樂（Richard Mueller）也和他們一同前來。[13]他說唐諾．倫斯斐（Donald Rumsfeld）[14]和一群共和黨人，最近在北京與全國人大常委會委員長暨政治局常委喬石會面。喬石表示，中英雙方在香港問題的處理上存在分歧，而他們正在努力解決，中方這般如實相告讓我有些驚訝。穆亦樂說中國高層派了李儲文來港視察狀況，他倆開了一次會，但過程不甚熱絡。[15]穆亦樂並不看好中港關係發展，他認為兩方之所以交惡，都歸咎於我曾說會把決定權交給立法局，卻又為自己的選舉制度法案拉票。他明顯忽略了中方曾拚盡全力遊說，魯平和其他人不是也在辯論期間致電各議員？一九八〇年代，李儲文曾在港擔任新華社分社副社長，並有過一段不光彩的過去——他似乎偷偷為國安單位效勞，甚至有人認為他以往擔任牧師只是為了掩人耳目。

韓達德和錢其琛在紐約的會晤似乎頗有成效。錢其琛對韓達德的話相當感興趣，而且留下不錯的印象。談話內容大致是我們很樂意與魯平底下的委員會積極合作，例如協助他們了解財政預算程序、香港金融管理局的運作方式以及目前的移民管制制度。不過，在主權移交前，我們絕不會損害現有政府或官員。如果中方指定了行政長官，我們也希望可以為他及他的幕僚予以支援。錢其琛並沒有使用發言稿，倒是韓達德唸出一篇長稿，雙方角色反常地對調過來，而中國外交部長則是偶爾插話。大家的姿態都很好，之後也沒什麼破壞氣氛的發言。

九月三十日（星期五）

我們到外面吃晚餐，慶祝雅思生日。在那之前，我們得先到會展中心參加中國國慶慶祝會，這實在不是個通人情的活動。中心外的示威人數不多，卻有大批警察在場。這活動一如往常地討人厭，但周南表現得很好，滿臉笑容且溫文有禮，他妻子也是位得體的女士。這根本是場虛情假意的聚會，中共黨人都來做做樣子講話，賣國賊相聚一堂，媒體也趁機夾道攻擊。我多希望能逃出去，幸好還有穎彤陪著我。我想周南伉儷對我們夫妻倆也有一樣的感覺。

今天，艾博雅把韓達德對錢其琛致詞的講稿副本送到魯平手中。魯平表現親切，興致勃勃地讀完整份稿子。可惜事無完美，魯平在艾博雅面前對台灣的國慶慶祝活動發出抗議，因為當天正好是十月十日，也就是台灣的「雙十節」。魯平的廢話完美應驗了墨菲定律：該來的躲不掉。一個台灣的文化組織為了慶祝活動在文化中心租借場地，中國隨即對此大驚小怪，說我們改變了對台政策，警告「我們必須為自己的行為承擔後果」，還說了一堆廢話。這意味著中國在台灣問題上持續加碼，下手愈來愈重。最近他們還抨擊日本，對美國的說辭也非常強硬，或許是藉此回應台灣日益堅定的態度。我們正試著和中方改善關係，而這事很可能會成為一大阻礙。可想而知，香港新華社將發表不少意見和怨言。

十月三日（星期一）

我會晤了兩位港府前任研究員，這兩位年輕女性分別來自北京和香港，交談內容很有趣。先前她們都已前往中國發展事業，卻漸漸無法忍受當地的生活。雖然兩人都對不久的將來抱持悲觀的態度，但她們都認為未來幾年中國還能勉強撐下去。接著，我和加拿大前總理布萊恩．穆隆尼（Brian Mulroney）夫婦喝下午茶，每次見到他都滿心歡喜，實在不懂加拿大人為什麼要逼他辭任。他說全世界只有香港人會為錢放棄自由，不少商業領袖似乎都與中國達成魔鬼協議，只要《中英聯合聲明》可以保護好這群資本家的利益，他們就不會插手其他部分。但是，不論是追求民主的李柱銘，還是講求利益的大企業老闆，他們遲早都得接受同一套法律體系。

十月四日（星期二）

週三的立法局演講我準備良久，我在行政局中又看了一遍演講要點，內容概述自去年來，由於香港的經濟發展健全，我們才能在推動社會事業方面有不少成績。然而，屆時還是會有人要求我們改善與北京的關係，及加快中英聯合聯絡小組的進程。我們當然在會上討論了雙十節爭議，幾乎所有的人都對發怒的中國忍氣吞聲，希望可以把影響降至最低，只有董建華貫徹他那磨人作風，認為「一定要做些什麼」，但他自己也說不出個實際做法。李柱銘本月稍後會參加保守黨會議，我和他閒聊時，委婉地請他與會時別花太多時間攻擊政府，我還需要保守黨和工黨的支持。

十月五日（星期三）

立法局演講順利結束，不過會議廳反應冷淡，我恍如在廁所自言自語，當下無從得知自己的表現。我報告了所有社會和教育計畫的最新情況，重申我們很樂意和北京政府以及國務院港澳辦所設立的香港特區籌委會預委會合作，並再次解釋我們期望的合作性質為何。我也表達對來年選舉的期待，希望與新議會合作愉快。對於我們是否改變了對中政策，以及未來三年與中方對話的性質為何，許多人都滿腹疑團。我們有向中國伸出友誼之手嗎？如果有，中國會接受好意嗎？答案很簡單，如果我們答應中方及預委會所有的要求，還不如現在就屈服，什麼事都不用做了，而這等於陷入與澳門一樣的處境。我們又在管轄權絲毫無損的情況下度過一年，接下來必須繼續堅守崗位，盡量為香港的未來做好打算。我最擔憂設立終審法院一事，一九九一年中英兩國政府曾針對取代香港最高司法機構樞密院一事，達成秘密協議。當時港府在立法局遭受重挫，秘密協議的公開更導致相關法案遭受否決，終審法院的事情自此擱置迄今。我直覺港府來年將花費大量時間、精力以及政治信用在終審法院一事上，我總把這想法掛在嘴邊，任誰聽了都笑而不語。

無論是接受媒體來電或採訪，還是在立法局的答問會，我都強調了同樣的觀點：北京即將設立的籌委會以及現有的預委會都不隸屬於香港政府，而中英聯合聯絡小組則是根據《中英聯合聲明》規定而成立，兩者並不相同。我們正準備擴大合作範圍。為了加快中英聯合聯絡小組的進程，我們明確提議要提高會議頻率並成立更多專家小組，中國也可以讓預委會成員加入這些小組。公務員加入預委會後參與官方會議的做法並不可取，但我們會盡量通融，接受與個別預委會成員溝通。我們絕不損害香港政府官員的利益，也不會在一九九七年以前把管治權讓予北京任命的委員會。

十月六日（星期四）

駐港美國領事穆亦樂傳來一份關於錢其琛和美國國務卿克里斯多福近日會晤的概述。錢其琛熱情地說起他和韓達德的會面，也談到英國愈趨積極的態度。不過，他認為我們一直都意識到中方承認的憲制才是最好的安排，還有我們得接受一九九七年後香港將發生變化。透過這份內容完整的電報，我們得知錢其琛與韓達德見面時曾透露他不希望我們在任內花光香港的財政儲備，也不該修改所有的法例。

台灣國慶將近，英國駐北京大使都對雙十節的問題非常緊張，並處於最高戒備狀態，他們期望出現「一定要做些什麼」的解決方案。解決方案或許會以普通郵件的形式送達，不過這可能太依賴我們在中英聯合聯絡小組的郵票協議。大使館都假裝中國的行為毫無問題。雖然還沒有具體方案，但我總覺得我們要阻止這一切。我們重看一遍有關文化中心預約的法律論據，高級官員都說這些論點滴水不漏，而且他們很滿意我們在預委會採取的立場。然而，幾個官員因中方的針對而感到不悅。他們把自己沒有獲邀參加新華社招待會等事告訴媒體，有人認為那是好事，但中方顯然想讓他們對未來感到不安。中國在香港的行為無異於黑社會，駐北京大使館則表現得畏縮懦弱。艾博雅大使來電表示，雙十節爭議會破壞我們所有的措施，難道我們毫無辦法嗎？我禮貌地告訴他，沒錯。這一切大概是某種先兆。幸好，台英國會小組（Anglo-Taiwanese Parliamentary group）來電邀請我今天與他們會面，小組成員大都是持獨特觀點的右翼人士，包括尼可拉斯．溫特頓（Nicholas Winterton）、理查．薛賀德（Richard Shepherd）、傑瑞．維金（Jerry Wiggin）和其他同道中人，至少他們支持我們在香港所做的一切。我希望沒人發現他們來訪，不然又會有人說這是陰謀的一部分，尤其是英國人！

十月十日（星期一）

多虧我們私下勸說，最後文娛中心的台灣國慶活動辦得非常低調，例如沒有出現任何旗幟。我估計中國會如常表現得氣急敗壞，但誰能摸得透他們呢？

鄧蓮如已在日本待了一星期，她說有跡象顯示部分港人開始打算在一九九七年之前移民，也有傳言指出中國民用航空局計劃在主權移交後，在香港開設自己的航空公司，太古集團對此非常緊張。這兩件事將導致中方過去的保證化為泡影，並對太古旗下的國泰航空造成實質威脅。我不太確定中共的保證值多少錢。

十月十四日（星期五）

這兩天有不少關於鄧小平身體狀況的傳言，在他走完最後一段人生旅程以前，我們必須對這類報導習以為常。鄺富劭說他和港府貿易署都對中國貿易愈來愈悲觀，主要是因為中國對外國企業的態度令人擔憂，而不是我們在香港的行為。我認為中國很可能會建立臨時立法會，人們對此感到非常不安，也擔憂中國發行的專業資格都能獲得香港認證。我為香港總商會及香港工業總會演講，大約有五百名觀眾。我指出港府並非社會主義政權，而且堅信法治的重要。我們希望與中國和睦相處，但不會犧牲香港的自治權。有人問了充滿敵意的問題，但我狠狠反擊回去，除此之外一切都很順利，媒體應該沒什麼興趣報導。英商阿德里安・施懷雅和薩秉達也與我談到前幾天蓮如所提到的問題。[16]

十月十七日（星期一）

這週非常忙碌，但我們對政局卻有點迷茫，像是在等待什麼事發生似的，可能是北京的大動作，也可能是我們在某些事務上取得進展的跡象。例如，機場問題看似快要達成協議，問題是中方只會在保住面子的情況下簽署。如果「面子工程」是某種古老而成熟的文明標誌，那麼該是野蠻人出場的時候了。曾任我國駐北京大使的伊凡斯爵士（Sir Richard Evans）相當鄙視江澤民，他說自己在大使館還是二號人物時常見到江澤民，而且覺得他非常愚蠢，也許是因為他喜歡唱歌和經常引用莎翁的一整段話。伊凡斯認為鄧小平去世後，江澤民不會在位太久。這種想法相當普遍，但我有點不確定，畢竟他成功爬上那殘酷體制的巔峰，而且穩紮穩打守了五年，除了能記住一些英詩和英國影星的名字，他肯定還有其他才能。

十月十八日（星期二）

李德衡和二十五位商人抵港，他們準備前往中國以外的亞洲地區。他希望我和這群商人聊聊，說明目前發生的事情。令我意外的是，他們通情達理，大都認為在中國經商本非易事。在中國，與英方有貿易來往是政治不正確的行為，但這群商人近來並沒有失去任何生意。其中某人說自己曾到訪中國八十七次，那裡總是一團糟，即使多了香港爭議也沒什麼差別。會晤的反饋非常正面。唉，這時普萊爾還在倫敦四處譴責我們的在港政策，只要有人聽得進去，他就會說我們嚴重影響了英國奇異公司在中國的業務。這種說法毫無根據，但他並不會因此停下來。其實英國奇異公司只是經營不善，與其他業績不佳的公司一樣，他們都會找別的藉口來掩飾。

法國政黨保衛共和聯盟（RPR，Rassemblement pour la République）的現任秘書長以前曾與克勞黛・龐畢度（Mme Claude Pompidou）一同來訪。[17]出乎意料，今天他來電表示贊同我的想法。他為人聰穎卻偏激，我認為在法國這種人不在少數。順從中方就能在中國境內好好做生意？對此他非常懷疑，而且他認為中國太過自信。

十月十九日（星期三）

今晚我與安東尼・霍華德（Tony Howard）和他的太太卡蘿（Carol）共進晚餐。[18]他不像別人那樣崇拜工黨黨魁東尼・布萊爾，我想部分原因可能是他受不了布萊爾的顧問文德森（Peter Mandelson）。工黨陣營有不少人才，但布萊爾這位聰明能幹的謀士還是脫穎而出。霍華德認為比起布萊爾，前任黨魁約翰・史密斯更穩札穩打，也更能彰顯真正的英國工黨傳統。

高德年路過香港，短暫停留。他告訴我們一件有趣的傳聞，來源應該是瑞士情報部門負責人。這部門真不錯，他們一定知道所有中國領導人的帳戶細節，因為那群人必須把錢放到香港以外的地方。高德年說鄧小平家人正四處聘請殯儀化妝師，這消息別有意義，因為毛澤東去世時正是臉色鐵青，防腐工作因此變得困難。

十月二十一日（星期五）

柴契爾和雅麗珊郡主（Princess Alexandra）再次為了警察事務來訪。我為她們準備了晚餐，但用餐前我先帶柴契爾到西貢巡視。她今年夏天做了全身麻醉的牙科手術，精神明顯受到影響，但還是表現得非常堅定。她快步走入人群，簡直像在進行選舉活動一樣。與商人會面時，她一直提著手提包，嘗試把他們修理一番，並批評他們對北京阿諛奉承。

為了與中共攜手完成更多重要的工作，我們一直努力尋求方法，希望雙方能互相協調跨境基礎建設計畫的內容。我們需要的是實際溝通，而不是讓中國牽制我們目前在香港的投資決策。我們在一九九七年以前都有自治權，即使主權移交後，在《中英聯合聲明》和《基本法》的保障下，香港特別行政區還是會保有自治權。我們試圖就職權範圍達成合理協議，魯平也表示他希望從比較初階的職位開始討論，而不是一開始就討論陳方安生等高層官員。今天艾博雅正與他商討這問題。

十月二十三日（星期日）

我一整個星期都在發表演說和參加晚宴。週日，我們與澳洲外相加雷斯·伊凡斯和專欄作家威廉·里斯—莫格共進晚餐。加雷斯說自己上次去北京時，向李鵬詢問遭囚禁的維權人士魏京生的近況，得到的答案竟然是：「你是為了訪問我國而來，如果你希望旅程愉快，就別再提起那個人。」加雷斯認為李鵬是個不難對付的流氓。里斯—莫格認為保守黨不會像一九〇六年大選那樣慘敗。布萊爾會吸走自由黨的大部分力量，導致選舉會有點像一九六四年那樣讓工黨僥倖獲勝。這些如神諭般的預告不一定正確，我無意冒犯里斯—莫格，但他畢竟也會犯錯。他只是當過薩默塞特郡的名譽郡長，而不是教宗。

陳方安生剛結束一趟完滿的美加之旅，她說加拿大當局普遍支持我們對付中國的手段，美國也只有少數質疑聲音。一如往常，她強而有力地做出回應，提醒人們應避免自我審查並重申言論自由的重要。那些統戰報章和拾人牙慧的政客都在攻擊她。我們花許多時間討論基礎建設的合作安排以及其他各種計畫，包括機場和我的專長——汙水處理。

1992
1993
1994
1995
1996
1997

十月二十五日（星期二）

前往倫敦密集訪問前，我先與布政司、律政司、首席大法官和施祖祥討論法官任命事宜，希望盡可能任用更多優秀法官。首席大法官態度樂觀，認為有足夠人才繼任退休的高級法官。我們其他人則不那麼有信心，核心問題在於，對御用大律師而言，在香港當法官的經濟誘因嚴重不足。我們向首席大法官建議廣獵人才，並考慮在英國及其他實行普通法的地區挖角。

十月二十六日（星期三）—三十一日（星期一）

回倫敦後，我和英國央行總裁在香港貿易發展局駐倫敦辦事處的晚宴上發表演說，然後到一家瑞士銀行講解如何對付貿易保護主義。另外，我與香港工商協會代表共進午餐，其後又出席顧立德和英商阿諾·溫斯托克（Arnold Weinstock）所創組織的午宴。溫斯托克給我們唯一的建議是提前撤出香港，他認為在我們放棄香港職權之前，無論做什麼都會惹火中國。

梅傑首相的狀態不錯，大概是因為愛爾蘭共和軍宣布停火。我們在公園走了一圈，自上次大選以來，我就沒看過他這麼有興致。總而言之，我感覺商界稍微平靜下來，大家都不大關心香港的情況——但願如此啊。在瑞士銀行發表演說時，我曾質疑「人權並非普世價值」這種說法。在那之後，出現了類似「去他的民主，為李光耀歡呼」的迴響，像極了雅座酒吧裡常聽到的那種膚淺的地緣政治評論。

保守黨財務長要求會面，幾個無政黨下議院議員也希望代表香港個別企業或個人對我遊說，我把他們拒於門外，並把決定告知首相，他對此表示百分百支持。

馬不停蹄的幾天結束後，我和穎彤以及麗思一起飛往土魯斯（Toulouse），再開車到謝河畔科爾德（Cordes）住了一晚，還辦妥了在蒙布瑞托（Monbretal）的置產手續。[19] 過程中有不少測量工作，我們也和建商討論細節，並為明年夏天制定計畫。無論未來一兩年遇到什麼困難，只要想到這動人的法國度假屋，我都一定能安然度過。

為了頒獎給業界，我們趕在十月三十一日返港。陳方安生來接機時滿臉笑容，並與我敘談近況。她在立法局發表了一次鬥志昂揚的演講，為我反擊那些批評我演説內容的意見，然後威嚴滿滿地在香港外國記者會演説，她提到香港人必須為自己站出來。我認為「堅強不屈」簡直是她的代名詞。

雖然機場問題看似就要達成協議，但外界仍有不少顧慮。其中，霍德來港接受榮譽學位時，明確表示我們要避免讓自己看起來四面楚歌，還要注意是否有公務員黯然失意，他們很可能選擇在未來一兩年離港。

十一月一日（星期二）

張戎和她的先生喬．哈利戴與我們共進晚餐。我請她從一到十為各大惡人評分，她正在寫毛澤東的傳記，她給毛的評分是十分以上。

機場協議進入最後一哩路，中國人當然會想盡辦法阻礙我們，他們就連曾在新聞發布會上公開認可、且有實際文本的協議也不認帳。我們堅守立場，也得應付中方的小把戲，他們不斷修訂協議中有關支出的條文，把「監督」（monitor）一詞改為「監管」（supervise），還説不就是個單詞，這單詞關係可大了。

十一月二日（星期三）

我見到德拉魯公司（De La Rue）的主席利默里克勳爵（Lord Limerick）。[20]中國正説服德拉魯在大陸設立合資公司，以圖共享其印鈔技術和業務利潤。這種事耳熟能詳，卻還是有不少人上當，其中當然不包括利默里克勳爵。另外，我們為新界政務署長周群娣舉辦了告別午宴，她邀請了不少優秀的同輩女公務員。對女性而言，在公家機關就業的待遇明顯比私人企業好，英國的情況大概也是如此。她們對七〇年代的腐敗政權和更久之前的文革騷亂大聊特

1992
1993
1994
1995
1996
1997

聊。相較之下，現代社會的八卦顯得黯然失色。

郭偉邦（Robin Cook）成為影子外交大臣，還打算親自看管香港，為此他要求了解更多相關情勢。我不確定他是否會破壞香港各政黨在政策上取得的共識，那絕對是無益且不智的做法。

出乎意料之外，機場協議很可能在這週達成。我希望知道終審法院議案的進度到了什麼階段，我們已經開始和法律界磋商，很快就會得出結論，決定我們能否建立具公信力的法院來接手樞密院的司法權。艾博雅努力與北京交好，他將向中方傳達自己上任後的第一個壞消息，不曉得會引起什麼樣的反彈，但我認為這是個不錯的磨練。

十一月四日（星期五）

我們在上午九點半簽署機場備忘錄。儘管深陷爭議，機場興建工程也從未停歇，每天都有一萬一千名工人施工。令人欣慰的是，中國並沒有利用機場要脅我們，缺點是最終協議的融資方案不太理想，但那是一九九七年後特別行政區政府要處理的問題。實際上，我們將把部分財政收入撥用於機場資金；鑑於信用評級，這比借貸大部分費用還要昂貴。不過，北京執意認為我們想讓英國企業在一九九七年後分一杯羹，故意給香港留下一屁股債。要說服中國政府勿以小人之心度君子之腹，實在不太容易。

我幫韓新辦了餞別午宴。他工作表現優秀，總能保持平靜和腦袋清醒，大概是因為他堅信我們離開後，香港將以悲劇收場。來自澳洲的麥奇連（Kerry McGlynn）會接任資訊統籌專員一職，他讓我想起澳洲人多麼討喜，即使他們是板球賽強敵，但在我心中的地位還是幾乎和加拿大人平分秋色。

十一月五日（星期六）

麥奇連上任不久就碰上難題。今天本是蓋伊．福克斯紀念日（Guy Fawkes Night），但我們必須處理一件對涉案記者和涉案報社來說噱頭十足的重大事件。[21]分別隸屬於《星期日泰晤士報》和《南華早報》的兩位記者闖入港督粉嶺別墅，以示那裡戒備鬆散。[22]坦白說，事實的確如此，即使是威爾斯親王這種大人物到訪，我們也只會在幾小時前執行保安措施。經過深思熟慮後，我拒絕了在別墅裝設警示燈、鐵絲網以及加強警力等提案，這種開支並無意義，理由也不夠充分。不過，這件事確實令人不快，顯彤倒不怎麼介意這些記者在我們房間東翻西找。我們嚴肅地指出這個惡作劇所耗費的龐大警力，各家媒體馬上擺出一副道貌岸然的態度。令人欣慰的是，警察向我確保兩位涉案的記者到午夜還在「配合警方調查」。

十一月六日（星期日）

今天晚上，威爾斯親王訪港，還好所有的安保措施都十分到位。他抵港後先在一場市區環境會議上發表演講，表現相當出眾。他底下的官員堅持要我接受《廣角鏡》節目有關君主制的訪問，他們親切地向我介紹節目流程，花費的時間比實際訪問還長，弄得我好像從未上過電視似的。接受採訪時，《廣角鏡》的製作團隊認為我說話拐彎抹角，非常無趣。確實，我喜愛且欽佩威爾斯親王及伊莉莎白女王，王室成員必須富有責任感，他們一旦成為公眾人物，便得淪為眾矢之的，面對排山倒海的批評。

負責跨境基礎建設計畫的高級公務員伊信（Tony Eason）到中國討論相關事宜後返港，首次會議進行得相當順利。雖然這麼說不太恰當，但中方的表現出乎意料地通情達理，如果他們能一直這樣該有多好？中方代表認同新的聯絡機制不該破壞香港自主權，而且應該加快而非阻撓計畫進度，會議議程也必須經過雙方同意。他們的表現實在讓人意外，我們將迅速跟進一切事項。

1992
1993
1994
1995
1996
1997

十一月八日（星期二）

《星期日泰晤士報》的總編輯和涉案記者來電致歉，很少有總編輯會這麼做。整起事情愚蠢至極，我本來就不太在意安保問題，如果誰要來抓我，我大概也避免不了。我希望眾神不會把這番話看作不自量力的戰書，我的好友蓋瑞・哈特（Gary Hart）也曾挑釁媒體揭發自己的桃色醜聞。唉！沒想到他這個傢伙不久就被逮個正著。[23]

十一月九日（星期三）

我和威爾斯親王一同前往某個屋邨巡視，一切進行得非常順利，群眾全都站在路障後方，表現得循規蹈矩，不過在我眼裡有點過於拘束。黎偉略事後發現，房委會把親王要視察的大部分地點重新粉刷了一遍，實在是畫蛇添足。我向王葛鳴反映，吩咐絕對不能再發生類似事件。親王顯然不怎麼滿意高層建物，要求我們試行更「全方位」的建築設計。這是什麼意思？他對現代建築的意見，我並非全然反對，但和不少熱忱滿滿的人一樣，他總是過於前衛。考慮到香港的面積和地貌，我們要如何安置來自中國大陸的難民？然而，在環保議題方面，親王比大部分公務員走得更前面，因此遭外界批評他愚不可及。

歐盟委員會的列昂・布列坦來香港開會，討論的大都是貿易問題。我私下與他討論了保守黨在歐洲的定位。英國正在盡力降低對歐盟的影響力。我們還談到了前財政大臣諾曼・拉蒙的愚蠢行為。他到底是想重返政府，還是只想毀掉梅傑首相？若成功把梅傑拉下來，他也不太可能回來了。最重要的是，他和其他人繼續魯莽行動的話，保守黨就無法繼續執政。

十一月十日（星期四）

立法局和部分商界人士對港府的退休金方案不太滿意，我們可能需要讓步妥協，同時提高老年津貼金額。這有點像福利主義，而且不比原本的提案來得好，還可能更糟糕，但許多商人都為此爭論不休。坦白說，香港並非貧窮社會，如果我們無法落實大多數的西方國家所沿用的退休金政策，我會把重點擺在擬訂一個公積金計畫，仿效新加坡強制雇主及員工供款。

穎彤發表了不少演講，涉及主題非常多元，包括家庭福利和愛滋病，甚至還有腹瀉（別問我為什麼）。我也接受不少訪問，內容千篇一律。另外，我在九龍的英皇佐治五世學校（King George V School）的畢業典禮中頒獎和演講，內容盡是些老生常談，例如「光是成功並不夠……」

十一月十二日（星期六）－二十日（星期日）

十一月十二日起，我們到美國西岸展開短訪，當中有不少演講行程，從橘郡開始，再到洛杉磯和舊金山，最後一站是西雅圖。大部分演講由各州的世界事務協會（World Affairs Councils）舉辦，每場皆有六、七百位觀眾出席，氣氛相當和諧，不會出現那種在香港常見的發問，像是「你接下來還有什麼把戲？」我與不少政治領導人見面，包括州長彼得．威爾遜（Pete Wilson）和各地市長，也見到各界商人。[24]另外，為了支持好友尼爾森．波斯比，我們到柏克萊與一群熱情歡迎我們的漢學家進行研討會。睽違多年後，美國共和黨剛在上週重奪國會參眾兩院的多數席位，因此國內政治氣氛相當活躍。紐特．金瑞契（Newt Gingrich）佔據各報章版面；[25]美國工人在當地是中產階級，由於生活水平遭受擠壓，他們之間瀰漫著一種哀怨的民粹主義氛圍。美國之旅的開端很美好——好到有點不真實：我們在好萊塢見到電影製片麥克．梅道佛和他美麗的新任妻子艾蓮娜（Irena）。與芭芭拉．史翠珊（Barbra Streisand）共進午餐後，我意識到出色的女歌唱家不僅限於義大利女高音。我們還與葛雷哥萊．畢克（Gregory Peck）

等人吃了晚餐。他充滿魅力且風趣橫生，對主流民主也很有想法。如果我能活成其他人的模樣，那麼他絕對是所有男人的首選。

十一月二十一日（星期二）

我們和北京的關係有所緩解，但我們絕對不能對外宣告情勢好轉。中國在基礎建設合作上表現積極，卻多番阻撓汙水處理計畫。矛盾背後的原因很簡單，在他們眼中，我們又想藉此清空香港財庫，並讓英國公司從計畫中獲利。事實上，目前只有一份合同涉及英國公司，接下來兩份大合同都不太可能由英國人負責。此外，他們顯然意識到自己不可能在汙水問題上贏得大眾支持。我估計中英聯合聯絡小組將在政治議題以外取得一點進展。終審法院一事讓中國不勝其擾，他們不打算提供任何幫助，並試圖對倫敦的律政專員和香港律政司的法律判決指手畫腳。在有關律師的把關下，他們絕對不會得逞。

律師會如何看待港督府寵物狗的累犯案件？梳打跟隨威士忌犯下同樣的罪行，咬了在屋裡做事的工人，也遭關進監獄一週。一九九七年後，這些規條還適用於犬隻嗎？

我們在遣返越南難民時遇上一些阻滯。不久前，越南政府拒絕接回一百二十五名華裔人士，這群人被送回後，我們總不能把他們關進營地，不然就會在人身保護令申請案中敗訴，這會讓我們在九七年以前的難民遣返工作變得更困難。中方和幫忙統戰的香港人竭力挑起事端，提議英國在交接時把滯港的越南人統統帶回英國，把這番話告訴內政部吧！大多數來港的越南難民都是先入境中國才來香港，但中方當然不會顧慮此事。

穎彤的社交秘書露意絲將嫁給商業罪案調查科的優秀警官史蒂夫（Steve）。[26]在他們的訂婚派對上，史蒂夫的幾位上司告訴我，一宗牽扯澳門和葡萄牙的案件備受關注，他們已蒐集到大量涉及不法行為的證明文件，卻在說服相關人士提供證供時遇上困難。每當我們向葡萄牙人提起此事時，他們都會置若罔聞或轉移話題。

十一月二十二日（星期二）

最近在開展灣仔市區更新計畫時，我實際了解到房價問題。新房屋品質很好，但格局過小，大概只適合雅痞入住。房子售價為三百萬港元，必須先付一百萬元頭期款，然後每月負擔大約兩萬元房貸。我們深切體會有志買房的人得面對什麼問題。

稍晚，我們到雅思的學校參加家長會。雅思開始和老師討論高考出路。老師當然都很喜歡雅思，但他們發現，雖然她天生就是拿*A的料，但若不受點壓力，她也不介意屈就於A與B等之間（編按：這裡指的是GCSE會考）。這是人之常情，我們不會責備她，只是要適時拉她一把。

十一月二十四日（星期四）

美國商會的感恩節午宴聚集了一群好人。他們說著些了無新意的老話，幾個人提到在中國做生意有多可怕，卻又說自己多少是自願到那裡去，並懷著一切會好起來的信念，認為中國最終能蒙混過關，不會讓當地經濟崩塌。總體而言，我的想法和他們差不多。但是，理性卻不斷叫我質疑信念，有時兩者甚至會互相牴觸。最近湧現一連串案件，涉案的中國公司拖欠債務和逃避合約義務，這些老話似乎沒有結束的一天。

陳方安生這週在倫敦發表不少精彩演說，其中提到我必須在香港待到交接為止，若港府沒有在法治或相關問題上提供足夠支持，這對持有護照並打算在一九九七年離開的英國商人而言極為不公平。她不允許任何人趁隙離間我們倆。

十一月二十六日（星期六）

我們登上了巨大的美國航空母艦小鷹號（USS Kitty Hawk），實在令人讚嘆。擔任指揮官的將官丹尼斯・布萊爾（Dennis Blair）和其餘高階長官讓我印象深刻，年輕飛行員講述了夜間降落時發生的恐怖故事，聽得我們暈頭轉向。他們說那感覺像是掉進黑洞一樣，儀錶只會在約一千二百英尺（譯按：約三六五公尺）前提供指引，之後就只能靠自己了，大概又是信念的力量吧。艦載機從甲板彈射升空，著陸時著艦鉤會鉤住航母的阻攔索，使艦載機順利降落。這種海軍技術實在驚人，美國在二次世界大戰中所採用的科技一直沿用至今。我必須記下穎彤在起飛之際救了我一命，或至少讓我免於受傷，艦載機在甲板上呼嘯而過時，她發現我還沒繫好安全帶，也沒有坐穩準備起飛，便及時為我解圍，但我還是猛烈撞向前座。任何涉及開關、扣環和出門的動作，我都表現得非常笨拙，難怪男僕無法相信我能自己穿好衣服。

我們為肯特公爵和公爵夫人（Duke and Duchess of Kent）舉辦晚宴，這已是今年第七、八次王室成員來訪。公爵夫人談及不少與北愛爾蘭以及天主教會有關的事情。

十二月一日（星期四）

三個月前，穎彤為伊利沙伯醫院（Queen Elizabeth Hospital）的兒童遊樂區主持開幕。今天，她和肯特公爵夫人到訪那裡的兒童病房，公爵夫人與孩子處得很好，其中有些孩子已經在醫院待了好長一段時間。穎彤答應院務主任，表示她會在不久後回去探望部分愛滋病患者。麥可・辛克萊（Mike Sinclair）願意的話，穎彤希望和他合照。他是位蘇格蘭牙醫，約一年前公開承認確診愛滋病，自此孜孜不倦地傳播愛滋病知識，但最近變得非常虛弱。穎彤想為他的教育計畫出一分力，向大眾展示和愛滋病患者握手並不會染病。

穎彤在醫院的時候，我在中文大學出席頒授學位的典禮。在那裡，我再一次深切感受到社會革命的力量，有超過一半的畢業生都住在公共屋邨，他們來自普通的工人階級家庭。為了看自己孩子畢業，有些在場的父親也許是生平第一次穿上西裝，這是個鼓舞人心的場面，我希望他們日後一帆風順。他們家中的櫥櫃或電視櫃上大都放著兒女穿上學士服的照片。典禮結束後，我和馬來西亞副首相暨財政部長安華・依布拉欣（Anwar Ibrahim）度過美好的一小時。他在外國記者會上發表精彩的演說，表明任何人都不該以亞洲價值觀為由，替獨裁政體辯護或阻撓代議政制發展。

十二月四日（星期日）

我和穎彤與一群朋友打完網球後共進晚餐，其中包括羅塔・懷瑟曼（Lothar Wesemann）與他的妻子克莉絲汀娜（Christina）、美國建築師查爾斯・布朗（Charles Brown）和他優秀的畫家妻子蘿莎蒙（Rosamond），她還帶了兩幅畫作來。「世界船王」包玉剛四女兒包陪慧的丈夫鄭維健也來了，他似乎受過良好教育，閱歷相當豐富。鄭維健大致認為與中國合作代表唯命是從，他說這麼做不是為了中國，而是讓香港人在回歸一事上好過點，香港和市民必須欣然配合，交接才能平穩地進行。所有的朋友都很喜歡鄭維健，但他幾乎在所有的議題上都為北京而非香港辯護，顯然讓大家大失所望。我告訴他有些事不是我力所能及，例如最近中國要求我們交出所有公務員的人事資料，但這會徹底破壞公務員的信心，對此我無法應允，但鄭維健似乎不能理解。有人說在開放社會中受教育或工作的優點是，我們的某些價值觀會感染他人，可是我看到的實例都不是這麼一回事。

十二月五日（星期一）

我在濫用藥物的國際會議上發表演說，概述我們打算提出的新提案，以加強香港的反毒運動。香港吸毒人數比其他社會來得低，但最近呈現上升趨勢。我會在明年召開高峰會，重點討論公眾教育問題以及學校所擔任的角色。我們在下午舉辦了授勳儀式，受勳者與其親朋好友顯然很享受這場盛會，不曉得這些人在一九九七年後是否還會佩戴他們的大英帝國勳章。珍妮．貝斯特（Jenny Best）[27]負責籌辦授勳儀式，總督副官在場宣布授勳者姓名，另一位榮譽副官則把紅色絨墊上的勳章遞給我。副官們穿著白色官服，加上銀色和藍色的流蘇以及肩章，看起來非常得體。在我之前，總督都會親自穿上總督禮服和帽子來主持儀式。[28]

十二月六日（星期二）

跨境基礎建設計畫的談判結束前出現了小插曲，中國在最後一刻使出「三腳凳」[29]伎倆，要求我們在團隊中加入一名港府政治顧問，這職位一般由英國外交官出任。換言之，中方不希望外界認為他們直接與香港代表團達成協議。經過一番荒謬的爭論，我們決定加入一名成員，雖然他在政治顧問部門工作，但實際上只是香港公務員。

我和穎彤到香港藝術館看展覽，那裡正展出陳方安生八十歲的母親方召麐女士的作品。她是受過傳統訓練的中國畫家，大量在畫作中加入書法筆觸，可謂歷年來中國最有名的女畫家。方女士四個兒子都是牛津或劍橋畢業，兩個女兒則出身香港的大學。她堅強且有主見，養育出陳方安生這樣的女兒並不意外。安生說，她自己哪裡算是堅強？大家真該見見她母親才對。

立法局質詢上，開始有人強硬干預終審法院的問題。對於有待商榷的提案以及後續的立法事宜，我充滿了不祥預感。倫敦官員和駐北京大使都不希望再次和中國發生爭執。上一個提案在一九九一年遭否決，香港法界紛紛批評港府，如今他們要求我們爭取當初未能實現的一切要求。對於法院的管轄範圍，以及來自普通法管轄區的海外法官可參與聆訊的人數，北京不會輕易讓步。商界期望法院在交接後可全面投入服務，卻無意幫忙爭取。前路本已崎嶇不平，魯平還明示終審法院的法官不會過渡到九七年以後，簡直是雪上加霜，他絕對不會讓我輕易拉攏立法局和大律師公會的律師。

十二月十一日（星期日）

我到訪南韓，並和英國駐南韓大使湯瑪斯・哈里斯（Tom Harris）以及他的台灣妻子一起住在漢城，這裡真是天寒地凍。我與總統、副總理和產業資源部（Department of Trade and Energy）部長會見，三人中有兩位姓金。我在一個商業會議上發言，也與商界領袖進行各種會談，他們似乎對香港和英國很感興趣，我們應當更積極開發當地龐大且日益增長的市場。南韓對中國的態度模稜兩可，我們參觀了紀錄韓戰的戰爭紀念館，當中淡化了中國在戰爭中的角色，他們似乎意識到中國將成為經濟大國。南韓人比我想像中開朗，而且大都身材高大、外表俊朗。穎彤帶我去當地市場，那裡有不少商品，我挑了一只相當不錯的勞力士贗品，或許它隔天就會停擺，穎彤則為女兒買了皮外套。穎彤因為沒吃到韓國料理而失望不已，我倒是無所謂，反正我受不了泡菜（譯按：現已正名為「辛奇」（Kimchi））的氣味，幸好和外交部長用餐時也沒有泡菜。一位剛到訪平壤的美國參議員說他參觀了當地的地鐵站，那看起來顯然不是交通網絡，而是個防空洞，但為求逼真，北韓製造了一列火車做做樣子——空無一人的列車到達月台，二十名安排好的乘客早已在那裡排好隊準備上車。

十二月十四日（星期三）—十五日（星期四）

三天的日本之行非同凡響，我在這裡竟然比在倫敦還吃得開，實在是百思不得其解。儘管日本外交部某些中國問題專家不願與中方作對，可我還是在這結交了不少官員朋友。針對最近的台灣爭議，日本顯然很樂意向中方傳達一兩個訊息。他們不希望北京政府把日方立場視為理所當然，加上來年是二戰結束五十週年，日本人明確知道中國將以此為由打壓他們，反抗情緒自然更為強烈。香港與日本有著非常緊密的經貿關係，日方也派出優秀的外交官來港擔任總領事，包括我們的好友折田正樹，還有後來接任的野上義二，也是一位才俊。[30]野上是名日本橄欖球運動員，實在是難以置信，他留著馬尾，還有一位愛爾蘭妻子。我們的駐日大使約翰・博伊德和妻子茱莉亞曾在香港居住和工作，還在港結識了不少朋友，目前兩人常駐東京，是我們強大的人脈。

天皇及皇后在週末接見我們。皇居佔地廣闊，具有日本現代建築特色，充分展現皇室的繁複儀節。我們學會開始和結束晉見的程序、禮節以及鞠躬方式。天皇和皇后都非常迷人，像極了被困在宮中的美麗蝴蝶。他們安排我坐在天皇旁邊，做什麼動作都得要規規矩矩；穎彤則坐在房間另一端與皇后交談，她顯然比較隨和一點。皇后面容端莊，集勇敢、苦楚與慈悲等氣質於一身。天皇和皇后總讓人覺得他倆是困於宮中的囚犯。去年，日本媒體以荒謬的理由批評皇后，往後三個月她都保持緘默，原因是精神崩潰還是某些人所說的罷工抗議？無論如何，兩人給我的印象和前首相宮澤喜一相同，宮澤是我們會見的資深政治家之一，他反映出日本社會和文化中溫和精緻的一面。

在嚴格的指令下，我們必須主動且禮貌地結束對話。晉見結束後，我們離開寬闊且空無一物的現代日式房間，並從外面的階梯下樓，走到底的時候，我們轉身向天皇和皇后鞠躬以及行屈膝禮。他們停留在樓上的門前，天皇身穿雙排扣西裝，皇后則穿著傳統日本和服，這將成為我在日本印象最深刻的一幕。不曉得皇太子妃雅子日後上任會如何表現，她畢業於牛津大學貝里歐學院，是資深外交官小和田恆的女兒。小和田曾在各國出任日本駐外大使，是我見過最出色的政府官員。

某天深夜，我在接受電視台採訪時，黎偉略卻在其他頻道觀看那些庸俗的日本節目，出演者多為性感妙齡女子，她們互相做著不堪入目之事、進食令人作嘔的爬蟲和互丟泥巴。這種日本節目總以苦痛和羞辱為笑點，其他電視台則播映荷花綻放、精緻日本料理、相撲和日本流行節目等內容，兩者形成強烈對比。不過，若要我在自己的採訪和流行節目之間做抉擇，我大概一週七晚都會選擇流行節目。

十二月十九日（星期二）

我們談及中英聯合聯絡小組近來缺乏成效，我開始懷疑目前中方根本無法取得進展，狀況才會停滯不前。一如某些所謂的中國專家所言，中國正面對連串牽扯政治的經濟問題，發展滯後的情況會持續好一段時間。其後，與警務處處長進行例行會議時，我對目前受廉政公署調查的警員數目表示擔憂，但處長似乎認為這個數字並無大礙，也不覺得此事會影響警隊士氣。

十二月二十日（星期二）

準備休息過聖誕節之前，我私下到訪比較窮困的地區，包括三個臨時房屋區和東區一個環境極度惡劣的屋邨。沒有事先告知任何人的確是個妙計，除了為這些社區的居民帶來驚喜，也沒有大量媒體包圍，我還發現一些官員瞞著我的事，我真應該更常這麼做。

十二月二十二日（星期四）

潔思和麗思回來過聖誕節，馬修・帕里斯（Matthew Parris）也來港寫了幾篇關於香港的文章。他曾在保守黨中央研究部為我工作，然後進了柴契爾的私人辦公室，再進入下議院，目前是出色的媒體人。私人辦公室舉辦的聖誕午宴上，我們享用了本季第一隻火雞。

十二月二十三日（星期五）

新年與中國談判時必然會面臨一些難題，我們就此與英國外交部官員討論，其中包括噩夢般的引渡議題，也就是遣返在逃罪犯。若我們談及嚴厲的《緊急法》[31]，中國一定會勃然大怒。該法規自文革時期香港發生暴動以來，一直存在於香港法例中，但從未派上用場。此外，最為棘手的是重啟設立終審法院一事，自我上任以來，

1992
1993
1994
1995
1996
1997

這始終是籠罩在我們頭上的一片烏雲。

港府於一九九一年與中國達成了秘密協議，當時香港所有的律師和立法局議員都猛烈抨擊此事，相關法案也因此遭受否決。這是歷史的教訓，提醒我不要為了投票方式而秘密交易。除非我們做出妥協，不然中國不會同意任何提議。我們必須在交接前達成協議，以免中國為不合心意的判決設立事後審查機制，並確保法院能聘任海外法官。只要法律制度完整無缺，我相信商界會支持我們。不過，獲得北京的認可至關重要，過程中難免要做出退讓，屆時所有的律師一定會痛批我們，當然包括民主黨。[32]除此之外，倫敦和駐北京大使館的官員今非昔比，他們也會三番兩次質疑我們的決定，我們將迎來一個充滿樂子且荒唐可笑的新年。

穎彤參觀北區花鳥蟲魚展覽會，還勇敢地把手伸進蜂箱，這連我也不太做得到。

十二月三十日（星期五）

我們和三個女兒以及一屋子未婚青年度過了愉快的聖誕時光，大家聚在一起享用美食佳餚、散步和打網球。不過，我年底其實非常疲倦，總感覺舉步維艱。透過恒生指數，外資也發現中國的經濟光環似乎已消磨殆盡。錢其琛宣布自己即將到訪英國，部分人士認為這是中英關係好轉的跡象。即使我們沒有希臘德爾菲神諭般的預言力，也會發現某些英國外交部官員忙著發電報，呼籲大夥不要惹是生非或破壞這個改善兩國氣氛的大好機會。各方將照常譴責我們未能與北京改善關係，也沒有為人權付出更多，也會抨擊港府在交接前持續喪失管轄權。雖然如此，我還是得努力保持樂觀，還要繼續治理香港，還有不少工作要完成，民眾也還是很支持我們。

一九九五年

一月二日（星期一）—四日（星期三）

我受不了大環境的氛圍，連續在床上躺了幾天，覺得自己得了一種厭世的病。潔思和麗思已經回倫敦了，這讓我更加一蹶不振。穎彤認為去年是迄今為止壓力最大的一年，中國鐵了心要達成定下的目標，中英雙方的爭論也是沒完沒了。與港府高級官員、中英聯合聯絡小組成員以及我的政治顧問討論過後，我們決定竭盡全力做我們認為對香港有利的事情，但前提是行動不含挑釁之意。要改善與中方的關係，唯一的辦法是在香港問題上對中共唯命是從，但這麼做不可能為香港帶來最大福祉。據說中方決定撤掉我們任命的所有部門首長，我認為他們不會愚蠢至此，鄧小平快要逝世的謠言也傳了開來，而股市依然受中國的緊張局勢和一觸即發的中美貿易戰的影響。

穎彤再次與辛克萊見面，這位牙醫一直是愛滋病和愛滋病病毒的有力發言人，他希望提醒大眾如何保護自己以及體諒愛滋病患者的處境。兩人在伊利沙伯醫院召開記者招待會，還拍了不少握手的照片。

一月八日（星期日）

就在錢其琛前往倫敦，以及貿易暨工業大臣夏舜霆帶著大批商人到訪北京之前，顧立德趁著定期教區訪問期間與我們見面，藉機打探情況。古沛勤陪同顧立德來訪，他與我的資深團隊共進晚餐時大發雷霆，認為我們單方面就終審法院立法的風險過高；不過，如果中方沒有任何作為，這個立法工作就必須由港府承擔。倫敦官員很擔心外相韓達德沒有把他們的意見聽進去，一旦我遊說成功，他便會讓我全盤負責終審法院的問題。中方很清楚我們的行為模式，他們必然會在互相訪問時耍起欲擒故縱的把戲，希望我們恢復以往與他們做生意的方式。不過，我們很清楚，港府無論如何也得在暑假前就終審法院一事立法。我們必須說服倫敦政府的官員，告訴他們法案只可延遲兩三個月，不能一直耽擱下去。這個問題直接關乎政府的公信力和權威，安生的立場也非常堅定。

顧立德將發現香港經濟狀況愈來愈不穩，主要是因為中國情勢，各地商家不再對香港市場趨之若鶩。我們的駐港總領事鄺富劭提到銀行家和商人隨波逐流的傾向，並認為人們以往看待中港問題的態度出奇樂觀，但現在也開始悲觀起來。

一月十日（星期二）

今天行政局的會議令人相當沮喪，由於董建華缺席，沒人告訴我們香港能否順利度過九七年。我在會上還見到各個海外辦事處的負責人。讓人訝異的是，我們在渥太華的官員說，比起上一屆加拿大政府，尚・克瑞強（Jean Chrétien）麾下的新政府並不會公開支持我們在香港的作為。穆隆尼曾高調地站在我們這邊，但新政府看似要在所有的決策上與穆隆尼對著幹，而且現階段對中國還是充滿幻想，認為眼前有著超乎所求的財寶——歷史總是不斷重演。

顧立德晚上坐飛機離港，這時外交部亞洲事務主管大衛・萊特在前往北京的途中來電，他此行的目的似乎是為各大臣日後的會議和訪問奠定基礎，因此急著把倫敦官員和我們之間的分歧降至最低。翌日，我到跑馬地參與總督盃賽事，並下了些賭注，但最後一無所獲。我的耳根子實在是太軟了！這次又聽從了港督府管事們的建議，我真該控告他們圖謀讓我破產。

一月十二日（星期四）

鄧小平在去年十月拍攝的照片流出，他看起來毫無生氣。北京官員大概是希望民眾做好心理準備，鄧小平不會在春節期間露面，甚至再也不會現身。鄧小平女兒接受《紐約時報》訪問時，多少證實了這位老翁已踏上人生最後一程。中央情報局中國事務負責人提出的觀點相當精闢，他認為中國當初失去毛澤東的領導後，就難以在關貿總協定上達成貿易協定，而此刻中國再次失去支配大眾並做出決策的人。

一月十三日（星期五）

我拒絕交出香港公務員的私人人事文件等機密資料，更提出港府在交接前後均保有管轄權才符合大眾利益。北京當局對此猛烈抨擊，並宣稱九七年後的港府會成為截然不同的政體。根據電報內容，萊特訪京沒有取得任何成果，反而讓中方認定我們對即將到來的訪問極度焦慮。駐華大使艾博雅狠批單方面設立終審法院極具風險。雖然這議題確實重要，但我不禁懷疑外交部官員已失去理性判斷的能力。

一月十六日（星期一）

我和韓達德等人會在月底召開會議，會議的籌備文件確切反映出，古沛勤或所有的倫敦官員都堅信終審法院是左右中英關係的關鍵議題，他們已預設兩國有機會達成友好和睦的關係。若錢其琛順利訪問倫敦，夏舜霆也成功到中國促進貿易來往，便會進一步強化上述說法。他們以此為依據，主張我們有可能説服中方更審慎處理外籍人士在港居留權等議題。他們認為，若港府在終審法院議題上自作主張，兩國就會像爭論立法局選舉制度那樣再度爆發糾紛，我們必須全力避免這種情況。有機會引發兩國爭議的問題遠遠不止於此，還有廢除《緊急法》的嚴

1992 1993 1994 1995 1996 1997

厲措施等等。其實，根本的問題是：我們是否只想設法與中國和平相處，以及結果是否有利於香港？倫敦官員希望我們先努力取得中方同意，隨後幾個月才繼續處理終審法院一事。除非中共正式點頭，不然對倫敦官員來說，我們的出手時機永遠不夠成熟。這種論點正好可讓英國的首長們看似合理地逃避責任。陳方安生和我都堅決認為，如果我們無法在今年夏天前提出終審法院草案，港府的誠信將承受重大打擊，我們關於法治的所有主張也會淪為笑話。反正我們無論如何都不會從中國身上得到太多好處，又何必在一切問題上輕易讓步呢？我們根本不認同終審法院是倫敦官員口中的關鍵爭議，陳方安生覺得他們過分看重中方反應，但我看這恐怕預示著未來幾個月將有不測風雲。為此，這週我都在收發電報，最後我決定私下向國務大臣發送電報，以闡述個人觀點。

在接受一家中國本土報章的採訪時，我談到北京預委會，也就是魯平的智囊團，他們建議港府送交公務員機密情報以及加強對金管局的政治控制。金管局正致力打擊投機者，防止他們不斷利用港元與美金掛勾的聯繫匯率制度來套利，而預委會卻在此時提出這種建議，實在不是好時機。

一月十七日（星期二）

根據不具名知情人士的消息，我們開始掌握中方確切想獲得的公務員資料，包括護照和操守審查等細節。可想而知，我們不會也無法提供這兩項資訊。一旦確認某人是否適合升遷，操守審查資料就會立即銷毀，而且根據英國國籍甄選計畫（British Nationality Scheme），交出市民的國籍詳情並不合法。[33]我們先前已發布一項聲明，清楚表明我們將在一九九七年移交所有的檔案，至於目前中方要求的個別公務員資料，我們對於確切數量及資料類別有所顧慮，但當中並不涉及任何主權問題。魯平將在幾天後與艾博雅共進晚餐，大家都贊同我屆時發信給他，建議雙方停止就公務員資料的問題隔空喊話，並努力加快中英聯合聯絡小組的進展。香港媒體開始覺得魯平是因為健康欠佳，才會說話毫無避諱，而且不時表現失控。在我看來，鄧小平命不久矣，北京的政治局勢動盪，這種艱難局面必然讓魯平承受不少壓力。我們向來對中共高層之間的事情一無所知，即使交接時將面對與魯平同樣的境況，也是意料中事。

下午我與凱瑟克和鮑威爾見面，話題如常圍繞著怡和洋行遭趕出香港市場一事。我對凱瑟克盛氣凌人的長篇控訴毫不介意。對他的行為多少也能予以理解，畢竟他為人素來如此，如今也不會有所改變。不過，這倒苦了明智的鮑威爾，總要設法把凱瑟克的偏見轉化成具說服力的言辭。會面結束後，我見到傑克・查爾頓（Jackie Charlton）以及他太太，終於能好好喘一口氣。[34]

一月二十三日（星期一）

本週對威士忌和梳打來說非常重要，穎彤已經安排好牠們到香港警犬隊進行首次培訓，其實就是接受評估，確認牠們是否適合訓練。穎彤比我樂觀，結束後告訴我評估員只做了一輪測試，就判定牠們很有潛質。對於這件事，我屬於信念不足的一派。

這週各家媒體對我的報導五花八門，《金融時報》說我過於強硬，《獨立報》說我放棄維持管轄權和影響力，《泰晤士報》和《每日電訊報》則說我遞出了橄欖枝。這些報章對我的立場各有不同的解讀，其根據大概是我在香港外國記者會上針對經濟政策所發表的演講，我提到中國必須對未來做出一些保證。

一月二十四日（星期二）

我們在行政局充分討論了終審法院一事，大家都認同中方不會為此小題大做，但無論他們贊同與否，我們都要照樣推動計畫。董建華對以上觀點均表認同。外交部無疑會為此焦慮，認定我們試圖在最後一刻擾亂他們為外相韓達德鋪好的路。他們也肯定會譴責我對行政局成員施加壓力。

我們返回倫敦的過程非常累人，飛機無法直接飛越阿富汗，必須改道經過印度。由於逆風過強，飛機被迫在

1992 1993 1994 1995 1996 1997

慕尼黑降落，航班又因大雪而延誤，所以我們一直到午餐時間才抵達倫敦，還得趕緊忙亂地重新安排行程。好友崔斯坦目前是幾位瑞士大銀行家的顧問，我原本答應他參加瑞士銀行（UBS bank）舉辦的午宴，最後卻錯過時間。我討厭自己對朋友言而無信，因此相當慚愧。

一月二十五日（星期三）

午餐結束後，我們到訪位於外交部的國務大臣辦公室，我這才發現有多少官員嘗試在會前陷我於不義。幸好，韓達德和他的政治顧問莫里斯・弗雷澤（Maurice Fraser）也出席了會前會議，並有力反駁所有針對我們的猛烈批評，而弗雷澤先前也曾與其好友黎偉略談話。那些官員企圖操縱會議，甚至還給了首相一份議事錄草稿，我們一直都被蒙在鼓裡。他們堅信在港官員支持我的唯一原因是我個性剛強，沒有人敢忤逆我，這對陳方安生等人來說是相當大的侮辱。無論如何，倫敦官員沒有得到想要的結果，卻還是有能力讓我們失去支持。

其他官員到達前，韓達德與我和顧立德私下聊了一陣子，他認為若我們單方面執行終審法院一事，便會與中方發生紛爭，但港府還是得盡一切可能設立法院，並在必要時去信諮詢與此事相關的內閣委員會。如果發生嚴重紛爭，內閣官員就只能贊同我們的策略，然而屆時局面會有點難堪，特別是夏舜霆五月的訪華之旅。他的雙眼閃爍著熱情光芒，但這趟訪問真的能改變什麼嗎？外交部官員大概會奔往貿易產業部和財政部，試圖慫恿他們節外生枝。總而言之，後頭可能還有更糟的事等著我們。現在就連本該支持我們的人也不可盡信，實在令人煩厭。

為了這件事情，我會晤了首相以及韓達德，他倆顯然已經得知我對此事反應激動。外交部官員更荒謬地認為我會以辭職作為要脅。梅傑溫和地安撫我的情緒，同意我們繼續設立終審法院的計畫，但他說我們必須考慮內閣委員會的意見，也要說服夏舜霆和財政大臣祁淦禮，而且內閣的右翼官員或許會借題發揮。我終於如願以償，但成果隨時會從我手心溜走，我們可要像老鷹一樣緊盯著倫敦的外交部官員。我在唐寧街舉行記者招待會，然後到首相官邸參與為莎拉・霍格（Sarah Hogg）舉辦的晚宴。[35] 她要寫一本關於一九九二年選舉的書，真是女中豪傑。

一月二十六日（星期四）

今天我要接受不少採訪並發表兩個演講，一個是到大西洋書院（Atlantic College）介紹貿易保護主義，另一個則是為英國行銷團體（Marketing Group of Britain）講解中港問題。據說馬毓真大使最近與該團體交流後給成員留下深刻印象。演講過程中，我注意到查芳特勳爵（Lord Chalfont）不斷以肢體語言表明他有多麼反對我的觀點！[36]他就坐在我身旁，場面非常尷尬。他居然曾在政壇上短暫獲得相當顯赫的地位，實在令人費解。其他人對這次演講還算滿意，莫里斯・薩奇（Maurice Saatchi）、彼得・甘默（Peter Gummer）、蘇・提普森（Sue Timpson）和尼克・羅伊德（Nick Lloyd）等人紛紛表示希望我回到英國。這只是些場面話，並非他們的戰術或策略。聽眾裡有不少已卸任的常務次長。演講結束後，有一位來自非洲的青年提問，他想知道回國做出改變有沒有意義。這是個難以回答的好問題，希望我的回應不只是詞藻華麗的門面話。

一月二十七日（星期五）

我去曼徹斯特為聖貝德中學（St Bede's School）的新大樓揭幕。一九三〇年代，我父親也在此就學。另外，我還為華人社區舉行了招待會，並與麗思吃了幾頓飯。我們在週日晚上回到香港，剛好趕上農曆新年假期，便在粉嶺度過一整個星期，這是我們在那待過最久的時間。我讀了不少書，包括西奧多・澤爾丁（Theodore Zeldin）以法國為材的精彩書籍，還打了網球，練一練早已生疏的高爾夫球球技，也看了大量影片。

二月六日（星期一）

重回工作崗位，新華社承認他們正在協助親中派候選人接下來的選舉活動。想像一下，若是換作我們做同樣的事，或是英國總領事館說他們正在組織九七年後的親英運動，這將造成多大的麻煩？大衛．萊特與韓魁發邀請馬毓真大使共進午餐，想也知道他們用了多少奶油。我們仍在討論退休金計畫以及探討公積金的可能，也商量了我國移民署轄下小組訪問北京的要點。與此同時，申請外國護照的人數持續攀升，我們開始擔心公務員士氣會受到影響。

二月七日（星期二）

我向曾蔭權表示，麥高樂即將離任，並希望由他來繼任財政司一職。他簡短的回應非常感人，充分表達他對香港移交前後的抱負。鄺富劭帶來不少英國企業贏得業務的消息。

保守黨最慷慨的出資人告訴我，現任黨財務長翰布羅勳爵（Lord Hambro）在一週內訪遍香港，對人們宣稱我快要被趕走，還說我試圖從他們身上獲利。我對黎偉略說這簡直不可置信，怎麼會有人如此愚蠢，他則只是看著我，臉上好像寫著「這有什麼好意外的？」

二月八日（星期三）

我們見到愈來愈多打算在九七年後移民外地的人，而本地化的步伐也跟著加速，這在某方面造成了特有的挑戰。我的貼身護衛周錫健準備轉調爆炸品處理課，我為他感到高興。炸彈在香港已消失很久了，大概從文革暴動以來就沒再出現。我很欣賞錫健，也希望香港這種狀態可以持續下去。

二月十六日（星期四）

我和商業諮詢委員們進行了迄今為止最順利的一次會議，討論填海等問題。目前所有的地產發展商都反對過度填海，現行的道路開發計畫和服務站當然不包括在內。然而，我們必須考慮海港的美觀問題，填海工程總不能無限期進行下去，不然海港就要變成運河了。

二月十七日（星期五）

我們在特別委員會的會議上討論終審法院的立法程序該在何時開始，屆時與倫敦官員對著幹的局面勢不可免，所以我們必須清楚了解立法失敗會帶來什麼惡果。我們也在審視可否滿足中方所要求的法官人數和類別，但這非常困難，因為香港制度並不允許行政部門委任法官。核心問題包括能否實際設立法院，以及國家行為的定義是否在《基本法》的框架內，換言之，國家行為是否只限於國防和外交事務，還有我們如何才能最大限度地防止中方監控司法裁決，以免他們推翻不合心意的判決。

二月十八日（星期六）

我在粉嶺與澳門總督韋奇立做了長時間的會談。葡萄牙政府將管治澳門至一九九九年，他們非常關注香港的情況以及澳門將受到什麼影響。他們顯然認為我們的經驗十分關鍵。我與韋奇立開誠布公地交流想法，他是方正不阿的君子。澳門政府正面對特殊的公務員問題，也為三合會和組織犯罪問題擔憂不已。這個週末，我們在港督府花園舉辦開放日。雅思睡過頭了，她趕在人群湧進前逃往粉嶺別墅。能睡這麼久該有多好呢。

二月二十日（星期一）

我們和北京預委會因聯繫窗口而展開新一輪討論。我們打算向預委會表述我們在中英聯合聯絡小組的立場，中方卻表現得躊躇不前。換句話說，他們根本不想讓預委會參與任何討論，而且並不賞識預委會成員的素質和意見，在這一點上我們倒是可迅速達成共識。中方只是想利用預委會來打擊我們以及削弱港府長久以來的管轄權。

二月二十三日（星期四）

今天立法局的答問會相當愉快，我和議員就退休金問題有一番交鋒。記得上次在立法局就同樣問題辯論時，只有一位成員全力支持該計畫。如今大家眼見方案已做出不少修正，因此紛紛表示贊同。本週宴會廳將上演兩場精彩的音樂會，可謂餘音繞梁，一場是大鍵琴演奏，另一場則有金恩合奏團（King's Consort）、詹姆士・包曼（James Bowman）和一位歌聲迷人的英國年輕女高音。我國的假聲男高音怎麼這麼優秀？

愛滋病牙醫辛克萊不幸逝世，路易絲和穎彤參加了他的追悼會。會場的音樂非常動聽，辛克萊生前三位好友也前去致辭。他想成立愛滋病臨終安養院的願望再次獲得關注，穎彤決心要實現他的遺願，而她的好友麥潔妮修女（Sister Maureen）以及凱瑟克基金（Keswick foundation）已經著手處理此事。

二月二十四日（星期五）

我與德國外交部副部長見面，希望說服他動用影響力，讓陳方安生到訪德國時與總理柯爾以及外交部長克勞斯・金克爾（Klaus Kinkel）會面。有人認為副部長都未必能見到金克爾，更何況是陳方安生？哈西男爵與其夫人蘇珊再度來港督府作客暫往，在他們前往澳洲之前，我們帶他倆出去共進晚餐。我們從餐廳出來時受到不少市民包圍，這並非事前安排的表演，實在是振奮人心。

二月二十六日（星期日）

我收到外交大臣的私人電報。夏舜霆表明自己很擔憂訪華行程受阻，他有這般反應是意料中事。無可否認，立刻著手設立終審法院的政治成本過高，我得延後向立法局提交法案，還要設法避免打擊港府士氣，特別是高級公務員，他們一直都高度關注此事。我們不希望外界覺得對我們而言，中國幾筆小額商業交易比香港的前途更有價值。

霸菱銀行（Barings Bank）即將破產，我認為這會比中美達成的智慧財產權協議帶來更大的影響。[37]美方似乎認為他們成功讓中國對智慧財產權採取更嚴厲的措施，中方宣稱會關閉那些嚴重侵犯智財權的工廠，至少他們是這麼說的。

二月二十七日（星期一）

新任保安司黎慶寧前來與陳方安生和我討論《公安條例》的修正草案。民主黨與其他人士敦促成立仲裁委員會，以審議警務處處長對公安事件所做的決策，並對不合心意的決定做事後審查。我並不希望讓處長面對這種處境，但如果仲裁委員會主席由法官出任，處長或許會考慮買帳。不過，首席法官並不樂見司法機構為了協助行政部門而捲入這種委員會，我們必須另尋出路。

我們送別一位外籍高級官員時，得知他回國後打算到聖地牙哥德孔波斯特拉（Santiago de Compostela）朝聖。[38]他說這決定是出於稅務的考量，如此一來他到其他地方過退休生活前，就不必在英國待太久。聖詹姆士（Saint James）一定會贊同這種朝聖理由。

三月一日（星期三）

今天是聖灰星期三（Ash Wednesday），我們去聖若瑟堂（St Joseph's）望彌撒，也讓神父在額頭上抹灰。[39]我已經為大齋期暫時戒酒。神父祝願我愉快地迎接復活節，真是求之不得。下午，我私下到訪青山醫院，那是一座精神病院，裡頭非常陰森，大部分病患都遭到禁錮，而病房旁邊的草皮還有圍欄阻擋。我離港前必須再次來訪，視察環境是否有所改善。

麥高樂提交任內最後一份財政預算案，一切都看似順利。預算案非常審慎，沒什麼驚喜卻也毫無破綻。非得在雞蛋裡挑骨頭的話，大概是人們認為港府儲備過多。李德衡來電，說他那位喜歡別人稱自己為貿易局主席的老闆（譯按：即夏舜霆）仍擔憂不已，深怕我們推動終審法院法案會毀掉他的訪京之旅。我向李德衡保證我們會設法解決問題，我沒什麼選擇餘地。倫敦官員已加碼賭注，若我們繼續推行計畫，紛爭就會爆發。然而，倘若法案最終無法通過，我們也就輸得一敗塗地。要是我們無法在一九九七年七月一日前就終審法院達成協議，那時招致千夫所指的可不會是貿易局主席。此外，眾所皆知，北京會為他做足面子，但並不會給予太多實際貿易利益。

三月二日（星期四）

我為私人秘書梁寶榮舉辦了送別午宴，他性情溫和，不但擄獲小狗的心，更重要的是他受盡人們喜愛。他為人正直且判斷決策力強，對香港的小道消息瞭如指掌，還是個風趣的好上司。午宴結束後，我二度主持了有關身障人士就業的研討會，我認為這個活動確實推動了相關發展，然而日後仍需投入更多努力。

三月三日（星期五）

我們確立了有關居留權和移民的立場，檢閱了選舉候選人的居留資格，也對終審法院充分討論。雖然我也不情願與倫敦達成協議，卻還是得說服人們同意這個做法，我們會在夏舜霆結束訪華行程後，也就是五月底才提交法案。如此一來，他從北京回來後，倫敦官員便會支持本屆會議通過法案，我們將獲得最終勝利。我最得力的港府官員們為此目光銳利地盯著我。我們希望立法局議員能支持退休金動議，讓最新修改的公積金提案獲得通過。不過，隨著社會保險費增加，必定會有人臨時提出修正案。

三月四日（星期六）

穎彤突然把麗思和我帶到鄧永鏘的新店面擴大營業開幕禮，店裡有不少華麗服飾，我們還欣賞了一場精彩絕倫的舞獅表演，據說這可以為新落成的建築帶來好運。

三月五日（星期日）

韓達德傳來私人電報，他希望我們短期內處理好終審法院問題，儘量滿足我們與夏舜霆的要求。他向我保證，英國官員並沒有聯合起來對抗我們，我想他也是不得已才會這麼說。這代表我們的行動多少起了點效果，又或許只是讓官員確信我們孤立且多疑。我們很快就會知道，他們是否姑且迎合我們。我到訪市政局選舉的投票站，和杜葉錫恩競爭激烈的，是民主同盟創黨元老司徒華。

三月六日（星期一）

區域市政局選舉的結果讓人很滿意，司徒華大勝杜葉錫恩。各界專家都高度關注兩人的競選，我們當然樂見如此高下立判的投票結果。總的來說，民主黨的成果相當不錯，親中派的表現也不差，至少他們沒有拉著其他政黨同歸於盡。我們又度過一次難關，不過我們會因此獲得讚許嗎？我們似乎快要就機場和機場鐵路的財務問題達成協議，但終審法院還是毫無進展，中方只警告我們不要採取單邊行動，並表示他們早晚會再次尋求專家會談。

我與越南國會主席會面，我在商貿議題上竭力迎合他，隨後頗為強硬地提出，所有的越南船民必須在一九九七年之前回國，尤其是所謂的非越南裔移民。對此主席只是在繞圈子，他並沒有像板球守門員那樣接住我的球，或許越南人並不熟悉板球規則吧。

稍後我去香港大學參加關於毒品的研討會，與會者有二百五十人。人們起初抱著不屑的態度，認為研討會不太可能帶來成果，但觀眾對我們最後提出的承諾和執行計畫感到驚喜，方案主要涵蓋教育和公共衛生措施。部分行政單位做事拖沓，外界也拚命想抓住政府的把柄，因此我們必須打起十二萬分精神。針對毒品問題，穎彤也在志願機構做了不少努力，相信大眾已意識到我們有多麼重視這個議題。只要毒品一日不絕跡，單靠提高刑罰和增派警力並不足以解決問題，這在亞洲社會尤為棘手。

三月七日（星期二）

港府宣布曾蔭權將接替麥高樂出任財政司一職，大家的反應都不錯。這已經是全香港眾所皆知的秘密，也算是大家都肯定他的才能吧。除了曾蔭權，幾位香港本地公務員也獲任為各部門首長，我為他們舉辦了小型酒會。自我到任以來，高級公務員團隊幾乎已經換過一輪，其實港府本應更早開始進行這項工作。這群官員都才高八斗，無論到哪個國家都可以成為公共部門的頂尖人才。英國殖民政府在這方面應該要獲得更多認可，公共部門的政治立場向來中立，薪資也相當豐厚。至少我們和新加坡在薪酬水平上是一致的。

三月八日（星期三）

我要去新加坡待幾天，穎彤則留在香港。哈利法克斯正在為之前的肖像畫做些小修改，穎彤順勢請他為管事們作畫。他已經畫了阿毛和查理，哄得他倆心花怒放。接下來，我們希望他能畫犬界萬人迷阿澤以及穎彤的女僕珍妮。這次受邀前往新加坡主要是就法治進行演講。李光耀在我抵達後不久發表了毫無助益的言論，所有的人都期待我表態。我多少要做些回應，但措辭會儘量恭敬有禮。有人問我是否在批評新加坡，我說自己可以理解亞洲有多種價值觀，其中一種是外人到了別的國家也能大肆批評，但這並不符合我個人的價值觀，所以我不會做這種事。有人提問我和李光耀是否不和，我說我們之間當然有分歧，像我從沒加入過社會主義國際（Socialist International）。[40] 英國駐新加坡高級專員顯然對我的回應非常緊張，但他沒有實際表達抗議。我認為新加坡這個城邦國家有不少值得欽佩之處，但我可能得切掉腦葉才能在這裡住下來。[41]

下午我接受了很多採訪，也參加了高級專員、財政部長、各部門部長和商人舉辦的晚宴。面對中國貪腐、經濟硬著陸以及摧毀香港前程等等，他們都深感失望，但李光耀可不這麼想呢。

三月九日（星期四）

早餐過後的演講非常順利，隨後在新聞發布會上，我從記者口中得知昨天立法局對於退休金提案的投票結果。我們所提出的方案輕易獲得最多票數，成功擊敗李鵬飛那群人，還有一票既贊成我們的方案，又贊成增加高齡津貼金額的方案，真是一場鬧劇。不過，既然我們的方案取得最多票數，自然要繼續執行。我和總理會談了很久，也與李光耀那富有魅力且聰明絕頂的兒子會面，但他顯然不樂於接受他人的意見，果然有其父必有……。在萊佛士飯店（Raffles）與總理共進午餐後，我便去見李光耀。他表現得和藹可親，左一句定康、右一句定康地喊我。高級專員認為李光耀比以往任何時候都來得親切。我詳盡且準確地向他說明目前的狀況，他認為中方會把一切搞砸，但新加坡也無能為力。我們討論了行政長官的潛在人選，他說只有兩種人可以勝任，一是對現況毫不在意、決意全力與中國打交道的人，他認為這人正是曾加入中方陣營的鍾士元；二是他所謂的存在主義者，這也是他本人偏向的選項。他說在共產黨人手下工作前途不穩，除非薪資高達他訂下的天文數字，不然他不會考慮。雖然我一直都竭力為港人提供高薪職位，但我忍住沒說出口。他的態度與以往大相逕庭，但他當然不會說自己很擔心香港的未來，也沒有鼓勵我們站起來對抗中國，他大概會說這是徒勞無功之舉。他的想法或許有所改變，但他依然對自己的觀點充滿信心。事後有人告訴我，我們的會面持續了很久，以致內閣成員都在等我。

《金融時報》駐新加坡記者表示，他和編輯聽取李光耀的背景介紹時，詢問他會如何處理天安門事件。他說答案很簡單，先把所有的主要酒店熄燈，禁止外國媒體到場採訪，然後包圍天安門廣場，在人群中散播霍亂弧菌，待少量受害者出現時，便通知他們家人。這麼一來，現場陷入恐慌，所有的人都會迅速離去。無需坦克或殺戮，事情順利落幕。

三月十日（星期五）

保安司黎慶寧一直待在越南，他認為我們在遣返船民方面開始取得進展，下週在日內瓦的會議很可能讓雙方在加快程序方面達成協議。稍後，我和安生以及首席大法官會面，首席大法官明確支持我們對於終審法院的整體立場。我們可能要設立一個仲裁委員會，以審議警務處處長根據《公安條例》所做的決策。首席大法官同意委任一名法官擔任委員會主席，這應該有助於法案通過。

三月十八日（星期六）

本週我花了不少時間向立法局成員遊說退休金的問題，還發生了一些重大事件，或至少是次要事件。第一，我和歐洲聯盟外交事務委員會的法國主席會晤，他似乎很贊同我們所做的事情。我對他提起阿朗・佩雷菲特（Alain Peyrefitte）的書，內容主要是關於喬治三世（George III）在一七九二年派遣馬戛爾尼勳爵（Macartney）到訪中國。中國人當時所說的話及其對世界各國的態度一直延續到今天。

第二，我和佐丹奴（Giordano）的創辦人黎智英見面，他勇敢出面批評李鵬，因此公司在中國遭受報復。他說自己準備創辦一家報社，希望藉此鼓舞港人，提醒大眾掌握手中的命運。他十二歲偷渡來港後成功致富，因此認為經濟繁榮、法治以及政治自由的關係密不可分，他自己和其他成功的港商就是最佳例子。我想他是個天主教徒。我對他說，儘管那些自稱熟知中國的人提供了不少意見，但我還是對北京摸不着頭腦。但可以肯定的是，進展順利只是表面的假象。我們就像火星人從外太空俯瞰帆船賽，帆船已經朝四面八方前進，但我們卻還在問比賽開始了沒？真的有比賽嗎？如果有，誰領先？冠軍是誰？我就像個在北京霧裡看花的觀眾，情況與我看考斯帆船賽（Cowes）時沒兩樣。[42]

第三，我和穎彤到中西區進行了有趣的訪問，並在某所只收男生的小學停留了一會兒。穎彤說部分高年級男生看起來比一般廣東人高壯，她認為這是富裕新時代的標誌，中國小孩也吸收愈來愈多的西方食品，因此這種推測非常合理。一位老師認為學生運動量不足，而且花太多時間在電腦上，這聽起來和英國的青年一模一樣。這週我們終於要和資深司機阿豪告別，我們在私人的員工宿舍裡一起喝茶。他為人親切，努力賺錢供兒子到美國讀大學，天知道他們夫妻倆的犧牲有多大。

這週結束前，外相韓達德又發來一封關於終審法院的電報。有人告訴我們，韓達德辦公室官員把電報原稿的語氣改得比較溫和。電報裡的問題稀鬆平常，例如我們的法案是否會通過？中英貿易會有什麼影響或紛爭？錢其琛邀請韓達德在四月的聯合國午餐會上與他會面，這可能讓終審法院的事情變得更複雜。中國要求我們交出更多公務員資料，我們的立場可謂合情合理。不過，終審法院還是會成為爭議源頭，屆時倫敦大概又會怪罪我們。《每日電訊報》等幾家報社指出，翰布羅勳爵來港為保守黨籌款，結果空手而回。報導評論這是英國政府闖出來的禍，而這也是批評港府政策的下場。假若情況倒過來，大家又會有何反應？

三月二十日（星期一）

我們概括了中英聯合聯絡小組的進程，看來移民和國籍問題即將取得進展，我們也有機會談成令人滿意的機場和鐵路財務協議。在財政預算、國防用地和公務員資料的問題上，中方將對我們施加不少壓力，他們大概只會在有利於自己的議題上表現積極，對我們在意的事則拖泥帶水。我們在過去幾週解決了不少棘手問題，麥高樂自然感到滿意。香港穩定的經濟體系克服外部干擾，各方疑慮不攻自破，麥高樂的財政預算案也進行得相當順利。我們決定以公積金制度取代典型的退休金計劃，不用再過於顧慮退休金水平。雖然這還只是退而求其次的方案，但最終也許有機會落實。

三月二十一日（星期二）

駐北京大使館發來一份電報，希望我們就終審法院的問題協商，信件內容怯懦軟弱，我對此大為震怒。電報草稿必然是在倫敦官員的默許下完成，我們對此做出了強硬回應。我們在港的高級公務員對這種懦弱的舉止感到憤怒，他們認為隨著交接時間逼近，要讓公務員為香港利益著想，而不是像哈巴狗般唯命是從，實屬難事。更嚴重的是，他們覺得倫敦當局和駐北京大使館已經準備投降。

三月二十二日（星期三）

我與在台的英國官員會面，並再次見識到倫敦當局有多麼軟弱。這位官員認為在歐盟國之中，英國對台的態度最為謹慎，深怕惹惱中國。台灣國貿局局長訪問倫敦時，我國貿易大臣夏舜霆拒絕會見，幾個歐洲部長反而準備好與他會談。我倒是想看看，夏舜霆這趟中國之行會帶來多少實際業務。下午，我再度為香港電台的節目《給香港的信》提筆，主旨是港人必須相信自己可以帶來改變，只要他們堅守這座璀璨城市背後的核心價值，就可以把這種觀念延續下去。[43]我在信函結尾寫道，香港某些部分必然會在一九九七年發生變化，這座大都由華人組成的城市具備國際視野，歷史的機遇讓它成了英國殖民地……到了一九九七年，即使香港的特點依舊得以保留並獲得認可，但它已成為中國的一座城市……一九九七年之後，如果香港依然擁有言論自由，仍能包容多元觀點，而我還有機會寫信給香港的話，我堅信收到此信的社會還是一如既往的自由、繁榮和高尚，人們便會在中國的旗幟下堅持與法治共存。若是港人同意我的想法且意志堅定，我所說的就必定成真，因為香港總是面向未來，絕不戀棧過去。屬於香港的成就，無人能奪走。我沒有什麼好補充的，只求上帝保佑。

三月二十五日（星期六）

昨天晚上，我又得參加無酒宴會，實在是無趣得發慌！魯平訪美，嘴裡掛著同一套對法治和終審法院的再三保證。同行的預委會成員發表了對殖民主義的看法，其中似乎帶有些許種族歧視觀點。我還以為他們會說出更驚人的話，畢竟老一輩中國人總會說一些西方人瞧不起人或更聳動的故事。我們正在考慮向立法局提出有關終審法院的動議，看看議員會如何表態。我不覺得這麼做能帶來多少資訊，中方更可能認為此舉與實際提交立法建議一樣挑釁。今天是梁卓文最後的上班日，我在私人辦公室為他舉辦送別午宴，他是個出色的青年，還發表了一段感人演講。長久以來，我們團隊的員工都非常優秀。接著，我們為國際七人欖球賽舉辦招待會，紐西蘭隊不負眾望地勝出賽事，這就和教宗是天主教徒一樣理所當然。

三月二十七日（星期一）

我和李舒聊了很久，怡和集團要派他回倫敦經營特拉法加集團（Trafalgar House）。[44]他覺得在香港待過後，倫敦生活顯得特別累人，這並不出奇。他保持著一貫的良好狀態，對香港依然非常堅定。穎彤和我都很想他和他的妻子辛西雅（Cynthia），他說自己要離開香港，並與多年來友好的司機道別時悲傷不已。他認同我們不能為了避免爭執，就肆意接受中方的不平等提議，然後悄然離港；我們必須為港人提供繼續過好日子的機會。

晚上，我們與鄺富劭夫婦及剛抵港的帕瑪夫婦度過了溫馨平淡的時光。傑若米・帕瑪（Jeremy Palmer）來港管理霸菱銀行，太太安潔拉（Angela）多年來在倫敦幾家大報社當過記者，也是我大學同學提姆・希爾德（Tim Heald）的好友。他們比我們年輕得多，言談舉止也相當有趣。

三月二十八日（星期二）

我們在行政局對終審法院進行了長時間討論，包括董建華、葛賫和錢果豐在內所有的非官守議員都贊成我們盡快著手設立法院，其中陳方安生對此特別積極。我們把討論結果的電報發往倫敦，但我深知此舉不會帶來什麼進展。試圖詆毀我們的消息鋪天蓋地，駐北京大使館顯然與外交部取得聯繫，外交部隨即採取行動，對貿易產業部及其官員施壓。高德年寫了一份文件給聯合情報委員會（Joint Intelligence Committee），他和古沛勤絕對會全力把我們的作為全部抹黑。古沛勤提出一份內閣委員會的文件草稿，據説已獲得外交部批准，對此我絲毫不信，外交部一向都會先詢問我們的觀點。文件中有很多不錯的分析，但結論卻非常偏頗，說得好像若我們堅持推行終審法院計畫，大英帝國就會滅亡，或者亞洲的經濟前景就會完蛋。我並沒有過分誇大其詞。

一艘中國炮艇入侵香港水域，兩艘香港船隻和全體船員遭綁架到中國，他們顯然參與了走私活動。我們採取最溫和的行動，因此惹怒了某些警員和不知情的駐軍。這次事情確實處理不當，我在某個會議上保證，交戰規則會確切執行，警員也了解他們日後必須把當下狀況告知海軍。但真正棘手的是，中國不太可能願意把船隻或船員送返香港。事實上，這種入侵事件在過去幾年間大幅下降，證明中國已在努力改善狀況，不過遇到這類惡意事件，他們並不會做出退讓。

三月二十九日（星期三）

往後幾天，我們將赴北京討論財政預算案，並決定在會議開始前把話說清楚：我們會把一九九六年預算案的制定程序和一九九七年的預算案內容區分開來。中方去年也對此表示同意，現在卻出爾反爾。我們不會屈服，除非中方接受以這點作為討論基礎，否則我們不會開始會談，最後他們不得已還是讓步了。與此同時，外交部打算「逐步恢復」與中國的關係，但中方還是表現得和以往一樣惡劣。陳方安生希望在下回中英聯合聯絡小組會議期間與中方人員共進晚餐，但他們卻無禮地拒絕了她的邀請。

我一直在面試總督副官的人選，好接替麥克・艾利斯的工作。我最後決定聘請硬漢白樂仁（Lance Brown），他目前負責管理特別任務連，相當於英國警察部門的特種部隊。白樂仁非常成熟，遇上棘手事件時就需要他這種人在身旁。他很清楚我對副官和貼身護衛的要求，就是必須兼具能力及親和力，絕不能拘泥形式。

總是笑容滿面的美國前外交官艾莫惠（Morton Abramowitz）轉述了魯平的訪美概況，他認為簡直是一場災難。魯平展現了典型中國官僚的樣貌，不斷重述中國會謹守《基本法》，所以香港的一切都沒有問題。艾莫惠說幾乎沒人相信他的無稽之談。我的政治顧問畢瑞伯本週結束訪美行程返港，他並不完全同意艾莫惠的說法，他認為魯平訪美稱不上是災難，他只是表現得十分木訥，也無法消除人們的疑慮，我們怎麼會期待他改變本性呢？畢瑞伯還認為外交部沒有像美國國務院那樣支持我們，實屬遺憾。

1992 1993 1994 1995 1996 1997

三月三十一日（星期五）

柴契爾以迅雷不及掩耳之勢抵港，我們到了淩晨一點才就寢。昨天她在北京當面指責李鵬，而且像大多數的西方人一樣對喬石印象深刻，這對喬石而言或許是個困擾。柴契爾與陳方安生共進午餐，並對終審法院的事情大動肝火。在我看來，她是少數實際挺身對抗中國的人。她待在北京大使館時，艾博雅一定格外警惕。毫無意外，他並未告知柴契爾相關情況的任何細節，這為她的會面帶來不少麻煩。

四月一日（星期六）

潔思正在墨西哥完成她的部分西班牙語課程，穎彤和雅思一同出發到當地探望她。如果能看到她，我或許會平靜下來。我們顯然將承受不少壓力，本來是待夏舜霆訪華後才能動手設立終審法院，現在連訪問結束後也得按兵不動，以免毀掉夏舜霆所營造的氣氛。到了某個階段，我還是得回去參加內閣委員會的會議，甚至要正面表達自己的立場。那些讓我和大臣們陷入困境的官員實在罪無可赦。陳方安生和其他高級官員認為，這一切都表明英國把所謂的商業利益置於香港事宜之上，我要強調那些都只是「口惠」，能否實現則未可知。

四月三日（星期一）

韓達德與我通話四十分鐘。他已經與官員會談，對終審法院的態度毫無轉變。他希望我把自己的論點全部講述一遍。韓達德說夏舜霆對我恭維有加，但又吵著說我對現況茫然無知，不知道中國貿易發展繁榮，他實在是很難對付。總之，我向韓達德講述了法院設立時機及立法局議員的立場等。韓達德非常務實，深知英國在未來幾年內與中國「逐步恢復」關係的可能性不大。他對外交前景的看法黯淡而符合現實，我們必然會在各項事宜上處處碰壁。不論他身邊的官員怎麼說，他都會全力支持我們。他說自己在本週稍後會與首相以及財長祁淦禮會談，我不想讓好友或政府為難，但也希望為香港做到最好。一想到港府敬業的公務員們會怎麼看待這一切，我就愈來愈感慨。

四月四日（星期二）

中英聯合聯絡小組的會議毫無生氣地展開。我和酈富劭討論離任時是否該送一份英式禮物給香港，我提議贈送一尊刻上《聯合聲明》的雕刻品或紀念碑，酈富劭說這也許有點挑釁的意味，臉上露出似笑非笑的表情。

四月六日（星期四）

昨晚，我與戴彥霖和他的妻子珍妮共進晚餐，然後去看了《黑色追緝令》（*Pulp Fiction*，譯按：港譯《危險人物》）。[45]看完電影後，我調整好心態去見古沛勤，今早他前來參與第二部分的中英聯合聯絡小組會議。他板著一張臉，喋喋不休地說起了港督府和英國外交部香港司的關係。其實在李基茨擔任香港司主管及麥若彬出任駐華大使時，這兩個單位的關係非常友好。古沛勤不確定我們是否要為終審法院召開內閣委員會會議，而這取決於夏舜霆接不接受提議，讓我們在他訪華兩週後提交相關法案。這是個折衷方案，他應該會順從。如果他希望把提案日期往後延，就必然會損害立法和法院的設立程序。

四月七日（星期五）

在中英聯合聯絡小組最後一天的會議上，我們對「逐步恢復」關係有了更深的理解。中方把最糟的部分留到最後一刻，他們在沒有公開招標的情形下，已經決定好讓哪家公司負責印製特區護照，並宣布準備隨後幾個月會在北京接見港府高級公務員。此舉實在令人不齒，消息一旦曝光，公務員的士氣將大受打擊。這次稱得上是有史以來最不如意的中英聯合聯絡小組會議。

為了參加環太平洋葡萄酒節，我提早結束了大齋期的酒戒。我記得聖文生（St Vincent）是釀酒師守護神，他一定會為我講些好話，隨後我就酣甜入睡。

四月十一日（星期二）

中英聯合聯絡小組會議結束，我們開會整理思路。大家一致認為，中共準備打著主權的旗號削弱香港自治權，而公務員任命、財政預算案以及政府採購決策就是最好的例子。中方指定印製香港特區護照的公司當然是由中國人開設，據我們所知，該公司根本沒有防偽印刷的相關經驗。

警務處處長對警隊的士氣感到焦慮，他認為離職人數會非常可觀，特別是外籍官員。鄧蓮如告訴我，中方提出要經營往返香港的航線，這完全違背了中國領導人對太古集團所做的承諾，公司因此擔憂不已。工黨議員希拉蕊・阿姆斯壯（Hilary Armstrong）對英國政壇滿懷信心，我與她會面後稍微振奮起來。她十分優秀，曾擔任工黨黨魁約翰・史密斯的議會私人秘書。她代替父親恩尼斯特（Ernest）向我問好，恩尼斯特曾出任下議院副議長，並把自己當校長的經驗全都貢獻到副議長一職上。現在希拉蕊所代表的地區就是她父親以往負責的杜倫（Durham）。恩尼斯特為人親切，父女倆可謂工黨之光，即使日後是溫和的工黨上台執政，英國人也不必過於擔心。

四月十三日（星期四）

穎彤和雅思已從墨西哥返港。本週最重大的消息就是陳雲逝世，他是鄧小平最親近且最重要的顧問。[46] 他的葬禮不會對外開放，外界對此有不少猜疑，普遍認為官方擔心大量群眾聚集會造成安全疑慮。中國不少亂子都是源自葬禮或周邊的示威活動。

四月十五日（星期六）

中方決定把他們入侵香港水域時抓走的兩名港人送回。新華社首先來電，強調這決定與我們的抗議無關，而是根據中國法律程序所下的判斷。不論如何，我們的處理手法一如往常，態度足夠堅定（雖不至於太過咄咄逼人），所以成功了。北京官員正在審慎打量陳方安生，希望進一步了解她。她出身於極具聲望的愛國家族，祖父遭國民黨的忠義救國軍誘捕殺害，叔叔曾在文化大革命時照顧從高樓摔下的鄧小平長子，母親是這個世紀數一數二的中國女畫家，而安生在政府工作的紀錄一目了然，我實在猜不透中方還想查探什麼。我們對倫敦當局或北京大使館談及此事時必須非常謹慎，以免打草驚蛇。

四月二十三日（星期日）

復活節後的這一週，有四件事特別值得關注。第一是前首相希思來訪，他說這是他第十九次正式訪華，行程結束後就直接來港。一如往常，他認為中國沒什麼問題。抵港後，他在公開場合對我的評價有所克制，但他私底下清楚表明，我們在香港要做的就是把這裡的一切細節傳授給中國。他身邊有兩位優秀的私人秘書，分別是貝彼德（Peter Batey）和彭雅賢（Richard Burn）。其中一人表示，希思和中國領導人會面時，總會互相恭維。艾博雅向希斯詳述了自己對終審法院的替代方案，雖然希思知道魯平為人狡猾，即使受到壓力，也不會透露終審法院的設立時程是否會影響中方立場，但他還是傾向把狀況告知魯平。據說李鵬告訴希思，我們自一九九二年就改變了對港政策，決心要讓中國分崩離析，目的是在一九九七年後繼續控制香港。沒錯，他真的這麼說了。

第二，威爾斯王妃來作客，準確來說是抵港後入住文華東方酒店。我們和她一起參加了不少慈善活動，大部分都是由鄧永鏘籌辦。王妃明豔動人、笑容滿面，是為人景仰的萬人迷，她的魅力用不著我多說。下次丁伯利比來港拍攝時，我得問問他的想法，畢竟他寫過一本關於威爾斯親王的書。

第三，我們開始探討魯平五月的訪港計畫。我應該提前給他寫封信，即使他不願見我，我也希望他至少能與陳方安生及其他高級官員會晤，就像他曾與霍德會面一樣。這舉動將為政治帶來不利的因素，人們會說我終於失去實權，中方得以選擇與誰打交道，陳方安生已取代我的地位。目前的確有這樣的傳聞。總而言之，我認為最好的做法是率先站出來，起碼對部分人來說，這會顯得比較有政治家風範。如果哪天我們驚覺自己正在公務員體制中失去威信，而且對此無計可施，豈不是更糟？我們的本地公務員都支持這種做法，我的資訊統籌專員麥奇連和其他一兩人則猶豫不決。

第四，我們還在為終審法院飽受折磨。星期四的內閣會議結束後，韓達德和夏舜霆以及首相一起開會，商議如何把夏舜霆訪華與我們提出終審法院法案之間的時間拉長。夏舜霆提出許多問題，裝出一副對其他議題也感興趣的樣子，他實際在乎的只是順利進入中國罷了，而且妄想在行程結束時發表多項貿易聲明。這一切都很令人惱火，我可能還是得回國向內閣委員會為自己爭辯。

李德衡向我陳述他對終審法院和治港的想法。我明白他想對我表達支持之意，卻又得表現出自己是個有能力的貿易副大臣。此時此刻，政界可說是個左右為難的圈子。不過，李德衡和一群國內英商對話後，仍如常老實地告訴我，那些商人都認為繼續設立終審法院並不會對英國貿易造成太大影響。當然，他身邊官員所說的恰恰相反，那些人的論據都建立在倫敦外交官的言論或文章之上。夏舜霆並不會改變立場，而且不斷質疑我們提案的時機。這一切實在荒謬，就因為一場貿易訪問，連香港政策也被牽著鼻子走。

四月二十五日（星期二）

今天又是推廣禁毒運動的一天。我參觀了位於西貢的福音戒毒中心，並留下了深刻印象。不過，由於中心富有宗教色彩，因此無法獲得政府補貼。我打算好好檢討這種愚昧且帶有偏見的政策。戒毒中心表現得很好，戒毒者改變人生信仰後獲得解救，這又有什麼問題？

四月二十六日（星期三）

韓達德寄來一份私人電報，字裡行間透露出，他自己和首相都會在必要時支持我提出終審法院法案，而且面對夏舜霆我很有勝算。他也問道，如果我們在夏舜霆訪華後等一段比較長的時間，把提案時間延遲到十月，是否強人所難？這場爭執讓我左右為難，天秤一側是梅傑和韓達德，另一側則是陳方安生和其他高級官員。面對這種情況，我能顧慮的就只有香港和安生。全賴麥理覺議員的努力，立法局將於下週辯論終審法院事項，我們可以藉此了解議員們的意見。

四月二十七日（星期四）

英國下議院就香港問題進行討論。只有希思和假裝自己還生活在維多利亞時代的下議院議員羅茲・博伊森（Rhodes Boyson）發表謬論，此外一切都非常順利，大多數的議員都支持我們的立場。郭偉邦表現出色，我們仍然獲得不少跨黨派支持。

本週再度出現許多鄧小平逝世的傳言，我想他剩下的時間不多了。與此同時，雖然這位中國橋牌協會榮譽主席仍然在世，但仍有一位前中共總書記遭到清算。[47]中共內部還是會有重大事件發生。

四月二十八日（星期五）

我給韓達德的答覆相當堅定，說明為何我們不能把法案延至十月。不過，我最後補充我們可以待立法局辯論結束後再下定論。我想只要我們堅守底線，法案延遲的時間會比夏舜霆所要求的更短，我們也能對法案稍作修訂。不過，按照今天中英聯合聯絡小組對終審法院的討論情況來看，現階段還是困難重重。中方強力反對終審法院的議案。首先，他們希望設立司法補救機制，以便推翻行政部門不滿意的判決，但這完全是中國式的法制。第二，他們要求列明排除在終審法院管轄範圍外的國家行為。我們最多也只能參照《基本法》的規定，但這種做法還是會惹來香港法界和李柱銘等民主黨人士的抨擊。李柱銘是《基本法》的起草委員，絕對不會容許我們修改法規內容。第三，終審法院不可判定某法例是否符合憲制法律。如果日後再有貿易訪問，貿易暨工業部（DTI）、艾博雅及一大群外交官員大概又會敦促我們接受中方要求。我希望中方能公開他們的立場。目前大部分商人都堅持我們必須設立終審法院，我們還獲得不少國際上的支持。

先別修改頭版新聞，鄧小平還活著，萬歲。

註釋

1 譯註：尼克森上任後一反原先的反共立場，極力促成美國與中華人民共和國建交，是中國國力由弱轉強的重要關鍵之一。
2 譯註：當時的加拿大總督是雷蒙・約翰・納蒂欣（Ramon John Hnatyshyn），其工作內容是代理英國女王在加拿大的職權。
3 譯註：彭定康總督的祖父母是曼徹斯特的教師。
4 譯註：中間派議員通常在早餐時討論政事，因而得名。
5 譯註：香港法律制度承襲自英國，一般律師（初級律師）稱為「solicitor」，大律師（資深律師）則是「barrister」。
6 譯註：張健利為香港資深大律師，於一九九二至一九九七年間獲委任為行政局非官守議員。
7 譯註：一九九一年鄧永鏘在中環舊中國銀行大廈開辦中國會。
8 譯註：吳靄儀是香港執業大律師及公民黨黨員，以英語時事評論起家，曾任《明報》副總編輯和立法局法律界功能組別議員。
9 譯註：香港警務處的王牌特種部隊，綽號為飛虎隊。
10 譯註：原為美國黑人靈歌，一九五〇年代成為美國人野營時經常唱的歌曲。
11 譯註：英國外交官，曾任脫歐事務首席談判代表，兼任首相府歐洲事務特別顧問，現任內閣辦公室國務大臣。
12 譯註：郭豐民為中英聯合聯絡小組的中方首席代表，戴維斯則是英方首席代表。
13 穆亦樂是美國駐港總領事，退任後回麻州擔任校長，隨後又回到香港，也是出任某校校長。
14 譯註：唐諾・倫斯斐是美國鷹派代表人物，曾兩度出任國防部長。
15 李儲文是一九八三到八八年之間的新華社香港分社副社長。他於二〇一八年病逝上海，享壽一百歲。
16 一九九二到九九年間，薩秉達曾任香港太古集團主席，頗孚眾望。他已於二〇〇二年三月辭世。
17 譯註：第十九任法國總統喬治・龐畢度（Georges Pompidou）的妻子。
18 安東尼・霍華德是傑出的左派記者，曾任《新政治家》週刊（*New Statesman*）總編輯、《觀察家報》（*Observer*）副總編以及《泰晤士報》訃告版主編。他在《週日泰晤士報》（*Sunday Times*）當記者時負責跑白廳的新聞，曾於一九六〇年代大力倡議政府應該提高透明度，因此惹怒了英相哈羅德・威爾遜。
19 譯註：科爾德是位於土魯斯近郊的古城。
20 譯註：德拉魯公司為英國印鈔廠，已有將近兩百年的歷史，負責全球三分之一的鈔票印刷工作。
21 譯註：蓋伊・福克斯紀念日為英國傳統慶祝活動，又稱焰火之夜（Bonfire Night）。為了紀念一六〇五年十一月五日國王遇刺後倖存，當天倫敦會舉辦煙火節慶。

22 譯註：現稱行政長官粉嶺別墅。

23 譯註：蓋瑞・哈特為美國民主黨參議員，於一九八八年參加總統候選人初選。媒體追問有關婚外情的報導時，他不僅否認指控，還要求對方出示證據，最終爆出緋聞，繼而退出總統選舉。

24 譯註：彼得・威爾遜為美國律師及共和黨政治人物，曾出任美國參議員和加州州長。

25 譯註：紐特・金瑞契為美國作家及共和黨政治人物，曾於一九九四至一九九八年擔任眾議院議長。

26 譯註：Steve Law Shek-kong，中文姓名不詳。

27 珍妮・貝斯特是隨我在香港工作多年的私人秘書，她能力出眾，是港督府團隊中不可或缺的一員。

28 譯註：港督彭定康上任後大幅改變以往做法，包括不接受爵士封銜、就職典禮不穿傳統白色羽毛禮服，只穿西服。

29 譯註：鄧小平在一九八四年表明「所謂三腳凳，沒有三腳，只有兩腳」，意思是香港前途只能由中英雙方談判決定。

30 折田正樹後來成為日本駐丹麥及英國大使。

31 譯註：正式名稱是《緊急情況規例條例》（Emergency Regulations Ordinance）。

32 譯註：香港民主同盟已於一九九四年十月改組為民主黨。

33 譯註：又稱居英權計畫，英國政府於一九九〇至九六年間在香港推行的計畫，給予資格符合的人士英國公民國籍。

34 譯註：著名英格蘭足球運動員。

35 莎拉・霍格是傑出的經濟記者，獲首相梅傑任命為政策組的負責人。作為保守黨黨魁，我與霍格合作密切，對她的智慧和決策力給予最高評價。她嫁給保守黨政治家何郝傑（Douglas Hogg），丈夫退下政府職務後，她在商界闖出一片天，更在一九九五年成為上議院議員。

36 查芳特勳爵已於二〇二〇年逝世。他是名退役軍官暨軍事歷史學家，曾獲哈羅德・威爾遜首相任命為外長以及上議院議員。他如眾人所料在一九七〇年代初退出工黨，後來在一九七九年的大選支持柴契爾夫人。

37 譯註：成立於一七六二年，曾為英國歷史最悠久的銀行。

38 譯註：著名的朝聖之路，也是西班牙基督教反對伊斯蘭教的重要象徵。耶穌十二門徒之一聖詹姆士（即聖雅各）便安葬於此。

39 譯註：大齋期的第一天，教會傳統上會舉行聖灰禮儀、守節靈修。

40 譯註：世界各國的社會主義黨派組成的國際政黨組織，前身為社會主義工人國際。

41 譯註：腦葉切除術（lobotomy）為神經外科手術，主要於一九三〇至五〇年代用來治療精神病，病患受術後會失去情緒連結。

42 譯註：於英格蘭南部威特島考斯鎮舉行的年度著名賽事。

43 譯註：《給香港的信》為時事節目，由香港各界人士以書信形式向香港市民發表意見。

44 譯註：特拉法加集團為英國建商，執業界之牛耳。
45 譯註：一九九四年上映的犯罪電影，獲得坎城影展金棕櫚獎以及奧斯卡、金球獎最佳原著劇本。
46 譯註：中國共產黨第一、二代中央領導集體重要成員，外界認為他是中共黨內第二號領導人。
47 譯註：前中共總書記指的是趙紫陽。他自從六四事件後就持續遭到軟禁。

CHAPTER FOUR

第四章
倒數開始
一九九五年五月——一九九六年五月

STARTING THE COUNTDOWN

五月一日（星期一）

穎彤接下了愛滋病信託基金委員會的贊助人一職，她和麥潔妮修女等人正在物色合適的受託人委員會成員，並為臨終安養院找尋符合要求的建築。醫院管理局表示，在社區的成見降低前，為臨終安養院提供相關服務有其難度，但穎彤信心十足，認為局方會在適當的時候全力提供資金和院址。

五月二日（星期二）

幾位資深同事擔憂，九月選舉過後，我們要如何應對立法局。他們為了私人草案等問題而忐忑不安，我倒不怎麼在意。我們只需明確表示，目前針對草案帶來財務影響的法規依然有效。涉及財務成本的私人草案必須獲得簽立批准，我也有權否決不合心意的法案，但我並不會隨意動用權力。我認為通過選舉誕生的立法局值得信賴，他們不會為了挑釁中方而在一九九七年前落實種種法案。

我與聯合國難民署的高級專員塞吉歐・德梅洛（Sérgio Vieira de Mello）會面，目前他正全力協助我們盡快遣返越南船民。他非常優秀，為人坦率且不卑不亢，判斷力也相當出眾。如果所有的聯合國代表都像他一樣該多好。

五月三日（星期三）

今早，各家報章刊登了有關法院的報導，中方立場暴露無遺，讓立法事宜更加困難。立法局對終審法院進行辯論，但我們還是無法掌握立法方向。通過的動議僅指出，設立法院時應以《基本法》和《中英聯合聲明》為根據，其中並沒有提及一九九一年的秘密協議。那份協議讓不少人坐立不安，主要原因是中方堅持法院只能雇用一名外籍法官，而且至今依然固執己見。根據目前的氛圍，倫敦絕對會認為一九九一年的協議毫無問題。我的結論是，如果港府連立法的第一步都不踏出，便會飽受法界、政治人物以及商界領袖詬病。接下來幾週或幾個月裡，港府和中方都會想盡辦法讓對手做出讓步，希望我們能勉強守住立場。

五月四日（星期四）

我和賀維沉默不語地吃了頓晚飯，他會在港留宿一天。磨人的施廣智調查報告（Scott Inquiry）讓他有點心不在焉，但我們還是討論了不少英國和歐洲事務。[1]他希望我回到英國政壇，並認為在選舉後成為祁淦禮的團隊成員特別有意思。我告訴他，如果我們在選舉中慘敗（很可能發生），或者麥可．波蒂略當選黨魁，可就不怎麼有意思了。他苦笑著說，現在自己還有點錢，生活也沒那麼糟糕。他是個值得尊敬的公務員，可惜我們對中港兩地的立場並不一致。

英格蘭地方選舉的結果強差人意，政府的內部變革動力會受到影響嗎？我對此有所保留。因此，我認為有關香港、中國和貿易白日夢的辯論並不會大受影響，雖然本來也不怎麼順利。夏舜霆的優點是公私分明，不會讓政策上的分歧影響自己的人際關係，我希望所有在他面前興風作浪的官員都能向他學習。

新華社邀請香港高官到中國聊聊未來去向，這確實讓人有點不安。我不認為自己能夠或應該禁止任何人在港討論這個主題，但我絕對可以阻止他人召喚在港官員到別的地方會面。《星期日南華早報》在週末刊登的希思專訪內容讓人擔心，但他真的還重要嗎？他有好長一段時間都悶悶不樂，實在可悲。他大可負責其他國際要職，如管理北大西洋公約組織或歐洲執行委員會。像他這樣耗費心神來中傷柴契爾等人，又有什麼意義？

魯平訪港七天半，陳方安生邀請他共進午餐或會面，但他似乎沒有這個打算，並表示陳方安生想見他就得去北京，但他提出的日期正好是安生到倫敦參加商務會議和休假的日子。安生到訪世界各地時，當地元首、外交部長和財政部長都會抽出時間與她見面。魯平身為國務院港澳辦主任，在港逗留接近一百八十小時，用餐超過二十次，卻說擠不出時間來。同時，北京沒完沒了地批評我們分享治港的資訊不夠完善。這一切都惹人發瘋，真是一群不好對付的傢伙。

劉慧卿在立法局上問及一九九七年後英國對香港的責任，對此我們花了些時間討論。港府已提出一份有力的草案，英國外交部則想方設法去除提案中尖銳的法律和道德內容。雖然香港官員早從一些蛛絲馬跡料到英國對香港漠無關心，但還是對此舉感到震驚，而外交部對自己所造成的影響當然是懵然不知。不用想也知道他們會怎麼回應：「我們絕對不能過分介入香港問題，畢竟完成九七年的交接後，我們還得與中國恢復關係。」我不太確定中國在一九九七年後還會不會在意我們。

我為香港—美國經濟合作委員會（Hong Kong-United States Economic Cooperation Committee）舉辦午宴，保羅．伏克爾（Paul Volcker）是美方代表的主席，香港的則是浦偉士。伏克爾希望浦偉士理解他有關中國人權紀錄的發言在美國不會有影響力，而且一些美國人對香港會相安無事的承諾表示懷疑。董建華就坐在我旁邊，所以我必須謹慎發言。我得知董建華和其他人建議美方去北京時不要提及法治，也不要為終審法院進行遊說，因為那可能帶來反效果！

五月九日（星期二）

鄺富劭認為，那些優秀的商業領袖並不在意夏舜霆本月稍後的訪華之旅，他也很質疑這類訪問能否帶來實際的商業突破。中方對行程細節的安排依舊嚴格，例如中國境內的飛行許可就難以取得。北京大使館去信中英聯合聯絡小組的英方代表，對於小組先前判定中方不希望終審法院取得進展提出質疑，同時也接納了小組對其他議題的意見，包括判決後的補救機制。大使館還說，中方對近來英國司法不公的現象擔憂不已，不希望一九九七年後的香港特區政府發生同樣的狀況——這番話可不是我憑空捏造。如果有人拿著長傘敲打中國人的頭部，就能把他們打醒，了解什麼叫做司法不公嗎？我可不敢確定。

有關貨櫃碼頭的會議得出了結論，我們必須繼續開發貨櫃港，同時要以更公開的方式招標，以維持廉潔的政府採購紀錄。我們應該可以在一九九七年前完成機場工程，但基於中國談判時的拖延戰術，預計要到一九九九年上半年才能正式啟用。這結果多少也符合人們的期望。總結而言，我們要先把工作完成，北京則負責發布成果。

黎偉略找到一張精彩的照片，當時是一九九二年選舉結束後，我和梅傑在唐寧街十號門外，照片前方的柯利達正帶領著首相辦公室官員熱烈鼓掌。這張照片總有一天會曝光，或許柯利達只是假裝在鼓掌吧。

夏舜霆訪華結束後幾週，我們便會展開終審法院的立法程序，待他凱旋歸來後，我們會要求中方在五月二十二日起的一週內給予答覆。韓達德發信鼓勵同事，對我們的處理方式表達贊同。艾博雅不得已寄來電報，承諾如果各部門大臣同意我們提出法案，他也會給予支持，但他預計貿易訪問結束後，我們很快就要面臨這舉動所帶來的嚴重後果。

五月十二日（星期五）

我的五十一歲生日有幾個重頭戲：早上潔思打電話給我、我為赤柱的循道衛理菲律賓庇護所舉行開幕式、私人辦公室為我辦了美好的生日茶會，還準備了黑森林蛋糕和華麗的木製中國神像當禮物、英商威廉・寇塔夫婦和張敏儀帶我們以及其他朋友去一家上海餐廳吃晚餐。[2]此外，顧立德先傳來一封有趣的電報，上面寫滿合宜的中國詩句，他後來還從倫敦來電祝賀。夏舜霆和他的商人大軍也已坐上飛機開啟旅程了。

討論功能組別時，我們發現登記選民已超過九十萬人，現在還剩下兩個星期來鼓勵更多人登記。我和彭雯麗（Pam Youde）進行了相當有意思的對話，各方敦促她在香港與魯平見面，外交部認為場面會非常難看，所以她想知道我的想法。[3]她說自己還記得尤德擔任總督時，經常和外交部發生爭執，所以想打聽一下兩方目前的角力狀況。我從她口中得知尤德和柯利達的關係有多麼惡劣，卻毫不意外。

鄧蓮如前來告知我，國有的中國航空公司（China National Aviation Corporation）為太古集團帶來莫大壓力，中國官員過去曾承諾維護國泰在香港的地位，但現在太古已信心盡失。外界無疑會比較怡和以及太古的對華策略。怡和把集團的部分業務重新定位，結果受到中方抨擊。太古則試圖向中方示好，卻也沒有撈到什麼甜頭。

魯平底下的預委會中，有一位高官的過去並不光彩，他加入公司董事會時已有刑事犯罪前科，卻沒有向證券交易所通報。媒體界得知後紛紛摩拳擦掌。戴彥霖問道：「這有什麼好意外的嗎？」他接著又問，五根手指頭足以計算預委會成員不堪的往事嗎？

五月十五日（星期一）

失業率上升至百分之三，各方將對港府施壓，要求修改外勞輸入方案，說白了就是阻止人們來港工作。今天有一項民意調查顯示，百分之七十五的受訪者認為魯平應該與陳方安生會面。

我為倫敦接受《旁觀者》（*Spectator*）週刊的長篇專訪。採訪記者曾住在香港，他以前的銀行同事並不認同我的作為，但他的裁縫卻非常支持我。我想那位裁縫在交接後會繼續住在香港。

五月十九日（星期五）

我和迷人且健談的約克公爵夫人小酌一杯，然後外出吃晚餐，慶祝戴彥霖妻子珍妮的生日。今天稍早，我與柴契爾的前經濟顧問艾倫・華特斯爵士（Sir Alan Walters）會面，他和想像中一樣討人厭，讓我極度不悅。他來港參加預委會舉辦的研討會，主題是香港的國際金融中心角色。他自命不凡，在我面前滔滔不絕，說港元會採用與美元掛勾的聯繫匯率，都要歸功於他。他即將前往阿根廷訪問，而他居然大言不慚地建議英國應該向福克蘭群島居民買票，讓他們投票重回阿根廷的懷抱。[4] 柴契一定會喜歡！聽說他與我會面後半小時，就在演講中詆毀我和民主價值，為什麼我要為這種人煩心呢？

五月二十日（星期六）

我們希望清空白石羈留中心的部分越南難民，這是項艱辛的任務。我們在粉嶺持續關注這個事件，過程中有多名員警受傷。稍後，我探望了部分參與行動的警員、懲教署人員和消防員。一份獨立觀察員報告指出，警方和相關人員表現克制，值得嘉許。看到難民所使用的某些武器，我對警方就更為欽佩了。

我們收到兩份讓人不悦的電報。第一封是艾博雅對夏舜霆訪華的描述，唸起來頗似充滿諷刺意味的文章，「非常傑出……優秀的領導才能……談成數十億的生意……只剩香港問題」。我們當然還收到來自倫敦的電報，內容是外交大臣和夏舜霆在週末的對話。夏舜霆在終審法院問題上絕不退讓，他自以為與李鵬建立了友好關係，希望給對方通風報信，看來他們並沒有提到六四事件。他不希望我們在本屆立法局結束前討論任何有關終審法院的事宜，情況不比我們預期的來得好，甚至有可能更糟糕。我和畢瑞博對話時草草寫下筆記，後來他整理成一份有條不紊的電報，展現出他向來流暢的文筆，內容全面地闡述了我們的狀況，稱得上是英國外交界最佳的起草文件。

五月二十一日（星期日）

艾博雅傳來另一份毫無助益的電報，他說我們的政策既不能反抗中方，也不該輕易退讓，真是個荒謬的提議。我不確定他想表達什麼，這電報看起來沒有任何意義，他們大概又想要求我們讓步。喔，我真想念麥若彬。

我和穎彤為她的網球隊員及其伴侶舉辦燒烤會，其中有人說首相與高官開會時，公開贊同我們提出終審法院法案的時機，以便在本屆立法局會期結束前做審議。不過，為了保住夏舜霆的面子，首相應該會給李鵬一個交代。這是個代價不高卻相當瘋狂的點子，中方的反應會比任何時候都來得激烈，我們大概也要花點錢才能繼續進行下去。祁淦禮必定有在會前向財政部表達對我們的支持，這舉動非常關鍵。無論如何，這次會議不留任何餘地，再也沒人可以阻止我們提出法案。讓人惱火的是，法院一事破壞了我們和倫敦官員的關係，而且若是失敗，我也要付出更高的政治代價，日後很難再為同樣問題抗爭。我不喜歡和自己欣賞的人爭鬥，夏舜霆是個好例子。雖然我與國內部分外交官員的爭執告一段落，但隨著選舉逼近，他們絕不會讓我們好過。

五月二十五日（星期四）

艾博雅來電祝賀，戴彥霖接起了電話，我希望他能敷衍兩句，速戰速決就好。艾博雅再次進入「敵愾同仇」模式，說什麼我們的槍口對外不對內。事後看來，這一切都相當可笑。我們都很清楚，當初艾博雅和夏舜霆在廣州的豪華飯店內籌劃如何對付我們，他們那時想出給李鵬通風報信的點子，但現在艾博雅又改變主意了。那家飯店有可能隸屬於中國的國安單位，當時兩人大概已經遭到竊聽。除非國安單位極度窩囊無能，否則中方對英國內部四分五裂的情況絕對瞭如指掌。

我與戴彥霖和畢瑞博討論，自從李基茨和麥若彬離任後，我們在倫敦和北京都遇上不少問題。我們必須保衛自己的立場，也不該對所有的事過分悲觀。首先，英國官員老是把港督當成改善中英關係的絆腳石，看看當年麥理浩在倫敦的人緣有多差就知道了。第二，同樣無可避免的是，不少官員熱切期待我們卸下香港殖民宗主國的責任，對大英帝國在消逝前所留下的爛攤子毫不在意。第三，香港公務員懷著無畏精神辛勤工作，但英國官員從未想過自己的行為對他們的士氣和心態會造成什麼影響。第四，外交部少數官員認為外交工作主要是和外國人打好關係，他們遭到諷刺也是無可厚非。前美國國務卿喬治·舒茲也曾對國務院做出同樣評價。第五，我們非常幸運，一直以來都獲得英國首長們的支持，因此有能力繼續捍衛自己，我們確信堅持不懈才是獲勝關鍵。隨著交接日逼近，發生更多爭執是在所難免。中國已丟出「一國兩制」的口號，而英國仍身為宗主國，雙方的利益自然不同。

我們身陷一場耗費心神的爭執。一位市政總署文娛科高官在沒有上級陪同的情況下，向立法局指控我們打算放棄有關廣電業的草案，以免惹惱中方。簡直一派胡言，他愈是為自己的言論辯解，誤會就愈加深。他的舉動

1992 1993 1994 1995 1996 1997

會讓人們更確信我們是為了討好中方，才在棘手議題上猶豫不決。不過，終審法院的爭辯將在未來幾週進入白熱化階段，我相信屆時情勢會有所逆轉。某位雇主涉嫌對前雇員使用暴力，但控方證人上庭時得了集體失憶症，最後被告無罪釋放。這個毛骨悚然的消息提醒著我們，三合會在香港仍有不少影響力。

五月二十六日（星期五）

穎彤啟程前往倫敦和法國，她將見到麗思以及在墨西哥學成歸國的潔思，然後去蒙布瑞托簽訂最終合同，並確認建築商、裝修工以及水電工的工作。

在機場和相關鐵路的融資問題上，中英聯合聯絡小組對我們諸多阻撓。中方堅信我們的財務規劃並不可靠，大概是在中國銀行的慫恿下他們才會有這種想法。

五月三十日（星期二）

中英聯合聯絡小組就終審法院問題展開了嚴肅的討論。對我們而言，保障法院的司法公正至關重要，香港最高法院的司法地位與英國樞密院幾乎相同，我們無法容忍判後審查或法院職權範圍受限於國家安全定義，北京可以利用該定義，隨心所欲地增訂《基本法》中列明的外交及國防內容。

外交官包雅倫能力非凡、風趣幽默，一直帶領著我們在中英聯合聯絡小組處理終審法院問題，但他必須回國出席家人葬禮。因此，在設立終審法院的最終階段，將由賀理代任英方首席代表，我希望這真的是最後一哩路。賀理曾擔任我的私人秘書，現在是香港行政署長。第一節會議上，中方不斷強調兩點。首先，無論如何，終審法院都會在一九九七年七月一日成立。第二，中方不斷暗示我們只要在某些範疇順從他們，他們就會在違憲審查權以及判後補救機制上讓步。換而言之，中方不再堅持行政部門有權修改審判結果，也將接受讓更多外部法官進入法院審理個別案件。

我和特別委員會的成員討論了一番，在全體成員贊同的情況下，我授權賀理在晚宴上告知中方，對我們而言，設立法院一事與面子無關，我們只在乎法院的根本性質。沒有人樂見談判破裂和爭吵不休，但我們更希望按照商議方針在一九九七年設立公正的法院。由於樞密院可以如常運作至一九九七年，司法真空期的問題不大，我們比較關注法院管轄權的爭議。首先是取消判後審查權利，再來是海外法官審理特定案件的能力受限，我倒想看看中方還有沒有其他隱憂。傍晚，我和兩位《金融時報》的記者共進晚餐，他們理解終審法院有多重要，但同時質疑香港人真的還想和中方對抗嗎？他們說得沒錯，但如果我們成功與中國達成協議，就不必和中方較勁了，只是屆時香港法界和民主黨又會對我們諸多猜疑。不過，至少商界在法院一事上支持我們，這對中方來說可能是最大的壓力。

五月三十一日（星期三）

我們和賀理達成共識，決定向中國就終審法院問題提出五個要點。第一，根據港澳辦麾下預委會所陳述的要點，我們打算修改提交給立法局的法案。第二，中方必須放棄判決補救機制的要求，也不可撤銷法院的違憲審查權。第三，雖然我們會著手立法以及為法院做好一切準備，但在一九九七年七月一日前，法院並不會實際開庭。第四，中國必須承諾支持法案通過。第五，在設立法院的安排上，我們樂意與未來行政長官以及特區政府的籌委小組合作。我們整理出一份用字精準的文件，並提交予倫敦當局和駐北京大使館。顯然，目前兩方都允許我們按照意願進行談判。倫敦官員大概深嘆了口氣，卻又慶幸我們有機會在毫無爭執的情況下達成協議。即使最後中方拒絕接受所有的要點而導致談判失敗，當所有的細節向外公開時，我們還是會顯得非常體面。

六月一日（星期四）

行政局成員紛紛贊同我們在終審法院談判上的態度。我隨後召開了立法局會議，主要討論功能組別的選民登記事宜。登記總人數大約為一百萬，是上次功能組別投票人數的十四倍，結果令人滿意。在我們新增的功能組別中，登記人數佔了九十萬人，而且我相信人數會隨年攀升。大概會有人批評登記人數不足，另一批人則會強烈反對立法局選民人數大增。看來，我們成功把部分迂腐組別裡最糟糕的選民排除在外。

賀理告訴我們，中國談判代表已經收到我方建議，反應就和平常一樣讓人摸不著頭緒。他們表示會在適當的時機提出意見。正因為一九九一年那份秘密協議導致立法局否決法案，現在我們才得承受這些折磨。

六月六日（星期二）

今天召開就業高峰會，幾乎所有的事都在我的預期之中，包括某個工會退席抗議。場外有群工會成員大聲吶喊，場內則上演著政治大戲。為了吸引記者的鏡頭，一位工會代表向我遞上苦瓜，事後我不忘提醒媒體，苦瓜是毛主席最愛的蔬菜。會議正式開始後，一切都進行得很順利。除了外勞輸入計畫外，我們在勞工市場的問題上達成不少共識，與會者的態度都非常積極。毫無意外，會後還是有人裝腔作勢，有工會批評高峰會只是場政治表演，但我認為我們已實踐了第一個目標，成功促進各方進行有意義的交流。

包雅倫從倫敦返港，並與賀理共同帶領英方代表。他們已經和中方建立了專家小組，以研討終審法院法案的細節。距離達成協議似乎還有一段距離，但中方顯然希望協商成功。他們已經向艾博雅暗示，錢其琛會如期到訪倫敦。當然，中方仍會竭盡全力從我們身上獲得好處，而且會奮戰至最後一刻，甚至可能在那之後也誓不言休。

六月七日（星期三）

我到香港法國國際學校（French International School）為康拉德圖書館（Joseph Conrad Library）揭幕，我先用法語簡單開場，才說完第一句話，現場馬上掌聲如雷，好像英國人能說幾句法語很了不起似的。我接著又用法語講了不少話，讓觀眾大吃一驚。當然，我有先在腦中排練一次才把話說出口。

中英聯合聯絡小組仍在熱烈商議終審法院問題。鄺富劭的話一點也沒錯，他認為我們若無法達成協議，將造成不少人期待落空，但他也覺得這不一定是壞事。當然，如果協商成功，大家都會鬆一口氣。

六月九日（星期五）

昨晚穎彤回港，她才剛下飛機就和我一起出席香港肝壽基金會（Liver Foundation）的慈善晚宴。宴會中途，我為了終審法院談判小組的事不斷進出會場。中英雙方還在幾個要點上存有分歧。依我看來，如果我們在兩點上做出退讓，協議就更難達成了。英方團隊希望解決紛爭，並認為繼續堅持己見只會讓中方轉而拿其他議題做文章。我反而覺得中方渴望達成協議，他們也知道即使談判失敗，我們還是會在幾天內提出法案，因此我們只要堅持下去，對方必得讓步。小組略為不情願地回到談判桌。晚上十一點四十五分，我們得知小組成功爭取到幾個要點，協議完全符合我們的要求。

根據協議內容，第一，我們接納預委會內容嚴謹的陳述要點。第二，中國不可要求限制終審法院的違憲審查權，而且必須放棄設立判決補救機制。第三，我們同意法院申訴將遵從《基本法》的相關規定。第四，中方向我們保證，如果立法局在今年夏季處理終審法院法案，他們將表示支持。最後，一九九六至九七年間，候任行政長官和他的團隊將負責與我們合作，按照目前通過的法案設立法院，而法院將在一九九七年七月一日正式投入服務。

今早，我們先參與行政局會議，成員紛紛大力讚揚協議成果。隨後，我與首席大法官見面，他也對協議表達支持。李鵬飛惹上一身麻煩，不少自由黨人也不知怎地一直批評他，大概是因為我們即將提交法案。李柱銘前來港督府譴責我的提案，還說我出賣了香港。他特別批評我使用了《基本法》中有關國家行為的表述，然而他也是這部迷你憲法的起草委員會成員。他口口聲聲說不想因為立場不同而與我產生隔閡，卻顯然很高興找到抨擊我們的藉口。

在立法局關於法院協議的答問會上，沒有人提出特別刁難的問題。民主聯盟人士堅決反對協議，其他人則坐立不安。我離開會議廳時，劉慧卿告訴我，雖然她不支持我們的做法，但我在會議上的確表現得應對自如。目前外地媒體還是跟隨英國那套順從中方的口吻，因此我們在香港媒體面前表現得更加自在。我首次和這麼多優秀的官員一起工作，他們嚴謹地完成所有的簡介會，而指揮官當然是麥奇連。我的美國朋友尼爾森．波斯比曾恭維地對他說：全靠你和定康，這項不可能的工作才得以完成。

六月十日（星期六）

本地和外地媒體形成極大反差，《泰晤士報》刊登了一篇非常尖酸的社論。到了晚上，我必須出席一場足球賽事，香港隊在義大利隊面前毫無勝算，我努力忍住不打哈欠。觀眾都非常友好。本地商業組織改變態度，紛紛在週末發表聲明贊同我們，英國駐香港總領事館也表態支持港府。

六月十二日（星期一）

鄧蓮如沉穩且謙遜地告訴我，她即將加入太古集團母公司董事會，準備在年底離開香港。她計劃在七月底從行政局離職，並希望在本週對外宣布。她卸任後會到倫敦待上十天，期間不會參加任何社交活動，而是好好享受自己的時間。我知道她遲早會像隻優雅的天鵝般，低調地離開香港，但這一切比我預期中來得更快。這個消息將掀起些許微弱的波瀾，但她為人精明圓滑，肯定可以駕馭任何浪濤。至於她以前對於香港前途的發言，我相信她也能設法巧辯過去。

我們如常接受媒體、電台和電視台的採訪，李柱銘則忙著賣弄陳腔濫調。目前柯利達入住港督府，並與張伯倫（Neville Chamberlain）共用一間客房。[5]駐北京大使館一名高官剛結束了五週的休假，並在返京途中停經香港。他告訴部分駐港外交官，他和大使館其他官員對艾博雅的行為感到憂慮。國內的首長們在一月份為終審法院問題下定論後，艾博雅就一直謀劃推翻該決定，但駐港大使館官員對此無動於衷。據說，這位高官在倫敦向人事部門提及北京、香港和倫敦三地糟透的關係，但該部門卻沒人知道他在說什麼。這事真假難辨，但事實在這一刻已經毫無意義。國內本來支持夏舜霆的人都說，全賴夏舜霆鞏固了中英關係，協議才得以達成。看吧，他們又給我來這套了。

六月十三日（星期二）

我們主辦了一場由香港演藝學院演出的音樂會，並在結束後為贊助商安排晚宴。包陪慶告訴我，她的家族決定在新加坡投資航運事業，原因是新加坡的港口規模更大，絕非他們對九七回歸有所顧慮。[6]真是這樣喔？

香港電訊一位主要外部顧問與我談到該公司目前的困境。大東電報局有接近百分之七十的利潤都來自香港電訊，但該公司在香港的管理高層卻經營不善。母公司董事長大衛·楊恩似乎認為，只要與總理等人會面，就能改善與中方的關係。他們聘請了一位北京高官的兒子來領導中國業務，問題是那人雖然空有頭銜和財富，卻得不到下屬的尊重。

1992
1993
1994
1995
1996
1997

六月十五日（星期四）

今天，我們向立法局提出《終審法院條例草案》。我和記者莎拉・霍格通話，談論她正在寫的關於一九九二年英國大選的書。另外，我也與首相通話，他和霍格一樣情緒低落，本週他見了五十多名歐州反政府人士，會面並不大順利。我已經去信首相，指出黨內少數派立下了不良先例，他們威脅黨魁，除非他們得到想要的結果，不然就會使出拖延戰術。

佩雷格林・沃斯索恩（Peregrine Worsthorne）即將與克萊爾・霍林伍茲（Clare Hollingworth）一起前往中國。[7] 沃斯索恩與我會面時，透露自己對香港及其他相關地區的民主情況有所疑慮，但從語氣聽來他似乎對中國充滿熱情。我們都表現得非常客氣，他後來很禮貌地、像對小孩講話那樣讚美我說，我離開英國後成長了不少，也成為了真正的政治家。原來是這樣啊！

鄧蓮如已經在新聞發布會上宣布自己即將離任，我想她不會受到太多責難。她的表現高雅得當，以前就該多發揮這種才能。不少人猜測她背後的動機，但穎彤說得對，沒人批評她背棄香港，反而盼望她一帆風順。穎彤明智地指出，香港人確實是具有難民精神的難民社群。

六月十六日（星期五）

我們按照慣例舉辦英國女王壽辰招待會。雖然烏雲密布，但我們還是成功地在戶外進行「鳴金收兵」的儀式。再過兩年，就輪到我們的收兵儀式了。

我在週末到粉嶺重新學習高爾夫球，期間不斷回想鄧蓮如的事。她在新聞發布會上表示自己的忠誠，讓媒體難以編造我倆不和的消息。有鑑於她過去在殖民統治時代的那些經歷，我們對於忠誠的看法難免不同。她確實從未背叛香港，卻也沒有熱心地為香港挺身而出。不過，我們憑什麼要求她付出更多呢？英國早在一九八九年之前就辜負了她，在那之後更是讓她大失所望。當年，各方就選舉方法達成共識，其中也有她的功勞。與許多香港人一樣，她手持英國國旗向山頂挺進，到達終點才發現英國人並不在那。我認為歷史不會苛責鄧蓮如這類人，我不確定她的政治地位有多重要，但她確實是個能幹的殖民體制公務員。她在英國以外的地方表現優秀，在英國國內就更不用說了。

經過一番頗為激烈的討論後，我們決定廢除《緊急法》的附屬規例。這些規例如今已毫無用武之地，但或許會在交接後的鎮壓行動上派上用場。

雅思今天完成了考試，真是鬆一口氣。

我們積極推動青山精神病院的革新，穎彤到訪醫院時卻大失所望。其中一位病友讓她印象深刻，他看起來非常正常，卻自稱喬治五世國王（King George V）。我父親曾在每週日下午祝禱之前，與聖文森德保羅協會（St Vincent de Paul Society）一起到西倫敦訪問一間類似的病院，他花了不少時間與一位自稱拿破崙的病人交談。父親常說自己不斷勸喻他別對莫斯科進軍。

記者韋安仕對黎偉略說自己衷心感謝我們，因為現在他要做的只是在文書處理器中按幾個鍵，那些關於叩頭的舊新聞就會逐一浮現。李柱銘在終審法院一事上過於激進，最後弄得一塌糊塗。加拿大駐港貿易專員表示，李柱銘已經準備好成為烈士，因此有些長期觀察香港的外國人士對他略感失望。儘管如此，只要有關於香港的兩、三百字短文，他還是會獨佔第一段的內容。

六月二十三日（星期五）

昨天我們得知梅傑已經辭去保守黨黨魁的職務，打算在七月初競選連任。今天，韓達德宣布離任，他知識淵博又聰明慷慨，令我非常尊重。一時發生了這麼多事，幾乎沒人關注廢除《緊急法》附屬規例的消息，我們投入了大量心思和努力，沒想到成果竟然沒沒無聞。不過，如果我們沒有廢除規例，大概會引來不少爭議，也不會有報導指出標準普爾（Standard and Poor's）給香港的評級非常好，比中國的還要高，可謂「一國兩級」。[8]

六月二十四日（星期六）

我與首相談話，他信心滿滿地認為他為自己、保守黨和國家做了最好的決定，這或許是因為他得知在黨魁選舉中與自己競爭的是威爾斯國務大臣韋桓德。

六月二十七日（星期二）

我們為立法局舉辦晚宴，出乎意料的是，雖然有議員打算對我們的法院草案投下不信任票，但宴會還是順利舉行。李柱銘開了個越界的玩笑，他說大家起碼要對穎彤的廚藝抱有信心，穎彤堅強地撐過了一整晚。她先前與狗狗們一起下樓時扭傷腳踝，所以現在得拄著枴杖走路。她還發現一整桌子人之中，只有我們的孩子在香港接受教育！宴會中，所有與我們交談的人都認為法院草案將順利通過，有些人則對自己的反對立場感到難為情。陳方安生下週會到訪北京，她傑出的叔父方心讓醫生負責籌備行程，一切安排都暢通無阻。

六月二十九日（星期四）

我再次與季辛吉會晤，他尖刻地評論白宮對中美關係的處理手法，又詼諧地說自己最近到溫莎（Windsor）接受女王頒發榮譽爵士勳章，當時他坐上女王的敞篷馬車一路到了雅士谷（Ascot）。他表示這趟旅程毀了他在紐約市猶太民主族群中僅餘的聲譽。

我到訪新界一些貧困地區，包括農業用地上的廢棄貨櫃場和環境惡劣的住屋，也因此得知港府官員是如何處理這些問題的。

七月三日（星期一）

本週的好消息是，看來我們即將就機場資金問題達成協議，而《強制性公積金計畫條例》也很可能獲得通過。機場管理局和香港鐵路有限公司突然加快達成財政支援協定，而且方案遠超我們訂定的底線。報章上全是機場協議的報導，鼓舞了許多香港人。這則消息甚至可以讓倫敦和外派北京的英國官員意識到，堅定抵抗中國的欺壓並不會徒勞無功。

我和首相通電，他似乎極為憂愁。我告訴他不要對票數抱有過多野心，我和老友崔斯坦或其他人交談時也說過同一番話。重要的是，沒有任何候選人會獲得比他更高的票數。此外，今天魯平特意從醫院出來與陳方安生會面。安生與我交談時，並沒有詳細描述兩人的對話內容，只是說魯平面容憔悴，而且積極希望與她合作。明天她會與錢其琛會晤。我倆預設對話會遭到監聽，因此說話格外謹慎。經過商議後，她決定在星期二早上把會面結果告知行政局成員，並在那之後會見媒體。至今還沒有媒體搶先做出報導，真令人意外。晚上我們到赤柱與瑪利諾修會的神父以及修女共進晚餐，他們都很親切，大家聚在一起祈禱的時光令我分外安心。唯一讓我難過的是，雅思已在週末前往法國。接下來幾週，我們都會很想念她和朋友們在家裡嬉鬧的身影。

今早我告訴部分高層同事，陳方安生在上週末到訪北京，大家都很高興，覺得我們終於取得一點進展。香港沒有任何人對中方舉起白旗，但兩地氣氛好轉，難免會有人指控我們為叛徒。一則消息打斷了我和法國總領事的晚餐，倫敦似乎洩露了安生訪京的事，對此她當然怒不可遏，真是一群笨蛋。這件事證實了安生的觀點，倫敦和北京的英國官員都不值得信賴。至少她依然信任我和我在香港的團隊，包括中英聯合聯絡小組能幹的英方代表，最近他們立下大功。

1992 1993 1994 1995 1996 1997

七月四日（星期二）

陳方安生一早就來了，她向我們幾個人概述訪京情況。她在當地備受禮遇，魯平和錢其琛對於公務員制度的承諾消除了她的疑慮，據說錢其琛表示，香港的當權者必須愛國，但更重要的是他們得熱愛香港。雙方沒有達成實際協議，但氣氛相當融洽。他們不但交換了電話號碼，更沒有惡言漫罵。另外，他們積極尋求興建貨櫃碼頭的解決方案，錢其琛認為在一九九七年以前交接所有業務的想法不切實際。安生隨後到行政局說明發生的事，所有的成員都非常滿意，結束後她再向媒體交代。部分傳聞指中英達成秘密交易以及港督遭到冷落，此外一切都非常順利。諷刺的是，為了避免港方介入談判，中方不久前依舊拒絕與港府官員直接對話，但最近又表示，比起港督，他們更希望與香港官員溝通。我希望大家記得，這幾年來我不斷強調，隨著一九九七年逼近，我會試著退居幕後，將更多權利下放給本地官員。我相信大家對我還不夠了解：像我這種內閣部長級人物，在失去議席後臉皮就會變厚，再也不會介意別人說我在政壇遭受冷落。如果香港政壇冒險之旅結束時，北京幫陳方安生打的分數有我對她評價的一半高，那我可算是沒白來這一趟。

為了韋安仕的《獨立報》和丁伯利比的紀錄片，我分別接受了兩人的長篇採訪，他們都尖銳地提到叩頭態度，丁伯利比更直接抨擊我們在草案中寫入《基本法》中的國家行為，顯然他對李柱銘的話深信不疑。他上次來港時，吳靄儀就告訴過他，不要對終審法院的事小題大做，一九九七年再做評論也不遲，但我還是忍住沒說出口。

七月五日（星期三）

保守黨黨魁的投票結果在昨天出爐，梅傑以大比數獲勝。正如瑪利諾會神父們那晚對我說的，上帝一直都在。我希望梅傑現在能更果斷進行改組，辭退那幾個靠不住和毫無信義的混蛋。他任命夏舜霆為副首相，而聶偉敬則會出任外交大臣，他一定能勝任這個職位。黨內將出現中間偏左的政治傾向，顧立德即將成為首席黨鞭，那是一份吃力不討好的工作。他做事安全穩妥，單是這一點就足以讓我非常想念他了。

我們在特別委員會的會議上討論了越南船民問題。若要維持難民回國的進度，就必須制定遣返航班。老實說，這工作可不是什麼趣事，我們八月份又得遣返一批人。我同意要獨立監督這類航班，媒體絕對不能到機場攝影紀錄，雖然他們可以協助保衛人權，卻會帶來不少麻煩。部分越南人會刻意在相機面前表現惡劣，這種舉動正中媒體下懷，各方也會加強對我們施壓，要求停止班機。

七月六日（星期四）

今早我和陳方安生開了很久的私人會議。她對外交部已經忍無可忍。六月初她與韓達德會面，卻無法和他單獨對話，心中尤為不忿。我們曾要求一對一會議，但韓魁發還是參了一腳。鄺富劭建議聚集港英商界的主要人物，藉此為一九九七年的交接儀式募款，我對此毫無興趣。據說麥嘉卓、浦偉士和阿德里安・施懷雅等英商也都拒絕籌辦募款活動，他們寧願放棄豐厚報酬，也不願成為外界眼中的英國人。對麥嘉卓而言，英之傑低迷的業績可能讓事情格外複雜。無論如何，我認為募款不是我們該做的事，英國政府必須承擔款項。稍後，聶偉敬結束內閣會議後來電，鑑於顧立德出任首席黨鞭，他詢問我誰適合擔任外交部次長——他願意垂詢於我，實在是太客氣了。傑若米・漢利（Jeremy Hanley）和尼可拉斯・邦索（Nicholas Bonsor）都是不錯的人選，但漢利曾擔任我的國會私人秘書，我毫不猶豫就推薦了他。不過，香港媒體一定會大做文章，他們本來就不會輕易放過資歷較淺的首長。漢利說笑話也很有一手。

隨後我出席了嘉諾撒聖心書院的畢業禮，那是陳方安生的母校。學校有許多和藹的修女和活潑的女孩。所有的中六生都升上大學。晚上，我和約四十名前任以及現任私人辦公室成員慶祝在港三週年，團隊聚集了這麼多優秀人才實屬幸運。

不出所料，漢利又不是亞里斯多德或邱吉爾，卻還是惹來香港媒體的批評。他們說漢利從保守黨主席降級為負責香港事務的副外相，對香港來說也是一種侮辱。我有時覺得寫這些新聞的人需要接受治療，人們不斷遭受無腦媒體的荼毒，但這就是自由的代價。在英國，首相所受到的待遇也好不到哪裡去。

我會在七月中旬回去倫敦幾天，夏舜霆邀請我屆時與他共進午餐，他的確是位君子。雖然我們對華立場不一，但還是可以繼續當好友。大衛・萊特出任駐東京大使，韓魁發則成為駐華沙大使，兩人都邁向新的職業生涯。所有的人都熱烈祝賀他們，特別是我在香港的同事們。

七月八日（星期六）

韋奇立總督伉儷招待我們到澳門作客，我們度過了美好時光，除了在網球場上激烈較量，也享用了葡萄牙美食。澳門就像是某個稀奇的歐洲景點，總能讓我們度過愉快週末。韋奇立總督深知我們在九七年離港後，他的任期還剩兩年。他已經在澳門待了五年，一直苦惱還能多做些什麼。他愈來愈覺得與中方交涉是苦差事，也對澳門日益增加的違法事件感到擔憂，當地的公務員和安全部門做事愈來愈需要看新華社的臉色。他手上的籌碼比我弱多了，因此和中國交手時備受打擊。我希望他不會比我們更早離場。穎彤會在七月十一日啟程前往法國度過夏天，因此無法與我一起出席路易絲和史蒂夫的婚禮，兩人的婚宴將在港督府宴會廳舉行。待我也離港前往法國，阿芳會在粉嶺照顧小狗，牠們一直在港督府受盡寵溺，這回可要嚴格節食了。

七月十一日（星期二）

立法局對終審法院所協議的不信任議案進行辯論，陳方安生和馬富善（Jeremy Mathews）都做出強硬發言。[9]我們最終以三十五對十七票取勝，比數略高於二比一，再一次擺脫困境。

七月十三日（星期四）

立法局舉辦答問會，我發表了一番關於如何有效維護法治的犀利言論，可惜李柱銘沒出席，無法聽到，他的黨友則是看起來有點心虛，知道我意有所指。可是，我勢必得修補這段並非由我一手撕裂的關係。《泰晤士報》的彼得·史托德（Peter Stothard）前來與我對談。我一直都很欣賞他，當我還是年輕的後座議員時，他負責編輯我刊登在該報的評論。他發言時總是以恭維的話開場，他說香港有著英國最優秀的政治家，既然這裡沒多少人賞識我，倒不如提早一年回國協助本國事務，好讓陳方安生接手管治。我向他解釋安生必須留待日後上場，我也須在香港行政部門以及專業的高級公務員團隊之間擔任緩衝角色。我已經安排他與安生會晤，希望可以改變他的想法。之後，我為麥高樂夫婦舉辦送別晚宴，他是位傑出的財政司，不會有諸多怨言，總是稱職地完成分內事。他們將回到愛丁堡，但願兩人不會自此退休。

七月十四日（星期五）

我們在特別委員會的會議上討論了有關新聞自由的立法，大家都對《官方機密條例》本地化稍有顧慮。[10] 最終結論是，我們必須把準備與中方討論的草案要點予以公開。不然，中方將以《官方機密條例》過於機密為由，拒絕討論本地化細節，讓事情變得非常棘手。我們還得討論民選立法局以及中方委任的行政局將如何共處，我並不贊成刻意撤換行政局成員。另外，有人建議更改《英王制誥》（Letters Patent），使個別議員提出的草案內容與《基本法》的規定相符，我對此也有所保留。[11] 我認為我們應該靜觀其變，看看能否動用現有權力，遏制議員推動不恰當的私人草案。

傑瑞·席格說他在《國際前鋒論壇報》（*International Herald Tribune*）寫了篇文章，指出中共政府在國內各地區的權威日漸消亡。隨後，中國駐倫敦大使館的幾位外交官找上門來，要求他寫一份撤回文章的聲明，不然就會永久撤銷他進入中國的簽證。這就是中方恐嚇學者的伎倆，悲哀的是大部分人都甘願屈服。席格認為，世界各地都應該強硬對抗中國的欺壓手段，我對此再認同不過了。

為了給周南面子，陳方安生邀請他共進晚餐，説是要感謝他幫忙安排北京行程。他大概對安生訪京的事一無所知，不然怎麼沒有設法阻止？

七月十五日（星期六）

我短暫回到倫敦，當地氣氛比前陣子要平靜得多。首相認為，重新當選黨魁給了他一絲希望，保守黨或許能重整旗鼓、繼續執政。若然我們敗選，重返英國政壇對我來講並沒有太大吸引力。眼前有兩個鐵票區讓我搖擺不定，其中一區曾經歷過邊界重劃。

七月十七日（星期一）

我和夏舜霆愉快地共進午餐，他希望終審法院爭議沒有讓我們產生隔閡。我告訴他當然沒有，我很欣賞他對於各種議題的觀點，包括政府在經濟和促進社會和諧上的角色、以及英國與歐洲的關係，對華立場不一並不會影響我們的友誼。他計劃再次訪華，準確來説是受到壓力而不得不去。他認為自己先前與那惹人厭的李鵬會面時取得重大進展，我沒打算反駁他。或許夏舜霆的確發揮了一點作用，讓中方相信我們無意摧毀香港，也不會在離開前把香港打造成對付中共的定時炸彈。我們一致認為，如果大多數的媒體不支持我們，那麼政府將難以連任。他想拉攏羅特梅集團（Rothermere），但集團老闆以及他麾下《每日郵報》的編輯們並不看好梅傑。[12]毫不意外，夏舜霆在白廳掀起了不少風波。

我與熟知局勢的外相聶偉敬討論了眼前狀況。我認為我們正處於一個轉折點，距離主權移交只剩兩年，中方在今年春季意識到，中英雙方必須加強合作，不然自身利益就會受損，於是積極改善兩國關係。此外，中方相當注重民心向背，中美對於台灣問題的爭執有機會讓民情偏向中共政府。第二，港府主要以華人組成，他們難免會謹慎考慮前途。公務員希望我能扮演緩衝角色，他們難以在中國問題上穩守立場，需要由我代為做出有力的決策。第三，我說外界過去三年不斷指責我對抗中方，他們無疑又會在隨後幾年批評我向中方叩頭。基於種種歷史因素，即使我們有千萬個不願意也得將香港這個自由社會還給中國，這不免會引起公眾關注，輿論也會指向我們無法為香港前途提供十全保證。聶偉敬即將在秋季與錢其琛會面，我們必須確保雙方能取得實際進展。我將去信魯平，商量與籌委會合作的事項以及委任行政長官團隊的適當時機。

七月十八日（星期二）

漢利和他的官員都很友善。隨後，我與常務次長約翰．科爾斯進行長時間的會談。我告訴他，目前倫敦外交官在陳方安生心中的誠信度與新華社差不多。他明白我的意思，將於九月親自到香港與安生對話。他說自己剛與艾博雅談過，並指責對方連在港外交官的信心也無法保住。我在倫敦見到艾博雅時，他說惱人的終審法院問題已經結束了，希望我們可以攜手合作。

大衛．史迪爾（David Steel）相當支持我們，他認為李柱銘對於終審法院的批評毫無根據，表示自己以前就一直勸告他保持冷靜。[13]郭偉邦說，如果工黨於大選勝出，他就得在香港回歸後派遣我到波士尼亞擔任特使，這大概只是玩笑話。[14]這回見到的朋友看起來都振作不少，特別是威廉．沃德格雷夫，他正因為被捲入施廣智調查報告而為自己抗辯。黎偉略聽來不少小道消息，包括去年不少人想讓我回到英國政府的事。

七月十九日（星期三）

黎明時分，穎彤、麗思和雕刻家尼可拉斯・丁伯利比（Nicholas Dimbleby）的兩個兒子坐上一輛載滿雜亂物品的旅行車出發到法國，他們將開始執行打造新家的偉大使命。

七月二十日（星期四）

回港後，我讓戴彥霖投書《南華早報》，以回應我在飛機上讀到的法國《世界報》（*Le Monde*）報導，其中指出一九九七年之後，中國將利用國家行為的定義打壓香港法治。這種評論極具負面作用，也是李柱銘過度批評港府導致的結果，他的舉動並不理智，因此在國際上帶來了不良後果。

七月二十一日（星期五）

今天的主要會議涵蓋了公積金和終審法院這兩條草案的發展方向，還有討論推進言論自由以及《官方機密條例》的相關事宜。行政局認為現階段不宜談論官方機密，唯恐引起中方強烈不滿，屆時我們將不得已做出退讓。事實上，他們至今對草案的回應都還算溫和，或許日後有機會深入研究的話，他們就會開始抗議了。我三月秘密到訪屯門，在當地發現種種問題，改善的跡象也比我預想來得少，為此我在今天召開了檢討會議，並在會上嚴厲表達不滿。路易絲和史蒂夫在週末完婚，真是一對郎才女貌的夫婦。

本週所有的行程都圍繞著立法局對終審法院和強積金的辯論及表決。麥高樂和鄧蓮如最後一次出席行政局會議，我們提到中美關係急速惡化，主因是中國人民解放軍剛向台灣北部海域發射飛彈，不過那當然只是演習而已。立法局在星期三對終審法院進行辯論，條例最終以三十八對十七票大比數通過，投票結果最接近的是法院組成部分，最後以七票之差通過。本地媒體當然會正面報導表決結果，而外地媒體則會反其道而行。翌日，立法局順利全數通過強積金條例，其中幾乎所有的修訂都獲得接納。收拾行李去度假之前，我與曾俊華以及戴彥霖共進午餐。曾俊華順利融入辦公室，他為人聰明風趣，是一位很優秀的管理人員。他和戴彥霖以及黎偉略相當投契，應該說他和所有的人都很合得來。

終審法院即將成立，新的退休金計畫也順利通過，我自然可以安心去度假。

八月二十六日（星期六）

在蒙布瑞托置產絕對是我們做過最好的決定。全賴穎彤和她的團隊，房子才成功建成，他們已經為明年的建造和裝潢大工程做好準備。正如穎彤所說，這是間完美的度假屋，不太華麗但溫馨舒適，容得下一群親朋好友，位於法國景色優美的地區，還有個現成的迷人庭院。它絕對能成為我日後一大慰藉。

八月二十七日（星期日）

我和雅思先行回港，她在會考中取得五個*A和四個A級的佳績，並表現出一貫謙虛的態度。目前我正積極履行父親的職責，但雅思從不帶給我壓力。我有時覺得她是本著強烈的個人魅力來經營家庭，她的同學也經常進出我們家。我倆曾有過一、兩次嚴肅的對話，我認為小說家康拉德的文筆略顯凝重不順，但雅思並不認同。[15]

八月二十八日（星期一）

我提早回港是為了慶祝香港重光紀念日五十週年，最初由九十九名歐籍港人組成的皇家香港軍團也會在本週解散。倒數開始的真實感瞬間湧上心頭，這種感覺大概會持續一整週。我們今早在和平紀念碑舉行了悼念儀式，天公不作美，雖然無雨卻颳起強風。儀式中的樂隊相當活潑，而在紀念碑旁的香港會所大廈前方，還有退伍軍人在廣場上齊步前進，現場響起一片掌聲。隨後，我要在英國皇家退伍軍人協會（British Legion）以及其他退伍軍人聚首的午宴上發言，黎偉略為此寫了一份精彩的演講稿。晚上，我出席英國皇家退伍軍人協會的招待會，並與駐港英軍司令以及一名海軍將領共進晚餐。晚宴本應在核潛艇裡舉辦，但香港水勢洶湧，潛艇的纜繩持續斷裂，因此必須提早駛離。

晚餐結束後，我坐在家中的衣帽間裡，腦海中充滿對未來十八個月的悲觀想法。我們完成了前人所留下的工作，卻得受到各地自由主義者的謾罵。此外，可疑的香港愛國者也會發起各類遊行。我們還要解決簽證等棘手問題，艱難時刻總會來臨。

八月二十九日（星期二）

部分高層官員向我施壓，要求修訂《皇室訓令》和《英皇制誥》，使其在九七年後符合立法局對私人草案的立場。他們擔心選舉結束後，立法局議員會在不受約束的情況下胡作非為。我們曾竭盡全力確保憲法公正，所以比起選舉過後立馬更改憲法，我認為在必要時動用現有權力的做法更為恰當。如果屆時仍有爭議，我們就該集中討論相關法例制定時的具體問題。無論如何，我們必須團結一致解決這件事。

我離開香港期間，陳方安生又去了一趟中國，目的是到安徽為祖父掃墓。這位方振武先生是個傳奇人物，安生也觀賞了以他為題的中國官方電影，愛國之心惟天可表，無需向香港那群統戰激進分子證明些什麼。美國傳統基金會（Heritage Foundation）的主席途經香港，他說我們再次為全球最自由的經濟體取得勝利。

八月三十一日（星期四）

星期三我們在昂船洲出席了另一輪軍隊活動，香港義勇軍進行了軍事操練表演和「鳴金收兵」儀式，今後這類儀式還陸續會有。管樂響起，皎潔明月也照亮了夜空。今天有颱風逼近，雖然沒有直接登陸香港，但天文台仍發布了八號風球警告訊號，路線停駛也如常造成交通混亂。穎彤在飛機顛簸著陸後順利到家。陳方安生訪京時，與當地官員談及公務員事務，下午艾博雅來電，他似乎想對此採取行動。但是，我當然會讓安生親自處理這件事。

美國眾議院克里斯・史密斯（Chris Smith）前來與我會面，他在眾議院參與制定的法例可能會為越南船民的問題帶來不少阻滯。史密斯敦促美國政府重新檢視所有的移民，以確認他們是自願前來的政治難民，而非經濟難民。如此一來，移民者就會期望以政治難民的身分前往美國或其他地方，我們的遣返計畫也會因而延後。但根據美方明確的聲明，移民者並不會如願以償。美國的做法不但會讓船民大失所望，也將為我們帶來不少麻煩。不過，史密斯眼神堅定，看來他不會輕易被我們說服。

九月二日（星期六）

漢利和他妻子抵港，我們一起到新圍軍營參加皇家香港軍團的解散會操，將會有愈來愈多團體面臨同樣的結局。

九月四日（星期一）

我們和漢利談及錢其琛即將到訪倫敦，我希望中英能就各項議題達成協議，包括我們與籌委會在合理範圍內合作以及對高級公務員的安排，如果雙方還能解決貨櫃碼頭的爭議就更好不過了。

下午還有個會議，我們討論了新任立法局將如何處理私人草案。我再次重申我們該探討這個問題的實際規模，並在所有的私人草案都要面對的財政障礙上站穩立場。對於議員提出的法案是否會構成財政影響，律政司署似乎採取相當寬鬆的立場。我指出，如果我們為此在立法局大幅修改憲法，將會引來不少反對聲音。即使這不是民生議題，我們還是很可能會獲得大比數的反對票。我清楚表達了自己的立場，但也會全力阻止港督府和其他行政部門因為這件事積怨。

切爾西保守黨協會（Chelsea Conservative Association）主席來電，詢問我是否想爭取切爾西區的席次，我純熟地複述自己的論點，他顯得非常失望，卻也無可奈何。

九月五日（星期二）

我和漢利參與行政局會議，今天的議程項目不多，其中有幾位成員提出，中國至今拒絕與民主黨人士對話的做法是自找麻煩。隨後，我倆到沙田進行地區訪問，當地民眾依然熱情親切。漢利結束訪問後首次會見媒體，並成功抵擋記者的猛烈攻勢。我為副官艾理善舉辦了送別午宴，他即將到布里斯托大學（Bristol University）準備律師考試。他一直以來盡忠職守，接下來他的好友白樂仁將接替副官一職。

九月七日（星期四）

我們開始討論交接儀式，這讓我意識到時間所剩無幾了。此外，我們也著手準備發表下一次施政報告。晚上，我的醫生來訪，這回無關我的心臟問題，他是為了討論退休金而來。他準備在今年離職，我問他為何選擇在五十五歲退休，他說自己不相信中方會支付他的退休金。我已經盡力了，但能給予的保證始終有限。

九月九日（星期六）

我們在粉嶺別墅度過中國傳統的中秋節，我正在閱讀和評述安德魯．馬爾（Andrew Marr）的書。丁伯利比前來吃晚餐，他察覺到香港自由派之間興起了一種輿論風潮，他們說有關香港民主的爭議都毫無意義，那只是英方為了保持形象而在離港前上演的好戲。他們還認為我們已經放棄爭取其他事項，只希望離港前不用再與中方爭執，眼前關心的只有英國的商業發展。

我短暫陷入回憶之中。對我而言，來港前面對的爭議以及初來報到的兩年間都非常難忘。回歸現實，為了下週的立法局選舉，這兩個月來有著不少競選活動，像是吵鬧的造勢大會以及街頭拉票。我們獲得一週休息時間，但全港各地的參選人都在為了宣傳登門拜訪。穎彤指出，道路兩側幾乎布滿候選人的海報，他們都希望在大眾面前打造良好形象。

九月十一日（星期一）

今天是我和穎彤的二十四週年結婚紀念日，我們的婚姻依然幸福美滿。此話確實老套，但也絕無虛假。我與警務處處長舉行例會，上半年度的犯罪率小幅上升，但處長認為情況有緩和跡象。他和我一樣，比較擔心社會秩序會在幾年內崩塌，當然這種可能並不大。不久前肯特颱風襲港，屯門公路封鎖導致新界區交通癱瘓。面對憤怒的市民，警方依然處理得當，處長認為這反映了警隊士氣高昂。

九月十二日（星期二）

科爾斯短訪香港，並與我一同參加行政局會議。他問到中國最近針對台灣的爭議與香港有何關係，隨後得到各種各樣的回應。董建華強烈指出，如果台灣要走向獨立，中國必然會出兵阻止。依我來看，台灣現階段並不會貿然試探中國。至於北京方面，他們必須不斷炒作台灣問題，以激起民族主義情緒。

我到訪選舉事務處，當局正在積極處理極為複雜的立法局選舉。一千六百名公務員將在下週日擔任選舉代理人（譯按：即台灣的選務人員），在投票站幫忙，我短暫參與了為他們舉辦的說明會，聽說有一萬四千位公務員自願協助票站工作。之後，我與科爾斯進行長時間的會議，集中討論簽證問題以及如何應付未來一年半的事務。他此行主要的目標應該是與陳方安生以及其他香港高官修補關係。

我並不打算為了私人草案在新任立法局修憲，高級官員似乎已經接受了這個事實，只要求我對不合心意的法案採取堅定立場。我們也談到如何應對週末的投票結果。

九月十七日（星期日）

我和穎彤到粉嶺附近的投票站，一切都進行得很順利。港人紛紛行使自由權利，選出代表他們的議員，這也大大提升了港府士氣。我希望這不是香港最後一次的民主投票。中國對港人承諾推進民主穩步發展，我們拭目以待。

晚餐結束後，我去了中央點票站，共一百四十萬名市民參與投票，比以前多了十七萬人。功能組別的投票數遠超四十萬。投票站民意調查顯示，民主黨的表現比預期好很多。

九月十八日（星期一）

我醒來後馬上查看選舉結果，昨晚的民意調查無誤，民主黨確實大獲全勝，主要親中派和杜葉錫恩則是一敗塗地。昨天早上新華社發出聲明，表示民選立法只會維持到一九九七年，所以這次選舉無關要緊，我不確定這番言論對親中候選人有沒有幫助。民主黨的盟友也表現不錯，像是吳靄儀就在法律界別逆勢獲勝。不少支持政治公開透明化以及民主問責制度的獨立參選人也取得勝利，包括陸恭蕙、劉慧卿以及前衛生福利司黃錢其濂等人。有人說中方不得不把選舉結果納入考量，當然，從任何政治意義上來說，這都是最合理的做法，但我對北京政府還是沒什麼把握。

九月十九日（星期二）

我為穎彤唱完生日快樂歌後，便與美國助理國務卿羅德共進早餐。我們都認同港府和立法局之間不能產生隔閡，而且要敦促民主黨人士顧全大局，為了整體利益與政府合作。如果他們自顧自利，無所忌憚地實踐民粹作風，任何人都不會從中得益。羅德說白宮希望中美關係恢復平衡，但北京的政策方向模糊，加上明年美國即將舉行大選，一切都讓事情變得不容易。我和朋友們在慕蓮夫人號上為穎彤慶生。

九月二十日（星期三）

我開始與立法局各大陣營以及獲勝的候選人對話，並告訴李柱銘，他應該多與商界和公務員溝通。行政局成員必須意識到，我們要比以往更精明地與立法局打交道。晚上，我為詹伯樂（James Blake）夫婦舉辦送別晚宴。[16] 詹伯樂一直負責政府工務計畫，除了律政司馬富善之外，他是港府最後一位外籍高級官員。香港的本地化過程全面且迅速，過程中政府的運作絲毫不受影響。對香港而言，馬富善離開這天意義重大。

1992 1993 1994 1995 1996 1997

九月二十一日（星期四）

艾博雅一天前抵港，並與克里斯平・提克爾（Crispin Tickell）共進晚餐。提克爾是我擔任海外發展副大臣時的常務次長，艾博雅希望藉此與我拉近關係。同為外交官員，艾博雅和提克爾可謂截然不同，我很懷疑他們是否投契。提克爾曾向柴契爾提出有關氣候變遷的建議，那是他的一大成就。他是為人親切的上流菁英，也是個難得的英國知識分子。

九月二十二日（星期五）

今晚有個危機四伏的重大活動。前段時間，我們答應在港督府宴會廳錄製 BBC 廣播節目《有問題嗎？》（*Any Question?*），專題小組成員包括劉慧卿、梅兆贊、鄧永鏘和我，當然還少不了一群活躍的現場觀眾。[17]我在節目中並沒有意識到自己的言論將掀起一場風波。黎偉略和畢瑞博曾在事前演練模擬各種提問，例如海外屬土公民護照持有人應否獲得居英權。我照實說出個人想法，他倆也沒有阻止我。我怎麼會這麼魯莽？當時腦袋裡到底在想什麼？

我在節目中表示，天安門屠殺事件過後，《一九九〇年英國國籍（香港）法案》獲得通過，我相信港府的官方政策一直維持至今。該法案稍微放鬆了英國嚴格的移民措施，為香港五萬名英籍人士提供居英權。六四事件血洗天安門，當時中共和解放軍將在八年後進入香港，港人對此擔憂不已，該法案的目的正是安撫當時的社會大眾。自此之後，港府官方的政策方向，就是為香港現有的海外屬土公民護照持有人提供居英權。衛奕信的主張向來如此，如果我的發言與他不一致，就是違反了港英兩地政府仔細商定的現有政策，不但會在香港引起巨大爭議，更是與自己信念背道而馳。BBC 資深記者安東尼・勞倫斯向我提問，我說英國護照的意義不只是讓港人出入境而已，所有的海外屬土公民護照持有人也不會一窩蜂飛往英國。

九月二十四日（星期日）

本週的新聞索然無味，我提出護照持有人應獲得居英權的回應佔據了英國和各地報章版面。錄製和播出時間當然有一段間隔，但譚百德勳爵（Lord Tebbit）、不少右翼保守派議員以及小報媒體都在節目播出後立馬大肆批評。[18]槍聲一響，護照論戰正式開始。批評人士指責我譁眾取寵，還提高港人的期望值，或許這個議題還有待微調，而我只是抒發己見。比起多等一兩年，或許現在就是討論這個議題的大好時機。內政大臣夏偉明表示政府不會修改政策，劈頭打消了我的念頭，但這也是意料中事。[19]施仲宏（Jack Straw）[20]也說了一樣的話，不過他還補充道，印度人和非洲人也希望獲得英國國籍，他們無論何時都比香港人更有優勢。從道義上來說，比起提供旅遊文件，向英籍公民發行一本正式護照更合乎情理。照理來說，數以億計的歐洲人隨時都能定居英國，但他們並不會這麼做。可想而知，港人也不會馬上湧入英國居住。一九九〇至九四年間，有十四萬港人移居加拿大，七萬人到美國，五萬六千人到澳洲，一萬七千五百人到紐西蘭，只有五千多人選擇到英國，數據明顯反映出現實狀況。

九月二十五日（星期一）

各家小報對我大開殺戒，爭相報導我的新聞。報章內容五花八門，像是我好日子過太久了、我被僕人和華貴生活沖昏了頭、我與現實脫節。好吧，至少不會再有人說我正鎖定某個選區，要以保守黨籍參選了。

我準備邀請麥理覺加入行政局，他可以代表商界較理智的那批人，也能成為李柱銘等立法局民主黨議員以及行政局之間的橋梁。[21]偉略的生日茶會結束後，我們與保羅．布萊恩（Paul Bryan）以及他妻子辛西雅（Cynthia）共進晚餐。一九七九年，我還是年輕的後座議員時初次來港，當年布萊恩是我們那個小型國會議員代表團的團長。他說了個相當動人的故事，那時他們與一位相識許久的年長商人聚餐，他是來自中國的難民，喋喋不休地說著自己在立法局選舉中投票的事。那是他人生第一次投票，心情自然極為興奮。

九月二十六日（星期二）

關於護照的媒體風波稍微平息下來，威廉．莎克羅斯和雨果．楊都為我撰寫了正面文章，《泰晤士報》也有一篇不錯的社論。行政局會議結束後，我與曾鈺成以及親中派民建聯的議員會談，他們表現得鎮定理智，沒有因為在選舉中敗給民主黨而喊冤叫屈。隨後，我與葛賚見面，他明年夏天就會離開滙豐銀行，我提議他提早一點離任，好讓鄭海泉進入立法局。鄭海泉在滙豐旗下的恒生銀行工作，他一直擔任立法局委任議員，是個溫和的中間派。行政局總不能有著兩位來自同一家銀行的成員，葛賚不但樂於接受提議，也很認同我對於居英權的立場。立法局即將迎來一些變化，隨著鄧蓮如離任，我打算讓王葛鳴接替行政局召集人一職，麥理覺和鄭海泉也將加入團隊。

我與漢利通電話，他態度友善，只想確認我並沒有籌備有關護照的大型計畫。他讓我覺得自己的發言是個失誤，我說這是港府五年來一直實行的政策，他顯得相當驚訝。

九月二十七日（星期三）

我和鄭海泉對話，他希望與民主黨人士打好關係，也很樂意加入行政局。

九月二十八日（星期四）

我拜訪三個臨時房屋區，訪問的過程並不順利，最後以災難收場。我曾經到過大約六個臨時房屋區，有些是私下到訪，有些則是有記者到場的公開行程。這次，我們快到達時得知現場可能會發生騷亂，最後果真如此。第一站還算正常，只有一些和平的請願者。不過，第二、三個臨時房屋區的情況極為混亂，有人譴責我們打破了清理這些房屋區的承諾。這顯然是不實的指控，即使我們這麼做，也得不到任何好處。我們必須保留部分房屋區，以安置來自中國的新移民以及受寮屋清拆影響的住戶。總之，成群示威者將我們包圍，某些社工自稱協助這些房屋區進行社區發展，卻從旁慫恿這起事件。從某種意義來看，他們的確開發了這個地方。訪問結束後，群眾圍著我們叫囂抗議，有人把老鼠遞給我，有人坐在我們面前賴著不走，還有人拚命把老人小孩擠到最前方來。我們上車後，連駛離都有困難。電視新聞的畫面相當紛亂，我很擔心隨行護衛和同行官員的人身安全。臨時房屋區的居住環境確實惡劣，即使我們正逐步進行清拆工程，但仍然陷於水深火熱中的當地居民並不在意。社會安定受到衝擊，盡快到訪其餘真正貧困的地區才是有效的對策。

九月三十日（星期六）

昨天麗思傳來好消息，她在雜誌社獲得升遷，即將成為美妝主編的助理。身為她父親，我深信這是為她量身定制的職位。整理情緒後，我又得出席每年一次的新華社中國國慶招待會。我在會上提到立法局選舉大功告成，至於一九九七年起五十年後，我和新華社副社長都不會現身於香港特別行政區成立五十週年的慶典。副社長對我的發言大肆批評，今早相關的報導更是鋪天蓋地。我不確定為何副社長覺得被我冒犯，他認為自己在二〇四七年會出現在香港嗎？難道他覺得自己能長生不死，但卻被我詛咒？

今天是雅思的生日，我們與她的一群朋友到粉嶺為她慶生。錢其琛即將拜訪倫敦，也許這週會非常難熬。斯寶颱風逼近香港，原定的行政局會議因此取消。午餐過後，首相來電討論他與錢其琛的會面，我將錢其琛可能會說的話一一列出，並提醒首相必須表達我們對立法局的重視。

十月三日（星期二）

昨天錢其琛抵達倫敦，他分別與夏舜霆以及國務大臣會面，一切都進行得很順利。錢其琛接納了我們的提議，贊成讓公務員和籌委會接觸，他還同意為交接儀式成立專家小組，並由中英聯合聯絡小組的兩國首席代表帶領討論。此外，雙方都認為貨櫃碼頭的問題有待共同努力解決。聶偉敬和首相都沒有提及立法局的前途問題，錢其琛離開外交部時，有媒體問他幾項有關立法局的問題，他直接了當地說，立法局在九七年後再也發揮不了什麼作用。聶偉敬站在一旁沉默不語，看似對他的回應表示默認，其實是因為聶偉敬身邊沒有口譯員，根本不知道錢其琛說了些什麼。我察覺到情況不妙，便去電古沛勤，告訴他必須盡快找人為立法局發言。

十月四日（星期三）

最壞的情況已經發生，不論當中是否牽涉人為疏失，外交部官員都愛莫能助。香港媒體爭相報導我們沒有力挺立法局，還有新聞指出某外交部官員親口說我被邊緣化，港督對各種議題的意見也不再重要。立法局選舉結束後的兩個半星期內，我們成功與中國達成各種協議，證明對抗中方並不會影響雙方來往，但人們偏要說英國是因為把港督和立法局排除在外，才能繼續和中國磋商。這種說法不但會打擊港人捍衛自己的信心，還會讓李柱銘和民主黨人士得寸進尺，這一切都讓我惱火不已。李柱銘大發雷霆，指責外交部故技重施。「柯利達原則，必勝！」[22]或是自以為幽默的人聲稱患上讀寫障礙，然後跑到廁所的牆壁胡亂寫上「柯利達原則，閉聲」。沒有人在乎港督。雖然人們總是傾向以最負面的角度理解事情，但外交部這次的確犯下嚴重過錯，無論是簡報會的說明還是官員的肢體語言都非常不當。香港的親中派媒體都在幸災樂禍，而陳方安生和施祖祥則在說明公務員將如何與未來的港府代表會面，人們至少對此感到滿意。

港督和立法局遭排擠的新聞滿天飛，為了降低謠言帶來的負面影響，我們表明漢利已在上週五提出我們對立法局的立場，錢其琛則在週末說明了中方立場，後來雙方在一小時的會議上各自重申論點，最終並無取得任何進展。我也知道這種說法沒什麼說服力，我們總是鼓勵其他國家向中方提出立法局等相關問題，但連自己都做不到的話，他們又憑什麼為我們挺身而出呢？有人說美國國務院比英國外交部更支持香港，真是一語破的。外交部也企圖釐清謠言，聲稱新聞司司長沈沃德（Nigel Sheinwald）的發言被斷章取義，隨後才會出現我們遭到排擠的謠言。不過，為香港報導這則新聞的是大衛．瓦倫（David Wallen），他是《南華早報》的駐倫敦記者，為人可靠且對自己的報導有所堅持。我當然知道誰比較值得信賴。

十月五日（星期四）

外交部最後決定發表一份有關立法局的聲明，外交大臣也答應為香港報章撰寫文章，並在政黨大會上談及香港。他晚上來電，表示簡報會只提到他要回應別人提出的立法局問題，這聽起來像是道歉。好吧，隨你高興！其實媒體記者在攝影機前就有提到立法局，只是他當時懵然不知罷了。聶偉敬為人正直，我沒必要與他爭吵，他手下的官員倒是表現鬼祟。目前外界一致認為，偉大的外交部挽回了中英關係，還達成了香港無法完成的協議。我們早就料到中國會在下半年開始做事，正因為我們態度強硬且表明底線，中方才會按照我們的方式行事，現在人們看到的只是表象而已。

十月六日（星期五）

今天《經濟學人》有篇離譜的報導指出，「彭定康在冷板凳上與中方達成協議」，簡直是在火上加油。文章出自多米尼克．齊格勒（Dominic Ziegler）之手，他隨後來電道歉，表示自己主要受到倫敦官員的幾番誤導，所以對情況有所曲解。他是個優秀的記者，並非那種會讓我起疑的人。冷板凳新聞更導致我們錯失一個即將發起的倡議。我們先前邀請周南來我的立法局演辭上發表簡報，他的官員嚇了一大跳，至今還沒做出答覆。依我來看，周南希望與錢其琛撇清關係，應該不會應邀前來。如果這週沒發生這些事，邀請周南不失為一個高明的妙計，但事已至此，外界又會把狀況解讀成「聶偉敬指派彭定康去見周南」。

十月九日（星期一）

我將於本週發表施政報告，柯利達搶先接受香港電台的長篇訪談，說我是「極度畏縮的總督」。我對黎偉略說，這真是個不錯的形容，柯利達怎麼就沒有從政呢？偉略回答道，他有啊。我還得知另一個有關他的閒話，聽說他受邀參加外交部在倫敦為錢其琛舉辦的晚宴，因此表示自己人生無憾。

柴契爾的私人秘書朱利安．西摩爾（Julian Seymour）前來討論柴契爾一月訪港的計畫，她來港前會先訪台。柴契爾還邀請我到倫敦的克拉瑞芝酒店（Claridge's）參加她的七十歲生日派對，可惜我不克出席，希思鐵定會為我感到惋惜。

十月十一日（星期三）

我到立法局大樓發表施政報告，外面如常擠滿了請願者，唯獨今年多了些新面孔。人群裡混著一些熟悉的身影，像是剛剛當選立法局議員的香港著名社運人士「阿牛」，他特意繫上領帶出席會議。[23]我的演講依舊很長，舉出各種數字侃侃而談，表明我們在過去三年開展了一場真正的社會福利改革，支出實際增加了百分之四十，單是用於長者的實際開銷就增加了百分之五十以上。在我五年的任期裡，香港提供福利的水平，有機會從第二世界國家提升至第一世界國家的標準。去年，人們批評我在民生問題上著墨不足，我今年並沒有重蹈覆轍，這也是演講較長的原因。除了發表已經取得的進展，我還提及一些尚未實踐的承諾。我花了不少時間說明重新修訂的輸入勞工計畫，包括把配額上限從兩萬五千人下修至五千人，並闡述了日後如何達致更好的目標。我也重點提到立法局選舉順利結束，並寄望當選議員能履行重大職責。另外，若有人試圖損害香港前途或財政償還能力，我定得動用現有權力出手阻止。

十月十二日（星期四）

今早，我到香港電台參加叩應節目，錄製時間為一個半小時。節目尾聲時，電話鈴聲還是響個不停。我在施政報告中提到，先不論後果為何，我沒有必要接納所有的立法局提案，少數報章因此說我威脅要否決立法局。我本以為立法局問答環節會出現相關問題，結果是我多慮了。

劉慧卿和陸恭蕙將在下週前往日內瓦，參加聯合國根據《公民與政治權利國際公約》來審議香港的聽證會，我敢說情況只會變得更棘手。本週，劉慧卿告訴一些工黨議員，我是有史以來最好的港督，卻又隨即公開譴責我。難道她覺得先前的港督把標準設得太低，才會覺得我最好嗎？民建聯倒是沒有在立法局上刁難我，雖然不知道這種情況能維持多久，但我發現他們並不難應付，我的團隊知道我的想法後非常吃驚。

倫敦當局似乎開始緊張起來，有報導指出英國為了與中方達成協議而背棄香港，有些官員對此表示擔憂，並試圖說服夏舜霆在貿易發展局的演講中提及此事。我不確定夏舜霆是否會按照要求行事，但倫敦那群官員顯然是自食其果，甚至把我們也牽扯進去。

今天下午，我與一群由馬偉輝（Paul Murphy，工黨在香港的發言人）帶領的工黨議員會面。他們全都正直熱心，而且對我的話充滿興趣。我告訴他們，如果工黨在九七年春季勝出英國大選，便得面對香港的各種問題，包括少數民族的護照、難民營裡的越南船民、英國在九七年後會在何等程度上支持《中英聯合聲明》、一些商界遊說團體將要求英國放棄對香港的一切責任、交接儀式最後關頭的問題等等。儘管批評者十分活躍，但工黨議員還是知道我們在社會上獲得不少支持。接著，我聽取金管局總裁任志剛的簡報會，為下週與英國央行總裁的會面做好準備，行長希望討論香港的經濟前景，以及主要的英國銀行在香港的長遠地位。

十月十三日（星期五）

我到大會堂參加施政報告的公開交流會。在那之前，我先在港督府舉辦愛滋寧養服務協會的正式啟用儀式。穎彤為此投注大量心力，政府也在新界撥出一棟大樓作為愛滋病患者的住宿醫療中心，而愛滋病關顧服務也即將開啟。

本週行程緊湊，我得為週五開始的倫敦短訪準備大量講稿。我與駐港英軍司令鄧守仁（Bryan Dutton）會談，研討中國所提出的讓駐港先遣部隊提早於一九九七年六月底以前來港的要求。對我而言，這事並沒有商量的餘地。駐港英軍司令為交接儀式想出不少好主意，包括我與一名王室成員共同檢閱中國儀仗隊，不過中方會欣然採納這種建議嗎？我即將在保守黨政治中心（Conservative Political Centre）舉行講座，內容圍繞英國、中國與亞洲以及三者該如何互相學習，準備講稿的過程非常費力，我會照舊介紹一些不局限於某地的整體「亞洲價值觀」，也會強調英國有必要仿效亞洲，不要讓國家徵收過多的國民收入。最後，我還想給予歐洲一些肯定。

十月十七日（星期二）

鄭海泉將於本週首次出席行政局會議，意味著葛賚即將卸任，而麥理覺則要到下週才會抵港。我們討論了學費以及高等教育的單位成本。專上教育成本上漲不少，我們在制定學費水平提案時必須考慮這一點。香港在推動高等教育普及方面取得巨大成功，但對納稅人、學生以及他們的家人來說，長期的財政負擔實在是太重了。

十月十八日（星期三）

葛里翰・傅萊（Graham Fry）前來作客，他接下韓魁發的工作，負責中國、英國以及亞洲大部分地區的事務。他是個日本問題專家，多年來也未與柯利達扯上關係，少了那些包袱，自然會在工作上把能力發揮到極致。錢其琛訪英為我們帶來了不少麻煩，傅萊對此特別在意，他很清楚，如果英國無法公正地處理香港問題，國家利益多少會受到影響。額爾金勳爵（Lord Elgin）短暫前來開會，三名與會者結束後忍不住來問我，額爾金是否已經喪失理智，前幾代的伯爵正常多了。[24]第八代額爾金伯爵曾下令英軍焚毀圓明園，我希望新華社不知道我與他的後人會面。

十月十九日（星期四）

預委會的法律專題小組建議廢除人權法案，我們為了配合《公民與政治權利國際公約》而修改的其他法案也該一併撤除。他們聲稱這些改動破壞了法律架構和社會秩序，從而削弱了行政機構。不少社會人士都很納悶，他們腦子裡有什麼思想能引起混亂？

十月二十日（星期五）—二十九日（星期日）

我和穎彤回到倫敦。我的行程相當充實，分別見了首相、副首相、外交大臣、內政大臣、高級官員、郭偉邦、艾布鄧[25]以及孟席斯・康貝爾（Menzies Campbell）[26]。我還去了不同場合發表演說，包括牛津和白金漢大學、董事學會（Institute of Directors）針對香港問題召開的商務會議、保守黨政治中心、貿易發展局的週年晚會。所有的演講都很順利，唯獨保守黨政治中心那場意外引發了巨大爭議。我發言時受到不少掣肘，內容大概是英國所徵收的國民收入遠超過其他西歐各國。新聞界的觀點是彭定康成了右翼分子。本週結束時，布萊爾表示這場演講反映了英國保守黨的右翼傾向，此舉目的大概是打擊保守黨的管理階層以及中傷整體成員。另外，工黨成員丹尼斯・麥夏恩（Denis MacShane，他是我牛津的校友，而且總是笑面迎人）說我為了協助保守黨而濫用公務員職權，應該引咎辭職。有人把演講時的我形容成一級方程式賽車手，疾馳在樹林裡卻避開了所有的樹木。我所說的都是事實。有趣的是，這週德國總理柯爾在基督教民主黨（CDU）的政黨大會上也發表了類似的內容，難道他也變成右派分子了嗎？就像梅傑和祁淦禮向來所強調的，我不會突變成為韋桓德那種右派分子，他本人也必定對此毫無異議。

本週我與內政大臣夏偉明討論了香港護照持有人的免簽證待遇問題，這場會議至關重要卻也非常棘手。在政治上，移民入境和免簽證出入都與居留權有所分別，免簽證待遇只是方便遊客的措施，但夏偉明並不承認這種觀點。他總是不斷重複自己的論點而無視他人的想法，實在是惹人生厭。他的論據是，現在香港身分證持有人需要簽證入境英國；一九九七年後，持香港特區護照的港人後代自然也需要申請簽證。這場會議並沒有獲得任何進展，我搬出一切合理的論點做回應。如果我們拒絕讓這些護照持有人自由出入，其他國家就會紛紛仿效，並把責任歸咎在英國頭上。中國也會藉機責難英國鼓吹種族歧視，而且對香港漠不關心，然後社會各界又會附和這種說法。此外，一旦進出香港的難度上升，外界就會認為我們刻意破壞香港的金融地位，屆時英國在亞洲的長期商業利益將大受影響，接下來一年管治香港的任務也會益加困難。我的話夏偉明統統聽不入耳，就連首相、副首相、外交大臣、一眾議員，甚至是他手下的官員都支持我們，但他依然堅持己見。他認為小報都站在他那邊，所以絕不屈服，比柯利達原則更强大的，就是小報原則。

我很久沒看過梅傑狀態這麼好了，所有的人都認同國內經濟穩定，國民的可支配所得持續上升。儘管如此，工黨在民意調查中仍一馬當先，保守黨繼任政府的機會依然渺茫。經濟雖然好轉，但政權持續低迷，這種情況一反政治圈常態，也反映輿論有多麼重要。一如往常，又有人勸我重返英國政壇，但這裡的前景毫無吸引力，我真正想做的是有趣且面向國際的工作，但那些職位無法通過選舉獲得，而且機會總是難以預料。

我很高興見到潔思和麗思，還有麗思朋友送她的黑白可卡犬，雖然這份禮物有點奇怪，但小狗的確乖巧可愛。

說到小狗，一群友人聚餐時，何郝傑（Douglas Hogg）對寵物隔離以及狂犬病發表了過時的觀點，穎彤對此做出批評，認為他根本不了解這個議題。[27]一旦穎彤決心糾纏下去，何郝傑逃也逃不掉——無論是威士忌和梳打，或牠們的主人，都是從不輕易言棄的。

十月三十日（星期一）

人權法案的爭議越趨激烈，北京多少對預委會的立場表示支持，但公眾對其非常反感。今晚，我在美國銀行管理委員會和董事會所舉辦的晚宴上簡單發言，表示有能力維持經濟和人權自由的群體正掌握著香港前途，儘管不是每個人都贊同這種說法，但大家都期望生活在富有且自由的地方。我必須繼續強調，不少有錢人都覺得香港只要過得去就好，而這與他們對自己家庭生活的要求卻形成鮮明的對比。

十月三十一日（星期二）

聯合國即將在日內瓦發表人權委員會報告，為此我們在行政局有長時間的討論。報告大概會對香港的某些範疇賦予肯定，同時也會批評越南船民受到的待遇、警察投訴機制、法律援助服務的獨立性以及功能組別制度。

十一月一日（星期三）

今天是重陽節假期，家家戶戶都會去祖先墳前掃墓，我一直都很欣賞這種緬懷家人的方式。我已經很久沒有去看父母的墳墓了，他倆並排下葬於格林福德（Greenford）一片冷清的墓地，我繼父也葬在附近。也許無關緊要，但我覺得古老教堂的墓地不錯，明媚風光和周圍的幾棵大樹讓人們有前往拜祭的動力。有趣的是，除了一年一度

1992

1993

1994

1995

1996

1997

的重陽節，大部分華人都不怎麼願意談論死亡，就連這個詞語也成了禁忌。

十一月二日（星期四）

以前鮑里斯・強生（Boris Johnson）是布魯塞爾的駐地記者，他在《每日電訊報》寫了一篇關於我的報導，內容出乎意料地友善。[28]我很慶幸文章中只有朱幼麟[29]對我口出狂言，強生把他的姓氏拼成Choo[30]，聽起來像是《湯瑪士小火車》裡的角色，真是大快人心。從今以後，朱幼麟都會讓我聯想起火車，Choo — Choo —。他自稱是魯平的密友，但在某場晚宴上，他卻坐在我身旁尖酸地說起魯平的壞話。文中引述了吳光正的話，他說英國已經壓制中國一百五十年，但「現在我們才是主宰者」，看來他會惹上不少麻煩。[31]他每隔一陣子都會寄來道歉信，不過這種方法大概無法為他帶來爵士勳銜。

十一月三日（星期五）

至今為止，民主黨人士在立法局表現檢點，李鵬飛那群人則堅持自稱為自由派人士，而且不斷找機會操縱民意，藉以攻擊政府。他們帶頭阻止政府增收不同費用，並投票反對我的施政報告議案，而民主黨則投下了贊成票。我們將繼續捍衛公道合理的輸入勞工計畫。

一批外籍資深官員前往北京。他們目前的處境艱難。根據《基本法》規定，只有華人才能出任高層職位，這群外籍官員既想留在移交給中國的香港，卻又無法到達體制頂端。他們有不少人都是與香港女性結婚的合法公民，希望他們不要把自己的問題歸咎於香港的民主運動。

制定最後一份授勳名單時，我和戴彥霖及黎偉略思索著誰會希望獲得嘉許。我們的結論是，這根本不成問題，我們只是希望受勳者數量能比以往多。職工會議員劉千石和李卓人都出身於基督教工業委員會，我和這兩人及國際工會代表團開會，主要討論香港勞工法現況以及相關法例與人權法案的關係。他們全都對議題非常熟悉，而且有禮地提出強而有力的論點，我很久沒開過這麼有意思的會議了。

十一月四日（星期六）

聯合國人權委員會報告出爐，內容和我們預計的差不多。我很滿意他們清楚指出，根據《中英聯合聲明》以及蘇聯與南斯拉夫分裂後建立的案例法，中國有義務在九七年後定期提交香港人權狀況報告。稍後，我與相當支持我們的美國外交關係協會（Council on Foreign Relations）代表團會談，我很高興索樂文（Richard Solomon）也是成員之一，我大力推薦他精彩的書籍。[32] 其他商人見到代表團時都紛紛對他們予以忠告，如果中國在交接後打壓香港人權，也沒必要大驚小怪。

十一月五日（星期日）

今天是蓋伊·福克斯紀念日，但我們在香港沒放煙火，而是參加了一個半小時的童軍大會操。雖然我是香港童軍的總領袖，但我在其他場合也不會穿著制服，所以出席童軍活動時也不用穿上短褲。慶幸的是，今天的活動並不涉及繩結或繩扣。首席大法官是童軍會長，他不斷嘀咕著：「毫無節奏感。」所言甚是，我認為自己的行軍步伐比他們更好。

十一月六日（星期一）

中英聯合聯絡小組表示他們還在持續磋商，特別考慮到錢其琛在倫敦會議許下的承諾，還有兩國對人權法案以及相關法例的爭議，目前小組依然沒什麼進展。中方把所有的媒體召喚到北京參與批鬥大會，根據新華社報導，當局逐一警告報社，要求他們報導中國的正面新聞。

我和曾蔭權討論了經濟前景，他對未來比我更有信心。失業問題的主因是過去幾年勞動力大幅提升了近百分之四點五，但我們所提供的就業機會只增加了約百分之二點五，遠遠追不上勞動人口升幅，其中包括從加拿大和澳洲等國回流的移民，也有不少是合法的中國移民。一九九三至九四年期間，來自中國的移民人數增加了十八萬人，在那之前的五年裡只增加了六萬人，其中三年更呈負增長趨勢。同時，消費者信心毫無增長，為部分店家和餐廳帶來影響。我期望來年的信心指數會呈現升幅，但要是中國持續在人權法案等議題上唇槍舌劍，我的期許恐怕也就難以實現。

警務處處長擔心中國犯罪活動會滲入香港，並再次向我表達憂慮。我們面對著一連串涉及人權的棘手安全問題，例如電話竊聽、國家機密、煽動、叛國。香港社會將重新迎來安定無聲的日子。

十一月七日（星期二）

晚上港督府的愛丁堡公爵獎勵計畫（Duke of Edinburgh Award）招待會結束後，我們出發與裁縫麥文浩（Manu Melwani）共進晚餐（譯按：麥文浩即山美裁縫的老闆），本以為是寧靜的晚宴，殊不知大多數印度人社群的成員都來了，瞬間成了一場盛大的宴會。香港的南亞望族夏利萊一家（Harilelas）也前來參與，在場婦女都打扮華麗，身穿漂亮的紗麗和珠寶。除了品嚐美味的印度料理，大家都盡情舞動和暢所欲言。麥文浩曾為比利時王儲打造西裝，當地駐港總領事在宴會途中向他頒發「內縫褲長測量一級勳章」（The Order of the Inside Leg Measurement First Class）。我在接近尾聲時致辭，然後在強勁的印度音樂節拍下離席。今晚排場盛大，但麥文浩絕對受之無愧，他是香港的重要人物，總是快速地為我和其他來港賓客打造筆挺西裝。他也擁有全港最詳細的情報網絡，白樂仁曾告訴我，麥文浩總是比我們還早知道誰會來港作客。

十一月八日（星期三）

中英聯合聯絡小組依然毫無突破，我和戴維斯和包雅倫為此討論。我們特別關注中方阻止新的電訊營運商獲取特許經營權，這顯然是對港府事務的干預。中方也許受到香港現有電訊商説服，以免市場出現更多競爭者，不得不提的是，魯平的兒子就在香港電訊工作，也可能是中方認為竊聽這麼多新的電話線很麻煩。不論原因為何，這對香港未來都是一種威脅。

十一月九日（星期四）

全賴我出色的私人秘書曾俊華以及優秀的教育統籌司王永平（譯按：即教育局局長），我困擾已久的失業高峰會順利結束。雖然我們無法就輸入勞工計畫達成協議，但討論的氣氛相當積極，大家都為了職業培訓和再培訓等其他問題做出不少努力。在王永平的努力下，輸入勞工議題還不用拍板定案，也許我們可以把邪惡的決策日期無限期延後。

十一月十日（星期五）

媒體對於就業高峰會的報導不算負面，但中文報章都期待我們能像變魔術般解決問題。雖然我無法從帽子裡變出兔子，但有工會把烏龜放在盒子裡送給我，牠正悠閒地在花園裡吃草。我們相當擔心電訊商的問題，某些涉及利害關係的企業顯然正遊説中方，希望能左右港府對於這行業的決策方向。這種舉動會帶來不少威脅，首先，中方將認定他們能在九七年後繼續干預香港類似的議題。第二，這會助長商界把所有不合心意的問題與政治扯上關係，並説服中方推翻港府所做的決定，以維護自己的商業利益。有趣的是，為我們帶來最多麻煩的並非民主黨議員，而是某些商界領導人。陳方安生堅決認為，如果香港要在九七年後繼續保留自治權，社會各界就必須在這類議題上站在同一陣線。

政府的新聞統籌處成員以及其他媒體代表從北京的批鬥大會回來。處長表現得若無其事，但記者向他問起相關問題時，明眼人一看就知道事態嚴重。一九九七年以後，所有的媒體都必須展現愛國精神。大通銀行（Chase Manhattan）執行長大衛・洛克斐勒（David Rockefeller）曾在一九九二年十月問我：全世界都陷入一片中國熱，這種態度沒問題嗎？今天我倆再度碰面，他又提出一樣的問題，我的回答大致相同，就是正確的態度是介於狂熱和愁悶之間。

王葛鳴接替鄧蓮如成為行政局召集人後，首次與我見面。她是友善、聰明的女士，在房屋委員會主席任內有不少驚人成就，那裡的事務並不好對付，例如要解決公屋富戶和部門管理層無能的問題。

我得知昨晚我們在牛津大學辯論社（Oxford Union）的表決中失利，社員認為英國政府讓香港的希望落空。[33]這回又是麥夏恩幹的好事，他先提出辯論動議，李連登（Tim Renton）則無畏地擔任另一方的辯士。辯論中的批評大都針對我上任以前的總督，我很肯定這個新聞會出現在一些香港報章中。我記得自己只踏入過牛津大學辯論社一次，那是畢生難忘的經驗。

大英國協政府領袖會議（The Commonwealth Heads of Government Meeting）在紐西蘭舉行，我們急著等待公報刊登有關香港的消息。陸恭蕙、吳靄儀和黃錢其濂都在奧克蘭為香港爭辯，他們和大多數的與會者同樣懂得民主的含義，甚至更有見地，所以我希望人們能聽取他們的意見。

十一月十二日（星期日）

星期五、六我們都參加了晚宴，今天是和平紀念日，九七年後還會有悼念儀式嗎？晚上，我們和陳方安生、她家人以及一群上海朋友去吃大閘蟹。大閘蟹不容易進食，但非常可口。安生告訴我，首席大法官對人權法案發表立場，表示將以法治保護香港的自由。

十一月十三日（星期一）

我明白陳方安生的意思。新華社的發言人發表聲明，指首席大法官在私人晚宴上對人權法案提出異議，主要論點是法案凌駕於其他法律之上，他認為港府最好仿效紐西蘭等地的做法。我不確定他有多了解當地的人權法，據我所知，紐西蘭實施議會內閣制，所以當地法案並非扎根在所有的法律基礎上。不知道他是不清楚紐西蘭的機制，還是他覺得香港立法機構的地位至高無上——但新華社可能不這麼認為。我建議他向布政司呈上一份闡述觀點的書面聲明書，若能透露他們打的如意算盤就更好了。他去見布政司的事已經曝光了，這麼一來，外界又會說港府干預司法，迫使首席大法官為自己辯解。充其量我只能說首席大法官的行為不夠慎重，這種事並不應該發生在法官身上。由此可見，中方是一台絞肉機，我有時候會這麼比喻，與他們打交道就像是與培根切片機握手一樣。

晚上我們參加了馬珍妮（Jennifer Murray）在中國會舉辦的藝術展覽開幕式，我為法國度假屋買了幅不錯的畫作。[34]除了叩頭以外，他們夫妻幾乎無所不能。

十一月十六日（星期四）

首席大法官似乎在整理聲明，以闡述他對人權法案的觀點。今天是立法局的總督答問會，大部分問題都與人權法案有關，對此我解釋了法案為何沒有違反《中英聯合聲明》和《基本法》。人權法案並沒有在香港造成混亂，中國希望把一些法規重新列入成文法，其中不少倒是違背了確立在《公民與政治權利國際公約》之上的《基本法》。我也多次提到，公約裡明確規定報告義務。我們不清楚首席大法官突然為新華社那群騙子助陣的原因，但新華社顯然以為引用他的話就可以扭轉爭議，事實證明他們錯得離譜。正如我們所料，首席大法官隔天發布的聲明絲毫站不住腳。有人說他的法律知識習自玉米片包裝的背面，這有點過火了。

下午，我們花了很長的時間在特別委員會的會議上討論交接儀式，要滿足中英雙方並非易事，我會竭盡全力避免夾著尾巴狼狽離港的情況。

十一月二十一日（星期二）

我們在行政局仔細討論如何回應首席大法官，目前的草案過於拘泥於法規，李國能和張健利提出了一些改進意見。我們希望在聲明中提出的觀點很明確：第一是人權法案毫不違反《基本法》；第二是法案的落實辦法已經過多重考量，並不會引起混亂；第三是法案在個人和國家之間保持了適當的平衡；第四是法案確切反映了香港的社會現況，包括司法制度。

下午我花了許多時間討論越南船民問題。事實上，我們別無選擇，只能繼續手頭上的工作，試著勸喻越南政府盡可能接回更多船民，並依照聯合國難民署的協議條件，在某些情況下強制遣返政治難民以外的經濟難民。眼見時間不斷逼近，儘管各方都不願就範，我們還是得推行措施。大約二十年來，共有二十萬名越南人來到香港，他們大都經由艱險的海路抵達，其中不少人已定居國外，部分人則回到越南。我們盡可能人道地照顧難民營中的船民，並在民權律師的監視下送走他們，但從來沒有人為此表達謝意。在港船民人數一直穩定下降，我們必須盡量在九七年之前讓這個數字歸零，但一切並不簡單。首先，基於費用問題，雖然聯合國和港府都向難民提供了財政援助，但越南政府接回船民的速度還是非常緩慢。第二，民權組織不斷抨擊我們把船民關在難民營裡，並在法庭上反對港府政策。部分等候遣離的案件特別棘手，因為越南政府尚未批准他們回國，而樞密院已經著手處理此事。第三，美國國會輿論總是讓越南船民產生錯覺，認為他們繼續堅持不回國，就能獲准到美國去，這種想法根本大錯特錯。第四，包括立法局中李鵬飛那群人在內，香港大多數支持民粹主義的人都與中國一樣反對越南人留在香港，他們藉機煽動民眾對英國的仇恨，例如主張尚未遣返回國的船民應該在九七年和我一起回到英國。第五，懲教署和警方都在船民事務上敷衍了事，他們並不怎麼重視這部分的職責，但換作是我也會這麼做。長時間討論後的結論是，我們只能繼續做好手上的工作。我想這就是人生，美好的事物總不會一直發生。

十一月二十二日（星期三）

從諷刺漫畫家的一些作品看來，本來為英國擦鞋的鍾士元爵士已經去到中國的腳下。他發表了一番相當愚昧的言論，建議中國在英治時期的最後一年建立影子政府。他還是行政局資深議員時，曾表示《中英聯合聲明》做得不夠多。他當初還與其他人一同表明，任何侵蝕港府管轄權的行為都會在主權移交後產生長遠影響，除非中方承諾在一九九七年六月三十日前不會破壞港府權力，否則他們絕對不會接受《中英聯合聲明》。所謂「換了位子就換了腦袋」，大概就是這個意思吧。我在下午參觀了一家美沙酮診所，這是戒毒運動的一部分。數據反映吸毒問題獲得改善，我們大致把它視為公共衛生問題來處理，並獲得一定的效果，接下來當然也要繼續打擊毒梟。

十一月二十三日（星期四）

穎彤親切的年長好友菲力斯・雷恩（Phyllis Wren）以及埃斯梅・雷恩（Esme Wren）以前曾來作客，這回他們造訪我們適逢前港督遺孀麥理浩爵士夫人（Lady MacLehose）來港。此外，在北京的艾博雅以及倫敦外交部的葛里翰・傅萊和古沛勤也前來與我麾下的高層官員們開會，審議各方面的政策。這些會議非常有用，甚至可能為雙方帶來更大的共識。傅萊很好打交道，而且和駐港外交官以及港府高級官員都相處得很好。在會議上，除了我們是否要優先考慮中英聯合聯絡小組的工作，以及如何推進國籍和簽證問題以外，我們對大多數的議題達成一致。與傅萊會面後，我私人辦公室的成員仿效中共的慣用語言，在我們的民主牆上列出了外交部的「三個保留」，包括保留逐步恢復關係、保留與錢其琛的交流管道、保留溫暖美好的回憶。會後會議上，艾博雅向我保證，他從未違背我們的政策，是我麾下團隊的忠實夥伴。

十一月二十五日（星期六）

我們繼續進行交誼及策略會議，會中討論了交接儀式以及中港官員之間的事宜。立法局傳來好消息，開始支付公積金的表決獲得通過，我們為了退休人士的福利長期奮鬥，現在終於苦盡甘來。另外，對於機場管理局的任命問題，中方本來打算背棄合作備忘錄的承諾，但由於我們堅守立場，最終成功與他們就機場的各種問題達成協議。

十一月二十六日（星期日）

這週末我們有兩項新發現。首先，麥理浩夫人一開始表現得有點拘謹，但她與穎彤去看了身障兒童精彩的騎術表演後，就慢慢敞開心扉。早在七〇年代，她就成立了香港傷健策騎協會，鼓勵身障兒童參與騎術活動。此外，原來麥理浩夫人和她先夫一樣喜歡喝乾馬丁尼，有時還會喝上兩杯。第二，他們在一九七一年拯救了港督府後方草坪上樹齡一百三十五年的玉蘭樹，並花了三年時間用心灌溉樹根。菲力斯依然維持一貫的效率作畫，她與麥理浩夫人相處融洽，並鼓勵我們以別名「吱吱」（Squeak）來稱呼她。我姊姊和姊夫也來港作客，他們都很喜歡吱吱。

十一月二十七日（星期一）

陳方安生到法國和義大利出差。今天我們得知，義大利的政治領袖不太願意與她會晤，他們大概都看中方的眼色，安生在這週可能不會有任何收穫。教宗接見了她，但他為安生唸完玫瑰經後，掃興地表示自己很期待香港在九七年後獲得獨立，也許他從天堂的情報網中接到了這一則消息。

聖誕節過後不久，聶偉敬和韓達德很可能會幾乎同時訪港。北京召開的中英聯合聯絡小組會議上，我們應中方要求，提出向他們介紹財政預算計畫。一位中方代表指責我們在港鼓吹福利主義，還說相關政策將破壞香港經濟。中國是所謂的共產主義政權，其官員本應贊成福利方面的開支，但現實並非如此。無論如何，我方官員禮貌且堅定地以普通話做出了回應。

十一月二十九日（星期三）

今天，不少香港媒體批評中方打擊福利主義，但親中報章繼續指責港府，並把我形容為「大獨裁者」。縱觀目前的外交狀況，我隨口就能提出反駁，但我忍住沒說出口。在倫敦，外交部傳喚中國大使館一名代表，對中方打擊香港自治權的舉動表達強烈不滿。對於福利開支的攻擊，中英聯合聯絡小組的成員做出目前為止最有趣的比喻，在批評者眼中，我是失控的一級方程式賽車手，隨時會撞毀車子，並害死六百萬名港人。

十二月一日（星期五）

爭議已經持續一週，北京試圖在港督府和公務員之間挑撥離間，這種行為正符合他們口中的分裂主義。港澳辦和港府官員的第一次會晤還算順利，主要是因為我們沒有按照中方要求交出公務員個人檔案，高級官員也不必到北京接受訪談。

十二月三日（星期日）

我的副秘書蘇啟龍與坎特伯里大主教（Archbishop of Canterbury）的幕僚長進行了特別商議，以決定大主教來港時應否入住港督府。我與蘇啟龍談及此事，據說大主教本人非常為難，他說自己不該進入港督府，以免影響與中方的關係。我來港前，約克大主教（Archbishop of York）曾帶領聖公會主教代表團前來與我見面，敦促我為香港民主和公民自由挺身而出，這一切與眼前的情況已相去甚遠。昨晚我們到港島中學欣賞雅思參與演出的戲劇《煉獄》（*The Crucible*），表演相當精彩，香港聖公會主教也應該去看一看。今早九點半，溫順天神父在大教堂的彌撒中佈道，他提及香港天主教教會和中國愛國教會即將舉行會議，但中國的地下教會遭徹底排除在外。我們大概得接受這麼一個事實，就是香港兩個主要的基督宗教團體都只是名義上的「廣派」教會，但並未廣納各教派。

十二月四日（星期一）

北京方面的言論開始改變風向，以淡化之前打算設立影子政府和批評港府福利開支的言辭。他們必須承認先前的言論只傷害了自己。行政局會議結束後的第二天，董建華告訴我，他受邀加入港澳辦籌委會，內心經過一番角力後，他決定接下這份工作。我敢說他的角力賽不足十五輪。我並不介意行政局成員加入該委員會，只是屆時肯定會出現利益衝突。在未來十八個月裡，我們必然得面對各種界線變得模糊的情況。

我與外交官柯安龍（Alan Collins）會面，他上次與我見面時還是衣索比亞首都阿迪斯阿貝巴（Addis Ababa）大使館的第二號人物，現在則擔任英國駐台貿易文化辦事處（譯按：現已改名為英國在台辦事處）處長。他告訴我台灣人很關注香港的狀況。最近台灣正在舉行地方選舉，中方似乎覺得使用武力恫嚇能讓局勢升溫，從而為各方帶來利益。因此，他們會在明年春季的總統選舉前逐步提高威脅強度。

本週工作較為輕鬆，其中最重要的行程是有關侵犯智慧財產權的會議。美方開始批評我們在這方面所採取的措施不足，我們確實應該積極一點。其中一個問題是，製造盜版光碟的中國工廠由香港人擁有，外界也認為香港是進行盜版貿易的主要管道。

我們不斷討論外相聶偉敬該如何安排香港和北京的訪問行程。他希望在訪港時向外界證明我沒有被排擠在外，但我認為不用對此過分糾結。內政大臣夏偉明似乎打算單槍匹馬，公開向外交事務專責委員會（select committee）[35]反對免簽證待遇，但我更擔心在他行動之前，倫敦的大臣們就針對這個問題做出決定。

十二月六日（星期三）

我在商業諮詢委員會的會議上疾言厲色地指出，政府全心為港人制定政策後，商界卻遊說中方推翻那些決策，其中包括填海、電訊公司和貨櫃碼頭等議題，這種行為嚴重危害香港利益。我向大東電報局的新任董事長布萊恩・史密斯（Brian Smith）提出這個觀點，他馬上就明白。可見他比前任董事長優秀多了。

十二月七日（星期四）

我們到澳門參加新國際機場的開幕式，這可說是本週最有趣的時刻。為了避免受到中方冷落，我們採取了周密的預防措施。澳門總督和他妻子為人討喜，而且足智多謀。按照計畫，我們坐車前往航廈時，必須追過中國國家副主席榮毅仁的車隊，讓我和穎彤比他們更早到達機場。我們順利完成計畫，並在航廈與中方代表握手。隨後，我們迎著刺骨寒風，與數百人一起走出停機坪，今天是我們到達澳門後最冷的一天。葡萄牙總統索亞瑞斯（Mário Soares）等人進行了兩小時演講和剪綵儀式，雖然過程有點混亂，但開幕式還是完滿結束，穎彤認為沒人失溫致死真是大幸。活動結束後，媒體照常問我是否嫉妒中葡的良好關係。看看澳門現在的模樣，其實葡萄牙早在三十年前左右就放棄了，他們是出於對中國的善意才會留在澳門。正因如此，澳門總督確實是位英雄。

十二月十七日（星期日）

我和穎彤出差到菲律賓進行短訪。馬尼拉混亂無序，到處都有貧困潦倒的跡象。他們需要花很長時間才能改善現狀。當局似乎已經著手開放經濟，並嘗試改革官僚體制和司法系統，但國內始終散發著一股野蠻的氣氛。就在我們訪問期間，某位傑出的菲律賓華裔商人遭到暗殺。

我和穎彤分別與菲律賓羅慕斯總統（Fidel Ramos）和他的妻子共進早餐。穎彤認為總統夫人和藹可親，她很關心社會議題，針對避孕問題與主教辛海棉（Jaime Sin）發生多次爭執。她曾經是世界級的羽毛球運動員，照理應該比較習慣穿運動鞋，擁有的高跟鞋數目自然遠比不上前任總統夫人。[36]一如所料，我和羅慕斯總統在早餐時間專注討論九七年後在港十二萬九千名家庭傭工的去向。我只能做出有限度的承諾，但人們都很擔心菲籍傭工屆時必須回國，好讓中國人來港工作。我們手上還有一個複雜的案件，幾個香港公民涉嫌販毒而遭關押在此，但他們有可能是無辜的。根據菲律賓的司法系統，審判過程需要很長一段時間，我必須委婉地向總統說明此事。

我和主教辛海棉的會面也相當難忘。他毫不顧忌政治正確，向我講起自己如何協助推翻前總統馬可仕（Ferdinand Marcos）的精彩故事。我到訪了昔日美軍基地所在的蘇比克灣（Subic Bay），當地現已發展成商業區，還吸引了台港兩地不少投資者。我與一些工廠女工交談，發現她們的工資只有香港菲傭的三分之一。

馬尼拉機場部分跑道因故暫停使用，我們只好搭乘私人飛機回港。這位機師顯然是首次在啟德機場降落，我們一邊引導他對齊跑道，一邊後悔沒向主教辛海棉索取玫瑰念珠。

有關過渡時期的民意調查反映出有趣的數據，港人在不同程度上把自己視為香港華人（Hong Kong Chinese）、香港人或香港英國人（Hong Kong British），而不是中國人。若採訪者繼續追問下去，他們似乎都對安排好的香港前途感到不滿，換句話說，他們更希望繼續當英國殖民地的人民，也有人希望香港成為獨立國家或英聯邦成員國。中方在民心戰中潰不成軍，但這對香港的未來並非好兆頭。此外，在回答有關中國腐敗的開放式問題時，受訪者個個滔滔不絕，採訪者想擋也擋不住。

十二月十八日（星期一）

我們繼續討論聖誕節後外相聶偉敬訪問行程的準備措施。按照慣例，駐北京大使館發來電報，建議國務大臣不要向中國提出任何尷尬問題，說白了就是不要為任何香港問題挺身而出。我們之前努力與大使館拉近關係，到頭來有什麼改變？

港澳辦籌委會的名單開始流出，上面的名字都是意料之內，民主黨當然沒有入選。首席大法官如常前來進行短暫會談，他認為人權法案的風波為他和辦公室帶來傷害，對此深感懊悔，並打算在明年中退休。他說周南邀請他共進晚餐作為彌補，還詢問他對首席大法官候選人的看法，他認為那些人選都很糟糕。晚上，我們為鄧蓮如與其夫唐明治舉辦送別晚宴。今晚鄧蓮如十分盡興，同時卻對香港的前途感到悲觀。

十二月十九日（星期二）

港督府的聖誕午宴結束後，我與李柱銘及民主黨的核心人物會面。他們早前就宣告要來見我，並針對人權問題向港府施壓。會面時，我大都委婉批評他們做的事對政府毫無助益，也強調公務員越來越不能忍受民主黨。他們看起來有點難為情，也貌似有所領悟。不過，他們事後面對媒體時又表現得若無其事，還宣稱他們就人權問題對我當頭棒喝。好吧，我只希望港府行政部門能有效率地前進，在人權問題上受到民主黨「當頭棒喝」就也算是合理代價吧。

十二月二十日（星期三）

我與薩秉達談及國泰的問題，中信泰富（Citic）董事長榮智健一直在為香港發聲。諷刺的是，擔任這個角色的竟然是榮智健這位中國大陸商人，原因或許是中國航空公司企圖弄垮香港的港龍和國泰航空，而中信泰富收購了大量港龍股份。穎彤經常會與艾絲佩絲察訪港督府的員工宿舍，今天我也加入了她的行列。對比起房屋署的公共房屋，這些宿舍還算相當不錯。我們為日本總領事野上義二和他的妻子舉行了送別晚宴。他說自己和日本商界都對香港前途感到悲觀，他們認為，中國馬上就會大力干預這裡的事務，而貪汙腐敗也將成稀鬆平常之事。

十二月二十二日（星期五）

我們昨晚照舊在港督府歡唱頌歌。今天，我去了昔日的九龍寨城，為新落成的公園主持開幕式。我以前覺得寨城相當駭人，但現在那裡的環境已經改善不少。潔思和麗思都回來了。

十二月二十三日（星期六）

我涉足穎彤的私人領域，與她一起為粉嶺的花鳥蟲魚展覽會開幕。女兒全都來了，我們一家人都很喜歡這個展覽。

今天的民意調查顯示，我的支持率是百分之七十四，比去年還高。我說自己對此毫不關心，你會相信嗎？或許江澤民會要求我繼續留任。

一九九六年

一月五日（星期五）

我們過了個精彩絕倫的聖誕節，許多人前來作客，屋子裡幾乎沒有空床位。我們都很享受散步，到西貢遠足更是讓人心曠神怡，我們那次還去朋友的餐廳吃午餐，他是來自英格蘭黑池地區（Blackpool）的華人。西貢是個風和日麗、安靜怡人的鄉村，卻意外地靠近市中心。某天晚上，鄧蓮如和唐明治為了向好友告別，在君悅酒店舉辦了高級派對。鄧蓮如邀請了她所有的國標舞舞伴，連跳舞老師也來了，我不禁想起《齊來跳舞》（*Come Dancing*）的場景。[37]現場還展出兩人的照片和影片，但內容並沒有把他們描述成驚世偉人。大家都對兩人離港的消息並不意外，但所有的人都非常不捨。聖誕週快結束時，我和三個女兒以及一些朋友去菲律賓的小島度假，我們住進海灘上一間小房子。當地天氣很熱，而且吹著非常猛烈的海風。我躺著讀了三本小說，不知道有多久沒過得這麼愜意了。潔思和雅思參加了水肺潛水課程並取得了潛水員資格。真是幸福的時光。

一月七日（星期日）

除了聶偉敬和他的妻子伊迪絲（Edith），韓達德也在香港，我們好不容易才避免郭偉邦在同一週來訪。我和韓達德共進早餐，他總是給予他人支持，有種看破紅塵的態度，而且十分享受卸下外相重擔後的生活。聶偉敬接任外交大臣後相當振奮，很快就掌握了所有的情況。在蘇啟龍的帶領下，我們一起到大嶼山遠足和野餐。到達天壇大佛後，民眾對我表現得熱情洋溢，聶偉敬把這一切都看在眼裡。目前，怡和以及太古分別為了收購守則和中國航空近來的舉動對聶偉敬進行遊説，與此同時，英國航空（British Airways）反其道而行，承諾協助中國航空申請成為香港的航空公司。聶偉敬表示，他希望為人權法案以及立法局發聲，同時如實道出香港前景。

我提醒聶偉敬，或許他會在香港獲得一些無禮的回應。有些人來港後，因招架不住一些過於刻薄的反響，便開始猶豫是否應為香港付出心血。英國多年來對香港擺出屈尊俯就的姿態，不時玩弄兩面手法或隱瞞部分真相，才會造就如今的局面。駐港外交官員和香港高級顧問在晚餐時向聶偉敬説明情況，他的提問相當有深度，也得到了精闢的回答。我認為他對我們的香港團隊印象深刻，以前李基茨在港時，我也曾以同一番話形容倫敦官員。不過，葛里翰・傅萊還是比他前任的幾位官員出色多了。

一月八日（星期一）

聶偉敬主持了新建總領事館的落成儀式，並與我一同訪問東區，當地市民都熱烈歡迎我們，後來他還在英國商會的午宴發表演講。最後，他到立法局出席問答大會，由於這也屬於我的工作範圍，我難免對他的表現特別好奇。根據我的觀察，他確實很優秀，不但對所有的資料瞭若指掌，而且説話比我還要直接，面對假設問題時，也不會像我一樣簡練帶過。這麼一來，有些立法局議員和媒體便對他的回答表示不滿，主要是因為他説的都是實話。例如，他直接了當地表明，如果一九九七年還有越南船民滯留香港，英國並不會接收他們，也不會對此負擔任何責任。他明確知道，根據《中英聯合聲明》，英國有責任在交接後維護香港人權，而且他也相當了解有關議題。身為政治家，目睹另一位政治家意氣風發的樣子實在令我振奮。他在晚餐時告訴我，儘管李柱銘和劉慧卿等人不怎麼討喜，但他認同那群人的價值觀，也理解他們的做法。説得真好。

一月九日（星期二）

我們的律師到行政局討論法治和地方自治議題，他們表現得相當出色，由聶偉敬身為一位英國大臣，連日來親身參與香港政治，還能毫髮無傷地離開，這次訪問可謂非常成功。我希望他的經驗能讓外界明白，香港的工作並不容易。我們目送聶偉敬夫妻坐上前往北京的飛機，並再三強調，英國政府必須讓特區護照持有人享有免簽證待遇。

一月十日（星期三）

聶偉敬在北京與錢其琛進行長時間會談，錢其琛給出不少承諾，包括貨櫃碼頭的建設以及永久居民可以在交接後繼續留在香港。此外，雙方也就民航協定和特區護照的問題取得進展。無論在公開或私人場合，聶偉敬不斷針對誠信問題發表談話，並同時提及立法局、人權法案以及他與民主黨的對話。如此一來，沒人可以指責他不為香港發聲。李鵬告訴聶偉敬自己很喜歡和路雪（Wall's）冰淇淋，以表明對英國的喜愛之情。我記得和路雪的產地其實是義大利，不過我們對一切讚美都無任歡迎。（譯按：和路雪的確是英國品牌）

一月十一日（星期四）

中方先前為了大局而做出讓步，現在卻又開始反悔。會議上，魯平對於九七年後的居留權以及貨櫃碼頭建設提出種種條件，讓人懷疑與中共談判到底有何意義，反正他們只會按照自己的意願做事。如果訪華期間沒有遭受傲慢無禮的待遇，就已稱得上是非常成功了。若中方重申以前在條約中做出的承諾，像是確保香港享有高度自治權，部分媒體更會將其形容為「巨大突破」。

一月十二日（星期五）

立法局通過上調渡輪票價，經過多番協商後，工會也同意我們就輸入外勞提出的修訂建議。我們決定放棄一項廣播法案，其中涉及節目均衡以及公共服務原則等議題。如果我們強行在明年七月前通過法案，中國便會不顧一切地介入干預，這種問題應該留給有自治權的行政特區自行決定。唯一的風險是，九七年後的特區政府還是有機會繼續逃避問題。

我和陳方安生等人討論司法機構的前途問題，如果我們能説服首席大法官等到年底才退任，候任行政長官便能任命繼任人。我們一致認為李國能是最合適的人選。

一月十五日（星期一）

首相預定在三月初訪港，我們陸續對此進行討論。不過，除非屆時免簽證問題獲得妥善解決，不然我認為首相訪港並無實質意義。我們開始規劃簽證安排，希望這次是相關問題的最終階段。

一月十六日（星期二）

我和畢瑞博與鄺富劭、阿德里安·施懷雅、薩秉達以及國泰公司執行長羅德·艾丁頓（Rod Eddington）會面，並討論了國泰對於中國航空公司的立場。我不確定國泰有沒有制定應對策略，但從我們的角度來看，我們必須盡可能把一切決策推延到九七年以後。我認為待過渡期結束後，中國航空就更難立刻強行進入香港市場，但來日方長，以後的事誰也説不準。政府團隊看似比國泰更清楚他們接下來該如何部署。施懷雅對中國領導人過去做出的承諾依然抱有很大信心，怎麼還有人敢相信那些鬼話，更別説是牽涉到金錢問題的時候了。

隨後，我與李柱銘會面，向他概述了外交大臣訪港的情況。外界普遍認為，中方在去年決定改善中英關係，而且只會參與經濟活動，卻也不打算在政治議題上讓步。傳言指出中方主動接觸李柱銘和民主黨人士，李柱銘沒有透露任何消息，但我對此絲毫不信。

一月十八日（星期四）

前港督衛奕信和妻子黎丹霞（Natasha Helen Mary Alexander）在昨天抵港，柴契爾也緊接著在今天到達。她剛結束了台灣和菲律賓的行程，但依然精神抖擻，並如常對我們表達支持。我和衛奕信會談了一小時，他表現得謙恭有禮，卻對我抱持懷疑態度。隨後，我到中文大學為他頒發榮譽學位，獲授學位的還有在耶魯大學任教的偉大中國史專家史景遷（Jonathan Spence），我拜讀過他大部分的著作。我們為衛奕信和黎丹霞舉辦了晚宴，黎丹霞坐在我旁邊，她與柯利達同一陣線，訪問期間走訪香港各處，見人就說我搞砸了所有的事，又說我和穎彤裝修港督府時鋪張浪費，還很過分地丟棄那塊（老舊的）蘿拉艾希莉牌（Laura Ashley）的窗簾。她大概也很清楚，這些流言會像壁球般回傳到我們耳中。不過，今晚穎彤的心情並沒有受到影響，她兩旁坐著輕鬆愉快的衛奕信和前坎特伯里大主教勞勃・倫西（Robert Runcie）。我們在晚宴結束後送客人離開，史景遷對我所做的一切表示支持，這是苦澀夜晚裡的一點甜頭。

一月十九日（星期五）

查爾斯・鮑威爾告訴我，他認為中英關係有了起色。周南前幾天參加了怡和的午宴，而且表現得積極愉快，實在是令人難以置信。財政預算案的討論結束後，我花了很長的時間與美國參議員黛安・范士丹（Dianne Feinstein）以及約翰・葛蘭（John Glenn）會面：他們雖然貴為參議員，但能力卻不成正比，而且對香港的認知嚴重不足。范士丹認為自己與江澤民有私人交情，這得追溯到他們分別擔任舊金山和上海市長的時期。在她眼裡，江澤民為人正直，只要我們說服他採取積極態度，香港便會相安無事。會談持續了一個半小時，我表現強硬，希望能帶來一點效果。隨後，我和柴契爾一起進行地區訪問，也去了香港科技學院（青衣分校），她在那裡回應學生們的提問。我們還帶她去看宏偉的青馬大橋，希望大橋能按時通車。

一月二十二日（星期一）

週末時溫斯頓・羅德再次來港，今天我與他共進早餐。他非常熟悉香港，與前幾天那兩位美國參議員不同的是，他認為李柱銘的發言比以往溫和，而籌委會部分成員卻是口出狂言。他還認為中國處於一種傲慢、自大、癲狂、緊繃且富有民族優越感的狀態，現階段要與他們往來可謂困難重重。在他看來，那些質疑我們為民主付出得不夠多、不夠早的人，應該要意識到我們其實在呼應香港中產階級的發展方向和價值觀。尤其在六四事件後，如果我們當初採取了別的做法，香港社會便會動盪不安。此外，他十分擔憂九七年後的社會穩定，若中國廢除立法局並拒絕與民主黨人士溝通，那就更令人不安了。

一月二十三日（星期二）

行政局首次針對交接儀式開會，其後中英聯合聯絡小組也就相同議題召開專家會議。中方顯然不肯退讓，他們仍然堅持在大會堂舉辦一個小型外交場合，還以各種荒謬理由反對我們的大型計畫。中方顯然希望我們帶著行囊低調離港，然後在七月一日為自己舉辦五光十色的慶祝活動。在我看來，無論雙方能否達成一致，都必先經歷一段漫長過程。衛奕信已經回到倫敦，黎丹霞則到北京探望兒子。我們都很期待尤德爵士遺孀彭雯麗接下來的訪港之旅，也充分討論首相三月初來訪的機會，還有我們在免簽證待遇上取得的進展。本週聶偉敬將與祁淦禮和夏偉明會面，若我們成功取得理想的成果，便能在首相訪問期間對外宣布。

下午我去視察策略性汙水排放計畫的進度。我曾在英國環境部門服務多年，並與歐盟委員會就汙水水舌的問題（sewage plume）進行過磋商，自認算是這方面的專家。得知我對汙水議題的關注和了解程度後，辦公室成員紛紛表示驚訝和讚嘆，戴彥霖更覺得我只是裝裝樣子。這是我心中高尚的興趣，絕無半點虛假，請不要為此奚落我。目前計畫順利進行，我們當初不顧中方批評，堅持推行這個計畫，而且能如期在九七年中期完成。汙水廠也許可以用我的名字命名，大橋、機場、隧道都輪不到我——至少還有個汙水處理廠。我回到港督府，與某位年輕有為的紐約證券經紀人小酌一杯，我們幾年前在中環一家商店相遇，他買了幾張光碟送我，還說不是所有的證券經紀人都把我當成魔鬼的化身。

一月二十五日（星期四）

我們討論臨時房屋區的改善計畫，並獲得不少成果。我們正在改建一些老舊大樓，也希望整修現有的臨時房屋區。香港日後還是需要這類型的房屋，以容納來自中國的大量移民。隨後，我與德國外交部政策制定部門的首長對談，他非常理解我們的立場，不但對中國的意圖深表懷疑，也不相信中國有能力融合列寧主義和自由放任的資本主義。

一月二十九日（星期一）

我和曾蔭權討論他的財政預算案，他在發表前要先去一趟達沃斯（Davos），宣傳香港經濟有多麼健全。[38] 我們將在本週與中方討論預算案，並希望能推遲一九九七至九八財政年度的預算討論，盡可能讓候任行政長官接手跟進。中方一旦插手預算案事宜，就絕對不會輕易鬆手。

我與《金融時報》的新任記者約翰・瑞汀（John Ridding）以及香港分社主任賀伯頓會面。賀伯頓是我的好友，隨著工作任期進入倒數階段，他對香港前景越來越悲觀，還認為這裡的未來藏著一個巨大陰謀。《金融時報》是少數目前我還會認真看待的報紙之一。

週末有中國船隻入侵香港水域，這事件最後獲得妥善處理。不過，我們對這次事件有點震驚，先是警察面對中國人的表現偏向軟弱，再來是我們身處權力中央，卻對正在發生的事渾然不知，警務處處長對我的顧慮表示理解。不論如何，這次事件幸好有他處理。

籌委會在週末召開會議，但沒有做出任何重要決策，中方命令他們保持沉默。會議結束後，籌委會成員到廣東檢視未來駐港解放軍的各種操演。無綫電視的中文頻道不斷播放解放軍的宣傳照片，英文頻道也只是略略提到人們對六四事件的「憂慮」，或許審查制度已經滲入香港。解放軍自吹自擂，聲稱軍人訓練有素，而且全都能說廣東話。此話毫無根據，除了一位曾在英國皇家國防研究學院（Royal College of Defence Studies）留學的副司令官以外，大多數的軍人根本不會廣東話，更別說是英文了。軍隊中還有另一位副司令官，他與六四事件中負責「處理」學生的軍團有所關聯。有了這兩人，看來解放軍已具備大部分所需觀點。

一月三十日（星期二）

行政局討論了警察處理投訴機制的運作方式，我們將在法定基礎上設立獨立投訴機構。民主黨也許會要求我們違背警方意願，實施更加嚴厲的措施。除了董建華以外，行政局成員都贊成讓外部的獨立人士擔任主席，盡可能賦予機構更大的公信力。

午餐過後，我去視察會議展覽中心的擴建計畫。這座建築物確實壯觀，而工程也進行得相當順利。不過，我必須好好督促相關進度，以確保議展覽中心新翼能在明年六月三十日前完工。首相很可能在三月初訪港，我希望他能主持奠基儀式。新翼座落在一段突出的海岸上，非常引人注目，必將成為世界上最宏偉的建築物。

二月二日（星期五）

隨著美國降息，大量資金再次湧入香港，股市和房市也開始好轉。中英聯合聯絡小組的會議上，中方代表嘗試說服我們，本年度財政預算案一旦落實，就應該開始討論一九九七至九八年度的預算案。我們使出拖延戰術，希望確立候任行政長官後才著手討論相關問題。如果我們順從中方，讓他們介入九七至九八年度的預算案，港府將永遠無法讓他們脫手罷休。

我與畢瑞博以及黎偉略討論首相來訪的安排，夏偉明還是不願在免簽證問題上讓步，但首相在三月初來港停留一天半的機會越來越大。我們必須為他發表演講，他在國內的狀況也似乎有了起色。

據聞董建華極力拒絕「接過聖杯」——這個古怪的說法是指他不想當行政長官。不久後，他會帶領一群商人到訪美國，正苦惱如何讓美方恢復信心。那些香港商人與美方對話時，總是擺出一副香港安然無恙的姿態，問題是中美關係開始惡化，加上武器擴散、人權、貿易、智慧財產權以及台灣問題，香港依然安好的說法實在難以服眾。

二月六日（星期二）

穎彤拜訪位於屯門的女子監獄。她說那裡雖然過度擁擠，但獄警和他們的工作內容卻讓她印象深刻，而且大約三分之一的獄友都有毒癮。今天我出席香港電台舉辦的問答環節，約有兩百位中學生參與其中。過程相當愉快，學生從性教育一直問到安樂死，問題種類比平時廣泛不少。我為《每日電訊報》接受了葛里翰．哈金斯（Graham Hutchings）的長篇訪問，我沒有發表什麼新意見，還有點太囉嗦了。中方似乎無法理解自由社會的本質，他們應該傾聽香港富豪以外的聲音，那群人根本只想維持自己富翁的身分。另外，按照香港商界的舉動來看，他們只在乎自己的護照能否進入其他自由社會，對香港社會的自由則是漠不關心。哈金斯的提問都很優秀，但如實作答的我或許就不是那麼聰明了。

轉任駐日大使的大衛・萊特和妻子前往東京時途徑香港。在萊特之後，接替他原本外交部副次長一職的貝恩德（Andrew Burns）今天也來了。愛德華・歐克登（Edward Oakden）也和首相官邸的團隊一起抵港，以準備首相的訪港行程。歐克登希望和我在粉嶺別墅待上一天。

二月八日（星期四）

反對我的那些香港人如常批評哈金斯對我的專訪內容，但《每日電訊報》刊登了一篇助益良多的社論，提醒我們還有不少其他讀者群。繼前幾天與學生進行的問答環節，今天我在沙田學院發表演講，又一次獲得不少優秀的提問。

二月十日（星期六）

澳門總督與妻子在這週末來訪，但一群中學生到八仙嶺參加愛丁堡公爵獎勵計畫的遠足活動時遭山火吞噬，我和穎彤得知噩耗後馬上趕到威爾斯親王醫院。三名學生和一名教師罹難，還有不少人嚴重灼傷和吸入濃煙。面對眾多病情嚴峻的孩子，我實在不知道該說些什麼來安慰他們的家長和親屬。[39] 同時，倫敦也傳來壞消息，當地發生了一起炸彈事件，估計會導致北愛爾蘭的和平進程停滯一陣子。

二月十一日（星期日）

法國外交部長和他手下一群官員剛從北京抵港，我與他們共進午餐。據他們所說的情況來看，法國這趟訪問並沒有為香港帶來什麼幫助，這也是歐洲各國一貫的做法。我還問他，法國能否接收更多來自中國的尋求庇護者，他們目前已經身處香港。自六四事件以來，我們已經協助超過一百九十人，大多數人去了美國，也有不少人去了英國，而他們的下一個選項就是法國，而且有些人已抵達了當地。

二月十六日（星期五）

本週，為了讓外勞輸入方案的投票順利通過，我們不得不花大量時間來遊說立法局議員。最終贊成方案的票數遠超過半數，有關公積金的表決也順利通過，總算是苦盡甘來。這週我們也為首相訪港而召開不少會議，我還到港島中學，了解英國大學聯招（UCAS）的申請方式。此外，在另一次關於交接儀式的會議上，我們同意讓林瑞麟負責相關安排。[40]

二月十七日（星期六）

為期一週的農曆新年假期開始。最近天氣嚴寒，是香港四十六年來最冷的春節。據說有幾位長者因體溫過低而去世，有些是露宿街友，有些則是獨居老人。在過去三、四年間，我們大幅提高了長者服務方面的支出，卻因此遭批評為福利主義推崇者。即使香港不會每年都像現在一樣寒冷，需要解決的問題還是數之不盡。

二月十八日（星期日）－二十日（星期二）

哈西男爵與其夫人蘇珊再次來港作客，讓我們想起英國即將對施廣智調查報告展開辯論。少數保守黨人揚言要投反對票，也就是打算裁定哈西夫人的弟弟威廉・沃德格雷夫以及檢察署檢察總長尼克・萊爾有罪。這簡直是一場瘋狂的鬧劇，他們兩人必定感到憂心不已。我和穎彤回到醫院，探望在山火中灼傷的兒童以及他們的家人。負責社區關係的地區秘書李麗娟盡心盡力照顧傷患，她是開朗活潑的女士，為傷者所做的奉獻遠超職責範圍。穎彤將回倫敦待上幾天，探望潔思和麗思。

二月二十六日（星期一）

新華社發表聲明，指出信義宗聯會（Lutheran Federation）不宜在一九九七年七月中旬舉辦世界童軍大露營的會議——這完全漠視了宗教自由和高度自治權等問題。這本來就不是他們該插手的事，結果果然招來媒體的抨擊，真是自討苦吃。

在倫敦，特區護照持有人的免簽證問題頗有進展。另外，首相讀了有關少數民族和戰爭遺孀的簡報文件後，也想為他們出一份力。可想而知，內政大臣正全力抵制免簽證待遇，甚至試圖設立大量條件來阻攔相關決定。為了讓梅傑訪港時公布最終定案，在那之前我們必須緘口如瓶。

春節期間寒流襲港，據稱有幾位長者失溫身亡。根據今天收到的驗屍報告，他們的死因都不是體溫過低，該週的死亡人數亦與往年同期相近。我們在改善長者服務方面下了不少苦功，好好整理一番後便能向大眾宣揚相關成就。我沒想到自己會這麼說，但很少有鄰里向獨居老人伸出援手，這並不怎麼符合儒家精神。各界當然還有不少聲音要求我們加強措施，聘請更多社會工作者。

二月二十七日（星期二）

今天行政局休會一天，但我和王葛鳴充分討論首相的訪港安排以及房屋政策，也商量了如何更謹慎高明地應對民主黨議員和其他議員。

二月二十八日（星期三）

我到新機場的工地考察。中方在過去三年對港府百般阻撓，但我們還是取得巨大成就，真是振奮人心。如果少了中國這道障礙，機場就能在交接前投入服務，但中方不會容許這種情況發生。那群中共的老政客將奪走一切功勞，並在一九九八年啟用機場。

二月二十九日（星期四）

首相現已抵達曼谷參加亞歐會議（ASEM，Asia–Europe Meeting）。他在香港的演講稿主要由畢瑞博以及黎偉略負責，我們得知他添加了一段精彩內容，表示英國對香港的道義承諾並不會止於九七年，如果中國違反《中英聯合聲明》，英國不僅會親自介入，還會動員國際社會的力量。太棒了！

我與盧森堡總理克勞德·容克（Claude Juncker）會面，他剛到訪北京，接下來要去參加亞歐會議。與中國領導人對話時，他代表香港強烈建議中方切莫廢除立法局。由於盧森堡將在九七年下半年度擔任歐盟主席國，所以他對香港事務特別積極。本週，眼見英國各部門首長即將推翻港人免簽證的決策，幾位議員代表立法局前往倫敦與他們會面。同時，中國貿易部長也到訪倫敦，聲稱這趟訪問將為英國帶來二十億英鎊的交易。我們就拭目以待吧。

李柱銘與夏舜霆來了一場萍水相逢式的會面，我早就料到會有這麼一天。李柱銘譴責英國為了維持中英貿易而把香港置於危險之中，夏舜霆當然會為此有點惱火。某種意義上，李柱銘的譴責並非沒有道理，而夏舜霆的確也覺得英國因為香港而錯失在中國的商業良機。雖然不大可能，但如果中國貿易部長在訪問時兌現承諾，我希望夏舜霆可獲得些許慰藉。首相在曼谷開會期間見到了李鵬，兩人都相當客氣，沒有什麼特別的事發生。首相向李鵬提到了立法局和人權法案，但沒有得到任何成果。李鵬表示自己不會派遣公務員來治理香港或增加這裡的稅款，真是可信。他還說自己意識到任命合適的人選來擔任行政長官有多麼重要。

1992 1993 1994 1995 1996 1997

三月一日（星期五）

香港明天更好基金（Better Hong Kong Tomorrow Foundation）是個大規模統戰組織，而且與董建華關係密切。組織負責人接受了《今日美國》（*USA Today*）訪問，指出香港人只在乎賺錢，在我來港前根本沒人關心民主。文章同時指出，採訪時發表類似意見的商人全都持有外國護照。董建華和其他香港商人即將參加年度美港商務會議，這篇報導對他們而言並不利。

交接會議上，我們決定緩慢而低調地推行計畫，希望中方可以在後期才加入討論，以避免發生爭執。我很懷疑這是否可行，但我們最好還是儘早考慮交接安排。

三月二日（星期六）

穎彤回來了。李柱銘也許是聽了研究助理所捏造的流言，公開譴責首相發言不當。此外，他向外交大臣提倡與中國進行秘密交易，與我一向主張的公開透明原則背道而馳，為此我在電話裡對他痛斥一番。我向他指出，如果人們認為我比民主黨更支持民主，不會有點彆扭嗎？他為人勇敢，總能在重大事件裡站對邊，但我對他的政治判斷能力深表質疑。

三月三日（星期日）

昨夜首相抵港，他度過忙碌的一週，自然是疲憊不堪。他參加了英國—愛爾蘭高峰會（Anglo-Irish summit）以及施廣智調查報告的辯論，雖然投票結果比數相近，但所有的人都成功脫罪，真是謝天謝地。忙了這麼多天以後，他才飛往曼谷參加亞歐會議以及大量會後會議。真的是要像公牛一樣壯才能這樣過日子。他實在是筋疲力盡，根本無法好好入睡。我們一起入住粉嶺別墅，穎彤隨手為他準備乳酪三明治，他配著威士忌快速解決一餐，然後凌晨兩點左右步履蹣跚地回房入睡。

吃完早餐後，我和首相在陽台聊了很久，他那位友好的外交部私人秘書約翰・福爾摩斯（John Holmes）及他的私家偵探也在我們身旁。我們討論了香港目前的問題，隨後首相便去看他的簡報。午餐結束後，我們帶他去看青馬大橋和新機場，他和其他人一樣驚嘆不已。面對中方的諸多阻撓，我們還是完成了這麼多事，足以證明我們對香港的決心。如我所料，他對香港最新的議題瞭若指掌。晚上首相參加了鄺富劭為商人舉辦的招待會，我則在會見廳為這次同行的記者進行簡報會，並充分說明了香港的情況。隨後，記者要求我公開日後的職涯去向，我給出了公式般的答案：我向來都只專注於眼前的工作，從不考慮未來去向。例如，我擔任環境大臣時，根本沒想過接下來要做什麼。我忙碌的工作會持續到一九九七年六月三十日。老生常談了，但我確實不會苛求或排除任何可能。雖然我對歐盟專員或其他國際職位都感興趣，但到處宣揚這個想法未免也太無恥了。我自二十一歲起從政，對政治議題依然滿腔熱忱。他們還私下詢問我對歐洲的想法，我複述了那一句熟悉的台詞：擴張歐盟比單一歐洲貨幣更重要。麥奇連説記者們滿意地離開，但不少人咕噥説我應該回到英國政壇。

今晚，我們為梅傑舉辦盛大晚宴，參與的賓客有一百七十多人，場外和場內分別有風笛手和中樂團演奏。我和梅傑的演講內容都很輕鬆，他還刻意強調了自己和政府對香港的承諾。大家都很享受宴會，而且表現得體。稍晚的時候，我聽到了一些有趣的故事，梅兆贊和親中商人鄭明訓坐在同一桌，鄭明訓一整晚都在批評民主，氣得梅兆贊中途離席，以免自己忍不住大發雷霆或大打出手。

三月四日（星期一）

不少人對首相訪港抱持懷疑的態度，質疑他無法改變香港前途或為港發聲，但他憑著過人才能和正直作風，讓這些聲音不攻自破。他度過了馬不停蹄的一天，先到香港會議展覽中心主持奠基儀式，再回來與行政局開了一場充實的會，他顯然以信念和誠意打動了與會成員。更令人讚嘆的是，約四十位立法局議員在宴會廳與他會面，所有的人都對他留下深刻印象。對於越南船民、《中英聯合聲明》違反事項、籌委會、人權法案和香港居民在外國遭扣留等問題，他全都做出回應。劉慧卿來勢洶洶，但態度還是相當恭敬。李柱銘非常守禮，而且他願賭服輸，聽到梅傑解釋免簽證待遇的情況後，便交出了與聶偉敬承諾的賭注。這次會議進行得很順利。有關越南船民的問題，首相表示自己曾在曼谷與越南總理會面，而英方官員也會在四月前往越南，為漢利五月的訪問做好準備，以便港府加快遣返進度。首相出其不意地公布有關免簽證和少數民族的安排。他承諾，如果少數民族被逼離港，英國政府將允許他們入境國內，而戰爭遺孀也會獲發護照。此外，他決心履行對港人的承諾，表明如果中方違背《中英聯合聲明》，英方將採取一切必要行動。

首相會晤二戰老兵艾華士（Jack Edwards），他多年來一直為戰爭遺孀爭取權益，因此對最新聲明深感欣慰。隨後，首相為各商會發表演說，期間多次迎來熱烈掌聲，一切都相當順利。他和幕僚在講稿中加入了相當精彩的論述，強調英國將持續履行對香港的承諾，也會堅決維護《中英聯合聲明》，這部分讓演講更為完滿。接下來，我們去沙田進行訪問，並在學校和商場外受到民眾包圍，部分在場的英國媒體也對此驚嘆不已。群眾裡有人高喊「感謝發放簽證」，再次證明港人並不全然把我們視為殖民鎮壓者。

首相回到布政司署，並在港督府聽取簡報會，我們隨後召開最後一次記者會。這種場合很容易讓人前功盡棄，但他表現得滴水不漏，果然是位值得欣賞和欽佩的人物。不過，他對自身過於苛求，也太常質疑自己的表現，我必須說他每次都棒極了！他為人極度討喜，從不錯過任何行善機會，而且富有強大的同理心，即使別人把他與柯林頓總統做比較，他也不會得意忘形。我送他到機場乘坐前往漢城的飛機，到家後便早早入眠。今天是我來香港後——不，應該說是從政以來最滿足的一天。

三月五日（星期二）

有關首相訪港的報導相當正面，這種情況在香港可謂前所未聞，他獲得各界普遍的認可。第一，他針對國籍問題所提出的措施遠超外界預期。第二，他對香港的承諾堅定如山。大部分英國部會首長來港後都無法全身而退，但首相並沒有引發任何巨大危機，確實是出類拔萃。另有英國媒體報導我將回到英國政壇，真是荒謬。這種事難以避免，我甚至可以把它視為一種恭維。我無法完全排除返回英國政壇的機會，但取得平衡並非易事。

行政局會議非常簡短，大家都很滿意梅傑的訪問成果。我們稍微討論了中國對台灣造成的威脅，大家開始為此感到焦慮。董建華全程沉默不語。我們還提及曾蔭權的財政預算案，由於這是首份由香港本地官員提出的預算案，我想市民都會感到滿意。我的前私人秘書梁寶榮將到北京為我們設置聯絡處，我也和陳方安生討論如何讓梁寶榮的優秀特質發揮最大作用。我已經著手規劃秋季時在北美和倫敦的工作，英國工業聯合會（Confederation of British Industry，簡稱 CBI）要求與我對話，我也認為有其必要，但屆時報上也許會充斥著「彭定康投下震撼彈」之類的新聞標題。

三月六日（星期三）

下午我們到訪黃大仙，當地市民相當熱情，再次提高了團隊的士氣。如果把出訪比喻成選舉，那我們上次在沙田獲得的票數大概有兩萬五千票，這回在黃大仙則至少有五萬票！我們坐車回港督府的路上，麥奇連說首相從漢城回國時，在飛機上接受了羅賓・歐克利（Robin Oakley）為新聞節目《今天》做的採訪，他說他很希望我能回到英國政壇，而且對我在巴斯選區的敗仗感到痛心；他還說如果我回到英國，很可能會成為首相的繼任人選。我們回到辦公室後，發現新聞爭相報導「梅傑欽點彭定康為繼承人」等消息。問題是，根本沒有人能夠說服一九二二委員會（1922 Committee）！[41]我們到港島中學參加家長會，雅思的在校表現如預期般傑出。

三月七日（星期四）

我花了不少時間與民主黨的立法局議員李永達會談，他屬於黨內比較有責任感的一派，對房屋署改革提出不少有意思的想法。重要的是，民主黨成員願意接受他明智的政治理念，他說他讀過我寫的《保守黨概述》（*The Tory Case*），但我並非基於這個理由而稱讚他。我發現不少自稱與北京關係密切的人四處宣揚一種論調（其中甚至有些人是公務員）：如果立法局解散或人權法案遭到否決，人們也絕對不能批評中方。

對於我重返英國政壇的猜測，國內部分報章的回應顯然是從右派立場出發。我接受了《衛報》採訪，藉機反擊這些胡言亂語，同時抨擊保守黨內的右翼分子。繼李永達之後，我又見了馮檢基，他是另一位與民主黨關係密切的立法局議員，但他選擇加入籌委會。他說籌委會的下一個任務是為設立臨時立法會的提案背書，首次與中方官員合作的經驗讓他有點卻步。籌委會成員可以共同做出決策的想法相當天真，候任行政長官遴選委員會的成員大概也無法自主做出決定。與中方合作注定要捨棄民主，我們必須避免讓自己捲入這種情況裡。

三月十一日（星期一）

首相順利訪港，曾蔭權發表的財政預算案也廣受好評，外界一致認為方案審慎而慷慨，接下來我們必須整理手上的工作。中國開始對台灣加強施壓，恒生指數也持續下滑。台灣問題升溫，我們更難說服華府延續對中國的最惠國待遇政策。夏舜霆即將於五月再次訪華，然後便會造訪香港，我與鄺富劭為此進行討論，估計外界將把他和首相訪港時的表現相提並論。行政局會議上，畢瑞博對台灣局勢進行評估，他以資料為輔，指出中國的行動大大降低了台灣人支持統一的意向。董建華表示，我們必須意識到中國國內強烈的民族主義情緒。他主張和平解決台灣問題，還說對大多數的商界人士而言，台灣受到中國威嚇的事根本無關緊要，美國派遣航空母艦進入台海海峽才是挑釁行為。我不禁納悶，為什麼他的家人要拿美國護照？

三月十三日（星期三）

我有一個上午的時間去準備四月在英國的演講。我在英國央行的講題是「亞洲奇蹟」（或缺乏奇蹟），另一場則是講「亞洲價值觀」。睿智的前美國國務卿舒茲再次來訪，他的觀點是，如果將政治以及人權問題與貿易混為一談，任何問題都無法獲得解決。只有中國成功將貿易和政治綑綁在一起，還能讓世界各國對他們唯命是從。法國和德國試圖與中國進行交易，籌碼是兩國政府可以在日內瓦幫中國反對聯合國的人權決議。國際特赦組織在本週發布了有關中國人權問題的震撼報告，不少人隨即發表了不切實際的廢話，討論如何採取更好的方式來改善人權問題。法國相當注重李鵬四月的來訪，德國則是一如往常，只對貿易有興趣。兩國曾在曼谷試圖擺佈梅傑首相，但並未得逞。現在他們轉而敦促中國進行對話，但中方堅持寸步不讓，真是謝天謝地。

三月十五日（星期五）

討論下年度的財政預算案時，中方依舊堅守立場。我們提出待候任行政長官的結果出爐後，由他負責與我們談判，中方卻強烈要求親自參與商議。雙方本已同意制定一份全面的預算案，如果剛發表的那份只能涵蓋三個月，而下一份又橫跨九個月，那怎麼說得過去呢？無論如何，我還是希望談判對象為候任行政長官，而不是北京當局。

三月十八日（星期一）

台灣繼續佔據報章版面。我會晤了主管政治事務的美國國務次卿彼得・塔諾夫（Peter Tarnoff）。鑑於中國的舉動，他當然不會看好最惠國待遇。英國駐華府大使館的政務參贊湯姆・菲利浦斯（Tom Phillips）為了香港事務在當地四處奔波，他也同意最惠國待遇的問題會在今年變得更棘手。另一位來自美國的訪客是財長勞勃・魯賓，他表示中方高層認定最惠國待遇爭議只是華府的定期炒作，並無實質意義。他認為這種想法一點也沒幫助。他還表示，香港人權或民主問責制受到約束，各界普遍對此採取相當消極的態度，市場信心即將受到衝擊，導致跨國公司的員工抗拒來港工作。我與魯賓會談後，美國駐港總領事穆亦樂告訴我，董建華和其他商人剛抵達華府，他們懇求美方在九七年後不要過度關注或干涉香港事務，伏克爾對此窮追猛打。他們真的希望美方在九七年後對他們的福祉撒手不管嗎？看來他們的確是這個意思。

三月二十一日（星期四）

怡和似乎認為他們與監管機構達成了臨時協定，這多虧他們手上的法律意見書，說明集團已經脫離證監會的管轄權。凱瑟克一直四處宣揚我沒有捍衛英國在港的利益，說白了就是我沒有按他的心意做事。如果這個協定能阻止凱瑟克的行為，而我們也不再需要為怡和的問題大費周章，那又有何不可？至少我們不用為了凱瑟克而干預監管機構的事務，那實在是太難堪了。我一直不懂，為什麼他會認為這種舉動能為他自己、怡和集團或香港帶來好處？

我為自己對臨時立法會所提出的觀點做補充，並要求那些加入籌委會的現任議員發表聲明：除非立法局全體議員都能加入臨時立法機構，否則他們不會同意就任。有意領取英國國民（海外）護照（BNO，British National Overseas）的市民必須在月底前提出申請，連月來入境處門外都大排長龍，我們得想辦法提高效率。

三月二十四日（星期日）

週末連續兩天，我和穎彤以及鄺富劭夫婦到大嶼山遠足，雖然山路崎嶇不平，但我們沿途飽覽了秀麗動人的美景。晚上到家後，我們接獲有關籌委會的消息，他們以一百四十八票對一票通過解散立法局並成立臨時立法機構。唯一投下反對票的是馮檢基，他也因此無法加入遴選委員會及臨時立法會。社會大眾都明白投票結果代表著什麼！這就是富有中國共產主義特色的民主，真是不知所謂。

三月二十五日（星期一）

我和曾蔭權及安生會面，她明確表示，新任行政長官能盡的最大努力，就是確保全體公務員能過渡到九七年以後的特區政府。我們與曾蔭權和他的妻子鮑笑薇享用了美味的晚餐，餐桌上幾乎都是色香味俱佳的魚類料理。

三月二十六日（星期二）

我與英聯邦國殤紀念墳場管理委員會（Commonwealth War Graves Commission）的主席會面，他希望我們向中方提出九七年後墳場的相關事宜。另外，我與楊森會談，希望他可以鼓勵民主黨人盡量表現得負責任一點，這對他們自己也有好處。[42]楊森支持我們對於預算案的立場，但他期望我們來年能為長者社會保險費做出一些承諾。李鵬為記者舉辦了簡報會，其中有不具名人士透露，李鵬指出臨時立法會成立之後，所有的公務員都必須表示支持。據說，首相訪港之舉，以及他在香港的言論表明我這個總督不會就此屈服，都讓李鵬非常生氣。王葛鳴擔心公務員將受到威脅，認為中方將再次試圖孤立我。陳方安生即將在本週內發表第二次演講，批評中方解散現有立法局及成立臨時立法機構。她這兩次演講都未諮詢過我，有人指控我逼迫安生等人為立法局發聲，簡直是一派胡言，我怎麼可能命令安生做違背個人意願的事。她認為公務員的誠信是香港的核心價值，也是邁向成功的基石，因此她一直致力維持團隊的廉潔操守。

1992 1993 1994 1995 1996 1997

三月二十八日（星期四）

珍・莫里斯正在香港為她的著作《香港：大英帝國的終章》（*Hong Kong: Epilogue to an Empire*）做最終修訂。她前來與我會談，我直覺認為，她會在末章寫道，英方在最後一刻嘗試為香港的民主做努力，對此港人應該表達謝意，但其實英國早該有所行動了。她是一位睿智的女士，對各方面的觀點都相當精闢。

英國與歐洲狂牛症的爭議在國內鬧翻天。外界推測英國政府會命令我不要對英國牛肉採取任何措施。不過，鑑於歐盟對英國牛肉實施出口禁令，我在香港落實禁售政策，但也指出英國牛肉不會帶來實際的食安問題。這讓原本想大作文章的媒體無話可說。

三月二十九日（星期五）

回顧這幾天發生的事，我認為香港度過了黑暗的一週。上週末李登輝總統在台灣選舉中大獲全勝，部分原因來自中國的威脅。選舉結果出爐後，中共馬上調整各方面對台的政策，以展示其強硬立場。中方官員宣布香港的民主即將消亡，隨即惹來不少人的詬病，這時民主的果實則在台灣遍地開花。中國對公務員施壓的結果也是如此，陳方安生會在星期日面見全體高層公務員，媒體也紛紛對她表示支持。即使安生身邊的好友都勸喻她保持低調，但她還是選擇繼續挺身而出。有人對她說，如果你現在保持沉默，不但可以在九七年後繼續擔任布政司，還有可能成為行政長官，但安生認為董建華已經對這個職位勝券在握。航空界也發生了一些交易，為了可以不受干擾地繼續經營在港業務，國泰同意將港龍航空的大量股份以低價售予中國航空。奇怪了，中國航空並未承諾放棄申請在港營運航空公司，以減輕他們對國泰主要航線所造成的威脅，這讓我想起了「切香腸戰術」。[43]中英聯合聯絡小組為了交接儀式召開會議，中方提出不少過分的要求，他們認為沒有必要邀請外國賓客，還堅持要對記者進行共同審查，真是離譜。週末一起去觀賞「七欖」賽事時，澳門總督告訴我，中國對澳門的態度也開始強硬起來，讓他和當地官員相當沮喪。[44] 張戎和她的丈夫哈利戴前來作客，他們告訴我，共產黨在延安時期的收入有一半來自鴉片銷售。

《南華早報》的社論正在嘗試一種全新的風格，他們以前主張我們不曾為香港挺身而出，現在則說梅傑和我希望在最後一刻站出來維護香港，但事實證明我倆確實無能為力，看來我們只能祈求中國不會堅持在九七年前消滅英國在港的影響力。

四月一日（星期一）

大批市民不斷排隊申請英國護照，我們在週末接受了大約十萬份申請，上週的總申請人數為十八萬。群眾排隊時發生了小規模爭執，世界各地的媒體馬上爭相刊登有關照片，報導港人排隊申請英國護照時發生騷亂。這個例子反映出，香港即將在接下來十五個月內持續受到各界的猜忌以及關注。

北京多次提議我們協助籌委會的工作，今早我們查看了至今中方所提出的所有要求，部分提議毫無問題，其他的則是天方夜譚，例如為臨時立法會提供配套設施。最直接的結論是，既然籌委會去年十月才陸續提出意見，那我們就不用急著回應，大概在復活節之後給中方一個交代便可。同時，我們會加快腳步，讓中方官員在復活節之後來港參加籌委會會議，據稱中方將在會議上徵詢有關遴選委員會以及相關事宜的意見。

本週立法局將對預算案進行表決，一切都看似順利。我還記得外界曾經非常擔心港府在接近九七年的時候無法通過預算案！我與李柱銘交談，提醒他下次到訪華府時，必須為中國爭取無條件延長最惠國待遇。我還說，如果民主黨主張的政策有可能損害香港的就業市場及繁榮經濟，他們必然會遭受攻擊。

四月三日（星期三）－九日（星期二）

我和穎彤前往倫敦度過復活節並發表多場演講，由於雅思已隨學校前往尼泊爾，今天只有小狗送別我們了。我們連夜飛往倫敦，然後趕到蓋威克機場與潔思以及麗思會合，再搭乘前往土魯斯的飛機。我們在蒙布瑞托度過了美好的一週，這裡的天氣和五月底或六月初的英格蘭一樣溫和，所有的事物都很完美，特別是別墅的新大門、百葉窗以及室外石桌。我們享受了溫馨的時光，一起散步、騎了新買的腳踏車、購物、享用美食、種植花草、閱讀、度假屋、花園以及周圍的鄉村都讓我心滿意足。

四月十日（星期三）

回到倫敦，下午我與首相會面，他一如既往地支持我，並不斷思考如何強調英國對香港持續的承諾。夏舜霆即將在五月帶領大批企業家到中國，為招攬生意做出第二次努力，首相憂慮外界會就此推測英國確實為了商業利益而出賣香港。我到倫敦西堤區（City）的英國央行發表有關亞洲奇蹟的演講，雖然亞洲奇蹟並不多。隔天，我前往英國皇家文藝學會（Royal Society of Arts）介紹亞洲價值觀。我與英國央行總裁艾迪・喬治（Eddie George）就香港風險問題進行了兩次會談，他向我保證，該行正在謹慎應對相關事宜。漢利的越南之行很順利，因為在那之前，首相就已經在曼谷的高峰會上與越南的元首對談過。

四月十三日（星期六）

我在北愛爾蘭短暫逗留，以支持當地一個設有多個慈善團體的組織。晚上，我到董事學會的年度晚宴上發言。北愛爾蘭在各方面取得的進展令人鼓舞，其中貝爾法斯特的發展尤為驚人。我們夫妻倆都非常懷念這裡的一切，還記得當年我擔任北愛爾蘭次長時，穎彤常來看我。我們與潔思和麗思道別後搭乘夜機回港。

四月十五日（星期一）

我不在香港期間，錢果豐公開表示臨時立法會具有法律依據，卻說不出什麼實際理由，這番略為離奇的發言掀起不少爭議。媒體當然馬上開始抨擊行政局的集體責任制。張健利在報章上撰寫了幾篇精彩的文章，對臨時立法會的合法性提出嚴重質疑。麥理覺希望就集體責任制進行商議，其他人則想討論中方準備成立的臨時立法局事宜。

碰巧的是，這週魯平來港參與籌委會的工作，他的原意是來徵詢港人意見，但幾個示威者引起廣泛的關注，因此打亂了他們的腳步。魯平他們在這週的表現每下愈況，還拒絕與包含民主派議員在內的教師團體會面，結果得從後門進出會議場合。顯然，他們讓大眾的噩夢成真，證實了協商會只是一場鬧劇。中方強迫我們整治立法局，現在卻得自食其果。

布萊爾的顧問文德森訪港時我碰巧不在。他寫了一封信給我，讀起來雖然文采翩翩，卻暗藏不少政治意圖。他說自己很同情我陷入困境，還說我需要的是一名中間人，他該不是在暗示自己吧。其實，我並不覺得自己的處境特別難堪，倒是魯平，如果他意識到發生了什麼事，應該會非常受挫。

好友加雷—瓊斯伉儷前來作客一週。他和瑞士銀行的人一起來香港，我將在本週稍晚與該銀行進行會談。李德衡與妻子西西（Sissie）一起來吃晚餐，讓我想起了舊日時光。我和加雷—瓊斯再次為了拿破崙而爭論不休，他打從心底就是個拿破崙主義者。

1992
1993
1994
1995
1996
1997

四月十六日（星期二）

今早的行政局會議上，我回顧了所有關於立法機關和臨時立法機關的論點。直到一九九七年六月底為止，香港都只有一個立法局。《中英聯合聲明》和《基本法》裡都沒有提及要成立臨時立法會，因此在一九九七年六月底以前，這樣的臨時機構並不具有任何憲法地位。至於在那之後的地位問題，就留待中方自己去提出主張了。我察覺到港府在過去幾年一直寬容對待集體責任制，例如我們沒有把錢果豐最近的發言歸類為專橫的內容。我認為行政局的多元背景至關緊要，因此打算在交接前繼續採取這種應對態度。經過長時間討論後，大家都贊同我的說法。問題終於告一段落，我想所有的人都鬆了一口氣。

兩名香港華人受邀來到港督府，我曾在菲律賓為他們的案件發聲。兩人在監獄裡待了四年六個月，最後成功洗清販毒罪名。他們參加的旅遊團中，有部分馬來西亞人因販毒而遭逮捕，警方誤將兩人指控為共犯。我們會全力協助他們擺脱這段糟透的經歷。

四月十八日（星期四）

立法局議員在答問會上提出不少關於預委會和臨時立法會的問題，也有人建議將無意協商的部分人士排除在外，我依循行政局的討論結果做出回應。周南釋出善意，邀請陳方安生與他和魯平共進晚餐，但這對北京拍檔卻表現得寸步不讓。儘管臨時立法會並無實際作用，但魯平依然堅持在交接前把它設立起來。我估計中方希望在我們的默許下成立臨時立法會，以免在六月三十日之後引發騷動。他們非常害怕失去掌控權，因此做出各種舉動。下週安生將與首席大法官一起受邀前往北京，我們期望她能與別的高級官員會面。

四月二十日（星期六）

感染流感的我接到聶偉敬來電，他即將與錢其琛會面。他的部下建議他就臨時立法會的組成與中方談條件，同時盡量推遲執行日期。我認為此舉並不明智。我們必須堅守已經確立的清晰立場，一旦開始弄虛作假，中方便會識破我們的意圖，繼續漠視我們的言論。我強烈認為，英國不應以任何方式介入臨時立法會的建立過程。聶偉敬深明事理，他在會議上的發言恰當，當錢其琛指控我煽動反對籌委會的示威行動時，他也斬釘截鐵地做出否認。錢其琛做出不少保證，包括英國對香港的管轄權將維持至一九九七年六月三十日，公務員將保持政治中立，還有中方會積極推動交接儀式的安排。他們大概是明白了我的意思：如果雙方未能就交接儀式達成共識，我們便會獨行其事。

四月二十二日（星期一）

我們開始籌備陳方安生的訪京之旅，屆時她將提到我們準備為籌委會和候任行政長官提供的協助，她也會強調設立臨時立法會毫無意義，更會帶來不少破壞。我也開始為美國和加拿大的訪問行程做好準備。麥奇連精闢地指出，如果我沒有持續對中方的舉動做出明確回應，香港社會將陷入緊張局勢，甚至有可能分崩離析。他認為我必須繼續展現強而有力的領導力。

四月二十三日（星期二）

我與美國商會討論最惠國待遇的遊說情況。目前李柱銘人在美國，他不論到哪裡都受到「香港明天更好基金」的抨擊，無疑對香港的形象造成莫大的損害。基金會並沒有為在美港商帶來任何好處。另一方面，李柱銘就最惠

1992
1993
1994
1995
1996
1997

國待遇發表了恰到好處的言論，也得到令人滿意的回應。

四月二十六日（星期五）

特別委員會先討論了中方是否會脅迫公務員前往中國，然後回顧了昨晚上議院的辯論，情況不算太糟。柴契爾發表了強而有力的言論，還有其他議員發聲支持我們。出乎意料的是，前港督衛奕信發動了令人難以捉摸的攻擊，他提及靜默外交的重要，還說不要總是直言不諱，要與中國密切合作，而且處理臨時立法會時必須講求務實。他究竟在針對誰呢？我下定更大的決心，絕對不會公開談論他。

我在香港總商會的午餐會上就最惠國待遇發言，我讚賞李柱銘努力爭取美方無條件延長最惠國待遇，他在美國有很高的公信力，因此擔當非常重要的角色。全場陷入一片靜默，可謂鴉雀無聲。安生與中方領導人在北京的會談還算順利，不過她闡述我們對臨時立法會的立場時，官員的反應都相當冷淡。中國對她再三保證，他們無意建立第二權力中心。

四月二十九日（星期一）

今天郭偉邦抵港，他一開始似乎有點尷尬，但一天下來已放鬆不少。我們邊吃午餐邊聊公事，他的提問都非常恰當。下午，我們一起前往灣仔，並在一家茶樓享用點心。不少市民前來圍觀，他親眼目睹了殖民壓迫者欺壓民眾的場面，真是個不錯的體驗。我還接受了齊格勒為《經濟學人》做的採訪，他們將發表一篇社論，強調國際社會支持香港的重要性。晚宴上，我們與不同政治人物進行熱烈的討論，大家都相當有風度。

四月三十日（星期二）

郭偉邦與鮑磊以及總商會執行委員會共進早餐。成員之一的鄭明訓表示，如果英國能解決「劉慧卿的事」，中國就會讓我們風光交接。我敢説郭偉邦非常認真對待這番話。他問我布萊爾是否應盡早訪問中港兩地，我表示自己能理解他的想法，如果工黨勝出大選，香港就是他們必須優先解決的問題。不過，我認為布萊爾來訪的風險相當高，他得面對數之不盡的假設性問題。身為港督，我很樂意與他會面，但如果我是他的政治顧問，我會建議他到訪印度或其他不利因素和風險較低的地區。

五月一日（星期三）－十一日（星期六）

我拜訪美國和加拿大，在不少大型午宴和晚宴發表演講。溫哥華的聽眾有一千兩百人，多倫多則有六百人。我與加拿大總理、外交部長以及其他部門首長會面，他們紛紛對香港表示支持，也很關注十萬名在港加國公民於九七年回流時可能造成的影響。在我的追問之下，他們原則上同意特區護照持有人可獲免簽證待遇，只是部分細節還有待商榷。外長艾斯威西（Lloyd Axworthy）比總理克瑞強更關心人權問題，因此我得來回穿梭於樂觀和悲觀的鋼索之上。大致上這種窘境實在不好對付。

隨後我們又去了紐約、華府和西雅圖。我會把旅程中的見聞、演講以及採訪活動紀錄下來，以提醒自己曾付出的努力以及即將卸任的殖民地總督能獲得什麼機會。在紐約，我到外交關係協會和美中貿易委員會（US China Trade Committee）發言，並接受《紐約時報》、《華爾街日報》、《時代雜誌》以及《新聞週刊》（*Newsweek*）的採訪。在華府，我去了傳統基金會、全國記者俱樂部、牛津及劍橋大學的週年晚宴發表演講。我在劍橋和與牛津晚宴上說的笑話並沒有重複，這讓穎彤鬆了一口氣。我還見到總統、副總統、國務卿、財政部長、商務部長、國家安全委員會主席、國家經濟委員會主席以及參眾兩院大部分的政治領袖，也接受了《華盛頓郵報》以及《華盛頓時報》

（*Washington Times*）的採訪，並參與了自由論壇。我們的駐美大使約翰·柯爾與夫人招待我和穎彤在大使館享用晚餐，他們非常熱情，根本不用我多說了！我必須老實招供，我也有幾個精彩的私人行程，除了在紐約聽了潔西·諾曼（Jessye Norman）的歌劇表演，也欣賞了台北故宮博物院在美國展出的藝術珍品，其中包括一些精美的青銅器。

以下是一些個人想法：

一、人們極度厭惡中國，程度比我上次訪美時嚴重得多，原因包括台灣問題、異議人士遭打壓、西藏問題、智慧財產權遭侵犯、香港面對的威脅、武器擴散等等。所有的人都因此改變了對香港的看法，也對民主和人權發展失去信心。他們經常有這樣的疑問。如果中方控制了行政長官、立法局和法院，將會有什麼後果？許多人認為李柱銘等民主黨人都會被關進大牢。

二、我們獲得了不少驚人的機會，參與會議的人數龐大，人們都對我們的想法很感興趣。我上次來華府的時候，在日記裡說我們大概無法再達成同樣的成就，但我們這次的表現又更上一層樓。

三、關於最惠國待遇，我清楚表明自己並非中國代表，我做的一切都是為了香港。如果美方終止最惠國待遇，香港就會在敏感時期受到打擊。由於美方明白我不是中方代言人，加上李柱銘在幾週前就說過同一番話，所以我的發言變得更加可信。

四、所有的人都絞盡腦汁設法對付中國。我覺得大部分的人都意識到，終止最惠國待遇是非常粗暴的手段，至今還沒人付諸行動。儘管對中國有不少怨恨，也不應集中在錯誤的焦點。不少人認為，如果美國對中國各方面採取強硬立場，歐洲便會從中作梗，以獲取貿易利益。據我所知，即使中美兩國唇槍舌劍，但在一九九五年，美國對中國的出口量卻大幅增長，甚至首次超過進口量。這是多年來第一次。

五、我指出，美國應該對香港議題表示關注，無論在私人還是公開場合，都應該為港人挺身而出，不該把香港和一般中國議題混為一談。我反覆強調，香港一直是連結中共和世界的橋梁，中方未來幾年處理香港的方式將直指問題核心，決定中國在過去和未來成為什麼樣的國家。

六、柯林頓總統清楚表明，如果他成功連任，便會優先考慮與中國打好關係，但這不代表他會放棄主張人權和自由價值的重要性。

這趟訪問讓我筋疲力竭，我得養精蓄銳，才能再次面對這種行程。我獲得了不少機會，來聽演講的人數也不少，大概是因為人們知道我不完全是個傻子，我得放下虛榮心！我們悠閒地在西雅圖逛了一個上午，其中當然少不了我最愛的艾略特灣書店（Elliott Bay），然後便轉乘國泰的波音 777 回港。

五月十二日（星期日）

回港時剛好趕上我的生日，也迎來一場精心策劃的糾紛。我抵達機場後，首先面對了新華社組織的示威活動，他們指控我到處抹黑香港，還讓國際社會插手香港的問題，這就像是有人指責我把教區議會地方化一樣。有趣的是，中國處理香港事務時留下不少惡果，我明明在為他們善後，卻成了別人口中製造惡果的罪魁禍首。人們最常用《新聞週刊》的一篇文章攻擊我，該雜誌分別對我和不少商人進行採訪，那期封面寫滿了「背叛」二字，並在文章中提及這些企業巨頭背叛了香港的民主進程。可想而知，我當然沒有使用「背叛」一詞。問題是，即使我做出澄清，批評人士還是認為他們很了解我的想法，大眾都很關注這些評論。不過，我早就知道政界以及媒體從不講究事實。

五月十三日（星期一）

身為政治人物和香港總商會主席，田北俊並沒有帶領風向的才能。他寫了一篇文章來譴責我，理由是我把香港商人稱為叛徒。我和陳方安生都在英聯邦議會（Commonwealth Parliamentary）的會議上發言，指出在港人士應該為香港發聲。安生補充道，如果港人重視這個城市的自治權和生活模式，他們就應該站出來說話。她還向國際社會作出呼籲，如果香港一九九七年後出了狀況，各界應該採取行動讓港人安心。她的發言實在是無可挑剔。昨天

1992
1993
1994
1995
1996
1997

的行政局會議還算過得去，除了董建華之外，大家都很滿意我在美國的訪問和演講。我盡量表現得堅定而友善，但這並不容易。我與田北俊和唐英年會面時，不得已放棄了友善的態度。[45]他們兩人詭詐奸險，我向田北俊提出質疑時，他甚至說自己在報章簽上署名之前，根本就沒有讀過《新聞週刊》那篇文章。我明確告訴他們，雖然我很想結束這場爭執，但如果他們偏要挑起戰爭，我絕對奉陪到底，可是這並不會為香港帶來任何好處。他們離開前頻頻對我示好，還熱情邀請我和他們的一群朋友共進晚餐。如果唐英年負責選酒，那肯定不會讓人失望，他大概只會選擇一級波爾多淡紅葡萄酒。某次晚宴上，我奉上遠近馳名的黎巴嫩睦沙城堡（Château Musar）紅酒，唐英年卻嗤之以鼻。有些人完全以價格來判斷葡萄酒的品質。我總愛想像酒莊莊主冒著槍林彈雨，英勇無畏地拖著葡萄穿越貝魯特（Beirut），只為釀製出令人讚嘆的美酒。

五月十四日（星期二）

夏舜霆將在五月二十四日抵港，我們都滿心期待他再次帶領商界軍團穿越中國，然後向著香港的方向進發。與此同時，我也度過了相當低迷的一週，我的身體狀況不太妙，大概是因為感冒還沒完全恢復，而我又再次愚蠢地採用了高麗菜湯飲食法，艾絲佩絲說這種湯是神丹，能迅速改善我的心臟問題。令人高興的是，伊芳・霍克（Yvonne Hawker）在蘭桂坊藝穗會舉辦畫展，我到場主持開幕式，還買了一幅出神入化的夜光畫，畫中的桌上放著一個黃色塑膠碗，後方還有一個魚缸。霍克畫了好幾幅有關魚的作品，看得我饑腸轆轆。我們吃晚餐時得知，方黃吉雯和魯平關係密切——只說他們關係密切，已經算是留了口德。長久以來，她都是統一戰線的核心成員。我的訪美行程以及《新聞週刊》的標題之所以惹來這麼大爭議，她可是功不可沒。方黃吉雯也是香港明天更好基金的創始人，他們最近到訪美國，竭力說服當地人中國並非不懷好意，但美方顯然不買賬。我的食譜調整為香蕉和脫脂牛奶，不但吃起來充滿異國風情，效果更是前所未有的好。

五月十五日（星期三）—十六日（星期四）

批評我的商人寫了一封公開信給梅傑，聲稱先前我對他們的評論讓他們「深感失望」。問題是，那些評論根本不是出自於我。梅傑回信反擊，成功堵住他們的嘴巴。他在信中寫出我受訪時實際說過的話，還說我在美國大力宣傳香港，他們應該心存感激，不過這對他們來說大概是難若登天。

五月二十三日（星期四）

我喝完飲食法的最後一碗湯，終於擺脫這陣子陰魂不散的烤馬鈴薯。貿易軍團即將凱旋歸來，我們謹守幾週前教會傳授的《聖經・以弗所書》教誨，以謙卑、平和及忍耐的心情等待他們到來。無論發生什麼事，即使方黃吉雯再次擾亂，我們都準備好和「貿易局主席」共度一段激動人心的時光。[46]

註釋

1 譯註：一九九二至一九九五年間，法官施廣智就英國出口國防裝備至伊拉克一事和相關的檢控問題進行官方研訊，並於一九九六年二月發布研訊報告。
2 譯註：張敏儀為香港首位華人及女性廣播處長，有「香港鐵娘子」之稱。
3 譯註：彭雯麗為第二十六任港督尤德爵士遺孀。
4 譯註：一九八二年，英國和阿根廷曾為福克蘭群島的主權開戰，歷時一個半月。結局是英國確保了群島的主權。
5 譯註：此處猜測是客房中有英相張伯倫的肖像畫；先前彭定康曾抨擊柯利達對待中國的立場，就像一九三〇年代英國政府對待納粹那樣，姑息養奸。
6 譯註：包陪慶為船王包玉剛長女。環球航運有限公司董事，曾擔任香港演藝學院董事會主席，一九九四年出任港事顧問，後來當選第十二屆全國政協委員。
7 譯註：兩位都是英國記者，年紀比彭定康大二、三十歲，其中克萊爾・霍林伍茲曾報導德國入侵波蘭，是名資深戰地記者。
8 譯註：標準普爾是三大信貸評級機構之一。
9 馬富善於一九六八年加入港府律政署，並於一九八八至九七年出任律政司，是稱職可靠的官員。他後來回英國退休，成為英國海外公務員長俸協會（Overseas Service Pensioners Association）主席。
10 譯註：《官方機密條例》是參照英國《一九八九年聯合王國官方機密法令》而制訂，所以說是英國法令的本地化。
11 譯註：《英王制誥》為香港英治時期的重要憲制性法律文件，為王室制誥的一種，通稱「香港憲章」。
12 譯註：第一代羅特梅子爵於一九二二年成為聯合報業（Associated Newspapers）的經營者，旗下媒體包括《每日郵報》，其後繼承人也一直管理該集團。
13 大衛・史迪爾曾擔任自由黨黨魁，自由黨及社會民主黨合併成自由民主黨後，他在艾布鄧成為黨魁前短暫領導該黨。後來，他出任蘇格蘭議會成員以及議會主席。
14 郭偉邦是一名蘇格蘭國會議員，在一九九七至二〇〇一年間出任布萊爾政府的外相，然後在二〇〇一至〇三年間擔任下議院領袖。他在反對伊拉克戰爭而辭去政府職務後所發表的演講叫人拍案叫絕。我十分欽佩他的說話技巧，好幾次與他辯論時都緊張不已。郭偉邦雖為共和黨人，但他和女王一樣熱中賽馬，因此兩人相處融洽。二〇〇五年，他在出遊蘇格蘭高地時心臟病發逝世。
15 譯註：約瑟夫・康拉德（Joseph Conrad）是歸化為英國籍的波蘭人，三十幾歲才開始用英文創作。

16 譯註：詹伯樂曾經擔任香港政府工務司以及九廣鐵路公司新鐵路工程高級總監。
17 譯註：專題討論節目，來自各地的政治人物、媒體以及其他領域的人士會組成專題小組，並回應觀眾的提問。
18 譯註：譚百德勳爵為英國保守黨政治家和清福德（Chingford）前議員。
19 夏偉明是保守黨議員以及大律師，歷仕柴契爾和梅傑內閣。我出任環境大臣時，他曾短暫擔任我的政務次長，做事相當優秀且勤奮。他在一九九三至九七年間出任內政大臣，那時我與他頻繁會面，我們在港人居英權的議題上起了很大的衝突。他曾經大力推動英國加入當時的歐洲共同市場，但後來又明確支持英國脱歐。他的大部分觀點都偏向右派，這或許是他在二〇〇三年當選保守黨黨魁的主要原因，而保守黨在二〇〇五年敗選也是意料中事。他在抒發己見時不太有風度，但為人倒是十分有禮，而且妻小都非常友善，這總是讓我對他產生好感。他在二〇一〇年進入上議院。
20 譯註：施仲宏為英國工黨政治家，曾在出任內務大臣、外交大臣等職位。
21 麥理覺爵士隨皇家空軍（RAF）來港後加入香港政府，他先在工商科服務，後來在一九七五年至八八年間擔任香港總商會總裁。截至一九九五年，他一直是商界功能組別的立法局議員。他在一九九五至九七年間擔任行政局非官守議員。九七年後，他前往溫哥華度過退休生活，並在二〇一四年逝世。麥理覺是位一直支持香港民主的勇士。
22 譯註：彭定康曾以「柯利達症」（Craddockitis）嘲諷柯利達對華妥協示好的策略，並在立法局會議上表示：「此病有多種成因和症狀。患者往往認為自己才具有美德，自己才知曉香港應怎樣做才對，自己才關注那些令香港如此獨特的事物，並認為除非別人都贊同你的意見，附和你的分析，否則，對香港來說，只有死路一條。」
23 譯註：原名曾健成，是民主黨創黨元老，現為社會民主連線成員。他曾與彭定康打賭自己會穿西裝出席立法局會議，後來彭定康願賭服輸，給了他一張有親筆簽名的五百元鈔票。
24 第十一代額爾金伯爵（11th Earl of Elgin）曾經從軍，退役後到不同企業服務。
25 艾布鄧在一九八八至九九年擔任自由民主黨黨魁，並在二〇〇二至〇六年擔任國際社會駐波赫高級代表，後來成為上議院議員，並於二〇一八年逝世。
26 孟席斯・康貝爾曾是代表英國到奧運出賽的短跑選手，後來在二〇〇六至〇七年擔任自由民主黨黨魁，並於二〇一五年成為上議院議員。
27 何郝傑是海爾什子爵（Viscount Hailsham）之子。他在一九七九至二〇一〇年間擔任保守黨議員，一九九五至九七年間擔任農業部長，並在二〇一八年加入上議院。他是一位正直、勇敢和鬥志昂揚的大律師，也是一名優秀的議會議長。
28 鮑里斯・強生本是記者，成功用花言巧語混進政界，先出任倫敦市長，後來帶領英國脱歐，再成為保守黨領袖，最後在二〇一九年當選首相。一位保守黨的前檢察總長說強生毫無道德可言，此話相當精準。
29 朱幼麟是香港立法局的親中派議員，也是中華人民共和國全國人民代表大會代表。他在一九九四年註銷了美國護照。

30 譯註：「朱」的粵語拼音應為 Chu，Choo-Choo 在英文裡是火車汽笛的擬聲詞。

31 吳光正是香港富商，娶了已故船王包玉剛的次女包陪容。他極具政治野心，但未能爭取到大眾支持。

32 譯註：即《索樂文報告：中國談判行為大剖析》（*Chinese Negotiating Behavior: Pursuing Interests through "Old Friends"*）。

33 譯註：創立於一八二三年的社團，並不隸屬牛津大學，但社員主要是牛津學生。不少英國首相都曾經加入，可謂英國政治菁英的搖籃。

34 譯註：中國會（China Club）是鄧永鏘爵士開設的高級私人俱樂部。香港外商馬世民的妻子馬珍妮，曾在一九九七年打破金氏世界紀錄，成為首位以最高速度駕駛直升機環球飛行的女性。

35 譯註：專責委員會由英國國會議員組成，可以是一般性的常設委員會（類似我國立法院的各個委員會），也可以是為了某個目的而設立的特別委員會。

36 譯註：第十任菲律賓總統夫人伊美黛．馬可仕（Imelda Marcos）奢華成性，收集了超過三千雙名牌高跟鞋，因而廣遭詬病。

37 譯註：BBC 從一九四九至九八年間播出的國標舞真人秀，當時是英國的熱門節目。

38 譯註：達沃斯位於瑞士，是世界經濟論壇（World Economic Forum）的舉辦地點。

39 譯註：最終確定身亡的遇害者為三名學生和兩名教師。

40 香港公務員林瑞麟是一九九七年交接儀式統籌處處長。當天雨勢漸大，他問我是否應縮減儀式時間，我堅定地否決了他，最後我們一群人都渾身濕透。一九九七年後，林瑞麟曾出任政制及內地事務局局長以及政務司司長。公務生涯結束後，他去牛津大學修讀神學文憑。

41 譯註：英國保守黨在下議院的議會黨團，正式名稱為保守黨普通國會議員委員會（Conservative Private Members' Committee）。

42 楊森是香港大學的講師，在一九九〇年成為香港民主同盟的創黨成員暨副主席，那是香港的第一個民主派政黨。他在一九九〇年代當選為立法局議員，並在一九九八至二〇〇八年間三度連任。身為民主黨的溫和派成員，他曾在二〇〇二年成為李柱銘的接班人，並在兩年間短暫出任黨主席。二〇一九年，他因為參與反送中條例的抗議活動而遭到拘捕。他為人勇敢而親切，中共的政客卻把他視為眼中釘，可想而知他們是群什麼樣的傢伙。

43 譯註：切香腸戰術（salami slicing）是一種政治或軍事手段，進攻方會以分化敵方、逐漸佔領少數領地的方法，以此達成統治一大片地區的目的。

44 譯註：「七欖」是香港國際七人欖球賽的簡稱。

45 唐英年生於中國大陸一個非常富有的家庭，與中共領導人關係密切。他在二〇〇三至二〇〇七年間擔任香港財政司司長，接著在二〇〇七至二〇一一年間擔任政務司司長，並在二〇一二年的特首選舉中敗給梁振英——這件事並不容易，但唐英年還是做到了。

46 譯註：前面曾提及，夏舜霆擔任貿易及工業大臣時總是喜歡自稱貿易局主席；不過，這時他已經是副首相了。

CHAPTER FIVE

第五章
帝國的落日餘暉
一九九六年五月－一九九七年六月

THE EMPIRE GOES HOME

五月二十四日（星期五）—二十五日（星期六）

叢林之王展開旋風式的訪港行程。「赫札」與近三百位英商在中國拜會參訪一週後，正好趕在週五午餐時間抵達香港。[1]他見過李鵬與李嵐清（負責經濟與外貿事務的高級官員），今早更與江澤民主席會晤。當時江澤民人在珠海「度假休養」，同時參與籌委會會議。我喜歡夏舜霆，他總是待我親切又忠心耿耿——雖然我們對中國的看法不同，我在香港的作為也與他不合，但無礙於我們的交情。他厚顏無恥地將許多事混為一談，有時又作秀做得太過火了。但他卻是英國政壇為數不多的一位「猛獸」，如同首相本人、財長祁淦禮，或許還有外相聶偉敬。若是由赫札擔任首相，肯定會以雷霆萬鈞之勢，為英國上下帶來不少震撼彈。但在許多重要大事上他總是對的，像是歐洲議題、改善政府治理和城市的貧窮問題，尤其是北部地區。

然而，我對他剛完成的商務訪問卻深表懷疑，因為這並不具實質上的效益。中國人以熱情好客的姿態歡迎你，讓你彷彿窺見傳說中「黃金城」的繁榮景象。只要兩國政治關係能夠改善，就有數之不盡的商業利益等著你。中國領導人面帶微笑，盡說些陳腔濫調。雙方也簽署了合作備忘錄。但實質的商業效益在哪？除非符合中國人的利益，否則他們絕不會在任何重要立場上讓步。例如，雙方在香港問題上並不抱任何期待，實際上也沒有取得實質的進展，但我確信這趟訪問證實了北京的觀點，也就是我們將永遠把香港利益置於英國企業利益之後。當然，他們也有意挑起各國之間的紛爭。正如我一再強調的，沒有經濟數據顯示，對中國叩頭就真能促進對華貿易。美國貿易代表米奇・坎特（Mickey Kantor）前幾天在華府正是這麼對我說的。

總之，夏舜霆還是很開心，特別是因為他和江澤民的會面長達四十五分鐘，比原先預期的三十分鐘還要久。因此，主席就有更多時間聊聊影星費雯麗（Vivien Leigh），並引述他精心挑選的莎士比亞金句，正如往常一樣。據報導，夏舜霆向江澤民描述了我們心目中所想要的香港主權移交儀式，場面一度令人淚流滿面。每次這位「猛獸」

一提到帝國的終結時，眼裡總是噙著淚水。倒是中國人根本不認為自己的帝國正邁向終點——想想中共怎樣對待西藏、新疆和台灣就知道了。

我和陳方安生、休・戴維斯與畢瑞伯為夏舜霆設宴接風，並和他討論例行的香港議題。接著他走到外頭，面對屋內階梯上滿滿的記者。那天烈日炎炎，空氣濕熱難耐，大家都心浮氣躁。夏舜霆開心地掌控全場，說話有些語無倫次。他表示他對中國釋出的善意有極大的信心，但有人問他自由民主和香港的成功經驗之間有何關係，被他拒答了，這讓我們的立場產生了隔閡。媒體嗅到了一股血腥味，場面愈來愈火爆，最後夏舜霆語出驚人地表示，媒體應該為貶抑香港負起責任。他得到的資訊不夠充分：鄧小平當初設想的「一國兩制」（one country, two systems），因為他的口誤而變成「一個國家，兩套政體」（one nation, two regimes）。我想，他的輕忽態度應該也算不了什麼，但卻證實了那些懷疑論者的觀點：香港正被英國企業出賣，而身陷困境的彭定康不但受到中國與商界的攻擊，更被英國狠狠拋棄。任憑世事變化，有些事物卻依舊如初。記者梅兆贊事後打給麥奇連，表示他對記者會上發生的事感到憤慨不已。他說，「那分明是在煽惑人心。」我告訴麥奇連，梅兆贊比任何人都清楚，煽動叛亂罪在中國可是確實存在的。奇怪的是，我卻對整場表演感到相當欣慰。如果我在港督任內只會順著中國，這四年內早就有無數這樣的記者會了。會後有人告訴我，儘管我認為自己在記者會的表現無懈可擊，我的肢體語言卻讓我內心的想法一覽無遺。

到了下午，我們帶夏舜霆去看看機場附近新建的基礎建設，讓他留下了深刻的印象，接著在傍晚時為他和他那賢慧的妻子安妮（Anne）舉行晚宴。當晚約有四十位賓客分坐在兩桌。我忍不住想來點惡作劇，刻意將赫札安排在吳靄儀的旁邊。吳靄儀是位努力不懈的民主派立法局議員，曾多次在中國問題上對赫札窮追不捨。在赫札的演講中，他又一改原先的舊口號，變成「一個國家，兩個政府」（one nation, two states）。「剛才如何啊？」事後他問我，「他們看起來都有點面無表情。」夏舜霆當時可能非常疲憊了，但我們仍忍不住把他和梅傑首相拿來做比較，而梅傑的表現顯然精湛多了。

撇去夏舜霆的上述表現不論，我們和他與夫人還是共度了愉快的週末。我們在荷李活道來點「購物療法」，他們在那裡買了一些品質極佳的中國古董，然後到鄧永鏘的店裡買了不少好貨，再到中國會和他共進午餐。另外，我們還去參觀了米埔的鳥類保護區。夏舜霆對於鳥類的了解似乎就和祁淦禮一樣厲害，而且他對樹木與灌木植物也瞭若指掌。用前財政大臣丹尼士・希利（Denis Healey）的詞彙來說，他和安妮都有一片不為人知的「內地」，這也是他們如此有趣又好玩的原因。對於夏舜霆而言，人生不是只有政治可言。我得知他想要在週末期間和我私下談談，我認為這是為了闡明我們之間在香港與中國問題上的分歧。結果什麼也沒發生。接著，在我們共進最後一餐後，他說，「我們可以私下談談嗎？」我欣然同意了，料想他會對我灌輸中國的種種美好之處。他把我拉到一旁，「我希望你知道，這並不是針對你。你知道我把你當朋友看待。但我想對你說，我覺得你修剪盆栽的方式不對。」盆栽是當地的寺院借給我們的，後來有人說，是住持親自修剪了那些盆栽。夏舜霆和妻子安妮滿載而歸，在他們搭車前往機場的路上，後面還跟著一輛滿載戰利品的廂型車。

五月二十六日（星期日）

今天是聖靈降臨日。九點半的彌撒讓主教座堂裡的氣氛相當歡快，到處都是紅白相間的彩帶、橫布條與鮮花，令人印象深刻。我邊讀祈禱書，邊想著彌撒的地點某種程度上影響了我對宗教的投入程度。其他人也是這樣嗎？這代表我不夠虔誠嗎？在我成長過程中，我們的教區教堂看起來像個機棚。為什麼教堂得看起來是為了聖靈而建，而不是為了空中巴士而建？此外，在香港的聖公會和天主教教堂裡，唱的英文聖歌都是關於「死亡的毀滅時刻」，而不是「歡聚一堂的快樂時光」。我想粵語的聖歌也是如此，而優秀的唱詩班將這些聖歌詮釋得娓娓動聽。

五月二十七日（星期一）

在一次晚宴上，英商馬世民告訴我一件我最喜歡的趣聞，但來了個轉折。我來香港赴任前曾造訪新加坡，某次我會晤李光耀時問他，新加坡政府是如何處理三合會的？他說：「我們引用了一項你們殖民時期的條例，把那些人都關在樟宜監獄，到現在還在那裡。」我問：「有多少人？」他說：「大約一千人。」我好奇地追問：「都是三合會的人嗎？」他說：「大概吧。」馬世民表示，他最近聽我們行政局的錢果豐議員對一群日本人轉述了我這個小故事（錢議員是一位受美國教育的四十多歲商人），以這例子來說明新加坡的方式比我那優柔寡斷的自由主義好多了。錢果豐是個善良正派的人，有位可愛的妻子，但用這種含蓄的方式來為亞洲價值觀辯護並不具說服力，也沒有事實根據。根據國際刑警組織的統計數據，香港的犯罪率甚至比新加坡還低，就連新加坡的《海峽時報》也這麼說，所以這可是千真萬確！

這禮拜我必須花大半時間與董建華和幾位行政局議員進行雙邊會談。董建華想辭去非官守議員的職位，說他愈來愈難兼顧籌委會和行政局的工作。這點我可以理解，尤其我認為這也代表他正思考在一九九七年後成為香港特首的機會。羅德丞已經公開表態要競選這個職位，但若由他這強硬又不擇手段的惡霸當選，將會讓多數香港人感到驚恐不已。董建華或許覺得自己有義務出面爭取這個職位，但首先他必須離開我的行政團隊。他比其他考慮中的人選還好得多，但仍不如陳方安生。我懷疑他是那種實際上沒有管理能力的商人，雖然他掌握了香港以外的保守派支持，但他的政治手腕似乎令人相當失望。

在接下來的幾天內，我們也必須弄清楚香港政府、合法選舉產生的立法局以及中國似乎決心要成立的臨時立法會之間，到底關係為何？我們應該向北京施壓，確保臨時立法會盡可能建立在民主的基礎之上嗎？這一切都牽涉到許多細微的政治運作。我們不能讓各界認為我們破壞了既有立法局的公信力，或認可中國臨時立法會的公信力。此外，我們也必須向社會大眾展現，我們希望政權的移交能盡可能順利地進行。

五月二十八日（星期二）

這是在與英國駐港高級商務專員鄺富劭的晚宴上提出的。我在幾個月前提議，我們應該和英國外交部團隊開會討論一九九七年前後英國在香港的國家利益。政治顧問辦公室的高級官員、中英聯合聯絡小組的一些成員、戴彥霖和黎偉略當時都在場。把一些要點整理如下：首先，鄺富劭和他在高級商務專員公署的團隊不得不接受商界對政府政策的抨擊，或者（如他們所說的）對我的抨擊。許多人不厭其煩地告訴我們，我讓他們的生活變得極為艱難。他們當然想要我們與臨時立法會合作，這無疑是在對我說：「面對現實吧，老傢伙。」第二，儘管面臨中國極大的壓力，公務部門仍持續保持正直與忠誠，讓我們感到又驚又喜，這部分的原因來自陳方安生的領導才能。第三，我們仍有不少燙手山芋必須處理；例如，我們應該在一九九七年前處理好英國工人在香港的特權地位問題（毋需工作證），或是留到主權移交後再行處理？我更傾向和候任的香港特首提出這個問題，並請他在一九九七年後妥善處理此情況。我可不想自己開始把英國人給趕出去。第四，經過幾個月的硬碰硬後，我們都認為現在可以期待更多與中國人的合作了。他們顯然會答應我們本週在新機場興建的第二條跑道，而且我認為他們將批准更多產品的經營特許權，例如手機。但就目前而言，我必須在無數令人厭煩的議題上保持現狀。例如，我們該如何處理橫跨一九九七年的預算案，而不必向中國官方承認既有的立法局能否批准或拒絕？我們不能無限期拖延下去，我們必須繼續努力爭取中國人同意的是，未來在香港設立終審法院的方案，並讓他們答應，應該由現有的立法局來為終審法院立法。

五月二十九日（星期三）

駐港英軍司令鄧守仁向來低調，但工作表現出色。他剛拜訪完深圳的中國將領，結束了一場友誼之旅。他參觀了未來的駐軍，也看到許多士兵（或許笨拙地）穿著防暴裝備的照片。他們顯然在為可能的情況進行嚴格的訓練，以防萬一。鄧守仁說他們所有的人（包含軍官）都過著相當艱苦的生活。等他們看到赤柱軍營和軍官別墅就知道了。他們顯然非常希望從明年一月起在此派駐大量的軍力，人數多達約兩百五十人。但抱歉了，夥計們，我這總督可沒準備好面對兩批駐軍；兩種制度可以，但兩批駐軍可不行。訪問期間，鄧守仁被灌了不少茅台酒。

他認為中國人已經為香港精心挑選了軍事團隊，成員包含一位英國皇家國防研究學院的校友。我在想其中是否還有一、兩位房地產開發商。

五月三十日（星期四）

列昂・布列坦來到香港。首先，他必須忍受歐洲執委會駐香港辦公室所舉辦的晚宴，當晚的宴會嘉賓似乎略顯古怪。賓客名單包含兩位前法官，其中一位是李福善，他有點像是中國版的「阿里不達法官」。[2]列昂想知道究竟有多少賓客持有國外護照。其中，紀文鳳是「香港明天更好基金」的成員，因為嘲諷我而聲名大噪：她曾說，我把民主制度帶來香港，但香港人根本就不在乎民主。

五月三十一日（星期五）

在港督府的晚宴之前，列昂・布列坦問我是否會重返英國政壇。我告訴他我還沒決定，但無論如何，我回到英國時一定會投入歐洲事務的討論。我們在晚餐時聊了很多有關魯平接受 CNN 的專訪（那彷彿一場災難）。魯平宣布在一九九七年後香港將持續維持新聞自由，卻在訪談時承認，當然有些事是記者不能報導的，例如台灣獨立。此刻風暴雲集。我懷疑這可能是當前魅力攻勢的終結。

六月一日（星期六）—二日（星期日）

華文媒體在週六早上發表了批評魯平的報導。我們不予置評。

這週末提姆・基特森（Tim Kitson）與妻子莎莉（Sally）在粉嶺別墅作客。希思擔任首相時，基特森是他在國會的私人秘書；那時候我在議會的國防委員會，基特森是委員會主席。[3]這是個美好的週末，讓我想起我們是多麼幸運可以擁有這棟舒適宜人的房舍。這裡宛如一九三〇年代的桑寧戴爾（Sunningdale）。屋內有狹長的客廳，從露台向外望可見一座雙層花園。我和穎彤都有漂亮的書房和寬敞涼爽的臥室。我們在這裡擺設許多私人物品，包括我正用來寫這篇日記的巨大荷屬東印度殖民時代書桌。這裡有長滿九重葛的繽紛花園、坐擁群山遠景的精緻涼亭，而且整座莊園都被高聳的樹林和高爾夫球道團團圍繞。這裡距離邊境只有不到數英里，從四周漸漸包圍過來的是高速公路、廢車場和各項任誰都不會注意的都市發展建設。但這別墅被高爾夫球場圍繞，是一片貨真價實的綠洲。幾年前，有人問我們要不要在花園周圍安排嚴密的保安措施，但我對此大力反對。

提姆告訴我，他最近在倫敦與浦偉士會面，浦偉士對他說，我在極為困難的工作中盡了全力。或許他已看到一絲曙光。我必須記得為他禱告。

六月三日（星期一）

在紅十字會的組織下，我們約四十個人在港督府的舞廳響應捐血，結束後董建華又來找我，並從他的口袋裡掏出一封信來。我們非常和睦地交談了約二十分鐘。他和陳方安生與其他人談過，也仔細想過他們所說的話，但他認為他應該從行政局退職。事實上，他認為他早該在今年年初就離開行政局，因為他覺得自己不可能兼顧籌委會和行政局的工作。他的信沒什麼問題，我們同意將這封信和我的回覆同時發布給媒體，兩份草稿都沒有提到任何的分歧。我告訴他，首先我非常尊重他，因為他是一位公正且充滿才智的倡導者，很多人都同意他的觀點，儘管我並不認同。第二，我知道，如果受到命運之神欽點，他的決定將會讓行政部門和公務員們感到欣慰，社會上許多人也會相當高興。但我補充說道，我認為安生的角色對於過渡期的穩定以及國際社會的信任至關重要。第三，贊同他觀點的人遲早要和民主派人士達成妥協，否則肯定會有麻煩。此外，從年輕香港人的觀點看來，支持民主派的人數肯定會增加。我說，在尊重我們的合法制度的同時，我會確保行政部門所有的人不會對此表示意見或採取行動，否則這會讓我們未來更難攜手合作，也更容易讓媒體批評我們無法合作。

整個傍晚麥奇連的手機響個不停。他不斷向全世界保證，董建華和我之間並沒有決裂。

六月四日（星期二）

行政局會議結束後（當時我們將一份激進的健康教育文件改得溫和一點），我見到查爾斯・鮑威爾，他那時已成為我和亨利・凱瑟克的中間人。我們兩人不知不覺聊起了歐洲。他構思出一個替代性的歐洲議程，並認為那是當年柴契爾首相在布魯日演講時必須提出的方案。但不幸的是，幫柴契爾撰稿的伯納・英漢（Bernard Ingham）顯然在她的講稿中加入了太多民粹主義與民族主義色彩。「情勢本來可能有所不同的。」他喃喃道。前財政大臣諾曼・拉蒙目前顯然在扮演「退出歐洲」運動的領頭羊。可憐的拉蒙，他曾經如此雄心勃勃，如今卻因為無法攀上職涯高峰而被逼得心煩意亂。

戴高禮教授（Michael DeGolyer）在香港浸會大學主持備受各界肯定的香港過渡期研究計畫（Hong Kong Transition Project, HKTP）。我今天得知，他因為對美國《新聞週刊》的記者發表批評中國的言論，而遭校長謝志偉訓斥，要他今後必須謹言慎行。謝志偉正是籌委會的一員。這樣算不算是「知識分子的背叛」呢？他和香港科技大學的校長吳家瑋似乎並未堅定支持大學的自由價值，反而是極權主義政府的愛好者。穎彤告訴我，當吳家瑋和她聊天時，他似乎相當關心我是否和他一樣有攝護腺的毛病，因為我在大學聚會前後總是會去如廁。這個嘛，那些活動的時間都很長，去上廁所又怎樣？但他如此關心我也是滿好的。

六月五日（星期三）

昨晚在天安門廣場舉辦了紀念六四事件的燭光守夜晚會，出席的人數眾多。警方表示有一萬六千人，主辦單位則說有四萬人。昨晚黎偉略也在現場，他說人們普遍認為出席人數在過去兩三年間持續成長。

警察的行為具有侵略性，而且是不必要的。他們用大型攝影機和強光燈拍下所有的參與者，造成令人不快的寒蟬效應。官方說法是，在任何示威活動中發生騷亂時都會這麼做。據說影片在示威活動不久後就銷毀了。我希望這是真的，我會向警務處處長求證。但如果連我對整件事都感到有些緊張，那麼抗議者會怎麼想？

一位精力旺盛的總警司在一早的電台訪問中為警方的攝影行為辯護，並批評那些用強光照射攝影機的年輕人，說他們是在妨礙警方執行公務。他聽起來可不像是人權法案的擁護者。我必須非常審慎地處理這些公民自由問題。我不希望看到行政單位與警方之間出現隔閡，也不希望發現警方以半公開的方式尋求在一九九七年採取更嚴厲的措施。另一方面，我也不打算在基本議題上讓步。在一次區域訪問後的記者會上（這次是在大埔），媒體問我對於守夜活動和魯平言論的看法。當時魯平剛結束在日本的訪問，此行的目的是希望「消除國際社會對中國收回香港的擔憂」，但結果卻不盡理想，反而引發更多風波。他似乎在演講中提到，香港主權移交後，示威活動將交由中國政府處理。但問題是，中國共產黨根本不了解自由社會的情況。他們怎麼可能理解呢？但無論如何，我們都不會讓他們重新定義香港自由的真正含義，以此達成中國的一己之利。讓我把話說清楚：如果人民想要行使和平示威的權利，即使在接近明年主權移交的時間點，他們也有權在任何適合的地點這麼做。在香港回歸之前，我絕不會縱容任何對於自由的鎮壓行為。

六月六日（星期四）

幸運的是，我與警務處處長會進行定期的會面。處長許淇安為人正直（他的屬下都稱他為「穩重的淇安」），其備受推崇的地位可說是當之無愧。我問他有關拍攝示威活動的問題，他說他會調查拍攝的理由，一旦錄影畫面不必用於法庭訴訟，他就會向我報告銷毀錄影帶的進度。許淇安前陣子去了北京，並和中國國家安全部的部長相談甚歡。部長告訴許淇安「很多有關《基本法》的廢話」（我如實引述許淇安的說法），並明確表示許淇安將繼續在未來的香港特首麾下服務。如果部長能吐出別的話，那就太不可思議了。

國安部長提出了兩項重要議題。首先，他要求引渡一位中國政府想抓的前黨委書記。關於這點，我們愛莫能助，最主要是因為我們不知道這名官員的下落——如果他被找到，下場無疑是遭槍斃。第二，部長很擔心香港主權移交儀式的保安措施。他顯然對於保護中國高級官員的任務感到相當緊張。但世界上還有什麼地方比這裡更安全呢？難道這裡有狂熱的民主派分子在狹小的九龍公寓裡為步槍上油，準備在明年瞄準某位中共中央政治局委員？我強烈懷疑。那麼要怎樣才能認出政治局委員呢？我想關鍵在於染過的頭髮。

六月七日（星期五）

在搭車前往香港電台錄製每個月的《給香港的信》節目時，麥奇連告訴我一個令人難過的小故事。麥奇連的妻子珍妮（Jenny）有位年輕的外籍朋友，一天在搭乘電梯時，發現自己是一群廣東人之中唯一的西方臉孔。有人無禮地說：「你為什麼不滾回家？」她說：「這就是我的家。」那個人接著說：「這裡不是你家。快滾回去吧。」電梯繼續往下降，珍妮的朋友感到被四面八方的敵意所包圍。她把這故事告訴一群編劇朋友，其中一位說她最近也有類似的經歷。麥奇連的另一位朋友在香港上海滙豐銀行負責企業事務，他的太太是華人。麥奇連告訴他這個故事後，他說他認為這股敵意一定會持續升高，而且有時還會喚起過去所經歷的羞辱與輕視。他的太太是職業婦女，過去不入流的外籍商人經常對她擺出高人一等的姿態，到現在她仍然感到憤憤不平，其中有些商人甚至把香港視為吉爾福德（Guildford）的延伸。[4]她也時常受到歧視。看來隨著殖民主義解體，種族劣勢所帶來的痛苦感受，將無可避免地反撲到我們身上。那些在香港會所裡穿得西裝筆挺的頑固保守派，退休後帶著大把鈔票回到格洛斯特郡（Gloucestershire）或蘇格蘭，他們犯下的罪行卻將報應在我們身上。我們當時真的那麼可惡嗎？我確信有些人的確非常糟糕，雖然可能是少數。而且一定有很多香港華人恨得牙癢癢的，因為他們眼睜睜看著這些不入流的外國人賺了那麼多錢。也難怪各家中共的報紙已經盯上這件事，要求英國人將來必須像其他人一樣在香港申請工作許可。整個問題的核心在於，中國人就像世上其他族群一樣是種族主義者，甚至更為嚴重，至少這是一般人的看法。在中國當一位黑人，甚至比大部分的地方更困難。我真心希望我們離開時，能留下一些道德上的正面影響。至於能影響多少，沒人能說得準。

六月八日（星期六）

在本週的中英聯合聯絡小組會議上，中國人已經同意我們對預算談判的立場，接受了我們在描述立法程序的用字遣詞。所以我們堅守立場是對的。我希望地方官員能注意到這點。北京當局在預算問題上讓步：他們不會控制一九九六至九七年的支出計畫。這是戴維斯、包雅倫和中英聯合聯絡小組再一次立下的大功，他們在永無止境的會議中一步步取得進展。

六月十二日（星期三）

陳方安生和我在臨時立法會上的分歧日益明顯。她在美國和其他地方演說時表示，雖然取消目前以公平選舉產生的立法局是錯誤的，但我們顯然該把焦點放在繼任者具有多大的代表性。這被視為我方立場的軟化。許多漫畫家借題發揮，例如在《蘋果日報》的一篇漫畫中，我被綁在不知通往何處的鐵道上，安生則在另一條平行的鐵道上加速行駛，試圖趕上前方的「直通車」。漫畫總是能反映出人們心中的核心想法。安生應該在我們之間創造一些空間，這並不令人驚訝，我想也是合理的。我相信我們能確保這不會成為實質上的政策問題，而只是簡單的表述問題。在安生準備針對最惠國待遇前往華府遊說國會和行政部門時，我就和她談過這個問題。我們一致認為，這主要是語意上的問題。臨時立法會並不會包含任何民主派人士，因此很難稱得上具有代表性，下午我和王葛鳴巡視完住宅後，便在下午的電話訪談中盡可能強硬地指出這點。

我們為運輸司鮑文（Haider Barma）舉辦了惜別晚宴。他的家族來自印度，如今在香港生活了超過一個世紀。但他不是中國人，因此不能在一九九七年後擔任高級首長的職位。這項明顯的種族主義政策在經過《基本法》的討論後，剛剛獲得共識：中國有權力這麼規定。像鮑文這樣的人，因為中國種族主義和英國內政部的堅持而左右為難，陷入困境。英國內政部不願意給香港的南亞社群（大約七千人）在英國的居留權。鮑文魅力十足又相當能幹，我們已經為他謀了一份差事，讓他擔任我們的公務員敘用委員會主席，負責監督公務員銓敘制度的健全性。諷刺的是，這套制度卻對他極為不公平。

有關一九九七年後的職位爭奪戰，出現愈來愈多的流言蜚語，而董建華顯然是角逐香港特首之位的領先者。謠傳董建華的競爭對手（尤其是羅德丞）企圖對他使出陰謀詭計。多年來與建華不和的亨利．凱瑟克，如今試著放下過去所有的恩怨。他邀請董建華參加晚宴，宛如香港版的「金帛盛會」[5]。

六月十四日（星期五）

今年我們能夠在外面的草坪舉行女王招待會，並再度由警察樂隊進行鳴金收兵儀式。音樂總監法蘭克．帕金森（Frank Parkinson）是來自英國布里德靈頓（Bridlington）的北方人，今年要退休了，所以我以幾句話向他致意，並送給他一張簽名照。（為什麼我們總是給別人簽名照？他們會驕傲地擺在布里德靈頓家中的餐具櫃上，還是深埋在底層的抽屜裡？）法蘭克臉上掛著燦爛的笑容，閃閃發亮的大光頭總是閃爍著晶瑩的汗珠。就是因為有他這種人存在，《聖經》才有「地上的鹽」一詞。[6]明年，大英帝國就要撤離；今年，樂隊指揮必須先啟程返鄉。樂隊行進時，他們演奏了〈生日快樂歌〉。在人群中，我從項鍊認出我身旁的女子是聖大衛威爾斯協會（St David's Welsh Society）的主席，她問我：「今天是你生日嗎？」原來我是香港的老女王啊！

六月十五日（星期六）－十六日（星期日）

詹姆斯・勞敦（James Loudon）和妻子珍（Jane）這幾天住在我們家。我和詹姆斯曾是同事，在卡靈頓男爵擔任保守黨主席期間（他真心痛恨這份工作），我是男爵的政治秘書，而珍是我們的私人助理。我們帶他們夫婦倆上船，我想起了包定禮曾經說過的小故事，當時他和朱利安・艾默里（Julian Amery）在同一艘船上旅行。炎熱的下午，他們沿著船的周圍游泳，朱利安對他說，「你想想看，我剛開始從政時，我們在全世界有大約一百艘這樣的船。」這是看待大英帝國歷史的一種方式。第二天，我們帶他們參觀中國的邊界城市——深圳。我描述了一九七九年第一次來到這個邊哨站時所目睹的種種轉變，但沒有人相信我；當時這裡只有蜿蜒的河流、種滿蔬菜的田野和靜謐的村莊，如今，原始的資本主義火花在此迸發，叢林法則決定一切，只不過換成了中國式的社會主義風格。

黎偉略在緬甸待了一個週末後，安然無恙地回到香港。他在復活節的時候去緬甸，並在當地見到翁山蘇姬。不久前他才見過她，這次他帶了一些影片給她，讓她和同僚一同欣賞。翁山蘇姬喜歡和他們在週末聚會，一起看場愉快的電影，培養感情。她挑的電影都很有趣，不是太有趣的那種。她以為自己會在這週末被逮捕，但謝天謝地，她平安無事。本週李光耀就緬甸問題接受採訪，自然是站在軍方那一邊。

六月十七日（星期一）

陳方安生在成功的美國之行後也回到香港。美國人很喜歡也很尊敬她。她在紐約時，一位北京高級領導人的親屬和她聯繫，希望取得她在美國演講的一些講稿副本，並了解她對於未來的打算。那位親屬表示，高級領導人想見她一面。我希望這是真的，而且確實會發生。她比大多數的人更愛、更了解香港；而且她是一位中國愛國主義者，但她認為這並不等同於中國共產主義者。（這點可能會成為她的問題。）除此之外，她精明能幹，做事當機立斷。我送了她一些花來歡迎她回家，並在電話中有了積極的談話。我說我完全理解，在愈接近主權移交的時刻，她和其他人必須更謹慎地就定位，為未來做好準備。我們只是必須知道自己都在做些什麼，並試著避免在重大議題上產生隔閡。

六月十八日（星期二）

在截取通訊內容的立法問題上，我們和倫敦當局產生了分歧。我們希望在成文法典中反映出法律改革委員會的觀點。如果我們不採取行動，制定一項合理平衡的法令來對我們的所作所為進行司法監督，等到未來有議員提出私人草案時，我們很可能無法行使否決權。倫敦的官員們似乎想在這件事和其他幾件事上質疑每一個細節、掌握每一項進度。來自外交部香港司的信件和電話不斷湧入，讓可憐的戴彥霖備感壓力。據說各部門的首長對此議題感到「很有興趣」。我從不認為他們是真心感興趣，只不過是一群倫敦官員試著從背後牽制我們，讓我們做起事來綁手綁腳，這並沒有讓治理香港的工作變得更容易。我們深深懷念彼得・里基茨還在外交部的時光。

六月十九日（星期三）

在醫院裡為我進行跑步機測試的醫生說，我的體重比我在港督府體重機量到的還重。我對此表達嚴正抗議！醫生說他即將在九月退休，儘管他只有五十五歲，他說他希望在一九九七年以前領到退休金。我試圖說服他，他的退休金在香港主權移交後仍會毫髮未損。他告訴我，他太太曾說我一定會這麼說，但他們都認為他的計畫是最保險的方式。他的護理師告訴我，她將在八月前往英格蘭，在香港主權移交前將她十二歲的兒子送往當地學校。儘管我拒絕面對自己真實的體重數字，香港專業人士的中產階級並沒有拒絕面對他們對一九九七年的恐懼。

在港督府，我遇到了學者雅胡達（Michael Yahuda），他剛完成一本關於《中英聯合聲明》的書。他說中國人之所以答應《中英聯合聲明》，是因為他們覺得像我們這樣殘敗不堪的帝國需要這個面子，而且不會對其中的條款小題大作，因為他們相信我們感興趣的只有商業利益。畢竟我們是為了錢才來到香港，也想在離開後繼續賺進大把鈔票。然而，我們卻在天安門事件後立場丕變，開始針對《中英聯合聲明》的條款大驚小怪。他認為天安門事件是香港過渡時期的關鍵事件。從此之後，我們似乎不那麼在乎「直通車」了。《人權法》、居英權計畫和興建機場的決定在在惹惱了中國人。在我抵港之前，所有的舞台布景早已就緒，妖魔化的聲浪也蠢蠢欲動。與我的醫生和護理師不同的是，雅胡達認為香港多數人會採取「觀望」的態度，並冀望香港主權移交後能有最好的結果。

六月二十一日（星期五）

畢瑞伯和我討論了一份電報，讓我在下個月回去之前先送往倫敦。我們要說服他們接受這個事實：我們必須退出香港事務，放手讓當地官員自己管理香港，尤其是讓他們自己處理與中國之間的關係。倫敦當局大小事都要管的作法必須結束。在這些日子，外交部香港司總是在我們身邊陰魂不散。這裡的英國外交部官員和香港政府官員都認為，這種遠距離的干涉甚至比我還令人討厭。

各界都在謠傳陳方安生獲邀前往北京會見江澤民、喬石和李鵬。不難想見新華社正在洩漏消息，好讓這件事見光死。

六月二十二日（星期六）—二十三日（星期日）

在粉嶺的週末，大雨滂沱。這裡下起雨來，真的沒在開玩笑。我有好幾箱演講稿、電報、行政局報告、簡報和申請書要過目。我總是很擅長處理一箱又一箱的文件；但這樣的結果是，永遠有源源不絕的文件等著我。但現在我已經知道哪些應該快速略過，哪些必須集中心力處理。真正的訣竅是，應該要專注在可能引爆風波的大事，以及那些重要的決定。最近我發現自己刻意在某些議題上置身事外，讓其他人（像是陳方安生、曾蔭權以及中英聯合聯絡小組）來處理這些問題。我這麼做的原因，是為了處理目前爭論不休的西部走廊鐵路問題，這是我們必須進行的下一個大型基礎建設。

麥奇連本週都安排了二十場訪談，眼看接下來還有一年的時間。幾乎所有的訪談都指向一個問題——香港在一九九七年後會如何發展？這是所有人最終會問的問題。很少人會批評我因為和中國對著幹而把事情搞砸了。

六月二十四日（星期一）

這週霍德從倫敦過來，與我們所有的海外辦事處負責人開會。他一直都是測試香港政治情勢的絕佳溫度計。他對我們是否能達到今年的成長目標感到有點懷疑，但當我向曾蔭權問起此事時，他給了我同樣無憂無慮的答案。霍德說，他所有的香港富商朋友最擔心的莫過於自身的安全；有些人甚至問他需不需要雇用保鏢。據說有人會綁架他人並要求鉅額贖金。有人認為，三合會的目標是當地的大人物，他們會找大陸人來當打手，最後出現在時尚雜誌《尚流》（*Tatler*）香港版的社會新聞裡。當我向警察處處長求證時，他說他一直在調查這些謠言，卻找不到任何確切證據。

霍德還針對工黨政府對於我和香港的意義進行了精闢的分析。第一，他說布萊爾的顧問文德森一干人等都不希望我以英雄般的姿態從香港回到英國。第二，他們有些人確實（天真地）相信他們可以和中國處得更好。第三，郭偉邦不喜歡保守黨，他想撇清自己對一九九七年後香港問題的責任，例如解散立法局的問題。他會說，我們太晚展開民主化進程，而且我把事情給搞砸了。這樣的劇情或許明年就會上演？

六月二十六日（星期三）

《星期日泰晤士報》的麥可・瓊斯（Michael Jones）抵達香港。三年前他和我一起去看龍舟賽，當時我整個人被團團圍住。他想要再來一次地區訪問，所以我們帶他去香港仔，結果同樣的事發生了。這代表他人很好，願意接受這樣的場面。他對香港事務的直覺就如同他對英國政治的直覺一樣，總是如此透澈深刻。後來，我們為私人辦公室所有的人辦了一場年度派對，邀請所有過去和現任員工，加上我們的隨身護衛，大家一起狂歡同樂。韓新看起來悶悶的，但精神還不錯。他年底就要回英國，已經等不及了。我的第一位副官菲利佩・多利維拉也將離開警隊，加入施祖祥的貿易發展局。他認為外籍官員是沒有未來的。我希望我們不會看到整個公務部門中最優秀的人才紛紛出走。

六月二十八日（星期五）

我舉辦了一場有關身心障礙者就業機會的準峰會，這是第六場以身心障礙者為主軸的會議。六場中有三場是關於交通運輸，另外三場是關於就業。我們讓身心障礙者、康復團體、雇主組織和政府的代表討論這些議題，針對明年的計畫達成共識，並在接下來的會議上審核進展情形、制定新的目標。這些會議都相當成功，我們也確實協助改善了身心障礙者的生活條件。這一直是我在香港想優先處理的事，但這當然也有經濟上的連帶影響。我心想，除非我們在一九九七年突破現狀，並創造一些改變的動力，否則未來將不會有所改變；說得好聽一點，中國對於身心障礙者的態度並不是那麼開明。與會者都希望明年能與我和候任的香港特首再舉行一次會議。難道這是身心障礙者的直通車？讓我們拭目以待。

七月一日（星期一）

在香港交接倒數一年的第一天，戴維斯和他在中英聯合聯絡小組職位相當的趙稷華好好地對談一番，內容是關於香港主權移交儀式。現在中國人顯然準備接受香港會展中心作為交接場地，但他們拒絕會場外的所有安排。

我們還有很長的路要走，例如我們必須確保媒體不會被一一審查，但看起來我們應該或多或少能在秋天的聯合國大會外長會議上達成協議。接下來的問題是，我們是否該在聯合主權移交儀式前，在港口旁的添馬舉辦公開的告別儀式。我認為我們必須得到英國資金的援助，大約兩百到三百萬，我可以想見英國政府正怒火中燒。但是，除非英國政府自己掏出錢來，否則我們根本無法安排任何事情。多年來，英國從香港身上得到了很多，不應該在最後的時刻連這點小事都斤斤計較。

鄺富劭剛去了一趟澳門，他對澳門的議題總是滔滔雄辯。妓女、皮條客、暴徒、來自珠海的中國安全官員、何鴻燊、九萬間沒人要買的公寓、兩間麥當勞因為商業糾紛而被炸毀。假日酒店（Holiday Inn）的德國經理剛才被砍傷，幾乎喪命，因為他與酒店的夜總會老闆針對妓女的價碼發生爭執，經理希望藉由低價競爭來搶走夜總會的客人。富劭問澳門司法警察局局長，為什麼不逮捕他辦公室牆上照片裡那些黑幫分子，局長回答：「何必砍掉森林裡的幾棵樹呢？」澳門對我們而言是個嚴重的警訊——如果事情出了差錯，香港很可能變成這樣。澳門腐敗的氣息產生了某種獨特的魅力。澳門總督是個好人，但這一切並不能稱得上對葡萄牙的禮讚，就像葡屬殖民地安哥拉和莫三比克一樣。

潔思從新堡打來，整個人高興得不得了。她在考試中拿到二等一級的好成績。後來我聽了韓德爾的《德廷根頌歌》（*Dettingen Te Deum*）。

七月二日（星期二）

今天我難得參加早場彌撒（七點四十五分在聖若瑟堂），想把《讚美頌》（*Te Deum*）唱好。教堂裡，李柱銘在做禮拜，曾蔭權坐在前排的長木椅上。顯然他們很少錯過彌撒。

在行政局，我們首先報告了一群民主派議員昨天的北京之行。他們想遞交一份請願書，希望維持現有的立法局。儘管他們都持有有效的旅行文件，卻被要求不准離開飛機，所有的文件也遭到沒收。報導這趟北京之行的媒體也受到中國官員的訓斥。接著，議員們被迫原機返回香港。中國對於那些將在一九九七年後成為中國公民的人，就是如此不信任。屆時香港的異議分子又會有什麼下場？

接著，我們開始討論設立警察投訴機構的法案。警方強烈反對由一般公民擔任最高職位，但我認為立法局將採取不同的立場。更困難的是，我們必須提交煽動叛亂、叛國、顛覆、分裂國家的法令草案。所有這些事項都包含在《基本法》第二十三條內，而我們也被要求起草相關法案來涵蓋這些問題。當然，立法局希望我們在一九九七年前就訂立這些法令，因為之後中國人不可能提出任何立法局能接受的法令。無論我們提出什麼法案，都將無可避免地與中國人發生激烈的爭執，接著再與立法局發生爭執，因為立法局不希望達成任何的協議。很顯然的，我們對於煽動叛亂議題的看法和開明中國政權下的法令大相逕庭！

午餐後，有鑒於今年稍早《新聞週刊》報導引發的爭論，我和商業諮詢委員會的成員（都是業界巨頭和富商）進行會談，討論我們的國際形象。我逐一瀏覽國際媒體刊登的所有評論文章，並點出一些批評意見，也就是隨著我們愈來愈接近一九九七年，企業的競爭環境逐漸朝中國的方向傾斜，再加上自主權的喪失和日益加劇的貪腐問題等。我說，我們必須列出包含所有議題的清單，希望業界和政府領導人能一一解決。我懷疑我們是否能得到那些商會內奸的支持，像是英之傑公司的美籍華人主席鄭明訓。在我們為商界領袖與約翰·梅傑舉辦的晚宴上，他花了整整一個晚上告訴同桌所有的賓客，民主是多麼大的災難。先前，他在回應當權者偏袒中國公司的批評時，他表示這並沒有什麼不對，因為英國公司多年來也一直受到偏袒。這個嘛，最近這幾年當然不是如此（怡和洋行也在抱怨），而且這句話從英之傑的主席口中說出來有點奇怪，或許是他們公司表現太差，需要一些特殊待遇來幫助他們吧。

七月三日（星期三）

澳洲新任外長亞歷山大·唐納（Alexander Downer）來到香港。我向他介紹了這裡的情況，並為他舉辦晚宴。他是資深政治家，在英國受過教育，當時他的父親是澳洲駐英國高級專員，他也曾擔任短期的反對黨領袖。他失魂落魄地來到這裡，因為他最近被媒體指責有許多失言行為。一旦媒體發現你頻頻失言，你的一舉一動便會受到媒體放大檢視。你往往會發現，即使是那些無可非議的政策聲明，或再平常不過的公開重申，如今都被畫上了失言的等號。你必須花很長的時間才能甩開媒體的注意力，必須等到某個倒楣鬼出現，成為下一個媒體關注的對象。但可憐的唐納背後卻拖了一票記者和失言糾察員抵達香港。他會像前任外長伊凡斯一樣支持香港的民主與公民自由嗎？李柱銘會見唐納前，在採訪中提到，為了促進澳洲與中國之間的貿易關係，澳洲人將出賣香港的自由，這對唐納毫無幫助。有時候，李柱銘的政治意識可說是相當遲鈍，他應該好好安撫像澳洲外長這種人物。在這樣的情況下，我反而很喜歡唐納，但他給人的印象並不像是完全了解香港的情況。他聽起來對我們正在做的事採取積極的態度，儘管沒有像伊凡斯那樣公開支持。這群失言觀察員相當失望，便開始操作不同的議題，有些人說他公開支持香港並與中國鬧翻，也有人說出截然不同的論點。

七月四日（星期四）

在第二天的會議上，立法局主管商業事務的委員會主席兼醫界代表梁智鴻向我提起，應該持續進行遊說，為香港八千名南亞少數族裔人士提供正式英國護照。就像現已退休的運輸司鮑文一樣，他們大都來自印度半島，好幾代以前就隨著駐軍來到這裡，如今卻發現自己被困在明顯帶有種族歧視的中國國籍法以及英國內政部嚴格的護照核發規定之間。我們已經讓政府與工黨對此邁出了一小步，但這對立法局而言是不夠的，對我來說也是如此。

就在飛回倫敦之前，我參加了香港電台的現場直播節目，以粵語和英語接受訪談，紀念我擔任總督四週年。我接受了二十一個提問，其中兩個明顯帶有敵意，然而隨後又湧入一批支持者的來電。明智的香港電台廣播處長張敏儀說，七點四十五分到九點的時間遠遠不夠。實際上他們接到大量的提問，足以讓節目持續到午餐時間。

七月五日（星期五）

搭了一夜的班機後，我們回到了倫敦莫珀斯公館的小窩。我們會在倫敦待上一段時間，接著出席倫敦和布魯塞爾的會議，並到新堡參加潔思的畢業典禮，最後才回香港。潔思會忙著到處寄履歷給未來的可能雇主，麗思則忙於《哈潑雜誌》（*Harper's Magazine*）的工作。穎彤會帶雅思去逛逛她可能會申請的幾所大學，並開始在倫敦周圍尋覓我們從香港回來後的住處。

七月六日（星期六）

鄧永鏘和他的未婚妻露西（Lucy Wastnage）帶我們到溫布利球場看三大男高音演唱會。在前往體育館的路上，天氣陰鬱濕冷，交通嚴重堵塞。天空的烏雲漸漸散去，我們坐在絕佳的位置，與所有的上流貴族一樣渾身濕透。和往常一樣，夏日夜晚的露天活動有種奇怪的英式風範。這場演唱會帶來了許多知名的詠嘆調，雖然我不知道為什麼他們堅持要唱〈月河〉（Moon River）及那些拿坡里民謠和流行歌曲。但渾厚無比的義大利嗓音溫暖了北倫敦的濕冷夜晚。離場時，我們遇見了英國 F1 賽車手傑奇・史都華（Jackie Stewart），他問起我們家的威士忌與梳打，還有相關的檢疫規定。他和妻子也養了一隻諾福克㹴。我開始大肆批評檢疫規定，不用說，他當然同意我的看法。

七月七日（星期日）

在主教座堂望彌撒時，樞機主教休謨（George Basil Hume）在彌撒結束退場時對我使了眼色；他是目前英格蘭天主教教會的偉大領袖，不僅僅因為他會對總督眨眨眼睛而已。

七月八日（星期一）

我已經抵達布魯塞爾，並和我們的駐歐盟大使史蒂芬・沃爾住在一塊，他曾經擔任梅傑首相的外交事務私人秘書。他是一流的人才，身材精實有如惠比特犬，做事充滿幹勁又才智過人。他和他的太太有一隻九歲的長毛臘腸狗，總是在他們金碧輝煌的屋子裡晃來晃去。我和三位駐歐盟大使共事過——大衛・漢奈、約翰・柯爾和現在的沃爾，他們全都非常優秀。英國真是幸運。

在比利時版王家國際事務研究所的午餐餐會上演講後，我接受媒體的提問，其中《金融時報》問了有關一九九七年後特區護照持有人的棘手問題。有人表示，如果要讓香港特別行政區護照持有人享有免簽證待遇這項措施具備法律基礎，我們就必須修改免簽待遇的名單並發布新的聲明，或者至少達成某種政治協議。麻煩的是，當我們面對這問題時都相當忐忑不安。有些申根區國家（這些國家的移民政策會相互配合）將會以錯誤的方式修改他們的免簽證待遇名單，進而排除特區護照的持有人，因為他們不相信中國，也不相信「一國兩制」，他們認為特區護照會遭到濫用，並導致大量的中國移民湧入。這是個極為複雜的問題，我們可說是如臨深淵、如履薄冰。如果我們先前能讓英國內政部同意免簽待遇，並且讓外交部認為我們會成功獲得內政部的首肯，或許今天我們會以不同的方式來處理這項議題。我們和其他官員在這些議題上爭論不休，並不會有什麼好結果。我在晚宴上指出，在香港的日本人、澳洲人、加拿大人和美國人比歐洲人有更高的地位，而且他們更支持我們。

七月九日（星期二）

在列昂・布列坦的安排下，今天可說是行程滿檔，包括與歐洲執委會主席雅克・桑特（Jacques Santer）的午宴、與歐洲議會的長時間會議以及與比利時財長的有趣會談。財長私下告訴我一件相當令人擔憂的事：身為國際貨幣基金（IMF）的臨時委員會主席，他擔心的是，最近中國政府對組織施加壓力，要求將某位為國際貨幣基金工作的中國官員納入派駐北京代表團中。沒想到這位代表一抵達北京便立即遭到逮捕，並因貪腐罪被判處十二年徒刑。國際貨幣基金勃然大怒，但因為擔心可能引發輿論的批評，目前正低調處理這個問題。現在令人擔憂的是，如果這件事未得到滿意的解決，有些人會認為國際貨幣基金不應該到香港參與一九九七年九月的年度會議。這對新的特別行政區是場災難，特別是因為這個決定背後的理由。每個人都必須試著找出某種方式，向中國高級官員傳達強硬的訊息。但傳達訊息真的有用嗎？部長似乎對「一國兩制」沒什麼信心，但這不令人意外。

我在比利時版王家國際事務研究所發表有關歐洲議題的言論，遭英國國內媒體批評得體無完膚，並出現「彭定康將為保守黨的黨魂奮鬥」之類的標題。執委會真正的重量級人物列昂・布列坦問我，是否想重返英國政壇。他認為，如果我們贏得選舉，我一定得回去。如果我們輸掉選舉，則取決於新的領導人是誰。這兩點都說得沒錯。

七月十日（星期三）

穎彤和我從布魯塞爾飛抵新堡，參加潔思的畢業典禮。校長一如既往地發表了有關大學經費吃緊的演說，同樣的話我已聽了二十年。儘管齊聚一堂的父母看似同意校長所說的每一句話，但一切似乎沒什麼改變。高等教育似乎並不重視政治領域所強調的付諸實踐，這也說明了社會中的優先考量。我回到倫敦，在英國政策研究中心（Centre for Policy Studies）發表以香港為主題的演說，結束後和穎彤一起與聶偉敬夫婦共進晚餐。和往常一樣，我必須使出渾身解數，來應付他那些尖銳又犀利的問題。他對於如何應付臨時立法會有些不錯的點子，但對於是否應向中國施壓以確保臨時立法會成員的多樣性，我認為他的立場不夠堅定。中國人不會理我們，但所有的爭論會很快集中在臨時立法會上，而不是目前真正由香港選民選出的立法局。

黎偉略告訴我，他和一群記者共進晚餐，他們對我印象不錯，但認為我對歐洲議題的看法意味著我永遠不會認真回歸到保守黨的政治圈。令人驚奇的是，我發現過去四年來發生了許多重大變化。祁淦禮因為對歐洲議題的看法，而被描繪成狂熱的極端主義分子。幾年前，他（和我）的看法仍是社會的主流。祁淦禮是英國政府仍然存在的主要原因，他是超群絕倫的大臣，個性剛硬大膽。如果所謂的領導能力意味著捍衛自身觀點並為之奮鬥，那麼他會是一位優秀的領導人。

七月十一日（星期四）

我與外交事務專責委員會進行一場私人會議，依然對我幫助很大，接著參與英國外交部舉行的大型會議，內容與我和聶偉敬在晚餐時討論的內容相同。聶偉敬認為，如果中國人設立臨時立法會，我們就應該將此案提交到國際法院（International Court of Justice）；我則是建議，正式提案前先在國際法學家委員會（International Commission of Jurists, ICJ）進行討論。官員們看起來坐立難安，他們被派去撰寫許多文件。我提出一個問題：最近的那份文件，是否就是八〇年代中期與中方進行條約談判時，各位首長得到的建議？我們很難透過這份文件判斷中國人是否違反《中英聯合聲明》，如果他們確實違反了，就更難找到合適的辦法來處理此問題。古沛勤的回應是，鍾士元爵士當時要求在聲明中加入仲裁條款，但首長們認為這沒有必要，因為他們相信香港的民主發展，並認為《中英聯合聲明》是具約束力的條約！這反而證實了我的論點，在整個八〇年代中期，香港的民主發展（至少在公開場合上）經常被視為香港自由的基石，而且是在主權移交中共之際，大家可以獲得的道德慰藉。

我和首相會面約半小時，在這之前，他參與了有關公共支出的會議，他（一如既往地）聲稱這是有史以來最難搞的一次。然而，他看起來卻相當開心。近期的民調結果傾向支持政府的施政方向，但未來還有很長的路要走。那天晚上，為了紀念剛逝世不久的牛津大學貝里歐學院歷史教授理查・科布（Richard Cobb），我們在格勞喬俱樂部（Groucho club）舉辦晚宴。《金融時報》的主編理查・蘭柏特（Richard Lambert）也在場，他說他們花了整晚的時間準備一整個新聞版面，因為有傳言說鄧小平過世了。又來了。理查溜出去打電話到辦公室，想弄清楚發生了什麼事。萬歲！鄧小平還活著。

七月十二日（星期五）

在參加許多正式會議後，我們與崔斯坦和顧立德共進晚餐。顧立德身處首席黨鞭的戰壕，成天對付一些糟糕的保守黨議員，工作表現卻極為出色。崔斯坦剛寫了一篇關於愛國主義的文章，把麥可・波蒂略的父親（一位西班牙共和派人士）當成典範，藉此提出他的主張。被以諾・鮑威爾（Enoch Powell）暱稱為「小門」（Little Gate）的波蒂略對那篇文章沒有回應，倒是他母親致電崔斯坦，接著兩人在下議院的露台上一起喝茶。[7] 崔斯坦說她是一位迷人的女士，她很開心可以讀到有人真心欣賞她丈夫與他的詩歌。

七月十三日（星期六）

隨便看了幾間房子後，我們在晚上去了皇家錦標賽（Royal Tournament），皇家香港警察隊和香港軍事服務團正在表演，因此我也在場接受敬禮。[8] 皇家包廂裡擠滿了我們的親友。我以前在下議院的私人秘書佛瑞妲・伊凡斯也在場，她剛成為英國聖公會的牧師。很開心知道教會仍接受聖徒。派崔克・洛克（Patrick Rock）也在，他曾擔任我的政治顧問，現在則為內政大臣夏偉明效力。他顯然認為我對歐洲議題的評論在政治上相當愚蠢，並因此假定我無意重返政壇。派崔克的政治嗅覺總是那麼厲害。

七月十五日（星期一）

我獨自回香港。抵港的第一個晚上，我和戴彥霖共進晚餐。他仍然是我們的重要支柱，能協助我們建立防線，共同對抗北京的勢力，更不時抵擋倫敦的干涉，而且任勞任怨。他具備無懈可擊的判斷力，工作總是盡心竭力，也受到人民的愛戴。我很慶幸他能來到這裡。他說我們必須注意，從秋天開始，英國外交部將傾向於為了「平穩

1992
1993
1994
1995
1996
1997

的過渡」而犧牲一切。（為什麼不說是「成功的過渡」呢？）他們將避免對臨時立法會大驚小怪，並以迂迴的方式迴避有關截取電訊的法案、以及所有我們想做且承諾會做的事，以確保與《人權法》維持一致。例如，我們必須避免在最後一刻讓外界對我們說「早就對你們說過了」，並指責我們打破先前對截取電訊法案的承諾——這些承諾反映了法律改革委員會的明確建議。一些英國外交部官員認為，如果我們不採取行動，立法局議員就很可能會提出私人草案，而到時我們應該直接否決。想到我們在殖民地最後的行動之一竟然可能是否決截取電訊的法案，我的心情就一點也好不起來。這到底是可行的，還是眾人期盼的？任誰都不需要多厲害的政治頭腦就知道答案了。戴彥霖還認為，愈接近選舉期間和新政府的誕生，倫敦外交部就愈有可能質疑、甚至批評我們。

七月十七日（星期三）

本週我為《每日電訊報》（*Daily Telegraph*）寫了一篇有關香港的文章，內容無關政治，而是分享我喜歡的地方、物品和商店。我描寫了兩次徒步旅行的經驗，一次在市區，一次在鄉村。市區的路線涵蓋我很熟悉且喜愛的地方，像是擺花街的烘焙坊、水坑口街的五金行，還有荷李活道的古董商店以及許多令人心花怒放的地點。接著，我描述了三月的一個週末與鄺富劭夫婦和蘇啟龍在大嶼山的旅行。那是為期兩天的美好旅程，晚上我們在慕蓮夫人號遊艇過一宿，最後的午餐則來到一間餐館，店主是個快樂的南非小伙子，我們在那裡大啖烤肉。

最近我常和科林．格蘭打網球，他的非正式職稱是「負責讓總督保持理智的人」。我和穎彤聊天，目前她在我們法國鄉下的新家。那邊天氣很熱，但她開心地繼續整理房子。在本週一系列的會議上，我漸漸意識到人們對於一九九七年後會發生什麼事感到愈來愈懷疑，儘管這些疑慮沒有惡意。人們不斷問我，我到底是怎麼想的。

七月十九日（星期五）

今天上午，我進行定期的無預警探訪行程，來到特定區域的治安黑點訪查。今天輪到的是元朗，地點位於香港新界的西北部。多年來，這裡一直法治不彰。難道女王的法令在此真的鞭長莫及？例如你會注意到，在毫無章法的規劃之下，城裡充斥許多未經核准的貨櫃堆放地。我們正致力處理這些嚇人的環境問題。幾年前，我成立了一個打擊治安黑點的專案小組。他們已取得不少進展，有效遏止一些不法行為，並在路旁種植樹木。但這是一份吃力不討好的工作，就像把一塊巨石一寸一寸痛苦地推到山頂。

今天下午我有許多美國訪客，包括參議員黛安・范士丹和傑西・赫姆斯（Jesse Helms）。范士丹參議員似乎認為，主權移交後一切都會相安無事，因為江澤民擔任上海市長時曾經這麼告訴她。最棒的是前駐華大使羅德，他一如既往地聰明過人又振奮人心。我也和加拿大外長艾斯威西共進晚餐。顯然，加拿大人對香港最擔心的是，如果主權移交出了問題，他們必須臨時安置十五萬持有加拿大護照的香港人，也許安置地點主要在暱稱「香哥華」（Hong-couver）的溫哥華，以及溫哥華以東各個地區。[9]

七月二十三日（星期二）

在冗長的行政局會議上，隨著我度假的日子即將到來，所有的文件都湧了進來。最棘手的問題是，在主權移交前讓英國人與其他外國人的移民身分回歸一致。這幾個月來，英國有一批工人湧入香港，包括一些遊手好閒的無賴，讓整件事變得更難對付。他們在建築工地、酒吧等地工作，給人一種和苦力階級相反的印象。這已經升級為政治敏感的問題，因為幫中共進行統戰的工會、報紙和政客都聲稱，在失業率較高時，我們剝奪了當地人的工作權，讓殖民勢力的藍領工人享有特權。實際上，目前的失業率仍然相當低（波動不大，有時看起來沒多少差別），只要我們能在主權移交前將事情處理好，就應該不會有事。我可能需要和我的繼任者討論這項議題。

1992
1993
1994
1995
1996
1997

七月二十四日（星期三）

長假即將到來。在此之前，我們正在討論外交部為聶偉敬準備的兩份草稿。經過我們在倫敦的討論後，這兩份草稿到了聶偉敬手裡，一份是關於他見到中國外長錢其琛時，應該針對臨時立法會所表示的意見；一份是關於臨時立法會的成立是否違反《中英聯合聲明》。我們為聶偉敬準備了強硬且毫不妥協的措辭，讓他在面對錢其琛時能夠用得著。我懷疑他是否會讓這些措辭派上用場。一些鼠輩或許會在夏季的紐約聯合國會議前取得這些草稿。但重要的是，我們不能讓中國人以為，在他們成立臨時立法會後，我們只能對此視而不見。與此相關的議題將佔據整個秋季的議程。此外，我們必須和陳方安生一起研究她將如何處理未來幾個月的問題，以及其他公務機關將如何度過這艱難的時期。我和她通過電話，她當時在利物浦大學接受榮譽學位。我在歐洲的這段期間，我們同意每週五早上都會通話討論。

駐巴黎公使麥可・帕克南（Michael Pakenham，該大使館的二號人物）是我當副大臣時就認識的，當年他負責英國駐歐洲共同體代表團的涉外事務。他寫了一封有趣的信給我：他陪同即將卸任的克里斯多福・馬拉比（Christopher Mallaby）大使向法國總統席哈克（Jacques Chirac；譯按：香港的譯名是「希拉克」）進行告別訪問。有人將帕克南介紹給總統，而總統顯然聽錯了他的名字，便問他：「你和彭定康有親戚關係嗎？」麥可回答：「恐怕沒有。我們都是天主教徒，但除此之外我們沒有關係。」總統答道：「嗯，沒有人是完美的。」麥可很好心，他認為總統對他與我沒有關係感到遺憾——而非因為我們都是天主教徒。「嗯，沒有人是完美的。」剛好是我最愛的電影《熱情如火》（*Some Like It Hot*）裡最喜歡的結尾台詞。

七月二十五日（星期四）

在收拾行李並搭乘晚班飛機之前，我和李柱銘及劉慧卿兩人進行會談。我鼓勵柱銘，說他若想有效爭取國際社會支持他對臨時立法會的立場，最好不要猛烈抨擊像羅德（畢竟他是美國東亞暨太平洋事務助理國務卿）、澳洲外長唐納及加拿大外長艾斯威西這樣的外國領袖，應該把他們當作重要的盟友來看待。慧卿批評我對異議分子和香港行政長官遴選過程的立場。我的觀點是，如果陳方安生獲選，香港社會將非常幸運。我不確定那些當選的政治家是否認真注意到，安生在民調上大幅領先所有人的事實。

在回倫敦的路上，我那舉世無雙的私人助理珍妮·貝斯特和我的前任副官麥克·艾利斯也與我同行。麥克現已離開警隊，完成法律學位，並在香港的律師事務所工作。他告訴我一連串軼事：許多人正趁著在明年主權移交前離開香港，或計劃在香港回歸中國後離開。

八月一日（星期四）－三十日（星期五）

穎彤和我直接從倫敦前往薩爾斯堡（Salzburg），與我們的好友羅塔·懷瑟曼和他的妻子克莉絲汀娜住在一起。回程我們經過倫敦，飛往土魯斯，接著驅車經過加雅克（Gaillac）和科爾德，來到我們的新家。我們在去年第一次來到這裡，這裡可沒讓我們失望。這間房子是由兩座改建後的煙草農場及庭園周圍的附屬建築所組成。一八二二年，一座農場主人的兒子和另一座農場主人的女兒結婚，將兩座農場合而為一。我們在假期中花了很多時間將屋子打理得有模有樣，擺設好傢俱，並整理了花園，為未來的重要工作做好準備。我們得到了喬·丁伯利比（Jo Dimbleby）和賓尼·丁伯利比（Binny Dimbleby）兩位園藝專家的大力協助，他們的雕刻家父親尼可拉斯（Nicholas）是理查·丁伯利比（Richard Dimbleby）的小兒子。[10] 我決心斬除這些蔓生的雜草和荊棘，讓昔日茂盛的菜園重見天日。潔思、雅思、麗思也和我們在一起，她們似乎和我們一樣喜愛這個地方。這個可愛的鄉村並不宏偉，卻極為美麗，有連綿的山丘和寬闊的河流穿梭其中，讓我們能自在地游泳。從菜園的盡頭向西看，在核桃樹的旁邊，極目所見只有遠處河谷上的白色懸崖，其他什麼也看不到。我發誓，在這裡的第一天早上，是這股寂靜的氣息將我喚醒。我們會愛上這裡的。

我不時會想起香港。明年的許多事情都是可以預見的。首先，我們（尤其是我）會顯得愈來愈置身事外。接下來的日子將會有許多挑戰。人們會質疑為何要對所有的事大驚小怪，而且如果我們持續發聲，更可能會遭外界指責為破壞香港人的信心。國際社會將極力避免在香港問題上與中國發生爭執。所謂的實用主義當道，國際社會對中國的負面行為視而不見，例如香港立法局和《人權法》的問題。即使只是一些小事或實際上對他們有利的事，中國都會趁機大肆宣傳，展現出一副非常慷慨的姿態，彷彿未來充滿希望。

第二，隨著時間流逝，我們將再也無法要求中國為負面行為付出代價。因此，許多實際的問題或內心的感受將受到冷落，而無助的人也會變得更加無助。

第三，媒體會開始寫一些報導，描述我們（特別是總督本人）是如何身處困境且跟不上時代，或說我們出賣了香港的利益。另外，也會有報導指出香港的人權問題現在根本無關緊要。當我們下台一鞠躬時，不會響起太多掌聲。

第四，我們與英國外交部和北京大使館將出現更多問題，因為兩者都希望將主權徹底移交，並用所謂務實的角度來看待未來的利益，也就是避免更多的爭吵並與我們保持距離。眼看大選迫在眉睫，政府首長們的心思都放在其他事情上，再加上政府可能面臨重組，新任的部長們也會急於和前任部長在香港的政策失誤保持距離，這些都讓挑剔而充滿敵意的官員變得更難應付。

這下我們該怎麼辦才好？

我決定繼續按部就班地走下去。現在還不能放棄。時不時問問自己，五年後這一切會是什麼樣子？長遠的眼光才是最重要的。

當然，我們也必須開始收拾行囊！流逝的時間就像沙漏裡的沙子迅速滑落，或許這可讓一切變得更容易忍受。

九月一日（星期日）

今天下午我們回到香港。回程時我在飛機上看了一部差強人意的詹姆士．龐德電影，醒來還有足夠的時間為《經濟學人年刊》（*Economist Yearbook*）寫下一千一百字的文章。陳方安生、戴彥霖、黎偉略、白樂仁和政府新聞處處長丘李賜恩來接機。我們度過了相當平靜的八月，最大的風波就是各界正在敦促首席大法官楊鐵樑爵士出馬競選行政長官一職。劉慧卿說出許多批評者心中的想法，簡單來說，她認為楊鐵樑爵士當不好行政官員，而且他對《人權法》的問題相當消極。他想要和我聊聊。我們回到港督府，艾絲佩絲、阿澤和所有的員工都出來迎接我們，威士忌和梳打兩隻小狗開心地撲到穎彤和雅思身上。經過寵物美容師的巧手整理後，威士忌和梳打的皮毛看起來閃閃發亮。毫無疑問，牠們在《信報財經新聞》的搞笑連環漫畫《肥彭劇場》中可是行程滿檔，漫畫透過牠們的眼睛記錄了肥彭的生活大小事，可把兩隻小狗給累壞了。最近牠們一直在討論是否該上法語課。

晚餐時，首席大法官來電。他目前在倫敦休假，正從加拿大前往土耳其，接著在郵輪上待到十月。這樣是要怎麼競選啊？他告訴我，一位長期親中的人士問他是否願意參選行政長官。他當然不希望自己出面競選，但如果有足夠的支持者，必要的話他願意辭去首席大法官的職位，休有薪假或無薪假，或退出案件審理以投入選舉。我表示我理解他的決定，告訴他如果他真的獲得提名，我們可以幫他想想接下來應該怎麼做，並提議由他的政務主任為他擬定一份聲明稿。據我所知，除了他的太太以外，這位政務主任是唯一有能力管理他的人。

楊鐵樑爵士是位身材矮小、個性活潑的上海人，曾在倫敦受訓。他在裁判和司法機構一路平步青雲，主要是因為他手腳乾淨（並不是件壞事），而且又是本地人。他之所以成為第一位擔任香港首席大法官的華人，原因是香港未能引進更好的華人律師，也無法讓真正一流的中國御用大律師空降到這個職位，像是李國能或張健利，而如今也有其他更適合的人選。楊鐵樑做事正派且飽讀詩書，平時的消遣是把中國古典小說翻譯成英文。他身上沒有一絲一毫惡意。我希望其他人的野心不會迫使他踏上自毀之路。香港的左派或許正在將楊鐵樑推向風口浪尖，再加上羅德丞（他自己的競選活動正停滯不前）和董建華的商業對手也在背後推了他一把。或者中國人只是想讓其他對手加入戰局，讓董建華打一場競爭激烈的選戰，誰知道呢？但如果全能的上帝是仁慈的，祂就會放楊鐵樑爵士一馬，因為如果他真的當選，他會被狠狠地折磨一番。

九月二日（星期一）

忙完了堆積如山的工作後，陳方安生和我聊起她成為行政長官候選人的種種壓力。在幾位正派人士的施壓之下，她被迫宣布參選，但她其實並不願意。我鼓勵她，說她或許會發現成為第一號人物比第二號人物來得容易，但無論如何，她都將面臨艱困的抉擇並做出讓步。許多公務員認為，只要安生還在，他們就願意留下來。但她擔心在董建華宣布參選之前，自己也要宣布參選。她不想和董建華競爭，就像董建華也不想和她競爭。和董建華走得愈來愈近的李國能告訴她，董建華會在幾週內宣布參選。董建華以謙恭有禮的態度滔滔不絕地闡述他極為保守的觀點，但如果安生不選、他也不選，那該怎麼辦？中國人真的想要安生當選嗎？如果香港大多數的人都支持她，將對她有所助益還是激起更多挑釁？而且，她那坦率的丈夫陳棣榮都不希望她擔任布政司了（至少這是我的猜測），更何況是行政長官呢？他顯然太愛她了。我和她一起苦苦思索半小時。在我看來：

一、我認為她既出色又睿智，是這份工作的絕佳人選。她是優秀又勇敢的行政官員，並具備強烈的信念，她是我共事過最厲害的人了。

二、最保險的方式就是讓建華擔任首位，安生位居第二。

三、但無論她擔任什麼職位，她能夠堅持絕不讓步嗎？

四、整個局面亂成一團。

如果你想讓這份工作賠上你的議會選區，那就容易多了。

我的朋友和顧問們意見分歧。馬世民覺得這是件糟糕的工作，他非常喜歡並欣賞安生，認為她壓根不應該和這工作有任何瓜葛。同樣身為安生仰慕者的畢瑞伯卻持相反看法。那我呢？某種程度上來說，我只是太喜歡她了，很難有什麼立場。

我那（天生）優秀的第一私人秘書賀理和麥奇連都在暑假期間買了一九九七年後要住的房子：賀理買在奇徹斯特（Chichester）附近，麥奇連則買在雪梨。我隱約感覺這個消息令我振奮，因為這似乎意味著最後一幕即將上演，明年我們將踏上新的人生旅途。

九月三日（星期二）

在特別委員會的第一次會議上，我們討論了假期前過目的兩份外交部文件。成立臨時立法會是否合法？是否有違反《中英聯合聲明》？是否符合香港的小型憲法，也就是《基本法》？我們有哪些行動方案？外交部的文件巧妙迴避了這些問題。對我來說，最有趣的是整場辯論的成因。在《中英聯合聲明》的談判期間，夏鼎基爵士（當時的布政司）和先前提過的鍾士元爵士（行政局資深議員）強烈主張，《中英聯合聲明》應該包含仲裁條款和商定的補救措施，以避免權力濫用的情形。柯利達和他在外交部的信徒說服內閣，認為這並沒有必要。《中英聯合聲明》是一項具有約束力的國際協議，中國並不會毀約。他們認為無論如何，民主發展將保護香港的地位。因此，現在的情況是：如果中國人違反《中英聯合聲明》，我們只能明確表示這是違約行為，並向全世界大聲疾呼，警告國際社會中國無法履行條約義務，除此之外別無他法。《中英聯合聲明》要求中國必須與我們合作履行一九九七年之前的主權義務，而《中英聯合聲明》和《基本法》規定他們必須透過選舉的方式組成立法機關。我們很難主張在一九九七年前成立替代性的立法局符合上述規範，也很難斷定成立四百人的遴選委員會以組成立法局就是所謂的選舉。

我有三個目標。第一，絕不放棄捍衛民主。第二，在捍衛民主的同時，盡量減少對香港的負面影響，也避免讓英國遭到國際社會孤立。第三，堅守陳方安生和多數官員都能輕易接受的立場。我小心翼翼地引導委員會接受上述目標，以此作為聶偉敬在聯合國大會與錢其琛碰面的簡報基礎，並針對在一九九七年前設立臨時立法會提出質疑。我們必須展現強硬的態度，避免中國人在主權移交前提前插手香港事務。無論如何，我們目前的處境仍算安全。有關臨時立法會的原則，我們已經履行了我們在《中英聯合聲明》的民主化承諾，很難說（無論有任何法律上的爭論）四百人的遴選委員會代表了《中英聯合聲明》所承諾的選舉，而由此組成的臨時立法會應在最短的時間內盡可能做最少的事。英國和國際社會應該確保中國盡快恢復遵守《中英聯合聲明》和《基本法》的精神與條款，舉行自由且公平的選舉。我也希望我們能敲響幾記國際警鐘。外交部的說法極具說服力，認為我們不能走上國際法院一途，因為這將嚴重影響我們在聯合國的外交參與，但我們可以請國際法學家委員會就臨時立法會提供他們的法律意見，或許有助於向中國施壓，同時能讓部長們表示他們已有所作為（至少在華府，美國國會殷切希望他們能有所作為）。國際輿論是否會認為我們已棄械投降？這當然在很大程度上取決於香港民主派對我們的看法。我自己的判斷是，訴諸國際的做法或多或少是正確的，在政治上也站得住腳，或許也能讓香港現在的公務員稍微鬆一口氣。這些原則讓我們不至於在最後一整年陷入苦苦掙扎。

我們似乎正逐步達成協議，未來預計將在會展新翼舉辦主權移交儀式。但在此之前，我們將在港口旁舉辦告別儀式；接下來，中國共產黨無疑也會以自己的方式大肆慶祝一番。他們在媒體問題上仍然很狡猾，並可能試圖把我們與一些負面議題牽扯在一起，像是新的特別行政區機構（例如立法會）就職典禮問題。今天在北京，新上任的副外相漢利和中國王副外長的互動讓我覺得很有趣。王副外長反駁了中國人可能會在移交儀式鬧場的傳言：他表示，畢竟中國是個歷史悠久又彬彬有禮的文明國家。我猜他們可能在想：那個表現極差的香港總督又會幹出什麼好事？令人滿意的結果似乎近在眼前，特別是現在英國看來會同意拿出更多錢來支付告別儀式的費用。現在主要的問題是組織問題。我想讓年輕有為的香港公務員林瑞麟負責整起行動，安生也同意了。

九月四日（星期三）

我特別重視定期與布政司一起會見各個秘書，以審查他們所負責的業務。施祖祥轉任香港貿易發展局總裁後，憲制事務司一職已由吳榮奎接任，因此今天我與吳榮奎好好對談了一番。[11] 榮奎負責監督我們的立法和選舉事務，他將這份爭議性的工作做得極為出色。直覺上他或許比祖祥更保守，但他明辨是非，並對政府商定的路線有著堅若磐石的承諾。我非常尊重他，而且港府內部像他這樣的人才可說比比皆是。

九月五日（星期四）

穎彤在港督府為婚姻律師辦了場非常棒的接待會。她踴躍地在會議中發言，趁這個機會讓這些律師在法律界和更廣泛的社會討論中獲得他們應有的地位。不久前她才發起了一項活動，呼籲更多歐亞混血兒成為骨髓捐贈者。她之前遇到了一位可愛的小男孩，名叫賈斯柏・王（Jasper Wong），他爸爸是華人，媽媽是蘇格蘭人。他患有嚴重的白血病，只能靠骨髓移植才能活下去。但問題是骨髓庫中沒有合適的華人捐贈者，英國目前也沒有。許多人認為在香港的歐亞混血人口中更有可能找到合適的配對，因此決定在這裡建立歐亞混血的骨髓庫。我們希望這可幫助到賈斯柏和其他需要骨髓移植的歐亞混血兒。事實上，香港擁有不少歐亞混血人口，歐亞家庭之間大量通婚，他們往往認為自己不被中國人或英國人接受，但這個混血社群卻為香港帶來許多一流人才。也許隨著香港國際化程度漸漸提升，他們就不會覺得自己是局外人了。

九月十一日（星期三）

我花很多時間撰寫我最後一份施政報告。與此同時，董建華顯然已經抵達北京，估計是到當地走馬看花一遍。另外，也有報導指出中國官員要來香港與安生會面。法律界愈來愈關注楊鐵樑首席大法官的尷尬處境。各界開始議論他現在是否參與了這場政治遊戲，隨後我接到他的辭職信，便任命非常優秀的澳洲法官鮑偉華（Noel Power）為臨時首席大法官。我和他談了許多有關法庭管理的問題，他也對此提出很多不錯的想法。自從我來到香港後，我還沒有進行過這樣的談話。楊鐵樑爵士在位時究竟做了什麼？[12]後來我們在找餐廳慶祝結婚紀念日時，澳洲佬也出手相助。我們去了 M at the Fringe，這家餐廳的女老闆很優秀，是澳洲人。

九月十二日（星期四）

一些與我們談過的中國專家認為，中共中央政治局在八月的海北戴河會議期間得出結論，他們認為在香港和台灣問題上應避免「左傾」，並應該試著把我們迷得團團轉。當然，有關主權移交的談判正在緩慢地走向一個合理且令人滿意的終點。中國人不斷在廣泛的議題上讓步，現在有人建議（尤其是英國外交部和我們的北京大使館），既然中國人已經做出這麼多妥協，我們也不必在一些議題上討價還價。這會讓我們與中國的談判回歸到傳統外交模式，我認為這會讓我們惹上麻煩。因此我仍然堅守的立場，只在一些不太重要的議題上讓步。戴彥霖一如既往地幫助我堅守目標，維持正軌。但這並不會讓我特別受歡迎。

駐港英軍司令鄧守仁前來與我洽談駐軍問題以及中國對駐港英軍的後續安排。我們想和中方討論未來解放軍在香港的法律地位。他們是否會和其他人一樣受到香港法律的拘束？按照《基本法》的規定，答案是肯定的，但顯然中國軍方又有了新的想法。如果中國軍隊的意志就是法律，那麼將會在國際社會引起軒然大波。在中國人清楚告訴我們他們的意圖之前，我們很難與他們討論，如何在一九九七年主權移交前安排他們派駐香港的先遣人員。鄧守仁告訴我，未來將有五位中國將軍來接替他的位置。未來的司令與副手都是將軍，他們顯然需要相同軍階的軍官來好好打點他們的政治生涯。

當然，為了在會展中心舉行主權移交儀式，我們必須先建造會展中心！這其中牽涉到一些問題，尤其屋頂是在其他地方製造的，接著才以船運送到這裡。看來會展中心的完工日期會非常接近移交儀式當天。今天下午與陳方安生、曾蔭權和貿易署署長的會議中，我以領導意志的勝利為例，明確要求會展中心新翼必須在明年六月完工。官員簡報時我不想聽到他們說這有多麼困難。會展中心新翼必須順利完工。目前為止，這個方法似乎奏效了

——幾乎吧。尼采（Nietzsche）會以我為傲的。有鑑於這裡是香港，不可能的事情也可能發生。我認為世界上沒有任何公共行政機關具備像港府一樣驚人的效率。

九月十三日（星期五）

針對一九九七年後在國際上的權利與義務，我們在與中國進行相關協議時遇到相當棘手的問題。根據《中英聯合聲明》，我們必須與中國達成協議，列出雙方同意的權利與義務清單，並致函通知聯合國秘書長。中國也同意了這份清單，除了關於人權與公民權的兩項國際公約。同樣地，儘管《中英聯合聲明》規定他們必須在香港遵守這些公約，他們卻拒絕向聯合國報告公約在香港的施行情況。有人建議我們即使清單上不包含這兩份公約，我們也應該點頭同意，同時繼續與他們討價還價，這點我並不同意。這會讓北京的中共政府得到他們想要的結果。我認為目前為止，我們最好將心目中的清單提交到聯合國，並讓他們知道中國目前的情況。這至少能為中國帶來一些壓力。在這些議題上，我覺得雙方並不如先前說的「氣氛好轉」，所以進展不大。一旦遇到與政治控管有關的問題，中方總是絕不讓步。

九月十四日（星期六）

我自己擬了不錯的立法局施政報告草稿，共計九千字。大家對這份草稿的反應很有意思：我的英國顧問們認為這是強而有力的宣言，必須好好地說出來；而陳方安生、曾蔭權和吳榮奎等香港官員則擔心這份草稿會引發對立，而且過於議會化，很難翻譯。我不確定我是否同意最後一點，難道翻譯生動的散文會比一板一眼的官僚語言更為困難嗎？無論如何，我想我會試著讓語氣緩和一點。我不想害一些優秀的高級公務員落入尷尬的處境。漢利在香港待了幾天。他與行政局進行了一次正面的會議，但他與媒體和立法局卻處得不太好。他並沒有出任何

1992 1993 1994 1995 1996 1997

差錯，但被問及臨時立法會的成立是否違反《中英聯合聲明》時，左閃右躲並不是一件容易的事。我們需要比現在更好的答案。

九月十八日（星期三）

中英聯合聯絡小組愈來愈忙碌。中國人拖延了四年才終於簽署了有關貨櫃碼頭的協議，或許是因為當初相關集團之一的怡和洋行曾支持我的政治提議，所以這份簽署才會拖那麼久。目前，中英聯合聯絡小組爭論的核心是主權移交儀式上的維安問題。我們非常清楚，即使我們現在簽署協議，明確規定維安是香港警方的責任，中國人也會嘗試介入這項安排。如果有中國的高階官員來訪，我們可以提供他們與英國或美國警方一樣的溝通模式。問題在於，對中國來說，維安工作不僅是防止領導人被暗殺而已，而且要避免讓這些官員陷入任何潛在的尷尬處境。因此，我們將在攜帶武器和控制示威活動方面展開無數次的討價還價。無論發生這些紛爭的機率有多大，現在我們不能隨便放中國人一馬，因為這會讓他們在日後所有的議題上得寸進尺。我們也不可能在明年六月以前簽署對我們不利的協議，以免削弱香港警方的地位或讓中國維安勢力深入香港。

九月十九日（星期四）

董建華宣布參選——或許是吧。實際上他說的是，他正積極考慮成為候選人，並將在二至三週內做出適當的宣布。他的記者會根本是一場大災難。他遲到了一個多小時。新聞稿被改了。所有的記者擠在一間小小的會議室。會議桌上的攝影機和錄音機擺得滿滿的，甚至讓桌子整個塌了下來。但建華給人一種親切又真誠的印象（他確實如此），也因為這純粹的好意而沒有人怪罪於他。我把我稍微修改過的立法局施政報告給聶偉敬和漢利看過，他們都對內容表示認可。

九月二十日（星期五）

今天，我想起自己在香港最重要的一次經歷。那天天空下著傾盆大雨，但午餐時間後雲層漸漸散去，當時我去為青山精神科醫院的新大樓揭幕。情況嚴峻的青山醫院位在新界最偏遠的地區，我將重建醫院列為我上任後的優先事項。在我上次參訪醫院時，一位香港病人攔住了我，他用一口漂亮又正式的英語問我：「抱歉打擾了，總督。你認為英國是世界上最古老的民主國家嗎？」我答道：「當然可以這麼說。」他又問：「那你是否也認為，中國是世界上最後一個共產極權大國？」我委婉地回答：「有些人或許會這麼說。」他繼續說，「總督，那你能否告訴我，為什麼你們的民主國家把香港這一座美好又自由的城市交給一個共產社會，而沒有徵詢生活在這裡的人們是否願意？」這位全香港最理智的人卻被關在精神科醫院。這就是我們必須重建醫院的原因！

那天傍晚，我得以一窺我未來生活的樣貌。穎彤和我參加了大藥廠史克美占（SmithKline Beecham）董事會的晚宴，其中一位董事是克里斯多福・霍格（Christopher Hogg）。他和他的太太米莉安・史塔波（Miriam Stoppard）都在場。我們發現他們在法國也有房子，離我們家竟然只有七、八英里的距離，我們因此聊得特別愉快。他們和我們用同一間育苗場的苗株，米莉安也給了我們一些關於灌溉系統的建議。這就是我明年重要的專案了！以前我建造機場，以後則是採購澆花水管。

九月二十四日（星期二）

休・戴維斯與趙稷華交接時碰上不愉快的（他的用詞是「恐怖的」）遭遇。中國人的談判風格總是如此。談判時，其他國家當然想為自己爭取最大的利益，但他們至少會尋求一些可接受的妥協與調和。然而，中國人只想隨心所欲、為所欲為。他們會堅持己見，即使他們想要達成協議，也會到最後一刻才讓步。如果讓他們稱心如意，他們會確保協議的內容可提供他們足夠的空間，未來可針對所有他們想要改變的事項重啟討論。針對機場的合作備忘錄和現在的香港主權移交就是如此。世界其他國家應該好好學習如何對中國採取強硬的態度。現在他們的談判風格，結合了黑手黨和自以為是的人所採取的策略，加上大量毫不掩飾的陰謀伎倆，卻能因此全身而退。

傍晚，雖已耽誤了很久，但我終於能夠和人在紐約參與聯合國大會的聶偉敬以電話長談——延遲的原因是他必須處理一齣國內的鬧劇（或是啞劇）。尼可拉斯·邦索爵士（邦索還未繼承爵位以前我們就和他很熟了）呼籲祁淦禮在歐洲貨幣聯盟（EMU）的問題上閉嘴。一般人通常不會為這種愚蠢的評論而困擾，但偏偏邦索（他不是個壞人）的身分是外交部副大臣。因此，身為執政黨政治人物的邦索等於是幫了反對黨大忙。聶偉敬認為，他會晤錢其琛時的說法不只是為英國爭取「有尊嚴地離開香港」，更在於我們不能為了在主權移交儀式上達成協議，就淡化臨時立法會的問題。他對臨時立法會的問題抱持強硬的態度，並有意捍衛此一立場。我只希望他們也能以正確的方式來處理這個問題。各界總是認為，在這些會議結束之後，唯一正面的詮釋就是這些會議氣氛友好、具建設性，並象徵雙方關係的升溫或「關係變得深厚」（我真討厭這種說法）。有時候，最好的政治策略就是開一個非常糟糕的會議。

九月二十五日（星期三）

香港事務的處理變得愈來愈困難。中國方面已經停止了有關香港的進一步討論，我們在港口旁舉辦告別儀式的點子因而暫時喊停。他們顯然認為錢其琛會晤聶偉敬時，可以針對主權移交儀式的維安等問題達成協議。我在傍晚時和古沛勤提到，我們不能接受協議中放任中國式的維安出現在香港。古沛勤的答覆感覺並非出自真心，他說：「但到時候不會有任何中國警察來控制人群。」事實上，如果我們放任中國否決香港警方處理事情的方式，到時候會是一場公關災難，更會讓特別行政區有了最壞的開始，也會讓《中英聯合聲明》淪為笑柄。北京風格的人群控制和成群結隊的中國版「國家安全志願軍」（Tonton Macoute）出現在鏡頭前，這不是我們最後離開時想留下的印象。[13] 北京大使館自然希望我們盡快讓步，他們聲稱中方會繼續拖延我們總領事館的特權與豁免協議（儘管我認為他們不會），直到我們在移交問題上達成共識為止。我們發了電報到紐約和倫敦，試圖在今晚的會議前說服他們堅守立場。倫敦當局都支持向中國提出「協商」以達成協議。但是「協商」對中國來說意味著否決，這在香港是眾所皆知的。希望聶偉敬能夠保持信心。根據我們的判斷，和他同行的高級外交官葛里翰・傅萊會以一貫的紳士風範堅守崗位。

九月二十六日（星期四）－二十七日（星期五）

紐約的一切都相當順利。聶偉敬堅守了立場，中國先做出讓步。他和錢其琛很快就在媒體和維安方面達成協議，協議中的措辭也令人滿意。雙方一言為定。至於其他方面，聶偉敬充分闡述我們對臨時立法會的立場，這是會議中唯一有些緊張的部分。錢其琛聽著，但沒有什麼回應。希望他能重新考慮將中國的立場恢復到去年四月在海牙的狀態，當時錢其琛明確表示，在六月三十日前只會有一個立法局。另外，我們達成了總領事館的協議，中國國務院副總理兼對外經濟貿易部部長李嵐清也宣布將在十一月訪問倫敦。夏舜廷肯定相當開心，但這一切背後的教訓是什麼？還不是老樣子。如果中國人很想達成一項協議，他們一定會出手，只不過會拖到最後一刻，並試著把你吃乾抹淨。唉呀，這是一個教訓，我們的北京大使館和倫敦的一些官員仍需要學習。

戴維斯和趙稷華在中午簽署協議，在此之前，中國還試圖更改一兩個的地方。例如，將「香港警務處」（Hong Kong Police）的英文名稱改為小寫的「police」。他們真的是無可救藥。我們也告訴他們，我們正計劃在明年六月三十日的黃昏舉辦自己的告別儀式，我們也在今天宣布了這項消息。

九月三十日（星期一）

今天發生了兩件不愉快的事，但這絲毫不影響今天是雅思的生日這個事實。她實在是美麗、開朗又聰明，有她在身邊讓我們很開心。（此刻她特別高興，因為她的男朋友艾力克斯要去雪梨讀大學前，從歐洲回到了香港。）然而，令人不快的是，在我發布施政報告的前兩天，柯利達（他最近不再那麼無所不在）寫了一篇文章。他變得有點像是跟蹤狂。除此之外，我還得去參加新華社舉辦的中國國慶招待會。我和那些充當內奸的香港權貴握手，接著是新華社的高級主管，包括負責公開批評彭定康的新華社香港分社副社長張浚生，他總是一副笑瞇瞇的樣子。我其實滿喜歡他的。他給人的印象是，我們都知道彼此是在逢場作戲，但該做的事還是要做。我發言時盡可能好幾次提到「自由與公平選舉選出的立法局」。夜色漸深，隨著大批共產黨愛國分子持續湧入，我們離開了會場，又完成了一項年度任務。明年六月就是來真的了，愛國者將重回祖國的懷抱。

十月二日（星期三）

今天是我在立法局的最後一場報告。下午兩點二十分，穎彤和半數的私人辦公室團隊成員擠進了一輛輛戴姆勒（Daimler）轎車，準備前往立法局大樓。大樓外一如往常擠滿了攝影機和示威活動。今年的示威者是建築工人，他們希望我們放棄強化工安的計畫，因為他們認為這會讓他們一些人失業。

我開宗明義地表示，儘管只剩下幾個月的時間，我們並不打算整天無所事事。我引用了美國大法官奧利佛·霍姆斯（Oliver Wendell Holmes Jr.）的話，他說：「我們必須順風而行，有時逆風而行，但絕不能隨波逐流或下錨停泊。」接著我開始報告我們是如何實現一九九二年第一次演說時所設下的目標，並逐一列出我們獲得的成就。我從學校、教師、在教室安裝電腦以及高等院校的定位等政策開始。接著我列舉我們針對弱勢族群和身障人士所做的一切。我也提到我們在醫療保健方面的成就，例如增加醫院床位、設立新診所等。另外，我也說明我們在改善住房、環境與犯罪方面的成就。我指出一九九二年時香港有五萬名越南移民，如今已減少至一萬兩千人。接著我談到基礎建設投資，包含新機場、貨櫃中心、第一座內河碼頭以及我們先進的電信系統。我們進一步降低企業的營利稅、提高豁免商業登記的水準，也降低了其他稅率。我更指出，我們的稅率是世界上數一數二的低。香港有百分之六十的人口完全不必繳納薪俸稅，只有百分之二的人口必須繳納最高（但其實並不苛刻）百分之十五的稅率。對於多數人來說，納稅負擔比一九九二年還來得低。

我提到我們為過渡期所做的準備。香港的成功是因為所有的華人不分男女老幼共同努力的結果。我認為，我們此刻視為理所當然的自由反映了普世價值。我們的人均國內生產毛額來到了兩萬三千兩百美元，甚至比澳洲、加拿大和英國還要高。我們是世界上第八大的貿易地區。自從《中英聯合聲明》簽署以來，香港的國內生產毛額成長將近一倍，財政儲備更成長了六倍之多。到本財政年度結束時，我們的財政儲備將達到近一千五百億港幣。

我提到中英聯合聯絡小組所做的工作，並闡述我們是如何透過民主、問責制和選舉等政策來履行我們在《中英聯合聲明》和《基本法》的義務及承諾。在描述我們對臨時立法會的態度時，我引用了《中英聯合聲明》的規定，內容提到在中國承諾合作下，英國在一九九七年前對於香港行政管理的責任。儘管有人認為民主化和福利主義難以並行，我仍指出我們每年在社會福利的支出，與香水和化妝品的開銷是差不多的。公共支出大幅增加，但仍然只佔國內生產毛額的百分之十八左右，而且一九九七年的比例比一九八〇年代初期還要低。

我們正在重新檢視香港所有的法律，以符合《人權法》以及《基本法》內有關人權的兩項國際公約。在說明了維持競爭力所需的條件後，我最終列出一份清單供各國參考，以了解香港是否在本質上維持不變。這份清單涵蓋十六個我們應可回答的問題，例如自治、法治、新聞自由和法院的正當法律程序。結束前我引用美國小說家傑克・倫敦（Jack London）的信條：

「寧化飛灰，不作浮塵。寧投熊熊烈火，光盡而滅；不伴寂寂朽木，默然同腐。寧為耀目流星，迸發萬丈光芒；不羨永恒星體，悠悠沉睡終古。」

（I would rather be ashes and dust, I would rather my spark should burn out in a brilliant blaze, Than it should be stifled in dry rot. I would rather be a superb meteor, With every atom of me in magnificent glow, Than a sleepy and permanent planet.）

最後是我自己的一段結語：

「前路不管有何挑戰，都不會使這顆流星飛墜，讓光華從此消逝。我深願香港能奮然而起，征服未來，到時候，歷史也必為之動容，起立喝采。」

（Whatever the challenges ahead, nothing, nothing, should bring this meteor crashing to earth, nothing should snuff out its glow. I hope that Hong Kong will take tomorrow by storm. And when it does, history will stand and cheer.）

接著，就和往常一樣，立法局一片靜默。我坐了下來，心想早知道就不穿紫色的衣服來了。

十月四日（星期五）

在這週剩下的時間裡，我做了一些後續工作，這已成為報告後的例行事項。立法局的報告結束後，還有問答環節、大型記者會、叩應節目，以及約六百名觀眾參與的公開會議。這其實是相當歡快的場合，或許也是我在香港的最後一次公開會議了。當我離開時，我被大批人潮團團包圍，至少幫一百個人簽名。如今回頭看，很難想像自己四年前參與這些會議時，經歷了多麼大的文化衝擊。從那時開始，事情發生了如此劇烈的改變。各種政治反應一樣令人失望。在推動民主方面，我做得太少，也做得太多了。在促進社會福利方面，我一事無成，也做得太多了。為什麼我不對民主議題保持沉默？為什麼我對未來如此悲觀？為什麼我描繪出如此美好的願景？為什麼我沒有意識到英國殖民政府做了一些可怕的事？為何我是如此典型的英國人？為何我要引用傑克·倫敦的話？

十月八日（星期二）

最近發布了幾項大型的民意調查，其中《南華早報》的調查顯示，我的施政報告比去年的得分還要高，我個人的支持率也從百分之六十二上升到百分之六十七。同一份報紙在隔天的調查指出，大多數的人都反對臨時立法會；但多數人認為儘管如此，我們還是應該與其合作；然而，有三分之一的人強烈反對臨時立法會修改《人權法》。那麼這就很清楚了。英國一些媒體對我進行了公正的報導，在香港的報導就比較褒貶不一（這讓民調結果更有趣了），溫斯頓・羅德也寫了一封非常好的信，他在信中提到，我證明了自己既不是跛腳鴨，也不是北京烤鴨。

最棒的是，我和雅思單獨共進晚餐。穎彤出去看芭蕾表演了。雅思和我聊到一個人必須對藝術或音樂了解到什麼程度，才能真正欣賞作品。我很喜歡她的陪伴。除了和穎彤之外，我很久未曾有這樣的談話了。

十月九日（星期三）

本週大部分的時間我都在接受記者和商人的訪談。有時候我看著我那可憐的私人秘書，他的筆無精打采地擺在書頁上，不斷假裝對我所說的話感興趣。同樣的長篇大論，同樣的趣聞，只不過為新的聽眾換了順序。我的同事們應該與我串通好，幫我的故事與論點編個號碼，例如「總督，等等要講第三、五、七、九、六號故事」之類的。

今天我到東區進行訪問。這裡是香港最大的區域，容納了近六十五萬人口，其中包含約五萬名來自大陸地區的新移民。自從我來到香港以來，這裡歷經了不少變化。過去在山坡上的寮屋已經被高樓大廈所取代。我和一群新移民在當地的咖啡廳喝茶聊天，我們在那裡吃了美味的甜麵包，喝了可怕的冰糖燉茶。接著我來到一條擠滿人的街道上，當時肯定有超過一千人一湧而上，要和我握手或要簽名。我們到公共場合與民眾互動時，我很擔心大家的安全，因為有一群攝影師不斷在人群中推來推去。隨著時間愈來愈接近明年六月，這種名人效應可能愈演愈烈，除非各界開始將所有的焦點轉向新出爐的行政長官，但我有些懷疑。我推測當前的經濟情勢將有助於提升民眾對末代總督的好感。通貨膨脹正在下降。失業率也在下降。恒生指數不斷上漲。犯罪率也比十年前還要低。

英國記者馬克斯・黑斯廷斯（Max Hastings）嚴肅警告的大災難，以及從港督府屋頂搭直升機逃離香港的預言，都已成了天方夜譚。

十月十日（星期四）

我在君悅酒店對著三百位泰然自若的商會成員進行午餐演講。儘管他們的幾位發言人在統戰團體的慫恿下胡言亂語，但我沒有回嘴，只說明了企業界某些人所信奉的諸多謬論，表示這些謬論一點也不能代表整個企業界的觀點。那麼這些謬論指的又是什麼？就是香港經濟需要「重新啟動」才能恢復往日榮景。就是香港受到過度的監管。就是我們正將香港變成一個福利國家。就是法治其實並不重要。接著我提到商業領袖為香港自治發聲是多麼的重要。麥理覺是位勇敢、思想獨立又真正的自由派立法局議員，在香港總商會轉變為統戰組織後，他成了這波轉型的受害者，被踢出董事會。他對這場演講感到高興。香港總商會主席田北俊和總裁祈仕德（Ian Christie）看起來相當窘迫，卻找不到可以批評的地方。祈仕德身為退役准將，卻是個十足的笨蛋，不禁讓人懷疑英國當年是如何打勝仗的。

十月十一日（星期五）─十三日（星期日）

麥理浩爵士來這裡進行短期訪問，和我們一起參加了資深戰地記者克萊兒・霍林沃思的八十五歲生日派對。和克萊兒聊到二戰主題的小說時，我提到了作家奧莉維亞・曼寧（Olivia Manning）。克萊兒說，她在當《每日快報》（*Daily Express*）的主管時，曾把在她手下擔任特約記者的曼寧開除。我們向前總督麥理浩報告了香港目前的情勢，其中很多改變是由他發起的。他告訴我，根據他耳聞的消息，他對香港警察和公務員的水準和士氣感到滿意，但對於中國人即將派往香港的官員數量感到擔心。在我們的安排之下，我們帶他乘坐直升機環遊香港，回來時他對所見的一切都相當興奮。他說：「當年大家都說我們所夢想的一切，很多都不可能辦到，但最後卻漸漸從零開始，付諸實踐。」他告訴同行的白樂仁（我的副官），儘管他不同意我的觀點或表達方式，但他對於人民看待我的方式，以及我設法把事情做好的態度感到印象深刻。他真是值得景仰又深具紳士風範，只不過我們來自於不同的年代與背景。

十月十四日（星期一）

本週英國媒體刊出了兩則精彩報導。首先，《泰晤士報》的一篇報導指出，英國政府可能將重新審視狗的檢疫規定。按照現行的規定，回到英國的寵物必須關上數個月之久，據說是為了防止狂犬病。媒體引用了穎彤和我的說法，批評目前的管制政策實在荒謬可笑。這則報導對於威士忌和梳打兩隻小狗的命運極為重要。麥奇連整天接到許多英國媒體和電視節目的來電，想請我發表看法。麥奇連說，這是有史以來英國人對我說的話最感興趣的時候了。香港議題在英國國內的重要性還不如這件事。

第二則精彩報導來自媒體人安德魯・尼爾（Andrew Neil）在《每日郵報》連載的自傳，內容提到梅鐸不喜歡我，因為我破壞了他在中國的商業利益。安德魯・尼爾為一本雜誌採訪我時提到，又多了一位無法忍受我的媒體大亨，那就是康拉德・布萊克（Conrad Black）。我終於找到一個令我討厭的加拿大人了。

十月十七日（星期四）

錢其琛在《亞洲華爾街日報》的一次採訪中，把《中英聯合聲明》和《基本法》踩在腳下。他說一九九七年之後不會有紀念六四的守夜活動，也不允許任何人批評中國領導人。這些事或許不違反法律，但也不會獲得允許。毫無疑問地，他真的說了這些話。報紙刊載的內容是由中國外交部官員原文翻譯過來的。針對我們應該提出哪種抗議，我們已經和倫敦當局來回交涉許多次了。聶偉敬同意親自致函錢其琛。我們看到的第一份草稿相當強

1992 1993 1994 1995 1996 1997

而有力，接下來的修訂卻一如往常淡化了不少。北京大使館發來一封軟弱無力的典型電報，使館內負責香港事務的官員，通常在任何敏感議題上都站在中國那邊。電報首次提到在李嵐清訪問倫敦前，我們必須避免破壞氣氛。經歷一番努力後，我們得到一份合理的草稿。但這很無聊，尤其是我們還在與北京和倫敦進行單方面的對抗，內容涉及《基本法》第二十三條規定的罪行——「叛國、分裂國家、煽動叛亂、顛覆中央人民政府及竊取國家機密的行為」。倫敦對我們的態度是有史以來最糟糕的情況，不斷質疑我們想做的一切。香港司司長古沛勤每五分鐘就來電一次，忙著發送新的問題清單、起草電報，讓部長們在深夜時逐一核對並簽下他們的名字。這一切讓人筋疲力竭，嚴重影響士氣。現在倫敦那些官員又覺得我這總督阻礙了他們。英國外交部認為我們愈來愈歇斯底里，並暗指官員們受到總督的政治立場和領袖魅力所影響。事實上，在得出這些集體的結論之前，我們已經絞盡腦汁了好幾個月。倫敦官員似乎不明白，其實擔心的不只是總督和外交部官員，港府高級政府官員也漸漸注意到，他們離奮力爭取香港權益的日子愈來愈遠。陳方安生和她的同事觀察著目前發生的一切，反應遠遠不止是瞠目結舌而已。

如今行政長官選舉又出現了一些轉折。退休法官李福善也宣布參選，他曾在一九八〇年代末期協助調查民意並得出結論，認為香港不需要民主和直接選舉產生的議員。他對事情的看法還停留在石器時代，而且對英國感到相當不滿，因為在他辛苦遊說之下，英國政府仍對他不理不睬。與此同時，羅德丞卻宣布他將退出選舉。其實都差不多，一顆爛蘋果換另一顆爛蘋果。另一位加入戰局的候選人是富商吳光正，他太太是穎彤的高爾夫球友包陪容，是已故船王包玉剛的次女。吳光正是贏不了這場選舉的，但或許他無法接受這個事實。

十月十八日（星期五）－二十七日（星期日）

這週回到倫敦與蘇格蘭。這次旅程成了相當疲憊的返鄉之旅，或者只是我老了。週一先從蘇・蘿里（Sue Lawley）主持的《荒島唱片》（*Desert Island Disics*）節目開始，接著與聶偉敬和梅傑碰面。令人驚訝的是，蘿里的訪問內容極為政治化又強勢，但有機會讓我挑選音樂總是一件樂事。聶偉敬接到官方的強烈要求，希望他不要再幫倒忙，但他仍無視這項指示，給了我嚴格又極為公平的鍛鍊機會。我們已得到大部分我們想要的東西；例如繼續推動官方機密的立法，以及《基本法》第二十三條有關叛國和煽動叛亂等規定，但也為了十一月初國務院副總理李嵐清的訪問留下一些空間。在截取通訊內容的問題上，聶偉敬擔心香港的法律走得比英國更遠，但這仍留有餘地。對我而言，最重要的是針對我們的決定進行司法監督。在女王演講辯論前繁忙的一天，首相花了四十五分鐘和我們討論香港議題。結果進行得很順利。首相一派輕鬆，會議前把我的隨從人員迷得團團轉。我們自顧自地閒聊起來，還聊了一下政治議題。經濟看起來正在好轉。他似乎感到相當放心。希望保守黨也能這樣就好了。在和內政大臣夏偉明的會面中，我們討論了幾位前來尋求庇護的中國人（我認為他在這方面能幫上忙）、越南難民以及少數民族問題。事後，他私下清楚表示，他認為祁淦禮在單一貨幣問題上幫不上忙。由於這最快也是下一屆議會的問題，在我看來，首要任務應該是盡可能安然度過這個爭議性問題。我不認為夏偉明一定會反對這點。

我在倫敦、愛丁堡和格拉斯哥發表數場演講，其中最重要的是香港貿易發展局的年度晚宴。在這次活動中，我抽空和記者麥可．瓊斯聊了幾句，他提出了一件顯而易見的事實，也就是重返英國政壇對我而言可不是件輕鬆事。這我早就知道了！

十月二十六日（星期六）

我們回到了香港。我不在的時候，陳方安生發表了聲明，表示她並不打算競選行政長官一職，但她和其他公務員很樂意為具備特定條件的行政長官服務，例如此人必須願意為香港的自由和《中英聯合聲明》的承諾而奮鬥。這是精采又勇敢的聲明，展現出她的一貫作風。她大可以在闡述自己立場後就此結束，但她卻花了一頁的篇幅來描述行政長官應具備的條件。

本週我最擔心的是，董建華的立場聽起來愈來愈強硬了。這是在作秀還是來真的？他的轉變讓某位多年來偶爾會提供他意見的美國民權運動人士感到憂心，因為他的語氣如此強硬。董建華表示，臨時立法會的存在有其必要，能夠讓新政府盡速通過有關公民自由的限制性法案。最近安生和董建華會面時，他表示若他當選，他想要留下她和曾蔭權。他認為我們需要在明年六月前成立臨時立法會，但除了可以協助設立終審法院之外，他似乎不清楚為何臨時立法會有其必要性。

十月三十一日（星期四）

我們正在與倫敦當局展開一場彷彿拉鋸戰的交涉，讓我們忍不住發起牢騷。究竟是英國外交部官員比較難伺候，還是中共官員比較折騰人，還真的說不清楚。如果可行的話，倫敦當局似乎希望撤回我和聶偉敬討論的有關官方機密、叛國和顛覆政府的提案，因為這項決定對官方不利。包雅倫與他在中英聯合聯絡小組對等的中國官員針對官方機密一事進行會談，中方再三保證他們急於取得進展。倫敦當局認為這是「前景看好」的徵兆。接下來很快就會有人要求推遲單方面做出的決定，以便有更多時間取得共識。我們當然經歷過這樣的過程，其實是無數次了。倫敦官員也感到很苦惱，因為日內瓦的聯合國人權事務委員會，剛針對香港遵守國際公約的情形舉辦聽證會，並指出我們有法定義務，必須在一九九七年後要求中國就公約的遵守情況進行報告，如果中國不做，或許英國應該要做。噢，聽起來真可怕，這可是法定義務！這不僅僅是道德或政治上的空談而已，我們不能轉頭就跑或是徹底和香港脱離關係。這似乎把英國外交部的律師們弄糊塗了。我們說《中英聯合聲明》有法律拘束力，這到底是什麼意思？到底對誰有拘束力？如果有一方破壞了這項法定協議，又會怎麼樣？這些都是刻意模糊化的論點。即使我們沒有法定義務，但在我看來，如果出了問題，那麼針對不遵守國際公約的情況提出報告，似乎是不錯的選項，我們不該在欠缺政治判斷的情況下輕易放棄這個選項。畢竟首相和外交大臣説過，如果中國違背了《中英聯合聲明》的承諾，英國將「探究所有的法律途徑」來採取行動。

十一月二日（星期五）

穎彤和我參加了廓爾喀人在石崗軍營舉辦的晚會，場面一度令人哽咽。多年來，他們一直是香港歷史的一部分。廓爾喀部隊將在本月中旬離開，這是他們在香港最後一次鳴金收兵。黃昏籠罩在中國連綿的山丘，銀樂隊（Brass Band）及風笛隊（Pipe Band）演奏了大家最愛的老歌。到了晚會的尾聲，我發表了演講，歌曲〈日落〉（Sunset）搭配緩緩降下的旗幟，最後是風笛獨奏，輓歌響起。活動結束後，交誼廳裡供應酒精濃度驚人的香檳雞尾酒，但我很自制地只喝了啤酒。

十一月六日（星期三）

昨天柯林頓總統連任成功。在倫敦，首相會晤了中國國務院副總理李嵐清，提出有關臨時立法會所有正確的論點，氣氛充滿善意。但夏舜廷似乎相當氣惱，因為他覺得首相在這次會面簡報時立場強硬，他警告此舉將危及近期取得的貿易成果。外交部官員很樂意將這個問題丟給我們處理。事實之一：在我抵達香港的四年前，我們對中國的出口已衰退了百分之二十五，破壞了我們所有出口貿易的前景。事實之二：在我上任之後，我們對中國的出口成長了百分之七十五。這證明了什麼？其實也沒什麼。也許只是證明了叩不叩頭根本沒什麼差別。

十一月八日（星期五）

在某次特別委員會的會議上，團隊成員研究了有關叛國罪等相關議題的法案將在何時公布。我們一致認為，由於有關官方機密的法案似乎更有可能達成協議，我們應該朝這個方向進行，而不是先針對叛國罪的法案採取片面行動，以免讓其他協議即刻化為泡影。然而，我們也沒有太多時間，因為我們想盡快在行政長官選出前解決這件令人不愉快的事。

我與來訪的瑞典首相約蘭．佩爾松（Göran Persson）會面並共進晚餐，他剛剛在中國發現，如果為了收穫貿易果實而向中國靠攏，同時又要在人權議題上滿足國內媒體和選民，其實是相當困難的事。

十一月十日（星期日）

穎彤與我和身穿全套副官裝備、頭戴羽毛頭盔的白樂仁一起參加在香港的最後一次國殤紀念日。現場有樂隊、身著緋紅色外衣的法官、行政局和立法局議員（不多）、退伍老兵、領事團，還有好多虞美人花圈。我們在人聲鼎沸的香港發誓「永誌不忘」。那明年又會如何呢？

午餐時，我突然問起雅思，她是否已經決定想申請的大學。在她夏天到各校參觀後，我知道她覺得牛津大學「相當古色古香」，但她非常喜歡劍橋大學王后學院（Queens' College），他們甚至有自己的劇院。我想她擔心的可能是我的身分會發揮一些影響力，讓某個牛津大學的學院錄取她。但她並不知道，任何這類的關說，或即使只是稍稍暗示我們的父女關係，其實都會產生極大的反效果。

十一月十二日（星期二）

雖然我剛從倫敦回來，但我又必須在國殤紀念日的當晚出發前往英格蘭的哈羅蓋特（Harrogate），在十一月十一日對英國工業聯合會發表演說，隨即趕赴法國巴黎和德國波昂。第一次搭乘歐洲之星前往巴黎的經驗讓我十分享受，當時我在大使館演講並和許多部長與政治家進行會晤。法國總理愛德華．巴拉杜（Edouard Balladur）心急如焚，他的臉就像融化的蠟燭不斷淌下蠟滴，不出所料，他想知道萬一情勢危及到法國與中國的貿易利益時，是否有人會出面幫助香港。這就是這世界的運作方式，如此悲哀，但至少還算誠實。外交部長艾維・德・沙雷特（Hervé de Charette）抱怨起香港對紅酒與烈酒課徵的從價稅，不斷測試我這位法國愛好者的底線。他說，「人權是一回事，但干邑的銷售可就……」。（我緊張地告訴自己，這一定是個笑話。）對於是否支持香港特區護照和英國國民（海外）護照的持有人以簽證方式入境，他完全不做任何承諾。他希望我督促英國在每年例行的日內瓦會議上譴責中國的人權紀錄。我認為，要在四月時譴責中國，又要在六月時慶祝香港回歸是相當困難的一件事。我想他一定是怕法國席哈克總統明年五月前往中國進行國是訪問時遇到麻煩。

最有趣的是與法國前總統瓦勒里・季斯卡・德斯坦（Valéry Giscard d'Estaing）的會面，他一如既往地彬彬有禮、高高在上。他一開始提到最近剛去過巴斯，細數我們過去的會面，溫和地問起我的愛爾蘭血統和天主教信仰，並針對他經常造訪的中國提出沒什麼洞察力的見解。我想他應該是中國的「老朋友」了。雖然沒什麼獨到的見解，但就像法國人常說的，他出色的文采與表演「值得繞道前來」（ça vaut le détour）。他就像是手持權杖的樞機主教，有雙漂亮的手，穿著老式西裝和黑色雕花鞋，幾綹髮絲從他高聳的額頭用力向後梳。西班牙畫家葛雷柯（El Greco）應該會喜歡畫他。他絕對是偉大的貴族，但我對他當年競選連任失敗並不感到驚訝。

十一月十四日（星期四）

昨天我在波昂對德國基督教民主聯盟的主要智庫進行演說。和在法國的情形一樣，德國普遍希望避免惹事生非，以免失去中國所給的好處。但我會晤柯爾總理時氣氛和善。原本會議預計進行三十五分鐘，但儘管他的秘書好幾次試圖結束會議，最後時間還是長達兩小時十五分鐘。他耐心地聽取我對香港和中國的看法，但他發表的言論大都是關於其他歐洲人，包括梅傑和英國皇室，還有如何管理一個政黨。他有個習慣，就是用很棒的小趣聞來一言以蔽之。例如，波蘭總統賈魯塞斯基（Wojciech Jaruzelski）當政時，柯爾曾向該國內政部長表示，在教宗訪問波蘭後，賈魯塞斯基就不能再靠警察來鎮壓人民，因為這些警察每晚都會回家吃飯睡覺，也有同床共枕的妻子，而她們會在白天跪在教堂裡或鵝卵石道路上，等待教宗賜予她們祝福。他也告訴我，他問過李鵬為什麼他下令屠殺天安門廣場的示威者。當時李鵬聽完火冒三丈。李鵬說，「下令的不只是我，我能夠證明。我可以給你看電視畫面和文件證據。」柯爾委婉地拒絕了。馬拉松式的會議結束後，他把我帶到門口，看到一些官員在等待，包括聯邦銀行的提特邁爾總裁（Hans Tietmeyer）。他把我從門口拉回來說，「如果我知道他們都還在外面等，我就會繼續開下去。」我從柏林飛回倫敦，接受了《廣角鏡》節目有關檢疫規定的訪問，整個人感到相當疲憊，隨即搭機返回香港。

十一月十五日（星期五）

畢瑞伯、戴彥霖和黎偉略為我進行簡短的匯報，讓我了解香港的近況。董建華幾乎可說是贏了行政長官選舉，他在第一輪投票中獲得兩百零六票的提名（共四百票），大幅領先楊鐵樑和吳光正，李福善則遭淘汰。今天傍晚前往香港仔參加警方的鳴金收兵儀式後，我們又回來迎接柴契爾夫人來訪。她才剛去過中國，在《國際先驅論壇報》（*International Herald Tribune*）的會議上發表了勇敢的演講，呼籲釋放中國的異議分子，並敦促中國在香港議題上信守承諾。我們在深夜的小酌十分愉快，直到我提起柯爾總理。這點燃了她心中的怒火，她開始大肆批評歐洲與歐洲的歷史，德國或法國都成了箭靶。最後她把矛頭轉向穎彤，很激動地對她說：「但你還是在法國買了房子。」這顯然被視為某種叛國行為。她那令人欽佩的私人秘書朱利安．西摩爾突然插話說：「但瑪格麗特，你在政界的密友彼得．利里（Peter Lilley）也在法國買房子，還是城堡咧。」她愣了一下，接著說道：「但他買在法國北部啊。」

十一月十八日（星期一）

我們終於與中國針對《官方機密條例》達成共識。那麼，在北京政府不反悔的前提下，現在我們能否暫時將此事「放進口袋裡」（就像英國外交部所說的），直接片面推動有關叛國、煽動叛亂的立法？我敢說我們會花整週的時間與倫敦爭論這個議題。而我們的確如此。古沛勤和他的同事簡直無可救藥，無論在哪個階段，他總是不斷地推翻我和聶偉敬達成的協議。

十一月二十日（星期三）

九龍發生了駭人聽聞的火災。白樂仁和我在傍晚聽到消息後立刻趕往現場，只見九龍的佐敦區宛如戰場。現場到處是消防車、警察、雲梯、消防水管、緊急廣播車、閃個不停的鎂光燈，還有被困在封鎖線外的人群。被燒毀的建築看起來就像香港其他屋齡二十多年的建築一樣。目測大約有十五層樓高，外觀是普通的混凝土板，大樓的窗戶和外表都被燻得焦黑，煙霧仍不斷從上面的樓層竄出。我踏過地上的積水，濺起不少水花，在許多攝影師的推擠之下前進，聽取消防總長令人印象深刻的簡報。香港消防處是第一個邁向本地化的單位，成員十分能幹且領導有方。他們推測起火點是電梯井；工程師在修理電梯時，焊接產生的火花可能點燃了電梯井底部的垃圾。火勢迅速蔓延至一至四樓的百貨公司，並透過電梯井持續往上竄燒，以極快的速度對高樓層造成可怕的影響。大約有八十人被送往醫院。我繼續前往伊利沙伯醫院，現場擠滿大批媒體記者，大型醫療團隊正在處理燒傷與嗆傷的病患，心急如焚的家屬也在一旁等待。他們當然都被嚇壞了，許多人因悲傷、震驚而語無倫次。他們外表看起來很貧困，這也證實了香港的人均國內生產毛額根本無法反映社會現狀。我看到的傷患大都是年輕女性，其中許多人都在大樓內的傳呼服務公司上班。

十一月二十一日（星期四）

我得知罹難者至少有四十位。消防與警察部門正在仔細搜索這棟持續冒煙的建築，找到幾具焦屍。多麼恐怖

1992 1993 1994 1995 1996 1997

的災難！我萬念俱灰，感受不到一絲希望。香港擁有第一世界的卓越經濟成就，卻不斷經歷第三世界的種種悲劇。在這次火災中，整棟大樓果然沒有現代的消防設備，例如灑水器。自從兩年前的商業大樓火災後，我們一直在努力加強安全法規，並在五月時向立法局提交一項法案，希望強化這方面的規範。想都不用想，一兩位自稱自由主義者的議員，一直在質疑我們對業界施加的額外成本。（特別是代表批發及零售界功能組別的周梁淑怡，與代表地產及建造界的夏佳理。）即使現在我們已經通過了這項立法，也無法阻止這場火災的發生，還得花好幾年的時間才能整頓所有的建築，這就是香港政治的典型案例。我們要求香港達到文明的標準，卻被批評為拖垮競爭力，或是我的費邊社會主義在作祟。在試圖改善香港可怕的工安情形時，我們已經歷了這一切。難怪有人會說，這是靠一個個悲劇打造出來的城市。我到立法局接受質詢時，許多議員問了有關火災的問題，整個風向已經從「你為什麼這麼急，你是不是對企業要求太多？」到「你必須立刻採取積極作為。」

針對《刑事罪行條例》的煽動叛亂和叛國規定，戴維斯精明能幹的副手包雅倫與中英聯合聯絡小組中與他對口的中國人完全槓上了。這群中國人只不過是宣讀了他們在十月初最後一次與我們談話時發表的聲明：「滾！這不干你們的事。」大家都同意我們應該繼續執行該法案，而我們也起草了鏗鏘有力的電報稿。週末時我們接到聶偉敬的電報，他表示支持我們的路線，並同意繼續進行。我真心厭惡官員們在這個議題上煽風點火，就像他們去年在終審法院的談判一樣，這可能讓我與部會首長的關係蒙上一層陰影。

十一月二十五日（星期二）

我們已開始討論移交儀式的賓客名單。我真的不想花時間處理這件事。那賓客的夫人們怎麼辦？隨身護衛怎麼辦？像柯利達這樣的前任外交官怎麼辦？類似的問題一大堆。我期待以某種不負責任的方式，將所有重要的決定留給那些經驗豐富的人處理，全都交由他們決定。想當初寇松侯爵（Lord Curzon）擔任印度總督時，還曾親自監督晚宴與宴會的安排。

十一月二十六日（星期二）

經過行政局的討論後，我們宣布將繼續推動《刑事罪行條例》，以達成《基本法》第二十三條所規定的義務。各個統戰組織強烈抨擊我們，但律師和民主派人士卻大力支持，而國際媒體的報導也反映了這一點。

十一月二十六日（星期二）——十二月一日（星期日）

穎彤和我在東京與大阪度過了行程滿檔的三天，接著在一個美好的週六遊覽京都，就像兩名來自英國的普通旅客。我見到許多日本政界人士：橋本龍太郎首相、外務大臣、財政大臣、經濟產業大臣、幾位前首相以及反對黨領袖。會議的進行都一如預期。我們透過口譯員與彼此寒暄，然後我將我的論點拆成幾個部分，讓口譯員進行翻譯，對方很有禮貌地凝神傾聽，通常都會認可香港的成就並強調香港對日本的重要性（日本在香港的投資相當於兩百億美元），最後則展現出溫和的懷疑態度，或至少希望對香港的未來安心。橋本首相是個有趣的人，他看起來有些嚴厲，留著一頭貓王的髮型和鬢角。他抱怨道，他聽取了有關簽證和特別行政區護照的簡報，覺得十分晦澀難懂，但他提供了我需要的保證，也就是特別行政區護照的待遇會與中共護照不同，甚至更好。接下來又是一連串的訪談、早餐會、午餐會、晚宴以及演講。他們非常了解香港，會以低調的方式提供協助；但他們對中國的下一步不抱任何幻想。在這個完美的秋日，我們卻只在京都匆匆度過一天。此時京都綻放著絢爛的色彩，街道上黃色的銀杏樹和庭院裡的豔紅楓樹相映成趣。

十二月二日（星期一）

回到香港後，陳方安生想和我談談與行政長官和下屆政府的關係。她或許是擔心我是否準備好與他們合作。

我明確表示，我不會在任何對話中缺席；雖然很多細節可以和官員們一起解決，但董建華（我們都認為是他）和我必須談談下任團隊的大方向，當然也包括必須解決的基本住屋問題。我同意安生的觀點，也就是我們必須提供候任行政長官優秀的辦公室職員。我清楚指出，我們可以在準備政策上提供支持，但不能協助起草任何將在六月三十日前審議的法案，我也不期望參與任何主權移交之後要完成的事。我想討論的事項包括：該如何將彼此的摩擦降到最低，是否能協調雙方的方案，董建華是否會前往華府、東京和倫敦（他應該這麼做），主權移交儀式的安排，以及需要解決的詳細內政事務。我請安生為我準備一份包含所有細節的文件，並徵得憲制事務司吳榮奎、畢瑞伯和戴彥霖的同意。

十二月三日（星期二）

在經歷一段相當平靜的時期後，我們突然面臨一場不必要的居英權計畫風暴。此計畫的初衷是在防止天安門屠殺事件後香港人的普遍恐慌，避免出現移民潮。在這個計畫下，針對特定類別的永久居民，總督有權批准他們的護照申請，如果他們願意的話，他們就有機會登記成為英國公民。此計畫涵蓋了約五萬名戶主，以及額外的九萬名家庭成員。中方一直都很討厭這項計畫，一方面是因為這個計畫的由來，另一方面則是因為這給了許多符合資格的香港人一條逃走的途徑。如今中方開始大驚小怪，表示他們不會承認任何華人是英國公民，除非他們能夠證明他們是在英國生活而取得護照的。這看起來像是在試圖界定我們可以給誰公民身分。這牽涉到一個非常嚴重的後果，那就是擁有雙重國籍的人是否能在英國領事館獲得保護。（所謂雙重國籍是我們認定的，但中國不認同。）今天，或許是無意的，駐香港領事館和倫敦外交部發布了一份含糊不清的聲明，讓人覺得香港的英國公民在一九九七年後不會得到全面的領事保護。陳方安生、曾蔭權和香港普羅大眾聽到後勃然大怒，後來我們打了好幾通憤怒的電話向倫敦抗議，這才讓我們得以發布新的聲明，糾正了這個問題，並清楚表示我們絕對會在一九九七年後，為持有居英權計畫護照或其他英國護照的民眾提供保護。

十二月五日（星期四）

我到立法局發表聲明，並花了一個小時回答有關居英權計畫的問題。我強調一些基本要點。居英權計畫的護照就和其他護照一樣。如果我們認為某位英國護照的持有者確實具備雙重國籍，即使我們無法提供正式的保護，但這並不代表我們完全不提供任何保護。因為中方強硬執行中國的國籍法，已經在中國境內造成不少領事問題。如果中國在香港也採取類似的措施，將與其他國家以及英國發生一連串領事糾紛。我在台上揮舞著護照，慷慨激昂地發表我的論點，並竭盡全力說服所有的人。我希望這能起到一些作用，儘管要讓馬兒乖乖回到馬廄並不是件容易的事。眼看局勢不甚樂觀，有報紙引用一位不具名的中國官員的話，說中方將查出誰擁有居英權計畫護照，並在適當的時候處理他們，這令人不寒而慄，卻相當可信。對於那些質疑英國的榮譽與承諾的人來說——其中不乏我們最忠誠的支持者——這已證實他們也許是對的。

我們在港督府為一百五十位榮獲「最佳服務獎」的各部門公務員舉辦大型宴會，之後我們和韓新夫婦共進晚餐。韓新即將離開香港，重返英國的公務體系。他對於即將回到英國感到相當開心。他假設最壞的情況是，董建華和陳方安生一旦任期屆滿，就會失勢。韓新說，行家都將賭注押在梁振英身上，他是位有點陰險、長期在這裡工作的共產黨員。也許韓新只是感到悲喜交加。他一直是我的好朋友，在一九九二到一九九四年最忙碌的時刻擔任我的資訊統籌專員，是我重要的支柱。他堅守立場，總是保持冷靜又不失幽默。他們是一對很棒的夫妻，我們會很懷念他們的。

十二月六日（星期五）

我和國泰航空公司的執行長羅德・艾丁頓告別。他即將回到澳洲的家，經營澳洲第二大航空公司，也就是安捷航空（Ansett）。失去他是我們莫大的損失，他是位非常聰明的澳洲人，曾經擔任牛津大學的物理教師。他也是很厲害的板球運動員。先前，中信集團與中國民用航空局以優惠價格買到了國泰航空和國泰港龍航空（太古集團旗下的另一家航空公司）的股份，但羅德說他的離開與此一交易無關。或許不是。他的老闆，也就是太古集團的大班薩秉達幾天前剛獲選為年度最佳企業家，因為他顯然在一九九七年以前巧妙地將國泰航空安排在中國的商業陣營之中。至於這次的安排是自願或是被逼的，我可就不確定了！究竟是太古集團信任中國的策略比較明智，還是怡和洋行不信任中國的策略更為聰明，只有時間能夠證明。（怡和洋行對中國可說是一點也不信任。）羅德一直都是太古集團在這裡最優秀的人才。

十二月七日（星期六）

穎彤和我參加國際身心障礙日的開幕儀式。名醫方心讓是安生的叔叔，也是他們家的大家長。鄧小平的兒子在文化大革命期間墜樓導致身障後，就是方心讓負責照料他的。他發表了很體貼的演講，讚美穎彤和我為身心障礙者和其他弱勢團體所做的一切。隨後我們為一百位左右的弱勢兒童舉辦聖誕派對，包括今年稍早遭山火燒傷的兒童。穎彤將這次的活動安排得十分精彩。這場派對請到劉德華獻唱，還有魔術師表演，麥奇連則扮成聖誕老人。

十二月八日（星期日）

強納森·丁伯利比來香港進行拍攝，並與我們共進晚餐，為我們帶來一股清新的倫敦氣息。

十二月九日（星期一）

穎彤和我到九龍參加一場感人的儀式，為紀念幾天前在大樓火災中殉職的消防員。靈車改裝自舊消防車，上面堆滿鮮花。警察樂隊奏起緩慢的進行曲。靈車前面掛著逝去英雄的大幅照片，看起來一表人才。後頭的棺材用英國國旗覆蓋著，四周圍繞著許多消防員。穿著長筒靴的消防隊員在兩側護送。我們輪流走向前，將花圈放在靈車前面，向他致意。在送葬隊伍後面，許多身穿佛教喪禮白衣的家屬觀看著儀式，不禁潸然淚下。

到了傍晚，我們參加了兩場不可思議的活動。首先，我們為穎彤最愛的小型慈善機構「狗醫生」（Dr.Dog）舉辦招待會。「狗醫生」鼓勵主人帶著他們的寵物拜訪醫院、老人院等地方，幫助提振大家的精神。我們家的「彭梳打」成了這次巡迴演出的大明星。接著我們直接前往某間座無虛席的天主教主教座堂，參加教區內兩位新主教的祝聖儀式，其中一位陳日君神父將成為助理主教，代表他將自動接替胡振中樞機的位置。胡樞機是位睿智又充滿威嚴的人物，他的臉就像顆大蘋果，他管理這裡的教會已超過二十年。香港的華人天主教徒肯定有二十五萬人（約佔整個基督宗教社群的一半），另外要再加上十四萬名信奉天主教的菲律賓家庭傭工。教會在衛生和教育方面相當活躍，而高級公務員中也有很高比例的天主教徒，像是陳方安生、曾蔭權，以及一些政治人物。教會必須謹慎處理和兩個姊妹教會的關係，一是愛國教會（由國家控制，因此與羅馬教廷沒有直接聯繫），二是地下教會（時不時遭到政府當局迫害）。兩者皆以飛快的速度不斷壯大。儀式本身相當壯觀感人，歷時約三小時。陳主教在最後發表了幽默動人的演說，內容有關中國教會的團結，帶領大家滿懷信心、展望未來。最後，神父們一個個經過我身旁，和我熱情地握手。我與許多人都是在教區和社福訪問時成為老朋友的。今天的結尾可比早上的氣氛歡快許多。

十二月十一日（星期三）

今天是董建華的大選日，瀰漫著濃濃的中國特色。隨著選舉日的到來，大家（至少私底下）愈來愈擔心建華是否能夠不受任何勢力的影響，或者他會從一開始就被禁錮在中共的體制中。選舉委員會由四百位馬屁精、騎牆派、商業大亨和循規蹈矩的成員所組成。錢其琛以普通話發表了簡短的演說，歡迎香港在民主之路上跨出第一

1992
1993
1994
1995
1996
1997

步！那些聽得懂的人都盡責地在適當的時機鼓掌叫好，其他人則想辦法跟上。接著展開投票，結果董建華大獲全勝，他領先對手三百多票。楊鐵樑和吳光正被遠遠甩在後頭。董建華將勝選後的事務處理得很好，例如發表演講、回答提問等。我在午餐後和他通了電話，並寫了封信給他。他做出友善的回應，承認香港到六月底之前都由我管理，並表示他希望在接下來的幾天內，一旦完成所有繁忙的行程和例行程序，就會和我見面。我們的互動相當友好。然而，我認為他其實並不急著見我，這將是大眾留下的印象。就讓我們繼續看下去吧。

過程中發生一件不幸的插曲。最後在統計選票時，主辦方突然發現總票數共有四百零一張。魯平的臉色一片慘白。整場選舉會不會被質疑是場鬧劇？然而，選舉委員會的副主席梁振英拯救了他，宣稱看到一位負責統計選票的女士重複計票。就這樣，在任何人提出質疑前，這批在香港實行中共式民主的推手們收拾好文件後就逃離大廳。

「他們什麼時候會見面？」這會是個問題，直到我們真的坐下來談的那一刻。董建華將背負極大的壓力，要盡可能不給我一點面子。但是管他的，我才不會到處追著他跑。他的好太太董趙洪娉出席了穎彤為領事團夫人們舉辦的午宴。她為人親切和藹，對午宴讚不絕口，還給了穎彤一件漂亮的披肩和充滿善意的信件。穎彤和我一心一意關注著雅思在劍橋大學的面試（她申請了法語和西班牙語學系），這週她一直待在劍橋。我希望王后學院會像我們一樣喜歡她，哪怕是一小部分也就足夠了。

十二月十四日（星期六）

今天是香港軍事服務團遣散前的遊行，他們是英國軍隊中唯一的華人部隊。這是個悲傷的場合，更因為英國人對這群人不夠慷慨而蒙上陰影。我們沒有核發護照給所有的申請者。英國內政部的榮譽沒有擴及到這麼遠的地方。我們不應該如此對待這些對英國忠心耿耿的人。在服務團成員的堅持下，我們唱了〈求主同住〉（Abide with Me）與國歌。接著，他們邁向他們的未來之路。

週末在都柏林舉行的歐洲高峰會發布了支持香港的聲明，其中有句話公開認可我們「已經建立的」代表機構。對我們而言，這似乎是他們最接近支持立法局的時刻。法國總統席哈克顯然不會讓歐洲各國更進一步。他或許是考慮到明年五月到中國的國是訪問。此外，法國還試圖阻止歐洲在日內瓦支持中國人權問題的決議案。這一切都讓《世界報》對英國處理香港問題的批評變得難以忍受，《世界報》表示我們將在「光榮盡失」的狀況下離開香港。

十二月十九日（星期四）

董建華已經到北京接受加冕。我到九龍城進行愉快的區域訪問，為香港電台錄製年度的聖誕節音樂節目，並與各部門的負責人參加由陳方安生規劃的聖誕節前會議與午宴。我認為安生希望我向這些人表明我還活得好好的，有能力作出反擊。我稱讚他們所做的努力，點出行政長官選舉的後續效應，並表示我們必須在移交之前拿出絕佳的表現，因為公共行政不能像汽車引擎一樣說關就關。我也提醒他們我們對臨時立法會的立場。

十二月二十日（星期五）

最具權威性的華文報紙《信報財經新聞》刊出一篇嚴厲的社論，批評建華到目前為止都沒說出任何實質性的東西，口吻聽起來就像一位大陸官員，拒絕承諾讓我們所有的高級官員繼續留任。陳方安生明確表示，她認為重新任命所有高級官員相當重要，即使有些人日後將面臨調職。她擔心的是，如果公務員開始覺得政治忠誠度是決定任命的唯一指標，將對整體士氣產生很大的影響。她調侃道，許多商人似乎認為所有職務的任命都是我決定的。事實上，我一直將大部分的任命權交給安生和霍德。

董建華的辦公室來電，希望安排一場會面。在倫敦，英國外交部發布了有關臨時立法會的聲明，其中清楚指出遴選過程幾乎不能說是符合民主精神的。我們不會允許此事破壞明年六月前香港政府的穩定。

十二月二十一日（星期六）

穎彤和我一起到粉嶺為花鳥蟲魚展覽會揭開序幕。以前都是穎彤一人獨自參加，但當我聽說展覽有多好玩時，便決定加入她的行列。這個活動有點像伍德豪斯（P. G. Wodehouse）筆下的鄉村花卉園藝展，只不過是在香港舉辦。展覽充滿各式各樣的貓頭鷹與蛇、陸龜與海龜、孔雀魚與珊瑚、蘭花與盆栽；我度過愉快又溫暖的早上，玩得相當愉快。今天傍晚，潔思、麗思以及穎彤的四位姪女與姪子一起回來了。潔思在電視台找到工作，麗思則得到《哈潑雜誌》的合約。我們在香港的期間，我對她們的成就十分驕傲。女兒們都回家過聖誕節了，這才是最重要的。臨時立法會（其中許多成員在一九九五年真正的立法局選舉中落選）這種鳥事就算了吧。

十二月二十三日（星期一）

今天下午，我和董建華在我的書房單獨進行了八十五分鐘的會面。首先我表示我們很樂意為行政長官做出一些安排，像是辦公空間與職員配置等，其中包括一位私人秘書和一位決策局局長層級的官員，以協調主權移交的準備工作，另外還為他安排了一部車。我指出我們已經提供他相關的保安措施（甚至比我還多）。我還說，我們希望他能與布政司、財政司及各決策局局長會面，以進行準備工作。我告訴他，我們準備了一份完整的簡報，內容涵蓋政府政策的每個面向與問題，並建議他與安生一起討論相關細節。接著我提出兩大原則。他明白我們對臨時立法會的立場，即我們不能也不會在移交之前採取任何行動來協助臨時立法會。至於法案起草的部分，我們不會協助任何將在六月三十日前審議的法案，但對於六月三十日後的法案可以提供協助。然後我們進行了相當重複的意見交流。儘管有人說臨時立法會在七月前不會有任何動作，但他對這個說法始終無動於衷，無論其他論點如何質疑臨時立法會的公信力。他還是以前的那個建華，非常討人喜歡，但他那根深柢固的保守與反民主觀點可能比以前更加鞏固了。他顯然將成為北京的人馬，同時向他的中共頂頭上司們展現出香港更令人滿意的一面。

之後我們走到外頭，對大批媒體發表演説。我表示這次會面相當愉快。他説他提出了臨時立法會的問題，但無法説服我改變心意，但他會繼續嘗試。

後來，我們舉辦了年度的頌歌音樂會，在聖約翰主教座堂唱詩班的帶領下，大家圍繞在大廳的大樹下聆聽聖誕頌歌。我想，這或許是這裡最後一次頌歌音樂會了。

十二月二十四日（星期二）

平安夜當天，我拜訪了憲制事務科的公務員，他們在堅尼地道（Kennedy Road）的殖民時期舊英童學校校舍舉辦派對，中英聯合聯絡小組的會議就在那裡舉行。有人帶我參觀校舍裡一間間單調的房間，在那裡舉辦了許多與中國官員的乏味會議。儘管身處在陰鬱的環境中，並背負許多職責，憲制事務科的員工卻具備真正的團隊精神。他們一直由正派又誠實的公務員所領導，先前是施祖祥，現在則是吳榮奎。他們兩人面臨了極大的壓力，但他們並未屈服、妥協，勇敢地挺住壓力。我們很幸運能擁有這樣的公僕。

十二月二十六日（星期四）

我們度過了愉快的聖誕節。今天以奇妙的佈道作為起點，教堂裡迴盪著押韻的對句，像是「因此，親愛的弟兄姊妹們，把嬰兒放在馬槽，簡直是史上最妙」等等。家裡擠滿了人，我們到處散步、大吃大喝，也打了幾場競爭激烈的網球賽，最後搭船到西貢遊覽。

1992
1993
1994
1995
1996
1997

十二月二十八日（星期六）

陳方安生到董建華位於港島區南端的家中與他會晤。當時他提到對中國的樂觀態度，他預計中國將在十年內加入七大工業國組織（G7）。他希望安生繼續留任，目前也不想替換掉我們決策局團隊的任何人，而他顯然希望能親自看到所有的人。他很樂意接管整個辦公室與團隊，也很感激我沒有把整件事搞得更尷尬。但他仍然堅持我們要在六月三十日前承認臨時立法會，並持續提到修改《人權法》的問題。他認為自己不會做超過五年的任期，並希望安生在他卸任後出面競選。那時早已事過境遷了。安生警告他不要在一九九七年之前碰《人權法》。他事後表示，他想維持公務機關的政治中立性。這樣很好。

十二月三十一日（星期二）

今天是跨年夜。曾蔭權已經和董建華碰過面，他告訴候任的行政長官經濟表現有多麼強勁，並提出相當溫和的預算計畫，提出小額減稅與降低稅率的政策方向，預計可獲得超過兩百億港幣的驚人盈餘。建華表示，他希望有位強硬的財政司司長——意思或許是能不受商業力量的影響。現在蔭權面臨了三個團體的反對力量。首先，中國官員不怎麼喜歡他，因為他是首批通過居英權計畫的公務員。第二，統戰組織也都不喜歡他，因為他曾經為英國人工作。第三，建華的禁衛軍（一些地產開發商和商業大亨）不喜歡他，因為他行事風格公正不阿。我告訴他，他之所以受到那些人批評，是因為他把事情做得很好，而且為人正直。

女兒們都去參加各式各樣的午夜狂歡活動。穎彤和我留在家裡，一起安靜地吃頓飯，喝了點香檳，看了電影《千萬風情》（*Tin Cup*）。接下來還剩一百九十一天，我在心中數著。

一九九七年

一月五日（星期日）

董建華又去了一趟北京。這趟旅程似乎達成一項協議，即北京將在七月底前支付臨時立法會的費用，之後香港將會償還。這怎麼稱得上是協議呢？批評聲浪四起，有些人說他太常去北京了。他參加了無綫電視的除夕特別節目，言談間充滿共產主義式的口號。他說得好像他不得不答應北京的要求，才任命羅范椒芬當他的私人秘書。[14]

一月六日（星期一）

晚餐前，雅思收到劍橋大學的來信。她走進我們的臥室並拆了信，接著我們聽見一聲興奮的尖叫。她收到王后學院的錄取通知，條件是必須在三門課拿到A。

賀維和澳洲前總理鮑勃・霍克（Bob Hawke）來到香港。顯然賀維在為大東電報局處理一些事，霍克則是和香港有各種糾纏不清的利益關係。可悲的是，他認識許多香港的下流商人。在昨天的電台採訪中，賀維呼籲各界對臨時立法會做出妥協，並表示香港人應該意識到必須自我克制，而不是將香港作為阻撓中國的基地。今天霍克對電台的聽眾們表示，如果英國在七月後要求國際社會幫忙遊說中國處理香港問題，沒有人會伸出援手，因為大家只對中國的貿易利益感興趣。本週稍晚的時候，《亞洲華爾街日報》刊登了一篇砲火猛烈的社論，比較了賀維與我和陳方安生的立場與作為。

一月九日（星期四）－十六日（星期四）

我必須回到倫敦參與例行的會議和演講活動。我染上可怕的重感冒，即使衛生署署長陳馮富珍為我開了一些味道難聞的中藥，我的病情仍不見改善。目前，我還沒觀察到有更多人認為我們搞錯方向。我主要的遊說任務一直著重在護照、免簽證和少數民族的居留權問題上。首相和聶偉敬是站在同一邊的；反對方當然就是內政大臣夏偉明。甚至連他的副大臣也敦促他改變立場。我認為他至少會在居留權的態度上有所軟化。他是個矛盾的人，私底下充滿魅力又體貼善良；但作為政客，他的狹隘眼界和強硬路線卻讓人難以忍受。

我和工黨領袖布萊爾、國會議員約翰．普雷斯科特（John Prescott）和郭偉邦的會面很有意思。我試著說服他們，香港的主權移交不太可能變成他們在執政初期所擔心的外交危機。另一方面，我說他們不可能在六月三十日直接洗手不幹，然後繼續與中國建立更成功的商業關係。香港問題將持續貫穿我們與中國關係的核心，如果出現任何問題，世界各國（尤其是美國）將期待英國展現明確的立場。我說他們不必在五月之前決定布萊爾是否應參與主權移交儀式。我個人認為，這不會有太大的風險。

我與梅傑和其夫人諾瑪（Norma）在唐寧街十號共進午餐。他正在為少數民族盡心盡力。我們聊起了國內政治。如果他輸了選舉，那他該怎麼辦？我說，第一件會發生的事，就是出現一群灰衣人來拜訪他。[15]諾瑪說：「沒錯。想叫他走人？」我說：「不，想叫他留下來，因為他是唯一能團結整個保守黨的人，他必須帶領政黨度過這個艱難時期，直到一位可接受的候選人出現，諸如此類的。」諾瑪說：「糟糕。」梅傑問道：「那我該怎麼辦？」我說：「叫他們滾開。」他們倆看起來都鬆了一口氣。約翰和諾瑪的狀態都不錯，他們看起來很好、很放鬆又幸福。他們的個性都很堅強，這幫助他們度過不少難關。他們樂於接受所有迎面而來的挑戰，相信他們也盡了全力。這幾年來，我愈來愈喜歡諾瑪；她非常聰明，直率的態度也令人驚訝。她不覺得有任何壓力讓她和約翰去偽裝成不同的人，而這就夠了，非常感謝。

穎彤和我訂了一輛富豪（Volvo）旅行車，把公寓賣給鄰居的交易幾乎成了定案，而且我們在倫敦的巴恩斯地區（Barnes）看到了很喜歡的房子，也提出我們的報價。如果能一勞永逸地解決這個問題，那就太好了。那間房子裡還有雅家爐（Aga）。我們買了富豪旅行車和雅家爐，雅思會怎麼看待這件事呢？我們能禁得起社會責任的質疑嗎？

一月十七日（星期五）

回到香港後，移交儀式的首次會議是關於警方提出的限制性維安措施，相當可笑。警方想要針對所有進入添馬和會展中心的人進行審核、檢查並發放安全識別證。這代表總人數大約有三萬人。警務處助理處長再三提醒要保護賓客免於尷尬，但警方卻露出了馬腳。難道已經出現中國的保安措施了？我叫他們回去再好好想想。我絕不會讓香港在六月三十日前變成武裝基地。至於六月三十日後會發生什麼事，那就由他們決定了。

律政司馬富善後來告訴我，他和刑事檢控專員看了警方在會展中心外處理示威活動的影像，當時中心內正在進行選舉委員會會議，而他們的看法我一點也不驚訝。他們認為警方對一小群示威者採取了極為高壓的手段，他們並不打算起訴。更多跡象顯示，即將有更多的事情發生。

董建華已告訴我們一、兩位高級官員，有關他選擇的特區行政會議的成員。名單內包含四名共產黨員，還有一位葉國華，他的背景將讓全世界所有的維安機構敲響警鐘。[16]建華還有一位名叫路祥安的守門人，正在協助他與目前的公務部門保持距離。我們還聽說籌委會底下的一個小組提議廢除《人權法》，重新恢復早期殖民時期的法案，即限制示威行動與政治團體的活動。當然，這項法案已多年未曾施行，甚至說根本沒真正施行過。若恢復的話，將為現行的法律帶來極大的混亂。《中英聯合聲明》和《基本法》指出，《公民與政治權利國際公約》應該適用於香港。然而，現在的提議卻是，中國將會把違反公約的法令重新寫入法典。此舉一定會讓法院人仰馬翻。在遭受各界數次抗議後，現在建華似乎對心目中的行政局成員名單反悔了。

一月二十一日（星期二）

媒體愈來愈關注我們的人權立法所受到的威脅。在行政局的會議上，許多成員指出，董建華應該讓中方在七月後將這個問題留給他的政府來處理。我們討論的主要是住房問題。在一九四〇和五〇年代面臨迫切的住房需求時，港府參考了英國市立的住房部門（或者是我猜測的新加坡的建屋發展局），建立了公共的住房管理部門，這項政策在當時是可以理解的。但如今，我們卻被困在不符需求的社會主義住房政策之中。相當不尋常的是，這項政策與私人大型地產開發商的利益緊緊綑綁在一起，這些開發商控制了大量的土地，並確保住房供應不會拉低房價或抑制房價上漲。這項政策的結果是，儘管人們擁有高收入，他們還是很難買得起房子；如果他們住在公共屋邨（譯按：類似台灣的社會住宅），就沒有動機去買房。租金問題的政治色彩愈發濃重，房客只需支付家庭所得百分之九左右的租金，而且租約可由父母傳給子女，而那些已擁有私人房屋的人繼續緊抓著公共房屋不放，統計指出百分之十二至百分之十四的公共房屋承租人在其他地方擁有公寓或房地產。因此，真正貧窮的家庭往往在公共房屋的候補名單上等了好幾年，最後只好住在破爛的公寓裡，還得繳納一筆佔收入比例極高的租金，甚至比那些坐擁公共房屋的小康房客所付的租金還要高。這套制度導致了不公平與相當嚴重的資源錯置。我早在幾年前就想提出一些根本的解決辦法，但一九九七年回歸的陰影始終揮之不去，現在我們仍在持續尋找微調政策的方案。就這樣，這個問題將持續下去。

一月二十三日（星期四）

在穎彤最愛的一次散步中，威士忌吃到一根有毒的雞骨頭，幸好牠最後活了下來。到底是什麼惡人會從殺死小狗中得到樂趣？

陳方安生將前往美國，她在那裡一定會遇到有關公民自由的棘手問題。她在出發前打電話給我，好消息是葉國華不會成為行政局的成員；壞消息是他將被任命為建華的特別顧問。我錄製了一集《給香港的信》節目，再次談到人權問題。

一月二十四日（星期五）

今天我參加懲教署的年度遊行，接著到聖安德魯學會的伯恩斯之夜（St Andrew's Society Burns Night）發表演說。晚宴一共有五位講者，我是當晚的壓軸。除了會長的演講以外，其他的演講都淫穢不堪。整個會場充斥著汙言穢語，從最親密的性接觸到有關下體的笑話什麼都有。難怪三十年多年來沒有任何總督參與這場活動。我撐了下來，設法發表一場或多或少還算乾淨的演講，在場的賓客對我報以熱情掌聲。我現在終於知道，只要你告訴蘇格蘭人，他們做出了英國史上所有重要的貢獻，他們就會心滿意足。

一月二十五日（星期六）

清晨六點半我被白樂仁的電話吵醒，他說九龍尖沙咀夜店區一間卡拉OK酒吧發生火災，造成了十五人死亡，其中多數是年輕人。我們原本計劃在這週末拜訪澳門，但我們延後出發的時間，隨即驅車前往現場，接著趕赴傷者所在的醫院。這場火災看起來像是遭人縱火，或許是三合會火拚的結果。我和醫院內的受害者親屬進行交談。這是令人痛苦的經歷。這些親屬大都是與我們年齡相仿的父母，有著正值青春期的孩子。他們很可憐，因受到極大的打擊而震驚不已。這是不到一年的時間內發生的第三起大火。這也是我工作中最艱難的部分，我必須試圖安慰那些身心受創的人，而穎彤在這方面做得比我好太多了。她從來不會試著讓他們盡快重新站起來，而我自己卻常常這麼做。面對這群和你語言不通的受害者，你能對他們說些什麼呢？我們現在仍然會探視去年在郊野公園大火中嚴重燒傷的孩子們，我發現與他們交談比與死者親屬交談來得容易多了。

一月二十七日（星期一）

今天與夏鼎基爵士的會談十分有趣，他曾在《中英聯合聲明》談判時期擔任財政司，接著是布政司。他在一九八〇年代中期離開香港，從此再也沒回來過。他是個謹守老派公務員作風的人，對於像柯利達這樣的退休公務員感到厭惡。他也討厭外交部，認為他們從未了解英國對於殖民地應負的真正責任。當時尤德總督在一九八四至八五年規劃了香港的憲政發展，卻於一九八七年時因為與中方的虛偽協商而遭廢除，因為協商結果「證明」人們不希望看到立法局的直選席次增加，要到很久以後大家才回心轉意。夏鼎基認為從那時候開始，香港的情勢就急轉直下。這不可避免地為一九九〇年代初期的香港帶來不少麻煩，尤其在天安門事件後，中國對於任何迅速的民主發展都帶有更強的敵意。他說尤德和柯利達的關係非常差，一部分是因為磁場不合，一部分是因為彼此對香港的義務有不同的看法。

一月二十八日（星期二）

香港大律師公會的主席余若薇針對人權議題，寫了一封措辭嚴厲的信給董建華。大律師公會在立法局的供詞中指出，想要修改條例並重新回到殖民時期的立法，這種做法在法律上是徒勞無功的。在行政局的討論中也提出了相同論點，尤其是張健利還提到周南在臨時立法會的演講，認為香港將迎來新的法律傳統。這並沒有增強人們對於普通法的信心。

安妮長公主抵達香港，為新的領事館大樓揭幕。她一如往常掌握了簡報所有的細節，並認真工作。她看起來狀態不錯，衣著打扮就像是位年輕的女校長，而且完全無法容忍任何過於親暱的舉止。在我看來，她的表現就是「皇室成員」該有的樣子。她非常盡忠職守。晚宴時，她告訴我一個非常有趣的故事，說她有次造訪印度德里的高級專員公署時，居然受到某人以居高臨下的態度對待，逗得我很開心。

老實說，我懷疑自己也因共黨人士的行為而感到開心，的確有點反常。如今他們在人權、民主等方面的所做所為，就是他們當初希望我做的。這將是多麼可怕的事，又將造成多麼混亂的局面，這一切將引發許多公開責罵與批評。香港值得更好的未來，但我擔心這一切將無法實現。

一月三十日（星期四）

本週我們舉行了第二次行政局會議，氣氛卻萎靡不振。律政司馬富善表示，公民自由權的法令所引發的爭議，顯示社會對於充分保護公民自由的鄭重承諾。他接著說，即使在接近主權移交的時刻，仍有這麼多人準備出面發聲，十分振奮人心。

我在接受法新社採訪時所說的某句話被斷章取義，說我抨擊香港的商業大亨，認為他們背叛社會。幸好麥奇連扭轉情勢的高超技巧，就如同板球界的傳奇人物肖恩・沃恩（Shane Warne），他展現出高明的手腕，順利將整個風波平息下來。我真的很幸運，連續有兩位如此優秀的發言人。

二月一日（星期六）

剩下整整一百五十天。香港特區籌委會內的中國顧問已經認可廢除公民自由法律的決定。雅思決定接受劍橋大學的有條件錄取。

二月三日（星期一）

陳方安生剛從美國回來。她認為此行對於安撫前美國國務卿舒茲、前總統喬治・布希和參議員比爾・布雷德里等人是非常有用的。他們很擔心董建華這個人，也很關心他和他的親信都在做些什麼。他只是中國的一個魁儡嗎？安生似乎對這群美國人盡了最大的努力，告訴他們務必保持接觸，並給建華公平的建議。她極力反對建華提前訪問美國，特別是如果他只會告訴美國人別多管閒事。整體而言，即使經歷了艱難的行程與長途飛行，安生仍然充滿活力。我經常告訴安生，她對於香港的福祉與成功相當重要，我想這應該有助於提升士氣吧。

二月四日（星期二）—十二日（星期三）

這週我們過了中國農曆新年，發送禮物給團隊成員的孩子們，也為香港電台錄製了賀詞。接著，我們前往民丹島（Bintan）度假一週。這座島嶼位在印尼，搭高速渡輪的話，只要四十分鐘就能抵達新加坡南部。這幾天我們睡了很多覺，也讀了不少書。我讀了康拉德的《黑暗之心》（*Heart of Darkness*），主要是因為它在雅思的A級讀本名單中。我想，多年來這本小說有這麼多讀者，是因為它揭開了二十世紀的序幕，描繪出文明不過是人類野蠻行為的一層薄薄外衣，而且驚人地證實了他的論點。我最近又讀起了史蒂芬．茨威格（Stefan Zweig）的一些作品，其中描述了歐洲文明面臨崩解的過程。我認為英國人都應該好好讀一下他的作品。

兩起政治事件闖入了我們的度假之旅。首先，在我們出發的那天早晨，戴彥霖打電話對我說，他在大半夜接到內政大臣夏偉明的私人秘書來電，表示夏偉明當天稍早見到首相，首相說他決定給予香港少數民族正式的英國國籍。這真是一大勝利，也是個帽子戲法！我們已為戰爭遺孀和少數民族爭取到護照，也為特區護照的持有者提供了免簽證待遇。目前看起來我們應該能在六月底順利揚帆返航，而不會在我們的紀錄上留下汙點。看看媒體會如何報導這一切，一定會很有趣。另外，根據一項民調顯示，儘管目前有許多董建華的「蜜月期」報導，他的支持率仍遠低於我。你必須是公關奇才，才能在短短兩個月內，將史上首位本土華人老闆的地位，貶低到連最後一位殖民壓迫者都不如。這是對中國政治理解的勝利。

二月十三日（星期四）

聶偉敬在新加坡與錢其琛會面並訪問香港之前，英國外交部官員製作了一份簡報，指出董建華的初期表現相當順利，而聶偉敬應該在七月一日前與臨時立法會協商出一個可接受的合作方式。我們認為應該告訴他真正的情況，如果要求香港的高級公務員必須在七月一日前，同時對臨時立法會和真正的立法局負責，是令人無法容忍的事。陳方安生表示她和董建華進行了最棒的會面，董建華證實他將讓所有的主要官員留任。下次聶偉敬來香港時，我們將安排他和安生進行私人會面。

據說本週德國總理柯爾親自致電美國柯林頓總統，試圖說服他放棄在聯合國人權委員會上批評中國的人權問題。據推測，福斯汽車的銷售部門也參與了這次通話。

雅麗珊郡主比聶偉敬提前一天抵達香港，這將是她以皇家香港警務處榮譽總監的身分所進行的最後一次訪問。她一直是警務處出色的領導人。警務處也對她愛不釋手，她每次在香港都非常勤奮地工作。

二月十五日（星期六）

昨天聶偉敬和錢其琛開了一場毫無進展的會議。他們沒有作出任何讓步，幸好我們也沒有。至少我們沒有落入倫敦和我國駐北京大使館如此熱中地為我們所設下的圈套。聶偉敬現在在香港進行訪問，但他必須返回倫敦參加有關狂牛症的投票，因此訪問期間變得更加短暫。但中國人才不會接受這個理由。他一向表現出色，總是反應敏銳、說話流利且足智多謀。我愈看愈是喜歡並欣賞他，他在政界的摯友是理查・盧斯（Richard Luce，現已被派遣為直布羅陀總督），因此他肯定是個好人。首先他與陳方安生共進晚餐，雙方進行了良好的交談，並展現出他對現今局勢的正確理解。今天他見到了董建華，他認為建華看起來自信滿滿，而建華也告訴他關於留任高級公務員的決定。他也見到了行政局和立法局議員。行政局給了他一份相當悲觀的報告：同為律師的議員們告訴他，任何針對

1992 1993 1994 1995 1996 1997

示威法令的修正都有可能招致街頭運動的挑戰，這將讓未來的政府看起來像隻紙老虎，或迫使政府採取高壓手段。在他的閉幕記者會上，前排坐著一些最悲觀的外媒記者，他們看起來就像希區考克（Alfred Hitchcock）電影裡的陰險鳥類。麥奇連都稱最悲慘的那一位為「笑臉騎士」（the Laughing Cavalier）。他們向他拋出很多「悲慘至極」的問題。聶偉敬的表現比他們還要好得多，並且打臉了一些媒體記者。「你們有什麼更好的提議，是我們現在沒在做的？」他問道。全場啞口無言。

二月十六日（星期日）

我們為聶偉敬和雅麗珊郡主舉辦了晚宴。極為傑出的民主黨人士楊森和他年輕漂亮的夫人也獲邀出席。當我和他的夫人說我很期待再見到她和小寶寶時，她不禁哭了出來。她對未來憂心忡忡。我想她擔心的正是她那勇敢又正派的丈夫會發生什麼事。

二月十八日（星期二）

我們在行政局會議上討論了我們對通訊截取的提議，並建議在所謂的「白紙條例草案」（White Bill）中納入司法授權系統，以徵求公眾意見。一旦我們能衡量公眾的反應，並觀察有關顛覆與分裂國家的第二十三條法令會如何進展時，我們就能持續向前邁進。如果立法會裡親北京的議員和自由派律師因為其他提議而產生分歧，那我們繼續推動截取通訊的點子也就沒什麼意義了。

二月十九日（星期三）

又有傳言說鄧小平死了。畢瑞伯打電話到英國駐北京的大使館，他們表示沒有任何跡象顯示鄧小平和毛澤東即將在天上相會，街上沒有派駐額外的警力，電台也沒有響起莊嚴的歌曲。我們一位高級官員（幾個月前我才頒發大英帝國司令勳章給他）建議，因為我們在電梯裡提供給身心障礙者的訊息還未推出粵語版，我們應該先把英文版拿掉。

我們也在九龍的深水埗進行了不錯的區域訪問。這裡是歷史悠久的工人階級地區，充滿許多經濟、住房和環境問題。我上次在那裡進行了非公開的訪問，訪查一些治安黑點，這次我又看見那些狀況很差的私人住宅。現在有稍微整理過了，房客們都非常感激。但是這裡的生活條件仍相當糟糕。我爬上屋頂，看看對面類似建築的屋頂，上頭布滿非法的棚屋，就像一支雜亂無章的軍隊駐紮在九龍的屋頂。這和半山區的大理石大廳相去甚遠。不難想像，這個區域是政治活動的溫床。這些社會問題在政治活動中找到發洩的途徑，例如請願、示威和爭論等，而一切都是以相當和平的方式進行。當我看到這個地方的問題時，我意識到香港仍亟需另一波社會改革。我想在一九九二年的基礎上持續努力，在某些領域上，我們只摸到皮毛而已。我在前往購物中心的路上遇到一場平和的示威遊行，而我透過發送傳統新年紅包來卸下他們的心防。人們瘋狂地搶著小小的紅包，當他們伸手要拿紅包時，手中的遊行旗幟也掉了下來。黎偉略聽到其中一位攝影師用手機和他的新聞台交談。「有拍到不錯的遊行畫面嗎？」電話那頭問道。「沒有，他開始發送該死的禮物了。」

二月二十日（星期四）

麥奇連在夜裡把我叫醒，告訴我鄧小平真的去世了；我們大使館的消息可真靈通啊。我們沒有人知道這將如何改變北京的權力平衡。歷史會如何評價他？他對中國經濟的開放是一項驚人的成就。但是世人該如何權衡他在一九五〇年代反右派運動和天安門屠殺事件中扮演的角色？我第一時間打開 BBC 的全球頻道，看到身材臃腫又咄咄逼人的前首相希思在抨擊李柱銘對民主的信仰，然後繼續為天安門事件辯護。他成了多麼卑鄙下流的老頑固。接著我到位於跑馬地的新華社總部，在弔唁簿上簽名。和我同行的畢瑞伯想起柯利達在此地的訪問，表示這次是我們紀念性的訪問。有人帶我們上樓，經過幾位前來弔唁的億萬富翁和他們的司機，我們來到一個狹長的房間，盡頭擺著鄧小平的大型遺照和綿延無盡的花圈，前面站著周南和他的三位副社長。我在畢瑞伯和禮賓司的陪同下前進，停下來，對著鄧小平的遺照三鞠躬，與周南和他的夥伴們嚴肅地問候彼此並握手（沒錯，他們和我握手），接著我轉身離開會場。

麥奇連告訴我，每逢外國記者提出專訪邀約時，董建華辦公室都會要求刊登前先看過文章，否則就不接受採訪。董建華的團隊請陳方安生為他們找新的辦公室和住處，因為他不喜歡港督府的風水，所以不打算住在那裡。

在我們與雅麗珊郡主和她的丈夫歐志偉爵士（Angus Ogilvy）告別的那晚，她的一位隨行員警告訴我：「這幾天真的非常愉快，就像和我最喜歡的阿姨共度美好的一週。」

留任的高級官員名單已經公布，而且進展順利。但是葉國華的故事開始浮上檯面。雖然沒有人直接表示「他是中國間諜」，但意思也差不多了。他很明顯是李儲文的人馬。陰險的李儲文看來溫文爾雅，但背景詭異神秘，革命初期時在上海冒充天主教神父，目的是揭發真正的虔誠信徒。最近他脫離半退休狀態，成了江澤民在香港的耳目。即使他既老練又聰明，但我還是覺得他邪惡至極。

前布政司霍德來香港，在某個晚宴上和前任律政司唐明治（鄧蓮如的丈夫）起了衝突。唐明治認為，我們應該向董建華提供法律草擬專員，並再三強調，香港的成功全都要歸功於中國人的特質，與英國沒什麼關係。風向改變了，烏兒也唱起新的曲調。

二月二十一日（星期五）

在前往行政局的路上，白樂仁告訴我，「還剩一百二十五天了。」他得考慮到他在加拿大的房子和家人。麥奇連在這週末必須到醫院一趟。謝天謝地，先前關於他心臟病發的擔憂並不是真的。但是他一直身處在壓力極大的環境下，經常感受到沉重的壓力。他和他迷人的妻子珍妮（Jenny）認為，到了年中，他們可能會直接回到雪梨的家，不會繼續待在這裡。戴彥霖則有嚴重的背部問題，這週必須到醫院做牽引治療。對我們所有的人來說，時間就快到了。我們想要繼續過日子，無論前方等著我們的是什麼。

我為即將離開的難民事務專員和他太太舉辦了歡樂的午宴。他們是愛爾蘭人，住在斯萊戈（Sligo）附近。他花很多時間和許多公民權律師打交道，但一點也不為此感到厭煩。他以無比的才能與同情心執行了一項相當艱難又令人不快的政策。他們正準備搭乘奧麗安娜號郵輪（Oriana）回家，這是一項流傳已久的退休公務員福利。他的妻子問起他們是否能單獨一桌用餐時，工作人員表示所有的人都要求相同的待遇。

二月二十六日（星期三）

國防大臣麥可・波蒂略來到香港短暫訪問。我們彼此熟識已久。我在保守黨研究部擔任主管時，把他從劍橋大學挖角過來。他很聰明，似乎想把自己重新塑造成比實際上更傾向右派的人。我們針對駐軍和主權移交問題進行了相當友好的討論。他告訴穎彤，反對修改檢疫條例的部長們似乎會在選舉之前，成功阻擋任何走向自由化的措施。穎彤的反應讓他在走向車子時咕噥了一聲，說他很抱歉帶來這令人難過的消息。

我們駐越南的大使留下了，讓我們有機會在他離開工作崗位前對他說聲「謝謝」，並一同檢視在移交前可以做些什麼來處理移民問題。令人印象深刻的是，有許多越南人過境香港，前往開拓新的生活，最後卻艱困地回到原本的生活。現在這個人數一定超過了二十萬，而如今還在香港的人卻不到五千人。去年有超過一萬五千人回家

1992

1993

1994

1995

1996

1997

了。許多離開的都是華人，如果剩下的大部分是這類問題，我們應該有充分的理由來抵制批評的聲浪，將移交時留在這裡所有的移民帶回英國。

本週在接受立法局提問時，我終於成功引述了從畢瑞伯那裡學來的一席話。「香港就像一輛勞斯萊斯。董建華和中國人正在修理引擎，試圖更換輪胎。但他們真正該做的，其實只是轉動鑰匙，車子就會順利前進。」本週的隱喻正式上路了。

我們已公布有關截取通訊的提案，作為法案的諮詢意見。目前還有一個月的討論期間。在這個問題上，我們讓自己深陷愚蠢的境地，可以預見未來將因為沒有更早直接進入立法程序而受到批評。有些人認為，我們正想盡辦法迴避這個法案。就立法規劃而言，這是我們第一次刻意閃避這個問題。真是感謝，英國外交部。

三月一日（星期六）

戴彥霖住院四天了。他正在努力治療他脖子上受到擠壓的神經（如果是這樣的話），這讓他的背部和手臂疼痛許久。他在牽引治療時服用鎮靜劑，經歷一段可怕又痛苦的療程。這種治療方法聽起來相當原始，到目前為止也沒有任何該死的效果。傍晚，我們參加了在會展中心舉辦的美國商會（AmCham）年度晚宴和舞會，與會者約有一千兩百位笑容滿面的美國人。美國商會一直是商業界最堅定的盟友。他們在引人矚目的政治議題上較為低調，但在貪腐和法治議題上卻立場堅定且富有說服力。

三月三日（星期一）

今天與董建華共進早餐。他面帶微笑地走進來，獨特的髮型讓他的頭頂變得平坦，走路時略微聳肩，一副輕鬆自在的樣子。他看起來和藹可親，十足美式風格。嗯，應該說以前是美國人吧。有人告訴我，他的家人幾乎都持有美國護照。我們討論了他在參加美國的商業會議後是否該來英國一趟。我說，我相信他的訪問會受到英國的歡迎，但鑒於英國即將舉行大選，這個時間點可能有些困難。

最近董建華給我的印象，和我們在四年半前見面時非常不同。陳方安生也認為他變了。他仍然保有和藹可親的態度，但在這樣的表象背後，卻隱藏著頑固又漠不關心的性格，有獨裁的傾向，總是按照自己的方式行事。這點他自己最清楚。我所指的「漠不關心」，點出了他性格上的一大謎團。他的特質充滿許多矛盾之處——既圓滑又不得體，既優柔寡斷又魯莽衝動，既謹慎又輕率，既世故又天真。這讓他這個人顯得難以解讀，儘管很清楚的是，基本上他會在所有重大的事情上按照北京的要求行事（或者他認為北京想要做的事）。

我們談論了許多熟悉的議題。為什麼我對臨時立法會的問題如此束手無策？為什麼他在擔心《人權法》？除了他的生活安排以外，我們平常很少聯繫。我說，如果他不打算住港督府，我們必須盡快為這棟房子找到替代的用途，以確保這些工作人員能保有他們的工作，這部分等到他意願明確後再行宣布。否則，這對我們忠心耿耿的工作人員相當不公平。他似乎接受了這點，並表示其妻洪娉因為他不願搬進港督府而與他鬧脾氣，但他的確想住在粉嶺。我們正在帶他看各式各樣的房子和場地。他可能會讓風水專家看一看預計使用的場地。目前我們正在擬訂一項計畫，打算將港督府當成政府舉辦娛樂活動和住宿之用。

在行政局會議上，我們討論了北京的籌委會似乎正在敲定新的選舉制度。張健利表示，即使他們廢除了產生目前選舉安排的法案，但他們不能廢除一定的基準。現在人們知道公平的選舉制度應該長什麼樣子，他們可以將其與中國強迫香港實施的制度進行比較。

趁著霍德與其他港府海外辦事處代表在香港的期間，能和他聊聊對我們幫助甚大。他總是對目前的情勢有很正面的感受。對於公務員團隊在排山倒海的壓力之下仍能團結一心，他感到印象深刻。他說我們的駐外代表見到董建華時態度相當坦率，直接指出他在我們的國家引起負面的報導，除非他改變自己的政策或措辭，否則將繼續受到嚴厲的批評。另一方面，霍德對於政治風向的改變如此之快感到很沮喪。雖然一些首屈一指的中國商人已經受夠了政府要求他們掏出大把鈔票來為移交慶祝活動買單，以展現他們的愛國心，但人們普遍願意接受香港必然會發生的種種改變。

三月六日（星期四）

我們收到美國國務卿麥德琳·歐布萊特（Madeleine Albright）最近訪問北京的報告。她在香港議題上講得非常好，句句到位、自信又清楚，特別是有關立法和人權的問題。中方的反應是理性的，不過他們仍發表聲明，警告其他國家不要多管閒事，並批評美國的人權紀錄。一位法國部長來訪，他在法國總統席哈克的國是訪問前一直在中國擔任「施洗者聖約翰」的角色。[17]他不會做出任何出格的行為，對中國共產黨沒有一句批評的話。我很高興但並不驚訝的是，在這裡主持國際貨幣基金會議的米歇爾·康德蘇（Michel Camdessus）非常清楚了解未來將面臨的所有危險因子——對自治權的威脅、貪腐問題、關係網絡、自由市場的干涉、不穩定的中國政局。[18]陳方安生則讓一群與她交談的美國基金經理驚艷不已。

我們已從英國官方那裡收到告別儀式的簡報，所有的細節正慢慢成形。感謝老天，現在我們不必和中國協商我們儀式的細節。演唱家布林·特菲爾（Bryn Terfel）現在無法出席了，我們正努力尋找替代人選。看來我們或許能說服女高音葛妮絲·瓊斯（Gwyneth Jones）女爵。

祁淦禮在傍晚抵達香港，他一如既往地開朗、聒噪、自信又充滿智慧。穎彤和我必須參與本週三個慈善活動之一。所以黎偉略帶著祁淦禮搭乘天星小輪，前往九龍赴宴。黎偉略說，如果渡輪上剛好有一位聰明的記者，就能趁祁淦禮針對單一貨幣政策大聲發表高見時，獲得獨家新聞。

三月七日（星期五）

今天上午，我在國際貨幣基金會議發表開幕演說。中國銀行行長躲在飯店大廳外的一個房間裡，以避免與我和其他平台的成員握手。當我們走進大禮堂時，他匆匆忙忙跑了出來，加入講者隊伍的後頭。多麼愚蠢啊！我和祁淦禮吃了午餐，接著下午他就去米埔賞鳥了。他對選舉很悲觀（誰不是呢？），他認為選民已受夠我們了。他堅定地認為自己不會在歐洲議題上讓步；如此一來，將確保保守黨將參與一場反歐洲運動，並逐漸傾向敵意更深的歐洲政策。他不相信德國人在政治和經濟面能夠忍受又一次的緊縮政策。他不相信黨內會在選舉後陷入內亂，但也承認這可能是一廂情願的看法。他對於香港未來將維持不變並不很樂觀，主要是因為他認為中國不了解香港的特殊之處。

我相當欽佩祁淦禮，他正派又聰明，全身散發著英勇無畏的魅力，幽默風趣，又能自信滿滿地發表對任何事情的看法，而這種風格必然會讓黨內高層認為他是位「麻煩人物」。但他通常都是對的。今天早上，媒體針對英國的殖民紀錄提出質疑時，他以大多數人都不敢的方式，全力為英國辯護。他認為，英國的殖民紀錄比其他所有的歐洲國家都還要好，很難想像有哪個英國前殖民地現在比過去治理得更好、更自由。我們試圖製作一份清單，除了波札那和新加坡（這點有待商榷）外，我們找不到其他案例。祁淦禮是一位騎士，他一點也不懦弱，有自己的主見與慷慨和理智的本能。他注意到最近黨內發生了多大的變化，以及黨內多了不少令人不快的右翼分子（強調的是「令人不快」而非「右翼分子」）。因為這個原因，我認為他永遠不會領導保守黨。但他應該這麼做。在祁淦禮的年代，你會有自己的主見，而不是等著從最新的市調或報章雜誌中找到自己該有的觀點。

美國總領事告訴我，他不僅提醒董建華要注意葉國華這號人物，也強烈建議他不該任命陳啟宗為香港美國商會主席。陳啟宗是個糟糕的傢伙，卻又無所不在，他的觀點似乎是特別用來搪塞美國人的，甚至是任何相信自由民主的人。他根本一點也不關心人權問題。去年他在美國商會的會議上發言後，他們就收到不少投訴信。毫無疑問地，他當然持有美國護照。

三月十日（星期一）

北京傳來一些令人不安的消息。看來，中國郵電部已經告訴大東電報局，要求他們必須出售香港電訊百分之五十一的股份。這就是大東電報局處理香港和中國議題的絕妙故事——他們無腦且無能地不斷叩頭，最後邁向悲慘的結局。中國的手下敗將再添一位，英國在香港的商業利益持續遭到掠奪。國泰航空和太古集團。中華電力和嘉道理家族（Kadoories）。現在輪到大東電報局了。

我見到聯合國難民事務高級專員緒方貞子女士，她通情達理，也很熟悉香港的現況。近來在督促越南政府協助遣返最後幾千名移民時，顯然困難重重，我們就此進行討論。如果我們能將人數降到只剩幾百名華人，即使做得不錯。在前往記者俱樂部時，她遭到一群惡意的共產黨員圍堵，他們大喊著據說聯合國難民署欠香港錢。她對此表現得泰然自若，並幽默地表示，當各界都在催促援助者多捐款給盧安達等地時，或許很難再說服他們為香港掏腰包。畢瑞伯在美國待了十天後回到香港。他表示，美國朝野各黨對中國批評的聲浪愈來愈多，對於香港的前景也抱持高度懷疑的態度。而錢其琛表示一九九七年以後必須重寫學校的教科書，更對整件事沒有幫助。

三月十一日（星期二）

律政司馬富善在行政局會議上提出了實際的觀點。他指出，律師應該為他們的客戶全力以赴，並有義務堅持每一個合理的論點。任何在七月前從臨時立法會內部誕生的法律，都會受到律師的挑戰，以積極維護他們客戶的利益，他們也將不時針對這些法律的合法性提出質疑。畢瑞伯指出，從臨時立法會的成立及其中可疑的成員（許多人在真正的立法局選舉中敗選）看來，我們現在不僅能複製蘇格蘭的綿羊，還能把中國的政治制度複製到香港。

今天晚上我和強納森·丁伯利比的製作團隊、我的辦公室團隊以及他們的配偶一起在中國會共進晚餐。自從BBC的節目開拍以來，似乎已經過了好長一段時間。當時我們在香港島港督府的廚房裡開拍，時至今日，已過了五年之久。這是一頓愉快的晚宴，我讓黎偉略回應了強納森的敬酒。黎偉略對我是如此地寬容。正因為他是我真正的家人，團隊中我也只對他一個人發過脾氣。他應付得很好，偶爾也會對我發發脾氣。他對於錯過即將舉行的英國大選感到很生氣，但我可不確定見證這場悲劇有那麼好玩。

三月十二日（星期三）

當錢其琛表示未來該修改香港的教科書，有人問董建華有何看法，他立刻表示同意，這使得某位美國記者直接問他是否曾對中國說「不」。董建華的反應相當憤怒，反過來問他什麼時候看到有英國總督站出來反對倫敦當局。難道他是在睜眼說瞎話嗎？另一位記者立刻說道，「戰爭遺孀、簽證問題、少數族群和護照問題上都是。」但他被忽略了。除了我以外，前香港總督麥理浩爵士，其實也曾被稱為英國外交部中僅次於馬爾他總理多明尼克·明托夫（Dom Mintoff）的第二位不受歡迎人物。

三月十三日（星期四）

在穎彤的帶領下，我們在愛滋寧養服務協會位於大埔即將完工的安寧療養院用晚餐。穎彤參與了許多慈善活動，包括這次與了不起的愛爾蘭修女麥潔妮合作的計畫，她也在臨海房屋外的草坪為所有的幫手、贊助者和工作人員舉辦了一場愉快的晚宴。這是我們第二次見到這位父親，他的孩子患有血友病，而且是愛滋病初期患者。我們在四年前幫助過這個家庭，當時穎彤成立了一個基金會，專門幫助所有經歷如此痛苦遭遇的孩子。這位父親一見到我們，總是淚流滿面。今晚他送給我們一份禮物，是個漂亮的傳統中國茶壺。他的太太在安寧療養院找到了一份工作。他們是一對相當勇敢的夫婦。

由浸會大學學者主持的香港過渡期研究計畫，公布了另一項定期的深度民意調查，並稱這次的結果為大英帝國的「金色餘暉」。調查顯示，百分之九十的受訪民眾對他們在香港的生活感到滿意。百分之七十三對政府感到滿意。百分之六十二對我感到滿意，百分之五十三對董建華感到滿意。我希望這項研究計畫能持續到香港主權移交之後。

三月十六日（星期日）

本週末我們將花園開放給身心障礙者參觀。爸爸媽媽們帶著重度身心障礙的孩子們來排隊拍照。這些家庭具備如此過人的勇氣，日日夜夜堅定不移地應付著身體與精神上的挑戰。唯一讓他們失望的似乎是威士忌和梳打已經去了粉嶺。週日傍晚，我們為牛津大學貝里歐學院前院長兼羅德樓（Rhodes House）管理員東尼・肯尼（Tony Kenny）、他的太太南西（Nancy）和在香港工作的兒子、幾位朋友以及在香港與聾俐拍電影的傑瑞米・艾朗（Jeremy Irons）舉辦了晚宴。東尼・肯尼提醒傑瑞米・艾朗，表示傑瑞米曾在某次晚宴後為來訪的中國領導人華國鋒一行人演出莎士比亞的作品。當時華國鋒一行人來到英國，與英國前首相哈洛德・麥米倫一同造訪牛津。那一齣戲呈現出主角在十一個不同的年齡的表現，但他們顯然覺得無聊至極，因此十一個年齡不得不刪減為六個。

三月十八日（星期二）

約翰・梅傑宣布在英國舉行大選，並展開了為期六週的漫長競選。第一個打擊是《太陽報》（*The Sun*）公開支持布萊爾。這讓人們不禁懷疑，布萊爾到底和梅鐸做了什麼見不得人的交易；大概是承諾他不會做任何事來禁止跨媒體的所有權。在今早的行政局會議上，警務處處長向我們報告了一些相當不尋常的犯罪數據。犯罪率急遽下降。會後喝咖啡時，有人告訴我們，剛到美國的貿易發展局主席馮國經表示，當地對香港的情緒比他所想的還糟糕。普遍的看法似乎是，董建華最好將所有的訪問都推遲到主權移交後，屆時他（應該）能夠向各界證明香港的文明生活並沒有走向終點。美國政界持續擴大的「與中國有關的」政治獻金醜聞，或許也會漸漸劃下句點。[19]

三月十九日（星期三）

我剛參加了最後一次學位頒授典禮。我一定是世界上頒授最多學位的人，在擔任總督的五年內，我每年參加八次學位頒授典禮。或許我可以藉此在金氏世界紀錄佔有一席之地？何鴻卿在這次的典禮上獲頒榮譽學位。對於這位向來令人尊敬的人物而言，此項榮譽當之無愧。說到這個，柯利達又來了，他聲稱因為我的緣故，香港在一九九七年後的自由與民主程度將大幅降低。他似乎在暗示，我在這裡所做的一切，都是為了確保以後能順利重返英國國會，並角逐保守黨高層的大位。我懷疑他是否真的有和任何一位保守黨議員談過。

三月二十日（星期四）

在休・戴維斯和包雅倫的帶領下，我們中英聯合聯絡小組可敬的戰士們本週在倫敦展開他們的工作。在我們所有的人當中，有時我認為他們才是最應該獲得表揚的人。在香港政府的支持下，一小群英國官員日復一日地處理著最重要的幾項議題，同時也規劃移交工作的每個細節。他們必須應付一連串的中國官員，他們大都乏味無趣，往往舉止粗魯，而且總是很難纏又刻薄。當然也有一些例外。但據我推測，那些比較好的官員也會受到上頭的指示，必須盡可能地展現出難纏的一面。本週，我們在民用航空運輸協定及國際民航過境協定方面有一些進展，但在居留權問題上，中國人存心利用這個議題逼我們承認臨時立法會在一九九七年前的合法性。這項議題並不會影響到香港境內中國居民的地位，影響的是已移民到海外的香港公民以及居住在香港的外國人。愈來愈明顯的是，中方想一勞永逸地確保香港能被納入「一國」體制，但我們更擔心的是未來中國能否守住「兩制」的承諾。我們不會輕易地讓華而不實的非民選立法機構走向合法化，也不會在中國的施壓下於六月三十日前讓他們的大軍壓境。

三月二十二日（星期六）－二十三日（星期日）

我們進行了最後一場七人欖球賽。橄欖球賽一向令人興奮無比，而在南邊看台，觀眾的行為也一如既往地成了表演的一部分，這也表示我們永遠不會像新加坡一樣。大夥兒的吼叫聲包括：「他媽的哪個白癡在講電話？」還有「痛恨法國人的話就站起來！」

我打給梅傑，祝他選舉一切順利。他覺得要將選戰聚焦於經濟面的捷報十分困難，並為此鬱鬱寡歡。我們花了很長的時間討論移交與告別儀式的賓客名單，還好沒有破壞潔思三月二十四日的生日。中國人仍然拒絕表示他們是否會參加移交儀式後的宴會。其背後的原因可能是，這場宴會是由香港政府買單，而且邀請函是以我的名義發出。這場活動的保安措施看來進步不少。自從我說原先的措施恐怕讓香港變成一個武裝基地後，警方已開始考慮另做安排。我們與聯合國難民署和越南政府的合作也取得進展，預計能在移交前將大部分滯留的移民遣返回家。

為了慶祝潔思的生日，我們一行人到山頂餐廳酒吧（Peak café）共進晚餐。英商馬世民也來了，他用那些在外籍兵團某個沙漠堡壘中表演過的笑話和把戲，讓他那桌的人聽得是津津有味、樂不可支。

三月二十四日（星期一）

如果未來幾週和現在一樣的話，那麼將會有大批尊貴的外國嘉賓到訪，還有一些自以為尊貴的外國訪客和跟在他們後頭拍馬屁的人，一些想知道一九九七年後會發生什麼事的學者和記者也會來，他們以為我很清楚香港未來的發展。我們大部分的談判都聚焦在中國試圖給予臨時立法會一定的公信力，以及告別儀式的最後安排。

這其中有無數的轉折，但我總不能說，「夠了，我要去睡覺了。」

三月二十六日（星期三）

我正在和禮賓司討論移交時的榮譽名單。我永遠無法讓自己對這項乏味的任務感到興奮，因此我總是擔心我們會遺漏一些真正實至名歸的人選。希望我們能有一份「取消榮譽」的名單，從那些表現不佳的人那裡收回勳章和閃亮的小玩意兒，像是范徐麗泰（臨時立法會主席），她能為任何過去或未來的殖民勢力提供服務，包準讓每一位與她交談的外國訪客震驚不已。

我們到屯門進行區域訪問。在一個工人階級的社區裡，住著許多樂觀的居民，但他們卻因為糟糕的交通規劃而被困在香港的西北端，與其他地區隔絕。在過去幾年，我們一直試圖改善當地的一些社會問題。起初我隱藏自己的身分，到當地訪問，親眼目睹一些毒品、住房、福利、規劃和交通問題，接著透過政府部門每三個月一次的報告來尋求解決（或至少改善）辦法。我認為這已產生了一些效果，或許已成功喚起所有的政府部門對屯門的重視。

在陳方安生去北京和董建華、李鵬和魯平參與聯合會議之前，她和我聊了一會兒。她想知道她能把話講得多白，以及董建華對她任何獨立的舉措會有多不滿。她決定和魯平就居留權問題有話直說，告訴他在簽署我們提出的「白紙條例草案」後，新政府便能在七月一日之後透過立法來持續推動相關措施，這才是明智之舉。

三月二十八日（星期五）－三十一日（星期一）

我們在粉嶺度過了愉快的復活節週末，像是在上水一間嘈雜的大餐廳裡吃午餐，接著到當地市場購物。一位老太太從她的攤位上拿了些蔬菜給我們，其中包含一朵蓮花。她拒絕向我們收錢，一些在旁的圍觀者認為這很不明智。「就收下錢吧，」其中一位說道，「反正他只會在這裡再待三個月而已。」

四月一日（星期二）

我們的朋友科德林頓夫婦（Codringtons）前來欣賞完七人欖球賽後，今天他們與潔思一同返回英國了。陳方安生向我報告她在北京開會的情況。她說魯平對於居留權問題態度堅決，不接受我們提出的「白紙條例草案」。他決定讓臨時立法會有所作為，而董建華只是在旁順水推舟。我們都能感受到，董建華認為自己有義務在所有的事情上徵求魯平的同意。在北京，他向魯平提出了住房和教育政策以及福利津貼率的問題。這就是所謂的高度自治體制啊？

我們一直在整理各項文件，要不是寄回倫敦，就是直接銷毀。我們發現一份相當有趣的文件，對某人而言可稱得上是罪證確鑿。這份文件包含了香港和英國之間的電報，時間點大約是雙方針對立法局直選議員的席次協商之時。其中我們不難發現柯利達露出的馬腳。當時主要的目標似乎不是了解香港人的願望，而是去了解北京可能在檯面下接受什麼安排。由於這類陰謀是許多香港人都認為會發生的事，再加上一些記者和時事評論員都聲稱這是真的，我想這也不是什麼驚人的內幕。但我心底一直希望這一切都不是真的。要發現柯利達露出的馬腳並不難，但即使到了我這個年紀，還是會覺得震驚不已。

四月二日（星期三）

我們收到一封來自倫敦的電報，內容是關於年度的日內瓦人權決議。事實證明，現在很難找到一個歐盟成員國來提交這項決議，因為法國（在德國和義大利的默許下）正對決議事項提出反對，卑躬屈膝地試著討好中國。有一份提交給部長們的草案中建議，不應該由英國來主導這件事。對此我們表示強烈的反對，並指出如果我們不參與此事，我們對於香港回歸後的擔憂及嚴正聲明會顯得相當不可思議。毋庸置疑，現在中國人可以清楚看到，他們正在將其他國家踢出這項關鍵的決議案。他們正好整以暇地旁觀這一切，看著各國對他們藐視人權的態度放水。

四月三日（星期四）

賀維來到香港為大東電報局辦事，試圖找到香港電訊的發展策略，因為香港電訊是他們主要的利潤來源。大衛・楊恩勳爵無疑在大東電報局留下爛攤子。大東電報局被逼得必須將極大比例的股份賣給中國人。賀維和我聊起香港，我表示，偶爾與中國起爭執顯然已經讓香港人感到十分焦躁不安。至於有人說，因為我的政策，香港在未來的自由和民主程度會大幅降低，這是無法證實的說法。但我認為這並不具有說服力。為了達到平穩的主權移交，我必須做到董建華現在正在做的事。這代表著在一九九七年前的英國統治期間，香港的自由和民主程度都將降低，這勢必引發當地和國際的批評，並引起香港的抗議，而這些英國所認可的措施，將滿足中國政治控制的欲望。我說，我認為未來人們會將注意力集中於，英國是如何在一九八四至一九九二年間讓《中英聯合聲明》變成一張廢紙，特別是英國是否早在一九八七年那場號稱公平與開放的協商之前，就已先針對直接選舉的議題，私下向中國做出承諾。賀維聽完咕噥了幾聲。

四月四日（星期五）

今天和脾氣暴躁的董建華進行了糟糕的會面。他不斷提到臨時立法會，拒絕了我們針對居留權提出的「白紙條例草案」，對公民自由的法案抱持相當負面的態度，並拒絕出席大嶼山橋梁的啟用儀式（即使我邀請他在儀式中擔任要角），原因是他不喜歡和我一同出席活動，害怕現場所有的鎂光燈都聚集在他身上。此外，由於我們在

1992
1993
1994
1995
1996
1997

這些議題上意見分歧，和我一起做任何事情都是相當不合適的。因此，我被董先生拒絕了。

四月六日（星期日）

今天是溫順天神父在主教座堂最後一場九點半的英語彌撒。他已經主持了五年之久。儘管有很好的理由以教區裡全職的英國神父來取代他的位置（這也是教區神父正在做的事），但許多人懷疑這和他經常發表民主與公民自由的言論有關。他是勇敢、直率的正派人士，也是我和穎彤的好友。

巴瑞・韓佛瑞斯（Barry Humphries）和他的妻子伊莉莎白（Elizabeth）來到香港。他正在為BBC拍攝關於香港的電影，片名叫做《英國佬的最後一夜》（*The Last Night of the Poms*），這個片名一點都不令人意外。我們一些華人員工不敢相信他就是那位埃德娜夫人（Dame Edna）。他們都說：「她不是女人嗎？」[20]

四月八日（星期二）

在行政局會議上，我們談到董建華指定的行政會議成員時，李國能問我們誰是影響力最大的成員。[21]幾位同事回答，「魯平。」當地一位名叫杜輝廉（Philip Tose）的粗魯商人發表了一些言論，引發令人不快的種族歧視風暴。（先前就是他向保守黨提議，只要設法除掉我，就會捐出五百萬英鎊獻金，甚至有些報導指出，槍斃我也是一個選項。）據說他在哈佛商學院的校友會議指出，美國的民主一直都很好，直到大約三十年前才每況愈下。換句話說，他指的是黑人公民獲得投票權的時候。他的存在提醒了我們，極度愚蠢又討厭的人也可以賺大錢。董建華針對公民自由提出一份諮詢文件。例如文件中提到，未來對於示威和政黨活動的管制將愈來愈嚴格。「國家安全」這個字眼屢次出現。我認為這份文件將引發軒然大波。

四月十一日（星期五）

今天又是一場告別儀式，昂船洲的添馬海軍基地正式關閉。白色的軍艦旗在風中飄揚，八次鐘響迴盪在整座基地。第一海軍大臣（First Sea Lord）身上配戴軍刀、勳章與綬帶。儀式包含迅速有力的海軍演習和有關軍人職責的演說。伴隨著英國皇家海軍陸戰隊樂隊穩定的節拍，現場響起了海軍名曲〈致海上受苦的靈魂〉（For Those in Peril on the Sea）。英國皇家海軍的榮光也在這首退場讚美詩中逐漸逝去，不禁令人感到一陣哽咽。

我們針對高級軍事人員的議題和中國達成初步協議，但仍將分遣隊的問題暫時擱置。在這個問題上，他們正在做我們想做的事，但我們可以利用這個議題，在其他議題上取得一些談判籌碼。我們沒有必要太遷就他們。

陳方安生結束短暫的倫敦之旅後回來了，她對於和董建華共事的種種問題顯得相當泰然自若。很多人都告訴她，再給董建華任何建議都是沒有意義的，因為他根本聽不進去。有一、兩個人還提醒她，北京似乎認為她對董建華的態度相當友好，這在某種程度上促使他們選擇董建華。但她又有什麼選擇呢？另一項民調顯示，董建華的支持率為百分之五十四，我的支持率則為百分之七十九。普遍的看法是，他支持率大幅下滑，因為他被視為北京當局的魁儡，只會貫徹他們的意志。董建華已經決定今年夏天不去美國，背後的原因可能是李柱銘在美國受到極大的歡迎，甚至連總統也同意會見柱銘。

四月十五日（星期二）

在行政局會議上，我們討論了是否需要透過立法程序，為七月一日和七月二日的公眾假期建立法定基礎。有些人擔心這將引發與中國的紛爭。但顯然這是法律上的必要程序，陳方安生和曾蔭權都強烈支持我的作法。從上到下，我們的公務員持續秉持著專業的工作倫理。儘管大家都知道，未來他們可能必須在某些議題上站在完全不同的立場。

1992
1993
1994
1995
1996
1997

在公民自由方面，愈來愈清楚的是，商界領袖對於某個顯而易見的道理竟然毫無概念：一旦個人的權利遭到剝奪（例如李柱銘的權利），這些大公司的權利遲早也會遭到剝奪。穎彤開始一一致電各個慈善機構，向他們告別，而她得到的印象是，人們才剛開始正視即將到來的一切改變。顧汝德即將回英國。他一直是我們團隊裡珍貴的一員。他最後的貢獻就是警告我們關於一些香港新興政治菁英的共黨背景，以及董建華的航運事業發展史。[22]

四月十七日（星期四）

中英聯合聯絡小組在主權移交儀式的協商過程相當糟糕。甚至連休・戴維斯這位好好先生也對狂妄自大的中國外交部禮賓司司長大發脾氣。董建華顯然將他的負面形象怪罪於我。他堅持應該在國旗和國徽相關的法案中，強制要求我們在全球的辦事處都懸掛中華人民共和國國旗和香港特別行政區區旗，此舉也持續鞏固他的負面形象。

我還有最後兩次的授勳儀式。看到陳方安生、曾蔭權、警務處處長許淇安和其他人熱情地為他們公務員同僚的成就喝采，實在令人印象深刻。公務體系的成員普遍感到自豪，充滿團隊精神，這無疑是我們在香港的一大成就。我希望這一切在未來不會消失。

四月二十一日（星期一）

我們舉辦了一次晚宴，向白樂仁以及他的名譽副官們告別並致謝。他們來自於紀律部隊和駐軍基地，清一色身穿夏日制服，就像寶瀅洗衣精的活招牌一樣閃閃發亮——白色外套、條紋長褲、寬腰帶、掛鏈和勳章，看起來十分華麗。他們的工作表現非常出色，負責在官方場合提供協助，在機場接送接踵而至的重要外國訪客。他們的共識是把「最無聊人士」的獎項頒給了某位加彭共和國（Gabon）的總統和他的隨扈，不過那些來自加彭的客人顯然對香港當地的消費有驚人的貢獻。白樂仁的表現一向傑出，必要時態度強硬，也是穎彤和女兒們的好朋友。假使她們遭遇過什麼麻煩，我也不會知道，因為白樂仁會為她們打點妥貼。但我相信她們才沒有惹過什麼麻煩！

四月二十二日（星期二）

我翻閱我的私人信件，並將大部分都丟掉了。穎彤和黎偉略都非常驚訝。但我不太喜歡囤積這些私人物品。我保留了一些真的很棒的信，但把那些奉承我的信都丟了，那些人後來都在我背後大肆批評我，有的甚至才奉承完就轉身攻訐我。事後再讀那些信會讓我精神不振。

四月二十三日（星期三）

鄧蓮如在倫敦的某個會議上發表了乏味無比的演說，這似乎與她私底下所說的話相去甚遠。她聲稱香港的問題都是媒體編造的；關於公民自由的諮詢文件完全是真的；而且未來香港的權利不會受到嚴重的限制等等。或許這是一項明智之舉，對香港和太古集團都有好處。

我們發了一封電報到倫敦，開玩笑地問他們有關那份「罪證確鑿」的文件。倫敦對此有相當詳盡的回應，並在電報中聲稱他們根本沒有針對直選議員的席次進行秘密交易。但當時英方似乎特別提醒中國政府，若要以請願書攻勢來反對直選，就必須盡可能把請願書的數量衝高（而不是讓請願書上出現愈多名字愈好）。換句話說，在一封贊成直選的請願書中，即使有數十個甚至數百個連署簽名，其重要性竟然和一封反對直選的請願書一樣。事後我們告訴中國，他們不應該因為諮詢活動據説沒有得到很大的支持，就低估了直選的壓力。「不要因為結果是你想聽的，就完全相信它。」我認為，如果當時我們做得更多，那麼在移交之前，我們就可以有將近十年的時間好好發展代議政治。我想，這一切都是為了避免和中國發生爭執。毫不令人意外的是，倫敦似乎對我們的發現有些焦慮。

四月二十四日（星期四）

我再次在立法局會議上回答有關人權和居留權的問題，這次我反問道，有哪位立法局成員可以告訴我，我們現行的公民自由法案哪裡違反了《基本法》？現場一片靜默。我讓這些成員沉澱下來，好好思考。

我們在港督府舉辦了第七十屆慈善晚宴。我們也在那裡舉辦過三十幾場音樂會和許多晚宴。我很驚訝我的體重沒有出現更大的問題。

四月二十五日（星期五）

我的商業諮詢委員會成員們為我辦了一場告別午宴，由恒生銀行的董事長利國偉爵士主辦，他是過去英國殖民時期當權者的華麗裝飾品，現在也將無可避免地成為未來當權者的裝飾品。我不確定他的心思是否放在這方面，顯然有些問題令他憂心——他和陳方安生的關係相當密切。他是個親切的長者，行動如烏龜般遲緩，但向來以精準的洞察力聞名。我坐在中信集團老闆榮智健旁邊，他魅力十足，現在是哈洛德·麥米倫故居白樺莊園的主人。他熱中狩獵、釣魚和高爾夫。麥米倫無疑會以他一貫的幽默感來總結這一切：與其說是賣掉傳家寶，不如說是讓老房子變身為外賣中餐館。

午餐後，我會晤了吳靄儀。她說，那些在七月前臨時立法會中開始運作的法案，未來一定會面臨法律上的挑戰。她希望英國政府能做出保證，不會表示英方看不出臨時立法會有任何問題，因為這種說法會破壞未來挑戰那些法案的法律行動。這顯然不是我能做出的保證。誰知道政府未來會怎麼做？因為英國政壇有可能變天。

四月二十六日（星期六）

昨天柴契爾夫人和丈夫丹尼斯抵港參加大嶼山橋梁的開幕儀式。今天傍晚，我們為她舉辦了盛大的晚宴，宴會廳擠滿大約一百六十人，一同慶祝明天兩座大橋的啟用，我們稱之為「青嶼幹線」（Lantau Link）。演講結束後，柴契爾夫婦來到樓上的客廳，與鄺富劭及移交前最後一次來訪的古沛勤小酌一杯。柴契爾夫人今早見到了董建華。她說：「他和其他港商沒兩樣。」

四月二十七日（星期日）

董建華選擇不參加啟用儀式，他在最後一刻安排了廣東之旅作為不出席的藉口。我對那些粗魯無禮又心胸狹窄的中共人士以及所有聽命於他們的人，感到有些沮喪。對我來說這不會造成什麼傷害，但對香港來說卻相當不利。

橋梁的啟用儀式進行得很順利。我們在摩托車隊的帶領下通過港口下的新隧道，一路沿著高速公路前往青衣。在大橋的陰影下，社區團體、樂隊、舞龍舞獅和合唱團進行了一場遊行。柴契爾夫人和我都發表了演說，她穿著一襲藍色套裝，看起來很漂亮。太陽帶著戲劇性的橘色光芒在一側緩緩落下，另一側則矗立著高聳的橋梁。然後，我和陳方安生一起點亮電纜旁的雷射光束和燈串，照亮了整座橋梁。在車隊的護送下，我們的敞篷勞斯萊斯開上了大橋，穿過一條布帶，天空中飄著滿滿的裝飾彩帶和五彩碎紙。我們開車跨越大橋，接著調頭回來（柴契爾夫人說她沒見過這種調頭的儀式），繼續前往招待會並觀賞壯觀的煙火表演。這是我見過最棒的煙火，繽紛的色彩與火花宛如瀑布，緩緩地從橋上流瀉而下。南面的海灣布滿大大小小的船隻，綻放的煙火將天空染成銀色、金色、紫色、粉紅色和綠色，相機的閃光燈也跟著閃個不停。這場煙火花了郭氏兄弟港幣五百萬元。[23]不可能有比這更棒的煙火了。

四月二十八日（星期一）

柴契爾夫人的先生丹尼斯莫名其妙地捲入了選舉風波之中。某次他們夫妻倆一起參觀鄧永鏘的英語中心時，一位「友好的」記者叫住了他，「你認為約翰．梅傑在這次選舉中的勝算有多大？」他的回答是：「絕對是零。」這就是如何得到小小獨家新聞的方法。整體而言，丹尼斯妙語如珠，性格開朗、幽默、懂得自嘲又慷慨大方。週六晚上，他坐在穎彤旁邊吃完晚餐後，特地謝謝她，說她是位很棒的女主人，並說：「你願意花整個晚上的時間陪我這個無聊的老頭聊天，你人真是太好了。」柴契爾夫人和丹尼斯是我們接待的最後一批赴港進行正式訪問的英國貴賓。一如往常，所有的工作人員都身穿白色夾克，肩上別著紅色徽章，在大廳為他們列隊送行。柴契爾夫人總是對他們如此親切。我想知道他們都在想些什麼。我們有位工作人員參與福克蘭群島戰役時，在加拉哈德爵士號（Sir Galahad）戰艦上遭燒傷，柴契爾夫人還特別對他表達謝意。威士忌和梳打很捨不得他們離開。柴契爾夫人把牠們給寵壞了，她會在房間裡偷偷餵牠們吃餅乾。她曾說：「兩個可憐的小傢伙，牠們看起來都餓壞了。」

四月二十九日（星期二）

我們在行政局舉辦了移交慶祝活動的簡報會。李國能的第一個問題是關於示威者的安排。大家都希望在會展中心的視線範圍內，讓他們有個適當的地點進行示威，這絕對是避免麻煩的好方法。我不知道未來的行政會議是否能從這個角度看待抗議活動。關於移交儀式，我目前最大的擔憂是：第一，我們必須盡快知道中國的高級官員會不會參與移交儀式後的宴會。第二，在我們踏上不列顛尼亞號（Britannia）返航的那天，我非常肯定他們會盡全力確保沒有任何民眾和我們揮手道別。我們必須想想如何巧妙地處理這個問題。

我和古沛勤最後一次討論。他對事態的發展當然是讚不絕口。如同一些不具說服力的奉承話，他表示我們將香港當做是一個問題來處理，才避免衝擊到日益衰弱的政府。這不全然正確。其實是在首相和部長們的幫助下，香港才不至於成為棘手的問題；儘管他們不時要面對來自商界和己方顧問的壓力，但他們仍支持這個最後的重要殖民地。如果他們猶豫不決或走回頭路，現在的情況肯定大不相同——在國內或國際層面都有極大的政治風險。

四月三十日（星期三）

今天一大早，我在雅思的學校頒獎典禮上發表演說。她在港島中學過得非常開心，學校有位好校長、優秀的老師和很棒的朋友。這裡的確是一所綜合學校，結合了不同的種族、語言和能力。穎彤和我都非常感謝他們。

五月一日（星期四）

今天是英國的投票日，唯一的問題似乎是保守黨會大敗或小輸。如今，隨著政治忠誠度的降低、意識型態的差距變小，幾乎所有地方的選舉結果都出現大幅變化，範圍之廣如同一條淺而寬的河流。類似的情況也發生在加拿大、法國和澳洲。

下午與學者麥克．雅胡達的對談也相當精彩。他因為香港的氛圍而受到些許鼓舞，他認為香港人（例如法律界和學術界）對董建華的公民自由提案的反應，表示社會的韌性比他預期的還要強。他說，在北京，人們並不怎麼重視香港。中國人只看到香港的富豪說客，他們認為這群人不過是唯利是圖的傢伙。他們對於香港的公務體系、知識分子和文化生活沒有任何概念。或許在香港回歸以後，他們會認識到除了充滿富豪以外的香港，並更加重視這塊土地。雅胡達認為中國共產黨只活在自己的貧民窟裡。他們不欣賞那些與外在世界來往的人，儘管他們很清楚必須由像錢其琛這樣的人出馬。傍晚，我們在宴會廳舉辦了最後一次公開音樂會，表演嘉賓有史丹．崔西八重奏（Stan Tracey Octet）和我最愛的小號手蓋．巴克（Guy Barker）。

五月二日（星期五）

今天一早醒來，就聽到保守黨慘烈的選舉結果。這一切可說是天崩地裂、滿目瘡痍、地動山搖、禍不單行、一敗塗地。那些沒那麼無辜的人都慘遭滅頂。以這種方式來為十八年的執政劃下句點，也太慘烈了。布萊爾以壓倒性的多數贏得勝利。我的幾位朋友都輸掉了選舉，包括威廉．沃德格雷夫。看來多數民眾要給布萊爾十年的任期，儘管現在他聲勢正旺，但終究有一天會跌落神壇。這對布萊爾本人而言是極大的勝利。他以絕佳的技巧和決心讓工黨成為可以贏得選戰的政黨；與此同時，我們黨內的同志卻努力讓保守黨輸掉選戰。我仍然不相信布萊爾有多麼了不起的戰略，只不過是一些表面的原則罷了。在讀完那些以自作多情的口吻描述他的文章後，依舊無法說服我。難道他真是「來自伊斯靈頓的聖安東尼」（St Anthony of Islington）？[24]我們走著瞧吧。即使是布萊爾領導下的英國，遲早也會出問題。當然我們不希望事情走到那一步，恰好相反。但很難想像他們能做得比我們所承諾的還要好。畢竟「人性這個曲木，絕對造不出任何筆直之物！」[25]

梅傑有尊嚴地辭去黨魁和首相的職位，他在保守黨內受到的抨擊甚至比工黨對他的批評還慘烈。但前景仍然一片黯淡。保守黨在蘇格蘭和威爾斯都未取得席次。策略性投票到處都在削減保守黨的席次，讓超過四十位糟糕的自由民主黨人重返國會。就像我國政壇名士以諾．鮑威爾曾經說過的，所有的政治生涯都以失敗告終。這是真的嗎？以威廉．沃德格雷夫為例，他是非常聰明又熱心公益的人，但由於不幸的施廣智調查案，他經歷了悲慘的五年，最終慘遭滑鐵盧。我想我們都想一路邁向首長職務，而不是像他一樣落入這種窘境。這讓我想起希臘詩人卡瓦菲斯的作品〈伊薩卡島〉（Ithaka）：

伊薩卡島賜予你奇妙的旅程。
若沒有她，你絕對不會啟程。
如今她再也沒有什麼可以給你。

董建華身邊的要員已經開始批評公務體系的形象過度傾向英國，而且沒有積極介入經濟政策。當地的美國商人證實了我們所聽到的故事，也就是像陳啟宗和其他董建華的支持者，都對訪客產生了駭人聽聞的影響。本週，傑拉德・西格（Gerald Segal）和一位英國智庫國際戰略研究所（Institute of Strategic Studies）的同事來香港，試圖要歸納那些親中人士的形象，但他們離開時聽到董建華的消息，都感到十分震驚。

五月三日（星期六）

詹姆斯・普萊爾和其他倫敦的商人已和外交次長約翰・科爾斯聯繫，他們告訴他，李鵬和其他在北京的官員表示，如果我不開始與董建華合作，將對英國的貿易不利。他們大概以為，我應該接受新政府的拉攏。科爾斯的回覆是，他已注意到此事，但這或許不是最有力的辯護。我花了幾乎整個週六下午打電話給幾位落選者。然後老朋友卡爾・畢爾德打電話和我談到波士尼亞的問題。[26]他想知道，基於這次的選舉結果，我是否有興趣接替他擔任歐盟駐波士尼亞的特使。我告訴他我對其他人說過的話：在卸任港督後，我需要一段時間好好放鬆一下。

穎彤和我與劉慧卿和她的律師丈夫一起出去吃午餐，他們非常有趣。他們對穎彤讚不絕口，相當肯定地說她受到各界的欽佩與喜愛。他們見證英國一次又一次的背叛，而我們過去卻不斷安慰自己，至少舊殖民勢力是站在我們這邊的，因為他們都獲得爵位和英國護照。真是一廂情願。

郭偉邦說他希望我繼續留任，做完剩下任期，並對我充滿信心。夏舜廷已經宣布他不會角逐保守黨高層的職位，並因為心絞痛發作而住院治療。他在競選期間把自己操到累壞了。他是偉大的戰士。我認為夏偉林（William Hague）愈來愈有可能拿下黨魁職位。這位年輕人的前途不可限量。

五月五日（星期一）

週末，鄧蓮如在世界的另一頭發表她的高見。她接受電視專訪，批評上屆保守黨政府的香港和中國政策，抱怨說我們沒有和中國「合作」，還叫我們應該早點「面對現實」，與臨時立法會合作。她在叩應節目的言論受到很多的抨擊，因為她早已離開香港，並在很安全的距離之外，從倫敦的騎士橋（Knightsbridge）或英格蘭的科茲窩（Cotswolds）大放厥詞，發表親北京的言論。我認為她只是太古集團的傳聲筒。但是，看到她在淡出香港政壇後又開始針砭時政，這是個相當大的變化。這一次她話好像說得太快了，風向似乎已經轉向，董建華的民調結果逐漸惡化。當初是鄧蓮如向我提出有關行政局組成的多數意見，而在我剛上任的幾個月內以及我的選舉提議公布後，她也私下為我喝采叫好。我還知道她私下很愛批評建華，並因為無法說服他許多事而感到絕望。我實在不敢相信鄧蓮如現在會這麼做。在我頭兩年的艱困任期，她曾經是我堅定的支持者。這讓我更加感激我身邊那些勇敢、正派又有原則的夥伴——陳方安生、曾蔭權、施祖祥、吳榮奎和黎慶寧，還有其他許多人。他們都是相信特定價值的華人公務員，不會盲目地相信一些只會帶來短期利益的事。身為施祖祥在擔任憲制事務司時期的副手，黎慶寧的表現十分出色，他轉任保安局局長後也有優秀的表現。他們相信的價值觀具有普世性，而不是亞洲或西方獨有的，他們能明辨是非，清楚何謂忠誠和背叛。就像施祖祥在立法局試行改革時一樣，他們所有的人都經常面臨來自中國和香港惡霸的極大壓力。我知道，如果沒有這群優秀的公務員，我（們）早就完蛋了。

郭偉邦告訴媒體我將繼續留任後，便打電話給我。儘管今天是銀行假，在他擔任外交大臣的第一天，他想和我談談香港的問題。[27]他向我保證新政府將延續先前的政策，並歡迎我繼續堅守崗位。我們討論有關董建華的事，他的行為顯然讓郭偉邦憂心（他表示：「好吧，你還能指望他那種會捐錢給保守黨的人嗎？」），接著他問我是否會建議布萊爾針對香港主權移交發表意見。我說，整體而言，我希望他這麼做，只要他能對香港說一些令人放心的話，重申英國堅定不移的承諾。我認為郭偉邦令人欽佩，他說話有條理、敏銳，而且（我猜他將會）行事果斷。他或許比表面上看起來更友好，儘管他打從心裡厭惡保守黨。這也是可以理解的。當我們稍微聊到這次的選舉結果時，他指出現在應該會有愈來愈多的保守黨員支持比例代表制。我很驚訝他會這麼說，我和他一樣，多年來都支持比例代表制。

五月六日（星期二）

我們在行政局前面拍了團體照。他們是很棒的團隊，自從我在四年半前將衛奕信那一掛趕下台後，成員幾乎沒什麼變化。他們是一群聰明、正派又理性的人，而且合作無間。王葛鳴將高級官員的角色扮演得很好，她對我相當坦率。我們的共識是，董建華將繼續進行他大部分公民自由的改革。明天他要去見錢其琛，估計是為了讓中國同意他的計畫。這樣的行徑在香港觀感很糟糕，但他並不在意香港的政治觀點。民主黨副主席楊森和他的太太李偉琴、剛學會走路的兒子加百列都一起來吃午餐。他對大眾如此支持他的政黨而感到鼓舞，並認為即使選舉受到操縱，他們也能做得不錯，可以在未來的立法會建立相對穩固的權力基礎。他嚴厲批評鄧蓮如所說的「面對現實」。他反問道，假如中國被入侵後也「面對現實」，向日本屈服，那會發生什麼事？他說民主黨一致同意邀請我參加晚宴——顯然這是民主派人士第一次宴請即將卸任的港督。

傍晚，我們與梅兆贊和他聰明的伴侶黛博拉．格拉斯（Deborah Glass）共進晚餐。他剛訪問完董建華，覺得他這個人索然無味。被問及亞洲價值和猶太、基督教的共同傳統有什麼差別時，董建華表示他的一些好朋友就是猶太人。

五月八日（星期四）

來自英格蘭的消息出現在電腦螢幕上。（蘇啟龍教我如何使用網路，現在我可以上網閱讀《泰晤士報》了。）倫敦政壇現在由布萊爾的顧問文德森掌舵：身為無任所閣員（Minister without Portfolio；譯按：性質類似台灣的政

1992
1993
1994
1995
1996
1997

務委員），他的職責實際上橫跨整個政府，如果他決定為所欲為，甚至能夠影響整個國家。我懷疑他接下這份馬基維利式的工作是否明智，這不就證實了各界對他所有的偏見和厭惡嗎？我可以很肯定地預測，這一切將以淚水收場。但我懷疑他是否夠聰明，能夠拋下手中濕漉漉的手帕，重新站起來。他才華洋溢，穎彤還說他很不錯，然而我對她的這項觀察一直抱持懷疑的態度。

「紅籌股」（譯按：在香港上市的中國公司股票）的興盛讓我們有些擔心，這些中國的公部門組織在香港設立公司，以便未來中國執政時可以分得一些好處。這是國有資產私有化的一種形式，但與社會主義的理念根本相差十萬八千里。有些無疑是合法的；其他的只是一些瘋狂的賭注，主要吸引到的是小額投資人，而不是大型機構的資金。當身上的籌碼變成一文不值的廢紙時，犧牲的將是那些可憐的小人物。

我們參加嘉諾撒仁愛女修會的晚間彌撒，這些修女大部分是來自北方的古老義大利人和年輕華人。我們想謝謝她們為社區所貢獻的一切，主要是學校。我非常喜歡這些修女，她們優雅無比又通曉世故，比我們大多數的人加起來都還要見多識廣。此外，她們也不會妄加評論他人。結束後，我們和一群華文媒體的專欄作家共進晚餐。他們從很早之前就邀請我了，但我很害怕這次的會面。事實上，這次的見面相當愉快，幾乎所有的人都表現得彬彬有禮。

今天學到了有關中國脅迫和西方叩頭的教訓。首先，我們從加拿大外交官口中得知，加拿大外交部長艾斯威西在今年春天去中國時，李鵬告訴他，如果加拿大支持日內瓦人權決議，北京將考慮取消先前授予加拿大公司的兩份電廠合約。值得稱許的是，艾斯威西回到渥太華後，決心堅守自己的立場並支持這項決議，但他遭到內閣的否決。第二，澳洲人現在相信他們取得了中國商業利益的優先權，因為他們已經撤回對日內瓦人權決議的支持。第三，外交部已經試圖在收復總督和執政團隊失去的領地——該部官員對外相說，「或許我們應該嘗試與中國重新開始。」李鵬和布萊爾已進行交流，布萊爾回覆的擬稿也沒有詢問過我們的意見。這在兩週前是無法想像的。我們駐北京的大使館已進入「升溫模式」。是大力踩下綏靖主義踏板的時候了。我們無意中得知布萊爾的信，也因為同樣的原因得知錢其琛已寫信給郭偉邦。我懷疑他們會不會就回覆來徵詢我們的意見。

五月九日（星期五）

柯爾總理再度訪問香港。見過董建華後，他說他有信心中國會站出來支持香港的民主發展與先前承諾的自由，雖然我根本不認為他相信這一點。我們主要談的是英國大選和歐洲議題，我們的談話就和先前一樣坦率直接。然後我帶著他和他的四名助手、穎彤、曾俊華、畢瑞伯和黎偉略來到以燒鵝馳名的鏞記酒家。我們吃了快十四道菜，並搭配德國送給中國的禮物——青島啤酒。總理並沒有讓德國失望。唯一的問題是，他將大把大把的辣椒醬灑在蒸魚上面，有那麼一個瞬間，我以為單一貨幣政策就要這麼死在這間中式餐廳的餐桌上，四周圍繞著目光炯炯的龍和身穿寬鬆黃衣的服務生。[28] 由於我們顯然沒吃飽，後來我帶他去我最喜歡的烘焙坊買了一些蛋塔回去配茶吃。他在各種意義上都是位大人物。然後我下樓檢視告別儀式的會場，看台幾乎已經完工了。告別的日子就快到了。

五月十一日（星期日）

穎彤與我及一群正要前往英格蘭的澳洲遊客一起去看板球比賽。在我頒發獎盃給獲勝者後，離開時遇到一位髒兮兮又渾身刺青的英格蘭年輕人，手裡拿著啤酒，對我咆哮：「你這個保守黨廢物！」但有趣的是，我在香港很少遭到辱罵。在我的印象中，只有一位喝醉的印度人，場景也是在板球比賽（這顯然是一種很危險的比賽），還有大約三位華人曾經有這種冒犯的舉動。在出席過這麼多公眾場合後，遇過的負面經驗不過是這樣而已。除此之外，人們都很開心且彬彬有禮。總之，聽到「保守黨廢物」後，我只會泰然自若地回一句：「噢，新工黨的是吧？」

傍晚，我們為雅思的校長和大約二十位教職員舉辦晚宴。我們想對他們為雅思所做的一切說聲「謝謝」，雅思卻婉拒出席這場晚宴，理由是她覺得這麼做並不合適。這是一間特別棒的學校。老師們給我們看一本相簿，裡面都是雅思在學校參與各項活動的照片，我注意到她很少參加體育活動。穎彤看了不禁熱淚盈眶。

五月十二日（星期一）

今天我五十三歲了。我們和辦公室團隊舉辦了很棒的派對。他們還安排了一位警察樂隊的吹笛手演奏〈生日快樂歌〉。穎彤送給我一個絕妙的中國兵馬俑。更棒的是，女兒們都記得我的生日。潔思在她的卡片上寫道：「太好了，你很快就要回家了。」

李光耀接受《金融時報》的採訪，說了一些平常會說的事，但我記得他在我第一次政策演說後不久接受採訪，他稱讚我深化了民主，並以巧妙的方式填補了《基本法》和《中英聯合聲明》的空缺。他何必多費唇舌呢？

五月十三日（星期二）

行政局會議結束後，李國能和我聊了一會。他正在為香港首席大法官的職位做好準備，我深信並希望他能順利獲選。如果真的如此，我們可以恭喜董建華麾下有李國能、陳方安生和曾蔭權這些優秀的要員。唯一的問題是，他們能有多少發揮空間？

布萊爾似乎有可能來參與移交儀式，這相當令人高興。然而，有關最後招待會、晚宴、派對和其他活動的賓客名單，我盡可能避免插手其中的遊説活動。我最討厭處理這類事情，但我承認我也很開心終於要解脱了。

五月十五日（星期四）

我為香港電台錄製了一集《給香港的信》，批評那些亂出餿主意的人，他們説香港應該採取更「主動積極」的工業政策，例如補貼、政府干預和其他那些陳腐的廢話。我希望董建華有足夠的聰明才智能夠抵擋壓力，別讓香港走上這條路。這一切都是立基於某個似是而非的論點：隨著製造業的工作機會和加工生產移轉到大陸或境外，昔日創造香港財富的產業已逐漸被掏空。實際的情況是，我們保留了製造業中高附加價值的生產環節，例如設計、品質管控、行銷和財務管理，而將低附加價值的部分外包。我們做出驚人的經濟結構轉換，將社會和經濟的負面影響壓到最低，經濟介入也降到最小。但是一些愛發牢騷和貪小便宜的人正將新政府團團包圍，趁機要求減稅或試圖收買他們。一些紡織業的巨頭和其他人正極力促成這類政府干預措施。這不僅會損害我們在國際金融界的信譽，也會對我們的經濟造成負面影響。

五月十六日（星期五）

早上，《獨立電視新聞》（ITN）和《時代雜誌》的攝影師記錄我和科林．格蘭的網球比賽。最慘的是，他們記錄下我極其緩慢的正手拍——舉起手腕，大力一揮，球拍由低到高。問題是，年齡的增長已讓我大腦傳遞訊息給身體的能力受到影響。科林很有耐心地試著把我拉回正軌。他是我的朋友，我的心理醫師，我的心臟專家。我們從來不談論政治。如果沒有他，我該怎麼辦？

另一位朋友——前任安大略省省長李博（Bob Rae）是真正的好人，他提醒了我們加拿大人是多麼聰明又正派。下午他告訴我，昨晚他去了亞洲協會，對於董建華在演講中針對亞洲和西方價值做的比較感到憤怒。董建華似乎已經從他喋喋不休的政策顧問陳啟宗那裡，學到完全大錯特錯、胡說八道的亞洲至上主義。

我應邀在鯉魚門一間很棒的海鮮餐廳，與李柱銘和民主黨議員共進晚餐，他們共有十八人。那裡的食物美味極了，我們喝了一堆青島啤酒，大夥兒開開玩笑，彼此留下簽名照，不斷合影和發表演說。司徒華是資深的香港和中國民主運動人士，也是一位著名的書法家。他為我書寫一幅精美的書法作品，巧妙地將魯平「千古罪人」的斥責變成諧音的「千古醉人」（讓香港沉醉在民主之中的人）。他們也將繪有他們的漫畫送給我，我也為他們的首日封簽名，並附上我對時事的觀察，例如「來自范徐麗泰最愛的總督」。他們很喜歡這種熱鬧的場合，但我在感謝辭中提到，我很高興能在與（共產黨的）民主建港協進聯盟的晚宴前參加這場活動，這顯然讓他們感到困

1992 1993 1994 1995 1996 **1997**

惑和些許不安。我出去小解時，他們焦急地詢問與我一同出席的曾俊華，「他真的要和他們吃飯嗎？」他們善良又勇敢，但我們讓他們和其他人失望了。我們應該更明確地兌現《中英聯合聲明》中的承諾，並極力保護多數香港華人所深信的價值觀。從許多方面看來，這群人代表了中國最好的一面。

五月十七日（星期六）－二十五日（星期日）

穎彤和我回到了倫敦。這週我們都在觀察保守黨這次選舉的慘敗，並與我們的朋友談論此事。這次潰敗的重要標誌，是記住誰在這場選舉中倖存下來。週一晚上，穎彤和我帶梅傑和他的妻子諾瑪到格林餐廳（Green's）用餐。彼得・泰普賽爾爵士（Sir Peter Tapsell）獨自一人在吧台用餐。我想不起來他是否還在下議院。梅傑猜應該是（他猜對了），否則他怎麼會獨自在倫敦市中心用餐？梅傑和諾瑪鬆了一口氣，他們終於擺脫了保守黨自殺式的惱人選戰。他對那些輸掉選舉的朋友感到難過。他經歷了可怕的七年，盡了最大努力，但要管理保守黨非常困難。接近週末時，我和祁淦禮在加利克俱樂部（Garrick）小酌一杯。如果不把票投給他，保守黨應該是瘋了。透過他在下議院的傑出表現，他能凝聚整個政黨，並帶領大家走回堅定的中間路線，絕對是黨魁的不二人選。如同他所說的，我們輸掉選戰的原因並不是我們不夠右派或不夠疑歐。但我認為夏偉林可能會勝出，大部分和我聊過的人也是這麼說。夏偉林很聰明，絕對不是一位狂熱的右翼分子。隨著這一週過去，偶爾我覺得自己彷彿穿越工黨的佔領區，在一個個安全屋之間遷移，從崔斯坦家中的晚宴到顧立德他家——顧立德之所以很可憐，是因為他還是首席黨鞭，而在野黨的工作比執政黨還艱難。

布萊爾邀請我到唐寧街十號和他碰面，談談香港的問題以及他是否該出席移交儀式。他沒穿夾克，看起來一派輕鬆，似乎對所有的事都瞭若指掌。他背後有多數議員席次支持著他，誰不會像他一樣呢？我滿喜歡他的，儘管他需要一群由惡棍組成的宮廷護衛來保護他，才能讓他那和藹可親的態度顯得如此大搖大擺。如果我更年輕些，我可以想像自己滿腔熱血地試圖剷除這些政敵——前提是保守黨可以有比現在更多的友善夥伴們。

郭偉邦請我吃了頓飯，接著到卡爾頓府（Carlton House Terrace）會面。他讓我留下深刻的印象，除了談話內容不錯，他對中國和香港議題有很棒的直覺。他希望與中國建立更良好的關係，但不想以香港作為代價，這是可以理解的。但你可以看到許多官員在他身邊操弄他，試圖讓我們違背對香港的承諾。例如，他們開始提交相關的文件給郭偉邦，並草擬給中國領導人的訊息，卻未徵詢我們香港團隊的意見。他們總是有很多藉口，但現在已形成相當明顯的模式。好吧，反正只剩下三十幾天了。當我見到外交部常務次長約翰・科爾斯時，他表現得就像亨弗萊爵士（Sir Humphrey）一樣。[29]他說：「新上任的部長們令人印象深刻，尤其是首相本人。」他來常務次長的會議上發表演說，內容十分精采。諸如此類的事一堆。我想他們必須這麼做，但實在有夠噁心。而且為什麼他們要這麼對我？對媒體來說，選後的蜜月期還沒結束，報導的東西彷彿米爾斯和布恩公司（Mills and Boon）出版的浪漫小說。

看樣子我們終於達成協議，要買下穎彤和我一月時在巴恩斯區看到的漂亮房子。我希望這棟房子也能為我們帶來滿滿的歡笑，就像在法國的家一樣。這個週末，我們和潔思與麗思一起飛往土魯斯，那裡風景如畫，到處種滿了玫瑰花。週日早上，我站在菜園裡，望向西方遙遠的地平線，聽著耳邊傳來的陣陣鳥鳴。這下我才發覺，是因為自己滿懷鄉愁，才有辦法撐過這些年最艱困的日子。

五月二十七日（星期二）

我們回到香港後，很開心得知李國能獲董建華提名為首席大法官。李國能是個溫和派，他很聰明、謹慎、誠實又正派。他將挺身捍衛司法獨立和法治社會。董建華任命了許多不錯的人選，像是陳方安生、曾蔭權和其他高層公務員，現在則是李國能。他的決定完全符合香港的福祉，應該接受眾人的祝賀。我希望他能放手讓他們各盡其職。

中國人民解放軍何時進駐香港仍是最重要的問題。無論我們怎麼說，江澤民仍然堅持解放軍在移交儀式前進駐香港，這讓中方顯得有些侷促不安。在中英聯合聯絡小組和其他場合，我們列出一系列的引言和承諾，指出中

1992
1993
1994
1995
1996
1997

國解放軍只有在主權移交後才能進駐香港。當然，我國駐北京的大使館仍然建議我們與中國談判，或許可考慮讓一小批部隊提前進駐，倫敦的官員們也開始嗅到一絲妥協的氣息（變相的投降）。但到目前為止，首長們的立場似乎還算堅定。

今天我與畢瑞伯、約翰・艾胥頓、休・戴維斯、包雅倫、戴彥霖和黎偉略討論了一份為英國外交部撰寫的文件，內容是關於多年來我們與中國打交道時所汲取的教訓，以及與中國的談判如何幫助我們理解中國。關於中國人的胡說八道實在太多了。中共總是完全按照自身的利益行事，將所有的協議視為雙方關係的一個階段，而非談判中不可改變的結論。簡報會總是老生長談的那句話，我可從來都沒說過：儘管與中國的談判過程相當艱困，但中國人總是會信守承諾。這絕非事實。有人說如果你盡量按照中國的意思去做，他們會給你一個平等的機會，但此說法也不正確。他們試圖改寫遊戲規則。看看現在葡萄牙人在澳門的情況就知道：即使葡萄牙在面對中國時總是舉雙手投降，但問題依然存在。就我們與中國的談判經驗可知，中國的制度在根本上是高度不穩定的，因此與中共建立持續性的交往政策相當困難。目前中國的領導階層行事反覆無常、容易不安又存心作對。然而，儘管我們與中國政府有第一手接觸的經驗，但軟弱的外交體系通常會聽從中國的意思，而不是我們提出的建議。因此，中國總是能僥倖逃過任何懲罰，繼續表現得糟糕無比。

五月二十八日（星期三）

我們誤打誤撞地收到了駐港總領事鄺富劭辦公室寄來的文件副本，這份在上週由外交部提交給唐寧街十號的文件，是關於首相預計的香港訪問與公開行程。在這份文件中，外交部香港司司長古沛勤隨信向鄺富劭說明，不應該讓我們看到這份文件，因為布萊爾預計訪問的期程，以及他發表某種訊息或演講的重要性，都不符合我們當初的建議。我認為這並不是部長們有意識的決定所帶來的結果。五年來，因為我和首長們的關係不錯，我們在制定政策上一直處於主導地位。但自從五月一日開始，情勢開始出現變化。官員們（在古沛勤的領導下）的行事風格變得相當狹隘，試著在最後幾週「讓事情重回正軌」。有一次，我們和中英聯合聯絡小組、陳方安生和港府官員試著就相關議題或次要問題訂定出談判的立場。接著，我們收到古沛勤的信，告訴我們他對這件事的個人看法，而且沒有任何一位部長為他背書。這展現了幾位外交部官員最蠻橫跋扈的一面，實在太誇張了。而我的同事們必須直接面對這些外在干擾，這讓他們比我還要憤怒。

五月二十九日（星期四）

我們的新聞處發現，董建華的辦公室發表了一份新聞稿，對外說明港督府未來將轉型成官方的招待所和娛樂活動場地。董建華打算住在自己的寓所。被告知的感覺可真好啊。曾俊華迅速將所有港督府的員工集合起來，向他們保證他們會保有原來的工作和住宿。我們無法回答他們所有的問題。誰可以呢？或許是中國國家安全部吧。

中英聯合聯絡小組在本週不斷開會，不出所料，事情還是沒有任何進展。就在昨天和今天，中國以愈來愈尖銳和威脅的語氣要求提前派遣駐軍。

五月三十日（星期五）

我和「人權觀察組織」亞洲分會的羅斌、韓東方及其家人共進午餐。韓東方是領導天安門事件的年輕工會成員。六四事件後他遭到監禁，在獄中因感染肺結核而獲保外就醫，在美國接受治療，當他試圖返回中國時，卻遭拒絕入境。從那時候開始，儘管面對中方的抗議，他一直待在香港，也希望七月一日後能繼續住在這裡。我們只能看中國願不願意讓他留下來。韓東方是風度翩翩的年輕人，身段優雅又具備一定的權威。我希望中國有朝一日能交給他這種人統治。羅斌表示，隨著異議活動遭到扼殺，以及異議分子對於中國和平政治改革的前景徹底失望（而西方的作為也無助於鼓舞士氣），人們逐漸痛苦地意識到，如果變革真的到來，將會充滿暴力和不穩定性。

五月三十一日（星期六）

我工作了一整天。約翰・科爾斯來信向我們致歉，因為他沒有讓我們知道首相訪問的相關事宜。為避免倫敦的局勢在下個月月底前出現其他變化，或許我們已經做得夠多了。唐寧街十號向《星期日泰晤士報》提供一份簡報，內容指出如果中國堅持在行政長官就職時同時讓臨時立法會進行宣誓，布萊爾就不會出席香港的主權移交儀式。這可能代表中國將開始出手抵制我們舉辦的宴會和後續活動。也許這並不重要。但我相信首相已經做了正確的決定。今天我們收到關於布萊爾和柯林頓會面的電報，他們針對香港議題都講得非常好。

六月一日（星期日）

時序不僅來到比賽的最後一輪，也是最後的衝刺了。我們為粉嶺現任和卸任的辦公室員工、隨身護衛與他們的家人舉辦了烤肉派對。我們會很想念他們的。我就要發表最後的致謝演說，差不多是時候了。

六月二日（星期一）

陳方安生接受《新聞週刊》的採訪，他們還將她放在封面上。這場採訪充滿為香港自由奮鬥的強烈決心，並展現出憑一己良心行事的重要性。看起來像是在劃清界線。巧合的是，《時代雜誌》國際版也做了關於我的封面故事。我相信陳方安生最擔心的，就是她已感受到事情的標準出現了變化。我知道她向董建華提出這點，但他是否真的注意到了呢？今天他向香港民眾發表演說，表示所有人都應該把六四事件拋諸腦後。

我們接連收到駐北京大使館和倫敦的一連串電報（我懷疑這些是否經過首長們的同意），內容傳達出對於駐軍和移交儀式的妥協態度。古沛勤和他在倫敦的同夥對這些議題相當恐慌。如果休・戴維斯和中英聯合聯絡小組的同事試著在談判時堅守立場，卻一直有人在扯他們後腿，只會讓他們做起事來礙手礙腳。對於一九九七年後中英聯合聯絡小組的談判工作而言，可不是好兆頭。這些倫敦和駐北京大使館的牽強論點已經漸漸影響像陳方安生這樣的公務員，讓他們開始思索英國在七月後是否仍然可靠，是否能持續理解他們（甚至伸手奧援）。其中一兩位香港的高級官員一直在說，他們愈來愈能理解劉慧卿發表的言論，也就是千萬不能相信英國人。身為香港公務體系的領導者，陳方安生相當擔心事態的發展，她已經親自發了一封私人電報給郭偉邦。

六月三日（星期二）

在無數的告別午宴和晚宴中，我和歐盟總領事吃了頓飯。我告訴在場的外交官們，多數歐洲國家對於香港問題的態度相當可悲，我還告訴他們，那些移交後將繼續留任的華人官員不會把歐洲針對香港的聲明當一回事。我猜這些言論將傳回各國政府耳裡，儘管這不會帶來什麼改變。與此同時，我們將持續聽到歐洲共同外交與安全政策的高調言論。

六月五日（星期四）

今天是最後一次與公部門的各負責人開會和共進午宴，陳方安生也發表了動人的演講。許多人聽了都不禁淚流滿面。我只好試著控制自己，小聲地發出幾聲回應，以免哽咽到開不了口。傍晚時，行政局在君悅酒店為我舉辦晚宴。當我回想起與這個團隊共事近五年的時光，最令我驚訝的是，儘管我們面臨重重困難，我們從未發生任何惡言相向的討論。我必須說，自從浦偉士離開、王葛鳴成為行政局召集人之後，我與這個團隊的關係變得輕鬆許多。我從未在開會時感受到現任的行政局成員別有居心，或覺得他們會在外頭進行各種陰險的活動。

陳方安生的電報似乎讓倫敦當局更加恐慌。郭偉邦在回覆的電報中再三保證英國的立場。但在外交部官員和駐北京大使館的立場上，他們仍持續摸索談判的底線。

六月七日（星期六）

幽默的專欄作家努雷・維塔奇（Nury Vittachi）寄給我一本他的新書，上面的題詞不禁令人潸然淚下。我們在港督府的露台為我們的好朋友舉辦烤肉晚宴。溫順天神父和林柏棟神父給我們大大的擁抱——我會想念他們的，他們是最棒的愛爾蘭裔美國人和義大利人，他們也代表天主教會最美好的一面。我收到許多友善的來信，包括前財政司麥高樂爵士。他回顧一九九二至一九九三年期間，我的本地與外籍顧問們（包括他）是如何堅守底線，而我們後來在沒有底線的情況下談判了許多年，也看到了後果。他的結論是，無論是否有底線，中國人的行事風格都是一樣的，他們是外交上的鬥爭派。但至少，如果你有底線的話，你就能夠保有人民對你的尊重，治理香港也會比較容易。

六月十日（星期二）

行政職員們，也就是公務體系的王牌軍團，為我舉辦了告別晚宴。大約有三百五十人出席，創下紀錄。吳榮奎和陳方安生發表了很棒的演講。後來，戴彥霖和黎偉略表示，香港的公務員正以略為輕蔑的態度（並不令人意外）看著英國外交部漸漸走回老路。他們早就見過這樣的情況，就像之前駐北京大使館在一九八九年的天安門大屠殺後，拒絕為尋求庇護的香港公民敞開大門。

六月十一日（星期三）

眼看只剩下兩週的時間。港督府充斥了許多包裝箱，四處可聽見撕膠帶的巨大聲響。艾絲佩絲和露易絲以一貫優秀的表現來安排所有的工作。穎彤負責指揮大局，雅思則忙著準備她的考試。

倫敦對我們的態度持續地惡化。現在他們對我們的話根本不屑一顧。終於到了我們要離開的時候，目前香港的情況很不錯，沒有多年來的爭論不休、示威、動盪和威嚇，你會以為這是官員們的外交手腕自然而然促成的。值得注意的是，就在我們要離開這最後的重要殖民地之際，世界上其他國家並不認為我們表現得很糟。但有些官員們仍然選擇孤注一擲。我並不怪他們。我猜他們認為，如果能與中國維持良好的關係，他們就能為香港做更多事。但是時時有人提醒他們，如果他們對香港的自由與民主表態，就會惹惱中國領導人。官員們毫不費力地溜進選舉後產生的真空地帶。無論如何，布萊爾已經宣布他將前來參加移交儀式，我想他一點都不希望看見英國被北京羞辱。

我在月底前最後一次造訪了會展中心和機場，這些都是香港在短時間內完工的驚人例子。一九九四年七月我和穎彤去度假時，為了建造會展新翼而進行的填海工程正要展開，如今整棟壯麗的建築已經完工。一九九二年我們剛到香港時，機場的施工才剛開始，儘管過程中與中國有過不少爭論，明年四月也將迎來盛大的開幕。由諾曼·福斯特（Norman Foster）設計的五十萬平方公尺航廈在僅僅二十九個月內就完成了。

潔思精神奕奕地從倫敦飛來香港，鼓舞了我們所有的人，尤其是雅思（儘管她必須準備考試）。麗思不久後就會加入我們。賀維爵士和麥理浩爵士在上議院辯論時發表了無禮的言論，聲稱臨時立法會並沒有什麼問題。我懷疑賀維（他其實不是什麼壞人）到底有沒有好好回頭檢視，在一九八〇年代中期，英國曾在下議院和香港許下對於民主和《中英聯合聲明》的承諾，尤其是他自己的承諾。

六月十二日（星期四）

有關軍隊提前進駐的問題，相關人士召開了所謂的專家會議。中英聯合聯絡小組的中國領導人在會議開始時表示，針對六月三十日當日一支三千人部隊進駐的相關事宜，他們希望我們能提出一些想法。這是他們與英國駐北京大使館會談時得到的消息。休．戴維斯告訴他們，中國的專家們一定會把他們自己的計畫告訴我們。至於什麼時候，雙方陷入了僵局。會議也到此結束。有人還告訴我們，中方打算讓江澤民和其他高級領導人搭乘新的豪華遊艇抵達現場，大概是為了和我們一較高下。與此同時，駐港英軍司令鄧守仁正默默地安排駐軍離開香港。他做得很不錯，或許是因為他不必事事請示我們的外交部。

六月十六日（星期一）

曾蔭權和曾鮑笑薇為我們舉辦了告別晚宴，還送給我們一幅美麗的書法作品，由笑薇親自提筆。這是一首唐詩，名為〈送朱大入秦〉：

遊人五陵去，
寶劍值千金。
分手脱相贈，
平生一片心。[30]

六月十七日（星期二）

我懷疑自己能否應付接下來兩週的告別會、感傷的演說和關於未來的採訪。穎彤和我飛到澳門，與韋奇立總督和夫人歐文雅（Leonor）共進告別晚宴。她們已經成為很要好的朋友。總督的頭髮比以前更花白了，黑眼圈也愈來愈明顯，但他還有兩年半的任期等著他。我想我們比其他人都還了解我們的職位所面臨的種種難處。我們來到陌生的中國海岸，試著為我們各自國家的殖民史劃下一個美好的結局。

當天，我和一群身兼立法局議員身分的各工會領袖享用了愉快的午餐。與其得到地產開發商的稱讚，我寧可聽聽他們的讚美。他們送我一幅漫畫，也請我吃了一頓美味的佳餚。我非常感謝他們的致意，這群人平常是不會舉辦這種社交午宴的。在最後一次的立法局答問會後，我和過去與現任的立法局成員共進午餐，他們送給我一只錫製酒杯。有人問我，如果我是首相的話我會怎麼做，我說依照英國目前的情勢看來，我肯定會任命自己為香港總督。民主建港協進聯盟主席曾鈺成發表了勇敢無畏的演說，讚揚英國政府以及我擔任總督任內的一些事蹟。會議廳裡甚至傳來了掌聲，這是我以前從未聽到過的。我們在港督府的最後一次正式晚宴，是對行政局的再次告別。他們與我風雨同行，自始至終。我們永遠會是彼此的朋友。他們計劃要不時約我見面吃飯。那些將在董建華上任後持續任職的人，可以輕易感受到我們的不同之處。

六月二十日（星期五）

中英聯合聯絡小組的專家們仍然在為中國軍隊提前進駐的問題爭論不休。現在中國正積極尋求可以挽回面子的方法。我們顯然已成功壓制他們很長一段時間。我認為我們應該可以把人數壓到五百名左右，其中少數人在中環的威爾斯親王軍營，其餘的人分布在赤柱和新界。雖然這樣的情況看起來並不好，但情勢可能會更糟糕。

週五下午，我和季辛吉相談甚歡。根據他先前與董建華對談的經驗，他認為董建華相當狂妄。

1992 1993 1994 1995 1996 1997

六月二十一日（星期六）

今天下午，我為赤鱲角機場附近的新市鎮揭幕。這座城鎮以極其驚人的速度完工。我認為這是王葛鳴和政務總署署長劉李麗娟的功勞（她個性活潑外向且辦事效率高），讓開幕時間提前，我才有機會主持揭幕儀式。

六月二十二日（星期日）

穎彤要我準備好接受一次秘密款待。用完早餐後，有人載我們到沙田的天主教教堂。我們越過一大群攝影師，進到教堂，迎來了一個驚喜。教堂裡擠滿了人，信眾們對我們報以熱烈的掌聲。站在最前方的是香港小交響樂團，他們的合唱團和四位獨唱者都來了。這到底是怎麼回事？接著我看見鄧永鏘和他的未婚妻露西（Lucy）、英商馬世民、英國專欄作家多明尼克・勞森和他的妻子羅莎（他們又暫時住在永鏘那裡）以及張敏儀。永鏘遞給我一張紙條，上頭寫著音樂家海頓的作品〈尼爾遜彌撒曲〉（Nelson Mass）的筆記。於是，我們在週日彌撒上演奏了完整的海頓作品。我們最喜歡的幾位神父都出席並共同主持這場彌撒，包括溫順天、李文烈（Peter Newbery）、于榮恩（Jim Huvane）、畢尚華（Sean Burke）等諸位神父，還有香港教區的楊正義（John Ahearne）神父。這實在是太棒了。楊正義神父只是簡單表示，我的朋友們想為我禱告。多麼美好的禱告啊。我激動地向各位致謝，差點說出這次彌撒所演奏的曲子其實還有另一個名字，叫作〈憂患彌撒曲〉（In Angustiis）——不過這的確是我多年來最喜歡的彌撒曲之一。希望香港不會陷入憂患之中。

然後我們到鄧永鏘家吃午餐，沒想到有更多的驚喜等著我們。當我們用完餐，突然間黑衛士兵團的風笛手和鼓手出現在草坪上，為我們演奏。接著馬世民朗讀一首自己寫的詩，令人忍不住流下淚來。最後，一艘高桅的法國帆船出現在海灣，帶我們回到中環。我們抵達家中，內心各種感觸交織在一起。這一切實在太不可思議了。他們是多麼棒的朋友。我真是個幸運的老頭。

六月二十三日（星期一）

一切將在這週準備就緒。有關告別儀式、離開香港以及特別行政區政府的規劃與組織工作，變得愈來愈繁重，甚至到了狂亂的地步。中方事事保密的態度以及官僚主義的無能，可能會讓一切準備工作陷入混亂。他們到現在還在研擬賓客名單。關於高級領導人到來的計畫根本趕不上變化，但他們似乎已經放棄了豪華遊艇的計畫。真是亂七八糟。我們的行政團隊夜以繼日地工作，全都累得筋疲力竭了。

今天的天氣很糟糕，天空灰濛濛一片，加上陣陣的雷鳴和濕熱的高溫，令人難以忍受。在行政局會議上，今天的主要議題是註銷一間名叫「雷克斯」（Rex）的公司，因為該公司涉及武器擴散，尤其是化學武器。這家公司顯然只是個幌子，背後的金主就是中國的主要軍火商和製造商「北方工業」（Norinco）。有關這項決議的文件已在本週全數通過，而且我還必須關閉一間伊朗人開的銀行，原因是該銀行與中國銀行共同資助了武器擴散活動。我準備對這間公司採取行動，儘管現在已經太遲了。但是，打擊這間擁有當地債權人的銀行，很可能引發最後一刻的銀行擠兌，這在中國的眼裡看來，就像是英國最後的「小把戲」。我們可以對他們開出這一槍，要是他們不給我們滿意的答覆，我們可以讓未來的政府關閉這間公司。對新的特別行政區政府來說，這將是個有趣的考驗，可以測試他們是否有決心維繫香港身為戰略貿易的可靠夥伴的聲譽。

六月二十四日（星期二）

昨晚，我們為所有港督府與粉嶺別墅的工作人員以及他們的家人舉辦了盛大的招待會，包括園丁、廚師、管家、洗衣工、清潔工和電工等。我為他們簽名並合影，現場的淚水與點心緊緊融為一體。今晚，陳方安生在她的布政司官邸，為我們的一些親密的好友及其配偶辦了最後一場晚宴。我們享用了一頓美味的中式料理。我在香港最大的福氣就是有安生擔任我的副手。她是我遇過特別善良又勇敢的人，如今我們可說是金石至交。我們回

1992
1993
1994
1995
1996
1997

到家時，狗兒都跑出來迎接我們，威士忌則一如往常，朝著向我們道晚安的警察吠叫。今天的《信報財經新聞》連環漫畫讓這兩隻狗兒學法文。「我們幹嘛學法文？」其中一隻問道。「難道法國還有另一隻英國狗嗎？」幸運的是，正如我經常說的，牠們果然一直在上法文課。

六月二十五日（星期三）

今天安排了整天的採訪，並和李光耀有不甚愉快的會面。他抨擊陳方安生在接受《新聞週刊》的採訪時說，董建華並不熟悉政府運作的方式。我指出，香港的公務員向來是比英國的公務員更接近公眾的角色。尤其是安生，她被大眾視為自由與道德準則的主要守護者，也代表了政府的良心。李光耀卻無視於這一切，他緩緩進入他最喜歡的狀態——自顧自地唱起獨角戲。我開始懷疑，即使給他一記當頭棒喝，他可能也不知公民自由為何物。黎偉略告訴我，柴契爾夫人曾經對他說：「李光耀在政府工作後，變得愈來愈偏激了。我想這對我們所有人來說是個警惕！」他才智過人，現在卻變得有些無趣。

六月二十六日（星期四）

今天雅思參加了A級考試。在我們準備離開香港之際，她一直很放鬆地準備她的考試，這對她而言肯定不容易。她是個相當成熟的孩子。我每月一次的廣播節目《給香港的信》今天開播。我試著在節目中鼓勵香港人為自己挺身而出，為這些讓香港如此特別且繁榮的價值挺身而出。這就是我聰明又幽默的行政局同事張健利所說的「政府輔導課」。

在今天的採訪行程中，即將與新政府交手的惡霸亨利．凱瑟克打給我，再度抱怨我們沒有給予怡和洋行充分的協助，特別是幫助他們脫離香港收購守則的管轄範圍。事實上，我們在這個議題上耗費了大量心力，戴彥霖甚至有一份厚如《大英百科全書》的檔案。幸好沒有人把它從卡車後方丟出去。我絕對不會否決獨立監管機構的決定，或迫使他們做出可能違法的事。如果我們這麼做，這對我和怡和洋行而言都是場災難，但凱瑟克完全沒有意識到這點。因此，我們像過去一樣不斷兜圈子，或多或少試著保持冷靜。亨利離開了，他一直說著董建華毫無商業誠信的事。這代表他們在錢的問題上發生爭執。或許因為一些可以理解的原因，雖然我對這個情況一無所知，但我對即將上任的行政長官本能上感到同情。就像其他大人物一樣，亨利穿著柔軟的拖鞋，踏著輕盈的腳步走下山去，一旦他離開後，又會再次找到機會折磨我，我想這是他永遠的天職吧。我相信，他會試著要某人付出代價，只因我無法理解大英帝國的存在目的原來是要增加他的個人財富。其實在香港和其他國家，怡和洋行一直都經營得有聲有色，並不需要特別的優惠待遇來賺取高額利潤。

六月二十七日（星期五）

今天早早起床，到香港電台參加最後一次叩應節目。在一小時十五分鐘的節目裡，只有一個問題帶有敵意。我們進行了最後一次區域訪問，地點在九龍，訪問情形和以前一樣好。今晚白樂仁抵達香港，準備帶威士忌和梳打飛往法國，但由於空襲，他們啟程的時間延遲了四十八小時。管家們都非常開心。其中一位說：「我們會想念牠們的，牠們就像我們的孩子。」我們去參加馬世民為妻子馬珍妮（Jennifer Murray）最近完成直升機冒險創舉而籌辦的酒會，隨即前往香港演藝學院的劇場享受一場美妙的音樂會。這真的是英國佬的最後一夜了——耶路撒冷、英國作曲家艾爾加（Elgar）、揮舞著國旗，當然還有愛國歌曲〈祖國我向你立誓〉（I Vow to Thee My Country）。每當我唱到第二段主歌都會忍不住哽咽起來。而這次又是如此特別的場合。

1992
1993
1994
1995
1996
1997

六月二十八日（星期六）

今天早上我到機場與威爾斯親王和郭偉邦會面，並護送親王到本週稍早抵達的不列顛尼亞號，他一如既往地瀟灑迷人。不列顛尼亞號和22型巡防艦查塔姆號（Chatham，其實是一艘輕型巡航艦）一同停泊在添馬，看起來都相當美麗壯觀。

我們仍未解決所有與中國有關的移交和離港問題。中方不斷敦促首相和外交大臣到九龍的飯店拜訪江澤民和李鵬，也要求威爾斯親王到會展中心探訪江澤民，因為親王在外交禮節上位階較底。但是，我當然堅持親王的優先地位，因為直到午夜前，英國仍享有香港的主權。我們正努力讓雙方各讓一步，安排他們在同一時間抵達同一個房間。至於有關駐軍抵達的問題，他們告訴我們，七月一日破曉，二十一輛裝甲車將載著四千名士兵，連同戰艦和直升機一同抵達香港。連裝甲車都出動了！當初我們以為，只要同意他們在午夜前抵達香港，他們就會降低駐軍的規模，看來這只是我們一廂情願的想法。

在今天下午的女王誕辰招待會前，威爾斯親王主持了授勳儀式。所有人都出席與會，甚至連民主黨的人都來了。在屋後的草坪上，皇家香港警察隊的樂隊進行鳴金收兵的儀式。隨著樂曲〈最後的崗位〉（The Last Post）響起，英國國旗緩緩降下，現場的壯士們強忍著淚水。接著，親王在不列顛尼亞號上為香港的大人物們舉辦盛大的晚宴，而我在行政局的同僚和高級官員都是座上嘉賓。這艘遊艇本身就相當美麗，船上有優雅的沙龍，不像大多數的豪華遊艇一樣具備奢華靡爛的琴酒宮殿。這一切都非常完美，文雅又低調。親王很努力地試著與董建華和他的夫人攀談。我也在今天寫信給董建華，祝福他未來一切順利。我是真心這麼想。畢竟當初是我帶他踏進這個圈子的。

六月二十九日（星期日）

我接受了幾場採訪，包括《佛斯特的早餐時間》（*Breakfast with Frost*），接著前往主教座堂參加最後一次的九點半彌撒。今天是聖彼得和聖保羅紀念日。他們請穎彤和我讀一段經文。第二段經文是使徒保羅寫給提摩太的信，講述的是「打一場美好的仗」和「得到自己的冠冕」。我特別請穎彤為我讀那一段！與溫順天神父一起主持儀式的蔣耀東神父（Denis Hanley）佈道，內容很精彩，他大談愛與奉獻，最後的故事則是他對香港未來的回應。一位小男孩來到一位老人面前，雙手合起輕輕捧著某物，說道：「我手裡有一隻小鳥，你猜牠是活的還是死的？」那位老人知道，如果他回答「活的」，男孩就會把小鳥捏死；但如果他說「死的」，男孩就會打開雙手，讓鳥兒展翅而去。因此，老人回答：「鳥兒的命運掌握在你的手裡，你可以捏死牠，也可以讓牠自由飛翔。」從今以後，這就是香港人民的責任了。在彌撒尾聲，教區的曾神父發表了簡短的致辭，向穎彤和我致意。正如大家所說，我父親一定會很喜歡這次的致辭，而我母親一定會深深篤信。我們離開時，現場響起如雷掌聲，鎂光燈閃個不停。

在午餐前後，威爾斯親王又進行了授勳儀式，穎彤和我則繼續與港督府的工作人員一一道別。晚餐前，有一場為香港重要人士舉辦的招待會，特別邀請了許多香港主要慈善機構的負責人。多虧露易絲的大力協助，穎彤才有辦法與如此多的慈善機構打交道。傍晚，不列顛尼亞號上有一場為國際重要人士舉辦的晚宴。我看著前首相愛德華・希思，旁邊坐著俄國外交部長普瑞馬可夫（Yevgeny Primakov）。據我所知，他整個晚上什麼也沒說，像復活節島石像般呆坐在那裡。今晚的亮點是晚餐前與美國歐布萊特國務卿的對話，我相當同意她有關正直和自由的看法。她顯然對香港的前景存有疑慮。今晚將是我在香港過的最後一夜。上床睡覺前，我透過更衣室的窗簾望向遠處閃爍的燈光。這五年的時光不僅僅是一段回憶，更深深地烙印在我的腦海裡。

六月三十日（星期一）

這幾週我都在清晨四點十五分醒來，腎上腺素讓我的手臂和手掌變得僵硬。我斷斷續續地睡著，不時翻來覆去，直到六點半左右醒來。當我發現一早的電視訪問是在戶外進行後，我有些惱怒，因為我在戶外總是汗流浹背。隨後我接受了吉姆・諾提（Jim Naughtie）的採訪，他就像以前一樣親切友好，是開啟美好一天的絕佳人選。歐布萊特國務卿在九點左右來訪，我們針對未來的標準進行了迂迴曲折的對話。她會確保國務院持續關注香港，儘管我認為他們無論如何都會這麼做。接著，我們趕往機場迎接布萊爾首相與夫人雪麗（Cherie Blair），以及他們的隨行人員。我和首相、他的夫人和穎彤一起回到中環。首相仍堪稱風度翩翩的典範，相當和藹可親又才智過人，渴望全力以赴。他們也帶哥哥和嫂嫂一塊過來。

回來後，我們在鄺富劭的住所聽取簡報。在正式會議上，仍需進行一些複雜的談判。我提醒他們，這些是毫無意義的場合，但我想這並不重要。這幾天我接收到的訊息是「我們想和中國有個新的開始」，正如郭偉邦加入我們時所強調的。首相把我拉到一旁，表示他希望把對香港的長久承諾清楚傳達出來。我認為他是真心的，而且他也試著對我以禮相待。

我們為布萊爾首相夫婦、穎彤和我安排了太古廣場購物中心的公開行程。我不確定首相的幕僚們（尤其是他的媒體事務負責人阿拉斯泰爾．坎貝爾（Alastair Campbell））知不知道他們即將面臨什麼樣的場面。我懷疑他們以為在某個時機點，我會試著把他們押走。無論如何，太古廣場的行程讓他們目瞪口呆，應該徹底讓他們放心了。現場聚集了大量的支持者，迫不及待地想和他們握手、致意。我們和民眾揮手，並與許多人握手致意，此時商場的廊道突然響起了陣陣掌聲。有人喊著：「我們會想念你們的」，而布萊爾夫婦顯然認為這是對他們說的。在布萊爾和雪麗的帶領下，我們努力越過重重人海。他們似乎對這樣的場面感到開心和驚訝。這在英國國內應該是很棒的宣傳，無疑會讓坎貝爾相當高興。當然，這才是最重要的！

回到港督府，我們向管家們一一道別。「我的表現並不好，但你一直是很好的主人。」我那優秀又體貼的男僕說道（隨後查爾斯王子說，「但是，沒有哪個男僕會覺得他的主人是個英雄吧？」）。昨晚送狗兒到法國的資深管家阿澤十分感傷，他想知道為中國雇主而非英國雇主工作有何差別。工作人員們在大廳圍成一個大圈圈，我們像家人般一一握手道別。淚水恣意地滴落在未來董夫人的地毯上。接著，所有人都到戶外參與儀式，穎彤、潔思、麗思、雅思和我回頭再看一眼曾讓我們如此幸福的家，然後踏入綿綿細雨之中，參加最後一次在這裡舉辦的儀式。

儀式簡單而動人。我在儀隊的護送下來到屋外，走上講台，在國歌的伴隨下接受皇家禮炮的致意，觀賞靜默操演，接著步下講台與我所有的榮譽副官道別。我回到講台上，樂隊奏起〈日落〉和〈最後的崗位〉，前廊露台上的英國國旗最後一次緩緩降下。他們將國旗摺疊好送到我面前，此時警察樂隊的風笛手演奏了我最喜歡的曲目〈高地大教堂〉（Highland Cathedral）。我那堅強又能幹的副官白樂仁（他就像我的朋友和兄弟）將國旗遞給我，那是我的國旗。樂隊開始演奏〈友誼地久天長〉（Auld Lang Syne），我們步入車內，在前門車道上繞了一圈，來到花園時我們已淚流滿面，所有的工作人員與他們的家人緊緊跟著我們，外頭的人群傳來熱烈的掌聲。我們在雨中驅車前往碼頭，一路上歡呼聲不斷。

我們在不列顛尼亞號上更衣，看著外面前來參與告別儀式的人群撐起了成千上萬的雨傘，雨下個不停，現在雨勢也愈來愈大了。儘管天候不佳（或者說正是因為天候的關係），告別儀式本身進行得很順利——孩子們、合唱團、艾爾加的樂曲〈寧羅德〉（Nimrod）、樂隊、二十一響禮炮、遊行、舞蹈以及香港最美妙的一場雨都恰到好處。雨愈下愈大，但所有人仍興高采烈地參與儀式。我們坐在主看台的前排，因為沒有遮蔽物而愈淋愈濕。儘管坐在一旁的麗思試著用雨傘幫首相擋雨，但當首相前去和江澤民進行雙邊會談時，仍然被淋到渾身濕透。我在中途發表演說，讓現場的歡呼聲安靜下來。威爾斯親王才是今天的風雲人物。就在他起身發言前，大雨傾瀉而下，宛如熱帶季風的雨季。他說，「糟糕，我就知道會這樣。」但他仍勇敢起身，在豪雨中走到台前，雨水從他的帽沿不斷滴落在他的海軍制服上。他幾乎無法翻開那濕漉漉的演講稿。他的沉著鎮定值得拿滿分。

我們搭車回到不列顛尼亞號，天空開始綻放絢爛的煙火。換上乾爽的衣服後，我們回到會展中心參加晚宴前的招待會。我和一個又一個窘迫不安的中國官員握手。那些多年來拒絕接近我的人，被迫以尷尬、略微沮喪、甚至緊張的姿態接受我這位「三違反者」愉快的致意。所有來自北方的朋友都在場——錢其琛、魯平、周南以及前任中國駐英大使馬毓真。在宴會上，我坐在雪麗・布萊爾和歐布萊特國務卿之間的主桌。布萊爾夫人非常健談。我們針對教育的議題進行了愉快的談話，發現我們在這方面似乎意見一致。我認為她是位聰明伶俐的女士。歐布萊特國務卿問我和中國打交道的情況，我像往常一樣滔滔不絕地表示，他們必須把貿易和政治議題分開，並在歐洲和美國之間建立更好的協調機制，因為我意識到，實際上，向中國磕頭並不是走後門的唯一方式。

這場宴會的時間創下了紀錄，接近尾聲時，我和郭偉邦一同到入口與江澤民碰面。在我們匆忙下樓見他時，我們在路上遇見李鵬和他的隨身護衛。會展中心的入口大廳被中國的保安人員團團包圍，他們的耳朵裡塞著小塊塑膠片，但即使他們為數眾多、不斷對著電話激烈吼叫，也無法阻止江澤民的座車錯過入口，然後必須倒車。他緩緩步下賓士車，活像是穿著過短長褲的演員朗尼・科貝特（Ronnie Corbett）。我們帶他到樓上，開了個無關緊要的會議。江澤民、李鵬、周南、董建華和其他人坐成一排，對面有親王、布萊爾、郭偉邦、國防參謀長和我。成群的攝影師、官員和記者則站在房間兩側。江澤民開始大肆宣讀一些「一國兩制」的空洞言論。親王在沒有準備講稿的情況下做出不錯的回應（內容大意是我們在《中英聯合聲明》中達成的協議），此時東尼・布萊爾低聲問我，「我該發言嗎？」我說，「是的，您是下一位。」接著他適時地補充剛才親王的即席演說。這時，李鵬表示香港應該「是座橋梁而非障礙」，這句話是中國人從郭偉邦口中學來的新口號。

就這樣，會議結束了。很顯然地，剛才的雙邊會面也沒有好到哪裡去。我看著這群過時的老暴君，心想：「為什麼我們讓自己被這些人欺負？他們大都根本沒有什麼能力，並且對這個世界感到恐懼。他們就只會欺負別人。」我在他們身上看不到任何優雅的舉止和自然流露的威信。我相信，如果今天的與談對象是喬石或朱鎔基，我們肯定會有不同的看法。

最後則是主權移交儀式。這個儀式拘謹且規模不大，最好愈快結束愈好。我回頭看了中方的高級賓客，他們被安排在蛋盒般的席位上，這群列寧主義的活化石既富裕又有權有勢，行事有些齷齪、殘忍、腐敗，平庸到令人沮喪的地步。我轉向右邊，和我的女兒們眨了眨眼。江澤民粗聲粗氣地高聲發表演說，還為自己拍手，而中國的賓客也在所有恰當的時機盡責地鼓掌。接著中國的儀隊踢起正步，降下了英國國旗並升起他們的國旗。現在是我們所有人握手的時刻，之後我們得盡快離開，留下希思、賀維和夏舜霆向新秩序和臨時立法會致敬。賀維一直打電話告訴記者，說我不願意像南非的戴克拉克（Frederik Willem de Klerk）那樣心甘情願把政權交給曼德拉（Nelson Mandela），簡直是一場悲劇。真是一派胡言！誰有資格當曼德拉？江澤民或李鵬？[31]

在碼頭，我們的許多好友聚在一起，準備給穎彤和我最後的擁抱。（親王說：「他們都說他們和你打過網球。」）我所有的決策局局長們、行政局議員以及其他幾位高階官員都匆忙地搭車來到碼頭，這可不是件政治正確的事。我們也擁抱了他們。我第一次親了安生，並祝她好運。我只能以輕快和故作愉悅的心情來應付這種情緒。我與中國外交部副部長帶領的一群不知所措的官員們握手，然後與郭偉邦和她那開朗的醫生太太瑪格麗特做最後的道別，他們親吻了我的臉頰。穎彤和女兒們看起來都好極了，她們在我前面走上皇家坡道，激動的神情全寫在臉上，臉上掛滿了淚痕。我走在最後頭，緊跟在親王後面。當不列顛尼亞號上的樂隊演奏起〈友誼地久天長〉時，我轉身揮了揮手。

這一切就這樣劃下句點。我們緩緩駛離碼頭，人群不斷歡呼和揮手，高唱著〈統治吧！不列顛尼亞〉（Rule Britannia）。在查塔姆號和護航巡邏艇的跟隨下，我們駛入了河道中央，在無盡的燈海下駛向港口，每扇窗戶似乎都被閃光燈照到快爆炸了。一支小型艦隊跟著我們來到鯉魚門，岸上聚集了人群，為即將離開的壓迫者歡呼。然後我們駛入夜色與廣闊的大海之中。穎彤和我給了女兒們一個擁抱，然後就去睡覺了。我累壞了。雖然很疲憊，但我比任何時候都還要快樂。我的任務完成了，穎彤和我要回家了。

註釋

1 譯註：夏舜霆（Michael Heseltine）的綽號為「赫札」（Hezza）、「泰山」（Tarzan），時任英國副首相。

2 譯註：「阿里不達法官」（Justice Cocklecarrot）為英國喜劇節目《比奇科默的世界》（*The World of Beachcomber*）的角色，是一位好心但無能的高等法院法官。

3 譯註：首相的「國會私人秘書」（Parliamentary Private Secretary）由國會議員擔任，在國會扮演襄助首相的角色。

4 譯註：位在英國薩里郡（Surrey）的小鎮。

5 譯註：金帛盛會（Field of the Cloth of Gold）是英格蘭國王亨利八世和法國國王法蘭索瓦一世（François I）於一五二〇年舉辦的峰會，目的在於促進兩國之間的友誼。

6 譯註：即「salt of the earth」，指天主的子民，即誠實善良的信主之人。

7 譯註：波蒂略（Portillo）這姓氏近似英文中的門（Portal）。以諾・鮑威爾是英國政壇名士，擔任各種政府大臣職務，曾隸屬於保守黨將近三十年，於一九七四年退出。

8 譯註：皇家錦標賽是英國各軍種的技能競賽，但已於一九九九年停辦。

9 譯註：一九八〇、九〇年代有大批華人（尤其是香港人）遷居溫哥華，因此有這個暱稱。

10 譯註：隨彭定康到香港拍攝紀錄片的強納森・丁伯利比大尼可拉斯兩歲，他們都是知名媒體人理查・丁伯利比之子。

11 身為公務員，吳榮奎陸續擔任過數個高層職位。一九九四至一九九七年間升任為憲制事務司，一九九七至二〇〇二年擔任運輸局局長，二〇〇三年起擔任公務員敍用委員會主席，直至二〇一四年退休。

12 楊鐵樑爵士於上海出生，在英格蘭學習法律後移居香港。他的司法職涯一路平步青雲，從裁判官、地方法院法官到上訴法庭法官，最後在一九八八年獲衛奕信任命為香港首席大法官。他是英國殖民統治時期唯一擔任此職位的華人，最終在一九九六年卸任。在香港特別行政區第一屆政府推選委員會的選舉中，他以四十二票對三百二十票遭對手擊敗，最終由董建華當選行政長官。退休後，他繼續追求自己的興趣，將中國文學經典翻譯為英文。

13 譯註：國家安全志願軍為海地總統杜瓦利耶（François Duvalier）建立的準軍事部隊和秘密警察，會利用特權在當地胡作非為，例如勒索、恐嚇、謀殺等。海地人稱之為「Tonton Macoute」，意思是「麻袋叔叔」。

14 譯註：羅范椒芬是董建華在行政長官任內的第一任辦公室主任，任期半年。

15 譯註：灰衣人（men in grey suits）是保守黨「一九二二委員會」的俗稱，即該黨在下議院的議會黨團。

16 譯註：一般都認定葉國華是中共在香港布署的所謂「地下黨員」。他被董建華任命為特別顧問。

17 譯註：基督宗教中的重要人物，在約旦河中為人施洗，勸人悔改。

18 米歇爾・康德蘇是位經濟學家，在一九八七至二〇〇〇年間陸續擔任法蘭西銀行（Bank of France）行長和國際貨幣基金（International Monetary Fund）總裁。

19 譯註：即一九九六年美國大選政治獻金醜聞，俗稱「中國門」（Chinagate），指中國政府試圖用金錢左右美國大選，拉攏尋求連任的柯林頓政府。

20 編註：「埃德娜夫人」為澳洲喜劇演員巴瑞・韓佛瑞斯演出的知名反串角色。

21 譯註：主權移交以前，行政局是港府的最高行政機構，為港府的內閣及顧問組織；主權移交後改稱行政會議。不過，兩者的英文名稱都是 Executive Council，簡稱 ExCo。

22 譯註：董建華的航運事業曾面臨經營危機，後來因為中資挹注而解套，此後政治立場開始偏向中方。

23 譯註：應是指新鴻基地產的郭炳湘、郭炳江、郭炳聯三兄弟。

24 譯註：布萊爾曾經住在倫敦的伊斯靈頓區（Islington），作者在此諷刺英國民眾顯然把布萊爾當成聖人一般。

25 譯註：二十世紀英國思想家以撒・柏林（Isaiah Berlin）在著作《人性的曲木》（*The Crooked Timber of Humanity*）中，引用了哲學家康德的這句話。

26 譯註：卡爾・畢爾德原為瑞典總理，此時已經轉任國際社會駐波赫高級代表。

27 譯註：在香港，「銀行假」（bank holiday）即「國定假日」。

28 譯註：「目光炯炯的龍」是指牆壁上的雕飾；柯爾總理任內積極促成歐洲一體化，是催生歐洲單一貨幣（歐元）的關鍵人物。

29 譯註：亨弗萊・阿普比爵士（Sir Humphrey Appleby），英國經典政治諷刺喜劇《部長大人》（*Yes Minister*）中的虛構角色，擅於混淆視聽與操縱言語，為典型的英國公務員形象。

30 譯註：唐代詩人孟浩然的作品。

31 譯註：曼德拉是人權鬥士，但李鵬與江澤民顯然只會迫害人權。

後記

我們搭乘皇家遊艇「不列顛尼亞號」，航行兩天半後在七月三日（星期四）午餐時間過後不久抵達馬尼拉。那是很特別的經驗：在一艘已經服役四十幾年的優雅老船上生活，簡直就像在舒適無比的鄉間房舍裡度週末。有豐盛的早餐（熟食）、香醇可口的血腥瑪麗、午餐（冷盤）、法國桑塞爾葡萄酒（Sancerre）、水果蛋糕、乾馬丁尼、波爾多紅葡萄酒，航程的旅伴也都很棒。身為主人，威爾斯親王顯得極有魅力，和藹可親，有禮但不失風趣。親王對我的女兒們特別好，把她們逗得樂壞了。航程中他還抽空作畫，閱讀里爾克（Rilke）的詩作。他也和我們大談那些屢遭各界取笑的環保理念。但我覺得他很有道理，恐怕最後會被取笑的不是他。

事有不巧，航程第一天的天候不佳，有時候我的家人甚至只能在定點待著，無法四處走動。看來我是不太會暈船的。與我們一起搭船的黎偉略是皇家海軍軍官之子，他說不會暈船是因為中耳的平衡功能很好，但我不太懂那是什麼意思。第一天早上，代號「海浪」（Ocean Waves）的皇家海軍護衛艦隊逐漸在遊艇四周集結完畢。軍艦總計有十六艘，這一帶海域已經有很多年沒有這麼大的英國艦隊集結航行了。經過一番巧妙的調度，不列顛尼亞號先是在排成縱隊的兩列軍艦前面領航，接著往左轉半圈，變成航行在兩列之間，每一艘軍艦的士官兵都在我們經過時湧上甲板對我們歡呼：這是史上最後一次皇家遊艇穿越海軍艦隊。在這難得的機遇中，親王、穎彤與我一起待在遊艇船尾的欄杆前，從左舷往右舷移動，向每一艘對我們歡呼的軍艦打招呼，然後又回到左舷，四周的軍艦有22與23型的巡防艦、巡邏艦、輔助艦，還有一艘核動力潛艇及噸位較小的光輝號航空母艦（Illustrious）。為何皇家海軍會給我這位末代港督這麼大的「面子」？打從我們離港後就開始自遠處監控我們的幾艘解放軍偵蒐船艦，肯定會此感到很納悶。

第二天，海象變得風平浪靜，藍天上飄著朵朵白雲，光輝號開過來隨侍在側，甲板上一架架海獵鷹戰鬥機（Sea Harrier）衝上雲霄。稍後，到了西方天空逐漸由粉紅轉為黃色，由黃色變成橘紅，夕陽西下之際，艦隊的直升機群與海獵鷹戰鬥機群聚集起來向我們致意。我猜這大概是頭一遭有英國殖民地總督與夫人在離任時獲得此等殊榮：我想應該無可厚非，畢竟這是大英帝國那一段悠久歷史的落幕時刻。

香港是如此美好而正派啊！我不曾忘記離港後，在不列顛尼亞號船首度過的第一個午後時光：看著那些跟隨遊艇、跳躍於藍白浪花之間的海豚，還有一大群尾隨牠們的飛魚，飛掠海面大約有快一百公尺的距離。海豚與夕陽——現在這就是我面對的真實世界，不是嗎？

香港的毀壞：九七大限後有哪些遭遇？

鄧小平曾保證香港在九七大限後仍可確保「五十年不變」，但許多人都對此表示有所疑慮。他的保證是以白紙黑字的方式寫進中英雙方簽署、於聯合國登記在案的國際條約《中英聯合聲明》，一言以蔽之就是「一國兩制」。首先，許多人質疑中共領導階層是否明白所謂「讓香港五十年不變」的涵義為何？如同我在日記中所言，我曾試著向魯平解釋「法治」（rule of law）與「以法管治」（rule by law）之間的區別，但卻辦不到。令他很難接受的一點是，既然我身為香港政府的首長，為什麼有人可以到法院針對我的決策提告，甚至有可能成功將其撤銷？對於這一點，遭控非法集會的香港民主派議員吳靄儀大律師就曾在法庭上的自辯陳詞裡說得很清楚：「法官閣下，我到了中年才進入法界服務[1]，為法治貢獻一己之力，而至年華漸漸老去。湯瑪斯・摩爾爵士（Sir Thomas More）是所有法律人的守護聖人。因為不願讓法律屈從於英王的意志，他被冠上叛國罪名並遭判處死刑。史有明證，眾所皆知他就義之際留下的遺言真確無誤。容我在此引述，但稍稍修改他的說法：我是法律的忠僕，但我首先是人民的公僕。理由在於，應該是法律為人民服務，而非人民臣服於法律。」（引自網路媒體《香港自由新聞》（*Hong Kong Free Press*）二〇二一年四月十六日的報導）

依據法治而運行的自由市場經濟，一旦落入共產極權國家的控制與管轄，難道還能愉快地存活嗎？經濟學家米爾頓・傅利曼（Milton Friedman）認為不可能。「自由市場」加「共產極權」？這簡直像是矛盾修辭，根本站不住腳。包括不少香港的商界高層在內，許多人顯然都心存疑慮，但卻不便明說。否則為什麼他們都趕在香港的政權易手以前就偷偷辦好外國護照？在我離港後上台的歷任香港特別行政區行政長官，要不是自己持有外國護照，就是家人已經申辦了。當然，也有一部分港人（例如幫中共進行統戰的人士）深諳中共與其秉持列寧主義路線的統治手法，他們認為血腥的殘暴手段是可以原諒的必要之惡。另外有些人（像是一九九五年來港訪問，隸屬於工黨的前首相詹姆斯・卡拉漢）則是認為，北京政府高層很可能不會善待香港，但我們這些外人大概都無計可施，所以幹嘛要在政權移交前就議論紛紛，橫生事端？反正中共本來就是那樣。為了「識時務」，這時就只能兩手一攤，頭也不回地離開。

至於那些樂觀派呢？其中某些人都讀過法蘭西斯・福山（Francis Fukuyama）那本以「歷史之終結」為主旨的書，或至少明瞭其微言大義。[2]他們認為，無論政治體制如何根深柢固，最終都會因為經濟與科技的滲透而改變，中國也不例外。包括中國在內的任何國家，一旦掉進經濟學家所謂的「中等收入陷阱」後又脱困，就會產生政治變局。這些樂觀派冀望的是，香港會改變中國，而非中國改變香港。雖説這種論調可説是癡心妄想，但確實對許多人有所影響。我自己不曾相信經濟發展與政治變遷之間真有什麼聯動關係，但我希望兩者之間至少存在著某種關聯，即使不是僵固而不可變的關係也好。此外，我也確信過去百餘年來，英方的一切努力至少有部分能夠持續下去，而且香港人絕對不會認為愛黨就是愛國——所謂的黨當然是指中共。畢竟，有一大部分的香港人當年就是因為中共的種種逆行倒施而往南逃來香港。與其他大多數的人相較，他們更能看清自由社會與獨裁政體之間實際上還是有差別的。

離港時雖然我不會太過樂觀，但就是抱持著此等冀望。支持我這種思考的，是英國外交部某位資深官員的想法：既然中共肯花二十幾年的時間與英方談判各種細節，總不至於等時間一到就把中英雙方所建立的共識直接丟掉吧？這種樂觀主義不算太過火，因為一方面中共總不至於因為背信忘義而有失體統，另一方面更讓我們感到安心的是，過去香港也曾屢屢歷經危機，但總能履險為夷，既有的政經架構與種種施政措施多少都能完整存留下來。

未來香港將何去何從？過去常有人問我這個問題，而從我的答案他們應該都知道，我從未因為香港如此繁榮昌盛就認定中共不至於做出任何冒險之舉，徒然斷送香港未來的福祉。香港的確是一隻「金雞母」，但史有明鑑，過去許多照理說應該細心呵護這類大鳥的農夫，到頭來還不是都選擇殺雞取卵？在中國經濟快速成長的情況下，中國愈繁榮，對香港的成功就愈不在乎。更重要的是，中共高層向來都把國家的利益與黨的利益綁在一起。常有人把香港比喻成另一種鳥：煤礦礦坑裡的金絲雀，而從中國怎樣對待香港這隻鳥，就能了解中共政權的本質，還有中共真正的企圖為何。如果中共認定要把金絲雀捏死才能確保中共政權得以延續，難道他們還會有所猶豫嗎？我向來覺得答案是不會。即使這種惡行在東亞地區與全世界都觀感不佳，他們也不會有所遲疑。

想當年，為何有這麼多中國的男男女女、老幼婦孺都逃來香港這個英國殖民地尋求庇護？香港記者曾基範（Tsang Ki-fan，音譯）曾說：「在短短一百年間，只有香港這個社會實現了歷史上中國任何其他地方都無法實現的理想。這段時間裡，任何香港人都不用害怕半夜有人會找上門。」香港曾擁有行政、司法、立法三權分立的體制，在司法上講求程序正義、獨立審判、法治等精神，而任何行政部門的運作都必須以《香港人權法案條例》為法源依據（或至少有明確的法規規範著行政部門的作為）。香港的公務員廉能且受敬重，遵循戮力從公的正直傳統，貪汙瀆職者皆會受到重懲。集會與信仰自由是民眾的權利，媒體則是風氣自由，以敢言著稱，也沒有政府機關或官員會對中小學與大學下政治指導棋。

在一九九七年離港之際，我們沒有人會天真地以為香港真的完美無缺。港府曾經認真打造一個肩負社會責任的市場經濟體系，對於市民福祉、健康、教育等權利也都下了苦功，並竭力遏止收入與財富分配不均的現象，各方面也都頗有進步，但貧富差距還是很大，尤其是住屋問題未獲解決。以英國人為尊的種族歧視現象可能普遍存在於各殖民地，但情況不算嚴重，發生問題的頻率也不高，在香港更是早已泰半消失，但我們不難理解某些香港人仍然心存怨懟。不過，總體而言香港仍是個讓人能夠安居樂業的地方，想要養家活口、努力奮鬥，最終靠企圖心發家致富都沒問題。而且，最重要的一點可能還是在於，香港人不用像極權國家的人民那樣害怕有人半夜來敲家門，也沒有人會在祈禱時因為聽到警笛聲就停下來。這一切何其珍貴，哪能用錢買得到？這一切何其重要，但那些為共黨開脫的文人哪聽得進去？

香港人有自己的語言（粵語），有時甚至會不加掩飾地蔑視來自北方的同胞，因此過去這曾讓我偶爾心想：

在這種情況下，其他中國人應該不會太喜歡或欣賞香港吧？那些富可敵國的香港大亨頻頻向中共高層獻殷勤，但我很確定共黨領導人在某種程度上還是看不起他們的。這些大亨都已經卑躬屈膝了，還能受到多少尊重？這些人實在太有錢，又揮金如土，也許有時會讓他們想買通的那些人燃起僅存的共產主義熱忱——哪怕只是片刻而已。不過，許多中共黨人與其家人在國內的經濟市場大加掠奪，他們倒是很樂意把那些黑錢藏到香港這個殖民地，這也讓香港成為貪官汙吏的洗錢天堂。此外，無疑也有不少中共官員因為對香港繁榮起來的歷史欠缺了解，所以誤以為香港的昌盛都是拜中國本身經濟復甦之賜。許多入境香港的陸客肯定也感覺得到他們被香港人看不起，知道他們那些在公共場所屢見不鮮的粗魯行徑與差勁品味飽受批評。在香港這個南方的城市裡，居民顯然不再覺得自己純粹是中國人，而香港的本土意識已變得愈來愈強烈。他們不只是中國人，而是擁有某種混雜的身分：他們是「香港裔中國人」（Hong Kong Chinese）。

儘管如此，九七大限後的十幾年之間，香港的公民社會似乎在大致上仍能保留其原本的特色。並不是一切都盡如人意。北京政府食言了。儘管魯平與中國外交部在九七年之前與之後都曾承諾，讓香港的民主能在相當程度上有所發展，但北京政府食言了。每次只要有人對此提出質疑，言論都遭到打壓。相當具有指標性的是，董建華第一任香港特別行政區行政長官尚未做完，他的副手陳方安生（政務司司長）就辭職了。去職前她曾敦促董建華能夠挺身為香港爭取自主權，讓香港政府的公務體系能保有正直本色，並逐漸強化香港的民主機制。後來她獲得了「香港良心」的美名。無庸贅言的是，這當然讓北京的中共高層相當不滿，除了屢屢抨擊她，還明確表示她該做的就是忠心襄助董建華，不應節外生枝。由於董建華沒有任何作為，以至於接下來幾年內香港的自主權一步步弱化。最終香港政府只能仰北京政府之鼻息，毫無招架能力。公務體系原有的標準下降，公務員士氣低落，結果香港政府的既定立場就變成了看北京的臉色做事。

董建華不是壞人，只是他在面對北京政府時太過軟弱。他的個性非常奇特，一方面常猶豫不決，但另一方面卻又固執己見。還有，在政治上他對周遭許多事都視而不見、漠不關心。二〇〇三年，他的第二個任期伊始，香港政府為了將《香港特別行政區基本法》第二十三條付諸實行而進行立法工作，推出《國安條例草案》來明令禁止分裂國家、煽動叛亂等罪行。在一九九七年以前，英方曾經從旁協助中國官員草擬法條來規範上述行為，以便讓未來的法律規範能夠符合《基本法》與普通法體系的精神，也讓香港可以在人權議題方面信守過去對國際社會的承諾。二〇〇三年的立法是由董建華本人主導，結果立法不成，在香港引起軒然大波。許多議員拒絕配合，不是只有泛民派而已，市民也屢屢走上街頭抗議，參與遊行的人數最多高達五十萬人。董建華就此一蹶不振，政治威信蕩然無存，最後不得不撤回草案。

這次立法不成甚至導致董建華第二任尚未做完就辭職，繼位者是曾蔭權。他是我港督任期最後不到兩年期間的財政司，表現堪稱典範；後來，他接下陳方安生所遺留的職缺，當上特區政府的政務司司長。在他七年的行政長官任內，至少曾設法提出香港特別行政區立法會與行政長官普選的問題，讓相關討論得以重新進行。不過他提出的政改方案遭遇北京政府的阻撓，所以戛然而止。因為涉入多起貪瀆案件，他在一片撻伐聲中結束第二個任期，甚至短暫入獄，後來終審法院判他無罪。

在此同時，北京政府對於香港各種事務的干預愈來愈深，並逐年加大力道。為了不破壞兩國關係，英方以節制自持的語氣指出這種情況有違反《中英聯合聲明》之虞，但中國官員的回應顯然愈來愈有自信，辯稱該聲明只不過是一份歷史文件，除此之外不具任何意義——很少有國家會用這種方式看待國際條約。我想，要是我們可以用這種方式看待過去的任何條約，那麼英方也可以不認帳，全盤否定新界地區的九十九年租約，最後也就不用在一九九七年把香港的主權交回給中國。此外，如果香港政府能夠對中國官員的辯詞提出批評，也許就能促使英國政府在這方面採取更強硬的立場。可惜等到卡麥隆執政期間，英中雙方的關係進入了所謂的「黃金時代」。因為雙方熱烈地洽談各種投資方案，所以不容任何問題造成阻礙，但事實上這些交易往往都只是空想，或純屬子虛烏有，有時則是悄悄地胎死腹中，根本沒人知道。

儘管如此，在江澤民到胡錦濤治理中國期間，香港至少能夠大致上保有一九九七年以前的樣貌。香港仍是個重視程序正義的法治社會，司法體系得以獨立運作，警務體系的運作仍在法律所允許的範圍內，而且相關規定都能符合人權的精神。香港政府仍確保民眾享有集會自由：在政府與警方的允許之下，有一群活躍的民權倡議人士還可以舉辦頗受各界稱道的抗議活動，既不會受到暴力壓制，場面也不致失控。為了怕惹上麻煩，明顯可看出自我審查的風氣愈來愈盛行，但還是有些獨立的報社，特別是《蘋果日報》，其有名的經營者是六十年前從中國偷渡赴港的黎智英；另外，隸屬於港府的香港電台則是常常播放英國 BBC 電視台的國際新聞報導，包括中國大陸的新聞。九七之後雖然香港一路走來跌跌撞撞，但看來仍然過得不錯，人民的想法非常特別，融貫中西，扮演著國際貿易與文化交流樞紐的角色，而且外資進入中國或中資往外流動都會經過香港。雖然香港已經回歸中國，但仍能保有自己的特色。在香港出版的書籍仍然可說出現代中國史的真相，藉此確保至少有一部分中國人能正確認識自己的歷史。但這些書籍在中國大陸都是禁止出版與販售的。香港人不容青史盡成灰，在這方面最大的貢獻，也許就是每年的六月四日都有數以萬計民眾在市中心舉辦燭光晚會，以莊嚴肅穆的心情紀念天安門事件，追悼那些於一九八九年遇害的學生與民運人士。就此看來，中共或許可以把黑歷史洗白，但這在那一段時期的香港是絕對辦不到的。放眼未來，這將是香港對於中國歷史與文化所做出的最大貢獻。現代中國的中共王朝或許得以仿效秦始皇的「焚書坑儒」之舉，但這種事在香港不會發生。

值得玩味的是，接下來的香港歷史之所以會出現另一個轉折點，是因為香港人挺身反對中共修改教科書內容之舉：他們反對中共的主張，並不認為原有的教科書充斥歷史虛無主義，而且他們還認為，反對中共主要是為了「追求以證據為根據的真相」。[3] 二〇一二年，港府教育局擬將「德育及國民教育科」（簡稱「國教」）納為必修課程，但這科目的教學內容充斥中共的偏見。此舉引發大規模的抗議活動，九萬多人因而走上街頭。時年十五歲的黃之鋒領導一群中學生組成社運組織「學民思潮」（Scholarism），在他們的帶領與組織之下，一場又一場以反洗腦為號召的抗議活動在香港舉行。「反國教」的運動來勢洶洶，導致港府教育局不得不收回成命，但香港人在這次體驗的啟發之下，隨即在第三任特首梁振英任內舉行更多抗議活動，導致其執政期間彷彿一場災難。

梁振英在英國布里斯托理工學院獲得學士學位後返港，後來活躍於地產開發業，頻頻往來於中港之間。他在中國走遍大江南北，深具地產開發的眼光，言談舉止之間隱約可以看出他對西方的態度有多不屑。至於他是否真為一名中共地下黨員，則眾說紛紜。香港的輿論通常對於這類事情有非常出色的判斷力，而從歷次民調看來，顯然社會大眾普遍認為此人並不入流。梁振英的執政時期不僅引發前所未有的民怨，而且適逢中國領導人習近平的崛起。

黃之鋒與其他抗議運動領袖成功擋下港府的計畫，讓香港的孩童與學生不用屈服於中共所提出的歷史論述與種種政治目的；緊接著在二〇一四年，他們把焦點轉移到北京人大會議在某一份文件中提出的、對香港具有「全面管治權」的看法。如此一來，中共中央領導階層等於否定了原本承諾賦予香港的高度自治權：換言之，哪些是港府能夠做決定的地方事務，變成取決於中共中央領導階層的意志。在這樣的框架下，二〇一六年舉行的立法會選舉以及二〇一七年舉行的特區行政長官選舉，都會受限於中共高層所提出的規定。選舉還是採普選制，但候選人卻都是由一個選舉委員會決定，而選委會成員則是北京政府挑選出來的。這與伊朗總統的選舉程序非常相似。

北京政府發出的聲明引發香港的激烈反應，街頭抗爭活動頻傳，有時被稱為「雨傘運動」（抗議者攜帶黃色雨傘來抵擋警方施放的催淚瓦斯與胡椒噴霧劑攻擊）或「佔領運動」（抗議者佔領了市中心的許多地區），運動從二〇一四年九月底持續到該年十二月中。儘管警方的驅離手法愈來愈粗暴，但抗議運動卻依然非常成功。抗議群眾中有許多學生，常可見到他們在夜間一起做功課。每天的活動結束後他們還會主動幫忙清除抗議過程中製造的街頭垃圾。抗議活動造成市中心秩序紛亂，為市民帶來不便，但也引發全球媒體的關注報導，報導時聚焦抗議活動支持的理念與活動進行的方式。北京政府與港府顯然是站在反對抗議的立場——不過，兩者的立場已經沒什麼明顯的差別。北京政府會從政治的角度去判斷，怎樣才能在最大程度上鎮壓香港的異議與民主，而港府則早已扮演起秉承上意的執行者角色。

港府與抗議人士討論、爭辯，但徒勞無功。隨後幾年之間，港府不再與抗議人士協商、妥協，改以催淚瓦斯與胡椒噴霧劑進行全面鎮壓。最終抗議活動無疾而終，除了讓許多支持民主的志士倍感痛心疾首，也有另一個運動就此萌發，主張他們不該只是把爭取香港的民主當成志業，而是該設法把中國加諸於香港的桎梏解除掉。[4] 這個新生的運動並非主流，而且就政治發展來說並非明智之舉。佔領運動停歇後，多年來我每年都會造訪香港兩次；二〇一六年我第一次為了表達支持香港而回去時，我對香港外國記者會（Foreign Correspondents' Club）發表演說，表示我會永遠支持香港人爭取更高程度民主、維護法治的運動；但我也說，儘管許多人覺得可行，我則是永遠不會支持所謂的「港獨」。從過去英國與中國之間訂下的多項協定看來，港獨是不可能的。

我在第一次演講發表這番言論時，黃之鋒與其他學生曾當面詢問我，願不願意直接對學生演講？我同意了，於是受邀前往香港大學，對著擠滿演講廳的七、八百位學生傳達我的想法。我將自己不支持港獨理念的理由一一列出。我非常謙和地聆聽，但某些問題尖銳無比。有人問我：假如北京政府想要毀滅民主體制的地方不是香港，而是在其他地方，那麼民主的支持者麼會怎麼做？這個問題非常好，而我出於善意，則是表示誰也無法反駁追求自由的理由，全世界各個角落都有人關心香港，而且敬佩香港人的大無畏精神。該說的我都說了，只差沒有在台上高唱營火晚會名曲〈歡聚一堂〉（Kumbaya）。不過，搞不好連我自己都沒有被我的答案說服。一年後我回到香港，又有人邀請我直接面對學生，針對同一個話題演講。我接受邀請，而且令我感到詫異的是，在他們發動抗議的那一段期間，別說港府了，就連北京政府也沒有試著派人勸他們改採一個比較不具衝突性的立場。如果是這樣，那麼後續的事態會怎樣發展，就一點也不難以預測了。民主運動只是企圖促進港府內部的問責制，並敦促北京政府尊重香港的高度自治權，但卻遭立場強硬的中共官員與政宣人員抹黑，把民主人士與主張港獨的少數派混為一談。香港的情勢已成定局，再難逆轉。

儘管北京政府對於香港政局的判斷力很差，但梁振英實在太不受港人歡迎，所以中共只讓他當了一任特首。下一任特首的兩位競爭者是政績有目共睹的特區政府財政司司長曾俊華（他曾擔任我的私人秘書）與政務司司長林鄭月娥。先前在雨傘運動期間，林鄭曾經受命於特首梁振英，研擬憲制措施，但實際上並無成效。曾俊華的民調數字大幅領先，因為他支持與民運領袖對話，尤其是那些學生領袖；至於林鄭對中共高官們祭出的賣點就是她一來不願與民運人士溝通，二來則是嚴峻拒絕他們所有的要求或請求。所以林鄭獲得了北京政府青睞。在她長達三、四十年的港府公務員生涯中，雖然表現不算特別出色，但卻得以靠勤奮工作而獲得拔擢，後來更是因為願意毫不猶豫地執行中共中央政治局的政治決策而官運亨通。林鄭月娥當上特首後不久，韓正被任命為中國國務院副總理兼中央港澳工作協調小組組長，等於成為港澳地區所有重大事務的決策者。港府高層官員（尤其是那些負責保安工作的人員）頻頻前往韓正位於深圳的住所紫荊山莊，向他與其他對香港握有實權的中共官員請示大小事務與領命，而且在香港社會因民運而動盪不安的時期更是如此。看來，香港能擁有所謂高度自治的承諾，早已蕩然無存了。

二〇一九年夏天，對林鄭月娥的第一波抗議運動爆發，起因於台灣所發生一樁香港人殺害女友的案件，她藉此機會推出《逃犯條例》（Extradition Bill）修訂草案：表面上是為了亡羊補牢，避免往後發生無法起訴罪犯的問題，但實際上卻將中國大陸也納入這項引渡協議中，引發各界不滿。過去長久以來，始終聽命於中共的香港是怎樣與台灣打交道的？這類案件的處理都有賴於港府司法與行政體系所展現的幹練能力。但在林鄭的眼裡，卻只透過這次事件看到她能趁機贏得北京政府的支持。知名資深記者劉美遠（Melinda Liu）撰文投書二〇一九年十月號的美國《外交政策》（*Foreign Policy*）季刊，以充滿説服力的筆鋒指出，「林鄭月娥急於表忠，是因為她希望能趁中華人民共和國的七十年國慶獲得北京高層的支持。」香港各界人士紛紛表態反對這個修正案，就連商界也不例外，因為社會大眾普遍認為北京政府能夠藉此修正後的條例，將香港市民逮捕與送往大陸受審，尤其是政治犯。某位最受林鄭倚重的顧問在某次發言時無心洩漏秘密，他表示這次立法是為了讓北京政府不用再偷偷摸摸地把香港人綁架到中國：過去在二〇一五年就曾有五位香港人因為出版、販賣了中共覺得礙眼的書籍而遭綁架。[5]另一個案例是某位住在香港的中國富商遭秘密逮捕，因為他顯然是某些中國貪官的白手套。他對中共高層的貪汙情勢非常了解，而且也從中牟取暴利。[6]到了二〇一九年六月，這波被稱為「反送中運動」的抗議活動參加人數已高達幾乎百萬，後來人數又攀升為兩倍。香港警方使用愈來愈暴力的手段來鎮壓群眾，殘暴程度已超越維安壓制措施的一般極限，令人髮指。當抗議活動愈演愈烈之際，扮演運動先鋒角色的年輕人似乎從武術大師李小龍「似水無形」的概念獲得了靈感，改變行動方式，並未採取組織化的戰術與策略。他們善用社群媒體與手機，把抗議活動化為無形，得以在不同的抗議地點之間來去自如。警方的粗暴手段自然偶爾會引來抗議群眾的暴力回應。以暴制暴是不對的，沒有任何藉口：這已經脫離了公民不服從行動的範疇。而且這些暴力回應讓港府與其盟友（尤其是北京政府）當成藉口，趁機抹黑整個反送中運動。但是，當政府拒絕承認抗議活動的合法性時，想要讓公民不服從運動保持溫和，總是很難的。警方不只是已經開始濫用胡椒噴霧劑與催淚瓦斯，或令人憤怒地對群眾亂揮警棍。某些特定事件讓民怨沸騰，就連沒有參與抗議的香港人也感到憤怒。例如，有次在港鐵元朗站，一群抗議民眾在結束活動返家路上遭到身穿白衣的黑社會分子痛毆襲擊。誰都看得出來這是在警方默許之下進行的，雙方是共犯。社會各界紛紛呼籲港府追究警方處理不當以及抗議群眾滋事的責任，但卻馬上遭到峻拒。此外，在港府的阻擋之下，香港警方的投訴機制也完全發揮不了作用。很清楚的是，問責制已完全不適用於香港的警察部隊，警隊成員只需要對自己的上司負責即可，而這一切顯然都是秉承北京政府國安官員的上意。這些年輕的抗議群眾會走上激進的道路，其實完全無法避免，因為在過去他們有權選舉立法會的議員，但選舉權卻一步步遭港府剝奪。

二〇一九年九月，港府勉為其難地撤回《逃犯條例》修訂草案，但最初的「反送中」卻演變成更全面的政治性方案，也就是所謂的「五大訴求，缺一不可」。除了撤回修訂草案之外，抗議民眾堅持成立獨立調查委員會，追究警隊涉嫌濫用武力的問題，此外還要撤回「暴動」定性、釋放被捕者且撤回控罪，也許還有一個訴求是最重要的：要求立法會與特區行政長官的選舉改採全面普選制。

大學校園可能是遭受暴力對待最嚴重的地方，甚至有幾間大學遭到警方包圍。根據一些可信的報告指出，警方在這些校園內外，還有其他抗議地點對民眾施暴，除了粗暴對待抗議者，甚至連那些想要幫助傷者的醫療人員也遭到逮捕。這些大規模抗議與稍後其他幾場抗議活動期間，總計有一萬多人遭到逮捕，被起訴者至少有兩千三百人。相較之下，卻沒有任何一位員警因為過度使用暴力而遭起訴。

香港政府與各個統戰組織、團體屢屢自誇，表示一般民眾對抗議活動非常反感，因此支持民主運動者一定會在二〇一九年十一月的區議會選舉中慘敗。但選舉結果卻恰恰相反：其實只要看看民調數字一面倒地支持抗議活動，就能預測這個結果，而且民調也顯示香港人有超過三分之一都參加過抗議活動。泛民陣營在投票率百分之七十一的區議會選舉中大獲全勝，囊括百分之八十六的直選議席。林鄭月娥對此的回應，竟然是選擇不與新科的區議會議員見面，反而會晤了那些敗選的建制派候選人。她治下的港府背後其實是由中共高層操盤，不願意面對選舉結果所反映的鐵錚錚事實。香港人渴望高度自治，他們想以過去的方式生活，想要港府用更相似於過去的方式來治理他們：但這一切對於北京政府來說與詛咒無異。

二〇一九年那些事件的另一個後果，是民眾對於香港警隊的尊重與信任徹底崩盤。香港中文大學在該年秋天進行了研究，幾乎有一半受訪者完全不信任警方。就「完全信任」這個選項而言，滿分有十分，結果港警得到的分數只有二點八九分。這竟然是在一九九七年以前享有「亞洲最優秀警隊」，而且名符其實的紀律部隊？

中共高層學到的唯一教訓是：先前有人說，對於北京的種種要求，絕大多數的香港人只會選擇默認與沉默以對，而如今他們不能再相信這種說法了。反之，他們必須全面介入，毀掉他們不喜歡的一切並親自掌控香港，把「一國兩制」丟入歷史的灰燼中。「一國兩制」（one country, two systems）變成了「一國兩池」（one country, two cisterns），而這簡直是可怕的大笑話。從這個時間點以降，任何看起來似乎有別於中國體制的東西，都只是遮羞布或偽裝。最重要的是，他們必須阻止立法會選舉於二〇二〇年秋天舉行，因為從二〇一九年區議會選舉的結果看來，立法會選舉肯定會讓泛民陣營取得多數優勢。中共高層出手毀壞香港的自治權與過往的生活方式，趕著在二〇二〇年香港回歸二十三週年慶祝活動[7]以前讓《香港國安法》上路。[8]

此一新法讓惡名昭彰的中國國安警察得以在香港新設立國安公署，但卻又不必受制於當地律法。[9]《香港國安法》一經全國人大在北京召開的會議通過，中共就徵用香港中旅集團旗下樓高三十三層的銅鑼灣維景酒店當作國安公署的臨時基地。曾任中共廣東省委員會常委兼秘書長鄭雁雄向來以手段強硬著稱，施政唯黨意是從，他就任國安公署署長一職，等於是中共派駐香港的最高領導人。新成立的香港國安委成為《香港國安法》的執法機關，負責國安工作，由特首林鄭月娥掛名擔任主席。[10]該委員會成員由各個安保機關的首長擔任，尤其是警政首長，但真正的掌權者是北京政府派來香港的國家安全事務顧問，扮演類似政委的角色，為委員會下指導棋。此一顧問職務由中聯辦主任駱惠寧兼任，而他對港府的掌控權可說與日俱增。[11]

《香港國安法》奠基於中國的司法體系之上，這也讓中共得以主掌香港的司法權。該法上路後也讓許多特殊的法庭得以對國安案件的犯罪人處以重刑。律政司下轄的維護國家安全檢控科大張法網，很快地各界就看出，檢控機關可以為所欲為，在任何人身上羅織罪名。如此無所不包的司法權力在施行時沒有任何監督機制，也缺乏透明度，完全違反了普通法的基本精神——只要是被認定犯下「分裂國家罪」、「顛覆國家政權罪」、「恐怖活動罪」與「勾結外國或者境外勢力危害國家安全罪」總計四項危及國安的罪名，都難逃法網。在北京政府的指示之下，林鄭月娥挑選了六名法官，依據此一新的司法體系審理相關案件，而且在某些特例中嫌犯將會被送往中國受審，結果會是如何當然可想而知。《香港國安法》施行後，很快各界就已看出過去行之有年的保釋、陪審團、公開審判等制度都會遭新的司法體系棄如敝屣，就連觸犯普通法的案例也是如此。《香港國安法》的法律程序與執法方式嚴重侵犯了原有的普通法體系，例證之一就是保釋制度遭破壞了。[12]如同國際特赦組織所言，《香港國安法》比較不尋常的特色之一，就是這個世界上所有的人都受其管轄：即使不是香港居民，即使從未到過香港的人，也都可能觸法受罰。國際特赦組織特別指出，「例如，只要中國政府無法接受某些貼文，即使貼文是在香港以外的地方發布，即使社群媒體公司與伺服器是位於其他國家，還是會被要求刪除。」

在這嚴酷的法令上路後，已經有一百多位香港的民主鬥士遭逮捕，面臨最高十年徒刑到終身監禁不等的刑期，起訴他們的罪名往往語焉不詳，用字遣詞極為誇張。二〇二一年二月，四十七位泛民陣營領袖遭港府以「串謀顛覆國家政權罪」的罪嫌逮捕，竟然只是因為他們在二〇二〇年曾經參與了各個公民團體為立法會選舉舉辦的「35＋初選」活動。[13]貫徹自由精神的媒體也遭到攻擊，最令人髮指的是《蘋果日報》報社被關閉，創辦人黎智英也被逮捕。黎智英與許多人一樣曾經遭受中共迫害，因此在他以難民身分偷渡赴港，經商致富以後，毅然決定挺身保護香港免於共產政權的毒手，因此也成為中共高層的眼中釘。其他幾位知名的民主領袖（包括李柱銘）也都遭起訴後判刑，定罪的根據有些是《公安條例》，有些是新的《香港國安法》。想了解這整個可怕的故事，不妨閱讀英國媒體人韋安仕（Stephen Vines）的佳作《逆天抗命：香港如何對世界上最大的獨裁者說不》（*Defying the Dragon*）一書。充滿道德勇氣的知名記者韋安仕曾在香港居住與工作超過三十年，也在當地開了一家公司。二〇二一年八月他終究還是離港返英，因為唯恐自己成為他所謂「白色恐怖」的受害者：要不是因為違反《香港國安法》而遭起訴，就是被那些為統戰服務的惡棍流氓戕害。他之所以被人威脅，是因為他支持民主的觀點，也因為他曾宣稱自己最大的罪嫌就是深愛香港。他深信，「情勢在短期內好轉的跡象可說是等於零。」

除了許多香港人遭囚禁或者被威脅可能身陷囹圄，也有公務員被清算、學界人士與教師丟掉工作，職業團體受到攻擊，甚至有將近半世紀歷史的香港教育專業人員協會也被迫解散。各級學校依法必須教授那些充滿共產主義色彩的課程（對於中共來說，這就叫做「用教育改造靈魂」），枉費了香港人在二〇一二到一三年之間為了成功擋下那些課程而付出的心力。雖說《基本法》與《中英聯合聲明》都以行政、立法、司法分立為基本精神，但過去港府奉行的三權分立原則已蕩然無存。我很懷疑香港是否還有法治可言，而司法體系唯一可以取信人民之處，只剩法官戴著假髮的慣例。從過去到現在，我們所見證的無非是香港這個亞洲最自由的社會遭共產暴政毀壞，共犯是某些香港的權貴，他們罔顧了社會大眾明顯渴求自由民主的意願。世界各國紛紛發出撻伐之聲，但中共高層充耳不聞。時至今日，再也沒有人能夠假裝自己不了解中共的真面目，也再也沒有人可以像英國政客柯利達那樣振振有辭地表示：即使中共高層都是一些惡棍，但至少他們都是言出必行的人。

許多國家伸出援手，表示願意接收香港的移民，而香港人出走的數字也來到歷史新高。就在我下筆不久前，我才剛剛讀完某位香港獨立書店店主在關閉書店之際的臨別感言，他那位在大學任教的妻子與他將帶著年幼子女離開他們深愛的城市。[14]他們夫妻倆都沒有明顯的政治立場，但據他倆所言，由於香港的政治局勢過於惡劣，一家人再也無法繼續在港生活下去。這種故事可說比比皆是，但北京政府似乎完全不在乎有多少香港人出逃。中共高層打的如意算盤是要打造一個能讓銀行家與其他金融業高級主管居住的香港，由中國人南下到金融產業任職：他們心目中的香港是沒有香港人的香港，他們希望香港能夠罹患政治上的失憶症。移民潮一開始出現，我們就可看出許多出走者是醫療工作者與教師。

《香港國安法》在二〇二〇年通過後，英國政府就宣布了「英國國民（海外）護照」計畫，並於二〇二一年一月開始實施。這讓持有英國國民（海外）護照的香港人與其後代有機會在英國工作，進而獲得公民權。得以受惠於這項措施的香港人總計有兩百九十萬名。我們當然很難預估到底有多少人會行使這項權利，但可能至少會有三十萬人。英國人對於中國的態度改變了，這都反映在迄今香港人於英國受到熱烈歡迎的程度，也許是因為大眾已體認到香港人充滿活力與企業精神。

在香港被戴上手銬腳鐐，一幅警察國家的拼圖將近完成之際，也許我們該花點時間來思考兩個問題：這一切到底是如何發生的？成因為何？追本溯源，我認為這一切肇因於中共的暴政本質，如前所述，也與經濟與政治之間的關係息息相關。許多人只是把一九八九年的天安門大屠殺事件當成歷史洪流裡不起眼的小事。這些充滿自由派傲慢精神的人主張，柏林圍牆倒塌預告了極權主義在世界各國的全面潰敗。讓他們變得愈來愈振振有辭的是中國於二〇〇一年加入了世貿組織——雖然世貿組織對中國的入會資格設下許多條件，但中國屢屢無視於其存在。前英相布萊爾曾自信滿滿地預言道，中國「邁向民主已經是勢不可擋」。說出這類一廂情願言論的人當然不只他。這到底是怎麼一回事？

當然，他所說的民主趨勢很可能從一開始就只是假象，但若真的有那種趨勢，也早已因為現任中共領導人習近平在二〇一三年上台，因為其近來刻意塑造出的個人崇拜而戛然告終。習近平接任中共中央總書記職務時，他與手下曾歷經一場奪權陰謀的震撼：向來野心勃勃且長於權謀的薄熙來企圖阻止他攀上權力的頂峰，共犯是向來有「石油幫」龍頭之稱且掌控公安系統的周永康。更令中共高層擔憂無法繼續掌政的因素還包括全球化所帶來的經濟鉅變、都市化導致大批農工湧入城市，還有網際網路的發展。顯然他們也體認到某些中國科技業的大亨愈來愈成功，累積的鉅富已經足以威脅中共對於經濟政策的掌控。最後中共高層做出的結論是，他們必須讓黨緊緊抓穩國民生活的每個環節，尤其是教育與民間企業部門——即使民營企業對於經濟的貢獻遠遠高於國企。

愈是了解共產中國與中共高層，我就愈常自問：中共憑什麼堅稱自己是遵循社會主義路線的共產主義大黨，為什麼會有那麼多人接受這種說法？中共的所作所為，與一般定義下的社會主義根本沒多少關係。孔子說：「名不正，則言不順；言不順，則事不成。」那麼，在中國國內各種不平等的問題更甚於美國的情況下，聲稱秉持社會主義路線的中共該如何自圓其說？不平等所衍生的社會問題可說是中共政府的阿基里斯腱。唯一解決不平等問題的方式，就是取消統治階級所享有的諸多特權。如果想有效地取消特權，那就必定要讓中國政府的整個領導班子下台。

習近平掌權不久後，就命令黨政官員都必須體認到中國與弘揚自由民主的西方在意識型態上正呈現「鬥爭尖銳的一面」。[15]他逐一列出國家所面臨的生存威脅，各種大敵包括：西方憲政民主、被定義為「普世價值」的人權訴求、公民社會、西方新聞觀，以及對於新中國歷史的質疑。[16]這就為中共肅清國內的舉動拉開了序幕，從新疆維吾爾人被關入集中營、遭強制墮胎與絕育，到奪走香港人的自由；從囚禁各界異議人士，到攻擊穆斯林、佛教與基督宗教的信眾；從打壓公民社會，到禁止大學校園的學術研究自由；從加強網際網路的控制力道，到禁止外來的新聞或觀念汙染中共所提出的論述——凡此種種皆然。習近平清楚列出中共所反對的一切，因此如果想了解習近平領導下的中共到底有哪些偏好，就必須先深入研究那空洞無比、但已入憲的所謂「習近平思想」。[17]許多教科書與童書也充斥這種思想，對學生與孩童洗腦。這一切反映出什麼事實？容我引述美國前總統哈定（Warren Harding）對於所謂「空話」（bloviation）所提出的不屑定義：「在情況允許下夸夸其談的廢話藝術」。有什麼比這更適合用來定義「習近平思想」？

習近平幾乎被崇拜他的人吹捧為超凡入聖，智慧堪比所羅門王，口才媲美林肯總統，但他那些胡說八道的言論其實可以用三個要點簡述：首先是一種以仇恨為動力的民族主義；其次，中共是中國歷史與文化高峰的表現；第三，無論何時何地都必須遵循習近平的教誨。中國是個人才濟濟的大國，不該落到如此田地——顯然，美國一樣也不該選出川普那樣的總統。如果讀者們有興趣了解詳情，大可報名參加一門習近平思想的週末課程，這是誰都能辦到的。短短的兩個週末肯定會讓你度日如年。對於習近平與他的手下來說，香港所代表的各種價值，正好是足以危及中共攬權能力的威脅。他們痛恨言論自由，他們害怕政治上的問責制，他們對公民社會充滿猜忌，他們認定秉持自由精神的媒體是威脅，總之他們就是恐懼國民成為自由之人，而且基於很多理由，他們認為自己沒有責任遵守先前中英雙方所做出的種種協議；理由之一是，遵守協議就意味著必須讓各種民主自由的價值在香港的開放社會中蓬勃發展。之所以對於自己是否能繼續掌權感到如此緊張，也許是因為他們已經感受到種種艱鉅挑戰的衝擊：首先是國內人口的減少與老化；其次是很多地方都嚴重缺水（這是中國境內氣候變遷問題最嚴重的後果）；第三則是愈來愈沉重的國債負擔：與十年前相較，為了促成一分的經濟成長，政府就必須背負兩分的債務。

新冠肺炎疫情爆發後，中國的所作所為更讓人體認到這個國家有多麼不值得信任，不但沒有資格成為各國的夥伴與國際社會的一分子，它甚至動員各種資源來保密的決心更讓這個早已緊密連結一起的世界備受威脅。為了看清這一切，我們必須先以香港的狀況為借鑑。

二〇二一年，為了加強對中國這個極權國家的全面控制，習近平又多加了一道防衛性的戰壕，施工者是習近平的智囊兼中共中央政治局常務委員王滬寧（編按：二〇二三年三月起他還接任全國政協主席，是「中共中央對台工作領導小組」僅次於習近平的副小組長）。許多西方的中國專家認為他是北京政府的「宮廷哲學家」。王滬寧是政治學學者出身，他的崛起過程一點也不起眼（只是當過習近平前兩任國家主席的高級顧問），但如今他已經成為北京政府高層裡的思想大師，備受眾人矚目。他在二〇一七年被任命為中央精神文明建設指導委員會主任。這簡直像喬治・歐威爾（George Orwell）小說裡的官銜。他去過一趟美國，顯然對該國深惡痛絕，這也成為他進行「精神文明建設指導」工作時的基礎，而他對美國的看法則可參閱他那本在中國廣為流傳的著作《美國反對美國》。他把美國批得體無完膚，對於各種自由價值更是全面攻擊，理由在於他認為那些價值足以毀掉社會的凝聚力、個人的高道德標準與國家的志業。但事實上，無論是自由價值，或這些價值在經濟中的隱約表現，在中國或其他地方都是經濟成長的主要火車頭，但看來他對這事實卻採取全盤否定的態度，又或者因為太過無知而不知曉。為了維護中共政府對於國家民族論述的壟斷權，王滬寧的觀點已成為攻擊中國鉅富階級的論據——尤其是那些對政府構成挑戰的科技業鉅子。但被政府盯上而惹了麻煩的不只是億萬富翁，某些百萬富翁也難倖免：尤其是那些生活過得極其豪奢的人。因此，新一波的政治運動就這樣扛著「共同富裕」的旗號，但常被政府拿來當成有利的工具，用於打擊任何批評習近平的人。不過，已經沒有人在乎「共同富裕」的理由，其實是為了弭平各種不平等的問題，結果只會造成中共的全面徹底極權，中共高層無論在任何事、任何領域都宰制著中國人，但他們卻不必受問責制規範。這當然是缺乏法治與完全沒有媒體自由的結果之一。此外，中共政府還攻擊澳門的博彩業，嚴格管制電玩遊戲，發布所謂「禁娘令」，甚至開的車輛太過豪華、情婦太過招搖者也會中箭落馬，但這些作為都無法掩飾一個事實：馬列主義已經失去中國各個宗教團體所保有的精神性。為了弘揚當代中國的道德規範，中共高聲疾呼要重新高舉毛主義的大旗，卻不願面對毛澤東本人有多荒淫無道的事實。不過，也許荒淫正是毛主席留給中共高層的遺產：

他們可不只是與女網球員過從甚密而已！[18]

無論中國政府的表現有多肆無忌憚，世界各國當然不希望重回冷戰年代。但有時中共高層的表現卻看似反映出他們有意回到那個時代。儘管不願看到冷戰重啟，但我們還是該面對現實——從當今局勢看來，美國冷戰時期政策大師喬治・肯楠（George Kennan）在一九四六年知名的長篇電文裡對蘇聯的評論，也適用於中共治下的中國：「他們對於這個世界的看法就是與我們不同。」北京政府高層認為他們理應如此對待新疆的穆斯林與西藏的佛教徒，但我們的看法迥然有異。對於人體器官買賣，對於強迫勞動，對於宗教與言論自由，我們與他們的看法都大不相同，而且我們也認為他們不該對台灣甚至印度進行軍事威脅。當然，我們對於香港的觀點更是南轅北轍。我們看法不同的地方多到無法勝數，而其中最悲哀的莫過於，他們並不把香港的厄運當作一回事。

其他還有幾個因素毀了香港的機運。首先，其實許多香港人在當年《中英聯合聲明》簽署時就已經看出：雖然中方保證「香港現有的社會和經濟體系，以及生活方式將不會改變」，但沒有仲裁機制可以在中方毀諾時保障香港。英國的首長與官員們對香港人、英國人與全世界的說法是，仲裁機制沒有必要，因為英國有意以更快的速度幫助香港建立起自己的民主體制。到頭來，這個承諾卻淪為空話。中共政府高層也體認到，如果違反《中英聯合聲明》這種國際條約肯定會招來世界各國的撻伐。但他們認為中國不會因此受到傷害，所以他們才會不斷挑戰國際共識，無論是在南海的種種行徑（違反國際法同時也罔顧先前對美國與其他國家的承諾，將南海的島礁和島嶼軍事化），或在新冠肺炎疫情期間頻頻違反各種國際間的衛生規範，比比皆是。

其次，許多極權國家的獨裁者往往對於較為富裕的社會成員疑神疑鬼，認為他們會不計一切代價挺身捍衛某些價值，因為當初他們就是在那些價值的幫助下致富的。（但這種懷疑有時的確會成真。）儘管我非常敬佩大多數的香港人都能勇於為自己的信仰奮鬥與發聲，但有時某些香港富人的態度還是讓我震驚不已。還記得當年有個朋友對於那些抗議活動的最重要評論，就是抗議造成交通壅塞，讓他不方便去打高爾夫球。另外，某位非常富有的律師堅稱，那些抗議人士都是聽命於境外組織，拿錢辦事的，而且語氣聽來彷彿千真萬確。還有一個非常富有的香港友人向來對自己的左派立場感到自豪，但卻說香港的自由與法治並未受到威脅，要我儘管放心——接著他就和我聊起自己新買的遊艇。我想，終究是我自己太天真了吧？我想，或許這些說法只是反映出亙古以來的人性而已。如果我是他們，搞不好也會有同樣的一番說詞。也許我根本不該感到如此忿忿不平，因為這些平常很友善的人之所以會表現出如此自欺欺人、毫無風骨的態度，是因為他們不想受到傷害，所以才沒挺身而出。我想中國國內的有錢人也都是這樣吧。中國政府認為，只要掌控著進入中國市場的誘人門票，他們無論做什麼事都不用負責。此外，為了持續在中國大陸掌權，他們會毫不留情地毀掉香港的開放社會，也不在乎如此一來就犧牲了原有的競爭力與高度發展的商業體系。

第三個因素是，雖然港府公務體系的領導階層曾以正直與專業聞名於世，但在中共政權的打壓下已漸漸淪為一群無聲的奴僕。許多人選擇背叛香港，而且他們並不屬於原來的那些統戰團體與組織。林鄭月娥之流的人士，包括許多律師，都很樂意執行《香港國安法》，並且秉承北京政府的嚴苛訓令行事。也許他們不用面對歷史的審判，因為中共可能會在他們去世多年後才垮台，但香港這個偉大城市與其原有生活方式的崩毀，無疑在相當程度上必須歸咎於這些人。

最後，我們必須承認香港人之所以有如今的命運，理由之一剛好就是因為他們太過勇敢，能堅守自己的價值觀。向來令人敬佩，但也不難理解的是，他們拒絕接受中共的列寧主義式教條：「愛國必先愛黨」。他們都知道事實上不是那麼一回事。到底香港人如何看待與定義自己呢？香港大學曾經做過一個多年期的身分認同研究計畫，根據這計畫在二〇一九年進行的民意調查顯示，有超過一半的香港人認為自己是香港人，比例為百分之五十三。但在兩年前，同樣問題的調查結果只有百分之三十七。這次調查中，認為自己同時是香港人也是中國人的，比例也下降了。對於北京政府來說最糟糕的消息是，認為自己就是中國人的比例，在二〇一九年的民調中已經降為百分之十一。香港人對於自己在一九九七年成為中國公民是否感到自豪？竟有百分之七十一的答案是否定的。在十八歲到二十九歲的年輕階層裡，只有百分之九表示中國公民的身分令他們感到驕傲，而且在同一個年齡層裡，更是幾乎沒有人覺得自己就是中國人。或許我們可以認為，中共高層突然驚覺，一九九七年的主權移交並未增加香港人對中國的歸屬感，反而是減少了。若習近平及其黨羽意識到這一點，顯然只會讓他們覺得香港人忘恩負義：儘管生活在時時受到監控的極權社會，但還是能享受諸多好處。於是，他們會想持續鎮壓香港。如果無法贏得香港的民心民意，至少還是可以繼續打壓香港人，把他們關在牢籠般的社會裡。

誰能預知接下來會怎樣？難道二十一世紀人類的自由民主社會會一個個遭到毀壞，步入香港的後塵？事到如今，香港與過去香港所代表的一切是否真的已經無法挽回？我覺得不會這樣，我也覺得我這輩子始終視為理所當然的世界不會很快就毀滅——至少還可以撐到我那些外孫與我年紀一樣大的時候吧？任何一本我讀過的書都沒辦法與香港一樣，讓我透澈了解經濟與政治自由之間的關係，還有了解法治的重要性。也許，透過香港我還了解到，人民會受到哪一種政府體制管理，往往取決於他們自己的選擇。只不過，我想這一點應該不適用於香港，至少大部分的香港人並未選擇中共政權。是我們英國人害香港人落到這步田地，但他們值得政府用更好的方式對待，所以我始終不能放棄希望：儘管近年來的事態發展令人沮喪不悅，但假以時日香港人還是會因為他們的英勇表現改變自己的命運。

香港是我的公職生涯當中重要的一環，甚至可以說是最重要的。我認為未來幾年香港所發生的一切，對所有的人都至關重要。我們必須持續關切香港，為香港發聲，表明我們認同香港市民為自由民主勇敢奮鬥的價值觀。正如同我們從香港發生的事得知的那樣，我們不可認為這些價值觀能繼續存在是理所當然的。香港為自由、個人權利和尊嚴而戰，這也是我們共同奮鬥的目標。這就是為什麼我會一遍遍看著香港民運人士為抗議活動而寫的主題曲〈願榮光歸香港〉歌詞，聽著老弱婦孺、學生、坐輪椅的身障人士與推嬰兒車的年輕父母在抗議現場滿懷熱情與信念，大聲唱出：

何以這土地淚再流，
何以令眾人亦憤恨，
祈求民主與自由萬世都不朽，
我願榮光歸香港。

有人問流亡海外的中國異議藝術家艾未未：香港人是否能頂得住如今充滿恐懼的社會氛圍，持續為民主奮鬥？他的回答是：香港人會「永遠奮鬥不懈」。他接著表示，「香港能否享有最後的榮光與勝利果實，不是中共政權說了算，而是要由歷史來評斷。」從歷史的角度看來，世人不會忘記香港人曾為香港的自治與自由精神付出慘痛的代價，也不會忘記他們為了民主、尊嚴與自由而做出多少犧牲。香港會持續奮鬥下去，我們所有的人也一樣。事實上，這正是我們能夠用來定義自己的志業。

註釋

1 譯註：吳靄儀當上大律師時已經四十歲。

2 譯註：指《歷史之終結與最後一人》（*The End of History And the Last Man*），於一九九二年一月出版；彭定康於同年七月就任港督職務。

3 譯註：中共官方與許多中國學者主張，因為香港的教科書深受殖民者史觀的荼毒，內容充滿歪曲史實之處，因此稱之為歷史虛無主義（historical nihilism）。不過，諷刺的是，中共修改教科書的企圖本身也是一種歷史虛無主義。

4 譯註：作者指的是港獨運動。

5 譯註：即銅鑼灣書店股東及員工失蹤事件，受害人之一就是目前流亡台灣的林榮基。

6 譯註：這裡是指中國富商肖建華。

7 譯註：原文是寫「趕在中共國慶日以前」，應為筆誤。

8 譯註：《香港國安法》之全名為《中華人民共和國香港特別行政區維護國家安全法》。

9 譯註：指中國國務院得以在香港設立中央人民政府駐香港特別行政區維護國家安全公署。

10 譯註：此委員會全名為「香港特別行政區維護國家安全委員會」。

11 譯註：中聯辦全名為「中央人民政府駐香港特別行政區聯絡辦公室」。

12 譯註：香港媒體大亨黎智英就是最好的例子。原本他根據香港普通法中「自由保釋原則」的規定獲得保釋，但案經律政司上訴至終審法院，法官根據《香港國安法》的法理原則（有罪推定）撤銷他的交保裁示。

13 譯註：此一初選於二〇二〇年七月十一日至十二日舉行，超過六十萬人在兩百五十一個投票站投票，勝選的三十一人裡面有二十七人是這次大逮捕的被告。

14 譯註：指新蒲崗獨立英文書店清明堂（Bleak House Books）老闆溫敬豪，其妻珍妮（Jenny Leigh Smith）是香港科技大學史學教授。

15 譯註：即中共於二〇一三年四月發表的〈關於當前意識形態領域情況的通報〉一文，因為是該年發表的第九份類似通報，所以通稱為「九號文件」。

16 譯註：中共認為，質疑新中國的歷史與中共黨史是歪曲史實的「歷史虛無主義」之表現。此一論述與先前中共企圖修改香港教科書時的主張相關。

17 譯註：二〇一八年三月十一日，第十三屆全國人大第一次會議通過《憲法修正案》，將習近平思想（全稱為「習近平新時代中國特色社會主義思想與科學發展觀」）寫入《中華人民共和國憲法》。

18 譯註：作者所影射的是中國知名女性網球員彭帥疑似遭前中國國務院副總理張高麗始亂終棄的醜聞。

那些人，如今安在？

港督府的幕僚群是由我的私人秘書管理。我到任之際的私人秘書是賀理，後來他轉任港府行政署署長，接著在香港主權移交以前從公務體系退休，返回英格蘭。繼任他的是梁寶榮，寶榮後來也轉任規劃環境地政司（一九九五—九八年）。[1]接著，梁寶榮獲任命為香港特別行政區政府駐北京辦事處首任主任。梁寶榮的繼任者是曾俊華。主權移交後他歷任工商及科技局局長（二〇〇三年）與財政司司長（二〇〇七—一七年）等工作，而且在財政司服務時績效卓著。二〇一七年，他在民間舉辦的模擬特首選舉投票中勝出，競選表現也十分精彩，民調數字最多曾大贏四十個百分點，但是選舉委員會的委員乃由北京挑選，因此後來敗給林鄭月娥，在全部一一九四個委員裡只拿到三百六十五票。在想要享受更多民主的香港人心裡，他是最適合的特首人選，或者可以說他至少能夠與香港不同政黨的成員、港府、北京的官員進行對話。不過，他錯以為選舉的目的是建立香港社會的共識而非擊敗對手。後來他設立了一個用來幫助年輕企業家的基金，也在大學任教。他的選舉本來可以改變香港的歷史，可惜北京政府把選舉委員會當成橡皮圖章，選出了他們自己想要的人。

我的第一位專屬發言人是臨時由英國政府調任而來的韓新，後來他回歸英國的公務體系，職務由曾任記者的澳洲人麥奇連接任。他們倆都能開誠布公地面對媒體，既幹練又很有政治敏感度。我完全信任他們，而且即使當地與國際媒體的問題像連珠炮般不斷射來，在我印象中他們沒有搞砸過任何一件事。我猜他們倆的政治立場都是中間派但稍微偏左，不過我沒問過。麥奇連歷經喪妻之痛，有時候我去雪梨還會與他見面。某天早上實在太無聊，我決定要一下幽默，在把他介紹給內政大臣夏偉明時說他是澳洲大使，把夏偉民搞得一頭霧水。

在日記一開始我介紹了我的兩位政治顧問。戴彥霖是極為出色且正直不阿的英國公務員，離開香港後他又回到政府的國際發展部門去工作。至於黎偉略，則是在我成為歐盟對外關係專員後前往布魯塞爾為我效命，接著他又成為國際社會駐波赫高級代表艾布鄧的手下，返回倫敦後成為大衛・卡麥隆的唐寧街官邸幕僚長。卡麥隆卸任英相職務後，黎偉略陸續就任駐法國與義大利大使，接著在二〇一六年被任命為上議院議員。這本日記的讀者應該都知道我有多依賴這兩位顧問的建議，我與幽默的他們在香港譜下美好的情誼。

英國外交部派來香港襄助我的官員一開始是高德年爵士，由他擔任中英聯合聯絡小組的首席代表，在一九九三年卸任。後來英國駐華大使艾博雅在一九九七年退休，由他接任，直到二〇〇二年。我的政治顧問歐威廉後來成為盧森堡大使（一九九八—二〇〇〇年），接著轉任駐華大使（二〇〇六—一〇年）。畢瑞伯在一九九三年來香港接任歐威廉的政治顧問遺缺，九七年政權移交後他前往華府的英國大使館任職。一九九八年，我在《貝爾法斯特協議》〔Belfast Agreement；譯按：又名《耶穌受難日協議》（Good Friday Agreement）〕簽訂後受命主持北愛爾蘭警政獨立委員會（Independent Commission on Policing for Northern Ireland），臨時將他借調來擔任秘書。後來他出任英國駐洛杉磯總領事，接著在辭職後轉往商界發展。畢瑞伯足智多謀、充滿魄力，而且是一流的企劃人才，他離開公職對於英國外交界來講可說是一大損失。

高德年離開中英聯合聯絡小組首席代表的職務後，由休・戴維斯接任。在主權移交前大約只剩一年時間左右，外交部勸戴維斯接任突然開缺的某個亞洲重要國家大使職務。對自己的工作充滿使命感的戴維斯拒絕了，而且理由十分正確：他說對於英國來講，他的工作是最重要的外交職務之一。戴維斯非常有耐性且溫文儒雅，他的副手包雅倫表現出色，並且有一流的團隊襄助。與北京政府交涉的工作艱困無比，但他們都扛下來了。戴維斯出版了自己的日記，內容披露了他與中方交涉的經過。中英聯合聯絡小組於一九九九年年底解散後，包雅倫繼續留在香港，開了一間顧問公司。

外交部派來香港的兩位副政治顧問是柏聖文與約翰・艾胥頓・柏聖文後來成為英國駐香港總領事（二〇〇三到

○八年）；艾胥頓則是獲外交部任命為氣候變遷特別代表（Special Representative for Climate Change）。

我赴港到任時，領導港府的工作落在布政司霍德爵士身上，後來他轉任港府駐倫敦代表，主持那裡的辦公室。退休後他成為英格蘭鄉野保護運動的主要推手，並且在德文郡（Devon）繁殖品種稀有的牛羊，到二〇一七年才逝世。陳方安生接任了他的布政司遺缺，主權移交後她繼續擔任同一職務，直到二〇〇一年（譯按：主權移交後官銜改為政務司司長）。這段期間她在董建華麾下任事，而且如前所述，人人皆稱她為「香港的良心」。多年來她始終以敢言著稱，勇於對香港發生的許多事件發表意見，直到二〇二〇年才完全退隱，不再評論公共事務。北京政府犯下的一大錯誤就是挑選董建華擔任第一屆香港特別行政區行政長官，而非陳方安生。某些北京政府高層很快就發現董建華是個錯誤的選擇。

一九九一至九五年間，麥高樂爵士是財政司，接著他就退休回到蘇格蘭，在民間部門任職。曾蔭權是繼任的財政司，後來他在二〇〇五年接任董建華，成為第二任特首，任期持續到二〇一二年。第三屆特首是香港的長期統戰推手梁振英，若我說此人有點邪惡，大概也沒冤枉他。他在香港的支持度非常低，再度印證了北京政府的政治判斷力有多差。

一開始，英國外交部裡負責香港事務的最主要官員是彼得・李基茨，後來他陸續成為英國駐世貿組織與法國的大使，在二〇〇六至一二年間則連續出任外交部常務次長與國家安全顧問兩個要職。李基茨是上議院的中立議員（cross-bench member），堪稱敢於任事的政壇典範。接任他外交部香港司司長一職的是古沛勤。後來等到工黨上台了，古沛勤轉任外相郭偉邦的私人秘書，然後又當過以色列與沙烏地阿拉伯大使，最後之所以會離開阿富汗大使一職，據說是因為與北約組織和美國的官員發生衝突。古沛勤總是固執己見，後來也理所當然地被封為爵士。古沛勤在外交部的頂頭上司是負責亞洲事務的助理次長韓魁發，而韓魁發也當過駐華大使，任期介於高德年與歐威廉之間。從外交界退休後，韓魁發當上了劍橋大學岡維爾與凱斯學院（Gonville and Caius College）的院長。

負責香港事務的政務官，人數則是少多了。韓達德是一九八九到九五年之間的外相，隨後到主權移交以前，外相則是聶偉敬。外交部副大臣一開始是顧立德，後來他陸續成為保守黨的首席黨鞭、英國駐澳洲高級專員、上議院議員。下一任副大臣是傑若米・漢利爵士，他有幸擔任代表里奇蒙（Richmond）與巴恩斯選區的國會議員長達十四年之久，直到一九九七年以後才轉戰商界。[2]

當時中方的關鍵人物裡首推外長錢其琛（任期：一九八八—一九九八年），他也是中共中央政治局委員，通曉俄語、英語、法語，可能是黨內最具影響力的外交官。錢其琛並非「戰狼」，態度平和友善，但卻能強硬地守住中共立場，我想這一點讀者都可透過日記體會。他似乎是真心相信「互相遷就」是一種外交藝術。錢其琛已於二〇一七年辭世。

港英時期，新華通訊社香港分社是中方派駐香港的準官方代表機構，而且與其說它是個新聞機構，不如說實際上是為了掩飾統戰活動而存在，對香港在地的統戰組織發號施令。新華社香港分社社長周南是外交官，曾於一九八〇至八一年間短暫出任中國駐聯合國大使，後來成為副外長。他把剩餘的政治生涯投注於中英雙方針對香港移交所進行的協商上。周南的英文非常流利，顯然是在韓戰期間因為偵訊戰俘而訓練出來的。我認識的人只有柯利達爵士敬重周南，九七主權移交後不久他就退休了，繼任者是姜恩柱。

國務院港澳事務辦公室主任是屢屢出現在這本日記裡的魯平。他在一九七八年加入港澳辦，主權移交後不久就離職了。魯平與周南在我揚帆離開香港不久後就先後離職，這真是值得玩味。當年如果有機會的話，我倒是願意更深入認識魯平，不過我從來不確定他對中國的香港政策有多少話語權，甚至對他是否能掌控其他更小的事也存疑。我曾答應送他一些英國作曲家如艾爾加與沃恩・威廉斯（Vaughan Williams）的CD。送是的確送了，但據說後來他抱怨未曾收到。我想這就和柴契爾夫人一樣吧：每次她來香港都準備了禮物給趙紫陽，但也是一律被擋了下來。魯平已於二〇一五年辭世。

最後，在這裡我要講三個與我的香港年代有關，而且都是發生在一九九七年六月三十日以後的故事。

離開香港後我寫了《東方與西方：彭定康治港經驗》（*East and West*）這本書，內容主要是關於我在香港的際遇，但另一個更大的主題是亞洲與整個世界的關係。這本書是媒體大亨梅鐸旗下HarperCollins出版社邀請我撰寫的。當時梅鐸為了在中國發展媒體事業而想討好中共，所以一聽說他的公司想出版我的書，而部分內容與中國有關，他就把出版計畫擋下。公司編了一些理由表示不能出版，也賠了我不少錢，後來我的書就改由麥克米倫（Macmillan）出版社出版，而且該公司在美國版的書封上貼了一張貼紙寫道：「大亨梅鐸阻止出版的書」。書很暢銷，我想理由之一就是梅鐸不想讓大家看到我的書吧。在這事件中，麥克米倫出版社裡原本負責我那本書的編輯主管始終勇敢為我挺身而出，後來他前往企鵝集團的艾倫蘭恩出版社（Penguin Allen Lane）任職。他的義舉展現了出版人應有的風骨。[3]

我很喜歡一則與梅鐸有關的軼事，這是他企業帝國裡的某個重要員工告訴我的。某次梅鐸親自前往北京面見朱鎔基，希望能說服朱總理允許他在中國經營衛星電視。朱鎔基問他：「梅鐸先生，你原來真的是澳洲人嗎？」梅鐸說，沒錯。朱鎔基又問：「那你真的為了要買下美國某家報社和一些電視頻道而歸化成為美國公民嗎？」梅鐸也承認了。朱總理接著問他：「如果是這樣，那你是不是願意為了經營衛星電視而入籍我國呢？」聽說朱鎔基的手下們差點笑出來。

另一個故事發生在我們離開香港不久，在彼得．奧斯本（Peter Oborne）的《大謊言時代》（*The Rise of Political Lying*）中有詳細描述。在我離開香港前不久，強納森．丁伯利比的《香港末代總督彭定康》（*The Last Governor: Chris Patten & the Handover of Hong Kong*）出版了，他做了非常多關於主權移交與英國治港最後時期的審慎研究。這本書的內容廣泛取材自訪談，受訪者都是港府與英國政府的一些現任或卸任官員。丁伯利比對英國外交部的某些觀念大加撻伐，同時對其他人予以肯定。當然，我自己也為了一部電視紀錄片而在鏡頭前接受丁伯利比訪問，後來紀錄片與他的書一起推出。這不是一部吹捧我的紀錄片，甚至還批判了我對終審法院的看法。他的書與紀錄片顯然惹火了許多當時還在任和卸任的外交官，而他們把所受到的批評都歸咎於我。

主權移交幾週後，《世界新聞週刊》（*News of the World*）發現工黨政府的外相郭偉邦與屬下有婚外情。工黨才剛上台，對外的形象潔白如紙，所以郭偉邦的外遇以及他急著與妻子離異的決定看來像是破壞執政黨形象的第一個醜聞。為了轉移焦點，政府在一九九七年八月二日與三日對外發布了幾件事。首先是政府有意讓原本預計要除役的皇家遊艇不列顛尼亞號繼續服役，其次則是有心人士對外洩漏消息，表示我將要因為丁伯利比寫的書有違反

《官方機密法令》（Official Secrets Act）之虞而接受國安機關調查。[4]根據BBC資深記者強納森・索佩爾（Jon Sopel）的描述，洩密者表示我要接受調查的事是千真萬確，但首相官邸或外交部事實上都還沒出面證實。各界都認為，工黨政府的操弄大師文德森在這抹黑事件中扮演了關鍵角色。事發當時我正在與家人度假，他們與我的朋友們突然發現我即將接受倫敦警察廳政治部（Special Branch）的調查，而且搞不好還會被關進倫敦塔（Tower of London）的大牢裡，或至少要去苦艾森林監獄（Wormwood Scrubs Prison）報到了。奧斯本所言不虛，這實在是「魯莽又不負責任的行徑」，但我的親友們當然都被搞得很緊張。事實上，後來我和丁伯利比都沒有接受任何國安部門的偵訊——無論是政治部或其他單位。

那年秋天，在上議院發文詢問後，檢察總長針對這一則關於我的傳聞進行答覆：在不違反公眾利益的情況下，檢方並沒有打算採取進一步行動。透過這個布萊爾政府執政早期的案例，我們不難看出他的政府往往用一種偽善的態度行事。如同我對奧斯本所說的，諷刺的是，在《貝爾法斯特協議》簽署後布萊爾首相大概是認為我已經沒有違反《官方機密法令》之虞了，居然邀請我主持北愛爾蘭警政獨立委員會。這個委員會當然得要處理一些非常敏感的國安事宜。我很高興受邀，但坦白講這真是我政治生涯遇到最艱難的任務之一。儘管受到工黨政府肯定，但我還是忘不了他們企圖玷汙我的聲譽，而且只是為了轉移焦點，讓民眾不要注意一個令政府難堪的週末媒體八卦報導。

最後，一九九九年我當上歐盟對外關係專員。當然我在這職務上又得和中國打交道。一九九九年的聯合國大會上，我第一次與錢其琛的繼任者唐家璇相遇，他對我說：「彭總督，這次我們該好好合作。」我的答覆是：「我上次就想要好好合作啊。」我相當喜歡的唐外長對我微笑不語。他曾去布魯塞爾拜會我，走進我的辦公室時他發現我在牆上掛著女兒們的照片。他坐下來問我：「這麼漂亮的女兒怎會有個醜爸爸？」中國駐歐盟大使在他身邊，尷尬之餘很快對我解釋道：「唐外長在開玩笑呢。」會晤快要結束時，唐外長以非常嚴肅的語氣唸出簡報裡的一句話，表示中共高層認為我「會好好與中方相處，不會搞破壞」。所以，我這個曾經的「千古罪人」終於獲得赦免。事實上，在接下來五年的專員任期內，雖然我常與中國官員協商，異議也屢見不鮮，但總是能夠和善地討論。我之所以常要面對中方，是因為歐盟會員國遇到一些最為敏感的議題（如拒絕販賣武器給中國，或人權問題）時，每每都會向歐盟執委會求助——但事實上這並非執委會的職責。[5]針對中國加入世貿組織的問題進行討論期間，若有朱鎔基總理在場，總令我很高興。我認為他是我遇過最令人印象深刻的公職人員之一。

江澤民國家主席曾邀請我與家人到中國進行半官方的參訪。我與穎彤一起去了，最後與主席本人有一段為時不短的對談。離開前他的口譯員悄悄走過來，拿著一本顯然是盜版的《東方與西方》要我幫他簽名。江主席常常引述許多莎士比亞名句，而且非常喜歡一九四〇、五〇年代的英國電影。所以我送了他一套莎翁名劇選集，還說他應該會特別喜歡那些歷史劇。我們唯一意見相左之處是，他邀請我多在中國待幾天，但我說恕難從命。

儘管如此，我對於中共的觀點未曾改變，也不後悔過去自己的種種作為。我對中國很有興趣，非常景仰中國文化。但中共就令我不敢恭維了。雖然我這千古罪人已獲得赦免，但如今恐怕又要被當成再犯的罪人了，只因我大聲說出中國在世界各地的惡霸行徑，尤其是習近平治下的中國全面摧毀了香港的自由，不願讓香港享有曾經獲得承諾的高度自治權。中共政權在香港的所作所為是錯的，而且邪惡無比。我們應該清楚說出這句話。

註釋

1 譯註：主權移交後改稱規劃環境地政局局長。
2 譯註：英國是內閣制政府，國會議員擔任閣員時不必辭職，所以漢利在當外交部副大臣時一樣是國會議員。
3 譯註：這裡是指史都華・普洛菲特（Stuart Proffitt）。普洛菲特因為不願意配合HarperCollins演出而遭解職，最後還與公司對簿公堂。
4 譯註：即英國《一九八九年聯合王國官方機密法令》（*Official Secrets Act 1989*）。
5 譯註：當時作者擔任歐盟對外關係專員，是執委會的一員。

謝辭

鑑於目前香港的情況，很可惜為了許多人的安全，我無法透露他們的名字。這些人提供了許多協助，讓我對香港所發生的各種事情保持了解。這是一個諾言遭到違背、社會受到極權統治破壞的故事。我要特別感謝在倫敦的休・戴維斯（Hugh Davies）和查爾斯・帕頓（Charles Parton），他們對於香港和整個中國正在發生的事，經常與我分享他們的真知灼見。人權組織「香港監察」（Hong Kong Watch）的強尼・帕特森（Johnny Patterson）提供我許多相關資訊，並協助我查證日記中所敘述的事實。班・羅傑斯（Ben Rogers）隨時隨地都在倡導的人權理念讓我受益良多，他是香港監察這個優秀組織的共同創辦人之一。

我的經紀人吉姆・吉爾（Jim Gill）再次提供我非常專業的協助和支持。最重要的是，我受益於編輯界的天之驕子史都華・普羅菲特（Stuart Proffitt）的智慧，儘管我偶有牢騷，他還是有辦法讓我繼續努力工作。我在企鵝出版社（Penguin）與黑狗狗共用書房時，編輯愛麗絲・斯金納（Alice Skinner）辦事一絲不苟，給了我許多鼓勵。愛麗絲的妹妹露西（Lucy）在我遇到困難時對我英勇施以援手，把我字跡難辨的手稿打成文字檔。我還要感謝安妮雅・高登（Ania Gordon）、馬克・漢斯黎（Mark Handsley）、芮貝卡・李（Rebecca Lee）、艾瑪・盧貝格（Emma Lubega）和潘・沃格（Pen Vogler）。二十五年前（那時我的文筆不怎麼高明、但還不像現在這麼糟糕），兩位前私人助理雪莉・奧克森伯里女爵士（Dame Shirley Oxenbury）和佛瑞妲・伊文斯牧師（Rev. Freda Evans）根據我的手稿或錄音帶，將我原來的日記打成文字。他們的表現都非常了不起。

整理日記期間，一如既往，我的家人都對我非常好。對於我無法逃避的現代科技，潔思和雅思協助我獲得使用各種裝置最基本的知識。麗思讓我們所有的人都保持愉快的心情，並幫大家保持苗條的身材，除了我以外。穎彤閱讀了這些日記中的每一個字，而且每週七天、每天二十四小時全天候為我提供建議，並隨時待命，給我技術上和精神上的支持，因為我老是對著雲端（雲裡有龍嗎？）、筆電、iPad 和所有其他二十一世紀的玩意兒大吼大叫，而這些設備都是克里斯・愛德華茲（Chris Edwards）不厭其煩、細心熟練地幫我安裝的。另外，這些年來與我共事的戴彥霖（Martin Dinham）和黎偉略（Edward Llewellyn），幫我看了日記裡編輯過的大部分文字，但若有任何錯誤遺漏或語病，都由我一人承擔。

我也要感謝潘妮・藍金（Penny Rankin）和安娜・阿克拉夫特（Anna Alcraft）對我的公眾及私人生活上的照顧，以後還要麻煩她們兩位。

打從我內心最深處，我首先要感謝的是在香港與我一起奮鬥的工作夥伴。當年，惡毒的共產黨人曾經承諾給予香港的一切，其實都有賴我那些夥伴想方設法保護與維護。香港市民對我和我的家人很好，讓我們感到賓至如歸。希望有一天他們能夠閱讀這些日記，並且知道很多英國人都很看重他們的未來——而之所以看重，是因為在更早的殖民時代，我們曾做出許多如今任誰都無法捍衛或寬恕的事，才會對香港感到責無旁貸。

圖片來源

出版社已盡一切努力聯繫書中照片的版權所有人。若有任何錯誤或遺漏，出版社知悉後非常樂意於本書再版時修正。以下數字代表書中插頁照片的號碼。

4 香港總督彭定康（左）與國務院港澳事務辦公室主任魯平踏入會議室準備談判，北京，一九九二年十月二十一日。（圖片提供：Mike Fiala / AFP / Getty Images）

5 李光耀與彭定康參加首屆香港大學李嘉誠傑出人士系列講座，一九九二年十二月。SPH-ID: 18512000。（圖片提供：新加坡《聯合早報》）

13 李基茨和施祖祥，一九九三年。〔圖片經李基茨勛爵（Lord Ricketts GCMG GCVO）許可轉載〕

14 彭定康和周南，攝於中國國慶酒會，一九九三年九月二十九日。（圖片提供：Martin Chan /《南華早報》/ Getty Images）

23 粉嶺別墅建造於一九三四年，在英國管治時代是香港總督的夏季度假別墅，目前為香港特首所用。（圖片提供：《南華早報》）

27 港督彭定康和董建華於港督府會談後與新聞媒體見面，一九九六年十二月二十三日。（圖片提供：Robert Ng /《南華早報》/ Getty Images）

31 赤鱲角空拍照，一九九六年。（圖片提供：©Michael Yamashita）

32 中國國家主席江澤民（左）與英國外相聶偉敬於北京進行會談，討論一九九七年七月一日的香港主權移交問題，會後兩人握手留影。（圖片提供：該照片攝於一九九六年一月八日，由《南華早報》攝影師拍攝）

本書其他照片由作者彭定康及其家人提供。

中英文人名對照

A

Abramowitz, Morton 莫頓・亞伯拉莫維茨（美國外交官）
Akers-Jones, Sir David 鍾逸傑爵士（前布政司）
Albright, Madeleine 麥德琳・歐布萊特（美國國務卿）
Alexandra, Princess 雅麗珊郡主（英女王伊麗莎白二世堂妹）
Amritraj, Vijay 亞米崔吉（前網球員及演員）
Anne, Princess Royal 安妮長公主（英女王伊麗莎白二世獨女）
Appleyard, Len 艾博雅（英國駐華大使）
Arculli, Ronald 夏佳理（香港行政會議非官守議員）
Ashdown, Paddy 艾布鄧（英國國會議員）
Ashton, John 約翰・艾胥頓（英國外交部官員）
Axworthy, Lloyd 艾斯威西（加拿大外交部長）

B

Balladur, Edouard 愛德華・巴拉杜（法國總理）
Barma, Haider 鮑文（港府運輸司）
Barrow, Martin 鮑磊（立法局議員）
Barry, Father Peter 溫順天神父（美國傳教士）
Best, Jenny 珍妮・貝斯特（彭定康私人秘書）
Bildt, Carl 卡爾・畢爾德（瑞典總理）
Blair, Tony 東尼・布萊爾（英國國會議員，英國前首相，港譯：貝理雅）
Bland, Sir Christopher 克里斯多福・布蘭德（英商）
Boyd, John 約翰・博伊德（英國駐日大使）
Bradley, Stephen 柏聖文（彭定康的外交顧問）
Brown, Lance 白樂仁（港督副官）
Burns, Andrew 貝恩德（英國外交部官員）
Butler, Robin 羅賓・巴特勒（英國內閣秘書長）

C

Callaghan, James, Lord 詹姆斯・卡拉漢（英國前首相）
Cameron, David 大衛・卡麥隆（英國保守黨國會議員，後擔任首相，港譯：甘民樂）
Charette, Hervé de 艾維・德・沙雷特（法國外交部長）
Charles, Prince of Wales 威爾斯親王（即目前的英王查理三世）
Clarke, Kenneth 祁淦禮（英國前財政部長）
Coles, Sir John 約翰・科爾斯（英國外交部常務次長）
Collins-Taylor, Elspeth 艾絲佩絲（港督府管家）
Cook, Robin 郭偉邦（英國國會議員，後擔任外交部部長）
Cornish, Francis 鄺富劭（英國駐香港總領事）
Courtauld, Caroline 卡洛琳・寇塔（作家）
Courtauld, William 威廉・寇塔（英商怡和洋行高層）
Cowper-Coles, Sherard 古沛勤（英國外交部香港司司長）
Cox, Louise 露易絲・考克斯（港督夫人的社交秘書）
Cradock, Sir Percy 波西・柯利達（英國外交部官員）
Cromer, Lord 克羅默伯爵（英之傑公司董事）
Cunningham, Jack 簡力行（英國國會議員，工黨外交事務發言人）

D

D'Oliveira, Felipe 菲利佩・多利維拉（港督副官）
Davies, Hugh 休・戴維斯（中英聯合聯絡小組英方首席代表）
Dimbleby, Jonathan 強納森・丁伯利比（英國作家）
Dimbleby, Jossie (Josceline) 喬西・丁伯利比
Dinham, Martin 戴彥霖（彭定康的政治顧問）
Dutton, Bryan 鄧守仁（駐港英軍司令）

E

Ehrman, William 歐威廉（英國外交部官員，彭定康的政治顧問）
Ellis, Michael 麥克・艾利斯（港督副官）
Evans, Freda 佛瑞妲・伊凡斯（彭定康於巴斯選區的祕書）
Evans, Gareth 葛瑞・伊凡斯（澳洲外長）

F

Foley, Lt Gen. Sir John 霍立言（駐港英軍司令）
Ford, Sir David 霍德爵士（布政司）
Fry, Graham 葛里翰・傅萊（英國外交部官員）

G

Galsworthy, Anthony 高德年爵士（中英聯合聯絡小組英方首席代表）
Garel-Jones, Tristan 崔斯坦・加雷－瓊斯（國會議員，彭定康摯友）
George, Eddie 艾迪・喬治（英國央行總裁）
Gillmore, David 大衛・吉摩（英國外交部常務次長）
Goodlad, Alastair 顧立德（英國外交部副大臣）
Goodstadt, Leo 顧汝德（港府中央政策組首席顧問）
Grant, Colin 科林・格蘭（香港網球球員，彭定康的球友）
Gray, John 葛賚（香港滙豐銀行高層，後擔任行政局議員）

H

Haddon-Cave, Sir Philip 夏鼎基爵士（前港府財政司、布政司）
Hague, William 夏偉林（保守黨黨魁）
Hambro, Lord 翰布羅勳爵（保守黨財務長）
Hanley, Jeremy 傑若米・漢利（英國外交部副部長）
Hanson, Mike 韓新（港府資訊統籌專員／即港督新聞秘書）
Heath, Edward 愛德華・希思（保守黨國會議員，曾任英相）
Heseltine, Michael 夏舜霆（英國副首相）
Higginbotham, John 約翰・赫根巴登（加拿大駐港領事）
Hoare, Richard 賀理（彭定康私人秘書）
Hogg, Douglas 何郝傑（英國國會議員）
Hogg, Sarah 莎拉・霍格（記者，國會議員何郝傑之妻）
Hotung, Sir Joseph 何鴻卿（英商）
Howard, Michael 夏偉明（英國內政大臣）
Howe, Geoffrey 賀維（英國前副首相）
Hum, Christopher 韓魁發（英國外交部助理次長）

Hurd, Douglas 韓達德（英國外交部部長）

K

Keating, Paul 保羅・基廷（澳洲總理）
Kerr, John 約翰・柯爾（英國駐歐盟大使）
Keswick, Henry 亨利・凱瑟克（怡和洋行大班）
Kohl, Helmut 海爾穆・柯爾（西德總理，統一後的德國總理）

L

Lambertoni, Father 林柏棟神父（義大利傳教士）
Llewellyn, Edward 黎偉略（彭定康的政治顧問）
Lord, Winston 溫斯頓・羅德（前美國駐華大使，後擔任助理國務卿）

M

Mackay, Charles 麥嘉卓（英之傑公司高層）
MacLehose, Murray, Lord 麥理浩（前港督）
Macleod, Hamish 麥高樂（財政司）
Major, John 約翰・梅傑（英國首相，港譯：馬卓安）
Mandelson, Peter 文德森（工黨國會議員，布萊爾的顧問）
Mathews, Jeremy 馬富善（律政司）
McGlynn, Kerry 麥奇連（港府資訊統籌專員／即港督新聞秘書）
McGregor, Sir Jimmy 麥理覺爵士（立法局與行政局議員）
McLaren, Robin 麥若彬（英國駐華大使）
Medavoy, Mike 麥克・梅道佛（電影製片，彭定康友人）
Melwani, Manu 麥文浩（山美裁縫的老闆）
Mirsky, Jonathan 梅兆贊（曾任《泰晤士報》等英國報社記者，美國人）
Morris, John 約翰・莫里斯（彭定康私人秘書）
Mueller, Richard 穆亦樂（美國駐港總領事）
Mulroney, Brian 布萊恩・穆隆尼（加拿大前總理）
Murdoch, Rupert 魯柏・梅鐸（媒體大亨）
Murray, Simon 馬世民（英商）

N

Needham, Richard 李德衡（貿易副大臣）

O

O'Reilly, Tony 亨利・歐萊禮（亨氏食品公司高層）
Ogilvy, Hon. Sir Angus 歐志偉爵士（雅麗珊郡主之夫）

P

Patten, Alice 彭雅思（彭定康么女）
Patten, Kate 彭潔思（彭定康長女）
Patten, Laura 彭麗思（彭定康次女）
Patten, Lavender 彭林穎彤（彭定康夫人）
Paul, Alan 包雅倫（中英聯合聯絡小組成員）

Portillo, Michael 麥可・波蒂略（英國國會議員）
Powell, Charles 查爾斯・鮑威爾（前英國國會議員、商人）
Power, Noel 鮑偉華（澳洲籍香港法官）
Prescott, John 約翰・普雷斯科特（英國國會議員）
Prior, James, Lord 詹姆斯・普萊爾（英國前國會議員，奇異公司董事會主席）
Purves, Sir William 浦偉士爵士（香港滙豐銀行主席，曾任行政局議員）

R

Rich, Nigel 李舒（怡和洋行大班）
Ricketts, Peter 李基茨（英國外交部香港司司長）
Rifkind, Malcolm 聶偉敬（英國外交部部長）
Rock, Patrick 派崔克・洛克（曾任彭定康政治顧問）

S

Salkeld, Kim 蘇啟龍（彭定康的副私人秘書）
Scott, Richard 施廣智（英國法官）
Shepherd, Anne 安・薛波（副私人秘書）
Shultz, George 喬治・舒茲（前美國國務卿）
Sutch, Peter 薩秉達（太古集團大班）
Swain, John 施偉賢爵士（立法局副主席）
Swire, Adrian 阿德里安・施懷雅（太古集團高層）

T

Thatcher, Margaret 柴契爾夫人（英國首相，港譯：戴卓爾夫人）

V

Vieira, Vasco Joaquim Rocha 韋奇立（澳門總督）
Vines, Steve 韋安仕（《衛報》記者）

W

Waldegrave, William 威廉・沃德格雷夫（英國國會議員）
Wilson of Tillyorn, David, Lord 衛奕信（前港督）

Y

Youde, Sir Edward 愛德華・尤德爵士（曾任英國駐華大使與港督）
Young, David, Lord 大衛・楊恩爵士（英商）

國家圖書館出版品預行編目資料

香港日記/彭定康(Chris Patten)作；陳榮彬, 徐嘉煜, 袁曼端, 黃瑜安, 林庭如, 沈函儀譯. -- 初版. -- 新北市：黑體文化, 遠足文化事業股份有限公司, 2023.05
面； 公分. -- (黑盒子；12)
譯自：The Hong Kong Diaries
ISBN 978-626-7263-15-0 (平裝)

1.CST: 彭定康(Patten, Chris, 1944-) 2.CST: 歷史 3.CST: 香港特別行政區

673.82 112001565

香港日記
The Hong Kong Diaries

作者・彭定康（Chris Patten）｜**譯者**・陳榮彬、徐嘉煜、袁曼端、黃瑜安、林庭如、沈函儀｜**審定**・陳榮彬｜**美術設計**・林宜賢｜**出版**・黑體文化／遠足文化事業股份有限公司｜**總編輯**・龍傑娣｜**社長**・郭重興｜**發行人**・曾大福｜**發行**・遠足文化事業股份有限公司｜**電話**：02-2218-1417｜**傳真**・02-2218-8057｜**客服專線**・0800-221-029｜**客服信箱**・service@bookrep.com.tw｜**官方網站**・http://www.bookrep.com.tw｜**法律顧問**・華洋國際專利商標事務所・蘇文生律師｜**印刷**・中原印刷股份有限公司｜**初版**・2023年5月｜**一版二刷**・2023年5月｜**定價**・800元｜ISBN・978-626-7263-15-0｜版權所有・翻印必究｜本書如有缺頁、破損、裝訂錯誤，請寄回更換